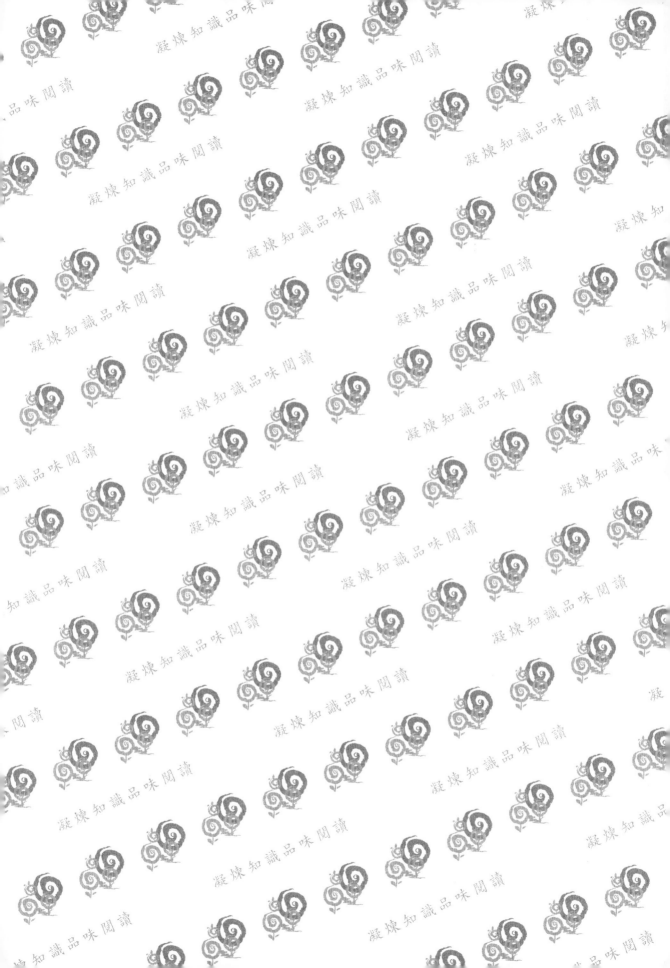

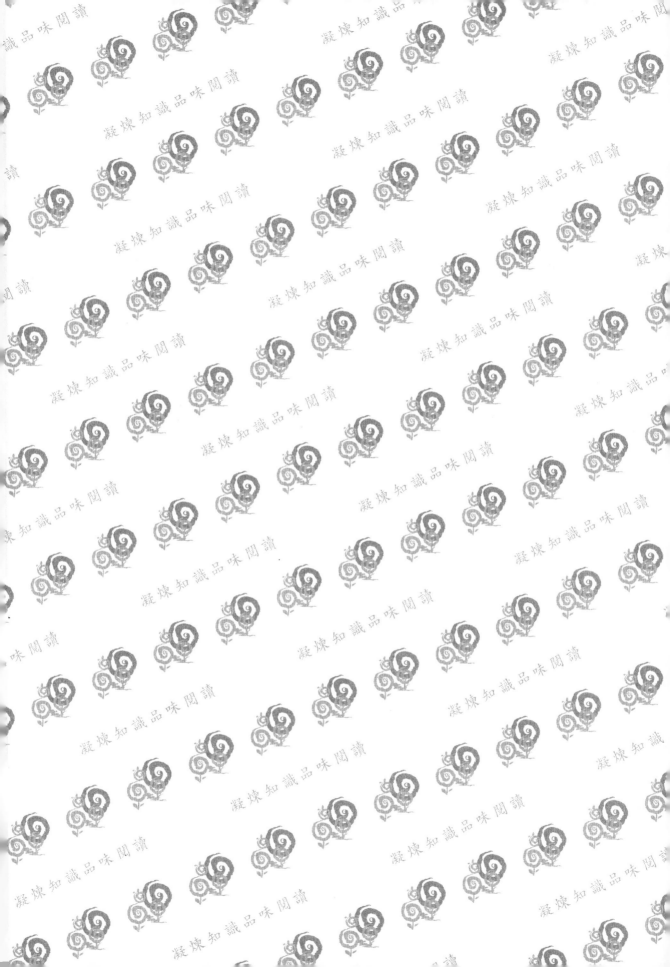

統計學 STATISTICS 原理與應用

第4版

邱皓政、林碧芳 著

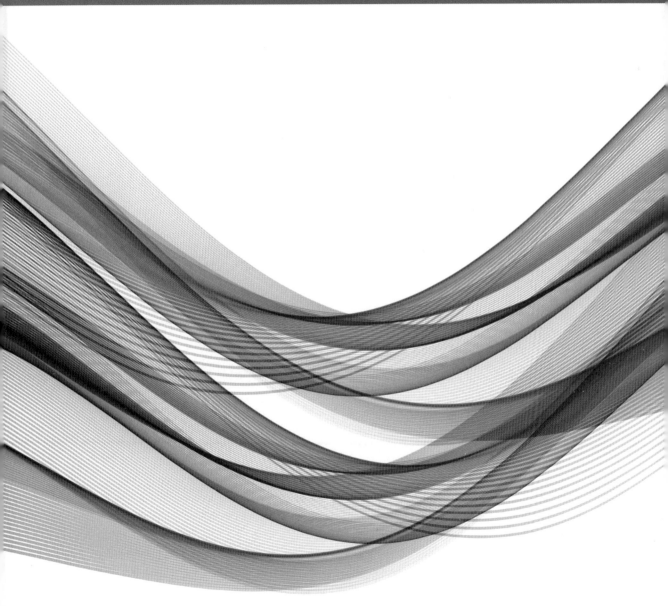

五南圖書出版公司 印行

作者序

距離本書第一版寫序，整整十年。也正是當時，《哈佛商業評論》的2012年10月號刊登了Thomas H. Davenport與D. J. Patil兩位資料科學專家所撰寫的專文*Data Scientist: The Sexiest Job of the 21st Century*，把資料科學家形容成最性感的工作，十年間，商業分析、人工智慧、區塊鏈、虛擬擴增實境等等名詞紛紛出籠，相關職缺炙手可熱，不論新手或專家，薪資節節升高，似乎真的很誘人、很性感。

事實上，性感一詞不是他們先說的，而且不是指資料科學家，Google首席經濟學家Hal Varian在2009年1月號的《麥肯錫季刊》抱怨說「我一直在講，下個十年的性感職業是『統計學家』，大家都說我在開玩笑……」，因為真的很重要，與本書的操作型定義有關，因此我把全文引述在下面：

*"I keep saying the sexy job in the next ten years will be **statisticians**. People think I'm joking…The ability to take data—to be able to understand it, to process it, to extract value from it, to visualize it, to communicate it—that's going to be a hugely important skill in the next decades, not only at the professional level but even at the educational level for elementary school kids, for high school kids, for college kids."* (Hal Varian, McKinsey Quarterly, 2009/1)

為何說是操作型定義呢？因為如果要讓一件事情發生，需要明確的操作程序，如果要得到這些學者專家口中最性感工作的誘人果實，就必須擁有數據處理、資料視覺化、分析溝通的能力，而且不僅是在專業領域，甚至於從幼兒園到高中、大學處處都要打基礎。其實這是既成事實、也一點都不難，從小你就有在接觸數學，國中會考有統計的題目，高中課本也有教，至於完整的統計學內容，只要翻開這本書，每一個部分都有講到，這本書甚至花了不少篇幅示範EXCEL軟體的操作方式與解釋技巧，好好讀完、練習完，真的就會性感起來，不是空談、不是嘴炮。

統計學家的誘人與性感，我算是見證者。我並不是說我自己得到多少好處，而是我看到了學生一個個都因為好好學習統計而有好前途，幾乎每一個職位都跟數據處理有關，這個學期我開了一門「大學入門」邀請系友回來分享，幾乎每一個系友都說統計學「真的」很重要。令人莞爾的是，在學校的時候他們都沒這麼說。過去，當有人問我在教什麼、我的專長心理計量學是什麼，我都說簡單來講就是測量與統計，人們聽到這個關鍵字，在稍早的年代會被嫌棄是冷門學科沒前途，沒話題

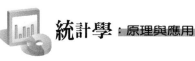

也沒興趣多聊。其實統計學家或資料科學家的這個角色對我來說並沒有什麼誘惑，如果有，就是能夠欣賞學生逐漸累積的專業性感，分享他們的成就與喜悅。

會說統計學冷門的不只是我（我剛回國時就曾聆聽中央研究院某位資深大老公開呼籲基礎統計學習的重要性，暗指未來的世界像米坑，老鼠會餓死絕對不是米坑的錯），但我們都見證了統計學的價值與重要。在第一版序中，我曾寫下：「如果不同的科學領域之間有需要共同的語言來溝通，那麼統計就是其一；如果真理是越辯越明，那麼就更有賴統計發聲……」，現在讀來還有著熱血沸騰的感受。接著還有「……統計學作為自然與社會科學絕大多數領域的共同必修課，並不是教授們共同商議的決定，而是眾多學者對於學科基本價值的肯定與專業養成需求的共同默契；在教育應用、社心專業、經濟預測、產業發展、商業經營、管理實務乃至於國家治理，統計程序的應用與分析技術的導入已深入各行各業，都是基於問題解決與預測監控的實際需要……」，這些苦口婆心或是先見之明的文字捨不得讓它流失，因此再提一次。

就如同我的其他著作，不論是基礎教科書或高等專書，對於令人畏懼的統計學，盡量利用白話文字來書寫，以實用範例來說明，更以軟體工具來實踐。本書雖然只是第四版，但過程中勘誤改版無數，出版目的始終未曾改變，希望能夠提供一本通俗能懂的教科書，陪伴學生們渡過一整年的統計學習生活。一路以來，本書另一位作者林碧芳教授在幕前幕後扮演著關鍵角色，「幕前」是因為林教授用到此書的頻率與深度比我還多，受到學生高度愛戴的她，深知「民間」疾苦，因此一直都能從學生的角度出發，給予本書更貼近民意的表現建議與素材設計，也才有本書章節中的各式範例、課後的諸多習題、以及務實的電腦操作演示，不但豐富了本書的內涵，消弭學習的恐懼與學科的生硬，讓本書撰述的目標初衷得以實現。「幕後」的她，為本書的出版與歷次改版付出無數心血，例如：本次改版，雖然各章架構內容如前，但三十萬字幾乎字字斟酌，全部重寫。當然也要謝謝幕後的出版社編輯與張毓芬、侯家嵐等主編，大家為了創造未來的性感人物投入龐大心力，為知識傳承做出大量貢獻，展現教育的力量。

記得當年飛往洛杉磯求學時是第一次踏出國門，美國海關官員看到我握著單程機票微微發抖，問了我的去處，幽默的說一句「不要回頭喔！」後來還開了一條通道讓我快速通關，應該是怕行李太多耽誤安檢，這些小動作平安了我忐忑不安的心情，也讓「不要回頭」一句話深刻在年少的我邁向學術世界的第一個印象中。在此

也以這句話送給正在閱讀本書的讀者您，如果山窮水盡懷疑無路，其實柳暗花明又有一村，萬丈高樓平地起，打好地基，未來才有登高望遠的睥睨，驀然回首時，一切辛苦都已經消失在燈火闌珊處，相信我，這條路，一定值得。

邱皓政

西元2022年2月

於臺師大管理學院

目錄 Contents

chapter 3　次數分配與統計圖表

chapter 6　機率原理

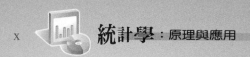
chapter 7　機率分配

chapter 8　抽樣與估計

chapter 9　假設檢定原理

chapter 10 平均數假設檢定

chapter 11　變異數分析

chapter 14　迴歸分析

chapter 15 多元迴歸分析

chapter

1

統計學概說

1.1 前言

　　每個人面對統計學的第一個問題，可能是「什麼是統計？」或是「為什麼要學統計？」在回答這個問題之前，讓我們先來看看以下的一些描述：

　　在車水馬龍的道路上，有許多汽車奔馳而過。某一天，你在街口等朋友，等著等著，你可能開始會注意到這些汽車的廠牌或款式，你也可能會注意它們的新舊或顏色，甚至於你會發現有人開車慢條斯理，有人則是呼嘯而過。於是你在心中默默的數起來，發現在 20 輛汽車當中，某一種廠牌的汽車好像比較多，或是白色最常見。而小車通常色澤鮮豔，大車多半深色居多，甚至於你可能會發現，小車的駕駛是女生的比較多，呼嘯而過的通常都是大車；但是汽車玻璃顏色太深，你看不到駕駛的性別，但是直覺告訴你，玩命的應該都是男生……。

　　在前面的描述當中，其實就有許多統計的概念在裡面，例如：20 就是隨機抽樣得到的樣本數。對於路上奔馳的汽車，我們提到了「廠牌」、「款式」、「大小」、「顏色」這些分門別類的概念，我們同時也用到「速度」、「窗戶玻璃深淺」來描述車輛的不同。最後，我們還把「性別」放進來，做出「小車都是女生居多」的假設主張，甚至於你還可能提出「玩命的都是男生」這樣的推論。

　　先不談為什麼要把某些名詞用「」符號框起來（在變數一節會詳談），我們可以上網查詢一下車商的銷售數據，很快就可以知道哪一個廠牌是否真的比較多，以及哪一種顏色最受人們歡迎，如此就能確認你剛剛數出來的 20 輛汽車當中數目最多的廠牌是不是與銷售數據相符，或是大車多半是深色居多的這個說法是否成立。如果答案相符、說法成立，那真要恭喜你，因為你的觀察結果符合真實狀況。另一方面，如果我們多花一些時間去監理所調查車籍資料，結果真的證明開小車的女性比例居多，同時，接到超速罰單的都是男生，那麼，我們不得不佩服你真是神機妙算、料事如神。因為，你的想法都與事實一致，但如果你學過統計，你並不需要去上網查詢，也不必去監理所調資料，就可以利用抽樣理論與機率觀念「推知」真相為何。

　　前面所描述的這些話，就是統計學。統計不僅與我們的日常生活有關，也更是具有科學家的探索精神。基本上，統計關心的問題是變化（variety），如果人類世界沒有變化，就不需要統計。相對的，就因為這個世界形形色色、一樣米養百樣人，對於變化的趨勢與邏輯的掌握，就需要用到統計，因此統計學就是研究「變異」的一門科學。

　　一般的實務工作者手中都會擁有許多值得分析的資料，或是經過調查獲得具有

分析價值的資料，而科學家為了去瞭解並解釋科學現象或人類行為，也必須藉由資料的蒐集來進行研究工作。當實務工作者或科學家手中擁有了資料（data）之後，就必須利用一套有效的程序來進行資料的整理、呈現、描述與解釋的工作，成為有意義的資訊（information），並進一步從中找到決策的根據，做出判斷與結論來解決問題。如果這些結論經得起考驗，就能夠得出系統化的知識（knowledge），最後得以形成一套具有解釋力與預測力的理論（theory）。這個過程，就是一套以統計方法為核心的量化研究基本程序，如圖 1.1 所示。

　　簡單來說，統計是一套處理與分析量化資料的技術，而探究統計方法的原理與應用的學科，就是統計學（statistics）。統計方法的應用不僅是實務工作者的利器、更是科學研究的重要環節，各種判斷與決策都有賴統計方法的應用，讓我們可以透過資料、掌握資訊、解決問題、建立知識、進而創見理論，因此，就讓我們好好來學習它吧！

圖 1.1　統計學的功能與角色

1.2 統計學發展的脈絡

　　統計的起源可追溯至十八世紀，德國人將「國家應該注意的事實學問」，包括國家的組織、人口、軍隊與資源的記述工作，以德文的 statistika 一詞，正式命名為統計學。換句話說，統計最早是因為統治者對於治理國家的需要而發展出來的一套技術，因此被稱為「政治數學」。由統計（statistic）與國家（state）語出同源來看，就可以明白統計與國家治理的關係。

　　在古埃及時代，王室為了修建金字塔，就曾對全國人民的財產進行調查。在中國，四千多年前的夏朝，《尚書・禹貢》一文記載了當時的中國九州的各地物產、交通、植物特徵等統計資料，以及田地及貢賦分為九等的作法。這種統計技術與十七世紀德國的國情調查非常相似，但中國甚至早了後者近兩千年。到了周朝，在統計方面更為完善，不僅制定了鄉的定期報表制度，在統計方法上還應用了專門調查方法，使用統計圖示及帳冊；當時的中國人就知道統計分組、平均數、相對量數等近代統計方法。

　　雖然起跑點甚早，但是中國始終沒有把歷史悠久的統計工作發展成為一門系統的現代科學。西方的統計學雖然到了十九世紀末葉才真正開始，到了四十年代才逐漸成熟，與當時的自然科學、哲學、數學發展相結合，統計學家們大量引進了概率與數理統計方法，並運用電子化技術來協助進行運算，在統計學領域逐漸獲得領導的地位，直到今日。

　　目前英文 statistics 一詞是由英國數學家 William Petty（1623～1687）從德文 statistika 翻譯而來，說明統計在「專門研究各種數量」，但如果把描述統計的發展視為當代統計學的緣起，那麼十九世紀末的 Sir Francis Galton（1822～1911）和 Karl Pearson（1857～1936）可以說是當代統計學的發展起點。

　　Galton 是著名的演化論者達爾文（Charles Robert Darwin）的表哥，曾為達爾文做過統計分析的工作。1889 年 Galton 以《遺傳學原理》（*Nature Inheritance*）一書，開啟了統計學的大門，該書除了本身的價值外，最重要的影響是引發 Pearson 對於統計學的興趣。在此之前，Pearson 只是在倫敦大學的一個數學老師。1890 年 Pearson 轉赴格里辛學院（Gresham College）教書，在他所開授的《現代科學的範圍與概念》（*The Scope and Concepts of Modern Science*）中，他開始注意統計的原理及對科學研究的影響，並致力於統計理論研究，提出相關係數、標準差等重要的統計名詞，事實上，他最大的貢獻是引發了世人對於統計的重視，改變人們對統計的態度，並說服科學界承認統計是一門學科。

　　接續 Galton 與 Pearson 的努力，另一個重要的學者 Ronald Aylmer Fisher（1890～1962）也出現在統計學名人榜當中，著名的 F 檢定的字首 F，就是他的姓氏的縮寫。1915 年，他發表了統計量的精確分配的論文，將統計史帶入另一個時期，有人甚至把今天所廣為採用的各種統計理論的絕大多數歸功為 Fisher 的成就。例如：他發展出許多樣本統計量的機率分配，推論統計的決策模式也多半在他的手中完成。Fisher 可以稱得上是一個天才兒童，在他很小的時候就已精通三角幾何之類的數學問題。1912 年畢業於劍橋大學，得到天文學的學士學位，1915 年發表令他一夕成名的文章，也開啟統計領域對於樣本統計分配的研究。他的兩本名著《研究者的統計方法》（*Statistical Methods for Research Workers*）和《實驗設計》（*Design of Experiments*）分別於 1925 年和 1935 年出版，對於統計有重大的影響。最大概似估計法（maximum likelihood estimation）觀念的提出，也是歸功於 Fisher，可見得他在統計領域的重要地位。

　　接續父親 Karl Pearson 的傑出貢獻，他的兒子 Egon Pearson 在 1928 年與 Jerzy Neyman 共同發表幾篇重要的論文，探討統計決策的基本問題，例如：第一與第二

類型錯誤，檢定力和信賴區間的觀念。在這期間，實務界開始大量採用統計技術來處理品管問題，興起了抽樣理論與調查方法的研究。Egon Pearson 並修正了 Fisher 早期所留下的問題，完成了今天統計領域所使用的決策理論核心概念。

到了二十世紀末期，電子計算機與電腦的發明與普及，無疑是統計學高度發展的推手，當 SPSS（Statistical Package for the Social Sciences）、SAS、BMDP 等統計套裝軟體出現之後，統計運算更為方便，只要知道應採用何種統計方法，就可以快速得到結果。到了今天，統計成為一門科學方法，其應用範圍遍及自然科學及社會科學的整個領域中的絕大部分，舉凡農業、工程、資訊、商管、經濟、政治、傳播、社會、心理、教育、醫藥、公衛等各領域無不適合採用統計方法進行研究，可見得統計學有其發揮的空間，不僅成為當代盛行的**資料科學**（data science）與**大數據分析**（big data analysis）的核心知識，也是提升科學發展的主要基石。總而言之，統計學是一套讓科學得以實踐並發揮效益的工具，工具必須要有使用的空間及場合，才能見到真正的效益。這個空間，就是學習統計者的舞臺。

1.3 統計學的內容是什麼：從五個例子來看

在社會與行為科學領域中，對於統計方法有幾種基本的應用方式，以下我們將介紹五種常見的應用範例，並同時介紹一些專有名詞，關於這五種範例與專有名詞的相關細節，將在後面的章節詳細討論。

1.3.1 簡單中卻有大道理：描述統計

作為學生的你願意花多少時間來學統計呢？現在的學生究竟願意花多少時間讀書？這些都是老師們十分關心的問題。如果在速食店隨機找 10 個學生來問一下，他們可能會回答一個星期花了大約 7 小時在課業上（平均每天 1 個小時），這樣的答案對於一般的大學生來說可能已經算是不錯的了，有人可能多一點，十幾個小時，也有人平常都不會讀書，除非要考試了。但是如果拿一樣的問題去問 10 位老師，他們可能會認為一個星期花 14 個小時讀書也不為過。

現在，有一位統計老師希望透過科學的方法來瞭解這個問題，他編製了一份簡單的問卷，列舉一些關於統計課程學習的問題，然後透過他的朋友協助發放給選修統計課程的學生來填寫，最後回收了將近 500 份問卷。他發現有 15% 的學生會進行課前預習，45% 的學生會做課後複習，他們練習統計習題的時間，每週平均只有 0.8 小時，但是花了 2.9 小時在使用 EXCEL 或統計軟體來做作業，尤其是當統

計學是選修課而非必修課時，使用軟體做作業的時間越長，學生課後複習的比率越高。這位老師對於研究結果感到驚訝，因為他自己的統計課並沒有使用到電腦軟體，他認為統計知識的建立一定要從演算中學習。他開始思考是否改變教學方式，因為研究數據透露著，有使用電腦來輔助學習統計的學生，似乎對於課程的滿意度較高，也比較樂意在課後自我學習。

前面的例子說明了描述統計的奧妙，它甚至改變了某位老師的教學方式。簡單來說，描述統計（descriptive statistics）是指利用某些簡單的數據來描述一群對象的某些特徵，這個運算後的簡單數據稱為統計量（statistic），例如：平均數、百分比等等，而數據通常來自於一群人、動物、物體或事件，統稱為研究對象。以統計學的術語來說，這一群觀察得到的研究對象就是樣本（sample），而樣本是從母體裡所抽取得到的一個子集合，母體（population）（或翻譯成母群）則是指帶有某共同特徵的一群研究對象的全部。例如：在大學當中修統計學的學生可以是一個母體，因為他們擁有一個共同的特徵，是在大學修一門相同的課。同樣的，在大學當中教統計的老師也可被認為是一個母體，這些老師不論是系上的專任老師或兼課老師，只要是在大學開課教統計學的老師，都擁有共同的特徵，但是助教就不算是這個母體的一部分，因為他們不是老師，而是協助老師教課的人。

描述統計可以說是研究者能夠從手邊資料所得到的最基本的資訊，雖然這些統計量都很簡單，但是卻有大功用，它對我們所蒐集的資料提供我們客觀的摘述，並可以利用圖表來讓人們輕易的理解資料所帶有的訊息，因此又稱為資料視覺化（data visualization）。關於描述統計的相關細節，我們會在第三章至第五章進行討論。

然而，描述統計的功能也是有所限制的，例如：它們無法獲知數據之間的相互關係，也無法瞭解不同狀況下的數據差異的意義。例如：當統計課是必修或選修課時，學生學習的狀況是否「真的」有所差別？使用軟體來協助教學是否「真的」會提高學生的學習興趣？如果僅看粗略的描述統計量，我們並無法得知自主學習與課程的教學方式是否有關，而學生們願意多花時間讀書的確實原因為何也不得而知。所以我們需要推論統計來協助我們。

1.3.2　由小看大、見微知著：統計推論

前面描述統計的例子中，我們曾經舉例：在速食店隨機找 10 個學生調查得知平均每週讀書時間是 7 小時，那麼這句話到底能不能反映大學生的現況呢？也就是說，這 10 個學生的統計數據是否能夠推論到具有相同特徵的所有大學生的這個母

體呢？此外，那位認真的統計老師調查 500 位學生所得到的「*每週平均花費 2.9 小時使用軟體來做作業*」這一句結論，是否就是現在學生學習統計的普遍狀況？

　　描述統計量只能反映我們從一個樣本裡所蒐集的測量數據是什麼，但是無法得知我們沒有掌握的資料會如何。顯然一個樣本所得到的資料並不能代表全體，但是為了得到更全面的結果，研究者必須進行統計推論，從手中所獲得的樣本資訊（掌握已知）來對其所出自的母體得出結論（推論未知），而統計推論（statistical inference）就是利用樣本資訊來推知母體狀態的過程。

　　首先，為了確保樣本能夠反映母體，樣本的獲得必須遵循一定的規則，最常見的抽樣方式是隨機抽樣（probability sampling），也就是從母體中以某種隨機方法挑選成員，母體中的每一個成員都有相同的機率被選擇作為樣本，而且每個被挑選的成員彼此相互是獨立不互相影響，此時所建立的樣本可稱為隨機樣本（random sample）。利用隨機樣本所獲得的資料所計算出描述統計量（例如：10 位學生平均每週讀書 7 小時），得以用來推論母體的狀況，此一被推論的母體特徵被稱為參數（parameter），例如：大學生每週平均讀書幾小時。有很多常見的以描述統計量來推論母體參數的例子：

- 大學畢業新鮮人平均起薪是 28K（從徵才網站的數據推論初入職場者）。
- 上班族每天花 23 分鐘通勤（從某次調查的經驗數據推論一般上班族）。
- 臺灣地區平均每戶成年人數為 2.53 人（從政府訪查數據推論全臺地區）。
- 臺灣民眾每月在便利商店的消費為 8,050 元（從某連鎖超商的數據推論全體）。

　　以上每個數值都是從樣本或某特定資料來源所獲得的描述統計所估計而來的參數。我們不可能去一一詢問每一個大學社會新鮮人的起薪是多少，或是去調查每一個上班族每天花多少時間通勤，因此每個數值都是母體的估計值。至於描述統計量是否能夠準確估計母體參數，取決於抽樣過程與抽取的觀察值數目。關於抽樣方法，以及相關機率問題與估計過程，將在第六章至第八章進行討論。

1.3.3　是事實還是偶然：假設檢定

　　科學家除了想對母體特徵進行瞭解之外，更對事情的因果關係感興趣。為了掌握因果（causality），最好的方式就是進行實驗（experiment）。一般來說，實驗的進行必須先去定義自變數（independent variable; IV）與依變數（dependent

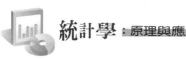

variable; DV）。自變數是指研究者能夠操弄的變數，藉由操弄實驗的不同狀態與水準，觀察實驗受試者（subject）或參與者（participant）的狀況，被研究者預期會被自變數所影響的行為結果就是依變數，又稱為反應變數或應變數。

例如：酒駕是危害民眾安全的行為，因為喝酒會影響駕駛人的反應能力，但是要喝下多少酒精才會影響駕駛呢？如果喝下帶有米酒調味的湯頭是否會影響駕駛呢？政府對於酒駕的定義必須有一個合理的標準才能作為取締的依據，此時就需要進行實驗。如果我們以喝下酒精的多寡為自變數，測量駕駛對於信號的反應速度作為依變數。研究者認為酒精會影響反應速度的這個想法稱為研究假設（research hypothesis）。

為了檢驗研究假設是否成立，科學家挑選一群實驗參與者，將他們隨機分派到幾個不同的組別，然後操弄不同的狀況來進行實驗處理（treatment），例如：讓參與者飲用不同比例的含酒精飲料，最後觀察他們的行為反應靈敏度。之所以要進行隨機分派（random assignment）的目的，是為了確保參與者有相同的機會被分配到各種實驗狀況下，而且參與者被分派到實驗組與其他參與者的分派是獨立的，因此每一組參與者的特徵都十分相似，使得每一組之下的參與者在依變數上的表現，可以被視為是自變數影響的結果。

對於實驗操弄是否影響依變數，需要進行一系列的統計分析與考驗。首先，研究者必須計算每個實驗狀況下，受試者在依變數得分的描述統計量，此一步驟跟一般描述統計量的計算過程完全相同。第二個步驟則是決定不同組別的依變數描述統計量的差異，是否效果大到能夠歸因於自變數的影響，而非偶然性的差異，此一步驟需要使用統計假設檢定（statistical hypothesis testing）。

基本上，任何兩個群組的描述統計量都會存在一些無法預期的差異，稱之為隨機差異（chance difference），即使自變數對於依變數完全沒有影響，隨機差異也會發生於實驗研究中的不同群組當中。假設檢定的原理，就是將實驗中的各群組實際所觀察到的差異，來與隨機差異進行比較，得到檢定量（test statistic）。如果獲得隨機差異的機會很小，而實際所觀察到的差異夠大，也就是當檢定量數值大於研究者所設定的門檻，那研究者就可以得到受試者們在依變數的差異並非是隨機差異的結論，亦即可將觀察值的差異歸因於自變數的效果。為了要決定不同實驗群組間在依變數上的平均數差異是否不是機會所造成，最常使用的統計方法為 t 檢定與變異數分析（analysis of variance; ANOVA）當中的 F 檢定；前者適用於只有兩個組別的平均數相互比較時，後者則可應用在超過兩個組別的平均數差異的比較。

統計假設檢定在學術研究上被廣泛使用，要瞭解它所涉及的概念，需要有描述

統計、機率與抽樣理論的統計知識，這些主題將在第三章到第八章進行討論。接著我們將在第九章與第十章正式介紹統計假設檢定，在第十一章與第十二章開始進行一連串關於實驗設計與變異數分析的說明。

1.3.4　無獨有偶、預測未來：相關與迴歸

　　許多社會科學研究無法以實驗方式來進行研究，例如：性別、年齡、左撇子或右撇子、體重、身高、收入狀況、教育程度等，都是無法進行操弄的**受試者變數**（subject variable）。但是科學家還是對於這些受試者變數與其他相關變數之間是否具關係感到興趣。如果一個變數的改變與另一個變數的改變有關，則兩個變數稱為具有共變關係。例如：如果一個人的學業成績與個人的努力有關係，那麼成績與努力就具有共變關係，這兩個變數的變化具有關聯性，此時可以計算介於 −1.00 到 1.00 之間的**相關係數**（correlation coefficient），作為描述兩組分數的相關程度和方向的統計量。

　　相關係數雖然是一個統計量，但也需要使用統計假設檢定來決定這個係數是否是隨機現象。進一步的，如果兩組分數的相關並非是隨機發生的，那麼我們就可以嘗試從一個變數去預測另一個變數。假設你知道一個人的努力程度，就可以預測他的學業表現，但是以努力程度去預測學業成績到底有多麼準確呢？也就是如何有效的以某個變數的分數去預測另一個變數的分數，必須使用**迴歸分析**（regression analysis）。相關與迴歸分析技術可以說是社會科學領域中最廣泛使用的一種統計技術，例如：下列各種狀況的研究議題與應用範例：

　　⮞ 孩童年齡增長與智力發展的關係（教育學者關心的學習議題）。
　　⮞ 各種廣告投入金額多寡與產品銷售情形（行銷經理關注的業績提升問題）。
　　⮞ 以歷年出生與死亡人口來預測未來的人口數量（政府關心的社會趨勢）。
　　⮞ 製作某項產品需要投入多少成本與人力（企業高層在意的成本效益模式）。
　　⮞ 宿舍的用電量是否逐年增加（校務治理的校務研究課題）。

　　在上面的幾個例子中，我們可以看出以一個變數來進行預測可能是不夠的，因此在進行迴歸分析時必須增加預測變數，稱為**多元迴歸**（multiple regression）。如果被預測的變數是隨著時間而變動，所進行的時間趨勢分析也是以迴歸分析為基礎。關於相關與迴歸的原理，我們將在第十三章與第十四章介紹，然後在第十五章討論多元迴歸分析，第十六章介紹時間序列分析。

1.3.5 此消彼長：交叉分析

每到選舉季節，電視上最熱鬧的新聞之一就屬候選人的支持度調查。我們經常可以聽到某某民調公司以電話訪問臺灣地區 18 歲以上的 1,000 名選民，詢問他們如果明天是投票日，他們是否支持某一政黨的候選人，然後得到一個百分比數字，同時交代抽樣誤差的比例（例如：正負三個百分點），以作為選舉情勢分析的證據。事實上，民調（poll）的分析也是一種統計推論，民調公司所訪問的選民就是樣本，從樣本數據進而推知全體選民的支持意向，此時為了確保樣本能夠代表母體，抽樣過程是其關鍵，樣本越大，**抽樣誤差**（sampling error）越小。

從統計的角度來看，民意調查與前述的統計推論有兩個主要的差異。第一個差異，是民調所使用的變數通常不是反映強度變化的連續變數，而是數人頭的類別變數。連續變數的資料可以計算各種描述統計量，但是類別變數所能夠使用的描述統計量相當有限，通常只有人數的次數資料，或是把人數除以總人數得到百分比。例如：1,000 個選民當中，有 250 人支持甲政黨，有 400 人支持乙政黨，150 人支持丙政黨，其餘則是未表態者，除以總人數之後，就可得到百分比或機率：.25、.40、.15 與 .20。進一步的，民調通常會把選民的投票意向，再就他所屬的政黨別，進行兩者的**交叉分析**（cross analysis），看看不同政黨背景的人是否支持特定的政黨，還是說會有跨政黨的投票意向。例如：偏向甲政黨的選民，理應支持甲政黨的候選人，偏向乙政黨的選民，則應支持乙政黨的候選人，如果有相當比例的選民投向對立或不同的政黨，那麼就有玄機可以探討了。

在統計上，對於類別的次數分配是否具有特殊的比例（例如：一個班級的性別比例是否為 1 比 1），或是兩個類別變數的分布比例是否具有連帶關係（例如：選民自己的政黨傾向與候選人的支持情形），可以利用**卡方檢定**（chi-square test; χ^2-test）來檢驗。由於所牽涉的變數主要是類別變數，因此不需要對於母體分配是否為特殊分配進行假設，因此這一類的統計分析又被稱為**無母數檢定**（non-parametric test）。關於卡方檢定在類別資料的分析方式，以及等級資料的無母數統計檢定，將在本書的最後一章介紹。

1.4 統計學的分類

從統計所涉及的知識內涵與應用方式來看，統計學可分為**理論統計**（theoretical statistics）與**應用統計**（applied statistics）兩個層次。前者所關心的問題是統計的

基本原理與理論內涵，多以數學模式的推導或模擬方法來探討統計的相關問題，例如：數學系所開授的數理統計或機率統計學；後者則強調統計方法如何解決各種研究問題，多涉及研究場域的實徵資料分析與具體研究課題的解決，例如：商管學院所教授的商用統計學，教育與心理領域的心理與教育統計，在生物醫學領域有生物醫學統計學。理論統計與應用統計兩者之間相輔相成，可以說是理論與實踐的關係。

若從統計的內容來看，統計學則可以區分為**描述統計**（descriptive statistics）與**推論統計**（inferential statistics）兩大範疇。描述統計的目的在整理與描述研究者所獲得的數據，以描繪出數據的輪廓與特徵，例如：各種統計量的運算與統計圖表的應用；推論統計的目的則在進行推估或統計假設的檢驗與決策，尋找數據背後的科學意義，所涉及的範圍為估計與檢定，並可以擴展到更高階的模型分析。

如果從統計技術的複雜度來看，統計學可以區分為**單變量統計**（univariate statistics）、**雙變量統計**（bivariate statistics）與**多變量統計**（multivariate statistics）。單變數統計涉及單獨一個變數的處理，雙變數則涉及兩個變數關係的探討，多變量統計則牽涉到多個變數關係的分析。

在自然科學領域（包括行為科學），由於側重實驗研究法，因此衍生出一門與統計分析關係密切的學科，稱為**實驗設計**（experimental design）。實驗設計的內涵除了影響一個實驗進行的程序與方式，更決定了研究的數據如何分析，因此，亦有學者將實驗設計從描述統計與推論統計獨立出來，成為另一系列的統計技術。

不論是哪一種分類，都說明了統計學的內涵包含甚廣，無法用一個單一的分類系統來含括各種不同的統計方法與概念。但是一般來說，除了專門以統計原理為主要學習內涵的數學與統計系所之外，其他各學門對於統計學的探究，主要在於如何配合該學門的特性，有效的執行統計分析以獲得最正確的結果，也就是說偏向方法層面的應用統計。這些學門的應用統計學內容，雖然也會介紹統計的原理與理論，但是主要的內容仍以各種統計技術的介紹為主。我們可以從這些應用統計學的教科書裡的習題與範例中發現，它們多為該領域的具體研究問題，可以明白這些教科書所關注的是統計如何執行與運用。本書定位於社會科學的統計分析，內容除了介紹統計原理，也將強調各種統計的應用策略，希望讀者除了能夠習得統計學的知識內涵，也能夠透過範例與課後習題的練習，更加熟悉統計學的具體應用。

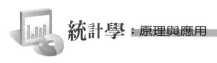

1.5 結語

1.5.1 真的有必要學統計嗎？

前面我們舉出幾種常見的統計分析應用。然而，一個很基本問題是，為什麼我們要關心這些問題？為什麼要使用統計方法？難道沒有其他方法了嗎？

延續前述所說，就因為人類世界充滿變異，每一個人都不相同，那麼描述統計就有其得以發揮之處。然後，透過對於一組樣本典型特徵的描述，例如：年齡、體重、教育程度，進一步去瞭解母體的特徵，可以使用統計來進行推論估計。至於假設檢定，則是在探討變數之間的關係與彼此之間如何相互影響的問題，例如：實驗操弄是否會影響行為表現，瞭解某一種藥物對於人類身體的影響。由於隨機所造成的變異性確實會在我們所觀察到的資料當中存在，因此我們需要統計假設檢定來客觀決定，不同群組間的差異，是否比我們所預期的隨機差異還大，這也是一個科學的命題。

最後，相關與迴歸分析用來檢驗變數之間是否有所關聯，進而利用這個關聯來進行預測的應用。當兩個變數的關聯十分明確，我們即可從一個行為的發生來預測另外一個行為的發生。這些問題的產生全是因為人類世界充滿變化與不確定性，在同樣的狀況下會有不同的行為，因此對於不確定性的消除，即可讓我們掌握更多的規律，改善我們的生活。

另外，隨著資訊社會來臨，數據俯拾即是，資料科學成為當代的顯學，數據處理與分析的能力成為一種基本素養，更凸顯學習統計的重要性。

1.5.2 統計真的有這麼難嗎？

統計真的有這麼難嗎？走在校園中，隨口一問，你會聽到統計學是許多學生的夢魘，因為它是許多科系的必修課，也就是學生口中的「必休克」；事實上，如果問起統計專家，統計學是什麼？真的有這麼難嗎？他一定會告訴你，統計是非常生活化的工具，是一套妙用無窮的分析技術，可以幫我們處理生活瑣事，也可以進行科學研究，它可以很難，但也可以很簡單。那麼問題在哪裡呢？心理學家會說，難的不是統計學，而是心中的焦慮與無知的恐懼，或是過去的負面經驗（例如：數學被當）。只要克服心理因素，勇敢面對，統計即是一門高度實用性的學問。

從實用的角度來看，統計學是一套分析數據、探討數字背後意義的一門學問，因此雖然統計學當中有大量的數學運算，但統計學畢竟不是數學，並不強調推導證明，但統計的學習必須循序漸進，除了機率與基礎微積分等數學基礎知識，學習過

程必須熟悉統計所使用的符號邏輯，然後逐漸從淺而深，由初等統計進階到高等統計，由學理知識逐漸轉換成實用知識，才能落實統計方法的學習。

　　從另一方面來看，統計是一門非常實用的技術學科，它的存在是為瞭解決數據分析的問題，應用過程牽涉各學門研究問題的複雜性，而且數據蒐集決定了統計方法，因而統計的正確運用往往必須配合研究方法的訓練，一些相關學科的學習，例如：實驗設計、調查研究、心理測驗，也會影響到統計的應用能力；當研究者累積越多的研究或統計分析經驗，越能夠整合這些相關知識與技術，妥善處理研究課題。

　　總而言之，統計之所以令人覺得困難，在於統計能力的培養與分析素養的建立不是一朝一夕的工作，統計方法的正確運用，深深影響問題解決與科學活動的內涵與品質；因此，統計是否學得好，真的是一個很重要的問題。但是統計學本身並非深奧難懂，統計的應用也非與我們的生活經驗脫節，關鍵的確只是學習者的心態而已。

　　本書主要的內容在介紹統計的原理與技術，為了便於理解，本書盡可能以通俗的語言來說明統計的概念，並舉出數據來配合說明。讀者熟讀原理與計算方式後，可以就重要概念反覆演練，配合軟體來進行試算驗證（請參考每章課後所附的 EXCEL 電腦小精靈），必能夠對於統計分析與實用技術有一相當的掌握。

本章重要概念

統計學 statistics

資料科學 data science

描述統計 descriptive statistics

推論統計 inferential statistics

理論統計 theoretical statistics

應用統計 applied statistics

單變量統計 univariate statistics

雙變量統計 bivariate statistics

多變量統計 multivariate statistics

課後習作

一、何謂統計學？

二、試說明統計與人們日常生活的關係，以及與你的關係。

三、請說明理論統計與應用統計的差異？在你所學習的專業領域的關係為何？

四、請說明描述統計與推論統計的差別？並請各舉一例說明之。

五、你覺得統計很難嗎？除了課本中所列舉的原因之外，還有沒有其他的原因呢？

chapter

2

變數與測量

2.1 前言

　　統計脫離不了數據（data），數據來自於測量（measurement）。每天早上起床，我們查看「溫度計」來增減衣衫，站上「體重計」決定是否可以吃大餐；上學的時候看看「手錶」決定何時出門；在不同工作崗位的專業人士，更有他們獨特的測量工作，例如：護士用「血壓計」量血壓、體育老師用「碼錶」為學生跑步計時、心理學家用「心理測驗」評估一個人的心理成熟度、政治觀察家也透過「政治溫度計」對政府施政打分數。測量不僅是人們日常生活的一部分，測量得到的數據更是統計分析的核心內涵，數據之間的關聯則是統計決策的依據。

　　以統計的術語來說，人們測量所得到的結果，或是科學家進行實驗所得到的各項數據，都以變數（variable）的形式呈現，在第一章一開始所提到的汽車的描述中提及的「廠牌」、「款式」、「新舊」、「顏色」、「速度」、「性別」都是變數。更具體來說，變數是指被研究對象的某一屬性因時地人物不同，而在質（quality）或量（quantity）上的變化。汽車的廠牌或款式所呈現的是每一輛汽車在本質上的不同，但是車輛的速度則反映了程度與數量上的差異。

　　單一的變數，僅能作為現象與特徵的描述，透過變數之間關係的描述與檢證，我們才能瞭解現實世界的種種情況，發展具有意義的知識與概念。因此，一般實務工作者可能只會將調查結果進行整理後，以圖表來呈現數據的內容與意義，但科學家為了回答複雜的研究問題，不會只去關心單一變數的特性，而會探討多個變數之間的複雜關係。因此，我們必須先對變數的類型與特性有一完整的瞭解。

2.2 變數的特性與類型

2.2.1　變數的基本特性與定義

　　數據的獲得仰賴測量的進行，測量是運用一套符號系統去描述某個被觀察對象的某個屬性（attribute）的過程（Nunnallly and Bernstein, 1994）。此符號系統有兩種表現形式：第一，以數字的形式去呈現某個屬性的數量（quantities），第二，以分類的模式，去界定被觀察對象的某個屬性或特質是屬於何種類型。前者是一個度量化（scaling）的過程，後者則是一種分類（classification）的工作。在多數情況下，人們進行測量工作主要是在進行精密的度量，亦即採用前者的界定，於是測量便與工具（量尺）的選用以及統計分析的應用有密切的關係，這即是很多人常把測

量與統計拉上等號的原因。

　　統計分析的首要工作，是將某個研究者所關心的現象予以「變數化」，也就是把某一個屬性的內容，以變數的形式來呈現。此時，被觀察對象可能是個別的人、一群人的集合、或各種實體對象。科學化的測量，除必須符合標準化（standardization）的原則，也需要注意客觀性（objectivity），亦即測量應不受觀察者的主觀因素而影響其結果，同時其過程應有具體的步驟與操作方法，以供他人的檢驗。

　　在學者的眼中，變數的存在必須有其操作型定義（operational definition）。也就是說，對於一個變數的定義，必須舉出測量該變數或產生該事項所作的操作活動與標準程序，使他人可以參酌依循而得到相同的結果，而非僅是描述變數或現象本身的性質或特徵來進行觀察。例如：一個人的「身高」與「體重」看似尋常，但如果查閱衛福部的指引（https://www.hpa.gov.tw/Pages/Detail.aspx?nodeid=571&pid=883），體重的測量必須是「穿最少衣物並脫鞋於體重計上測量」，身高的測量則是「要脫鞋，受測者雙腳跟併攏，身體挺直，兩眼保持平視」，這就是操作型定義。

　　至於一個人的「肥胖程度」，更需要明確的操作型定義，因為我們不會單純以體重高低來衡量胖瘦，而是採用世界衛生組織所建議的身體質量指數（body mass index, BMI）來評估，計算方式是先測得體重（公斤）與身高（公尺），然後將體重除以身高平方：$BMI = kg / m^2$。國民健康署建議成人的 BMI 應維持在 18.5~24（kg/m^2）之間，超過這個範圍就是太瘦或太胖。

　　再舉一個更抽象的變數：人類的「智力」可以被定義成「與同年齡常模樣本在某認知思考測驗上的得分的百分等級」，或是「以 100 乘以心理年齡與生理年齡的比值」，這兩者都是智力的操作型定義，只是出自於不同的心理學理論觀點。

　　基本上，不論是肥胖程度或智力水準的操作型定義，都是一種約定性定義（stipulated definition）（Mandler & Kessen, 1959），也就是基於使用者的需要、特殊目的或方便性，所做的關於某個概念獲得其實徵資料的過程說明；這種定義方法並無明確的對錯真假，而有能實際操作與觀察的優勢。相對之下，一般人或學者對於各種現象進行描述時，著重於實際意義的描述與辯證，這是一種文義性定義（literary definition）。由於研究者所關心的現象有一定的明確內涵，因此從本質上來說有其一定的界定方式與描述範圍，而不能以研究者之意願來定義，因而文義定義是一種真實性定義（real definition），而非操作型的定義。

　　總之，具有科學精神的測量與統計，在變數化的過程中不僅必須在概念與結果

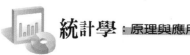

上能夠充分地被表達溝通，研究發現也必須能夠被其他人重製、再現或進一步的延伸或修正。這個溝通傳達與重現開展的實現，除了仰賴文義定義的說明，更重要的步驟，則必須透過操作型定義來完成，因此兩者皆須兼顧完備。一般在學術論文寫作或博碩士論文中，會有名詞釋義一節，目的就是在為研究當中重要或關鍵名詞的內容與定義方式進行說明，如果是量化研究的研究變數，除了會有文義性定義之外，更重要的就是操作型定義的解釋與說明。

2.2.2 變數的內容與類型

2.2.2.1 變數與常數

變異（variety）是統計的根本，而測量與統計是一門掌握變化、研究變異的科學。如果各種事物、現象或特質都呈現一致的面貌，不僅統計學、測量活動，甚至於科學的研究都失去了存在的意義，換言之，統計所關心的是會變動的變數（variable），至於不會變動的常數（constant）一般不是統計分析的重點。

例如：如果全人類每一個人的性染色體都是 XX 或 XY，那麼「性別」即消失在研究者的思維當中；如果每一個人的智愚都一樣，那麼「智商」的比較就沒有意義；如果市場上只有一種品牌單一款式的汽車，開什麼車還有什麼選擇嗎？換句話說，量化研究與統計分析的意義，在於測量過程可以顯示出由於時間的改變或人物不同，所造成各種自然現象或人類行為的變異。

從內涵來看，變數表示某一屬性因時地人物不同的內容。包括兩個重要的概念：第一是其所指涉的屬性（attribute）為何，此一屬性即是研究所關心的現象或特定層面，通常可由變數的名稱來反映。例如：「智商」變數，所指涉的屬性是智力的高低。第二是變數的數值（value or quantities），也就是變數的存在形式，一般皆為數字，即使測量得到的材料包含文字，最終也會轉換成數字。例如：「智商」是一個變數，其存在形式是 100、120、125 等分數，代表個體在「智商」此一屬性的程度；「出生地」也是一個變數，我們的身分證字號[1]的第一個英文字標示出生的地點，例如：A 是臺北市、J 是新竹縣，但如果要進行統計運算或分類整理，可以把這個英文字轉換成數值：例如：A 編碼為 10、J 編碼為 18。這些數值是透過測量過程，以特定的量尺去測得。

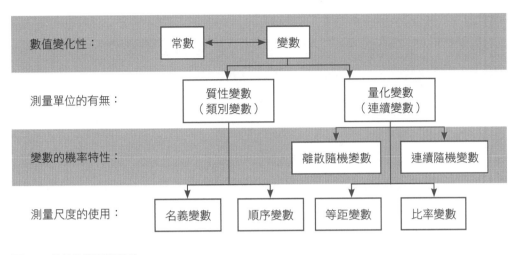

圖 2.1　變數的類型與關係

2.2.2.2　質性與量化變數

在科學研究當中，變數有多種不同的分類方式。從資料的內容來看，如果測量時並未使用特定的度量工具或可辨識的測量單位，變數數值只能反映測量對象的性質、狀態或屬性差異，稱為**質性變數**（qualitative variable），例如：性別、學歷、工作職務、就讀學校、出生地等等，或是汽車品牌、顏色等等。由於質性變數的數值所代表的意義為不同類型，因此又稱為類別變數（categorical variable）。

如果測量過程使用了特定的度量工具，有了具體的測量單位，使得變數中的數值具有強弱多寡的度量意義，稱為**量化變數**（quantitative variable），其數值越大表示強度越強或數量越多，例如：年齡、BMI、每天滑手機的時間、每月薪資等等，或是一臺汽車的馬力、輪胎尺寸、油箱容量等等。由於量化變數的數值具有測量單位而可以進行數學運算，因此又稱為數值變數或連續變數（continuous variable）。

在測量的實務上，質性與量化變數分別由不同水準的量尺（scale）所測得，質性（類別）變數可由名義或順序尺度測得，又稱為名義或順序變數；量化（連續）變數則可利用等距或比率尺度測得，又稱為等距或比率變數，關於這四種尺度與對應的變數類型在下節將詳細介紹。至於質性與量化變數的類型與特性，可參考圖 2.1 與表 2.1 的整理。

2.2.2.3　離散隨機變數與連續隨機變數

值得注意的是，類別變數與連續變數這對名詞，往往會與機率論中以離散尺度所測量得到的離散隨機變數（discrete random variable），以及以連續尺度所測量得

→**表 2.1** 變數的不同類型與測量方式整理表

分類形式	意義與特性	範　例
依測量對象性質區分	**反映測量內容特性**	
質性變數* qualitative variable	反映性質，為分門別類的結果，數值沒有單位與強度意義，又稱為類別變數。	名義的性別、種族、產業、政黨、品牌等；順序的教育程度、職務層級等。
量化變數 quantitative variable	反映程度，為強度測量的結果，數值具有特定單位與強弱意義，又稱為連續變數。	等距的溫度、分數、智商等；比率的度量衡變數、時間、金額、經濟指數等。
依機率特性區分	**反映測量單位特性**	
離散隨機變數 discrete random variable	測量尺度具有最小單位，數值為計數而得的有限整數，適用離散機率分配。	員工數、家戶數、學校數、班級數等。
連續隨機變數 continuous random variable	測量尺度沒有最小單位，數值為連續光譜之無限實數，適用連續機率分配。	度量衡變數、金額、時間、分數等（可求無限小數位數）。
依測量尺度特性區分	**反映測量精細程度**	
名義變數* nominal variable	測量工具為名義尺度或名目尺度。數值反應不同性質，沒有強弱大小數值關係，可進行「＝」或「≠」比較。	性別、學號、種族背景、宗教信仰、產業類型、政黨屬性、品牌名稱等。
順序變數* ordinal variable	測量工具為順序尺度。數值具有特定的大小順序關係，得依序排列，可進行「＜」或「＞」比較。	名次、學測級分、出生序、教育程度、社經地位（高、中、低）等。
等距變數 interval variable	測量工具為等距尺度。尺度具有單位但無絕對零點，0無實質意義，有可能有負值，可進行「＋」或「－」運算。	溫度（華氏或攝氏）、考試成績（分）、智力（IQ）、憂鬱分數等，多為人為創造的變數。
比率變數 ratio variable	測量工具為比例尺度。數值無負數，尺度有單位且有絕對零點，0有實質意義，可進行「×」或「÷」運算。	度量衡變數、年齡、時間等，多為自然界的固有變數，或是財務、金融與經濟指數。
依研究設計區分	**反映因果關係**	
自變數（IV） independent variable	反映前因，通常發生時間在前。又稱為獨變數、操弄變數、受試者變數、預測變數、解釋變數、外生變數。	實驗組別、資金投入多寡、學生就讀學校類型。
依變數（DV） dependent variable	反映後果，通常發生時間在後。又稱為結果變數、被預測變數、被解釋變數、內生變數。	反應時間（秒）、企業獲利能力、學生就業薪資。

註：標示＊者表示變數的數值沒有測量單位或數值強度意義。

到的連續隨機變數（continuous random variable）這一組名詞產生混淆，事實上，這兩種機率變數都具有可計數或可度量的測量單位，甚至數值的發生情形具有特定的機率分配，因此都屬於量化變數。

　　基於機率理論的觀點，連續隨機變數當中的「連續」是指機率分配當中的變數數值是連續性的數值系列，數值之間還有數值而為連續的光譜，如果測量工具足夠精密或測量方式更加精確，變數數值可求得更多小數位數的精密數值。因此，測量內容並沒有一個明確的數值，也沒有最小的測量單位。相對之下，離散隨機變數當中的「離散」是指機率分配當中的變數數值是分立、不連貫的數值，測量的進行是以計數（count）而得，具有最小測量單位，因此所獲得數量資料是固定的精確值（exact number），例如：家庭人數、車禍次數等，數值可以表現強弱與多寡，而非僅能反映狀態的質性類別。

　　一般如果沒有特別說明，統計學所稱呼的類別變數是指無法進行數學運算的質性變數，連續變數則是指具有測量單位而可以反映強度、能進行四則運算的量化變數。至於離散隨機變數與連續隨機變數兩者雖然也簡稱為離散變數與連續變數，但兩者主要是應用在機率理論中，配合機率分配的屬性而存在的兩種可進行四則運算的變數型態。

2.2.2.4　自變數與依變數

　　最後，如果從研究設計的觀點來看，變數的安排可以反映事物間的因果關係，因而可區分為自變數（independent variable; IV）和依變數（dependent variable; DV）兩種角色。自變數即「因」，而依變數則為「果」。在自變數與依變數的對偶配對關係中，自變數可能是由研究者在實驗過程中的操弄變數（manipulated variable），或是研究者不擬解釋其變異而直接給定其狀態的外生變數（exogenous variable），相對之下，依變數的變化主要歸因於自變數的影響，又稱為結果變數（outcome variable），或是被外生變數及其他影響變數所決定的內生變數（endogenous variable）。

2.3 測量的尺度

　　測量是進行資料分析之前的主要工作，資料的性質則決定於測量所使用的尺度（scale）或層次（level），因此測量尺度的判斷與選用，可以說是決定量化研究品質的先行因素。統計學者 Stevens（1951）依不同測量方法的數學特性，將測量尺度分成四種類型：名義、順序、等距和比率，茲介紹如後：

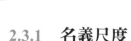

2.3.1　名義尺度

名義尺度（nominal scale）的測量，係針對被觀察者的某一現象或特質，評估所屬類型種類，並賦予一個特定的數值。由名義尺度所測量得到的變數，稱為名義變數。例如：性別（男、女）、籍貫（臺北市、新竹市等等）、種族（本省、外省、原住民）、婚姻狀態（未婚、已婚、離婚、喪偶等）、就讀學校等等，是一種具有分類功能的測量方式。

以名義尺度測量得到的名義變數中，每一種類別以一個數字來代表，變數的數值僅代表不同的類別，而沒有任何強度、順序、大小等數學上意義，數值可以任意互換、調整而不影響其狀態。名義尺度必須符合兩個原則，第一是互斥（mutually exclusive），不同類別之間必須完全互斥，沒有交集或重疊；第二是完整（exhaustive），測量尺度的分類必須包括所有的可能性。這兩個原則若有違反，將造成資料調查者或填答者的困擾。因此在進行測量工作之前，建立一套適當的分類架構（classification scheme）是使測量工作順利進行的重要工作。例如：宗教信仰的測量，國內多樣化的宗教型態，從特定的宗教類型，例如：佛教、道教、一貫道，到比較模糊的民間信仰，即使是宗教學者可能都有不同的界定，因而如何清楚明確的區分不同的宗教類型，減低類別的模糊性，使填答者能夠清楚的選擇一個正確的反應，成為一項重要的挑戰。

2.3.2　順序尺度

順序尺度（ordinal scale）的測量，指對於被觀察者的某一現象的測量內容，除了具有分類意義外，各名義類別間存在特定的大小順序關係。以順序尺度測量得到的變數稱為順序變數，例如：大學教授層級（教授、副教授、助理教授、講師）、教育程度（研究所以上、大專、高中職、國中、國小及以下）、社經地位（高、中、低）等，皆屬以順序尺度所測得之順序變數。

在順序尺度的測量過程當中，每一種類別以一個數字來代表，這些數值不僅代表不同的類別，且需反映不同類別的前後順序關係。名義尺度在指定類別的數值時，可以依研究者的需要任意指定，但是順序尺度的數值分配則需考慮順序關係，研究者僅可選擇升冪或降冪來排列不同的順序類別，不能任意指定數值給尺度中的不同類別。順序尺度所測得的數值雖具有順序的意義，但是由於沒有特定的單位，除了大小順序之外，數值並無數學邏輯運算的功能與意義。

以順序尺度來進行測量，互斥與完整兩原則仍需遵循，否則仍將造成資料調查

者或填答者的困擾。值得注意的是，由於順序變數與名義變數所處理的資料以分立的類別為主，在統計分析過程中，兩者均因不具備特定單位，而須以類別變數的方式來處理。

2.3.3　等距尺度

等距尺度（interval scale）或稱間距尺度的測量，係針對被觀察者的某一現象或特質，依某特定的單位，測定程度上的特性。等距尺度測量得到的數值，除了具有分類、順序意義外，數值大小反映了兩個被觀察者的差距或相對距離。以等距尺度測量得到的變數，稱為等距變數，其數值兼具分類、次序和差距的意義。例如：以溫度計量出的「溫度」、以考試決定的「學業成績」、以智力測驗測得的「智商」等。

等距尺度是一種具有特定單位的度量工具，因為具備了標準化的單位，才能確定不同的測量值的差距（相差多少個單位）。在社會與行為科學研究中，等距尺度是最常被使用、且最重要的一種量尺，因為許多社會現象或心理特質的測量，不能僅僅單純進行分類或排序，而是需要精確的測量其程度，才能對其內容加以詳實的描述與反應。例如：要研究「自尊心」，需要使用等距量尺，對不同的被觀察者加以測量，分數的高低反映出自尊心的程度，並進而比較個體間的差異。另一個更重要的原因，是因為以等距尺度測量的結果，數值可以進行數學運算，計算出各種不同的統計數，以進行後續的統計分析，此點只有具有單位的尺度可以達成。

等距尺度的一個重要特性，是其單位只有相對的零點，而無絕對的零點。絕對零點係指未具備任何所測變數的屬性，絕對零點的 0 即表「空」、「無」。等距尺度所使用的單位，多以人為決定，基於測量方便性，而使用相對的零點，當測量值為零時，並無一個絕對的意義，並非指未具任何所測變數的屬性，例如：氣溫為 0 時，並非無溫度，而是指就該測量工具而言，得到零個單位的意思，它仍具有所測變數的某種屬性。某科考試 0 分，並非指學生在該科能力上毫無能力，而是指得到 0 個單位的分數。相對零點的使用，使得數值與數值的比值，僅具有數學的意義，而缺乏實徵的意義，研究者應避免直接取用兩個等距變數的數值相乘除比較。

2.3.4　比率尺度

當一個測量尺度使用了特定單位，同時又具有一個絕對零點，稱為比率尺度（ratio scale）。比率層次的測量，可以說是具有真正零點的等距尺度。例如：身高（公分）、體重（公斤）、工作所得（元）、年齡（歲）、住院日數、受教育年

數等等變數，都是以比率尺度來測量得到的比率變數。在研究實務中，許多變數與特定的人口特徵或社會現實有關，測量尺度不但具有單位，單位的使用有一公認標準與意涵，而且多有絕對零點，因此比率變數具有實務上的應用價值。

比率尺度即因為具有絕對零點的測量單位，數值與數值之間除了具有距離以反映相對位置，同時數值與數值之間的比率具有特定的意義。例如：年齡變數，80歲比40歲老了一倍，即如同40歲比20歲老了一倍，這幾個年齡數值都是從一個有絕對意義的0起算（例如：80=80−0，40=40−0，20=20−0），因此所計算得到的倍率「2」，具有可比較性：

$$\frac{80}{40} = \frac{40}{20} = 2$$

等距尺度由於沒有絕對零點，數值與數值之間的比值沒有特定的意義。以華式溫度為例，$132°F$ 與 $66°F$ 的比值以及 $66°F$ 與 $33°F$ 的比值雖均為2，但是由於華式溫度計的起始值並非為0，比率「2」僅為一個數學符號，此一比值不能解釋為兩者的溫度比為兩倍高。

$$\frac{132°F}{66°F} \neq \frac{66°F}{33°F}$$

如果以冰點為起始點（華氏溫度計的起始點為 $32°F$），上述兩組溫度的比值的實際意義為2.94與34，即以冰點為準，132度是66度的2.94倍高，但是66度是33度的34倍高。前面所計算的2僅是數字上的兩倍（或是以 $0°F$ 為零點所獲得的比值），但以 $32°F$ 零點來計算的比值又似乎令人無法理解其意義。也就說明了，缺乏絕對零點的比值，其實際的意義無法以數學的比率來表示。

$$\frac{132°F−32°F}{66°F−32°F} = 2.94$$

$$\frac{66°F−32°F}{33°F−32°F} = 34$$

2.3.5　測量尺度的比較

如前所述，名義尺度只能將被觀察的現象或特質加以分類，故名義變數的數值，僅具相等（＝）或不等（≠）的數學特性。至於順序尺度，由於能將現象或特質排列順序或比較大小，故順序變數的數值，除具有相等（＝）或不等（≠）的特性之外，還有大於（＞）與小於（＜）的關係。等距尺度所測量得到的等距變數，

→**表 2.2**　四種測量尺度的數學特性比較

測量層次	數　學　關　係			
	= or ≠	> or <	+ or −	× or ÷
名義測量	√			
順序測量	√	√		
等距測量	√	√	√	
比率測量	√	√	√	√

其數值反映被觀察現象或特質的程度大小，因此其數學特性在名義與順序之外，尚能進行加（＋）與減（－），反映相對位置的距離關係。而比率尺度因有絕對零點，除能求出相對差距外，還可估計出相差倍數，故還有乘（×）與除（÷）的特性。各種測量尺度的數學特性比較如表 2.2。

　　基本上，不同層次的測量有其相對應的分析與處理方法，因此取用測量的層次的決定，對於研究的進行是相當重要的決策過程。特定的測量尺度，產生特定的變數類型，亦有特定的統計分析方法。依表 2.2 以數學特性的分類可知，測量尺度具有層次性，社會與行為科學的研究者，除了因為資料的類型無法自由決定，例如：性別、出生地等人口變數，多數研究者均尋求高層次的測量尺度來進行測量工作。

　　高層次的測量尺度的優點除了精密度較高之外，也具有良好的計量轉換能力。高階測量尺度可以轉換成低階測量變數，但是低階測量尺度，無法提升為高層次的資料。例如：身高以公分來測量時，是一個比率尺度的應用，它可輕易的轉換成為高、中、低三組的身高，成為一順序變數，甚至名義變數。如果研究者一開始在問卷中即以順序尺度來測量一個人的身高，將被觀察者的身高依一定的標準歸類為高、中、低三組中的一組，日後研究者即無法擁有以公分為單位的身高變數。

　　在測量層次與統計方法的選用上，一般而言，適用於低層次的資料（例如：名義變數）的統計方法，亦適用於較高層次的資料（例如：等距與比率變數），因為較高層次的資料，均具有較低層次資料的數學特性。但是高層次的資料若以較低層次的統計方法來分析時，資料並未充分運用，造成測量精密性的損失與資源的浪費。

　　高層次測量變數的另一個優點，是其統計分析方法的選擇性較多，這是研究者傾向於使用高階量尺的重要原因。值得一提的是，等距尺度與比率尺度的差異在於零點的特性，但在研究過程當中，研究者重視的是如何將變數數值以特定的公式進一步轉換成各種統計數，進行描述或推論，零點的意義並非統計方法與資料處理所關心的問題。因此一般研究者並不會特別去區分等距與比率尺度，而將兩者一視同仁，以相同的資料分析與統計方法來處理。

2.4 測量的實施與問卷調查

2.4.1　測量與資料蒐集

為了獲得數據，建立變數，研究者必須編製問卷或發展量表，利用調查方法來獲取受訪者的意見，或是利用實驗儀器來進行測量，此時所獲得的數據稱為**原始資料**（raw data）。如果資料可以從其他管道獲得（例如：政府提供的公開資料、統計報告、研究機構所釋放的數據等等），或是生活周遭所能獲得的數據（例如：企業營運與生產過程所產生的相關數據、學校辦理考試的成績等等），如果經過有系統的整理，也可以加以分析，稱為**次級資料**（secondary data）。如果數據透過資訊設備不斷累積匯入，或其規模龐大（例如：臺灣衛生單位所建置的健保資料庫），甚至必須動用多臺電腦來進行彙整處理或平行作業，又被稱為**巨量資料**（big data）。

到了數位科技發達的今天，大量數據的**資料倉儲**（data warehousing）與**資料採礦**（data mining）應運而生，**線上即時分析**（on-line analytical processing, OLAP）的需求殷切，使得巨量資料分析已成為統計專家的另一項挑戰，甚至形成**資料科學**（data science）這一門新興的學科，而統計可以說是其中最關鍵的環節。

一般來說，社會科學研究者或實務工作者會自行發展結構化的測量工具來獲取統計數據，不論是心理測驗、量表或自編問卷，研究者必須審慎進行前置作業。除了擬具題目之外，研究者多會預設受測者回答的內容或範圍，設定題目的選項（也就是測量的尺度），如果是帶有特定選項的題目稱為**封閉式題目**（close-ended question），受測者完全依據研究者所提供的有限選項來作答。相對的，有些題目的答案是分布於一定的範圍內，無法指定選項，即使強制指定選項，可能造成題目過度冗長，因此採用開放式的作答方式，例如：家中人口數、居住縣市等等，此類問卷稱為**開放式題目**（open-ended item）。開放式題目可以再細分為數字型問題以及非數字型問題，前者多屬連續量尺，由受測者直接填入數字，後者則類似於問答題，例如：文字型問題，由受測者填入可能的文字，或是一些繪圖反應等[2]。

不論是封閉式或開放式題目，基於測量的目的，研究者必須能夠將所欲測量的特質程度差異以數字形式來表現，即使是文字型態的測量題目，為了計量分析的目的，也必須利用特定的編碼方式，將非數字性的反應編碼成數字型態，才能加以分

---

2 由於測量工具的發展並非本書的重點，有興趣的讀者可以參考本書作者所撰寫之《量化研究法（三）：測驗原理與量表發展技術》（第二版），2018 年由雙葉圖書公司出版。

析。換言之，經由測量過程所得到的資料，都必須轉換成數值形式，從最簡單的二分勾選式的類別尺度（例如：是非題與性別選項等）到複雜的多點尺度（例如：年級別與居住地等）都有可能。

　　值得注意的是，有些類別勾選題可以改變形式，成為非封閉式的量化題，直接以開放數字的形式對於題目內容加以度量。反之亦然，有些變數可以直接測量其強度數量，但為了便利調查而改成類別勾選題型。從統計的觀點來看，這兩種型態的測量數據層次不同，精密度有別，所適用的統計方法也就不同。例如：月收入的測量可以為下列二者：

　　A：您的月收入：□三萬以下（兩萬九以下？）　　□三萬至四萬九
　　　　　　　　　　□五萬至九萬九　　　　　　　　□十萬以上
　　B：您的月收入約_____萬_____千

　　問法 A 屬於類別選擇題，僅可得到數值數量有限的類別變數；問法 B 為開放型數字問題，可得到數值變異度較大的連續變數。前者雖有便於實施與作答的優點，但缺點是測量精密度不高、統計運算的彈性有限，數字型的開放式問題由受測者自行填寫答案，而不受限於研究者所限定的格式，可以提高變數的變異量與測量的精密度。在進行分析時，不僅可以計算出平均數、標準差等統計量數，也可以適用於較多的統計分析技術。如果研究者的目的並不在於精確與分析，而是謀求快速累積資料與呈現，可利用類別選項來進行調查（例如：電話民調或消費行為調查等），相對的，如果研究者想要充分掌握數據變化的趨勢與關係、發展高階的統計分析，則應盡量使用連續性的強度測量。

2.4.2　資料的數位化

　　拜科技發展之賜，數位化的研究資料處理與分析模式，已完全取代人工作業；因此，原始資料蒐集完成後，接下來的查核整理與分析工作可以由電腦來代勞。電腦化的數位資料處理必須依賴嚴謹的編碼、輸入、檢查的程序，才可能降低錯誤的發生。此外，經過初步整理的電腦化資料，還需經過適當的轉換，才能作為統計分析的數據。

　　建立電腦化資料最簡單直接的方法，是使用文書處理軟體（例如：記事本或EXCEL），將原始資料逐一輸入電腦，或是由其他資料來源轉成 .txt、.csv、.xls等副檔名的資料格式，例如：以 EXCEL 建立的資料庫（如圖 2.2 所示）、由

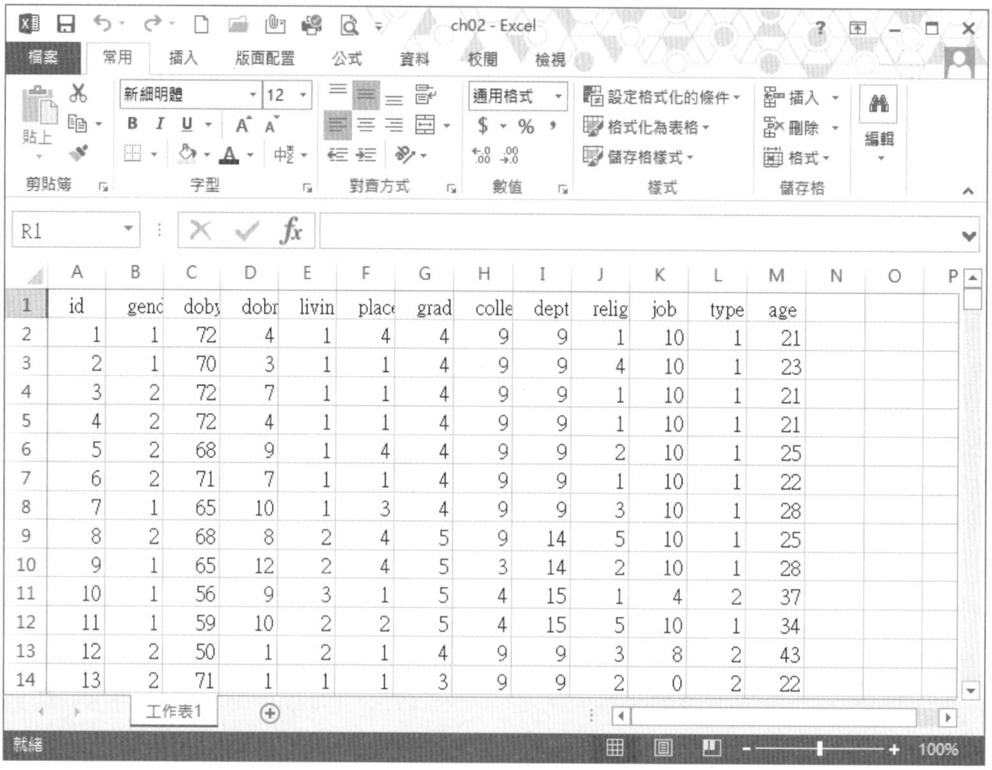

統計學：原理與應用

圖 2.2 以EXCEL建立資料檔的畫面示意圖

Google 表單蒐集的資料、光學掃描器讀入的數據、從網路伺服器或 MS-SQL 等資料庫擷取讀入的資料。其中，以記事本所儲存檔案資料格式或以 .csv 副檔名（以逗號分開）儲存的資料為較低階 ASCII 檔案，不但可以直接查閱或修改資料內容，也可以輕易轉入統計軟體進行運用。

　　由於目前微軟的文書處理工具（OFFICE）非常普及，其中 EXCEL 的資料管理功能強大，與統計軟體的相容性很高，幾乎所有的統計軟體皆能輕易讀取 EXCEL 的 .xls、.xlsx 檔案，因此多數研究者與大型資料庫都使用 EXCEL 建立數位資料庫。

　　值得一提的是，EXCEL 的工作表單除了可以進行多樣化的資料運算整理之外，還附有相當多的數學函數與數學運算功能。此外，EXCEL 當中的增益集提供了統計分析模組（如圖 2.3 的資料分析對話框），足以應付資料處理與基本描述統計之所需，因此非常適合作為實務上的資料處理與初學者進行基礎統計分析學習之用。本書各章最後的電腦小精靈即是利用 EXCEL 來進行各章內容實作的示範說明。

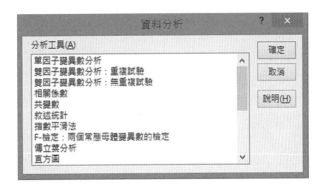

圖 2.3　EXCEL 的資料分析對話框

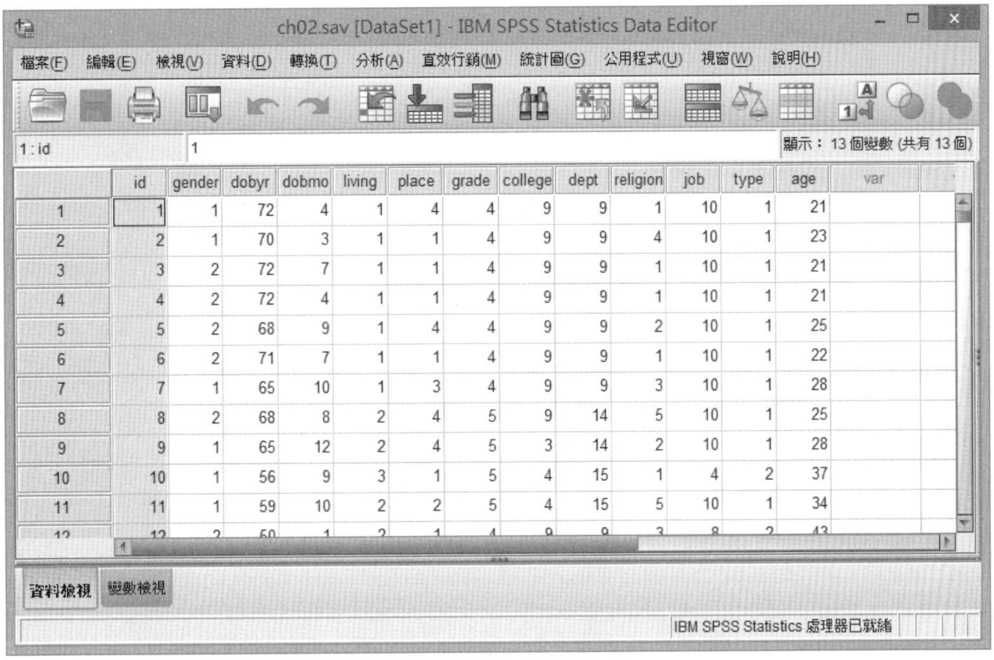

圖 2.4　以SPSS建立資料檔的畫面示意圖

　　另一種方法則是直接使用統計軟體來建立資料檔，例如：SPSS 的資料視窗可以直接輸入資料，並在變數視窗進行變數的定義與格式設定，如圖 2.4 所示。其最大的優勢是直接可以銜接統計軟體進行資料管理與資料分析，不需要進行額外轉換。

　　專業的統計軟體例如：SAS、SPSS、STATA、EVIEWS 必須付費購買或租賃，因此許多人選擇使用免費軟體，例如：R 就是非常方便取得且功能強大的統計軟體，甚至可以作為計算機使用（如圖 2.5），但是操作 R 必須自行編寫程式，擴充

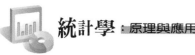

圖 2.5　R軟體開啟畫面與統計運算功能

模組也得自行下載安裝，因此使用者必須具備一定的程式語言能力與資訊素養。應用這些套裝軟體，資料分析作業得以更快捷、便利與精確的進行，但是事前仍有賴一套縝密的編碼、鍵入前置作業，以及研究者細心的偵錯與檢查，使得各種問題得以在第一時間即獲得處理。

　　一旦資料分析完成，整個研究也接近尾聲。只要研究報告完成，整個研究工作的本身也就大功告成。有趣的是，有許多研究者懂得如何執行統計分析，也能夠瞭解統計報表的意義，但是卻不知如何把分析結果寫成流暢易懂、符合學術規範的文字報告。尤其是入門的研究者，缺乏撰寫研究報告的經驗，使得辛苦獲得的研究成果，無法有效的呈現在眾人面前，殊為可惜。

　　相對的，一些資深的、熟習統計術語的研究人員，不僅可以洞悉統計報表背後的玄機，並且能夠巧妙的運用文字的力量，有效的整理研究發現，並加以詮釋。因此，在大學研究所的訓練課程當中，獨立研究的訓練是很重要的一環，許多系所明訂學生必須在學術會議或學術期刊發表一定的論文數目才能獲得學位，目的就是在

磨練學生在研究執行與研究報告的整合能力。

　　值得提醒的是，套裝軟體的發展固然提供了研究者便利，但是高科技並不代表精確與正確，同時許多研究者及學生也產生了對套裝軟體的依賴性，造成了負面的影響。許多學者將電腦科技與套裝軟體比喻為一個黑箱（black box），意味著在技術的背後潛藏著一些未知的危機。同時，當人們倚賴高科技設備來進行統計運算之時，對於整體概念的統整與操作技術的建立，即有負面的影響。

　　由於依賴套裝軟體，許多學生忽略甚或逃避各種統計程式理論基礎與計算方法的理解，因此無法正確判斷統計方法的使用時機，電腦報表的判讀亦可能存在偏差與誤用。因此，教師在教授相關科目時，宜以基礎概念的建立為主，計算與演練為輔。在初學階段，避免過度使用套裝軟體，而能確實建立穩固的分析知識與統計原理，軟體的應用練習，配合獨立研究或實作最為適宜。當學習者能夠在方法原理與分析技術不斷精進，同時累積資料處理分析的經驗，配合軟體的使用，如此才能將科技的助益有效的發揮。

本章重要概念

測量 measurement
變數 variable
操作型定義 operational definition
文義性定義 literary definition
質性變數 qualitative variable
量化變數 quantitative variable
類別變數 categorical variable
連續變數 continuous variable
離散隨機變數 discrete random variable
連續隨機變數 continuous random variable

自變數 independent variable; IV
依變數 dependent variable; DV
名義尺度 nominal scale
順序尺度 ordinal scale
等距尺度 interval scale
比率尺度 ratio scale
原始資料 raw data
次級資料 secondary data
巨量資料 big data

課後習作

一、何謂變數？不是常數就是變數的說法正確嗎？

二、質性與量化變數的差異為何？數學上兩者有何異同？

三、自變數與依變數的意義與關係為何？在研究上有何特殊意義？

四、請說明名義、順序、等距、比率四種尺度的異同，並各舉出一個例子。

五、試舉出一種你聽過或你曾使用來進行數據處理與資料分析的軟體。

chapter

3

次數分配與統計圖表

3.1 前言

　　常下廚的朋友一定很瞭解，從市場採買完回到家的第一件事，是將新鮮食材一一取出分門別類，該冷凍的送冰箱，該醃製的加醬料，用不著的部位清乾淨，缺了什麼趕快去便利商店購買，這些前置作業馬虎不得，否則食物腐壞浪費事小，讓人吃壞肚子才麻煩。做飯燒菜如此，作學問亦然。

　　研究者在數據產生或數據蒐集完成之後的第一步，是要對研究資料進行清理整備，整理成圖表形式來描繪數據特性，瞭解資料分布的高矮胖瘦，進行資料檢查，看看有無不尋常之處。一個能夠正確善用統計圖表的研究者，不僅讓人覺得她／他的統計很棒，還可以吸引眾人目光，引導話題與決策方向，成就「一張圖表勝過千言萬語」的境界，這不僅是因為統計圖表用途多元，更重要的是統計圖表是資訊傳遞與溝通表達的重要統計工具，易懂好學，又容易創新變化。

　　例如：現在有 20 名學生，考試成績如下：

$$85 \、 84 \、 79 \、 87 \、 81 \、 81 \、 83 \、 89 \、 81 \、 81$$
$$77 \、 84 \、 90 \、 82 \、 81 \、 89 \、 86 \、 82 \、 86 \、 82$$

　　從這些得分中，大致可以看出最高分為 90 分，最低分是 77 分，但是分數的詳細分布狀況，卻難以從這些數據中看出，如果將這些考試分數以次數分配表的形式整理，再利用統計圖來加以呈現，則是一目了然。

　　在過去沒有電腦的時代，統計資料的編表製圖，都必須以人工的方式進行，逐一清點、劃記、編碼、過錄到紙上，最後才能得到次數分配表，進行製圖工作。在科技發達的今日，次數分配表與統計圖可以輕易的由電腦來製作，研究者只要一五一十的將原始資料輸入電腦，或直接以網路問卷等數位工具蒐集資料，將資料倒入統計軟體或文書處理軟體，不消幾分鐘就可以得到一幅幅美觀精緻的統計圖表。然後把這些圖表貼上簡報，就可以站上講臺，解讀這些圖形的特性與意義。以下，我們就分別來介紹次數分配表與統計圖的原理與製作。

3.2 次數分配

　　顧名思義，次數分配（frequency distribution）是觀察數據的分布情形，經過有系統的整理之後，以表格形式呈現，因此又稱為次數分配表。由於變數有類別與連續之分，因此次數分配的製作過程也略有不同：類別變數的數值是離散的類別（水

準），次數分配表十分容易製作，連續變數則需考量變數數值的全距，多半需要加以分組才能製表，但是製作完成之後的用途比類別變數來的廣泛，分別介紹如下。

3.2.1　類別變數的次數分配表

次數分配表在於類別變數的資料整理與呈現扮演重要功能，主要是因為類別變數沒有測量單位，必須先從各組類別發生次數的整理，才能進一步執行後續的統計分析與應用，例如：第 17 章的無母數檢定有多種關於類別變數（名義尺度與順序尺度資料）的次數或等級檢定，都是建立在次數分配表的基礎之上。

3.2.1.1　次數分配表（單變量）

類別變數主要是由名義或順序尺度測量而得，數值反映不同屬性或順序的類別，因此次數分配表直接把各類別的發生次數加以整理列表摘述即可，因此又稱為摘要表（summary table）。表格包含兩部分：第一是變數資訊，置於表格左側，除了變數名稱，也需列出各類別的數值與標籤；第二是次數或頻率（frequency），置於表格右側，通常會有一些延伸的統計量，例如：累積次數（cumulative frequency）、相對次數（relative frequency）、百分比（percentage）或累積百分比（cumulative percentage）。

例如：表 3.1 列出某便利商店 50 筆消費型態的次數分配，變數名稱為「消費型態」，包含四個類別（$k = 4$）：1. 日用品、2. 飲料食物、3. 報章雜誌、4. 繳費服務，數字代表各類別的編碼，標籤則說明各類別的內容，次數分別為 22、10、13、5，總計為 50，換算成百分比為 44%、20%、26%、10%，總計為 100%。

表中同時列出了累積次數與累積百分比，編排方式是由第一個類別依序向後累積而得。值得注意的是，根據學術規範（例如：APA 格式），統計表中的百分比數值不需加註 % 符號，另外，如果數值是介於 0 至 ±1 的小數值，可以省略小數點前的 0，例如：0.44 可寫作 .44。

→表 3.1　便利商店消費型態調查次數分配表

類別	次數(f)	累積次數(cf)	相對次數(rf)	百分比(%)	累積百分比(c%)
1. 日用品	22	22	.44	44	44
2. 飲料食物	10	32	.20	20	64
3. 報章雜誌	13	45	.26	26	90
4. 繳費服務	5	50	.10	10	100
總計	50		1.00	100	

→**表** 3.2　帶有遺漏值的類別變數（教育程度）次數分配表

	類別	次數	百分比%	有效百分比%	累積百分比%
有效的	1. 小學以下	8	3.1	3.2	3.2
	2. 國中	17	6.5	6.8	10.0
	3. 高中	65	25.0	26.0	36.0
	4. 大專	140	53.8	56.0	92.0
	5. 研究所	20	7.7	8.0	100.0
	合計	250	96.2	100.0	
遺漏值	9	10	3.8		
	總計	260			

　　一般而言，類別變數當中的類別數量不會太多，因此可以依照原來的編碼方式逐一列於次數分配表，標示各類別的發生次數。但是如果類別數量太多，例如：臺灣各鄉鎮市的便利商店數量、世界各國奧運比賽獎牌數量，除非有其必要或不可更動，建議先行組織、整併各類別成為有解釋意義的較大類別，或將表格分割成幾個次表，以免造成表格太長、太大不利檢視。

　　值得注意的是，某些統計軟體會特別針對遺漏值加以標示，因此在製作次數分配時也會特別加以處理，例如：表 3.2。所謂的遺漏值（missing values），是指缺失資料、無效數值、或是無法辨識、歸類的答案而不無法納入分析的數據，在編碼時並不是把這些資料留空白或刪除，而是給予特殊編碼，例如：9、99、998、999，將無效資料歸入一個或多個遺漏類別中，並在系統中設定為這些類別編碼是遺漏值。

　　製作次數分配時，帶有遺漏設定的變數類別會區分成有效與遺漏值類別，被歸屬於遺漏類別的各水準都視為無效資料。至於在頻率欄位中，除了原來的次數分配之外，另外會列出有效百分比次數分配（valid percentage frequency distribution），是由各水準的有效次數除以有效總數（扣除無效的遺漏次數）乘以 100% 所得到的百分比分配。如果資料沒有任何遺漏值，有效百分比分配即等於百分比分配。

　　以表 3.2 所列出的教育程度次數分配為例，遺漏值編碼為 9，次數為 10，占包括遺漏值的全體觀察值（總計 260）的 3.8%，有效資料的總計是 250，占全體觀察值的 96.2%。如果扣除遺漏值之後來計算百分比，則列於有效百分比一欄中。以次數最多的眾數 4. 大專為例，觀察次數為 140，占全體的 140/260×100=53.8%，但有效百分比則為 140/250×100=56%。

3.2.1.2　列聯表（雙變量）

　　前面的次數分配僅列舉單一類別變數的次數分布，因此稱為單變量次數分配。如果今天要同時呈現兩個類別變數的分布情形，可製作雙變量二維次數分配表，稱為列聯表（contingency table）。其中一個類別變數置於橫列，稱為列變數（row variable），另一個置於縱欄，稱為欄變數（column variable），兩變數各自的次數分配分別列於表格的邊際，因此稱為邊際分配（marginal distribution），至於兩個變數聯合發生的交集次數則列於細格（cell），稱為細格分配（cell distribution）。如果列變數有 k 類，欄變數有 l 類，將會有 $k \times l$ 個細格，稱為 $k \times l$ 列聯表。由於細格次數反映兩個變數各類別交錯發生的情形，因此又稱為交叉表（cross-table）。

　　以表 3.1 的消費型態（k=4）為例，若再納入支付方式（l=4），將可得到一個 4×4 的列聯表，範例數據如表 3.3 所示。表 3.3 的各橫列呈現不同的消費型態（列變數）的次數，最右側為消費型態的（邊際）次數分配，數據內容與表 3.1 相同，次數最多的是 1. 日用品，占 44%；欄變數則是「支付方式」，各欄下方的次數構成了支付方式的（邊際）次數分配，次數最高的是 2. 悠遊卡，占 36%；中間的 16 個細格列出了兩個類別變數交集次數，亦即聯合次數（joint frequencies），次數最多的是「載具支付日用品」，細格次數為 9，占全體的 18%。

→**表 3.3**　便利商店消費型態與支付方式列聯表

支付方式	1.現金		2.悠遊卡		3.載具支付		4.信用卡		總計	
消費型態	次數	%	次數	%	次數	%	次數	%	次數	%
1. 日用品	2	4	7	14	9	18	4	8	22	44
2. 飲料食物	0	0	5	10	5	10	0	0	10	20
3. 報章雜誌	6	12	5	10	2	4	0	0	13	26
4. 繳費服務	4	8	1	2	0	0	0	0	5	10
總計	12	24	18	36	16	32	4	8	50	100

　　值得注意的是，細格次數的百分比有三種計算方式：總計百分比（total percentage）、橫列百分比（row percentage）、縱欄百分比（column percentage），前者的性質是聯合機率，後兩者是條件機率：

■ 總計百分比（聯合機率）T%＝（細格次數/總次數）×100%

■ 橫列百分比（條件機率）R%＝（細格次數/橫列次數總計）×100%

■ 縱欄百分比（條件機率）C%＝（細格次數/縱欄次數總計）×100%

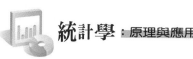

以細格次數最高的「載具支付日用品」為例，總計百分比 $T\%$ = (9/50)×100% = 18%，此一數值即為「消費型態」與「支付方式」發生在以「載具支付」購買「日用品」的交集，亦即聯合機率（joint probability）。橫列百分比 $R\%$=(9/22)×100%=40.9%，此即在購買「日用品」的 22 人當中，以「載具支付」的條件機率（conditional probability），相對之下，縱欄百分比 $C\%$ = (9/16)×100% = 56.3%，表示使用「載具支付」的 16 個消費者當中，購買「日用品」的比例，也是條件機率的性質。關於機率的原理介紹與應用方式，我們將在後續章節詳細說明。

一般而言，如果沒有特別宣告，列聯表中的百分比分配以總計百分比來表示，藉以維持欄、列、細格的百分比數值一致性。但如果研究者特別關心某種計算方式，則可使用不同的百分比計算公式，但必須在標題當中或表格下方以註解說明百分比的性質。尤其是當表中同時列出一種以上的百分比數據時，如何加以標註而不致造成讀者混淆，必須審慎處理，換言之，除非有必要，應保持列聯表的簡潔與一致，確保圖表的可讀性已達成資料圖示的價值。

例如：便利商店的範例資料中，比較各種不同消費型態「當中」的不同支付方式，是一個具有商業價值的消費研究議題，此時討論橫列百分比顯得有意思多了。假若把橫列百分比完整列出，我們可以得知購買日用品的消費者當中，以載具支付者最多（40.9%）、其次是悠遊卡（31.8%）、信用卡（18.2%），最少的是現金（9.1%）。但是買報章雜誌者，就以現金為主（46.2%），其次是悠遊卡（38.5%）與載具（15.4%），而沒有任何人會刷卡。可惜表 3.3 當中沒有列出這些數據，讀者除非自行計算，否則無從獲知這些訊息或趨勢。

在統計學中，次數分配與列聯表都是基本的圖表工具，在 EXCEL 當中可利用樞紐分析（pivot table）製作，如圖 3.1 所示。我們將在章末的 EXCEL 小精靈當中簡單介紹操作方法。另外，列聯表也是機率運算與統計假設檢定的基本材料，我們將配合後續章節進度來說明列聯表的延伸運用。

3.2.2 連續變數的次數分配表

對於連續變數的次數分配製作，相對上比較複雜。因為連續變數的數值繁多，如果沒有進行分組，樣本數又很大，次數分配將會十分冗長而不利於閱讀，例如：前言所提到的考試成績數據，雖然只有 20 筆觀察值，但就包含了 15 個不同數值，將每一個數值的觀察次數進行整理列表（如表 3.4），表格顯得冗長。如果先將連續變數的數值進行分組，確定各組上下限後，將各觀察值歸入各組整理，可得到分組次數分配，也可提供後續製圖工作的進行。

圖 3.1　以EXCEL進行樞紐分析示意圖

→**表 3.4**　20位考生的統計成績次數分配（未分組）

分數	劃記	次數(f)	相對次數(rf)	百分比(%)
90	/	1	.05	5
89	//	2	.10	10
88		0	.00	0
87	/	1	.05	5
86	//	2	.10	10
85	/	1	.05	5
84	//	2	.10	10
83	/	1	.05	5
82	///	3	.15	15
81	/////	5	.25	25
80		0	.00	0
79	/	1	.05	5
78		0	.00	0
77	/	1	.05	5
總計		20	1.00	100

3.2.2.1　原始（未分組）次數分配

傳統上對於連續資料的次數分配製作，是先進行資料整理與劃記，將某個變數的分數（數值）由最高到最低或由最低到最高順序排列，然後將每個分數出現的次數逐一劃記，劃記完成後再將次數整理列出。

一個典型的次數分配表通常只需要列出數值欄與次數欄（劃記的過程不必列出），兩者即形成一個簡單的次數分配，此時即可顯示出變數各數值（各組）的次數所組成的分配情形。

在傳統的統計教科書中，這些不同的次數分配概念對於表格製作以及描述統計的計算是很重要的數據，例如：相對次數，也可以作為機率的概念。累積相對次數就是累積機率的概念。但是在電腦化作業時，這些資料可以很輕易的從報表中獲得，讀者僅需瞭解這些名詞的意義即可。

3.2.2.2　分組次數分配

連續變數主要是由等距或比率尺度測量得到，越精密的測量所得到的數值越多，若未事先將變數數值進行歸類簡化，次數分配表會十分冗長而失去作用。因此通常必須製作分組次數分配（grouped frequency distribution）。現以 250 位受測者的年齡資料為例（數據列於表 3.5 中），說明分組次數分配的製作步驟如下：

→**表** 3.5　年齡分組次數分配表（組距為5）

(a) 外顯組限	(b) 真實組限 下限　上限	(c) 組中點	(d) 次數	(e) 累積 次數	(f) 百分比 (%)	(g) 累積百分 比(%)	(h) 相對次數	(i) 累積相對 次數
70-74	69.5-74.5	72	1	229	0.4	91.6	.004	.916
65-69	64.5-69.5	67	0	246	0.0	99.6	.000	.996
60-64	59.5-64.5	62	10	249	4.0	99.6	.040	.996
55-59	54.5-59.5	57	11	239	4.4	95.6	.044	.956
50-54	49.5-54.5	52	39	228	15.6	91.2	.156	.912
45-49	44.5-49.5	47	45	189	18.0	75.6	.180	.756
40-44	39.5-44.5	42	42	144	16.8	57.6	.168	.576
35-39	34.5-39.5	37	18	102	7.2	40.8	.072	.408
30-34	29.5-34.5	32	27	84	10.8	33.6	.108	.336
25-29	24.5-29.5	27	33	57	13.2	22.8	.132	.228
20-24	19.5-24.5	22	24	24	9.6	9.6	.096	.096
總計			250		100		1.000	

1. 計算全距

全距（range; R）：變數當中的最大值減最小值。

本範例的年齡最長者若為 73 歲，最年輕者若為 21 歲，全距 $R=73-21=52$。

2. 決定組數與組距

組數（number of class interval; k）：組別的數量，組數越多，表格越長。

組距（class interval/width; I）：各組寬度，$I=R/k$，取 5 或 10 接近的倍數。

一般而言，組數以介於 5 到 15 組之間為宜，超過 15 組則過於冗長[1]。但是如果樣本人數少或是分數數值類型不多，甚至可能無法分割成 5 組以上。例如：前面的 20 位考生的統計成績就無法分割太細。相對的，如果人數很多，或是變數的數值範圍很大，例如：一個產業當中幾千家公司的資本額的次數分配，組數就很容易超過 15 組。換言之，組數的決定主要是考慮樣本規模，分組原則為 $2^k > N$，說明如下：

分組原則：　　$2^k > N$（k 為組數，N 為樣本數）

分組範例：

$N=30$	$k \cong 5$	$2^5=32 >$	30
$N=50$	$k \cong 6$	$2^6=64 >$	50
$N=100$	$k \cong 7$	$2^7=128 >$	100
$N=200$	$k \cong 8$	$2^8=256 >$	200
$N=500$	$k \cong 9$	$2^9=512 >$	500
$N=1000$	$k \cong 10$	$2^{10}=1024 >$	1000
$N=2000$	$k \cong 11$	$2^{11}=2048 >$	2000
$N=4000$	$k \cong 12$	$2^{12}=4096 >$	4000
$N=8000$	$k \cong 13$	$2^{13}=8192 >$	8000

➡ 本範例 $N=250$

本範例 $N=250$，以前述原則得到組數至少 8 組。得到組數的建議之後，可據以決定組距。一般在慣例上，組距會設定成 2 或 5 及 10 的倍數，以利於十位數的整除。因此，本範例的組距建議如下：

⊃ 當 $k = 8$　　$I = R / k = 52 / 8 = 6.5 \cong 5$

本範例的年齡變數全距為 52，若要區分成 8 組，又希望組距為 5 與 10 的倍數，最接近的組距為 5 歲。

---

[1] 國內大學入學測驗的各科成績分級即為 15 級分，將所有考生的前 1% 的平均數除以 15 作為組距，將考生成績分成 15 級，顯示區成 15 組是一個具有實務意義的作法。

3. 決定真實組限與組中點

組限（class boundary）為各組的邊界。組中點（midpoint）為各組最中間的數值。各組上邊界稱為真實上限（real upper limit），下邊界稱為真實下限（real lower limit），兩者的距離等於組距：

- ➲ 組距＝真實上限－真實下限
- ➲ 組中點＝組距 / 2＋真實下限

所謂「真實」組限是指該數值恰為分割兩組的分割點，而非變數的數值。以本範例來說，最小年齡者為 21 歲，因此第一組可設定為 20 至 24 歲，其次是 25 至 29 歲，如此可將 20 開頭的十位數區分成兩段。值得注意的是，這裡列出的 20、24、25、29 這幾個數值是變數的外顯數值（apparent value）而非真實組限。如果取各組兩端的外顯數值相減，所得到的組距將是 4 而非 5，例如：25 至 29 歲組的最小與最大值分別為 25 與 29，相減為 4，並非我們所設定的組距。25 與 29 歲這兩個數值用來標示各組的測量數值範圍與分組意義之用，如表 3.5(a) 所示，因此稱為外顯組限（apparent limit）。各組的真實組限各要往上下增減 .5 歲，如表 3.5(b) 所示。

由於 20 歲是指 19.5~20.5，24 歲是指 23.5~24.5，因此第一組 20~24 區間的真實上下組限為 19.5 歲與 24.5 歲，兩者相減得到組距為 5。依此類推，第二組的真實組限為 24.5~29.5、第三組的真實組限為 29.5~34.5，各組組距皆為 5 歲。各組的組中點就是各組最中間的數值，亦即真實下限加組距的二分之一（2.5 歲）。以 25~29 歲組為例，組中點 =24.5+2.5=27，例如：3.5(c) 欄所示。

4. 計算各組次數與累積次數

一旦完成各組組限與組中點數值設定後，即可將觀察值劃記歸入各組當中，並據以計算各組次數。

由表 3.5 的年齡次數分配可以看出，全體樣本 250 人中，年齡介於 45~49 歲組最多，共有 45 個人（占 18%），其次是 40~44 歲組，有 42 個人（占 16.8%）。從累積次數可以看出，未滿 50 歲者共有 189 人，累積百分比次數為 75.6%，超過了四分之三，以累積相對次數（亦即累積機率）來看為 .756。

由於分組次數分配的製作必須完成前述程序，因此在軟體中進行製表工作也必須遵循同樣的原則，例如：在 EXCEL 中，雖可利用增益集所提供的分析功能，選擇直方圖來製作分組次數分配，但必須先另外自行輸入真實上下限數值於獨立欄位

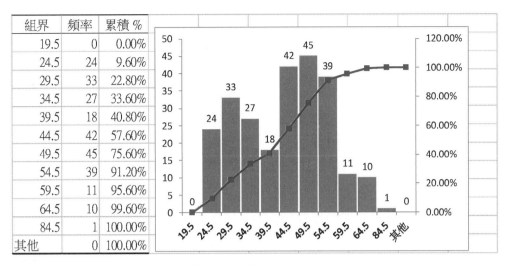

組界	頻率	累積 %
19.5	0	0.00%
24.5	24	9.60%
29.5	33	22.80%
34.5	27	33.60%
39.5	18	40.80%
44.5	42	57.60%
49.5	45	75.60%
54.5	39	91.20%
59.5	11	95.60%
64.5	10	99.60%
84.5	1	100.00%
其他	0	100.00%

圖 3.2 以EXCEL直方圖分析功能製作的分組次數分配

中，在執行直方圖製作時將觀察值進行分組，結果如圖 3.2 所示。詳細的操作過程將於章末的小精靈當中介紹。

值得注意的是，雖然本範例預計將全體受測者區分成 8 組，但實際上區分成 11 組，使得次數分配顯得較長。這是因為計算組距時雖得到 52/8=6.5，但為了便於 5 與 10 的整除而取數值較小的 5 歲，導致所需的組數會多於 8 組，而且還有一組人數為 0（65~69 歲組）而必須保留在次數分配表格當中，顯示如果資料當中存在著離群值還會拉長次數分配。相對之下，如果組距取數值較大的 10 歲，250 位受測者的年齡將只能歸入 6 組，如表 3.6 所示。雖然組數較少、表格較短，但各組人數會增加，次數分配所提供的資訊將減少，不利於資料判讀。在實際作業時，研究者可以視需要來調整組數，達成最大的效益。

→**表 3.6** 年齡分組次數分配表（組距為10）

(a)	(b)		(c)	(d)	(e)	(f)	(g)	(h)	(i)
外顯組限	真實組限 下限　上限		組中點	次數	累積 次數	百分比 (%)	累積百分 比(%)	相對次數	累積相對 次數
70–79	69.5–79.5		74.5	1	250	0.4	100	.004	1.000
60–69	59.5–69.5		64.5	10	249	4.0	99.6	.040	.996
50–59	49.5–59.5		54.5	50	239	20.0	95.6	.200	.956
40–49	39.5–49.5		44.5	87	189	34.8	75.6	.348	.756
30–39	29.5–39.5		34.5	45	102	18.0	40.8	.180	.408
20–29	19.5–29.5		24.5	57	57	22.8	22.8	.228	.228
總計				250		100.0		1.000	

3.3 統計圖示

　　研究資料除了以表格的形式呈現之外，可以以圖形的方式來描繪資料的整體特性。常用的圖示法有圓餅圖、長條圖、直方圖、多邊圖、莖葉圖等等。這些圖示技術可以區分為類別變數與連續變數兩大類，茲介紹於後。

3.3.1　適用於類別變數的圖示法

　　對於類別變數資料的圖示，最常用的是長條圖（bar graph）與圓餅圖（pie chart）。長條圖顧名思義，是由長條的高度來代表類別變數各水準的次數，每一長條代表一個類別的次數多寡，長條之間必須具有間隔，以表示間斷的意義，如圖3.3(a) 教育程度次數分配的長條圖。而圓餅圖只是將長條改為圓形的各扇形面積，如圖 3.3(b) 所示。

　　如同先前在類別變數的次數分配一節的討論，利用 EXCEL 的樞紐分析可以很輕易得到次數分配表與列聯表，而樞紐分析也會同時提供長條圖來顯示各類別水準的次數或百分比，或將長條圖改為圓餅圖或環圈圖（doughnut chart），如圖 3.4 所示。

　　值得一提的是，長條圖有一種常見的延伸應用，是將各類別的長條依據次數多寡排列，並將累積次數以折線圖列出，因此有兩個縱軸：左縱軸列出次數，右縱軸

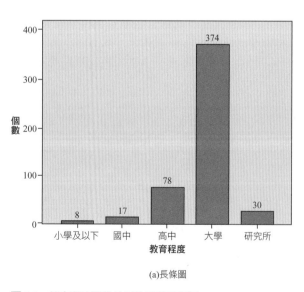

(a)長條圖

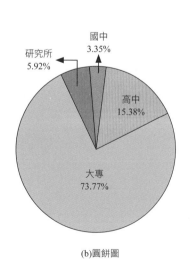

(b)圓餅圖

圖 3.3　教育程度變數的長條圖與圓餅圖

列出累積百分比，有助於進行類別大小多寡的判斷，如圖 3.5 為圖 3.4 的長條圖加以排序後的結果，稱為柏拉圖（Pareto chart），其命名原理是因為此圖可用來描述柏拉圖法則（Pareto principle），亦即 80/20 法則或關鍵少數法則，藉由類別排序來辨識關鍵少數與不重要的多數而得名，常見於管理分析實務或品質管制分析。

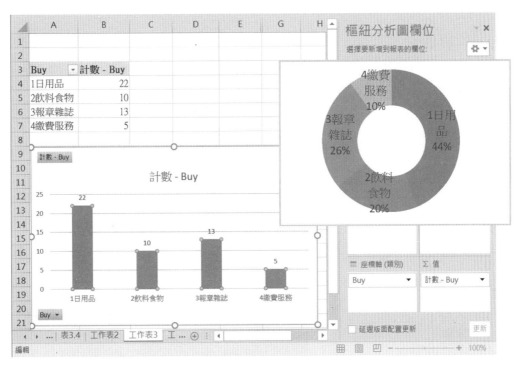

圖 3.4　EXCEL樞紐分析中的長條圖與環圈圖

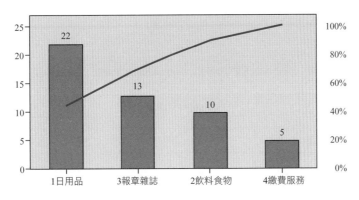

圖 3.5　柏拉圖的排序功能圖示

3.3.2　適用於連續變數的圖示法

3.3.2.1　直方圖

　　連續變數所使用的圖示法為直方圖與多邊圖。直方圖（histogram）類似於長條圖，X軸為變數的各數值或各組段，各數值與各分組的次數也是以高度來代表，所不同的是直方圖的各直方長條之間緊緊相連而沒有間隔，代表連續的意義，相對之下，類別變數的長條圖則需要一定的間隔來表示數值間斷的特性。圖 3.6 即是以 5 歲為組距的年齡直方圖，X軸上的各組以組中點來標示。

3.3.2.2　多邊圖

　　如果將直方圖各長條的頂端以組中點來代替長條，並將每一個組中點相連接，便成為能夠表示變數面積變化的多邊圖（polygon），或稱為線形圖或折線圖，如圖 3.7 所示。圖中的 Y 軸高度為各組頻率次數，類似於直方圖，若將資料依序累積，得到累積次數多邊圖（cumulative frequency polygon），可以看出資料累積的特性，多搭配累積次數分配表來運用。

　　在時間序列分析中，數據的變化趨勢特別適合以線形圖來表現，例如：移動平均線、平滑線等。例如：圖 3.8 所繪製的臺灣地區 COVID-19 疫情折線圖。

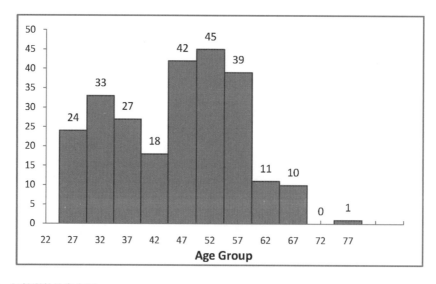

圖 3.6　年齡變數的直方圖

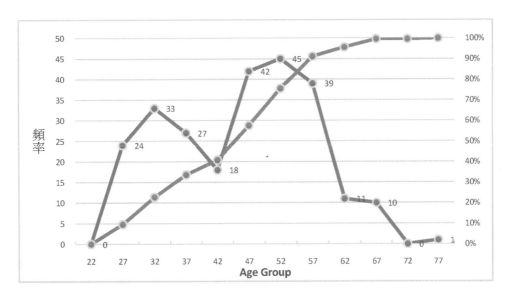

圖 3.7　年齡變數的多邊圖

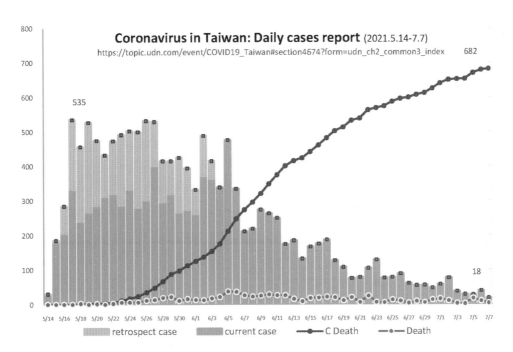

圖 3.8　臺灣地區COVID-19疫情折線圖

3.3.2.3　莖葉圖

　　莖葉圖（stem–and–leaf plot）是普林斯頓大學 John Tukey 教授於 1977 年所發展的一種用以描述觀察值的簡便方法，在沒有電腦協助的年代，莖葉圖可快速的以人工方式將觀察值進行劃記，並以圖表的方式呈現出來，兼具次數分配表與直方圖的雙重優點，更能保留原始資料的資訊。到了電腦作業時代，莖葉圖仍被保留下來，即因為莖葉圖是一種非常實用的資料整理技術。

　　莖葉圖最適合於二位數資料的呈現，例如：年齡或考試成績。莖葉圖的製作，係將每一個觀察值切割成莖與葉兩部分。莖為觀察值中十位數及以上的數字，葉則為個位數的數字（有時葉會取分數的末兩位，則此完全需要看分數大小分布的範圍而定）。研究者先行將莖的數字由小而大依序列出，如果每個數字只出現一次，代表以 10 為組距，若寫兩次，則表示以 5 為組距，依此類推。研究人員此時將觀察值的個位數（葉）資料由小而大依序填註在右側，形成表格型態。劃記完成之後的每一橫列的類別，計算其次數，並記錄於圖的左側，形成一個次數分配表。

　　圖 3.9 是前述年齡範例的莖葉圖，分組時以 5 歲為組距，因此莖的部分每一個數字重複兩次，第一個組當中的 2 是指 20 至 24 歲，第二個 2 則為 25 歲至 29 歲。葉的部分則是個位數，分別依序排列於右側，出現一次表示為一筆觀察值，因此可以看出 20 至 24 歲組當中有 1 位 20 歲，21 歲、22 歲與 23 歲皆各有 5 位，24 歲則有 8 位，合計 24 位，記錄於最左側。

```
年齡 Stem–and–Leaf Plot

Frequency    Stem & Leaf
  24.00      2 . 011111222223333344444444
  33.00      2 . 555555555555556666666777777788889999
  27.00      3 . 000111111122333333334444444
  18.00      3 . 555556667777888999
  42.00      4 . 000000011111112222222222233333333333333444
  45.00      4 . 555555555566666666666667777777788888888899999
  39.00      5 . 0000000011111111222222222222333333344444
  11.00      5 . 55566666789
  10.00      6 . 1111222334
    .00      6 .
   1.00      7 . 2

Stem width: 10
Each leaf: 1 case(s)
```

圖 3.9　年齡變數的莖葉圖

　　由範例可知，莖葉圖保留了原始資料的內容，同時也呈現出直方圖的形式，兼具次數分配表的功能，因此可以看出莖葉圖的一個重要的特性是不會流失原始資料的訊息，對於資料的呈現，有其優越性。

 ## 3.4 圖表運用的原則

　　前面各節對於統計圖表的介紹，只是一般性的說明與舉例，在學術論文寫作與實務運用時，還會有一些具體的要求規範，本節列舉一些重要的原則提供讀者參考。

3.4.1　統計圖表使用的一般原則

　　根據 2019 年 10 月公布的美國心理學會出版規範第七版（*APA Publication Manual*; APA 7），統計圖表的使用應遵循幾項原則：

1. 必要性（necessity）

　　運用統計圖表的第一個原則，是要明確知悉使用的目的為何，讀者為何，確認必要性，而非充版面、占空間。

2. 連結與敘述性（relation of tables or figures and text）

　　統計圖表應有對應的解釋說明，亦即有圖表即有文字，而且應出現於適當相鄰的位置以供查閱。

3. 文件化（documentation）

　　統計圖表的資料來源必須明確交代，適時以註解形式註明出處，必要時應提供資料來源網址與參考文獻。

4. 翔實與獨立性（integrity and independence）

　　每一幅圖表均能提供一定程度的可讀性與可理解性，因此除了一些通用的符號之外，每一個特殊的公式符號、中英文縮寫、代號應有必要且充分的說明，而不需參酌其他文件或文字說明。

5. 組織化、一致性與完整性（organization, consistency, and coherence）

　　統計圖表的各項要素均應齊備，例如：圖表標題、標號、圖例、標籤、座標、單位、刻度、註解、註腳等，均需以適當與正確方式提供，並且維持前後一致與連

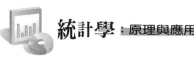

貫性。但也需維持簡潔，避免重複揭露相同資訊，維持專業用語、不求炫耀耍花俏。

　　簡單來講，統計圖表的目的是在溝通，將統計數據以視覺化的形式來呈現，藉以簡化訊息內容，協助讀者理解數據意義，達成資訊傳遞與溝通的功能，是統計圖表的主要目的。如果統計圖表無法滿足這些基本需求，有些訊息只需要簡單文字就可以說明完畢，提供圖表只是徒增讀者的負擔與壓力。

3.4.2　統計圖表的編輯與製作要領 2

1. 編寫精準清晰、一眼即明、長度合宜的圖表標題
2. 提供充分、足夠的資訊，但移除冗餘不必要的材料，維持精簡扼要
3. 表格大小長短規格合宜
4. 有適當的文字與數字的排列與對齊方式
5. 選用適當的文字與數字字型、字體、層次層級
6. 小數點或科學符號的使用維持一致與必要說明
7. 明確標示測量單位、樣本數、時序資訊、重要的統計量
8. 說明或註記特殊的變數與符號定義、資料轉換方式、進退位原則
9. 正確依序使用總計、合計、計、小計等加總運算層級
10. 遺漏、無效、未發生資料、異常資料應予以標註說明，不可留白空缺
11. 註明文獻與資料出處、來源、年代、頁碼、網址
12. 如有獲得使用複製授權、重製同意者，應加註說明
13. 適當使用放大、縮小、粗體、斜體、網底、色彩
14. 統計圖的圖標、圖例、刻度、單位、原點、參考線、輔助線、破格線應有適當的使用，維持標準化、一致性、可讀性、合理性
15. 遵循學術規範與研究倫理，避免抄襲、複製、剽竊、竄改、隱瞞、欺騙、不當引用、侵犯隱私等不當行為與違法行徑

---

2 本節參考資料來源除了 APA 等學術單位之建議，並參考行政院主計總處所頒布的「各機關統計資料發布要點」與「統計表常用符號」之內容，最近一次修改是 2018 年 11 月 28 日主統法字第 1070300958 號 函（https://www.ccsh.ptc.edu.tw/images/file/data4039/78135b9c5 a58bee8c366947e733a1 43f.pdf），廢止舊要點之規定，並請各機關單位參考辦理。

3.5 結語

　　本章概略了介紹一些常用的統計圖表，例如：長條圖、圓餅圖、直方圖、線形圖等等，不僅概念簡單，製作上也十分便利，尤其是搭配文書作業軟體或統計軟體來作圖製表更是方便迅速，只要稍加研究，短時間即可上手，但是如果是要提升圖表的精緻與美觀，達成資訊有效傳遞溝通、甚至提供決策上的輔助，則需要加入更多視覺原理與美學考量，這需要其他專業科目的學習（例如：視覺心理學、設計心理學甚至電腦製圖專業），也需要時間與經驗的累積。另外，透過延伸學習，多方探討各類不同圖表的優缺功能，有效加以運用，要成為圖表達人應非難事。

　　在此要提醒讀者的是，如果只是涉獵統計圖表的基本原理，或僅熟悉軟體的操作技術，但沒有充足的統計專業知識，統計圖表的價值發揮將會受到相當大的限制或甚至誤用，建議學習者先行深入學習統計專業，而且在學習過程中的不同階段，反覆檢視圖表的使用，相信會有更豐富的心得與成果。因此，基於本書作為統計學教科書的定位，不再針對其他各類圖表加以廣泛討論，有興趣的讀者可以自行研究。

　　事實上，在數位時代盛行的今天，各種數據資料俯拾即是，如何善用統計圖表，協助研究者從龐大繁雜的數據庫中萃取有用的資料，使其成為易於閱讀理解的資訊，統計圖表的巧思運用不僅是關鍵因素，甚至發展出資料視覺化（data visualization）這門應用學問。許多商業智慧軟體（例如：Tableau、Power BI）發展即時、動態、互動式的資料儀表版，進一步整合資料庫系統與即時網頁發布功能，甚至延伸到自動化的資料探勘與人工智慧解決方案，發展出成功的商業模式，創造巨大的商業利益，一切的根本，都在於統計圖表的應用。因此，對於統計圖表的鑽研，確實是一門極具吸引力的學問。

EXCEL電腦小精靈

如何使用 EXCEL 來製作次數分配表與統計圖表

一、類別變數的次數分配表與長條圖、圓餅圖

■ 建立資料檔案

假設有 20 筆問卷資料，輸入他們的 ID 與性別、學院別資料如下圖（第一橫列為變數的名稱）。

■ 執行插入圖表功能

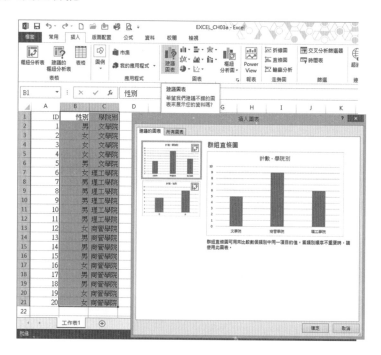

1. 選擇輸入範圍：利用滑鼠框選包含變數的名稱與資料的欄位
2. 開啟功能表：開啟功能表中的《插入》，選擇《建議圖表》
3. 選擇任意一個圖表得到圖表結果
4. 若要變更為圓餅圖，直接選取功能表中的《圓餅圖》

■得出結果

1. 性別次數分配表與長條圖

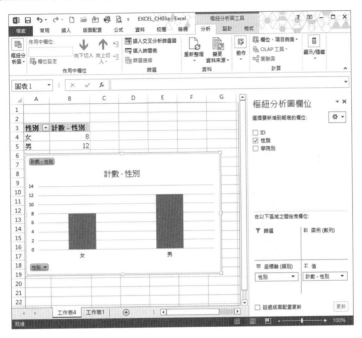

2. 學院別次數分配表與長條圖

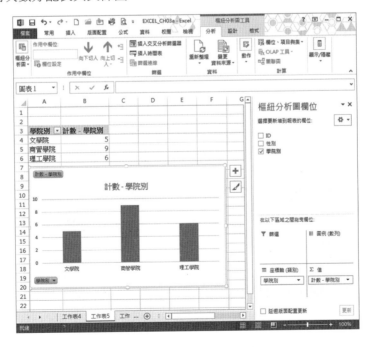

3. 將學院別長條圖轉變成圓餅圖

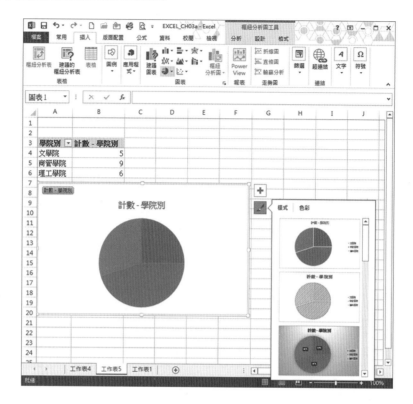

二、連續變數的分組次數分配表與直方圖、線形圖

■開啟資料檔案

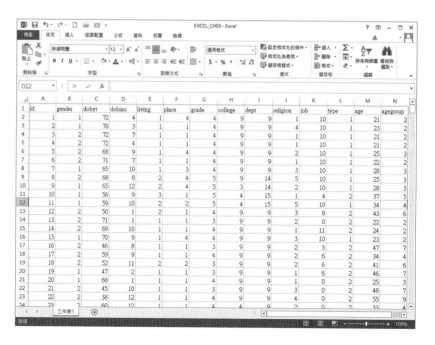

■打開資料分析對話框，選擇「直方圖」

■決定分析內容與條件

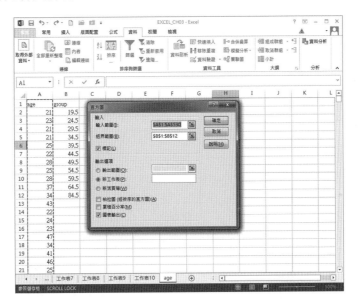

1. 選擇輸入範圍：利用滑鼠框選包含變數的名稱與資料的欄位
2. 選擇組界範圍：利用滑鼠框選包含分組後的變數名稱與資料欄位（由於 age 變數必須加以分組，因此先自行輸入真實上下限數據，例如：第 B 欄位）
3. 選擇標記：因為第一列為變數名稱，因此必須將標記加以勾選
4. 輸出選項：勾選圖表輸出

統計學：原理與應用

■**得出結果**

1. 分組次數分配表

group	頻率
19.5	2
24.5	252
29.5	64
34.5	32
39.5	20
44.5	43
49.5	42
54.5	39
59.5	11
64.5	10
84.5	1
其他	13

group	頻率
20以下	2
20-24	252
25-29	64
30-34	32
35-39	20
40-44	43
45-49	42
50-54	39
55-59	11
60-64	10
80以上	1
遺漏值	13

　　分組後的年齡變數（變數名稱為 group）的次數分配表，各組的標籤以真實上下限標示（如上圖左）。如果要把各組的標籤改為外顯上下限，可自行編輯（如上圖右）

2. 直方圖（將條形圖的各長條寬度拉開直到前後相連接為止）

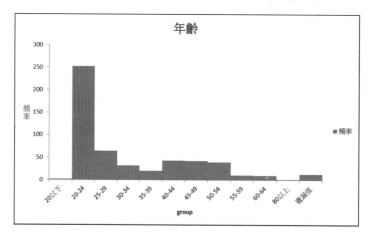

3. 線形圖（直接將圖表類型轉換成「折線圖」）

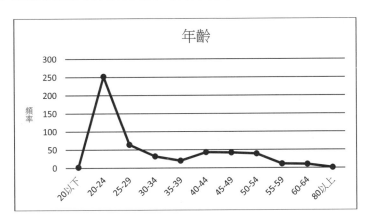

本章重要概念

次數分配 frequency distribution

相對次數分配
relative frequency distribution

累積次數分配
cumulative frequency distribution

組限 class boundary

組距 class interval/width

組中點 class midpoint

真實上限 real upper limit

真實下限 real lower limit

外顯組限 apparent limits

列聯表 contingency table

邊際分配 marginal distribution

細格分配 cell distribution

聯合機率 joint probability

條件機率 conditional probability

樞紐分析 pivot table

長條圖 bar graph

圓餅圖 pie chart

環圈圖 doughnut chart

柏拉圖 Pareto chart

直方圖 histogram

多邊圖 polygon

莖葉圖 stem–and–leaf plot

課後習作

一、一位教師調查班上同學所使用的手機品牌，發現 20 位有使用手機的同學使用的品牌如下：

A A C A B C D D C B D A A A A B C B A A

1. 請做出次數分配表。

2. 請在次數分配表中增列一欄相對次數分配，並說明其意義。

3. 請畫出長條圖。

4. 請畫出圓餅圖。

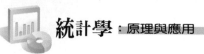

二、某系在職專班的學生年齡分別為：

26　30　29　27　31　34　27　42　45　38　35　29
41　40　28　36　34　35　33　38　32　28　33　31

1. 請以組距為 5，做出莖葉圖。

2. 請以組距為 5，做出分組的次數分配表，並在表中列舉組中點、真實組限與外顯組限。

3. 請畫出直方圖。

描述統計量數

4.1 前言

考試是學生的家常便飯，每當成績揭曉時，總是幾家歡樂幾家愁，換言之，考試成績的好壞，不僅取決於自己成績的高低，也要看別人考得如何。例如：你參加某項入學考試收到了成績單：資料審查 83 分、筆試 72 分、口試 70 分，三科平均 75 分。如果考試的錄取率大概是 50%，若得知全體考生的考試狀況，例如：各項成績平均分數，成績分布情形如何等等，大概就可以知道自己所在的位置如何，猜猜自己錄取的機會大不大。

如果稍後考試單位公布了考試的摘要分數如表 4.1，並列出最低錄取標準是三科加權平均達 74.5 分，你是否鬆了一口氣？可能不是喔！考試單位提示，資料審查、筆試、口試三項成績各占 20%、30%、50%，而錄取標準是取「加權平均」，那麼，你的命運是如何？你不妨找個計算機再仔細算一次。（解答在第 62 頁）

→**表 4.1**　某項入學考試學生成績描述統計摘要表

變數	比重	人數	全距	最小值	最大值	平均數	標準差	偏態	峰度
性別(1:男;0:女)		30	1	0	1	0.40	0.52		
資料審查	20%	30	15	62	80	74.7	1.56	1.68	3.54
筆試	30%	30	25	50	75	65.5	3.43	−0.48	0.81
口試	50%	30	30	65	95	79.8	6.30	0.49	−0.68

在前一章當中，我們已經介紹了次數分配表和各種統計圖，但是這些圖表通常只是協助我們瞭解資料的分布情形，不利我們去進行判斷或決策。不論是在學術界或者是實務工作，對於我們所蒐集到的數據若要能夠馭繁於簡，一個重要的工作是利用簡而有力的數值去描述分數，這些摘要性的數值稱為統計量（statistic），而用來整理、描述、解釋資料的系統方法與統計技術則稱為描述統計（descriptive statistics）。

描述統計中，最重要的統計量是用來描述觀察值集中情形的集中量數（measures of central location），也就是為一組數據建立一個能夠描述其共同落點的最佳指標；以及用以描述這群觀察值分散狀況的變異量數（measures of variation）。此外，數據的分布特性可以利用偏態與峰度係數來說明資料是否對稱，並檢查是否具有極端偏離值。運用集中、變異、偏態、峰度四種量數可以完整說明一組數據的分布狀況，如同表 4.1 當中的各項數據。但細心的你可能會發現性

別變數並沒有偏態與峰度的數據，這是因為性別不是連續變數而是類別變數，並不適合數學運算，性別的平均數充其量只是百分比（男生考生占 40%），標準差也非描述性別資料變異程度的理想指標。在本章當中，我們將詳細說明這四種量數的特性與不同量尺變數的對應關係。

4.2 集中量數

集中量數是用來描述一組數據集中點的統計量數。也就是一個能夠描述數據的共同落點的指標。常用的集中量數有平均數、中位數及眾數，從這三個量數的特性，也可看出名義、順序、等距與比率等四種不同測量尺度的特性。

4.2.1　平均數

4.2.1.1　算術平均數

平均數（mean）是取某一變數（例如：X 變數）的 N 個數值加總，除以觀察值個數 N 所得到的值。因為是將數據直接以數學算式來計算平均值，又稱為算術平均數（arithmetic mean; 以 $\overline{X}$ 表示）。

$$\overline{X} = \frac{\sum_{i=1}^{N} X_i}{N} = \frac{X_1 + X_2 + ... + X_N}{N} \tag{4-1}$$

符號 X_i 的下標 i 表示每一個觀察值的編號順序，$i=1,\cdots, N$，Σ（希臘文 sigma 的大寫字母）是加總的符號。為有別於下面將會介紹的幾何與調和平均數，$\overline{X}$ 另增加下標 A，以 $\overline{X}_A$ 表示算術平均數。

範例 4.1　某位老師教學嚴格，他所教授的三個班級的統計課各當了 5、10、15 個學生，請問平均每班當多少人？

解答：　$\overline{X} = \dfrac{5+10+15}{3} = 10$

公式 4-1 通常是應用於求取某樣本大小為 N 的變數平均數，因此又稱為樣本平均數（sample mean）。

如果今天研究者所關心的是整個母體的平均數，或是研究者所蒐集的數據就是母體當中所有的觀察值（總數亦為 N），此時公式 4-1 所計算得出的平均數特別稱

為母體平均數（population mean），但以不同的符號表示，如公式 4-2。

$$\mu = E(X) = \frac{\sum_{i=1}^{N} X_i}{N}$$

(4-2)

母體平均數在符號的使用上，以希臘字母 μ（mu）代替 $\overline{X}$。通常母體數據是無法獲知的量數，母體平均數多只是理論上存在的數值，因此在統計學上又常把母體平均數以期望值（expected value）的形式來表現。期望值一詞是機率理論的術語，對於具有特定出現機率的 X 變數的每一個觀察值而言，平均數是最可能出現的數值，亦即如果不斷反覆進行隨機嘗試，我們最「期望」得到的將會是平均數。

加權平均數（weighted mean）是算術平均數的一種延伸。其特性是在算術平均數的計算過程中增加一個權數 W 來進行加權，例如：在前言當中提及入學成績的加權平均，把不同考試項目的比重進行加權，如公式 4-3 所示。資料審查、筆試、口試三科成績乘以比重：83*.2+72*.3+70*.5=73.2，已經低於最低錄取標準的74.5 分，錄取無望了。

$$\overline{X}_W = \frac{\sum_{i=1}^{N} W_i X_i}{\sum_{i=1}^{N} W_i} = \sum_{i=1}^{N} P_i X_i$$

(4-3)

在實務上，權數 W 通常反映了重要性或影響力的概念，一旦在計算平均數時加入權數，可以使得平均數更能反映變數 X 各數值的實質價值或實際狀態。例如：學業平均的計算必須以學分數來進行加權（學分數高的科目比重大）；進行民調時，各縣市的調查結果以人口數來加權（人口多的縣市比重高）；財務預測時以時間遠近來加權（近期資料的影響力大、遠期資料的影響小）。

若把權數 W 除以全體權數的總和，即得到權數的比重 P（亦即機率），各權數的機率和為 $\Sigma P=1$。換言之，加權平均數就是將變數 X 的每一個數值以一個機率值來進行線性轉換所得到的調整平均數。如果每一個數值的權數皆相當，所計算得出的加權平均數即為一般的算術平均數。

範例 4.2 某位研究生修了五個科目：書報討論 (1)、研究方法 (2)、行銷管理 (3)、財務管理 (3)、組織行為 (3)，括弧內的數字為學分數，成績分別為 90、85、88、80、82，請問他的學業成績的算術平均數與加權平均數各為何？

解答：

$$\bar{X}_A = \frac{90+85+88+80+82}{5}$$

$$= \frac{1}{5}\times 90 + \frac{1}{5}\times 85 + \frac{1}{5}\times 88 + \frac{1}{5}\times 80 + \frac{1}{5}\times 82$$

$$= 85$$

$$\bar{X}_W = \frac{1\times 90 + 2\times 85 + 3\times 88 + 3\times 80 + 3\times 82}{12}$$

$$= \frac{1}{12}\times 90 + \frac{2}{12}\times 85 + \frac{3}{12}\times 88 + \frac{3}{12}\times 80 + \frac{3}{12}\times 82$$

$$= .083\times 90 + .167\times 85 + .25\times 88 + .25\times 80 + .25\times 82$$

$$= 84.17$$

4.2.1.2 幾何平均數

另一種平均數的計算是將變數 X 的 N 個數值相乘後，再開 N 次方得到開根值，稱為幾何平均數（geometric mean; GM），以 $\bar{X}_G$ 表示：

$$\bar{X}_G = \left(\prod_{i=1}^{N} X_i\right)^{1/N} = (X_1 X_2 .... X_N)^{1/N}$$

(4-4)

幾何平均數多用於隨時間變動的改變率的計算，又稱為動態平均數，在商學院尤其多應用於財務資料或是經濟學上的各項經濟指標變化情形的計算。例如：投資報酬率（rate of return; R）若在 N 期之間的幾何平均計算如下：

$$\bar{R}_G = (X_1 X_2 .... X_N)^{1/N} - 1$$

$$= [(1+R_1)(1+R_2)\cdots(1+R_N)]^{1/N} - 1$$

(4-5)

由公式 4-5 可知，平均投資報酬率的計算，是將各期（例如：每個月或每年）的投資 (1)+ 獲利 (R) 進行連乘後開方而還原成各期幾何平均後，最後減去 1，就是扣除投資本金的意思，與過去中學時代學習複利計算觀念一致。

範例 4.3　某公司原年度投資 300 萬元於新事業計畫，第一年結算為 315 萬元，獲利 5%，第二年結算為 346.5 萬元，獲利 10%，第三年結算為 398 萬元，獲利 15%，請問該公司三年的平均獲利為何？

解答：　獲利等同於投資報酬率的概念，因此以幾何平均數的公式計算如下：

$$\overline{X}_G = (1.05 \times 1.10 \times 1.15)^{1/3} = 1.0992$$

$$\overline{R}_G = \overline{X}_G - 1 = 1.0992 - 1 = 0.0992$$

如果此公司第一年的業績為 300 萬，到了第三年，業績應為多少？

第一年的業績：300 萬 ×1.05 = 315 萬

第二年的業績：315 萬 ×1.10 = 346.5 萬

第三年的業績：346.5 萬 ×1.15＝398 萬

如果以幾何平均數計算，第三年的業績可以獲得相同的結果：

第一年的業績：300 萬 ×1.0992 = 329.76 萬

第二年的業績：329.76 萬 ×1.0992 = 362.47 萬

第三年的業績：362.47 萬 ×1.0992＝398 萬

如果以算術平均數計算，第三年的業績則會獲得比較大的結果：

$$\overline{X}_A = \frac{1.05 + 1.10 + 1.15}{3} = 1.10$$

第一年的業績：300 萬 ×1.10 = 330 萬

第二年的業績：330 萬 ×1.10 = 363 萬

第三年的業績：363 萬 ×1.10＝399 萬

4.2.1.3　調和平均數

除了前述三種平均數之外，若將 X 變數的倒數求其算術平均數後再求倒數，則可得到調和平均數（harmonic mean；以 HM 或 $\overline{X}_H$ 表示），亦即倒數平均數，如公式 4-6 所示。

$$\overline{X}_H = \frac{1}{\dfrac{\sum\limits_{i=1}^{N} \dfrac{1}{X_i}}{N}} = \frac{N}{\sum\limits_{i=1}^{N} \dfrac{1}{X_i}} = \frac{1}{\dfrac{\dfrac{1}{X_1} + \dfrac{1}{X_2} + ... + \dfrac{1}{X_N}}{N}}$$

(4-6)

例如：3、4、5 的倒數 1/3、1/4、1/5 平均為 1/3.83，亦即調和平均數為 3.83。若由算術平均數的直覺反映應為 (3+4+5) / 3 = 4，亦即 1/4，但由公式 4-6 求出的調和平均數為 3.83，而非直觀的 4（3、4、5 的平均數）。

調和平均數通常用在科學或物理計量對於分母資料的計算。例如：汽車的耗油量，電阻值，或是物理學對於質量削減的運算，也會用到調和平均數。

範例 4.4　某車行駛 A、B、C 三種路況，速率分別為 5、10、15 公里 / 小時，若三種路況都走 1 公里，平均速率為多少？

解答：　$\overline{X}_H = \dfrac{1}{\dfrac{\dfrac{1}{5} + \dfrac{1}{10} + \dfrac{1}{15}}{3}} = 8.1818$

由範例 4.4 的資料來看，如果問的是該車行駛在這三種路況平均速率為每小時幾公里，則是取算術平均數的 (5+10+15)/3=10，但是範例 4.4 問的是若各走 1 公里（分子已知），速率平均為何（求分母資訊），因此須採倒數平均數。

4.2.1.4　平均數的使用時機與特性

不論是算術、幾何或調和平均數，各種平均數的計算目的都是在求取一系列數值最具代表性的量數：算術平均數適用於一般測量單位的等差數列平均運算，幾何平均數則用於具有等比數量的運算，特別是隨著時間變動的倍率運算，調和平均數則適用於數值倒數的等差級數數列運算。從數學關係來看，調和平均數恆小於幾何平均數，而幾何平均數又恆小於算術平均數，三者具有 $\overline{X}_H \le \overline{X}_G \le \overline{X}_A$ 的關係。在沒有特別聲明的情況下，平均數是指算術平均數。

平均數的首要特徵是其充分性與敏感性，不論是哪一種平均數的計算公式，在計算平均數時，都需要用到分配當中的每個分數數值，因此平均數能夠反映每一個數值的狀況。進一步的，分配中的任何一個分數的改變，必然會改變平配的平均數，因此三種平均數對於離群值皆具有相當程度的敏感性。而算術平均數受到離群值的影響最大，但也反映了算術平均數對於數據單位距離的變動最為敏感，能夠忠實反映分數的測量尺度的間距關係與相對位置。算術平均具有離均差（deviation score）總和為 0 的基本特性：

$$\sum_{i=1}^{N}(X_i - \overline{X}) = 0$$

$$(4\text{-}7)$$

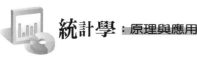

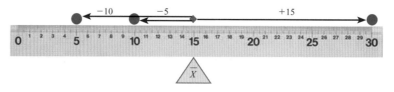

圖 4.1 算術平均數為平衡支點的關係圖示

由於各觀察值會落於 $\overline{X}$ 的左右兩側，因此離均差和必為 0。而離均差即為我們常說的力距，算術平均數即為左右平衡的中心支點。例如：5、10、30 三個數值離均差分別為 –10、–5 與 +15，離均差和為 0，算術平均數 15 為平衡支點所在，如圖 4.1 所示。

其次，算術平均數是一組數列當中，能求得最小平方和的數值，也就是能讓離均差平方和（sum of square; SS）最小，如公式 4-8 所示。

$$\sum_{i=1}^{N}(X_i - \overline{X})^2 \leq \sum_{i=1}^{N}(X_i - a)^2 \tag{4-8}$$

公式 4-8 當中的 a 為任意實數，以算術平均數所計算得到的 SS 比任何一個 a 所求出的 SS 都來得小。

進一步的，算術平均數也具有數值運算的優良特質：對於變數 X 的每一個數值，如果加減乘除任一個實數 a，其算術平均數也等於加減乘除此一常數 a，如公式 4-9 至 4-11 所示，也就是說，算術平均數是「數學上」最能代表一組觀察數列並進行四則運算的數值。

$$\frac{\Sigma(X \pm a)}{N} = \overline{X} \pm a \tag{4-9}$$

$$\frac{\Sigma(aX)}{N} = a\overline{X} \tag{4-10}$$

$$\frac{\Sigma(X / a)}{N} = \frac{\overline{X}}{a} \tag{4-11}$$

4.2.2　中位數

第二種常用的集中量數是中位數（median; *Mdn*），又稱為中數或第二四分位數，是將某一個變數的數據依序排列後，取位居最中間、能夠均勻對分全體觀察值的分數。亦即在中位數上下各有 50% 的觀察值。當觀察值的數目（*N*）為奇數時，中位數就是排序最中間的觀察值，排序位置（N_{Mdn}）如公式 4-12。

$$N_{Mdn} = (N+1) \times \frac{50}{100} = \frac{N+1}{2}$$

(4-12)

如果觀察值數目為偶數，中位數為最中間的兩個觀察值的數值平均，亦即第 *N*/2 與第 *N*/2+1 觀察值的中間值。

範例 4.5　某公司甄選新人，共有 9 名應徵者，他們的面試成績分別為 70、66、60、50、55、60、60、90、65，請問中位數為何？

解答：

將分數依順序排列 50、55、60、60、[60]、65、66、70、90

N 為奇數，因此中位數為第 (9 + 1)/2 = 第 5 個觀察值，亦即 60

60 恰好落在觀察值最中間的位置，若不算自己，前後各有 4 個觀察值

範例 4.6　某公司甄選新人，前 9 名應徵者的面試成績分別為 70、66、60、50、55、60、60、90、65，後來又來了一位應徵者，分數為 95 分。請問中位數為何？

解答：

將分數依順序排列　50、55、60、60、[60]、[65]、66、70、90、95

N 為偶數，因此中位數為第 10/2（第 5 個觀察值）與第 10/2 + 1（第 6 個觀察值）的平均值，亦即 (60 + 65)/2 = 62.5

62.5 這個分數恰好落在觀察值最中間的位置，前後各有 5 個觀察值

顧名思義，中位數是指 *N* 個觀察值的中心點，其數值可透過各觀察分數所處的位置依序排列來獲得，而不論數值的大小為何。如果說中位數反映了全體「樣本」的中心點，也就是人數中心點；平均數所反映的則是一組分數「數量」的中心

點。也因此，中位數不僅可以應用在具有單位的等距測量或比率測量，也可以應用在只有大小順序而沒有強度差異訊息的順序尺度的測量，只要能夠把觀察值排順序，找到最中間的那個觀察值，就是中位數，因此中位數又稱為 100 等分當中第 50 個等分的百分位數（P_{50}）或第二四分位數（Q_2; second quartile）。

中位數的另一個重要特性是它由樣本排列順序所決定，並不受分配當中其他觀察值影響其數值高低，更不會受到偏離值的左右。例如：在範例 4.5 或 4.6 當中，中位數的數值並不受到中間以外的其他數值的大小的影響，即使最差的幾個成績是 0 分，或是最好的成績是滿分，也不影響中位數的數值。對於一個受到偏離值影響很大的分配來說（例如：薪水收入，通常會有一些人薪水特別高），平均數並不是一個理想的集中量數，此時可以考慮使用中位數來代表一群分數的集中趨勢。

4.2.3　眾數

第三種常用的集中量數是眾數（mode），是指一組分數中，出現次數最多的一個分數，也就是一組數據中的典型（typical）數值，或次數分配最高點所對應的分數。如果是分組後的連續變數，眾數則不是一個值，而是一個組，也就是發生次數最多的那個組，此時可以利用該組的標籤來說明眾數組為何，或以組中點來代表眾數組。

眾數是各集中量數當中，最容易辨認的量數。範例 4.5 的 50、55、60、60、60、65、66、70、90 等九筆成績為例，由於 60 分出現了三次，是出現最多的一個分數，因此眾數為 60。

眾數較常使用在以名義尺度進行測量所得到的類別變數，因為數值只有有限的那幾個觀察值，每一個觀察值可以清楚計算出出現次數或百分比，因此眾數很容易找到。相對之下，連續變數的數值較多，每一個數值不一定會重複出現多次，因此單從數值的本身不容易找出眾數，除非進行分組歸類建立有限的組段，才容易找到眾數所在的組別，例如：在考試成績中，我們通常不會說這次考試成績出現最多次的分數是幾分（不容易找到眾數），但是我們會說，70 幾分的最多，其他的都很少，這是因為我們已經將考試成績以 10 分為組距進行分組後的結果，此時 70 到 79 分就是眾數組。

其次，連續變數經常出現好幾個高峰的雙峰或多峰分配，眾數就不只一個，如圖 4.2 當中的 10 與 24 兩者皆為出現最多次數的數值。如果一個分配有兩個分數（或兩組）具有相對較高的出現次數，此時即可找到雙眾數或兩個眾數組，稱為雙峰分配（bimodal distribution）。當一個分配具有多個高峰，即使各高峰的次數不

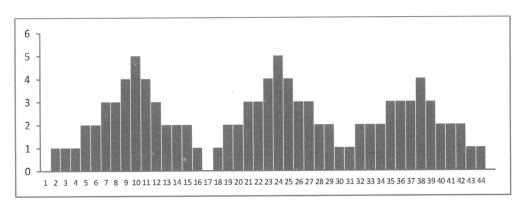

圖 4.2　具有多個高峰的多峰分配圖示

同，我們仍可以指出各高峰所對應的分數（眾數），以利別人瞭解多峰分配的集中點為何，例如：圖 4.2 當中 38 雖然出現次數不是最多，但也是一個高峰所在。

4.2.4　集中量數的比較

上述三個集中量數各有不同的適用時機，對於名義變數，因為沒有測量單位，因此無法計算平均數，也沒有大小順序可言，因此無法計算中位數，只能使用眾數來表示觀察值的集中情形。例如：九個學生的居住地區為 3、2、1、1、1、1、3、2、2，數值 1 為大臺北地區、2 為基隆宜蘭、3 為桃竹苗，由眾數 1 可知學生居住地集中於大臺北地區。

以順序量尺測得的數據，雖然也沒有測量單位，但因為數值具有一定的順序關係，因此除了眾數之外，中位數也具有計算的意義。例如：九個學生的社經地位（1: 低、2: 中、3: 高）為 3、2、1、1、1、1、3、2、2，中位數為排序第五位學生

→表 4.2　集中量數的特性與優缺點比較

測量尺度	集　中　量　數		
	眾數	中位數	平均數
名義	✓		
順序	✓	✓	
等距/比率	✓	✓	✓
優點	不受偏離值的影響，計算方法簡便。	對數值變化不敏感，不受離群值影響，計算方法尚稱簡便。	測量最為精密，考慮到每一個樣本，在對稱的分配中具有較佳的代表性。
缺點	測量過於粗糙，無法反映所有樣本。	無法反映所有樣本的狀況。	易受偏離與離群值的影響。

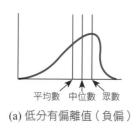 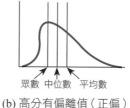 

(a) 低分有偏離值（負偏）　　(b) 高分有偏離值（正偏）　　(c) 沒有偏離值

圖 4.3　三種集中量數與分配形狀的關係

的 2（中度社經地位），眾數則為 1。此時研究者可以選擇以眾數或中位數來描述這九個學生社經地位的集中情形。

最後，當變數的測量尺度為等距尺度或比率尺度時，因為具有測量單位，因此眾數、中位數、平均數三者皆可以計算使用，此時，集中量數可採較精密的量數（即平均數）。平均數是計算所有樣本的分數所得到的資料，有最佳的代表性。但是平均數易受離群值的影響，在偏離值較多、偏態較嚴重的時候，平均數就要小心使用，否則建議搭配採用中位數與眾數。這三個集中量數的測量特性與優缺點比較見表 4.2。

一般來說，平均數最容易受到離群值影響，其次是中位數，最不受影響的是眾數，因此，在一個不對稱的分配當中，三個集中量數因為受到影響的程度不同，而不會落於同一點；相對的，在一個常態分配當中，三個集中量數則應落於同一點，如圖 4.3(c)。當一個分配在低分端有離群值時，平均數會向低分端移動，三個集中量數形成如圖 4.3(a) 的相對關係；當高分端有離群值時，平均數會向高分端移動，三個集中量數形成如圖 4.3(b) 的相對關係。利用這三個量數的相對關係，也可以判斷一個分配是否對稱或偏態的情形。

4.3　變異量數

變異量數（或離散量數）是用來描述觀察值在某一個變數上的分數分散情形的統計量。在描述統計中，集中量數必須搭配變異量數，才能反映一組數據的分布特徵。常用的變異量數包括全距、四分差、變異數及標準差等，以下即分別介紹之。

4.3.1　全距

全距（range）是一組分數中最大值（X_{max}）與最小值（X_{min}）之差，是一群分數變異情形最粗略的指標。如公式 4-13 所示，全距容易計算，適用性高，不僅可

以應用在連續變數，求出最大值與最小值的分數差異程度，也可以應用在名義變數與順序變數，來求出變數當中類別的多寡。

$$Range = X_{max} - X_{min} \tag{4-13}$$

假設表 4.3 是三個班級的 11 位學生的考試成績，這三個班級的成績的集中量數皆相同，不論是平均數、中位數或眾數皆為 61 分。但是從分數的分布情形來看，三者則有明顯不同的全距：甲班與乙班的全距分別為 66–56=10 與 85–41=44，丙班分數沒有任何變化，全距為 0，可見得乙班同學的分數落差最大。

全距雖然簡單好用，但是它的缺點是不精確也不穩定，因為只有兩個分數能夠決定全距，因此它無法反映分配當中各個數值的狀態。而且當樣本數越大，分配越可能包含偏離值，因而導致全距的數值會有所膨脹。一般而言，全距是一組分數最初步的離散指標，但並不是能夠代表變數的變異程度的最佳選擇。

→表 4.3　三個班級的考試成績（每班皆為11個學生）

ID	甲班	乙班	丙班
1	56	41	61
2	57	42	61
3	58	48	61
4	59	53	61
5	60	61	61
6	61	61	61
7	62	61	61
8	63	67	61
9	64	75	61
10	65	77	61
11	66	85	61
平均數	61	61	61
全距	10	44	0
四分差	3	13.5	0
平均差	2.727	10.909	0
標準差	3.317	14.346	0
變異數	11	205.8	0

4.3.2　四分差

四分差（quartile deviation; QD）是四分位距（interquartile range; IQR）的一半，也就是一組數據當中的第三四分位數（區隔高分端的前 25% 的分數，簡稱 Q_3）與第一四分位數（區隔低分端的後 25% 的分數，簡稱 Q_1）的距離（Q_3-Q_1）除以 2，或是中間 50% 的樣本分數差距（盒形圖的盒長）的二分之一：

$$QD = \frac{(Q_3 - Q_1)}{2}$$

$$(4\text{-}14)$$

四分差的計算方式，首先是將分數依序排列後，依照觀察值的位置分成四段，每一段各占 25% 的個數，位居三個分段點的分數稱為第一四分位數（Q_1）、第二四分位數（Q_2）與第三四分位數（Q_3）。四分差即是取第三四分位數與第一四分位數差的一半。四分差越大，代表分數的分散情形越大。

Q_1 與 Q_3 兩者的計算方式與中位數相似，如果樣本排序後位於第 25% 及 75% 位置恰為某觀察值，則取該觀察值數值，如果位置落於兩觀察值之間，則取兩者數值的平均。以表 4.3 的考試成績為例，三個班的人數都是奇數 $N=11$，因此 Q_1 與 Q_3 的排序人數分別如下：

$$N_{Q1}=(N+1)\times 25/100=12\times 0.25=3$$
$$N_{Q3}=(N+1)\times 75/100=12\times 0.75=9$$

亦即 Q_1 與 Q_3 為 ID 編號第 3 與第 9 位學生的成績，QD 計算如下：

甲班：　　Q_1=58、Q_3=64　　　　QD=(64−58)/2=3

乙班：　　Q_1=48、Q_3=75　　　　QD=(75−48)/2=13.5

丙班：　　Q_1=61、Q_3=61　　　　QD=(61−61)/2=0

顯示中間 25% 的受試者的距離以乙班的變化程度最大。

4.3.3　以離均差為基礎的變異量數

統計上最常用的變異量數是標準差（standard deviation）與變異數（variance），這兩者是變異量數的一對雙胞胎，標準差的平方即為變異數，這兩個量數以及平均差三者都是利用離均差（deviation score）作為基礎的變異量數，分別介紹如下。

4.3.3.1　離均差與平均差

離均差反映的是一組數據中，各分數與平均數的距離。離均差是一個非常簡單的變異指標，但是在統計上是一個非常基本的量數，衍生出許多重要的概念。

$$deviation = X - \overline{X} \tag{4-15}$$

當離均差為正值時，表示分數落在平均數的右方；離均差為負值時，表示分數落在平均數的左方。而平均數是每一個分數加總後的平均值，為一組分數的重心位置，因此離均差的正值與負值的總和相等，離均差和 $= \Sigma(X_i - \overline{X}) = 0$。

由於離均差的和為 0，在使用上無法作為整體數據變異的指標，為解決正負值相抵的問題，可以取離均差的絕對值後相加，除以觀察值個數後，所得到的數值稱為平均差（mean deviation; MD）。

$$MD = \frac{\Sigma |X_i - \overline{X}|}{N} \tag{4-16}$$

以先前考試成績的資料為例，甲班與乙班兩班的成績的離均差列於表 4.4 當中的 (b) 欄，其總和為 0。平均差 MD 則可由表 4.4 的 (c) 欄的總和除以樣本數 11 得出。

$$MD_{甲} = \frac{\Sigma |X_i - \overline{X}_{甲}|}{N} = \frac{30}{11} = 2.727$$

$$MD_{乙} = \frac{\Sigma |X_i - \overline{X}_{乙}|}{N} = \frac{120}{11} = 10.909$$

平均差雖然很容易理解，但是利用取絕對值方式來去除負號的作法在統計上並不常用，對於極端分數的偵測較不敏銳，因此多使用取平方的方式去除負號，得到離均差平方和（sum of square; SS）如下：

$$SS = \Sigma(X_i - \overline{X})^2 = \Sigma X_i^2 - \frac{(\Sigma X_i)^2}{N} \tag{4-17}$$

由範例資料來看，甲乙兩班成績的離均差平方和（SS）可由表 4.4 的 (d) 欄進行加總得出，分別為甲班的 $SS_甲=110$、乙班 $SS_乙=2058$，或以公式 4-17 計算如下：

$$SS_甲 = \sum X_i^2 - \frac{(\sum X_i)^2}{N} = 41041 - \frac{(671)^2}{11} = 110$$

$$SS_乙 = \sum X_i^2 - \frac{(\sum X_i)^2}{N} = 42989 - \frac{(671)^2}{11} = 2058$$

SS 可以類比為面積和的概念，亦即求取每一個分數與平均數之間距離的面積和。在統計技術中，有許多重要概念都是使用面積的概念來處理，因此 SS 可以說是統計學的重要統計量。例如：若將 SS 除以人數，得到單位面積的統計量，即為變異數。

4.3.3.2　變異數與標準差

變異數（variance）是統計上最常用來描述資料變異程度的統計量。對母體資料而言，變異數以 σ^2 表示，定義於公式 4-18（公式前方的 VAR.P 為 EXCEL 函數

→表 4.4　考試成績的變異量數運算過程數據

ID	甲班 (a) X	(b) $X-\overline{X}$	(c) $\lvert X-\overline{X} \rvert$	(d) $(X-\overline{X})^2$	乙班 (a) X	(b) $X-\overline{X}$	(c) $\lvert X-\overline{X} \rvert$	(d) $(X-\overline{X})^2$
1	56	-5	5	25	41	-20	20	400
2	57	-4	4	16	44	-19	19	361
3	58	-3	3	9	48	-13	13	169
4	59	-2	2	4	53	-8	8	64
5	60	-1	1	1	61	0	0	0
6	61	0	0	0	61	0	0	0
7	62	1	1	1	61	0	0	0
8	63	2	2	4	70	6	6	36
9	64	3	3	9	75	14	14	196
10	65	4	4	16	78	16	16	256
11	66	5	5	25	85	24	24	576
總和	671	0	30	110	671	0	120	2058
平均數	61	0	2.727	10	61	0	10.909	187.091
標準差	3.317				14.346			
變異數	11				205.8			

所使用的符號）；標準差（standard deviation）則是將變異數開根號，以 σ 表示，
如公式 4-19 所示（STDEV.P 為 EXCEL 函數符號）。

$$VAR.P = Variance = \sigma^2 = \frac{SS}{N} = \frac{\sum(X_i - \mu)^2}{N} \qquad (4\text{-}18)$$

$$STDEV.P = \sigma = \sqrt{\frac{SS}{N}} = \sqrt{\frac{\sum(X_i - \mu)^2}{N}} \qquad (4\text{-}19)$$

　　標準差或變異數越大者，表示該分配的變異情形較大。與平均差相較之下，標
準差有兩個特性，第一是由於標準差源自於變異數的概念，因此可以與其他以變異
面積作為基本原理的統計概念相結合。第二，標準差的計算是取離均差的平方項，
對於極端分數的變動敏感度較大。

　　值得注意的是，若以樣本來計算變異數或標準差，會出現低估母體變異數或標
準差的情形，亦即樣本變異數不是母體變異數的不偏估計數（unbiased
estimator），為改善樣本變異數或標準差低估的問題，樣本變異數需改以不偏估計
數的 $\hat{\sigma}^2$ 算式來計算樣本的變異數，如公式 4-20（VAR.S 為 EXCEL 函數符號），
以 s^2 表示，樣本標準差（s）的計算式則如 4-21 所示（STDEV.S 為 EXCEL 函數符
號）。

$$VAR.S = s^2 = \hat{\sigma}^2 = \frac{SS}{N-1} = \frac{\sum(X_i - \overline{X})^2}{N-1} \qquad (4\text{-}20)$$

$$STDEV.S = s = \hat{\sigma} = \sqrt{\frac{SS}{N-1}} = \sqrt{\frac{\sum(X_i - \overline{X})^2}{N-1}} \qquad (4\text{-}21)$$

　　由公式 4-20 與 4-21 可知，標準差與變異數之所以稱為不偏估計數，主要差別
在於分母的除項為 $N-1$ 而非樣本數 N。$N-1$ 稱為自由度（degree of freedom；
df），表示一組數據當中，可以自由變動的分數個數，或是實際用於計算的觀察值
數目。由於變異數或標準差的運算是以離均差為基礎，若有 N 個樣本只能計算
$N-1$ 個離均差，因此，實際用於計算的變異數或標準差的離均差只有 $N-1$ 個而非
N 個。自由度當中所減去的 1，是指離均差的計算係以平均數作為參照點，當平均
數已知的情況下，N 個樣本只有 $N-1$ 個自由變動的離均差。

在樣本數 N 很大時，分母是否減去 1 的影響非常有限，但如果樣本數偏低時，使用自由度為除項的差異就非常明顯，也凸顯了在小樣本下進行統計運算往往有所偏頗的現象，因此必須採用不偏估計數的處理方式來克服估計問題。

如果將表 4.4 的考試成績視為母體資料，甲班與乙班成績的變異數 σ^2 可由公式 4-18 求得，或由表 4.4 的 (d) 欄的總和除以觀察值數目 N 求得，開根後得到標準差 σ 為 3.162 與 13.678，或由公式 4-19 求得。

$$\sigma_{甲}^2 = \frac{SS_{甲}}{N} = \frac{110}{11} = 10$$

$$\sigma_{乙}^2 = \frac{SS_{乙}}{N} = \frac{2058}{11} = 187.091$$

如果將考試成績視為抽樣資料，甲班與乙班成績的變異數 s^2 可由公式 4-20 求得，或由表 4.4 的 (d) 欄的總和除以自由度（11−1=10）得出，開根後得到標準差 s 為 3.317 與 14.346，或由公式 4-21 求得。

$$s_{甲}^2 = \hat{\sigma}_{甲}^2 = \frac{SS_{甲}}{N-1} = \frac{110}{11-1} = 11$$

$$s_{乙}^2 = \hat{\sigma}_{乙}^2 = \frac{SS_{乙}}{N-1} = \frac{2058}{11-1} = 205.8$$

4.3.4　變異量數的特性與使用時機

上述幾種典型的變異量數，其適用情形與集中量數的適用情形類似，三個變異量數的比較列於表 4.5。

值得注意的是，各量數都是數學轉換後的統計量，因此測量尺度原則上都必須要有足以作為數學轉換的單位，否則四則運算即無意義。在類別變數，由於沒有單位的概念，因此不符合統計量數的基本概念，但在實務上，會有較為通融的作法，例如：讓全距套用在名義測量；讓四分差套用於順序測量，以作為變異情形的指標。

四種變異量數中，標準差與變異數使用到每一個的分數進行四則運算，因此必定要有測量單位才具運算意義，對於變異狀況的描繪能夠考慮到每一個人的分數，在測量上最為精密，但是也容易受到偏離值的影響，適用於具有一定單位的等距與比率尺度測量。

→**表** 4.5　變異量數的特性與優缺點比較

測量層次	離 散 量 數		
	全距	四分差	標準差／變異數
名　義	✓		
順　序	✓	✓	
等距／比率	✓	✓	✓
優　點	不受離群值外的個別分數影響，計算方法簡使，適用於所有的測量尺度。	對離群值較不敏感，但能表現順序尺度的變異情形。	測量最為精密，考慮到每一個樣本，具有代表性。
缺　點	測量過於粗糙，無法反映所有樣本的狀況。	無法反映所有樣本的變異狀況。	易受離群值的影響。

　　四分差則與中位數類似，雖然精密度較低，但是在適當排序之後算出的四分差，仍可用來表示變異情形，受到偏離值的影響相對較小。可以應用於順序尺度。而對於名義尺度的測量結果，嚴格來說無法用任何的變異統計量來表現分散情形，充其量只能使用全距，來計算最大類與最小類之間的差。

4.4　變異係數

　　前面所提及的變異量數主要用於反應一組資料的離散狀況，當測量單位越大，變異量數也隨之放大。例如：以公分為單位時，身高的變異數即比以公尺為單位時放大 10,000 倍，公斤與公克的單位差了 1,000 倍，變異數則差距 10^6 倍。在統計上，可以利用變異係數（coefficient of variation）來去除單位對於變異量數放大作用，如公式 4-22 所示。如果把 CV 值乘以 100，所得數據反應的是標準差占平均數的比例。

$$CV = \frac{s}{\overline{X}}$$

(4-22)

　　從公式 4-22 來看，CV 值是把標準差除以平均數，是一個去除平均數影響的比值，也稱為相對變異係數（coefficient of relative variability）或相對差。單位大的標準差會因為除以較大的平均數而縮小；相反的，單位小的標準差會因為除以較小的平均數而放大，此時所得到的變異量數是一種標準化的相對波動量數，反應的是測量分數相對於平均數的波動情形。

→表 4.6　台積電與宏碁電腦的股價表現範例

	統計量	開盤	最高	最低	收盤	成交量	成交金額	本益比
台積電 2330	平均數	595.91	598.74	591.26	594.65	28565.26	17002567.52	28.52
	標準差	8.66	7.72	8.39	9.29	12226.06	7300917.32	0.45
	變異係數	0.015	0.013	0.014	0.016	0.428	0.429	0.016
	變異比	1.45%	1.29%	1.42%	1.56%	42.80%	42.94%	1.56%
宏碁 2353	平均數	29.85	30.08	29.50	29.70	22051.43	661376.65	10.84
	標準差	1.42	1.51	1.39	1.48	10214.24	320552.28	0.54
	變異係數	0.047	0.050	0.047	0.050	0.463	0.485	0.050
	變異比	4.74%	5.01%	4.72%	4.98%	46.32%	48.47%	4.98%

資料來源：鉅亨新聞網 https://www.cnyes.com/twstock/ps_historyprice.aspx　資料期間：2021/6/16-7/16

　　傳統的標準差則是一種絕對波動量數，當變數具有不同的單位或平均數差異很大時，不宜使用來作為變數間變異性的比較。如果所蒐集的資料當中，變數的屬性有很大的不同時，例如：單位相差很大，或是單位相似但是平均數差異很大時，變異係數是用來反應各變數變異狀況的較佳指標。

　　舉例來說，表 4.6 列出了台積電與宏碁兩家上市公司過去一個月的股票交易資訊。每一個欄位的屬性與單位均不相同，開盤、最高、最低、收盤為每張股的價格（元），成交量為股票張數，本益比為股價與每股盈餘（EPS）的比值，面對這些複雜的數據，進行兩家公司的描述統計量的比較必須十分小心。

　　若單純比較兩家公司在各項數據的變異情形（標準差），可以發現台積電的標準差遠高於宏碁，以收盤價為例，台積電過去一個月的股價標準差為 9.29 元，宏碁則僅有 1.48 元，兩者相差 6.27 倍，如果主張台積電的股價波動是宏碁的 6.27 倍，那就是標準差的錯誤應用，因為如果考慮了平均股價（台積電為 594.65 元、宏碁為 29.70 元），台積電的變異係數（0.016）反而低於宏碁（0.050），標準差占平均數的比例甚至只有宏碁的三分之一，顯見宏碁的（相對）股價波動遠比台積電來得高。

　　如果比較的是成交金額狀況則相反：台積電在過去一個月的成交金額標準差（7,300,917.32 元）為宏碁（320,552.28 元）的 22.8 倍，但平均成交金額台積電（17,002,567.52 元）也是宏碁（661,376.65 元）的 25.7 倍，因此即使兩家公司的成交金額的變異甚大，但變異比卻非常接近：台積電為 0.429、宏碁為 0.485，成交張數的 CV 值也類似，顯示兩家公司股票的成交狀況在過去一個月的波動程度相當，並無明顯不同。

→表 4.7　幼兒體重數據的變異係數範例（單位為公斤）

性別	統計量	出生時	3月齡	6月齡	36月齡
男嬰	平均數	3.075	5.920	7.911	14.437
	標準差	0.475	0.901	1.040	2.106
	變異係數	0.155	0.152	0.131	0.146
	變異比	15.5%	15.2%	13.1%	14.6%
女嬰	平均數	2.972	5.418	7.247	13.638
	標準差	0.452	0.784	0.917	1.774
	變異係數	0.152	0.145	0.126	0.130
	變異比	15.2%	14.5%	12.6%	13%

資料來源：臺灣幼兒發展調查資料庫 https://kit.hdfs.ntnu.edu.tw/CN/Release.aspx

　　再以表 4.7 臺灣幼兒發展調查資料庫團隊所蒐集的嬰兒體重數據為例，嬰兒在出生時、3 個月大、6 個月大、36 個月大四個時點下，男嬰體重標準差分別為 0.475、0.901、1.040、2.106，女嬰則為 0.452、0.784、0.917、1.774，如果利用這些數據做出結論：「男女嬰體重的變異情形在相同月齡下相近，但隨著月齡增加而放大」，是不恰當的說法，因為不同月齡下的體重平均數差異頗大，例如：男嬰的平均體重由出生時的 3.075 公斤逐漸增加，到了 36 月齡時已經達到 14.437 公斤，顯示各月齡下的體重測量的變異單位基礎不同。

　　如果計算 *CV* 值，會得到男嬰（介於 0.131 至 0.155）與女嬰（介於 0.126 至 0.152）的相對變異相近，不同月齡下也沒有太大差別，可知體重的變異若考慮了平均體重在不同測量時點會逐漸放大的狀況後，並沒有明顯的不同。適當的結論是：「男女嬰體重的變異性在相同月齡下相近，但隨著月齡增加平均體重增加，體重標準差也相對放大，若考慮體重的增加量，得到體重的變異係數並沒有明顯增加，顯示不同月齡的男女嬰體重個別差異相似」。

4.5　偏態與峰度

　　除了上述各變異量數，描述統計量還可以利用偏態（skewness）與峰度（kurtosis）來描述數據的分布特性。尤其是當研究者關注數據的分布是否為常態時，偏態與峰度是非常重要的指標。

4.5.1　偏態

一個變數的數值分布可能為對稱或不對稱。描述一個變數的對稱性（symmetry）的量數稱為偏態係數（coefficient of skewness; SK），定義如下：

$$SK = \frac{N}{(N-1)(N-2)} \times \frac{\sum(X_i - \overline{X})^3}{s^3} \tag{4-23}$$

不對稱的資料稱為偏態資料，依其方向可分為**負偏**（negatively skewed）（或左偏，即左側具有偏離值）、**正偏**（positively skewed）（或右偏，即右側具有偏離值）與對稱（symmetrical）三種情形，若分配呈現正偏態，偏態係數 $SK>0$，若為負偏態，偏態係數 $SK<0$，若為對稱分配，偏態係數 SK 接近 0。不同偏態的狀態如圖 4.4(a)、(b)、(c) 所示。

以表 4.4 的兩班資料為例，樣本數皆為 11，而甲班的 $s = 3.317$，$\sum(X - \overline{X})^3 = 0$，帶入公式 4-23 得到偏態係數 $SK = 0$，表示數據沒有特殊偏態而呈現對稱分布。乙班的 $s = 14.346$，$\sum(X - \overline{X})^3 = 3,312$，$SK = 0.137$，顯示資料分布呈現些微的正偏態：

$$SK_{甲} = \frac{11}{(11-1)(11-2)} \times \frac{0}{3.317^3} = 0$$

$$SK_{乙} = \frac{11}{(11-1)(11-2)} \times \frac{3312}{14.346^3} = 0.137$$

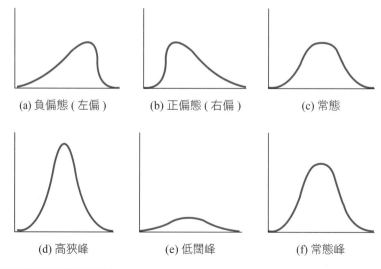

(a) 負偏態 (左偏)　　(b) 正偏態 (右偏)　　(c) 常態

(d) 高狹峰　　(e) 低闊峰　　(f) 常態峰

圖 4.4　不同偏態與峰度情形的圖示

與正負偏態有關的一個測量現象，是所謂的地板效應與天花板效應。**地板效應**（floor effect）是指數據多數集中在偏低的一端，但在高分端則有離群值，分數不容易突破低分端，但會往高分端延伸，彷彿有一個地板（或真的存在一個低分限制條件）阻擋了數據往低分移動。由於地板阻隔作用，地板效應常伴隨正偏態現象。例如：薪資數據，一般來說，勞工的最低薪資受到政府的保障，因此多數人的薪資不會低於最低工資，但會集中在比最低工資略高的區間中。

相對的，**天花板效應**（ceiling effect）則與負偏態有關，是指數據多數集中在偏高的一端，但在低分端則有離群值，分數不容易突破高分端，彷彿有一個天花板（或真的存在一個高分限制條件）阻擋了數據往高分移動。例如：學校老師出了一份簡單的試卷，大家都得到八九十分，此時就發生了天花板效應，100 分就是高分的阻隔分數，不小心考不好的同學就成為低分的偏離值，形成負偏態現象。

4.5.2　峰度

峰度是指一個次數分配集中部分的陡峭程度。當兩個分配都是對稱的單峰鐘型曲線時，並不一定具有一樣的平坦或陡峭形態（峰度）。一個對稱的鐘型分配，變數的數值會集中於眾數所在位置，如果集中於眾數附近的分數多，分散於兩側的分數少，將形成**高狹峰**（leptokurtic）的分配；當集中於眾數附近的分數較少，兩側分數多，則形成**低闊峰**（platykurtic）。在常態分配時的理想峰度稱為**常態峰**（mesokurtic）。三種不同峰度如圖 4.4(d)、(e)、(f) 所示。

同樣的，峰度狀態可利用**峰度係數**（coefficient of kurtosis; KU）來描述，若分配呈現高狹峰，峰度係數 $KU>0$，若為低闊峰，峰度係數 $KU<0$，若為常態峰，峰度係數 KU 接近 0。各種偏態與峰度的係數特性與判斷原則請見表 4.8。

$$KU = \frac{N(N+1)}{(N-1)(N-2)(N-3)} \times \frac{\sum(X_i - \bar{X})^4}{s^4} - 3\frac{(N-1)(N-1)}{(N-2)(N-3)} \tag{4-24}$$

以甲乙兩班資料為例，甲班的 $\sum(X_i - \bar{X})^4 = 1{,}958$，乙班的 $\sum(X_i - \bar{X})^4 = 760{,}002$，帶入公式 4-24 得到峰度係數分別為 −1.2 與 −0.877，顯示兩班的峰度皆為平坦分配，但甲班的資料顯然比乙班平坦許多（事實上，甲班的資料是一個均等分配）。

→表 4.8　偏態與峰度的判斷方式

偏態	偏態係數	峰度	峰度係數
正偏態	$SK > 0$	高狹峰	$KU > 0$
負偏態	$SK < 0$	低闊峰	$KU < 0$
對稱	$SK = 0$	常態峰	$KU = 0$

$$KU_{甲} = \frac{11 \times 12}{(11-1)(11-2)(11-3)} \times \frac{1958}{3.317^4} - 3 \times \frac{(11-1)(11-1)}{(11-2)(11-3)} = -1.2$$

$$KU_{乙} = \frac{11 \times 12}{(11-1)(11-2)(11-3)} \times \frac{760002}{14.346^4} - 3 \times \frac{(11-1)(11-1)}{(11-2)(11-3)} = -0.877$$

4.6　結語

　　統計學常說要馭繁於簡，就是指描述統計的角色與功能，因此這一章的學習可以說是統計學最基本的部分。描述統計所產生的統計量數雖然簡單，但是卻提供了有關研究數據乃至於研究品質的豐富資訊，有經驗的研究者往往可以從變數的描述統計數據中，判斷潛藏於資料庫當中的各種問題，甚至看出有獨特價值的研究發現的蛛絲馬跡。這也是為何在學術論文寫作規範中，不論該研究所使用的統計技術如何先進、複雜，均要求作者列出研究變數的基本描述統計資料以供查閱檢視。

　　儘管描述統計量的概念十分簡單，但公式卻不少，背誦起來似乎頗為吃力，然而在科技發達的今天，這些統計量都可以從 EXCEL 表單或統計軟體中輕易得到，因此並不需要強記，本章列出這些公式的目的，一方面是在展現各種統計量的運算邏輯，更重要的是協助讀者瞭解公式背後的統計概念，辨識不同統計量的差異。例如：母體變異數與樣本變異數的差異，主要在於分母除項：一個是取樣本數（N），一個是取自由度（$N-1$）。在學習的過程中，應多思考公式之間的異同與符號表徵的意義，如果僅是死記硬背公式，完全無法達成統計學習的目的。在本章最後的小精靈中，我們會介紹 EXCEL 的操作方式，若多加演練，即能發揮熟能生巧的作用，更能探知這些描述統計量的功能效用。

EXCEL 電腦小精靈

一、如何使用 EXCEL 來執行描述統計

■建立資料檔案（參見表 4.3 的數據）

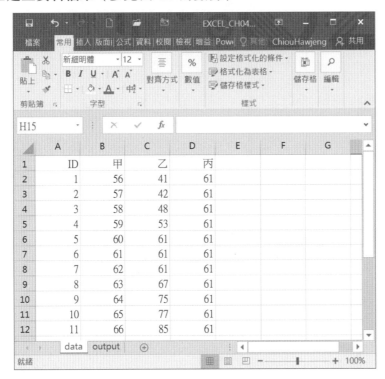

■打開資料分析對話框，選擇「敘述統計」

■決定分析內容與條件

1. 選擇輸入範圍：利用滑鼠框選包含變數的名稱與資料的欄位
2. 選擇標記：因為類別軸標記在第一列，因此必須勾選
3. 輸出選項；勾選摘要統計

■得出結果

	A	B	C	D	E	F
1	甲		乙		丙	
2						
3	平均數	61	平均數	61	平均數	61
4	標準誤	1	標準誤	4.325401	標準誤	0
5	中間值	61	中間值	61	中間值	61
6	眾數	#N/A	眾數	61	眾數	61
7	標準差	3.316625	標準差	14.34573	標準差	0
8	變異數	11	變異數	205.8	變異數	0
9	峰度	-1.2	峰度	-0.8769	峰度	#DIV/0!
10	偏態	5.43E-17	偏態	0.137111	偏態	#DIV/0!
11	範圍	10	範圍	44	範圍	0
12	最小值	56	最小值	41	最小值	61
13	最大值	66	最大值	85	最大值	61
14	總和	671	總和	671	總和	671
15	個數	11	個數	11	個數	11

`data` `output` ＋

就緒

　　由結果可得到甲、乙、丙班三個連續變數的各項描述統計資料。當無法獲得有效資訊時，表格中會出現 #N/A 符號（例如：甲班沒有辦法得到眾數），或是 #DIV/0!（當公式的除數為 0 時的無意義狀態，例如：丙班的偏態與峰度）。如果小數點位數太多時，會出現科學符號（例如：甲班的偏態為 5.43E-17，實際數值為 5.43×10^{-17}）

註：本範例取自課文內容，讀者可自行比對這些結果在書中的解釋與說明。

二、如何使用 EXCEL 函數功能來計算算術、幾何、調和平均數

■建立資料檔，使用函數功能

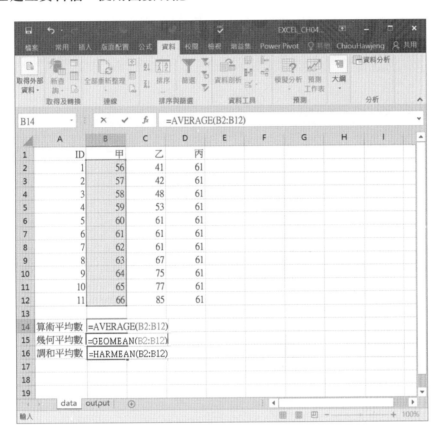

1. 在任何一個空白儲存格以函數功能來計算各平均數
2. 例如：在 B14 求取甲班算術平均數（利用 =AVERAGE(B2:B12)）
3. 例如：在 B15 求取甲班幾何平均數（利用 =GEOMEAN(B2:B12)）
4. 例如：在 B16 求取甲班調和平均數（利用 =HARMEAN(B2:B12)）
5. 同理，在同樣橫列求出乙班與丙班的算術、幾何、調和平均數

■求出平均數數值

	A	B	C	D	E	F
1	ID	甲	乙	丙		範例
2	1	56	41	61		5
3	2	57	42	61		10
4	3	58	48	61		15
5	4	59	53	61		
6	5	60	61	61		
7	6	61	61	61		
8	7	62	61	61		
9	8	63	67	61		
10	9	64	75	61		
11	10	65	77	61		
12	11	66	85	61		
13						
14	算術平均數	61	61	61		10
15	幾何平均數	60.91789	59.4365	61		9.085603
16	調和平均數	60.83572	57.86678	61		8.181818

由算術、幾何、調和平均數的數值大小可以看出，三者具有 $\overline{X}_H \le \overline{X}_G \le \overline{X}_A$ 的關係，如同課文當中的說明。

本章重要概念

統計量 statistic

集中量數 measures of central location

變異量數 measures of variation

平均數 mean

加權平均數 weight mean

中位數 median

眾數 mode

全距 range

四分差 quartile deviation

平均差 mean deviation

離均差 deviation score

離均差平方和 sum of squares

標準差 standard deviation

變異數 variance

變異係數 coefficient of variation

偏態 skewness

峰度 kurtosis

課後習作

一、一位幼兒園教師測量班上 9 名小男生的體重，以及 11 名小女生的體重，結果如下（單位為公斤）：

小男生　19　19　16　18　13　18　17　18　15

小女生　17　9　14　11　15　10　17　8　17　11　14

1. 請分別計算 9 位小男生與 11 位小女生體重的平均數、中位數、眾數。

2. 比較前一題所計算得出的兩種性別的小朋友體重的三個集中量數，說明數值的意義？

3. 三個集中量數數值的相對位置反映了什麼？ 小男生與小女生的三個集中量數的相對位置的變化相似嗎？這代表什麼？

4. 請分別計算 9 位小男生與 11 位小女生體重的全距、變異數與標準差。

5. 比較前一題所計算得出的兩種性別的小朋友體重的三個變異量數，說明數值的意義？

6. 請問 9 位小男生的離均差誰最大？誰最小？各代表什麼意思？

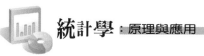

二、某公司有 450 名員工，其中職員、保全人員與管理人員的薪資資料如下表，請回答下列問題：

	職　別			
	職員	保全人員	管理人員	總和
個數	362	27	61	450
平均數	$27,694.45	$30,938.89	$55,264.51	$31,626.39
中位數	$26,550.00	$30,750.00	$55,750.00	$28,275.00
最小值	$15,750	$24,300	$34,410	$15,750
最大值	$66,875	$35,250	$70,000	$70,000
全距	$51,125	$10,950	$35,590	$54,250
標準差	$7,062.258	$2,114.616	$9,378.448	$11,854.009
變異數	49,875,491.107	4,471,602.564	87,955,285.587	140517535.762
峰度	3.246	3.652	-.868	1.682
偏態	1.290	-.368	-.286	1.470

1. 請比較三類人員的平均數、中位數、全距、標準差與變異數的差異，說明三者薪資特性。
2. 請解釋偏態與峰度數據的意義。
3. 請計算三類人員的變異係數，並試說明變異數與變異係數的差異。

chapter

5

相對量數與標準分數

5.1 前言

　　在前一章當中，我們介紹了幾種基本的描述統計量數，藉由這些統計量數，我們可以將一組資料的特徵加以描述，例如：全班同學考得如何，分數的變化程度如何，是否有特殊偏態或峰度等等。然而，描述統計量數雖能夠描繪出資料整體的特徵與趨勢，但是對於個別分數的判讀卻沒有什麼具體的幫助。例如：當我們測量了20輛汽車的行車速度，得到平均數是50公里／小時，標準差是5公里／小時，甚至於計算出偏態與峰度係數接近0，進而瞭解這20輛車的速度的分配接近常態。但是，這些數據卻無法用來描述某一部車相對於其他車輛的行駛狀態。

　　如果A、B兩車分別以40與60公里／小時的速度行駛，配合描述統計量當中平均數與標準差的資訊，我們可以計算出兩者在這群汽車當中的行駛速度分別是在平均數以下及以上2個標準差，此時若將A、B兩車的時速重新定義為 –2 與 + 2，正負號代表大於或小於平均數，數值多寡表示距離平均數的遠近，我們就可以清楚地知道個別車輛的速度在全體車輛速度中的相對位置，因此稱為相對地位量數（measures of relative position），簡稱相對量數。同時由於這個新定義出來的量數的數值意義與範圍，不受原始分數分配的平均數與標準差的影響，因此可以進行不同變數或跨分配的比較，因此稱之為標準分數（standard score）。

　　進一步的，根據機率理論，在一個常態分配下，比 –2 個標準差來得更低的機率只有 0.0228，比 + 2 個標準差來得更高的機率也是只有 0.0228，因此我們還可以得知A車的速度在100部車當中只比2.28輛車來得快，B車的速度在100部車當中只有2.28輛車比它來得快，無條件捨去之後，得出A車的速度贏過百分之2的車，B車的速度贏過百分之98的車，此時2與98這兩個數值就是我們常聽見的百分等級（percentile rank），越高的百分等級不僅表示位置越高，也同時反映出機率的特徵。而特定百分等級下的分數數值，就是百分位數（percentile）。

　　由此可知，只要我們知道兩個基本描述統計量：平均數與標準差，我們就可以利用標準分數來推知任何個別分數的相對位置，如果進一步得知分配呈常態分配，就可以推知機率大小而得到百分等級的資訊。例如：龜兔賽跑，不論他們跑得多快，只要能算出標準分數，就知道他們相對於其他跑者有多快，甚至於兔子贏過多少隻烏龜或兔子、烏龜贏過多少隻兔子或烏龜。如果資料的分配不是呈常態，我們也可以直接把所有分數加以排序，計算某一分數贏過多少百分比的數值而得到百分等級，或是把資料用三個四分位數（quartile）切成四等分、用九個十分位數

（decile）切成十等分，進而瞭解原始分數在整個資料分配上的位置為何。進一步的，四分位數也可以用於繪製盒形圖（boxplot），協助我們瞭解資料的分布情形，檢查離群值（outlier）的狀況，用途甚為廣泛。我們將在本章分別加以介紹。

5.2　相對量數

　　相對量數最普遍、通俗的說法就是排序（ranking），其原理是利用一組等級、名次甚至帶有標準分數特徵的數值來取代原始分數，用以描繪個別資料的相對強弱高低。前一章所介紹的集中量數、變異量數、偏態與峰度等描述統計量數，都是用來描述某變數整體的分布情形，無法提供個別觀察值在全體樣本中的性質訊息。如果我們想瞭解某觀察值在樣本中處於何種特定位置，必須將它的分數與其他分數一起進行排序，換算出該觀察值在變數上的相對地位（位置）。

　　值得注意的是，相對地位量數適合於當樣本數較多時（例如：數百人以上的調查數據）來進行排序計算相對位置，如果樣本數偏低，相對地位量數不易計算，也沒有太大的相對比較應用價值。以下針對幾種常用的相對量數逐一介紹。

5.2.1　百分等級與百分位數

5.2.1.1　百分等級

　　最常用的相對量數是百分等級（percentile rank; PR），PR 是利用 99 個分割點來將資料分成 100 段相等機率（百分比）的區間。PR 數值表示在一個變數當中可以贏過特定百分比的觀察等級，也就是累積機率（cumulative probability; cP）的概念。例如：$PR=10$ 表示贏過 10% 的觀察值的等級位置，該等級的累積機率 $cP=.10$；$PR=76$ 表示贏過 76% 的觀察值，$cP=.76$。

　　由於 PR 是 100 個等分的分割點，因此 PR 介於 1 至 99、沒有 0 與 100、且必為整數，換算 PR 時如果具有小數位數採無條件捨去，亦即截斷（truncate）小數位取整數值。若 PR 小於 1 者則進位為 1，樣本中最小值的 $PR=1$ 而非 0，因此 $PR=1$ 為最低等級，亦即分數只贏過最低的 1%，以及最低的 1% 也屬於 $PR=1$；樣本中最大值的 $PR=99$，屬於資料當中的最高等級，亦即是最優的 1% 觀察值。例如：將一群學生的身高加以排序，贏過最矮的前 1% 的學生與最矮的 1% 都是 $PR=1$，贏過前 10% 的學生 $PR=10$，依此類推。$PR=50$ 代表某位學生的身高恰好贏過 50% 的人，他的身高也恰好是中位數與第二四分位數（Q_2）。

■百分等級的計算方法

1. 遞增排列：將觀察值 X_i，$i=1,\cdots,N$，由小至大排列
2. 計算位置：指出 X_i 的排序 N_{PR}
3. 計算 PR_i：取公式 5-1 的整數部分，若 PR 值不到 1 則進位為 1

$$PR_i = \frac{N_{PR}}{N+1} \times 100$$

(5-1)

例如：某系有 139 位學生，身高最矮的是 156 公分、最高的是 195 公分，A 生身高 162 公分，B 生身高 180 公分，這四個分數由低至高的排序（N_{PR}）分別為第 1、35、130、139，亦即 X_1=156、X_{35}=162、X_{130}=180、X_{139}=195，PR 值計算如下：

$$PR_{\min} = PR_1 = \frac{1}{139+1} \times 100 = 0.714 \quad PR_{\min}=1$$

$$PR_A = PR_{35} = \frac{35}{139+1} \times 100 = 25 \qquad PR_A=25$$

$$PR_B = PR_{130} = \frac{130}{139+1} \times 100 = 92.85 \quad PR_B=92$$

$$PR_{\max} = PR_{139} = \frac{139}{139+1} \times 100 = 99.29 \quad PR_{\max}=99$$

5.2.1.2　百分位數

百分位數（percentile; P_{PR}）是指位居某一個百分等級的最小觀察分數，也就是說，若想贏過百分之多少的人，則分數必須至少要多少。百分等級是將觀察分數 X_i 轉化為等級（百分比），而百分位數則是由某一百分等級來推算原始觀察分數 X_i。前者是等級、後者是分數，兩者性質不同。

例如：身高若達 160 公分就可贏過 22% 的學生（PR=22），百分位數 P_{22}=160，亦即有 22% 的學生身高低於 160 公分；身高若達 179 公分即贏過 92% 的學生（PR=92），百分位數 P_{92}=179，亦即有 92% 的學生身高低於 179 公分。至於中位數，也正是 PR=50 時的百分位數，亦即 P_{50}。

如果已經經由前面的運算得到 PR 值，可以由 PR 值直接定義特定 PR 值下的

百分位數，但是必須注意的是，由於同一個 PR 值可能不止對應單一原始分數，而是包含一段區間，例如：身高 179 到 182 公分者的 PR 都是 92，此時百分位數 P_{92} 應取區間的最小值，亦即 P_{92}=179 公分。這就是為何在前一節的範例中，我們求出身高 180 公分者的 PR=92，但 PR=92 的百分位數 P_{92} 並不是 180 公分，而是 179 公分。

如果是由原始數據換算百分位數，則必須透過每一個數值進行排序後，找出特定 PR 值下的排序等級 N_{PR}（公式 5-2）求得百分位數。在不同的軟體工具或專業領域對於百分位數的計算有不同的作法，本書採用 SPSS 軟體的定義方式：當 N_{PR} 所對應的觀察值位置若不是在整數位置上，取相鄰兩個位置的比例分數（公式 5-4），計算方式說明如下：

■百分位數的計算方法

1. 遞增排列：將觀察值 X_i，i=1,$\cdots$,N，由小至大排列
2. 計算位置：

$$N_{PR}=(N+1)\times PR/100=p+q \tag{5-2}$$
$$p\ 為整數部分，q\ 為小數部分$$

3. 計算 P_{PR}：

$$(1)\ 若\ N_{PR}\ 為整數\ (q=0) \qquad P_{PR}=X_{(i=p)} \tag{5-3}$$
$$(2)\ 若\ N_{PR}\ 為非整數\ (q\neq0) \qquad P_{PR}=X_{(i=p)}+q\times(X_{(i+1)}-X_{(i)}) \tag{5-4}$$

以前述某系 139 位學生身高範例來看，排序第 1、35、130、139 者的身高 PR 為 1、25、92、99，如果此時問道：某位學生身高若要贏過 1%、25%、92%、99% 的人，身高百分位數 P_1、P_{25}、P_{92}、P_{99} 為何？計算過程如下：

$P_{PR=1}$：N_1=(139+1)$\times$1/100=1.4=1+0.4　　p=1,q=0.4　　P_1=X_1+0.4$\times$(X_2-X_1)

$P_{PR=25}$：N_{25}=(139+1)$\times$25/100=35.0=35+0　　p=35,q=0　　P_{25}=X_{35}

$P_{PR=92}$：N_{92}=(139+1)$\times$92/100=128.8=128+0.8　p=128,q=0.8　P_{92}=X_{128}+0.8$\times$(X_{129}-X_{128})

$P_{PR=99}$：N_{99}=(139+1)$\times$99/100=138.6=138+0.6　p=138,q=0.6　P_{99}=X_{138}+0.6$\times$(X_{139}-X_{138})

由前述的算式可知，求取百分位數時，必須要有原始分數來進行運算。本範例並沒有提供 139 位學生的原始身高，因此除了 P_{25} 可以直接排序第 35 的觀察分數

的 X_{35} 直接作為 P_{25} 之外，其他各百分位數均需利用前後鄰近值取比例數為百分位數。例如：P_{92} 需取用排序第 128 與 129 兩個分數差距乘以 q 的比例值。

範例 5.1　某公司甄選新人，共有 9 名應徵者，他們的面試成績分別為 70、66、60、50、55、60、60、90、65

1. 請計算 9 名應徵者中面試成績 70 分的百分等級。
2. 這個分配中第 50 百分位數為何？
3. 如果又增加一位成績為 62 的應徵者，前兩題的答案為何？

解答：

1. $N=9$ 時 70 分的百分等級

(1) 遞增排列：X_i，$i=1,\cdots,9=\{50、55、60、60、60、65、66、70、90\}$

(2) 計算位置：指出 $X_8=70$，$N_{PR}=8=p$

(3) 計算 PR_i：$PR_8=8/(9+1)\times100=80$

2. $N=9$ 時第 50 百分位數（P_{50}）

(1) 遞增排列：X_i，$i=1,\cdots,9=\{50、55、60、60、60、65、66、70、90\}$

(2) 計算位置：$N_{50}=(9+1)\times50/100=5$，$p=5$，$q=0$

(3) 計算 P_{PR}：$P_{50}=X_5=60$

3. $N=10$ 時 70 分的百分等級

(1) 遞增排列：X_i，$i=1,\cdots,10=\{50、55、60、60、60、62、65、66、70、90\}$

(2) 計算位置：指出 $X_9=70$，$N_{PR}=9=p$

(3) 計算 PR_i：$PR_9=9/(10+1)\times100=81.818\approx81$

4. $N=10$ 時第 50 百分位數（P_{50}）

(1) 遞增排列：X_i，$i=1,\cdots,10=\{50、55、60、60、60、62、65、66、70、90\}$

(2) 計算位置：$N_{50}=(10+1)\times50/100=5.5$，$p=5$，$q=0.5$

(3) 計算 P_{PR}：$P_{50}=X_5+0.5\times(X_6-X_5)=60+0.5\times(62-60)=61$

5.2.2　四分位數與十分位數

除了常用的百分位數，四分位數（quartile）與十分位數（decile）則是百分位數的常用特例，其中四分位數是將觀察值分割為等比例的四等分的三個區分數值，

三個區分值分別以 Q_1、Q_2、Q_3 表示：

Q_1（第一四分位數）：區分前 25% 與後 75% 的區分值，因此 $Q_1=P_{25}$

Q_2（第二四分位數）：區分前 50% 與後 50% 的區分值，因此 $Q_2=P_{50}$

Q_3（第三四分位數）：區分前 75% 與後 25% 的區分值，因此 $Q_3=P_{75}$

同理，十分位數是將觀察值分為十等分數值的九個區分數值，$D_1=P_{10}$、$D_2=P_{20}$、…、$D_9=P_{90}$。拜電腦之所賜，這些相對位置分數的排序與計算都可以直接從報表中獲得，讀者應仍應熟悉各分數的概念與計算過程，才不至於誤用。例如：表 5.1 即為利用 SPSS 的描述統計分析 9 名應徵者面試成績 70、66、60、50、55、60、60、90、65 的 Q_1、Q_2、Q_3 以及 D_2、D_3 數值，範例 5.2 說明各數值的計算過程。

→表 5.1　以SPSS執行百分位數計算的結果

統計量

面試成績

個數	有效的	9
	遺漏值	0
百分位數	20	55.0000
	25	57.5000
	30	60.0000
	50	60.0000
	75	68.0000

範例 5.2　某公司甄選新人，共有 9 名應徵者，面試成績分別為 70、66、60、50、55、60、60、90、65。請計算 9 名應徵者面試成績的 Q_1、Q_2、Q_3 以及 D_2 與 D_3

解答：

(1) 遞增排列：X_i，$i=1,\cdots,9=\{50、55、60、60、60、65、66、70、90\}$

(2) 計算排序位置 N_{25}、N_{50}、N_{75} 與 N_{20}、N_{30}

$N_{25}=(9+1)\times 25/100=2.5$　　　$p=2$，$q=0.5$

$N_{50}=(9+1)\times 50/100=5$　　　　$p=5$，$q=0$

$N_{75}=(9+1)\times 75/100=7.5$　　　$p=7$，$q=0.5$

$N_{20}=(9+1)\times 20/100=2$　　　　$p=2$，$q=0$

$N_{30}=(9+1)\times30/100=3$ $p=3$，$q=0$

(3) 計算 Q_1、Q_2、Q_3 與 D_2、D_3

   Q_1：$P_{25}=X_2+0.5\times(X_3-X_2)=55+0.5\times(60-55)=57.5$

   Q_2：$P_{50}=X_5=60$

   Q_3：$P_{75}=X_7+0.5\times(X_8-X_7)=66+0.5\times(70-66)=68$

   D_2：$D_2=P_{20}=X_2=55$

   D_3：$D_3=P_{30}=X_3=60$

5.3 標準分數

標準分數（standard score）是利用線性轉換的原理，將一組數據轉換成不具有特定單位與集中性的標準化分數。標準分數有不同的類型，然而不同的標準分數，其共通點是利用一個線性方程式，來將分數分配的集中點進行平移並重新單位化，使得不同量尺與不同變數的測量數據，具有相同的單位與相同的集中點，因此得以相互比較。以下，我們將介紹兩種常用的標準分數：z 分數（z score）與 T 分數（T score）。

5.3.1　z 分數

5.3.1.1　z 分數的定義

z 分數是將原始分數減去平均數，再除以標準差後所得到的線性轉換分數，又稱為 z 轉換（z transformation），在統計上的意義是將原始分數轉換成位於平均數以上或以下幾個標準差的相對位置分數。公式 5-5 應用於樣本資料的 z 轉換，公式 5-6 則應用於母體數據的 z 轉換，兩者的數學意涵相同，僅有參酌的平均數與標準差不同。

$$z = \frac{X - \overline{X}}{s} \tag{5-5}$$

$$z = \frac{X - \mu}{\sigma} \tag{5-6}$$

　　例如：A 與 B 兩位學生的身高是 160 與 180 公分，如果他們班上全體學生平均身高是 165 公分，標準差是 5 公分，經過 z 分數轉換後，A 與 B 兩位學生的身高 z 分數分別為 −1（落於平均數以下 1 個標準差的位置）與 +3（落於平均數以上 3 個標準差的位置）：

$$z_A = \frac{160-165}{5} = -1$$

$$z_B = \frac{180-165}{5} = +3$$

　　當 z 分數小於 0 時，表示該觀察值落在平均數以下；當 z 分數大於 0，表示該觀察值落在平均數以上；數值越大，表示距離平均數越遠，若觀察值恰等於平均數，則 z 分數為 0。不論是正值或負值，z 分數的數值，都表示距離平均數幾個標準差遠。

　　從公式來看，z 分數如同變異數與標準差一樣，也是與離均差有關的分數轉換。在前面介紹變異量數時，我們藉由將每一個分數求取離均差，並將每一個離均差加以平方後加總，求得離均差平方和後除以自由度，得到變異數，或是將變異數開根號得到標準差，目的是在利用一個數值來反映「整個分配」的離散情形。相對之下，z 分數的功能則是在描繪個別觀察值的離散性，透過將個別觀察值的分數求出離均差後，除以標準差，因而每一個觀察值都會得到一個「距離平均數有幾個標準差」的新數值。

5.3.1.2　z 分數的特性

　　首先，經過 z 轉換後，變數 X 的原始分配的平均數將平移至 0（歸零），單位消失（去單位），標準差為 1。任何一組數據不論其原始分數的平均數或標準差為何，經過 z 轉換後，觀察值分配均具有平均數為 0，標準差為 1 的特性。

　　以表 5.2 的數據為例，甲乙兩班均有 11 個學生（本章的甲班成績比第四章的甲班每一個人上調 4 分），考試成績的平均數分別為 65 分與 61 分，標準差則為 3.317 分與 14.346 分，甲班平均表現較佳且變異小，乙班平均較低且變異大。如果將考試成績轉換成 z 分數（見表 5.2 的 (c) 欄），則兩個班級的學生考試成績皆有相等的平均數（0）與標準差（1），分配測量尺度相當，具有共同尺度標準。

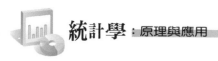

→表 5.2　兩班級學生考試成績的標準分數與累積機率

ID	甲班					乙班				
	(a) 分數	**(b)** 離均差	**(c)** z	**(d)** T	**(e)** cP	**(a)** 分數	**(b)** 離均差	**(c)** z	**(d)** T	**(e)** cP
1	60	-5	-1.508	34.9	.0658	41	-20	-1.394	36.1	.0816
2	61	-4	-1.206	37.9	.1139	42	-19	-1.324	36.8	.0927
3	62	-3	-0.905	41.0	.1829	48	-13	-0.906	40.9	.1824
4	63	-2	-0.603	44.0	.2732	53	-8	-0.558	44.4	.2885
5	64	-1	-0.302	47.0	.3815	61	0	0.000	50.0	.5000
6	65	0	0.000	50.0	.5000	61	0	0.000	50.0	.5000
7	66	1	0.302	53.0	.6185	61	0	0.000	50.0	.5000
8	67	2	0.603	56.0	.7268	67	6	0.418	54.2	.6621
9	68	3	0.905	59.0	.8171	75	14	0.976	59.8	.8354
10	69	4	1.206	62.1	.8861	77	16	1.115	61.2	.8676
11	70	5	1.508	65.1	.9342	85	24	1.673	66.7	.9528
M	65		0	50		61		0	50	
s	3.317		1	10		14.346		1	10	

註：cP 為基於常態分配時的累積機率，乘以 100 取整數值即為常態轉換之 PR 值。

　　第二，z 分數具有相對地位量數的特性。任何一個分配的觀察值轉換成 z 分數後，相同的 z 分數均具有相同的相對地位與強度大小的意義，例如：$z=1$ 的相對位置高於 $z=0$，$z=-1$ 的相對位置高於 $z=-2$，依此類推。因此 z 分數可以作分配內與跨分配的相對位置的比較，這就是為何 z 分數稱為「標準」分數的原因。例如：某位學生的身高在全班的 $z=1$，但是體重是 $z=-1$，我們可以推知這位學生相對於同儕來說是偏向高瘦的身材。

　　再以表 5.2 中的成績來說明，如果考試成績正好是平均值者，在兩班都是 $z=0$，但是在甲班 $z=0$ 的得分是 65 分，在乙班的得分只要 61 分；如果分數要位居高於全班平均分數一個標準差時，亦即 $z=1$，在甲班要只需要 $65+1 \times 3.317=68.317$ 分，但是在乙班則要 $61+1 \times 14.346=75.346$ 分。由於兩班有不同的平均數與標準差，相同的相對地位（z 分數）在兩個班的原始分數不同，在變異情形較大的乙班當中，分數要到 75.346 分時，他的相對位置等於在甲班的 68.317，顯示在甲班考高分相對於乙班來說，比較不容易。

　　另以兩班的排序第三位同學為例，他們的考試分數分別是 62 分與 48 分，相差了 14 分，但是換算成 z 分數則為非常相近，成績都落在平均數以下 0.9 個標準差附近的位置上，表示兩位學生在團體內的相對意義接近：

$$\text{甲班　} X_3 = 62 \quad z_3 = \frac{62-65}{3.317} = -0.905$$

$$\text{乙班　} X_3 = 48 \quad z_3 = \frac{48-61}{14.346} = -0.906$$

最後一點，也是需要特別值得注意的是，z 分數僅是將原始分數進行線性轉換，並未改變分配的形狀。當觀察數值為一偏態分配時，z 分數分配也呈現偏態。當觀察數值為一高狹分配時，z 分數分配也呈現高狹的狀態。例如：乙班的偏態係數，若以觀察分數 X 與 z 分數分別來計算，皆為 0.137，顯示 z 轉換並未改變分配的型態：

$$SK_{X_Z} = \frac{N}{(N-1)(N-2)} \times \frac{\sum(X_i - \bar{X})^3}{s_X^3} = \frac{11}{(11-1)(11-2)} \times \frac{3312}{14.346^3} = 0.137$$

$$SK_{z_Z} = \frac{N}{(N-1)(N-2)} \times \frac{\sum(z_i - \bar{z})^3}{s_z^3} = \frac{11}{(11-1)(11-2)} \times \frac{1.122}{1} = 0.137$$

由於標準分數不受分配集中點與離散性的影響，使得不同分配的數據可以相互比較，而且從原始分數轉換成 z 分數並未改變分數分配的形狀。因此，如果不同分配的形狀有所不同時，尤其是偏態或峰度很特殊時，z 分數之間差距的意義無法確知，此時標準分數只能反映數據相對位置的差異。換言之，z 分數只能作為順序變數來比大小。但是如果不同的分配具有同一種機率模式，那麼 z 分數的比較就可以透過機率的比較，獲得更多的資訊，用途更廣。

5.3.1.3　常態 z 分數

如果某一變數的觀察值呈現常態分配，經轉換後的 z 分數也呈常態，此時將原始分數轉換成 z 分數後所形成的常態分配稱為標準常態分配（standard normal distribution），因為分數軸上的數值已經不是 X 而是 z 分數。

由於常態分配具有固定的機率分配，因此透過 z 分數來瞭解常態分配的機率變化較原始分數更為簡便，因為 z 分數的概念就是距離平均數幾個標準差，因此不同的 z 值，即代表距離平均值多少個標準差，透過機率對照表，可以很快的查出 z 值與機率間的關係。

隨著 z 分數的增減，分配的機率也呈現規律的增減。我們最常聽到的說法是，

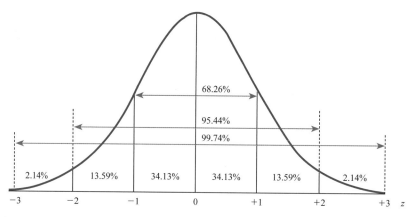

圖 5.1　常態曲線與累積機率圖

在常態分配中，會有 68.26% 的觀察值落在平均數加減一個標準差（$z=\pm1$）的區間內；有 95.44% 的觀察值會落在平均數加減二個標準差（$z=\pm2$）的區間內；有 99.74% 的觀察值會落在 $z=\pm3$ 的區間內。這些標準整理於表 5.3 當中，若以圖示法來表示，這些不同標準差位置下常態分配機率分布情形如圖 5.1 所示。

在實務上，由於母體平均數與標準差通常不可得知，分配是否呈常態分布更不無疑問，因此應用前述機率分布來猜測特定 z 分數區間的機率，只是一種近似（approximation），因此「正負一個、兩個、三個標準差的占比為 68、95、99.7」的判斷原則稱為經驗法則（empirical rule），但如果資料不呈常態，介於平均數上下幾個標準差範圍內的累積機率無法參考常態機率函數的對照值，此時，可以參酌柴比雪夫定理（Chebyshev's theorem）所建議的機率法則，如公式 5-7 所示：

$$P_{Chebyshev} > 1 - \frac{1}{z^2}$$

(5-7)

例如：在正負 2 個標準差（$z=\pm2$）的範圍內至少有 1−1/4=3/4=.75 的機率；在正負 3 個標準差（$z=\pm3$）的範圍內至少有 1−1/9=8/9=.889 的機率；在正負 4 個標

→表 5.3　z 分數的常態分配轉換與柴比雪夫法則的比較

資料區間	z 分數區間	常態分配機率	柴比雪夫法則
$(\mu-1\sigma, \mu+1\sigma)$	$P(-1<z<+1)$	.6826 or 68%	至少 0%
$(\mu-2\sigma, \mu+2\sigma)$	$P(-2<z<+2)$	.9544 or 95%	至少 3/4 (75%)
$(\mu-3\sigma, \mu+3\sigma)$	$P(-3<z<+3)$	.9974 or 99.7%	至少 8/9 (88.9%)

準差（$z=\pm4$）的範圍內至少有 1–1/16=15/16=.938 的機率。柴比雪夫定理的優點是不限定分配型態，因此前述判定原則可適用在非常態的特殊分配與任意分配。

■標準常態分配機率查值：EXCEL 函數法

若要查對特定 z 值下的累積機率，最直接的方法是利用 EXCEL 的常態分配函數功能：「傳回標準常態分配」NORM.S.DIST(z, cumulative)，在 z 代入 z 值，在 cumulative 設定 1；或利用「傳回指定平均數和標準差下的常態分配」NORM.DIST(x,mean,standard_dev,cumulative)，將 x 代入 z 值，mean 與 standard_dev 代入 0 與 1，cumulative 設定 1，皆可以輕易的找出 z 分數相對應的累積機率值，乘以 100 取整數（可利用 TRUNC 裁減函數取整數），即可得到百分等級，如圖 5.2 所示。

■標準常態分配機率查值：查表法

傳統上，對於 z 的機率查值是進行查表，亦即利用本書附錄 A 當中的 z 分數與常態分配機率對照表來查出特定 z 值下機率對應值，其中包括由常態分配中心到 z 值的累積機率 P(mean to z) 與高於 z 值的累積機率 P(beyond z)。

表 5.4 為附錄 A 的部分資料，第 1 欄是 z 值，第 2 欄為任一平均數到某一 z 值的累積機率，第 3 欄則為比該 z 值更極端的尾機率，亦即圖例當中的黑色區域。由於第 1 欄的 z 值均為正值，因此第 2 與 3 欄的機率均為平均數右側的累積機率，兩者相加為 .5。舉例如：下：

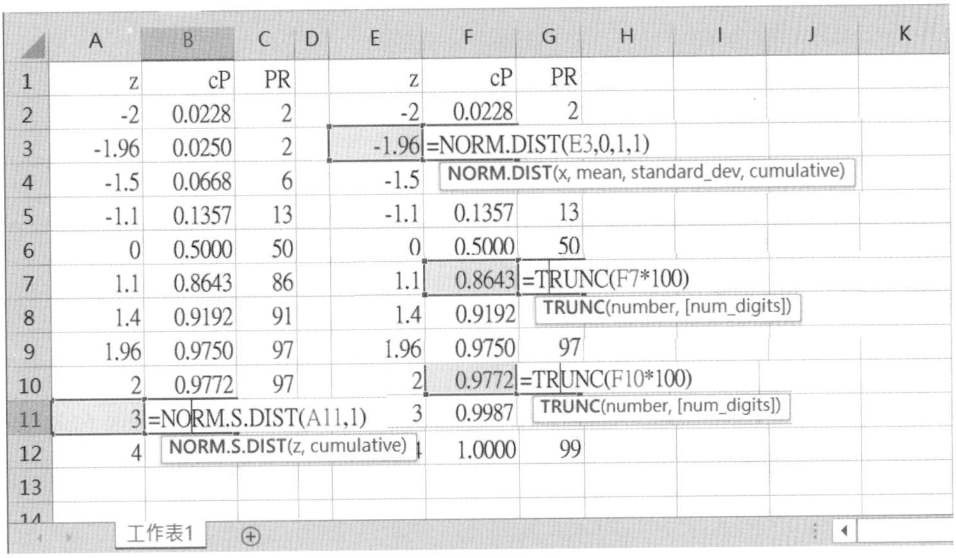

	A	B	C	D	E	F	G
1	z	cP	PR		z	cP	PR
2	-2	0.0228	2		-2	0.0228	2
3	-1.96	0.0250	2		-1.96	=NORM.DIST(E3,0,1,1)	
4	-1.5	0.0668	6		-1.5		
5	-1.1	0.1357	13		-1.1	0.1357	13
6	0	0.5000	50		0	0.5000	50
7	1.1	0.8643	86		1.1	0.8643	=TRUNC(F7*100)
8	1.4	0.9192	91		1.4	0.9192	
9	1.96	0.9750	97		1.96	0.9750	97
10	2	0.9772	97		2	0.9772	=TRUNC(F10*100)
11	3	=NORM.S.DIST(A11,1)			3	0.9987	
12	4				4	1.0000	99
13							

圖 5.2　利用EXCEL函數功能查對z值累積機率與PR整數取值示意圖

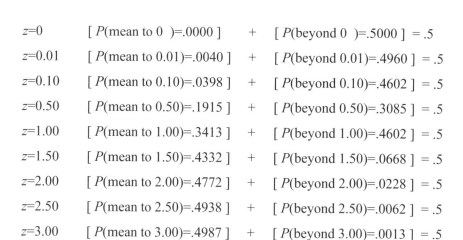

z=0　　　[P(mean to 0)=.0000]　　　+　　[P(beyond 0)=.5000] = .5

z=0.01　　[P(mean to 0.01)=.0040]　　+　　[P(beyond 0.01)=.4960] = .5

z=0.10　　[P(mean to 0.10)=.0398]　　+　　[P(beyond 0.10)=.4602] = .5

z=0.50　　[P(mean to 0.50)=.1915]　　+　　[P(beyond 0.50)=.3085] = .5

z=1.00　　[P(mean to 1.00)=.3413]　　+　　[P(beyond 1.00)=.4602] = .5

z=1.50　　[P(mean to 1.50)=.4332]　　+　　[P(beyond 1.50)=.0668] = .5

z=2.00　　[P(mean to 2.00)=.4772]　　+　　[P(beyond 2.00)=.0228] = .5

z=2.50　　[P(mean to 2.50)=.4938]　　+　　[P(beyond 2.50)=.0062] = .5

z=3.00　　[P(mean to 3.00)=.4987]　　+　　[P(beyond 3.00)=.0013] = .5

→表 5.4　標準常態分配累積機率與尾機率對照表範例

z	Mean to z	Beyond z	z	Mean to z	Beyond z	z	Mean to z	Beyond z
.00	.0000	.5000	.50	.1915	.3085	1.00	.3413	.1587
.01	.0040	.4960	.51	.1950	.3050	1.01	.3438	.1562
.02	.0080	.4920	.52	.1985	.3015	1.02	.3461	.1539
.03	.0120	.4880	.53	.2019	.2981	1.03	.3485	.1515
.04	.0160	.4840	.54	.2054	.2946	1.04	.3508	.1492
.05	.0199	.4801	.55	.2088	.2912	1.05	.3531	.1469
.06	.0239	.4761	.56	.2123	.2877	1.06	.3554	.1446
.07	.0279	.4721	.57	.2157	.2843	1.07	.3577	.1423
.08	.0319	.4681	.58	.2190	.2810	1.08	.3599	.1401
.09	.0359	.4641	.59	.2224	.2776	1.09	.3621	.1379
.10	.0398	.4602	.60	.2257	.2743	1.10	.3643	.1357
.11	.0438	.4562	.61	.2291	.2709	1.11	.3665	.1335
.12	.0478	.4522	.62	.2324	.2676	1.12	.3686	.1314
.13	.0517	.4483	.63	.2357	.2643	1.13	.3708	.1292
.14	.0557	.4443	.64	.2389	.2611	1.14	.3729	.1271
.15	.0596	.4404	.65	.2422	.2578	1.15	.3749	.1251
…	…	…	…	…	…	…	…	…
.40	.1554	.3446	.90	.3159	.1841	1.40	.4192	.0808
.41	.1591	.3409	.91	.3186	.1814	1.41	.4207	.0793
.42	.1628	.3372	.92	.3212	.1788	1.42	.4222	.0778
…	…	…	…	…	…	…	…	…
.49	.1879	.3121	.99	.3389	.1611	1.49	.4319	.0681
.50	.1915	.3085	1.00	.3413	.1587	1.50	.4332	.0668

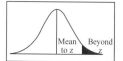

若要查z=1.10的累積機率，先求平均數到z的機率值(P(Mean to z)=.3643，再加上0.5，得到 cP=.8643

若要查z=−1.40的累積機率，可直接取 z 以外的機率值 (P(beyond z)=.0808

■**由常態 *z* 分數轉換 *PR* 值**

若要求特定 *z* 值的 *PR* 值，可以從前述的標準常態分配查表得到的機率數據求得累積機率（cumulative probability; *cP*）後，乘以 100 取整數求得，原理如下：

(a) 若 $z > 0$　$PR(z)=[.5+P(\text{mean to } z)]\times 100$　or　$PR(z)=[1-P(\text{beyond } z)]\times 100$

(b) 若 $z < 0$　$PR(z)=[.5-P(\text{mean to } z)]\times 100$　or　$PR(z)=[P(\text{beyond } z)]\times 100$

(c) 若 $z = 0$　$PR(z)=[.5]\times 100=50$

例如：當 *z*=1.10 求取 *PR* 值，先查表求出 *z*=1.10 時的 *P*(mean to z)=.3643，求出累積機率 *cP*=.5+.3643=.8643，即可求得 *PR*=[.5+.3643]×100=86.43，取整數得到 *PR* = 86。或查 *z*=1.10 的 *P*(beyond z)=.1587，也可求得 *PR*=[1−.1357]×100 = 86.43 ≈ 86。

如果是負的 *z* 值要查對累積機率，表中雖然沒有負值，但可以先查出正值下的累積機率，然後逆轉機率分布的位置來加以應用。例如：若要求取 *z*=−1.40 的 *PR* 值，可直接查得 *z*=1.40 的 *P*(beyond z)=.0808，即可求得 *PR*=[.0808]×100=8.08 ≈ 8。或是先查出 *z*=1.40 的 *P*(mean to z)=.4192，逆轉方向求得 *cP*=.5−.4192=.0808，也可得到相同的結果。表 5.5 列舉幾個不同 *z* 值的正負值下的 *PR* 值查表轉換結果。

此一從 *z* 轉換 *PR* 的過程，稱為**機率轉換**（probability transformation）或**面積轉換**（area transformation），是非常簡易從 *z* 值查知 *PR* 值的方法，而不需要將每一個觀察值進行排序才能得到各個分數的 *PR* 值，但前提是數據必須呈常態分配，否則查表得到的 *PR* 值即會有所偏誤，無法反映觀察值在分配中的真實排序。

→**表 5.5**　由常態 *z* 分數查表轉換成 PR 值的範例

z 值	查表值	*cP*×100	*PR*
+0.01	*P*(mean to 0.01)=.0040	(.5+.0040)×100=50.40	50
−0.01	*P*(mean to 0.01)=.0040	(.5−.0040)×100=49.60	49
+0.10	*P*(mean to 0.10)=.0398	(.5+.0398)×100=53.98	53
−0.10	*P*(mean to 0.10)=.0398	(.5−.0398)×100=46.02	46
+0.50	*P*(mean to 0.50)=.1915	(.5+.1915)×100=69.15	69
−0.50	*P*(mean to 0.50)=.1915	(.5−.1915)×100=30.85	30
+1.00	*P*(mean to 1.00)=.3413	(.5+.3413)×100=84.13	84
−1.00	*P*(mean to 1.00)=.3413	(.5−.3413)×100=15.87	15
+1.50	*P*(mean to 1.50)=.4332	(.5+.4332)×100=93.32	93
−1.50	*P*(mean to 1.50)=.4332	(.5−.4332)×100=6.68	6
+2.00	*P*(mean to 2.00)=.4772	(.5+.4772)×100=97.72	97
−2.00	*P*(mean to 2.00)=.4772	(.5−.4772)×100= 2.13	2

表 5.2 當中的 (e) 欄為假設各班成績呈常態分布時，每一個學生的累積機率值，如果成績正好是平均值者（甲班為 65 分、乙班為 61 分），z=0，累積機率 cP=.5，亦即 PR=50，也就是中位數。至於兩班的第三位學生，z 分數分別為 -0.900 與 -0.906，累積機率分別為 .1829 與 .1824，基於常態分配下的機率轉換得到 PR 值皆為 18，表示兩者有相同的相對位置（因為附錄 A 的 z 值只有到小數二位，因此 −0.906 與 −0.905 的 cP 無法查表得到，只能用 EXCEL 的函數來計算得到）：

甲班 X_3=62　　　z_3=−0.900　cP_3=.5−.3159=.1841　　　PR_3=.1841×100=18.41 ≈ 18

乙班 X_3=48　　　z_3=−0.906　cP_3=.5−.3176=.1824　　　PR_3=.1824×100=18.24 ≈ 18

　　也就是說，兩位同學在各班排序相同，雖然 z 分數略有差異，但機率上非常接近，轉換成 PR 值後成為同一個百分等級，表示相對位置相同。

5.3.2　T 分數

　　一般來說，在正常狀態下的分數轉換整 z 分數後多介於 ±3 之間，計算結果多半帶有一至二位的小數點，若低於平均數的 z 分數帶有負號，使用上較為不便，因此統計上常將 z 分數再以線性轉換（乘以 10 加 50）為平均數 50，標準差 10 的 T 分數，如公式 5-8 所示：

$$T = 50 + 10z \tag{5-8}$$

　　當 z=±3 時，T 值為 80 與 20，當 z=±4 時，T 值為 90 與 10，只有當 z 值超過 ±5 時，T 值才會大於 100 或小於 0，在一般情形下，甚少有數據會超過 4 個標準差，因此，T 分數是一個符合人們慣用的 0 到 100 分的百分分數系統的標準分數。

　　表 5.2 當中的 (d) 欄列出了每一個學生的 T 分數，如果成績正好是平均值者，z=0，T=50，兩班的第三位同學分別考了 62 與 48 分，z 分數分別為 −0.905 與 −0.906，T 分數則更接近，分別 41 與 40.9，表示這兩位同學在兩班當中的相對位置相當。

　　T 分數的數學特性與 z 分數相同，也都是帶有標準化性質的相對地位量數，但除了公式 5-8 的定義方式，T 分數在實務上也有其他的應用實例，例如：想要到歐美國念商管研究所要考的 GMAT（graduate management admission test）就是平均數為 500、標準差為 100 的標準分數。顯示標準分數在實務上有相當大的應用彈性，只要抓住「標準化」的基本原則，就可以自行開發出量身定做的標準分數。

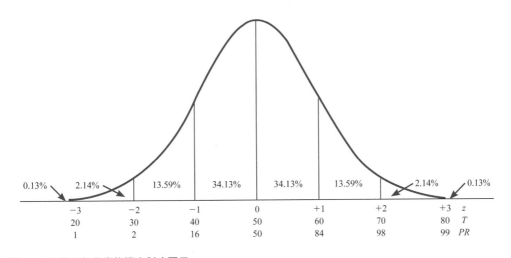

	−3	−2	−1	0	+1	+2	+3	z
0.13%	2.14%	13.59%	34.13%	34.13%	13.59%	2.14%	0.13%	
	20	30	40	50	60	70	80	T
	1	2	16	50	84	98	99	PR

圖 5.3　標準分數與常態機率對應圖示

5.4　四分位數的應用：盒形圖

5.4.1　盒形圖的原理

前面曾經提及四分位數（Q_1、Q_2、Q_3）是利用 P_{25}、P_{50}、P_{75} 三個百分位數來將全體觀察值區分成四個等分。由於四分位數具有相對地位的訊息，因此可以用來描繪資料的分布情形，**盒形圖**（box plot）即是利用四分位數的特性，來呈現數據分布的特性，並可用來檢視資料是否具有極端偏離值，1977 年由美國統計學家 John Tukey 提出之後，雖然有各種修正與調整版本（見譚克平，2007; Howell, 2007; Reese, 2005），但基本原理差異不大，如圖 5.4 所示。

圖 5.4 是一個橫置的盒形圖（有時盒形圖會以垂直方式繪製），最關鍵之處是圖形中央的長方形方盒，方盒下緣稱為**下樞紐**（lower hinge），統計量為第一四分位數 Q_1，方盒上緣稱為**上樞紐**（upper hinge），統計量是第三四分位數 Q_3，第二四分位數（中位數）Q_2 則落在方盒內，以直線標示。換言之，方盒內包含了 50% 的觀察值，如果將 N 筆觀察值由低至高排列，會有 $N/2$ 的觀察值位於方盒之中，其他 $N/2$ 觀察值則落於方盒外。至於平均數，有時會在圖中標示，例如：EXCEL 的盒狀圖會把平均數以（×）標示出來，以利讀者判斷平均數與各量數之間的相對關係。

盒形圖除了方盒之外，還有從方盒兩側延伸出來的**盒鬚**（whiskers），因此盒形圖又稱為**盒鬚圖**（box and whisker plot）。由上樞紐往上延伸稱為**上盒鬚**（upper whisker），終點稱為上鄰值（upper adjacent value; *UA*），由下樞紐往下延伸稱為下盒鬚（lower whisker），終點稱為下鄰值（lower adjacent value; *LA*），上下鄰值是正常範圍（非偏離）的觀察值之最大值與最小值，特別利用盒鬚（延伸線來）來表現這些非偏離觀察值的範圍，而延伸線與方盒不包含的觀察值就都是離群值（outlier），至於區辨偏離與否則由籬值（fence value）來決定。以圖 5.4 的數值標示為例，各統計量的示範數值如下：

- 第一四分位數 (下樞紐)　　first quartile　　　　Q_1=15
- 第二四分位數 (中位數)　　second quartile　　　Q_2=18
- 第三四分位數 (上樞紐)　　third quartile　　　　Q_3=25
- 平均值　　　　　　　　　　mean　　　　　　　　M=20
- 下鄰值　　　　　　　　　　lower adjacent value　LA=10
- 上鄰值　　　　　　　　　　upper adjacent value　UA=38
- 最小值　　　　　　　　　　minimum value　　　　*min.*=10
- 最大值　　　　　　　　　　maximum value　　　　*max.*=57
- 四分位距 (盒長)　　　　　interquartile range　　IQR=(Q_3−Q_1)=10
- 內籬 (1.5 倍盒長)　　　　　inner fences　　　　　LIF=Q_1−1.5×IQR=0

　　　　　　　　　　　　　　　　　　　　　　　UIF=Q_3+1.5×IQR=40

- 外籬 (3 倍盒長)　　　　　　outer fences　　　　　LOF=Q_1−3×IQR=−15

　　　　　　　　　　　　　　　　　　　　　　　UOF=Q_3+3×IQR=55

- 潛在離群值　　　　　　　　potential outliers　　　PO=50、53
- 極端離群值　　　　　　　　extreme outliers　　　　EO=56、57

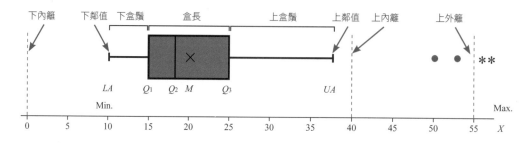

圖 5.4　盒形圖與相關統計量

5.4.2　盒形圖的各種統計量

1. 盒長（四分位距）：

　　盒形圖最重要的統計量是盒長，亦即 Q_1 與 Q_3 的距離，稱為四分位距（interquartile range; IQR）。以圖 5.4 數據為例，$IQR=Q_3-Q_1=25-15=10$。

2. 籬值：

　　盒形圖的重要功能是辨識偏離中央的離群值，至於是否偏離的判定標準由內籬（inner fences）與外籬（outer fences）來決定。內籬是距離上下樞紐 1.5 倍盒長距離之處，外籬是距離上下樞紐 3 倍盒長距離之處，上下籬值的定義與範例資料如下：

　　　　內籬：下內籬 (lower inner fence) $LIF=Q_1-1.5\times IQR=15-1.5\times10=0$
　　　　　　　上內籬 (upper inner fence) $UIF=Q_3+1.5\times IQR=25+1.5\times10=40$
　　　　外籬：下外籬 (lower outer fence) $LOF=Q_1-3\times IQR=15-3\times10=-15$
　　　　　　　上外籬 (upper outer fence) $UOF=Q_3+3\times IQR=25+3\times10=55$

　　由於籬值的目的在判定觀察值的偏離性，並非實際的觀察值，因此在盒形圖當中並不會加以標示，但仍屬盒形圖的重要統計量。

3. 離群值：

　　在盒形圖中，偏離出籬值以外的觀察值即會被判定為離群值，繪圖時以散布點標示：超過內籬（盒長 1.5 倍）稱為潛在離群值（potential outliers）或外部值（outside values），以圓點（●）標示；超過外籬（盒長 3 倍）稱為極端值（extreme outliers）或遠離值（far out values），以星號（＊）標示。一般在調查研究中，如果被視為離群值者，可能會轉碼成為遺漏值而被刪除不用，以免過度影響樣本統計量的計算。

　　以圖 5.4 數據為例，超過上內籬的觀察值為 50、53 兩筆，超過上外籬的觀察值也有兩個：56、57，而 57 則是全部觀察值的極大值，這些觀察值不會落在上盒鬚延伸線上，而是以散布點表示。至於範例數據中沒有任何一個觀察值超過下內籬以外，因此沒有任何單獨的散布點，而下盒鬚的終點（下鄰值）就是全部觀察值的極小值，也就是 $LA=min.=10$。

5.4.3 盒形圖與常態分配的對應

盒形圖的主要統計量為 Q_1 與 Q_3，以及用於判定離群值的內籬與外籬，如果當觀察值的分布呈常態分配時，這些統計量與機率密度的對應關係可以明確的計算得知，如圖 5.5 所示。

首先，當資料呈常態時，盒形圖的方盒部分的上下樞紐（Q_1 與 Q_3）之間的機率為 50%，此時所對應的 z 值為 ±0.6745，亦即距離期望值上下 0.6745σ 的位置，盒長（四分位距）IQR=1.349σ。進一步的，距離方盒以上 1.5 倍盒長遠的上內籬所對應的 z=2.698，機率密度為 24.65%，方盒以下 1.5 倍盒長遠的下內籬的 z = −2.698，機率密度亦為 24.65%，加總後得到上下內籬包夾機率為 24.65%+50% +24.65% =99.3%，也就是說，當資料呈常態時，有 99.3% 的機率會被判定為非偏離的正常值，有 0.7% 的機率會被判定為離群值。

如果用更嚴格的外籬（距離方盒 3 倍盒長遠）來檢視偏離程度時，所對應的 z 值為 ±4.721，上下外籬中間所包夾的機率已經達到 99.9998%，換言之，只有非常微小的機率會被判定為極端離群值。這就是為何實務上多僅利用內籬來判定離群值，例如：EXCEL 的盒鬚圖就不會特別區分標示潛在離群值與極端離群值，只要落於內籬之外的觀察值，亦即不在方盒與盒鬚範圍內，一律以散布點來標示為離群值。

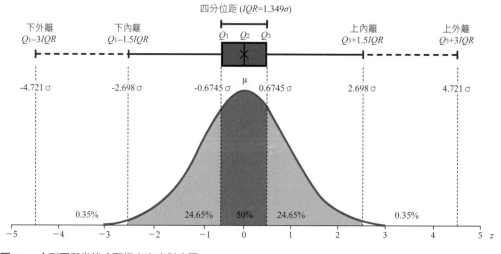

圖 5.5　盒形圖與常態分配機率密度對應圖

5.4.4　盒形圖的應用

1. 資料集中性與變異性的評估

盒形圖除了標示 Q_1、Q_2、Q_3 三個相對量數來呈現中間 50% 觀察值的分布情形，更利用盒外的延伸線與散布點來反映資料的偏離情形，因此，利用盒形圖不僅可以檢視資料的集中情形，也可以檢視資料的分散狀況。例如：當上下樞紐與中位數的位置較高者，表示該群觀察值的集中點較高。當盒長與盒鬚的總長度越短，表示全體資料越集中，相對的，盒長盒鬚總長度越長，表示全體資料越分散。

以圖 5.6 的某公司 450 位員工的起薪（年薪美元）為例，由盒形圖可以明確看出職員、保全與管理人員三類員工的起薪的集中點與變異性明顯不同。管理人員的起薪集中點最高、變異最大；職員起薪集中點最低、變異次之；保全人員起薪集中點雖然不是最低，但變異最小。

進一步檢視盒形圖可以發現，保全人員的四分位數幾乎集中在一起，盒鬚也很短，Q_2 與 Q_3 甚至相同（皆為 15750），表示絕大部分的保全人員起薪都相同。至於職員的四分位數則較分散，顯示職員的起薪雖然較低，但有較大的變異，而管理人員的變異則更大。

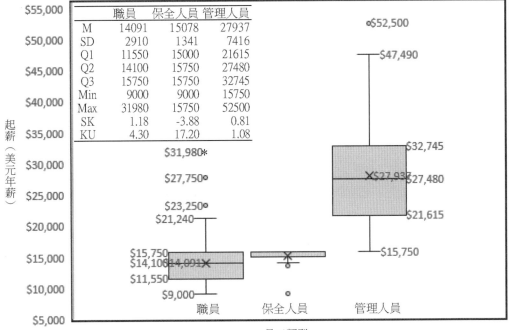

	職員	保全人員	管理人員
M	14091	15078	27937
SD	2910	1341	7416
Q1	11550	15000	21615
Q2	14100	15750	27480
Q3	15750	15750	32745
Min	9000	9000	15750
Max	31980	15750	52500
SK	1.18	-3.88	0.81
KU	4.30	17.20	1.08

圖 5.6　不同類型員工起薪盒形圖

不過值得注意的是，由於資料的變異程度會因為測量尺度的不同或平均數的高低而影響數據的意義，由於管理人員的起薪平均值相對較高，其變異程度也會相對較大，不宜直接由數據的原始分布情形或變異量數（變異數或標準差）來論述何者變異較大。以本範例而言，雖然從圖面上與原始數據的分布情形來看，管理人員起薪變異確實大於其他人員，但若據此逕自做出「管理人員起薪分布確實有其特殊之處」的結論，可能會有誤導的疑慮，此時可以參考前一章所介紹的變異係數作為一併補充說明，或進行變異數同質檢定（第十章），則是較周延的作法。

2. 資料偏離性與離群值的評估

　　利用盒形圖來判定資料的偏態與峰度更為一目了然，更可以清楚得知離群值的狀況。例如：檢查 Q_1、Q_2、Q_3 三者的位置以及盒鬚的長短，可以知道觀察值往哪一邊集中，往何處分散，若搭配平均數的標示（如圖 5.6 當中的 × 號），更可以看出中位數與平均數的相對關係，藉以瞭解資料的偏態：當平均數高於中位數、上盒鬚較長、高分端有離群值，顯示資料具有正偏態，相對的，當平均數低於中位數、下盒鬚較長、低分端有離群值，表示資料呈現負偏態。

　　進一步的，如果盒長越短（盒中的 50% 觀察值越集中）而盒外的 50% 觀察值散布得越廣，表示中間觀察值集中性強，兩尾分散性大，表示觀察值的峰度陡峭，相對之下，如果盒長與盒鬚都很大，表示觀察值的峰度平緩。

　　由圖 5.6 所列舉的起薪偏態（*SK*）與峰度（*KU*）係數可知，保全人員起薪偏態達 –3.88、峰度更高達 17.20，與圖中方盒狹窄而低薪方向有下盒鬚與離群值意義一致。職員起薪偏態 1.18、峰度 4.30，也與圖中方盒在高薪方向有較長的上盒鬚與離群值概念相當，至於管理人員的偏態係數最低，但從圖中可以看出平均數高於中位數，高薪方向有離群值，說明觀察值呈現正偏態。

　　在離群值部分，圖 5.6 當中三類人員皆有離群值，但方向不同：保全人員在低薪部分有兩個離群值，職員與管理人員則在高薪部分有三個離群值，其中職員甚至有一個極端偏離值，起薪為年薪 31980 美元，超過上外籬界線，因此被標示為「*」。從機率上來看，此一員工是極端特殊的案例，此時可將其背景資料列出進一步檢視，必要時可以將其資料從樣本中移除，以免影響其他統計量的計算。

EXCEL 電腦小精靈

如何使用 EXCEL 函數功能來執行標準化分數與相對量數

■建立資料檔案（以甲班為例）

1. 在資料庫空白儲存格以函數計算相關的參數

2. 計算原始分數的平均數（mean=AVERAGE(B2:B12)）

3. 計算原始分數的標準差（SD=STDEVP.S(B2:B12)）

4. 將原始分數轉換成 z 分數（z= (B2-B\$13)/B\$14），亦即（z= (X-mean)/SD）

5. 將 z 分數轉換成 T 分數（T = C2*10+50），亦即（T = z*10+50）

6. 利用 z 分數轉換成相對應的機率值（p=NORMSDIST(C2)），亦即（p=NORMSDIST(z)），得到 p 值

7. 將 p 值乘以 100 得到 PR 值，並利用 TRUNC 函數去除小數位取整數部分

■結果報表

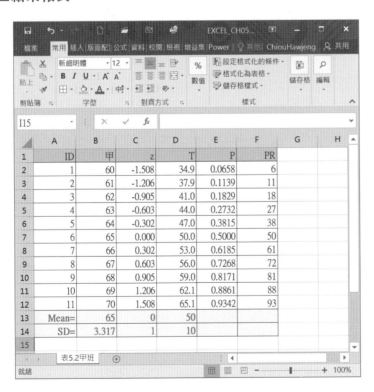

由新工作表中的報表可以看出，甲班的 11 筆資料的平均數與標準差分別為 61 與 3.31662，藉由公式運算得到各觀察值的 z、T、P 值與 PR 值列於各欄。讀者可自行比對這些結果在書中表 5.2 的狀況。

本章重要概念

相對地位量數
measures of relative position
百分等級 percentile rank
百分位數 percentile
四分位數 quartile
十分位數 decile
標準分數 standard score
標準常態分配
standard normal distribution
z 分數 z score
T 分數 T score
柴比雪夫定理 Chebyshev's theorem
盒形圖 boxplot
上樞紐 upper hinge
下樞紐 lower hinge

盒鬚 whiskers
上盒鬚 upper whisker
下盒鬚 lower whisker
上鄰值 upper adjacent value
下鄰值 lower adjacent value
四分位距 interquartile range
籬值 fence value
內籬 inner fences
外籬 outer fences
離群值 outlier
潛在離群值 potential outliers
外部值 outside values
極端值 extreme outliers
遠離值 far out values

課後習作

一、一位幼兒園教師測量班上 9 名小男生的體重，以及 11 名小女生的體重，結果如下（單位為公斤）：

　　　　小男生　19　19　16　18　13　18　17　18　15

　　　　小女生　17　9　14　11　15　10　17　8　17　11　14

　　1. 請問體重為 16 公斤的那位學生在全體 20 位學生的 PR 為何？

　　2. 請問全體 20 位學生中，PR=50 者的體重百分位數為何？

　　3. 請問 11 位小女生體重的第一四分位數與第三四分位數為何？

　　4. 請問 9 位小男生的 z 分數有幾個為正值？幾個為負值？各代表什麼意思？

　　5. 同為 15 公斤的小男生與小女生，在各自性別族群中的 z 分數是否相當？同一個體重但有不同的 z 分數代表什麼意思？相同的 z 分數在不同團體中有不同的體重又代表什麼意思？試討論之。

　　6. 同為 15 公斤的小男生與小女生，在各自性別族群中的 T 分數分別為何？請解釋 T 分數的意義。

二、某公司有 450 名員工，其中職員、保全人員與管理人員的薪資資料如下表，請回答下列問題：

	職　　別			
	職員	保全人員	管理人員	總和
個　數	362	27	61	450
平均數	$27,694.45	$30,938.89	$55,264.51	$31,626.39
標準差	$7,062.258	$2,114.616	$9,378.448	$11,854.009

　　1. 如果老闆認為 35,000 以上就屬於高薪，請計算出 35,000 在三類人員中，以及在全體中的 z 分數分別為何？

　　2. 如果三類人員的薪資均呈常態分配，35,000 以上的高薪者在三類人員中各有多少百分比？在全體當中又有多少百分比？

chapter

6

機率原理

6.1 前言

　　不論是升斗小民的日常生活瑣事或是科學家的研究議題，所面對的多半是「或然」率的高低，而不是「必然」的有無，例如：出門要不要帶傘？油價是否上漲？藥物是否具有致命的副作用？或是何時又要大地震？這是因為人類社會與自然界的運作充滿了不確定性使然。正因為許多事件的發生是隨機、不確定的，某一個特定的事件也會因為其他事件的出現與否而影響了本身發生的機率，因此科學家必須擁有一套處理不確定的方法，用來掌握事件發生的可能性；並利用可能性的高低來進行各種決策，提高研究的精確性與實用價值，這套用以處理不確定性、掌握事件發生或然率的工具就是機率（probability）。

　　有人打趣的說，現代的統計學，就是因為賭徒關心賭博的輸贏機率，而逐漸發展出來的一門學科。一般教科書在介紹機率這一章時，最常舉的例子不是丟銅板就是擲骰子，多少都跟賭博輸贏有關。此外，從臺灣發行彩券、刮刮樂的經驗來看，我們可以看到許多熱衷此道人士積極包牌、算牌，研究中獎機率，彷彿成為彩券專家，或許就可以理解如此一說的真實性，更讓我們體會機率與我們日常生活的密切關係。

　　以先前提及的便利商店銷售數據為例（表 6.1），即使沒有學過機率或統計學的朋友，從表 6.1 也可以很容易的看出機率的意義：在 50 位消費者中，有 22、13、10、5 位購買日用品、報章雜誌、飲料食物與繳費服務，如果換算成百分比，就是 44%、26%、20%、10%，總計是 100%。以機率的形式表示，就是 .44、.26、.20 與 .10，總計是 1.00。從這些數據來看，我們會發現消費類型的機率可以輕易的從次數與百分比轉換得到，並不困難。但是如果進一步追問，女生當中購買日用品的機率是多少？或是購買日用品中的女生是多少？雖然難度高了一點，但是細心的朋友可能很快可以算出，答案分別是 16/26=.615 與 16/22=.727，但是要回答關於日用品的這三個機率值：.44、.615 與 .727 到底有什麼關聯性，就需要條件機率、聯合機率、交集、聯集等機率的相關知識了，我們馬上就會介紹這些機率概念。

→**表 6.1**　某便利商店 50 名消費者購買行為數據

消費類型	男	女	總計	百分比(%)	機率(p)
1. 日用品	6	16	22	44%	.44
2. 飲料食物	5	5	10	20%	.20
3. 報章雜誌	9	4	13	26%	.26
4. 繳費服務	4	1	5	10%	.10
總　　計	24	26	50	100%	1.00

6.2 機率的基本概念

6.2.1 隨機實驗

機率的問題發生於一些不能確知其結果的活動或實驗，在統計領域，具有隨機性的實驗嘗試稱為隨機實驗（random experiment）。雖然隨機實驗是一個科學上的專有名詞，但是隨機實驗的例子在日常生活中也是俯拾皆是，例如：從生產線上抽查產品得到不良產品的狀況，或是從便利商店觀察消費行為，都可以被隨機實驗的概念所解釋。

一個活動可以被稱之為隨機實驗，必須符合下列四個特性。第一，實驗會得到不同的結果，各種結果的狀態可以事先得知。例如：丟一個骰子可以得到六種可能的結果，消費者購物的四種可能類別。第二，實驗進行多次嘗試時，可以猜測但無法預先得知結果，有可能全部集中在某一個結果，也可能平均分散在各種狀況。例如：丟骰子點數時大時小，顧客進門都是來買飲料食物。第三，某一個實驗在相同的條件下可以重複執行；例如：我們可以在不同的時間下，對於同一個便利商店另外觀察 50 位消費者的購物行為。第四，不斷重複執行某一實驗，出現的結果會有規律性，呈現特定的機率分配。

值得注意的是，這裡所稱的「實驗」一詞與一般人們所熟悉的「某學者進行了一項實驗」或者研究方法教科書所說的「實驗研究」有所不同，這些「實驗」是指針對某項研究問題執行一系列研究活動來回答提問的過程。而統計學的隨機實驗是指機率發生的動態過程，是一種無法確知特定活動會發生何種結果的嘗試性實驗過程，它可能是概念上的說法，也可能是研究者所執行的具體行動，重點是其目的在探討數學現象與統計原理。

6.2.2 樣本點與樣本空間

隨機實驗的一次活動稱為試驗或嘗試（trial），嘗試所可能得到的結果稱為樣本點（sample point）或基本產出（elementary outcome），一項實驗完成所有嘗試可能得到的樣本點的全體集合稱為樣本空間（sample space; S），若單一實驗嘗試有 k 種可能結果，執行 t 次嘗試後的結果總數（樣本點總數）以 N 表示，則 $N=k^t$。

例如：擲一個骰子有六個樣本點（以 o_k 表示，$k=1, \cdots ,6$），每一個樣本點分別為 1、2、3、4、5、6 點，樣本空間如圖 6.1 的 S_1 所示。同時擲兩個骰子（嘗試次數為 2 次）的隨機實驗則有 36 個樣本點，分別為 (1,1)、(1,2)、(1,3)、$\cdots$、(2,1)、

(2,2)…、(6,6)，$n=6^2$。在便利商店的例子中，我們假設某一個消費者只買一項產品，消費類型有 1、2、3、4 四種狀況，就單一消費者來看（$t=1$），樣本點為 4，如果 50 位消費者一起看（$t=50$），樣本空間就會有 $N=4^{50}$ 個樣本點。

單一嘗試有兩種結果（以 0 與 1 表示）的實驗活動稱為柏努利試驗（Bernoulli trials），亦即 $k=2$，例如：擲銅板得正面 (1) 或反面 (0)、考試結果是通過 (1) 或不通過 (0)。執行一次柏努利試驗的樣本空間為 $\{0,1\}$，$N=k^t=2^1=2$，執行三次的樣本空間共有 $N=k^t=2^3=8$ 個樣本點，$\{(1,1,1),(1,1,0),(1,0,1),(0,1,1),(1,0,0),(0,1,0),(0,0,1),(0,0,0)\}$，如圖 6.1 的 S_2，其中每一個樣本點中的三個 0 與 1 數值都有先後次序的意義，例如：(1,0,0) 是第一次嘗試出現 1，第二、三次出現 0；(0,1,0) 是第一次嘗試出現 0，第二次出現 1，第三次出現 0；(0,0,1) 是第一、二次出現 0，第三次出現 1。三個樣本點雖然都只有一個 1，但有三種先後次序排列狀況。

從數學演算的角度來看，樣本空間的樣本點數量就是排列（permutation）與組合（combination）當中的「排列」結果，因為多次嘗試的樣本點內容有出現先後次序的意義。進一步的，多次嘗試時，每一種結果都可能重複出現，亦即抽出放回（draw with replacement）反覆試驗，稱為獨立嘗試（independent trial），執行所得到的排列數目總數就是樣本空間總數 $N=k^t$。

如果是抽出不放回（draw without replacement）的特殊實驗，每次嘗試後的結果就會少一種狀況，稱為非獨立嘗試（non-independent trial），樣本空間必須進行階乘（factorial）運算，亦即 $N=k\times(k-1)\times(k-2)...\times(k-t)=k!/(k-t)!$。在探討機率的基本原理時，隨機實驗都是基於獨立嘗試多次試驗的結果，因此樣本空間的計算，不會採取抽出不放回的階乘原理。

另外，值得一提的是，基於樣本點的不同性質，樣本空間還可區分成離散與連續兩種類型：離散空間（discrete space）是指每一個樣本點是可計數的狀態，例如：擲骰子的六種結果、買一張彩券的兩種中獎情形（中、不中）；連續空間（continuous space）中的樣本點則不可計數，例如：一個燈泡的壽命，可能是 0 至 ∞ 的任何一個數值，在任兩個樣本點之間，還可能再指出一個樣本點。在這兩種樣本空間下所進行的機率運算與結果，稱為離散機率與連續機率。本章先從古典的離散機率談起，到了下一章再擴大到連續機率的討論。

6.2.3　事件

　　樣本空間的部分集合稱為事件（event），是隨機實驗的一種特定結果，例如：擲一個骰子出現 2 點（$o_2=2$），是一個事件，以大寫英文字母表示該子集合，例如：A={2}。不屬於該事件的其他事件稱為餘事件（complementary event），此時在英文字母上加一橫槓表示，例如：$\overline{A}$，包含了 $o_2=2$ 以外的五種狀況，$\overline{A}$={1,3,4,5,6}。

　　在機率論中，如果某一事件只包含 1 個單獨的樣本點，稱為簡單事件（simple event），如果包含 1 個以上的樣本點，稱為複合事件（compound event；或 composite event, mixed event）。

　　擲一個骰子得到「點數為 2」的事件 A={2} 是簡單事件（圖 6.1 的 S_1 中的 A）；丟三個銅板（或一個銅板丟三次）出現「全部正面」的事件 D={(1,1,1)}，因為只包含 1 個樣本點，因此也是簡單事件（圖 6.1 的 S_2 中的 D）。

　　至於複合事件，例如：擲一個骰子出現「大於 3 點」的事件 B={4,5,6}，有 3 個樣本點；擲一個骰子出現「偶數點數」的事件 C={2,4,6}，也有 3 個樣本點；丟三個銅板「至少出現兩個正面」的 E 事件則包含 (1,1,1)、(1,1,0)、(1,0,1)、(0,1,1) 這 4 個樣本點，這三個例子都是複合事件。

　　很明顯的，對於只進行一次嘗試（$t=1$）的隨機實驗（例如：一個骰子擲一次，或是觀察一位消費者的消費行為），其樣本點非常簡單明確，求取機率時比較簡單。然而對於重複進行多次嘗試的隨機實驗（$t>1$）（例如：一個骰子擲多次，或是觀察多位消費者的消費行為），其樣本點的組合狀況就非常多元，事件空間龐大，機率運算相對複雜，必須以機率分配的概念來描述。一般在學習機率時，都是從單一嘗試的簡單事件開始介紹，然後逐步介紹多次嘗試的複合事件的機率運算。

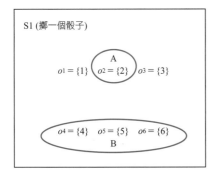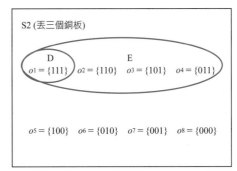

圖 6.1　不同樣本空間與不同事件的圖示

6.3 機率運算觀點

機率在科學活動當中的應用，除了用來計算出一個或然率來描述事件出現的可能性，還需要一套解釋與應用的概念系統來說明機率的意義，稱為機率論（probability perspectives）。換言之，機率的計算是一個數學過程，但是機率的解釋與應用則是一個統計的過程。

在統計學領域，用來解釋機率的理論觀點主要有三種：古典機率（或先驗機率）、客觀機率（或實徵機率）、主觀機率，前兩種機率觀點又稱為客觀機率，這三種機率觀點關係如圖 6.2 所示，而其內涵說明如下。

6.3.1 先驗機率

機率最基本的應用，就是計算某一個事件在各種可能事件下出現的機會，也就是利用樣本空間來決定各事件的發生率。先驗機率（priori probability）的「先驗」一詞意味著機率的計算是依據理論推理來演繹，或是基於對母體有完整且充分資訊時的發生概況，而非實際執行隨機實驗的結果，不需要經驗性的嘗試，又稱為理論機率或古典機率（classical probability），之所以稱為「古典」，是因為這一套觀點是十七世紀數學家研究機率時所採用的概念。

在一個隨機實驗中，如果每一個樣本點的發生機率相同，A 事件發生的機率

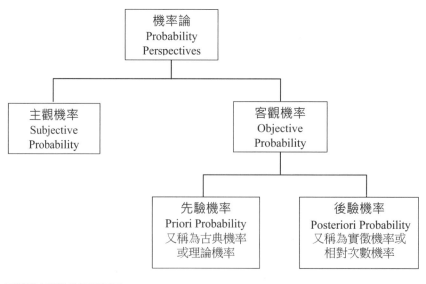

圖 6.2 三種機率觀點的關係圖示

（記為 $P(A)$）等於 A 事件有關的樣本點會發生的理論次數（f_A）除以理論上所有事件可能發生的總次數（N，亦即理論樣本空間）。以公式 6-1 表示。

$$P(A) = \frac{A\,事件發生的理論次數}{所有事件發生的理論總次數} = \frac{f_A}{N} \tag{6-1}$$

以擲一個骰子為例，得到任何一個點數的可能性只有一種，$f_A=1$，所有可能出現的狀況為 6 種 {1,2,3,4,5,6}，$N=6$，因此任何一個點數的機率為 1/6。例如：出現點數 2 的機率為 1/6，出現偶數點數事件的機率則是 3/6，因為偶數點數事件包含三種樣本點 {2},{4},{6}，$f_A=3$。如果同時擲兩個骰子，出現兩個都是 3 的事件機率為 1/36，因為兩個骰子都出現 3 的狀況只有一種：{(3,3)}，全體出現兩個點數的事件組合有 36 種狀況；出現一個 3 與一個 4 的事件機率則為 2/36，這裡的 $f_A=2$ 是指此事件的可能情形為 {(3,4)} 與 {(4,3)} 這兩種樣本點。

先驗機率的基本假設是每一個樣本點的發生機率相同，但是在現實的生活中，這個假設通常很難維繫，因此很多事件的發生情形無法使用先驗機率來描述，例如：新生兒是男生或女生的機率，理論上是 1/2，但是基於「某些原因」，實際生男或生女的機率卻非 1/2，藉由實際進行調查、蒐集資料，或許可以推知真實狀況為何，如果僅以先驗機率來理解生男生女的現象，就會脫離現實。換言之，討論先驗機率的目的是在瞭解機率運作的原理，而非為了探索真實世界的樣態。

6.3.2　後驗機率

相對於先驗機率的理論性，**後驗機率**（posteriori probability）則是基於多次實際的嘗試之後得到的經驗數據，因此又稱為**實徵機率**（empirical probability）或**相對次數機率**（relative frequency probability)。所謂的實徵，是指基於實際觀察所得，而非理論推估。例如：小美某日從地上撿到一個骰子，她隨手拋擲 10 次，得到偶數點數的次數只有 2 次，顯然離先驗機率所主張的公正骰子偶數點數的期望機率 .5 十分遙遠，導致小美認為這個骰子應該是老千用來詐賭所為，因此快快扔去。

若以 $P'(A)$ 表示 A 事件的實徵機率，可由 A 事件實際發生次數（f'_A）除以嘗試次數（N'，亦即實徵樣本空間）而得，如公式 6-2 所示。

$$P'(A) = \frac{A\,事件發生的實際次數}{實際上所有事件發生的總次數} = \frac{f'_A}{N'} \tag{6-2}$$

使用實徵機率來解釋事件發生的可能性，最大的優點是符合真實的狀況。例如：某次選舉有五位候選人，每位候選人的支持率「理論上」應該是 1/5，但是經驗告訴我們，通常會有某位候選人的支持率較低，有的候選人支持率會較高，我們根本不會用理論機率的思維去理解五位候選人的支持度，而是採取調查的手段，蒐集實徵機率來描述實際狀況。然而，實徵機率也有運用上的限制，如果隨機實驗嘗試次數有限，實徵機率就會有大量誤差，例如：小美如果不死心，反覆投擲次數從 10 增加到 1,000 次，最後可能會發現偶數點數的機率還真的是 1/2 呢！

實徵機率通常不會等於真實機率或理論機率，而會在一定的範圍波動。當實驗嘗試次數越多，實徵機率波動的幅度越小，當實驗嘗試次數趨近於無限大，實徵機率會趨近於真實機率，而此一真實機率，其實也就是我們要探討的「理論」機率，換言之，實驗嘗試次數越多，樣本數越大，樣本統計量即會朝向母體參數穩定收斂，此即為統計量的一致性（consistence）原理，也正因為隨著嘗試次數增加而獲致一致性，因此又稱為大數法則（law of large number）。

6.3.3　主觀機率

第三種用於解釋機率的機率理論是主觀機率，此種機率的應用，取決於人們對於某一個事件發生與否的信念強度（信心），以公式 6-3 來表示：

$$P(A) = f(\text{發生事件 A 的信心}) \tag{6-3}$$

主觀機率（subjective probability）反映的是人們日常生活中進行各種或然率判斷的主觀感受或直觀判斷（heuristic judgment），而非理論的推估或實際的經驗。例如：隔日股票市場會不會下跌，明天會不會下雨的判斷，就是人們基於個人感受、經驗、知識與信念的判斷結果。當人們對於某事件發生的信心越強，機率的數值便會越高；信心越弱，機率的數值便越低。相對的，先驗或實徵機率則是基於客觀學理或實際實驗觀察所得，因此是一種客觀機率（objective probability）。

主觀機率和實徵機率有一個共同的現象，就是會在特定的理論機率數值附近波動。也就是說，主觀機率並不一定不符合理論現象，也不一定悖離經驗數據，有時主觀機率也會十分接近真實狀況。如果某一個人掌握了充分的線索或證據，或具有豐富的學問知識，足以做出正確的判斷，那麼主觀機率也不失其簡單、方便，且具有相當的參考價值的機率估計。但是由於主觀機率所依循的基礎通常不夠嚴謹，所以得到的結果也多不盡人意。

在電視上我們經常可以看到一些投資顧問公司的「老師」，利用各種策略來研判股票的上漲或下跌，非常「有信心」的告訴他的會員學生某張股票一定會漲或會跌，或大報某些有前途「明牌」。從主觀機率的角度來看，這些基於個人信心的機率估計是否值得採信，實在值得大家思考，但是在詭譎多變的股票市場中，沒有一套有效的機率法則可以依循之際，主觀機率的使用也就成為不得不然的策略。人類世界的不確定性，無意間創造了一個獨特的經濟活動與商品市場，在科學追求真理之餘，也讓我們感到人類世界豐富多樣的神奇風貌。

6.3.4　機率的基本公理

不論是古典機率、實徵機率或是主觀機率，必須滿足以下幾個基本公理（axioms）才能符合機率運算的基本要件（Kolmogorov, 1956）：

公理 1：任何事件的機率必為正數且介於 0 與 1 之間

機率表示事件發生的可能性，數值介於 0 至 1，越接近 1，表示事件有關的樣本點被觀察到的機會越高，當機率值越接近 0，表示事件有關的樣本點被觀察到的機會越低。由於事件出現次數最低為 0，因此機率值不可能為負值，事件出現的情形也不可能大於樣本空間，因此個別事件的機率不能大於 1，若以 A_i 表示樣本空間 S 中的任一事件，其數值範圍如下：

$$0 \leq P(A_i) \leq 1 \qquad A_i \in S \tag{6-4}$$

當某一事件一定發生時，與事件有關的樣本點等於樣本空間的全部，機率值為 1.0，該事件稱為必然事件（sure event）。相對的，當某一事件一定不會發生時，與事件有關的樣本點完全不存在，機率值為 0，該事件稱為不可能事件（impossible event）。

公理 2：樣本空間內的所有樣本點機率和為 1

樣本空間由不同的樣本點所組成，所有樣本點的發生機率和為 1，換言之，如果某事件 S 包含所有的樣本點，其機率值為 1。以數學關係表示如下：

$$P(S) = 1 \tag{6-5}$$

公理 3：可加性（additivity）：互斥事件的機率和為個別事件機率相加

如果 n 個事件之間沒有交集，則各事件聯集機率為 n 個事件的個別機率和：

$$P(A_1 \cup A_2 \cup ... \cup A_n) = P(A_1) + P(A_2) + ... + P(A_n) \tag{6-6}$$

前述三個公理是機率運算的基本原則，在統計方法的討論中，偶有公理不符的狀況發生，都會引發學者的討論與關注，甚至發展出不同的學理觀點或分析方法，例如：當機率的總和不為 1 之時（公理 2 不符），會特別稱呼該機率狀態是一個瑕分配（improper distribution），言下之意，有著不適切、有瑕疵的機率運算之意。例如：公理 3 可加性的違反，更是許多研究實務上會發生的尷尬困境，例如：樣本遺失缺漏，導致統計分析的樣本數發生波動，機率運算無法可加，結論即會偏失額誤。

6.4 事件性質與機率法則

6.4.1 互斥與非互斥事件

在隨機實驗中，如果 A 與 B 兩個事件沒有共同的樣本點，則稱 A 與 B 為**互斥事件**（mutually exclusive event），如圖 6.1 的 A 與 B 兩事件。此時 A 事件的發生結果與另一事件的發生結果無關，也就是 A、B 兩個事件沒有交集，共同發生的機率為零。基於公理 3，互斥的兩事件交集為 0，聯集為個別事件的和：

$$P(A \cap B) = 0 \tag{6-7}$$

$$P(A \cup B) = P(A) + P(B) \tag{6-8}$$

公式 6-7 表示兩者交集為 0，交集（intersection）在英文以「and」稱之，中文以「且」稱之，數學以符號「$\cap$」表示，是指不同的事件具有共同樣本點的部分集合，其發生機率又稱為**聯合機率**（joint probability）；公式 6-8 表示兩者聯集機率為各自機率的相加，聯集（union）在英文以「or」稱之，中文以「或」稱之，數學以符號「$\cup$」表示，是指不同事件所具有的所有樣本點的全體集合，其機率稱為**複合機率**（compound probability）。

如果公式 6-8 還有具備 $P(A) + P(B) = 1$ 的關係，此一互斥事件稱為完全互斥事件，因為在 A 與 B 事件之外，並不包含其他可能事件，A 與 B 兩部分集合完全等

於樣本空間，或是 A 與 B 兩者互為彼此的餘集合。

以圖 6.1 的 S1 中的 A 與 B 兩事件為例，由於兩者沒有共同交集的部分（沒有重疊的部分），因此兩者為互斥事件。A 與 B 各自的機率為 $P(A) = 1/6$ 與 $P(B) = 3/6$，A 且 B 出現的機率為 0，A 或 B 出現的複合機率直接由兩者個別機率相加即可，$P(A \cup B) = 1/6 + 3/6 = 4/6$。

如果 A 與 B 兩個事件具有共同的樣本點，則稱 A、B 兩事件為非互斥事件（non mutually exclusive event），聯集需扣除交集：

$$P(A \cap B) \neq 0 \tag{6-9}$$

$$P(A \cup B) = P(A) + P(B) - P(A \cap B) \tag{6-10}$$

公式 6-10 稱為**一般加法律**（general additive law），用於求取兩事件複合機率（聯集）之用。互斥事件下的加法原則（公式 6-8）則為一般加法律的特例，亦即發生於當兩事件無交集 $P(A \cap B) = 0$ 的情況下。

以丟三個銅板為例，在圖 6.1 的 S_2 中，D 與 E 兩事件的圖示可以看出，出現三個正面（D）與至少出現兩個正面（E）的兩事件具有共同交集的子集合 {111}，$P(D \cap E) = 1/8$，兩者交集不為零，因此 D 與 E 兩者為非互斥事件。我們將 $P(D \cup E)$ 的機率運算過程列舉於下：

1. 三個銅板出現三個正面的事件機率：$P(D) = 1/8 = .125$
2. 三個銅板出現至少兩個正面的事件機率：$P(E) = 4/8 = .50$
3. 三個銅板出現三個正面且至少兩個正面的事件機率：$P(D \cap E) = 1/8 = .125$
4. 三個銅板出現三個正面或至少兩個正面的事件機率：$P(D \cup E) = .125 + .50 - .125 = .50$

6.4.2　獨立與相依事件

獨立事件（independent event）是指不同事件發生情形互不影響，例如：A 事件發生機率不影響 B 事件發生機率：

$$P(A \mid B) = P(A) \tag{6-11}$$

$$P(B \mid A) = P(B) \tag{6-12}$$

$$P(A \cap B) = P(A)P(B \mid A) = P(B)P(A \mid B) = P(A)P(B) \tag{6-13}$$

前述公式中的 $P(A|B)$ 與 $P(B|A)$ 為條件機率（conditional probability），表示在給定某事件的特定情況觀察另一事件的機率。公式 6-11 至 6-13 三個條件任一成立，另兩條件則必然成立，此時 A 與 B 稱為獨立事件。如果三個條件有任何一個不成立，A 與 B 兩事件的獨立關係便被打破，稱為相依事件（dependent event），此時公式 6-14 無法簡化成公式 6-13。

$$P(A \bigcap B) = P(A)P(B \mid A) = P(B)P(A \mid B) \tag{6-14}$$

$$P(A \mid B) = \frac{P(A \bigcap B)}{P(B)} \tag{6-15}$$

$$P(B \mid A) = \frac{P(A \bigcap B)}{P(A)} \tag{6-16}$$

　　公式 6-14 稱為一般乘法律（general multiplication law），應用於求取連續發生事件的聯合機率，而公式 6-13 則是兩事件獨立時的乘法律特例。相依事件最常見的例子是抽出不放回的非置回取樣，每一個樣本被挑選的機率不同。如果是抽出放回的置回取樣，每一個樣本被抽取的機率相同，為獨立事件機率。

　　如果有 A、B、C 三個事件，乘法律的擴展如公式 6-17 所示，如果三者相互獨立，其聯合機率可直接擴充公式 6-13 取個別機率乘積，而無須考慮條件機率問題，如公式 6-18。

$$P(A \bigcap B \bigcap C) = P(A)P(B \mid A)P(C \mid A \bigcap B) \tag{6-17}$$

$$P(A \bigcap B \bigcap C) = P(A)P(B)P(C) \tag{6-18}$$

　　在真實生活中，條件機率往往不會等於個別機率，因為特定事件的發生，在不同的背景條件下往往會有不同的意義，或是在不同的時間次序中，事件的先後發生次序可能會相互影響，因此在統計學上，判斷多次嘗試之間的事件是否獨立還是彼此相依，是決定後續統計運算方式的重要關鍵。

　　以表 6.1 的消費者購物行為為例，50 位消費者中，「女生」消費者的機率是 $P(A)=.52$，「購買日用品」的機率是 $P(B)=.44$，.52 與 .44 兩者是 A 與 B 事件的個別機率，如果性別與購買產品「假設為獨立事件」，那麼「女性且購買日用品」的

機率應以公式 6-13 直接以兩個個別機率直接相乘得到 $.52 \times .44 = .2288$ 的聯合機率。
但從表 6.1 得知，實際上「女性且購買日用品」的機率為 $16/50 = .32$，遠遠高於「假
設為獨立事件」時的 .2288，表示兩者不是獨立事件，必須求出條件機率，才能得
到正確的聯合機率 $P(A \cap B)$，各項機率的運算過程如下：

1. 顧客為女性的機率：$P(A) = 26/50 = .52$

2. 顧客購買日用品的機率：$P(B) = 22/50 = .44$

3. 女性且購買日用品的機率：$P(A \cap B) = 16/50 = .32$

4. 女性顧客中，購買日用品的機率：$P(B|A) = \dfrac{P(A \cap B)}{P(A)} = \dfrac{.32}{.52} = .615$

5. 購買日用品顧客中，女性的機率：$P(A|B) = \dfrac{P(A \cap B)}{P(B)} = \dfrac{.32}{.44} = .727$

6. 假設獨立時，女性且購買日用品的機率：$P(A \cap B) = .52 \times .44 = .2288$

7. 不假設獨立時，女性且購買日用品的機率：$P(A \cap B) = .52 \times .615 = .44 \times .727 = .32$

由前述的示範數據可知，由於 $P(A|B) \neq P(A)$ 而且 $P(B|A) \neq P(B)$，因此獨立性
條件不存在，如果採用 (6) 獨立假設運算式來進行聯合機率的運算，則會錯估 A 與
B 聯合發生的機率。而且由 (4) 與 (5) 的條件機率遠高於 (1) 與 (2) 的個別機率來
看，可知性別與購買產品之間具有頗高的相依性。

6.5　條件機率與貝氏定理

條件機率的運算是機率統計當中的重要議題，主要是因為前後發生的兩系列實
驗的不同事件之間往往帶有相依性，條件機率可以利用其可逆性來評估事件前後關
聯的相依程度，亦即貝氏定理的核心概念。

另外，對於 A 與 B 兩系列實驗的不同事件（類別）關係的討論，其實就是列
聯表當中細格機率與邊際機率的運算。因為列聯表的欄變數與列變數所反映的就是
A 與 B 兩系列實驗的不同事件類型，本節利用表 6.1 的範例數據做成列聯表，配合
樹狀圖的使用，來說明條件機率的運算與貝氏定理的相關概念。

6.5.1　邊際機率與聯合機率

列聯表除了反映兩個類別變數的次數分配，更可以進行多種機率的運算。以表
6.2 為例，欄變數為性別（以 A 表示），具有兩個類別，$A_1 =$ 男、$A_2 =$ 女。列變數
為消費類型（以 B 表示），具有四個類別，$B_1 =$ 日用品、$B_2 =$ 飲料食物、$B_3 =$ 報章

雜誌、B_4= 繳費服務，兩變數構成了一個 2×4 列聯表，有 8 個細格。

　　性別變數的次數分配列於表格下方，亦即 A 變數的邊際分配，消費型態的次數分配列於最右欄，亦即 B 變數的邊際分配，若將邊際分配的次數除以總人數得到相對次數，亦即邊際機率分配（marginal probability distribution），各邊際機率即為兩變數各類別水準的個別事件機率。各細格反映兩個變數各水準同時發生的情況，因此各細格即為兩事件各水準的交集 $(A_i \cap B_j)$，其中 i 表示 A 的水準（類別）數，j 表示 B 的水準（類別）數，所構成的 $i \times j$ 個細格次數除以總人數即得到聯合機率 $P(A_i \cap B_j)$。各細格機率構成聯合機率分配（joint probability distribution）。所有細格聯合機率與各變數邊際機率總合皆為 1.0，亦即：

$$\sum P(A_i \cap B_j) = 1 \qquad\qquad (6\text{-}19)$$

$$\sum P(A_i) = 1 \qquad\qquad (6\text{-}20)$$

$$\sum P(B_j) = 1 \qquad\qquad (6\text{-}21)$$

　　這三者為列聯表機率運算的三個限制式，在這三個限制成立的情況下，才得以進行機率運算。

　　以表 6.2 的範例數據來看，男生機率 $P(A_1)=.48$，女生機率 $P(A_2)=.52$，四種消費行為事件機率 $P(B_1)$、$P(B_2)$、$P(B_3)$、$P(B_4)$ 分別為 .44、.20、.26、.10。在聯合機率（交集）部分，男生購買日用品的機率 $P(A_1 \cap B_1)=P(A_1B_1)=.12$，女生購買日用品的機率 $P(A_2 \cap B_1)=P(A_2B_1)=.32$。不論是邊際機率或聯合機率，都滿足總和為 1 的限制條件，亦即這三者均為獨立、完整的機率分配。

→表 6.2　消費者性別與購買行為之列聯表

消費類型（B）	性別（A）								總　計	
	男（A_1）				女（A_2）					
	次數	聯合機率 $P(A \cap B)$	條件機率 $P(B\|A)$	條件機率 $P(A\|B)$	次數	聯合機率 $P(A \cap B)$	條件機率 $P(B\|A)$	條件機率 $P(A\|B)$	次數	$P(B)$
1. 日用品（B_1）	6	.120	.250	.273	16	.320	.615	.727	22	.44
2. 飲料食物（B_2）	5	.100	.208	.500	5	.100	.192	.500	10	.20
3. 報章雜誌（B_3）	9	.180	.375	.692	4	.080	.154	.308	13	.26
4. 繳費服務（B_4）	4	.080	.167	.800	1	.020	.038	.200	5	.10
總　計	24				26				50	
$P(A)$	.48				.52					1.0

6.5.2　條件機率

條件機率是指在某一個事件（例如：B 事件）的不同條件下，觀察另一事件（例如：A 事件）的發生情形，標示為 $P(A_i \mid B_j)$，$i=1,\cdots, k, j=1, \cdots, l$。以另一個方向來看，則是在 A 事件的不同條件下，觀察 B 事件的發生情形，標示為 $P(B_j \mid A_i)$。條件機率的計算有兩種途徑，第一種是相對次數法則，是將各細格的次數除以邊際次數，第二種方式則是機率運算中的乘法律法則，利用一般乘法律求出各條件機率。

以表 6.2 中男性消費者（A_1）水準下的四種消費行為的條件機率為例，計算過程如下：

$$P(B_1 \mid A_1) = \frac{f_{A_1 B_1}}{f_{A_1}} = \frac{6}{24} = \frac{P(A_1 \cap B_1)}{P(A_1)} = \frac{.12}{.48} = .250$$

$$P(B_2 \mid A_1) = \frac{f_{A_1 B_2}}{f_{A_1}} = \frac{5}{24} = \frac{P(A_1 \cap B_2)}{P(A_1)} = \frac{.10}{.48} = .208$$

$$P(B_3 \mid A_1) = \frac{f_{A_1 B_3}}{f_{A_1}} = \frac{9}{24} = \frac{P(A_1 \cap B_3)}{P(A_1)} = \frac{.18}{.48} = .375$$

$$P(B_4 \mid A_1) = \frac{f_{A_1 B_4}}{f_{A_1}} = \frac{4}{24} = \frac{P(A_1 \cap B_4)}{P(A_1)} = \frac{.08}{.48} = .167$$

$P(B_j \mid A_1)$ 的四個條件機率的總和為 1。同理，在女性消費者（A_2）水準下的四種消費行為的條件機率 $P(B_j \mid A_2)$ 可求得為 .615、.192、.154、.038，$P(B_j \mid A_2)$ 的四個條件機率的總和亦為 1。

前述的分析是從 A 來看 B（在 A 的條件下看 B 的發生情形），如果從 B 來看 A 的條件機率（在 B 的條件下看 A 的發生情形），則是將兩者的位置互調。以「日用品」為例，在 B_1 水準下的兩種性別消費行為條件機率總和為 1，以相對次數法則及乘法律法則求得 $P(A_1 \mid B_1)$ 的兩個條件機率如下：

$$P(A_1 \mid B_1) = \frac{f_{A_1 B_1}}{f_{B_1}} = \frac{6}{22} = \frac{P(A_1 \cap B_1)}{P(B_1)} = \frac{.12}{.44} = .273$$

$$P(A_2 \mid B_1) = \frac{f_{A_2 B_1}}{f_{B_1}} = \frac{16}{22} = \frac{P(A_2 \cap B_1)}{P(B_1)} = \frac{.32}{.44} = .727$$

先前曾經提過，如果條件機率等於邊際機率，表示兩個事件相互獨立。但是由表 6.2 所整理的各項條件機率數值來看，每一個細格的聯合機率都小於各條件機率值，亦即在考慮某事件的機率的條件下，觀察另一個事件的發生機率皆高於聯合機率，顯示 A 與 B 兩組事件的相依性很高，A 與 B 事件不獨立，與先前的推導結果一致。

6.5.3　樹狀圖的應用

列聯表包含了 A 與 B 兩系列事件的聯合機率與條件機率資訊，如果利用樹狀圖（tree diagram）更是一目了然，也可以將機率運算延伸到更複雜的結構。圖 6.3 就是表 6.2 的便利商店消費行為資料，在 A 事件的條件下解析 B 事件的條件機率進而導出聯合機率的樹狀圖，也就是以 A 事件發生在先，B 事件發生在後，探討兩系列實驗的條件機率。

圖 6.3 最右側為各事件同時發生的聯合機率，也就是各細格交集機率 $P(A_i \cap B_j)$，最左側標示 A，表示以 A 事件為前提條件，給定 A_1 與 A_2 兩個邊際機率，然後列出 $P(B_j | A_1)$ 與 $P(B_j | A_2)$ 各四個條件機率，兩者相乘即可得到聯合機率。亦即 $P(A_i \cap B_j) = P(A_i) P(B_j | A_i)$。

同理，樹狀圖亦可由 B 事件的機率為起點（作為前提條件），求得聯合機率，如圖 6.4 所示。除了樹狀圖的起點改為 B 事件，給定 B 事件的邊際機率，條件機率由 $P(B_j | A_i)$ 轉為 $P(A_i | B_j)$，聯合機率則由 $P(B_j) P(A_i | B_j)$ 求得。

6.5.4　貝氏定理

在前面兩節中，分別以列聯表與樹狀圖來說明（邊際）事件機率、從 B 看 A 的條件機率和從 A 看 B 的條件機率、以及聯合機率三種機率的關係與運算原理。在這些範例中，三種機率都是已知的情況，因此我們得以從其中兩種機率來求得第三種機率。但在某些情況下，我們手中可能只有 A 事件的邊際機率 $P(A)$，以及在 A 事件下關於 B 事件發生情形的資訊（利用調查所得或經驗數據），亦即擁有 $P(B | A)$，此時，我們可以推知 $P(A | B)$ 來更新 A 事件的機率估計。此一經由 $P(A) \rightarrow P(B | A) \rightarrow P(A|B)$ 的轉換（更新）過程稱為貝氏定理（Bayes' theorem）。

貝氏定理的機率運算又稱為逆機率（inverse probability），其概念在 Bayes 的遺作中才公布於世，主張機率可以由因推果，也可以由果推因，亦即條件機率具有內部對稱性，但 Bayes 一開始並沒有明確定義轉換公式。Laplace 稍後才將這些條件機率轉換的公式定義出來。

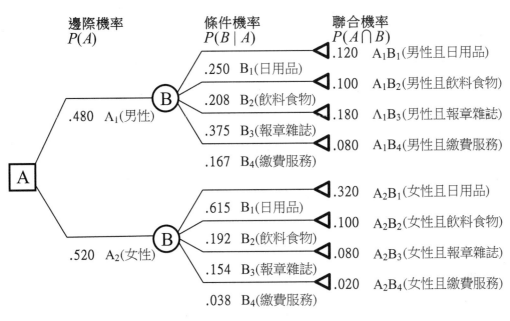

圖 6.3　在A事件條件下求B事件條件機率與聯合機率樹狀圖

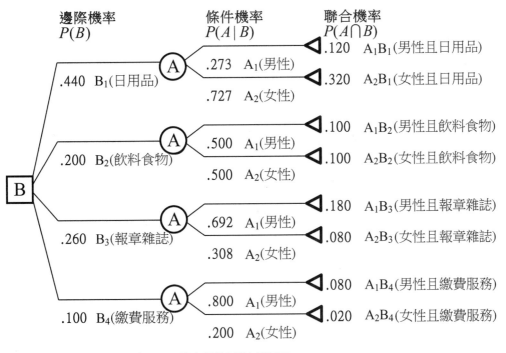

圖 6.4　在B事件條件下求A事件條件機率與聯合機率樹狀圖

在貝氏定理中，先發生的 A 事件稱為先驗機率（priori probability），例如：進入便利商店的消費者性別，B 事件發生在後（例如：消費者的消費行為），因此 $P(B\,|\,A)$ 可稱為實徵資料或額外資訊，兩者整合後推知的 $P(A\,|\,B)$ 是經過了先驗資訊與實徵資料整合後所獲知，因此稱為後驗機率（posteriori probability），定義如下：

$$P(A_i|B_j) = \frac{P(B_j\,|\,A_i)P(A_i)}{P(B_j)} = \frac{P(B_j\,|\,A_i)P(A_i)}{P(B_j|A_1)P(A_1)+...+P(B_j|A_i)P(A_i)} \qquad (6\text{-}22)$$

公式 6-22 中的分母 $P(B_j)$ 為 B 實驗的邊際機率（四種消費行為的發生機率），在 B 系列實驗的樣本空間下，後驗機率 $P(A_i|B_j)$ 機率和為 1，因此是一個完整的機率分配。如果後驗機率 $P(A_i|B_j)$ 不包含除項 $P(B_j)$，$P(A_i|B_j)$ 機率和不一定為 1，此時貝氏定理可簡化成聯合機率（交集）的等比式：

$$P(A_i\,|\,B_j) \propto P(B_j\,|\,A_i)\,P(A_i) = P(A_i \cap B_j) \qquad (6\text{-}23)$$

在貝氏定理的運算原則下，先驗機率 $P(A_i)$ 因為導入了額外的實驗資訊，得以修正得到 $P(A_i\,|\,B_j)$，因而對於原先事件的掌握與估計可增加有效資訊、豐富其理解

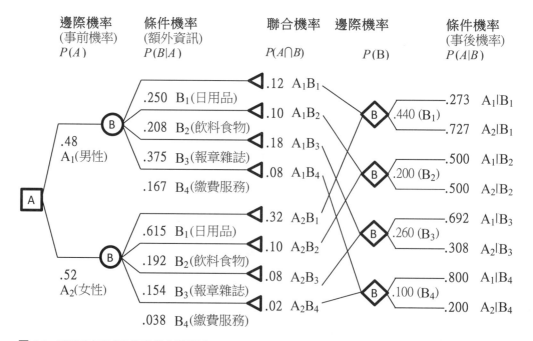

圖 6.5　以貝氏定理求取事後機率樹狀圖

並提升預測的精確度。同理，如果將 B 實驗事件視為先驗機率，對於 $P(B) \to P(A \mid B) \to P(B \mid A)$ 的轉換過程亦符合貝氏定理，如公式 6-24 所示。

$$P(B_j \mid A_i) = \frac{P(A_i \mid B_j)P(B_j)}{P(A_i)} = \frac{P(A_i \mid B_j)P(B_j)}{P(A_i \mid B_1)P(B_1) + ... + P(A_i \mid B_j)P(B_j)} \tag{6-24}$$

以便利商店消費數據為例，在性別資訊已知的條件下，增加額外資訊可得知不同性別下的消費類型 $P(B_j \mid A_i)$，導出聯合機率後，利用貝氏定理可推知在各種消費類型下的性別比例 $P(A_i \mid B_j)$，求導的過程，例如：樹狀圖 6.5 所示。

圖中由 $P(A) \to P(B \mid A) \to P(A \mid B)$ 求取事後機率的計算過程，係求出各細格的聯合機率後除以 B 事件的邊際次數，亦即在 B 事件邊際次數的條件下之聯合機率所占的比例。以 B=1（日用品）為例，「購買日用品當中為男性者」（$P(A_1 \mid B_j)$）與「購買日用品當中為女性者」（$P(A_2 \mid B_j)$）兩個事後的條件機率分別為 .273 與 .727，兩者總計為 1：

$$P(A_1 \mid B_1) = \frac{P(A_1 \cap B_1)}{P(B_1)} = \frac{P(A_1)P(B_1 \mid A_1)}{P(A_1)P(B_1 \mid A_1) + P(A_2)P(B_1 \mid A_2)}$$

$$= \frac{.12}{.48 \times .25 + .52 \times .615} = \frac{.12}{.44} = .273$$

$$P(A_2 \mid B_1) = \frac{P(A_2 \cap B_1)}{P(B_1)} = \frac{P(A_2)P(B_1 \mid A_2)}{P(A_1)P(B_1 \mid A_1) + P(A_2)P(B_1 \mid A_2)}$$

$$= \frac{.32}{.48 \times .25 + .52 \times .615} = \frac{.32}{.44} = .727$$

經由貝氏定理計算結果得知，購買日用品當中的男性與女性分別占 27.3% 與 72.7%，同理，對於購買飲料食物的消費者，由貝氏定理求出的男女比例則無差異，各為 50%，至於購買報章雜誌的男性比例則遠高於女性，分別為 69.2% 與 30.8%，繳費服務的男女比例更高達 80% 比 20%。由這四組後驗的條件機率所提供的性別比例，顯然比起最初單獨只提供性別資訊時，我們僅知道消費者為男性與女性的比例為 48% 與 52%，在增加了關於 B 事件的額外資訊後，我們對於 A 事件有了更清楚、充分的瞭解，這就是貝氏定理的主要價值。

範例 6.1 貝氏定理的應用

問題：

某公司新設置單位決定招募人才 200 人，其中 40% 為內部晉升，外部招募為 60%，亦即 $P(A_1) = .4$，$P(A_2) = .6$。訓練完後人事部門評估這些新進人員的表現，發現內部晉升者有 90% 被評為合格，但外部招募者被評為合格者僅達 75%，請利用貝氏定理回答「隨機抽取一位新進人員績效合格者，為內部晉升者的機率為何？為外部招募者的機率為何？」，並回答該公司是否有必要調整內部晉升與外部招募比例？

解答：

由題目可知，作為事前機率的新進經理人員來源（事件 A）有內部晉升（A_1）與外部招募（A_2）兩種管道，且 $P(A_1) = .4$，$P(A_2) = .6$。這兩種來源的新進經理人員的績效表現提供了額外資訊（事件 B），有合格（B_1）與不合格（B_2）兩種狀況，且 $P(B_1|A_1) = .90$ 與 $P(B_1|A_2) = .75$，利用貝氏定理可求得所提問的事後機率 $P(A_i|B_j)$，亦即 $P(A_1|B_1)$：「隨機抽取一位新進經理人員績效合格者，為內部晉升者的機率」，或 $P(A_2|B_1)$：「隨機抽取一位新進經理人員績效合格者，為外部招募者的機率」相關數據與運算結果列於表 6.3。

當有了額外資訊後，人事部門除了握有內部晉升（40%）與外部招募（60%）的數據之外，進一步得知這兩種條件下的新進經理人的績效表現，更進而可評估合格者中內部晉升與外部招募的機率，亦即 $P(A_1|B_1)$ 與 $P(A_2|B_1)$，此時對於內部晉升與外部招募的比例，得以導入 B 事件的資訊加以修正，故稱為事後機率。

→**表 6.3** 某人事部門留用結果聯合機率分配表

B績效表現		新進來源（A）		總計	邊際機率
		A₁內部晉升	A₂外部招募		$P(B)$
B₁合格	次數	72	90	162	.81
	$P(A \cap B)$	.36	.45		
	$P(B\|A)$	.90	.75		
	$P(A\|B)$	.444	.556		
B₂不合格	次數	8	30	38	.19
	$P(A \cap B)$	.04	.15		
	$P(B\|A)$	.10	.25		
	$P(A\|B)$	.211	.789		
總計		80	120	200	1.00
邊際機率	$P(A)$	.40	.60	1.00	

$$P(A_1 \mid B_1) = \frac{P(A_1 \cap B_1)}{P(B_1)} = \frac{.36}{.4 \times .9 + .6 \times .75} = \frac{.36}{.81} = .444 \quad \text{（合格者為內部晉升的機率）}$$

$$P(A_2 \mid B_1) = \frac{P(A_2 \cap B_1)}{P(B_1)} = \frac{.45}{.4 \times .9 + .6 \times .75} = \frac{.45}{.81} = .556 \quad \text{（合格者為外部招募的機率）}$$

同理，我們也推導出，不合格者中，為內部晉升與外部招募的機率，亦即 $P(A_1 \mid B_2)$ 與 $P(A_2 \mid B_2)$：

$$P(A_1 \mid B_2) = \frac{P(A_1 \cap B_2)}{P(B_2)} = \frac{.04}{.4 \times .1 + .6 \times .25} = \frac{.04}{.19} = .211 \text{（不合格者為內部晉升的機率）}$$

$$P(A_2 \mid B_2) = \frac{P(A_2 \cap B_2)}{P(B_2)} = \frac{.15}{.4 \times .1 + .6 \times .25} = \frac{.15}{.19} = .789 \text{（不合格者為外部招募的機率）}$$

由上述數據可知，績效表現合格者（B=1）中，為內部晉升者 $P(A_1 \mid B_1)=.444$，高於原來公司政策（事前機率）的 $P(A_1)=.40$，外部招募者 $P(A_2 \mid B_1)=.556$ 則低於公司政策的 $P(A_2)=.60$。反之，績效不佳者為內部晉升者的機率（.211）低於政策進用的 .40，為外部招募者機率為（.789）遠高於政策進用的 .60，公司可以利用額外資訊來修正新進經理人員的進用比例，尤其是不合格人當中，外部招募者的機率特別高，內部晉升者相對偏低。此一貝氏定理運算的樹狀圖呈現於圖 6.6。

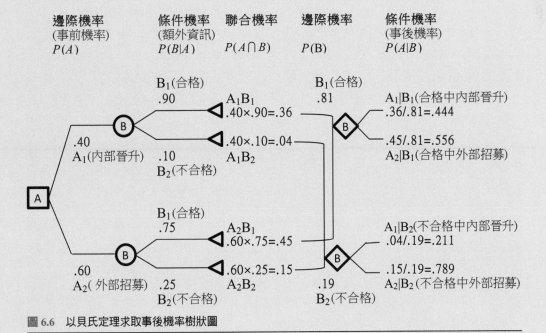

圖 6.6　以貝氏定理求取事後機率樹狀圖

6.6 結語

　　本章回顧了機率的主要概念與相關原理，同時也介紹了一些常見機率運算的原理與範例。事實上，一般學生在中學時期，就已經在數學課程當中接觸到機率的概念，因此本章的目的並不在重新學習機率，而是在複習機率論當中的重要概念，並與科學活動以及統計學當中的其他概念進行連結。

　　此外，由於統計學並不是數學課，因此對於機率的學習，主要著眼於決策應用，因此下一章將把機率應用到統計分配的概念中，為後續將介紹的統計決策奠定基礎。完成本章的學習之後，我們進一步就要把機率與統計分配的概念相結合，從古典機率的觀點來介紹常見的離散機率分配與連續機率分配，逐漸向統計推論邁進。

本章重要概念

機率 probability

隨機實驗 random experiment

樣本點 sample point

樣本空間 sample space

事件 event

簡單事件 simple event

複合事件 compound event

先驗機率 priori probability

古典機率 classical probability

實徵機率 empirical probability

客觀機率 objective probability

後驗機率 posteriori probability

主觀機率 subjective probability

大數法則 law of large number

互斥事件 mutually exclusive event

非互斥事件 non mutually exclusive event

獨立事件 independent event

相依事件 dependent event

加法律 additive law

乘法律 multiplication law

聯合機率 joint probability

條件機率 conditional probability

樹狀圖 tree diagram

逆機率 inverse probability

課後習作

一、學校門口新開張一家 Pizza 店，開幕期間推出「來店就抽」贈獎活動，獎品是披薩兌換券，店家宣稱中獎率固定為 1/10。請回答下列問題：

　　1. 抽獎活動是不是隨機實驗？為什麼？

　　2. 1/10 這個數字是古典、客觀還是主觀機率？為什麼？

　　3. 如果 A 君只去該店抽獎一次，那麼樣本點與樣本空間為何？

　　4. 如果 B 君連續三天都去該店抽獎，那麼樣本點與樣本空間為何？

　　5. A 君中獎的事件機率與餘機率為何？

　　6. B 君三天都中獎的機率為何？

　　7. B 君至少中一次獎的機率為何？

　　8. 如果店家表明抽獎箱裡有 100 張抽獎券其中有 10 張免費兌換券，抽完為止。那麼 B 君三天都中獎的機率為何？三天至少中一次獎的機率為何？

　　9. 前述各題中，何者牽涉互斥與非互斥事件的概念？為什麼？

　　10. 前述各題中，何者牽涉獨立與相依事件的概念？為什麼？

二、L 小姐衣櫥中有 10 件洋裝，淺色 7 件，深色 3 件。每天出門前隨機選擇 1 件來穿，每天不撞衫（不重複）直到全部穿完。請回答下列問題：

　　1. L 小姐第一天穿淺色洋裝的機率為何？

　　2. L 小姐第二天穿淺色洋裝的機率為何？

　　3. L 小姐第一天與第二天都穿淺色洋裝的機率為何？

　　4. L 小姐第一天與第二天都穿淺色或都穿深色洋裝的機率為何？

　　5. 請說明前面各題使用加法律與乘法律的情形。

三、某系有 80% 都是女生，女生有 90% 都會就業，但是男生只有 78% 就業。請回答下列問題：

　　1. 隨便遇到一位系上的畢業生，是女生但不就業的機率為何？

　　2. 系主任想找位就業中的畢業生回來演講，他找到的是女生的機率為何？

　　3. 請問這些問題是否牽涉到貝氏定理？為什麼？

　　4. 請利用樹狀圖來說明各種條件機率的狀態。

　　5. 請利用列聯表來說明各種機率狀態。

chapter

7

機率分配

7.1　前言

前一章對於機率的討論，主要圍繞在事件機率之上，也就是著重於個別事件發生情形的原理與運算法則的探究。如果將某隨機實驗的所有事件機率加以彙整，將會得到一個由機率所形成的分配，稱為機率分配（probability distribution），機率的變化規律以機率函數（probability function）表示，用以描繪分配的數學輪廓。

機率分配之所以稱為「機率」分配而非次數分配，是因為分配縱軸的高低變動所反映的是或然率而非單純的發生次數，當或然率以機率形式表述時，必須符合機率基本公理：數值介於 0 至 1、樣本點互斥可加成、以及機率和為 1，因此比起次數分配擁有更嚴謹的數學定義與豐富的運算效能。

基本上，機率一詞之所以在統計領域具有重要的地位，並非因為機率本身有什麼特殊的神祕力量，而是透過機率高低變化規律的討論，讓我們可以窺探世間萬物的存在樣態、相互關聯甚至於彼此因果。而對於這個規律的掌握，就是從機率分配的建構開始，透過分配平均數的估算，讓我們能夠「期望」事物出現的最大可能在何處，經由分配變異數的度量，讓我們能夠探知事件變異的邏輯，據以進行統計意義的評估與決策。

在本章當中，我們將介紹三種常用的離散機率分配：二項分配、超幾何分配、卜瓦松分配，以及三種常用的連續機率分配：常態分配、均勻分配、指數分配，分配的基本形式如圖 7.1 所示，這些機率分配的概念是後續推論統計的敲門磚。

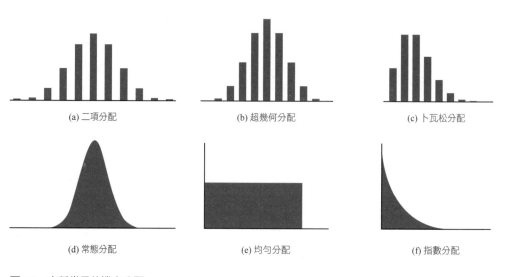

圖 7.1　六種常用的機率分配

7.2 隨機變數與機率分配

7.2.1 變數的機率意涵

在一個隨機實驗中，樣本空間的所有事件機率會形成一個完整、可辨識的機率分配，而機率函數中的 f(x) 是「誰的」機率，在機率分配中稱為隨機變數（random variable），此時變數 X 不再是單純用來描述事物或現象的不同屬性或狀態的代名詞，而是被賦予了具體的數學意義與機率意涵，因此被稱為隨「機」變數。

進一步的，由於隨機實驗的樣本空間有離散或連續之別，因此機率分配與函數也就有兩種不同形式：離散空間（discrete space）下，隨機變數 X 的取值為離散、間斷的正整實數值，此時 X 稱為離散隨機變數（discrete random variable），機率函數以 f(x) = P(X = x) 表述，稱為機率質量函數（probability mass function; PMF），累積分配函數（cumulative distribution function; CDF）以大寫 F(x) 表示。若有 n 次嘗試，則 CDF 如下：

$$F(X = x_i) = F(x_i) = P(X \leq x_i) = f(x_1) + ... + f(x_n) \tag{7-1}$$

大寫 X 表示「隨機」變數，小寫 x 表示「非隨機」、「確定」的特定觀察值。基於機率公理，$0 \leq P(X=x) \leq 1$，總和為 1：

$$\sum_x P(X = x) = 1 \tag{7-2}$$

相對之下，連續空間（continuous space）下的 X 數值是連續光譜、不可計數、無法窮盡，此時 X 稱為連續隨機變數（continuous random variable），機率函數 f(x) 是對機率「密度」（指 x 相鄰區域的面積）的描述，因此稱為機率密度函數（probability density function; PDF），其 CDF 為特定值 x 下的函數積分值：

$$F(x) = P(X \leq x) = \int_{-\infty}^{x} x dx, \ -\infty < x < \infty \tag{7-3}$$

基於機率公理，機率密度函數 f(x) 的總和也需為 1，以積分形式表示如下：

$$\int_x f(x) dx = 1 \tag{7-4}$$

值得注意的是，由於連續機率函數 $f(x)$ 是機率密度而非機率數值，因此 $f(x)$ 雖必為正值但沒有 1.00 的上限，亦即僅有 $f(x) \geq 0$，而無 $f(x) \leq 1$ 的限制。

　　$F(x)$ 隨著 X 增加而機率必增不減，是一種非遞減函數（non-decreasing function），因此不論是離散或連續時的 CDF 都可圖示描繪累積曲線（ogive curve）。

　　以丟擲銅板的柏努利試驗為例，若執行三次嘗試 t_1、t_2、t_3，每一次嘗試有 0（反面）與 1（正面）兩種結果，離散樣本空間 S 共有 $N=2^3=8$ 個樣本點。如果令隨機變數 X 為出現正面的次數，則 X 的數值共有 0、1、2、3 四種狀況（數值事件），亦即四種樣本點的組合（combination）：

$(X{=}0){=}\{(0,0,0)\}$
$(X{=}1){=}\{(1,0,0),(0,1,0),(0,0,1)\}$
$(X{=}2){=}\{(1,1,0),(1,0,1),(0,1,1)\}$
$(X{=}3){=}\{(1,1,1)\}$

　　將 X 各數值的出現次數加以整理，求出機率值，即得到 X 隨機變數的機率分配，整理於表 7.1。圖 7.2 則列出了實驗結果的機率分配長條圖與累積機率曲線。

$f(x_0){=}P(X{=}0){=}1/8{=}.125$
$f(x_1){=}P(X{=}1){=}3/8{=}.375$
$f(x_2){=}P(X{=}2){=}3/8{=}.375$
$f(x_3){=}P(X{=}3){=}1/8{=}.125$

→表 7.1　丟擲三個銅板隨機實驗的樣本空間、隨機變數與機率分配

樣本點 outcomes	嘗試			隨機變數 X		
	t_1	t_2	t_3	數值 x	次數 f	機率 $f(x)$
$o1$	0	0	0	0	1	.125
$o2$	1	0	0	1		
$o3$	0	1	0	1	3	.375
$o4$	0	0	1	1		
$o5$	1	1	0	2		
$o6$	1	0	1	2	3	.375
$o7$	0	1	1	2		
$o8$	1	1	1	3	1	.125
總和					8	1.00

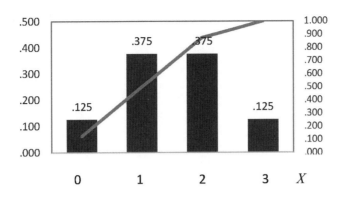

圖 7.2 丟擲三個銅板的機率分配長條圖（折線表示累積機率）

7.2.2 期望值與變異數

對於任一隨機變數，不論是離散或連續事件，所形成的機率分配具有數量性質，因此可以依照機率原理計算平均數（μ）與變異數（σ^2），藉以說明機率分配的集中趨勢與變異情形。

由於隨機實驗中的隨機變數 X 是一種對母體的描述，因此其期望值為母體平均數（population mean），變異數由期望值推導而出，因此是為母體變異數（population variance）。對於隨機變數分配的期望值與變異數定義如下：

$$
\begin{aligned}
\mu &= E(x) \\
&= \sum_x xf(x) \quad （離散） \\
&= \int_x xf(x)dx \quad （連續）
\end{aligned}
$$

$$(7\text{-}5)$$

$$
\begin{aligned}
\sigma^2 &= Var(x) = E(x-\mu)^2 \\
&= \sum_x (x-\mu)^2 f(x) \quad （離散） \\
&= \int_x (x-\mu)^2 f(x)dx \quad （連續）
\end{aligned}
$$

$$(7\text{-}6)$$

以丟擲三個銅板的離散機率分配為例，平均數與變異數如下：

$$\mu = \Sigma x P(x) = 0 \times .125 + 1 \times .375 + 2 \times .375 + 1 \times .125 = 1.5$$

$$\sigma^2 = \Sigma(x - \mu)^2 P(x) = (0 - 1.5)^2 \times .125 + (1 - 1.5)^2 \times .375 + (2 - 1.5)^2 \times .375 + (3 - 1.5)^2 \times .125$$
$$= .75$$

7.3 離散機率分配

7.3.1 二項分配

在離散機率分配中，最簡單且最常見的是二項機率分配（binominal probability distribution），簡稱二項分配，是一種基於柏努利試驗（Bernoulli trials）所獲得的機率分配。所謂柏努利試驗是指單一獨立嘗試具有成功 (1) 或失敗 (0) 兩種結果的隨機實驗，其中一種結果（例如：成功）的機率若為 π，另一個結果（例如：失敗）的機率則為 $1-\pi$。若進行 n 次獨立的柏努利試驗，所得到的實驗結果若以數值事件表示，稱為二項隨機變數（binominal random variable），以 $X \sim B(n,\pi)$ 表示。例如：前面所示範的丟擲三個銅板的機率分配，就是二項分配，其機率質量函數（PMF）與累積機率函數（CDF）如公式 7-7 與 7-8：

$$f(x;n,\pi) = C_x^n \pi^x (1-\pi)^{n-x} = \frac{n!}{x!(n-x)!} \pi^x (1-\pi)^{n-x} \tag{7-7}$$

$$F(x;n,\pi) = P(X \le x) = \sum_{i=1}^{x} C_i^n \pi^i (1-\pi)^{n-i} \tag{7-8}$$

期望值與變異數如公式 7-9 與 7-10 所示：

$$\mu = E(x) = n\pi \tag{7-9}$$

$$\sigma^2 = Var(x) = n\pi(1-\pi) \tag{7-10}$$

如果僅進行一次柏努利嘗試，$n=1$，二項分配只有兩個數值 $\{0,1\}$，機率分布呈現矩形分配。當 n 增加，分配漸呈鐘型曲線，極限分配（$n \rightarrow \infty$ 時）為常態分配。

二項分配的機率分布受到兩個參數 n 與 π 的影響，當 π=.5 時，發生 1 與發生 0 的機率相當，表示柏努利嘗試為一公正事件，二項分配為對稱分配，當 $\pi \neq$ .5 時則為非公正事件，二項分配呈現偏態分配：當 π <.5 時，二項分配呈現右側長尾的正偏態（如圖 7.3(a) 的 π =.2），當 π >.5 則為左側長尾的負偏態。當 π 偏離 .5 越遠，偏態越嚴重。

雖然不公正的柏努利嘗試使二項分配產生偏態，但如果將嘗試次數增加，即使是偏態的二項分配也逐漸成為對稱於 $n\pi$ 為平均數的常態分配。例如：圖 7.3(b)，當實驗嘗試增加到 n=100 時，π =.2 的偏態已無法辨識。

本書於附錄 E 提供了二項分配的機率對照表，可以透過查表或以 EXCEL 的 BINOM.DIST(number_s,trials,probability_s,cumulative) 函數功能求的不同參數條件下的數值機率。

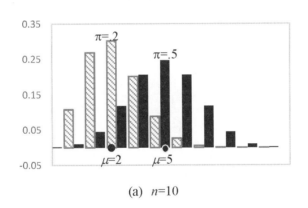

(a)　n=10

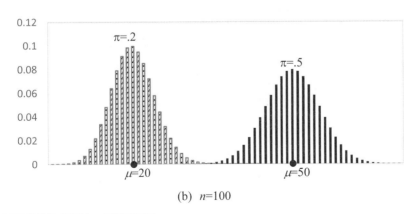

(b)　n=100

圖 7.3　不同參數條件下的二項分配圖示

範例 7.1　假設某次考試有 10 題是非題，答對一題得一分，最高分 10 分，最低分 0 分。甲君完全沒有看書就來參加考試，因此 10 個題目都要用猜的，答對的機率是 .50；乙君上課認真聽講，答對的機率是 8 成。請問兩位學生 (1) 得到滿分的機率為何？ (2) 高於 7 分的機率為何？ (3) 二項分配的平均數與變異數為何？

解答：

　　若令答對為 1，答錯為 0，二項分配的兩個參數：甲君為 $n=10$，$\pi=.5$，乙君為 $n=10$，$\pi=.8$，兩個二項機率分配列於如圖 7.4。相關數據也可以查附錄 E 表。

(1) 全部答對為 $X=10$，機率為 $f(10)=P(X=10)$

■甲君 $n=10, \pi=.5$

$$f(10) = P(X=10) = C_{10}^{10}(.5)^{10}(1-.5)^{10-10} = \frac{10!}{10!(10-10)!}(.5)^{10} \times (.5)^0$$

$$= 1 \times (.5)^{10} \times 1 = .5^{10} = .0010$$

■乙君 $n=10, \pi=.8$

$$f(10) = P(X=10) = C_{10}^{10}(.8)^{10}(1-.8)^{10-10} = \frac{10!}{10!(10-10)!}(.8)^{10} \times (.2)^0$$

$$= 1 \times (.8)^{10} \times 1 = .8^{10} = .1074$$

(2) 高於 7 分為（$X>7$），機率 $1-F(7)=1-P(X \leq 7)$ 或 $P(X=8)+P(X=9)+P(X=10)$

■甲君 $n=10, \pi=.5$

$$1-F(7) = 1-P(X \leq 7) = P(X=8) + P(X=9) + P(X=10)$$

$$= C_8^{10}.5^8(1-.5)^2 + C_9^{10}.5^9(1-.5)^1 + C_{10}^{10}.5^{10}(1-.5)^0$$

$$= \frac{10!}{8!2!} \times .5^8 \times .5^2 + \frac{10!}{9!1!} \times .5^9 \times .5^1 + \frac{10!}{10!0!} \times .5^{10} \times .5^0$$

$$= .0439 + .0098 + .0010 = .0547$$

■乙君 $n=10, \pi=.8$

$$1-F(7) = 1-P(X \leq 7) = P(X=8) + P(X=9) + P(X=10)$$

$$= C_8^{10}.8^8(1-.8)^2 + C_9^{10}.8^9(1-.8)^1 + C_{10}^{10}.8^{10}(1-.8)^0$$

$$= \frac{10!}{8!2!} \times .8^8 \times .2^2 + \frac{10!}{9!1!} \times .8^9 \times .2^1 + \frac{10!}{10!0!} \times .8^{10} \times .2^0$$

$$= .3020 + .2684 + .1074 = .6778$$

(3) 平均數與變異數：

■甲君 $n=10, \pi=.5$

$$\mu = n\pi = 10 \times .5 = 5 \text{、} \sigma^2 = n\pi(1-\pi) = 10 \times .5 \times .5 = 2.5$$

■乙君 $n=10, \pi=.8$

$$\mu = n\pi = 10 \times .8 = 8 \text{、} \sigma^2 = n\pi(1-\pi) = 10 \times .8 \times .2 = 1.6$$

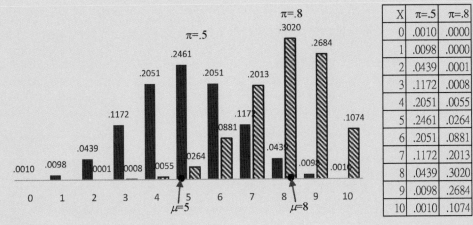

X	$\pi=.5$	$\pi=.8$
0	.0010	.0000
1	.0098	.0000
2	.0439	.0001
3	.1172	.0008
4	.2051	.0055
5	.2461	.0264
6	.2051	.0881
7	.1172	.2013
8	.0439	.3020
9	.0098	.2684
10	.0010	.1074

圖 7.4　$n=10, \pi=.5$ 與 $\pi=.8$ 的二項分配與機率數值

7.3.2　超幾何分配

　　二項分配雖然可能會因為 π 偏離 .5 而產生不對稱的現象，但是各次實驗嘗試的獨立性始終維繫，因此不會發生個別事件機率因為不獨立產生變化的窘境。今天如果因為樣本空間有限且實施取出不放回的實驗嘗試，機率分配中的個別事件機率因而產生變化。例如：某一班級只有 20 名學生，從中隨機抽取一位擔任班代的機率為 1/20，如果當過不能再當，下一個學生被抽取的機率則為 1/19。此時以二項分配無法描述學生抽樣的機率，需改用超幾何分配。

　　超幾何機率分配（hypergeometric probability distribution）也是基於一種有成功與失敗兩種結果的離散機率分配，但假設母體為有限母體（finite population），也就是母體數目 N 已知且規模不大；相對之下，二項分配則是在無限母體（infinite population）的假設下進行實驗，亦即各次實驗嘗試相互獨立且個別嘗試的發生機率維持固定。如果在有限母體進行取樣而且選後不放回，當樣本規模 n 超過母體規模 N 的 5% 以上時，亦即 $n/N>.05$，各實驗嘗試的發生機率的獨立性就會不足，此

種實驗稱為超幾何實驗，其機率質量函數 PMF 定義如公式 7-11 所示。

$$f(x; N, S, n) = \frac{C_x^S \times C_{n-x}^{N-S}}{C_n^N}$$

(7-11)

公式 7-11 有 N、S、n 與 x 四個符號，N、S、n 為超幾何分配的三個參數：N 為母體規模，S 為母體當中「成功」或「正面」的總次數，$N–S$ 為「失敗」或「反面」的總次數，n 為嘗試的次數（也就是樣本數），x 則是隨機變數的數值，亦即實驗結果得到 x 個正面或成功的次數。

機率質量函數服從公式 7-11 的機率分配稱為超幾何分配，以 $HG(S,N,n)$ 表示。而 S/N 即為實驗最初（第一次嘗試）或母體的「成功」機率，稱為起點機率，性質與二項分配的 π 相同。超幾何分配的期望值與變異數如公式 7-12 與 7-13 所示。

$$\mu = E(x) = n\frac{S}{N}$$

(7-12)

$$\sigma^2 = Var(x) = n \times \frac{S}{N} \times \frac{N-S}{N} \times \frac{N-n}{N-1}$$

(7-13)

超幾何分配的參數眾多，因此無法製作對照表來查找數值機率，但 EXCEL 的 HYPGEOM.DIST(sample_s,number_sample,population_s,number_pop,cumulative) 函數可以計算得到各數值機率。

範例 7.2 某研究所有 A 與 B 兩組，某次考試 A 組有 18 位考生（男與女各 9 人）、B 組有 20 位考生（男生 12 人、女生 8 人），若兩組分別各錄取 3 位，A 與 B 兩組錄取者 (1) 有 1 個男生的機率為何？ (2) 不全是男生的機率為何？ (3) 超幾何分配的期望值與變異數為何？

解答：

若以男生為成功事件，S 與 x 是指男生人數，抽樣數 $n=3$，A 組的母體規模 $N=18$，男生人數 $S=9$，B 組的母體規模 $N=20$，男生人數 $S=12$。因為 A 組：$n/N=3/18=.167$，B 組：$n/N=3/20=.15$，兩組的抽樣數占比都大於 .05，因此皆必須以超幾何分配計算。

(1) 有 1 個男生的機率：$X=1$，機率為 $f(1)=P(X=1)$

■ A 組：$N=18$，$S=9$，$n=3$

$$f(X \mid x=1)=\frac{C_x^S \times C_{n-x}^{N-S}}{C_n^N}=\frac{C_1^9 \times C_{3-1}^{18-9}}{C_3^{18}}=\frac{\left(\frac{9!}{1!8!}\right)\left(\frac{9!}{2!7!}\right)}{\left(\frac{18!}{3!5!}\right)}=\frac{\left(\frac{9}{1}\right)\left(\frac{9 \times 8}{2 \times 1}\right)}{\left(\frac{18 \times 17 \times 16}{3 \times 2 \times 1}\right)}=\frac{9 \times 36}{816}=.3971$$

■ B 組：$N=20$，$S=12$，$n=3$

$$f(X \mid x=1)=\frac{C_x^S \times C_{n-x}^{N-S}}{C_n^N}=\frac{C_1^{12} \times C_{3-1}^{20-12}}{C_3^{20}}=\frac{\left(\frac{12!}{1!1!}\right)\left(\frac{8!}{2!6!}\right)}{\left(\frac{20!}{3!7!}\right)}=\frac{\left(\frac{12}{1}\right)\left(\frac{8 \times 7}{2 \times 1}\right)}{\left(\frac{20 \times 19 \times 18}{3 \times 2 \times 1}\right)}=\frac{12 \times 56}{1140}=.2947$$

(2) 不全是男生：$X=0$、1、2，機率為 $F(2)=P(X \mid x \leq 2)=P(X=0)+P(X=1)+P(X=2)$

■ A 組：$N=18$，$S=9$，$n=3$

$$F(2)=P(X=0)+P(X=1)+P(X=2)=\frac{C_0^9 \times C_{3-0}^{18-9}}{C_3^{18}}+\frac{C_1^9 \times C_{3-1}^{18-9}}{C_3^{18}}+\frac{C_2^9 \times C_{3-2}^{18-9}}{C_3^{18}}$$

$$=\frac{\left(\frac{9!}{0!9!}\right)\left(\frac{9!}{3!6!}\right)}{\left(\frac{18!}{3!5!}\right)}+.3971+\frac{\left(\frac{9!}{1!8!}\right)\left(\frac{9!}{2!7!}\right)}{\left(\frac{18!}{3!5!}\right)}=\frac{1 \times 84}{816}+.3971+\frac{9 \times 36}{816}=.1029+.3971+.3971=.8971$$

■ B 組：$N=20$，$S=12$，$n=3$

$$F(2)=P(X=0)+P(X=1)+P(X=2)=\frac{C_0^{12} \times C_{3-0}^{20-12}}{C_3^{20}}+\frac{C_1^{12} \times C_{3-1}^{20-12}}{C_3^{20}}+\frac{C_2^{12} \times C_{3-2}^{20-12}}{C_3^{20}}$$

$$=\frac{\left(\frac{12!}{0!2!}\right)\left(\frac{8!}{3!5!}\right)}{\left(\frac{20!}{3!7!}\right)}+.2947+\frac{\left(\frac{12!}{2!10!}\right)\left(\frac{8!}{1!7!}\right)}{\left(\frac{20!}{3!7!}\right)}=\frac{1 \times 56}{1140}+.2947+\frac{66 \times 8}{1140}=.0491+.2947+.4632=.8070$$

(3) 平均數與變異數：

■ A 組：$N=18$，$S=9$，$n=3$

$$\mu=E(x)=n\frac{S}{N}=3 \times \frac{9}{18}=1.5$$

$$\sigma^2=Var(x)=n \times \frac{S}{N} \times \frac{N-S}{N} \times \frac{N-n}{N-1}=3 \times \frac{9}{18} \times \frac{9}{18} \times \frac{15}{17}=0.6618$$

■ B 組：N=20，S=12，n=3

$$\mu = E(x) = n\frac{S}{N} = 3 \times \frac{12}{20} = 1.8$$

$$\sigma^2 = Var(x) = n \times \frac{S}{N} \times \frac{N-S}{N} \times \frac{N-n}{N-1} = 3 \times \frac{12}{20} \times \frac{8}{20} \times \frac{17}{19} = 0.6442$$

　　圖 7.5 列出了兩個超幾何分配的數值機率。值得注意的是，本題如果改以相同起點機率的二項分配來求取 μ 與 σ^2，A 組的 π=9/18=.5，得到 μ=3×.5=1.5，σ^2=3×.5×.5=0.75，B 組 π=12/20=.6，得到 μ=3×.6=1.8，σ^2=3×.6×.4=0.72，可知平均數不變但是變異數放大，換言之，在相同的起點機率下實施有限母體抽後不放回的超幾何實驗，所得到的機率分配的變異情形會小於二項分配，表示分配更集中，但是分配的中心點則無改變。

　　至於偏態的狀況，超幾何分配與二項分配一致，亦即當起點機率 S/N 為 .5 時，均為對稱分配，但隨著起點機率從 .5 往兩側偏離時，會產生明顯的偏態。圖 7.5 右欄的 EXCEL 數值機率運算值可看出此一趨勢。

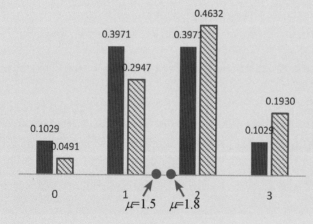

	S/N=.5	S/N=.6	π=.5	π=.6
N	18	20		
S	9	12		
n	3	3		
x	p(x)	p(x)	p(x)	p(x)
0	.1029	.0491	.125	.064
1	.3971	.2947	.375	.288
2	.3971	.4632	.375	.432
3	.1029	.1930	.125	.216

註：左二欄為超幾何分配數值機率，右二欄為二項分配數值機率

圖 7.5　超幾何分配的數值機率與估計列表

7.3.3 卜瓦松分配

二項分配是針對反覆進行的柏努利試驗之機率分配進行描述,與時間並無關聯。如果今天我們關心在一定的連續區間內(包括時間、長度、空間區間),雙結果實驗的發生情形則為卜瓦松機率分配(Poisson probability distribution),以 $X \sim Poi(\lambda)$ 表示,其中 λ 是一個與時間(或長度、空間)有關的參數,由法國數學家西莫恩·德尼·卜瓦松(Siméon Denis Poisson, 1781-1840)在 1838 年發表。適合於描述單位時間內隨機事件發生的次數的機率分配,例如:每月車禍死亡人數、機場內每小時飛機起飛架次、每公里內的加油站數目、一甲地中的樹木數量、一分鐘內股票買賣張數等。這些活動稱為卜瓦松隨機實驗(Poisson random experiment)。

卜瓦松隨機實驗需滿足三個條件:第一,隨機實驗在各次嘗試會得到兩種結果;第二,在某一段區間內事件發生機率與另一段區間內的事件發生機率彼此獨立;第三,事件發生的期望值隨著區間長度放大呈比例放大。

在卜瓦松實驗中,隨機變數 X 表示一段區間內發生某事件的次數,卜瓦松分配的機率質量函數 $f(x)$ 定義式如公式 7-14,機率分配對照表列於附錄 F,不同參數條件下的卜瓦松分配如圖 7.6 所示。

$$f(x;\lambda) = \frac{\lambda^x e^{-\lambda}}{x!} \qquad x \geq 0$$

$$(7\text{-}14)$$

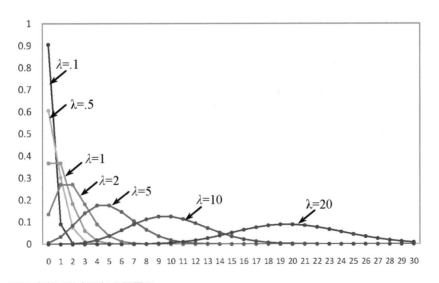

圖 7.6 不同 λ 參數下的卜瓦松分配圖示

公式 7-14 中的 e 為自然對數（2.71828），λ 為特定區間下事件平均發生次數，是卜瓦松機率函數中的唯一參數，例如：計程車每一小時平均載到 4 組乘客、超商每分鐘有 2 位顧客。分配期望值與變異數皆為 λ，如公式 7-15 與 7-16 所示。

$$\mu = E(x) = \lambda \tag{7-15}$$

$$\sigma^2 = Var(x) = \lambda \tag{7-16}$$

一般而言，實驗嘗試很大但發生機率很小時（$n \geq 20$、$n\pi \leq 1$ 或 $n \geq 50$、$n\pi \leq 5$）的二項分配會趨近卜瓦松分配，此時可以 $\lambda=n\pi$ 的卜瓦松分配作為二項分配的近似分配，來推導各事件的機率值，例如：對於 $n=20$、$\pi=.05$ 的二項分配，可以利用 $\lambda=1$ 的卜瓦松分配代替二項分配。

範例 7.3 假設某計程車司機在臺北車站排班載客，平均每 20 分鐘可以載到 1.5 組客人，那麼在下午一點到兩點的一小時間載到 3 組客人的機率為何？

解答：

由「每 20 分鐘可以載到 1.5 組客人」這個資訊可推知，下午一點到兩點的 60 分鐘這段區間的平均載客組數為 $\lambda=(60/20) \times 1.5=4.5$，有了 λ 參數後，即可利用公式 7-14 求取當 $x=3$ 的機率：

$$f(X \mid x=3) = \frac{\lambda^x e^{-\lambda}}{x!} = \frac{4.5^3 \times 2.71828^{-4.5}}{3!} = \frac{91.125 \times 0.0111}{3 \times 2 \times 1} = \frac{1.0123}{6} = .1687$$

那麼如果是問在下午一點到一點半的半小時間載到 3 組客人的機率為何？那麼 λ 等比例縮小一倍至 $(30/20) \times 1.5=2.25$，套用公式得出 $f(x=3) = .200$，事件機率反而增加。

由此可知，在相關條件未改變的情況下，λ 參數（特定區間下事件平均發生次數）呈固定比率變化時，特定事件機率非呈等比例改變。當時間區間越短時（λ 越小），特定發生機率會越高，此時卜瓦松分配呈右方有長尾的正偏態情況越明顯。當 λ 增加，例如：由 $\lambda=1$ 增加至 $\lambda=10$，卜瓦松分配則趨近於對稱分配。

7.4　連續機率分配

7.4.1　常態分配

統計最常用到的連續機率分配是**常態分配**（normal distribution），由號稱數學王子的德國數學家卡爾·高斯 Karl F. Gauss（1777-1855）所提出，因此又稱為**高斯分配**（Gaussian distribution）。為了推崇高斯的貢獻，德國紙鈔 10 元馬克特別烙印了他的肖像與常態分配曲線，如圖 7.7。

服從常態分配的連續隨機變數 X 的機率密度變化呈現對稱均勻的鐘形曲線分配。常態機率密度函數 $f(x)$ 定義如公式 7-17，累積常態機率密度函數 $F(x)$ 定義如公式 7-18：

$$f(x) = \frac{1}{\sqrt{2\pi\sigma^2}} e^{\frac{-(x-\mu)^2}{2\sigma^2}} \tag{7-17}$$

$$F(x) = \frac{1}{2}\left[1 + erf\left(\frac{x-\mu}{\sigma\sqrt{2}}\right)\right], \quad erf(x) = \frac{2}{\sqrt{\pi}}\int_0^x e^{-t^2} dt \tag{7-18}$$

公式 7-17 中，π 為圓周率（3.1416），μ 與 σ^2 為分配的平均數與變異數。函數值 $f(x)$ 所代表的意義是相對於變數 x 的機率密度，也就是機率分配的 Y 軸高度。當 $x=0$ 時，函數值 $f(x)$ 達到最高點，當 x 趨近正負無限大時，$f(x)$ 趨近 0。而公式

圖 7.7　德國10元馬克上的常態分配曲線與公式（取自維基百科網站）

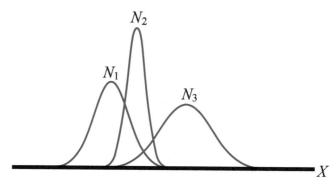

圖 7.8 三個不同集中點與變異程度的常態分配

7-18 則是對公式 7-17 積分的結果，其中 $erf(x)$ 稱為誤差函數（error function），應用於高斯積分過程。

由於 μ 與 σ^2 這兩個參數決定了常態分配的中心點與離散性，因此常態分配以 $X\sim N(\mu,\sigma^2)$ 表示。換言之，只要滿足公式 7-17 的函數條件的機率分配都可稱為常態分配，皆呈現對稱的鐘型分配，但是不同的常態分配可能會有不同的平均數與變異性，如圖 7.8 當中的 N_1 平均數最低、N_2 變異性最小、N_3 平均數最高且變異性最大。

如果我們將隨機變數 X 轉換成 z 分數，所有的常態分配都會成為 $z\sim N(0,1)$ 的標準常態分配（standard normal distribution），就不會有圖 7.8 的不同集中性與變異性的常態分配。透過 z 分數與常態曲線機率的對照表（附錄 A），我們可以很輕易的查出，距離平均數 z 個標準差的距離所包夾的機率為何，如圖 7-9 關於 z 分數與常態機率的對應關係與查表方法，已經在前一章討論，不予贅述。

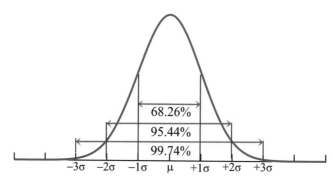

圖 7.9 常態分配不同區位的機率圖示

7.4.2　均勻分配

另一種常見的連續機率分配為均勻分配（uniform distribution），例如：等公車時間、高鐵行駛時間、看病等候時間等等，這類活動的隨機變數在某一段連續區間內的任一處均有相同發生率，因其機率密度函數呈現長方形狀，因此又稱為矩形分配（rectangular distribution），如圖 7.10 所示。

圖中的 a 與 b 為一固定區間的兩端點，兩端點內的矩形面積機率和為 1，因為 $b-a$ 為矩形的長度，因此矩形的高度（亦即機率密度函數值 $f(x)$）恰為長度的倒數。換言之，矩形分配的機率密度變化由 a 與 b 兩個參數所決定，因此以 $X \sim U(a,b)$ 來表示，其機率密度函數如公式 7-19。

$$f(x) = \frac{1}{b-a} \quad a \le x \le b \tag{7-19}$$

若要求 (a,b) 間任何一點 x 的累積機率，即是對 $f(x)$ 進行積分，如公式 7-20 所示。換言之，均勻分配的累積機率函數為 x 的特定包夾區間長度與矩形面積長度之比值。

$$F(x) = \int_a^x \frac{1}{b-a} dx = \frac{x-a}{b-a} \quad a \le x \le b \tag{7-20}$$

矩形分配的平均數（期望值）與變異數如公式 7-21 與 7-22 所示。

$$\mu = E(x) = \frac{a+b}{2} \tag{7-21}$$

$$\sigma^2 = Var(x) = \frac{(a-b)^2}{12} \tag{7-22}$$

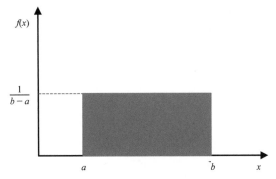

圖 7.10　均勻分配的機率密度圖

值得一提的是，$f(x)$ 雖然類比於機率但並非機率，而是一個 ≥ 0 的函數值，換言之，$f(x)$ 可能大於 1 而不符合機率公理 (1)，這個現象可以從均勻分配輕易觀察得到。

　　在矩形分配中，若 a 與 b 的差距大於 1，$f(x)$ 會小於 1，如圖 7.11 當中 A 區塊的 $U(0,1.2)$，$f(x)=1/1.2=0.83$；當 a 與 b 的差距小於 1，$f(x)$ 會大於 1.0，例如：圖 7.11 的 B 區塊的 $U(0,0.2)$，$f(x)=1/0.2=5$。如果對 $U(0,1.2)$ 與 $U(0,0.2)$ 進行積分，結果皆為 1.0，表示 $U(0,1.2)$ 與 $U(0,0.2)$ 兩個均勻分配仍為一個機率分配，但 $f(x)$ 並非機率值。

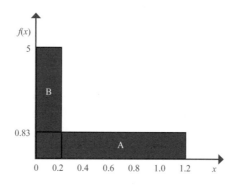

圖 7.11　均勻分配A：$U(0,1.2)$與B：$U(0,0.2)$的圖例

範例 7.4　某餐廳規定服務人員察看洗手間的時間應在 30 至 60 分鐘以內，在規定時間內的任何時間均可察看，請問察看洗手間的時間分配為何？分配的平均數與變異數為何？中間的 10 分鐘（40 至 50 分鐘）去察看的機率為何？

解答：

　　依題意，本範例可假設為機率相等的均勻分配，利用公式 7-19 可得到機率密度為 $f(x)=1/30$，該餐廳員工平均察看時間與變異數如下：

$$\mu = \frac{a+b}{2} = \frac{30+60}{2} = 45$$

$$\sigma^2 = \frac{(a-b)^2}{12} = \frac{(30-60)^2}{12} = 75$$

員工在最中間的 10 分鐘去察看洗手間的機率如下：

$$P(40 \leq x \leq 50) = P(x \leq 50) - P(x \leq 40) = \frac{(50-a)-(40-a)}{b-a} = \frac{10}{30} = .33$$

7.4.3 指數分配

指數分配（exponential distribution）所涉及的隨機實驗也與時間有關，例如：抽一根又一根菸的時間、燈泡的壽命、超商店員面對下一個顧客的時間、機器發生故障的時間等等。指數分配僅有一個時間參數 λ（單位時間下的平均發生次數，以 $X{\sim}Exp(\lambda)$ 表示，因此指數分配的平均數為 $1/\lambda$，亦即 λ 的倒數，也就是發生一次的平均時間。

在指數分配中，由於涉及每 x 單位時間內會發生一次該事件的隨機實驗機率，機率分配呈現明顯的正偏態，如圖 7.12 所示。例如：平均每 1 小時要抽根菸的人，他在一定時間內抽菸的機率會集中在平均數（1 小時）之內，而非在平均數之外。機率密度函數如公式 7-23，累積機率密度則為公式 7-24：

$$f(x) = \lambda e^{-\lambda x} \qquad x \geq 0, \lambda > 0 \tag{7-23}$$

$$F(x) = P(X \leq x) = 1 - e^{-\lambda x} \quad \text{或} \quad F(x) = P(X \geq x) = e^{-\lambda x} \tag{7-24}$$

由公式 7-23 可知，當 $x=0$ 時的機率密度最大，$f(0)=\lambda$。隨著 x 增加，機率密度迅速降低。λ 越大，機率密度的降低速度越快，平均數越接近零點，分配變異量越小；λ 越小，機率密度降低速度較慢，分配變異量較大。

指數分配的平均數（期望值）為 λ 的倒數，變異數為 λ^2 的倒數，如公式 7-25 與 7-26 所示，其機率密度對照表如附錄 G 所示。

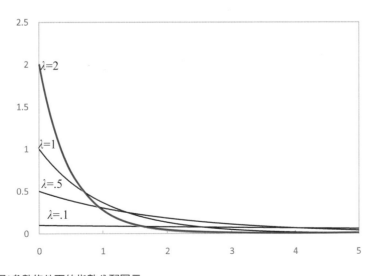

圖 7.12 不同 λ 參數條件下的指數分配圖示

$$\mu = E(x) = \frac{1}{\lambda} \tag{7-25}$$

$$\sigma^2 = Var(x) = \frac{1}{\lambda^2} \tag{7-26}$$

範例 7.5　假設某計程車司機在臺北車站排班載客，平均每間隔 10 分鐘就可以載到一組客人，但是如果在新光三越排班要 25 分鐘才能載到一組客人，那麼該司機在下午 13:00 到 13:30 之間，若在臺北車站或在新光三越，能載到客人的機率分別為何？

解答：

　　由於在臺北車站上一組客人到下一組客人平均時間只要 10 分鐘（μ=25），代入指數分配的平均數公式得到 λ=1/10=0.1，在新光三越為 25 分鐘（μ=25），λ=1/25=0.04，車站的 λ 遠高於新光三越，顯然於臺北車站在越短的時間內就可以載到客人。針對下午的某半個小時內的載客機率，由累積機率密度函數公式導出如下：

臺北車站：$F(x) = P(X \le 30) = 1 - e^{-.1 \times 30} = 1 - e^{-3} = 1 - 0.0498 = .9502$

新光三越：$F(x) = P(X \le 30) = 1 - e^{-.04 \times 30} = 1 - e^{-1.2} = 1 - 0.3012 = .6988$

　　由前述資料可知，在下午某三十分鐘內，若在臺北車站有超過 95% 的機率載到客人，但是在新光三越只有不到 70% 的機率載到客人。如果用相反的方式來問：在兩個地點排班要等到 30 分鐘以後才載到客人的機率為何？那麼答案就直接取前述機率的餘機率，亦即臺北車站僅有 .0498，新光三越則為 .3012。以公式來推導則如下：

臺北車站：$F(x) = P(X > 30) = e^{-1 \times 30} = .0498$

新光三越：$F(x) = P(X > 30) = e^{-.04 \times 30} = .3012$

　　綜合前述各節的介紹，本章所討論的各機率分配的機率密度函數、期望值與變異數整理於表 7.2。

→表 7.2　常見的機率分配整理表

分配類型	符號	機率密度函數	期望值	變異數
離散機率分配				
二項分配	$B(n,\pi)$	$C_x^n \pi^x (1-\pi)^{n-x}$	$n\pi$	$n\pi(1-\pi)$
超幾何分配	$HG(S,N,n)$	$\dfrac{C_x^S C_{n-x}^{N-S}}{C_n^N}$	$n\left(\dfrac{S}{N}\right)$	$n\left(\dfrac{S}{N}\right)\left(\dfrac{N-S}{N}\right)\left(\dfrac{N-n}{N-1}\right)$
卜瓦松分配	$Poi(\lambda)$	$\dfrac{\lambda^x e^{-\lambda}}{x!}$	λ	λ
連續機率分配				
常態分配	$N(\mu,\sigma^2)$	$\dfrac{1}{\sigma\sqrt{2\pi}} e^{\frac{-(x-\mu)^2}{2\sigma^2}}$	μ	σ^2
均勻分配	$U(a, b)$	$\dfrac{1}{b-a}$	$\dfrac{a+b}{2}$	$\dfrac{(a-b)^2}{12}$
指數分配	$Exp(\lambda)$	$\lambda e^{-\lambda x}$	$\dfrac{1}{\lambda}$	$\dfrac{1}{\lambda^2}$

本章重要概念

柏努利試驗 Bernoulli experiment
二項機率分配 binominal probability distribution
超幾何機率分配 hypergeometric probability distribution

卜瓦松機率分配 Poisson probability distribution
常態分配 normal distribution
均勻分配 uniform distribution
矩形分配 rectangular distribution
指數分配 exponential distribution

課後習作

一、臺北市政府想瞭解民眾對於捷運票價調整的意見，隨機訪問來到市府洽公的 10 位市民，請回答下列問題：

　　1. 如果贊成與反對的機率都是一半一半，這 10 位市民所有可能答案的機率分配是哪一種分配？為什麼？

　　2. 請繪製出前一題的機率分配圖。並標示平均數與變異數。

　　3. 如果反對者高達八成，請重新繪製這 10 位市民所有可能答案的機率分配圖，並標示平均數與變異數。

　　4. 為了保密，市長下令這 10 位訪問對象只限於市府內的 100 名員工，請問此時得到答案的機率分配是哪一種分配？為什麼？

　　5. 請繪製當 10 位市府員工的答案有 50% 與 80% 的反對意見的機率分配圖。並標示平均數與變異數。

二、某行動電話製造商在直營店每天平均可賣 3 支新手機，但是加盟店賣 1 支新手機卻平均要三天。請回答下列問題：

　　1. 在直營店中，某一天賣出 1 支新手機的機率為何？某一天 1 支新手機都沒有賣出去的機率為何？連續一個禮拜發生賣不出新手機的機率為何？某個禮拜中賣出 10 支新手機的機率為何？

　　2. 在加盟店中，某一天有賣出新手機的機率為何？連續三天有賣出新手機的機率為何？要一到五天才能賣出新手機的機率？

　　3. 前兩題所涉及的機率分配服從卜瓦松分配還是指數分配？為什麼？

　　4. 請說明前面幾題所涉及的卜瓦松分配或指數分配的平均數與變異數。

三、某鐵路平交道最短隔 3 分鐘就有一列車通過，最長則有 15 分鐘。請回答下列問題：

　　1. 如果列車間距呈均勻分配，請問列車間距在 5 分鐘以內及 5 分鐘以上的機率為何？

　　2. 如果列車間距呈常態分配，平均數為 9 分鐘，標準差為 2 分鐘，列車間距在 5 分鐘以內及 5 分鐘以上的機率為何？

抽樣與估計

8.1　前言

　　在機率原理那一章的前言當中，我們已經指出，人類世界充滿著不確定，幾乎沒有什麼事情是必然的，因此我們必須從或然率著手，去瞭解各種事件發生的可能性，然後藉由將事件出現狀況整理成 0、1、2、3……的隨機變數型態，指出每一個數值的出現機率，建立一個描繪該隨機變數的整體機率分配，如此一來就能掌握事件出現的全貌，並且隨心所欲的去計算任何一種狀況下的發生情形。但是，這樣就足夠了嗎？利用機率原理與機率密度函數，就可以讓我們去掌握未知、進行預測、執行決策、解決科學問題了嗎？

　　讓我們借用第六章的例子來進行更進一步的說明。在表 6.1 當中曾經列出某便利商店 50 名顧客的消費行為，那些數據可能是某個上午該公司市場調查部門派出的一位工讀生在某分店門口站崗，記錄了 50 位消費者的性別以及他們做了哪些事情所得到的結果。就以性別為例，50 位消費者當中，男生 24 人、女生 26 人，換算成機率是 .48 與 .52。由於每一位顧客不是男就是女，因此這可以說是連續實施 50 次柏努利嘗試所得到的結果（N=50）。利用二項分配，我們可以查出出現任何一個數目的男性顧客（X）的機率是多少，當然我們必須先要選定一個機率 π（例如：π=.5），然後才能利用二項分配的機率質量函數（PMF）求出男生出現 24 次（X=24）的機率 $P(x)$。這裡的 π=.5，其意義是「任何一位走入店中的顧客性別是男或女的機率皆為 .5」……，如果機率學得好，前面這一段自然不困難。但是，問題來了，你能回答下列這幾個問題嗎？

1. 為何 π 會是 .5 而不是其他值？
2. 這 50 位消費者的組成有沒有問題？
3. 男女機率就一定是 .48 與 .52 嗎？
4. 究竟會光顧該便利商店的顧客性別結構為何？

　　基本上，這四個問題已經不是機率問題了，而是牽涉到抽樣與估計等一連串關於推論統計（inferential statistics）的相關知識。

　　首先，我們當然不知道 π 是多少，因為 π 是一個母體的參數。別忘了第六章所介紹的機率論是建立在古典 / 先驗機率的觀點上，因此這些參數都是直接給定，建立各機率分配時，不需要去實際進行實驗就可以得到各機率值，但是在現實生活上則不然。推論統計的目的就是要從樣本（sample）來推知母體（population），為了要得知 π，我們必須從古典機率邁向實徵機率，要從描述統計（前面各章）邁向

推論統計（本章開始之後的各章）。

　　第二，我們當然不知道 50 位消費者的組成有沒有問題，除非調查者能夠明確的告訴我們他是如何抽樣（sampling）？是否使用隨機抽樣以及用了哪一種隨機抽樣技術？顯然，我們必須透過抽樣方法的瞭解才能得知如何獲得理想的樣本。

　　第三，男女機率當然不一定是 .48 與 .52，因為調查必有抽樣誤差（sampling error），如果蒐集另外 50 名消費者的性別，多少會有出入變化，至於變化的程度有多大，需要透過抽樣分配（sampling distribution）與中央極限定理（central limit theorem）來瞭解。以這個例子來看，變化應該會很大，因為樣本數只有 50 人。

　　最後一個問題則是回應第一個問題的大哉問，因為「光顧該便利商店的顧客性別結構為何？」就是調查者的研究問題，「性別結構」就是母體參數 π，它到底是多少，必須加以估計（estimation），而且如果只用單一數值估計無法反映抽樣誤差的影響，因此必須採用區間估計。

　　如果你對於前面的回覆內容一知半解，或對於相關名詞感到一頭霧水，都屬正常而不必擔心，因為那正是本章所要介紹的內容。在進入討論細節之前，在此提醒各位讀者，我們將正式告別相對單純直觀的描述統計領域，進入抽象複雜但更加實用的推論統計世界。

 ## 8.2　抽樣方法

　　推論統計的首要任務，就是建立樣本，而且是一個具有代表性的隨機樣本，用以推估母體。所謂代表性（representativeness），是指樣本能夠充分反映母體的結構，具有相同的特徵。至於隨機樣本（random sample），是指樣本必須符合機率運算的原則。

　　一個樣本能夠冠上「隨機」一詞，需具備兩個特性，第一，從一個母體可以抽取無限多個樣本規模大小同為 n 的樣本（亦即樣本空間任意一個相同規模的子集合），而每一個樣本被抽出的機率必須相同；第二，在一個規模大小為 n 的樣本中，每一個個別樣本（樣本點）被抽取的機率相同。符合這兩項特性所進行的抽樣工作稱為隨機抽樣（random sampling），抽樣過程中，樣本的選取具有一定的隨機性而不會受到其他人為或外在因素影響樣本的機率特性。

　　從理論機率的角度來看，只有在事件獨立的前提下進行抽樣，機率原理才能發揮作用。但是由於社會科學研究的母體通常甚為龐大且結構複雜，因此必須採用不同的抽樣設計來確保樣本的代表性，以下即介紹幾種常見的隨機抽樣方法，並簡單介紹非隨機抽樣方法。

8.2.1　簡單隨機抽樣

　　最簡單的隨機抽樣，是利用亂數表或任何隨機方式來抽取一定數量的樣本點，抽樣過程中必須確保每一個樣本點有相同的抽中機率，稱為簡單隨機抽樣（simple random sampling; SRS）。一個標準的簡單隨機抽樣，首先是將母體當中的所有樣本點進行編號，然後利用亂數方式決定每一個被抽取出來的樣本點的編號，現代的作法則多藉助電腦軟體（例如：EXCEL、SPSS、SAS）的亂數或抽樣功能，即能自動建立一組抽樣名冊。這些被挑選出來的樣本編號所集合而成的樣本點集合就是一個簡單隨機樣本，如圖 8.1(c) 的 B 欄是利用 EXCEL 在一個 $N=50$ 的母體清冊上進行兩次簡單隨機抽樣的結果。

　　以亂數形式抽取樣本，每一次執行都會得到不同的結果，這就是亂數（或稱為隨機數）（random number）的特性。進一步的，同一個樣本點可能會被重複抽取到，亦即是一種抽出放回的抽樣程序，如此將可確保每一個樣本點在每一次抽樣時都有相同的機率：1/50。例如：圖 8.1(c) 的 B 欄中加上網底的學號 20210020，兩次抽樣都被抽到，而且在第二次抽樣時還被重複抽取出來。

　　簡單隨機抽樣的優點是概念簡單，容易操作，尤其是藉由電腦設備的協助之下，亂數的決定更加容易。但是，如果母體規模龐大，或是母體當中樣本點的異質性較大時，而且簡單隨機抽樣的樣本數不大，便不容易反應母體的特性。

8.2.2　系統隨機抽樣

　　前述簡單隨機抽樣的隨機性，主要是藉由使用亂數來達成。如果樣本點的選取是按照特定系統化步驟來進行，使得每一個樣本點被選取的機率不會受到系統外的因素影響而維持隨機化，稱為系統隨機抽樣（system random sampling）。

　　一般的作法是將母體當中所有的樣本點排列妥當，抽取每隔特定筆數的樣本點形成一個樣本集合，又稱為等距抽樣法（interval sampling）。例如：每隔 5 筆選擇一個樣本點，不斷重複此一步驟，直到母體的最末端為止，即可得到一個隨機化樣本。在 EXCEL 軟體的抽樣功能中（如圖 8.1(b) 所示），不僅可以進行簡單隨機抽樣，也可以進行系統隨機抽樣。先前的 50 名學生清冊以每隔 5 筆進行抽樣的結果列於 C 欄，值得注意的是，由於母體清冊的排列方式不變，系統隨機抽樣的起點與間距相同，因此每一次重複進行都會得到相同的結果。

　　系統抽樣法有一個需要注意的地方，就是抽樣的範圍必須完全涵蓋母體清冊的第一個樣本點到最後一個樣本點，為達成此一要求，必須決定抽取的間隔（R），

(a) 簡單隨機抽樣對話框

(b) 系統隨機抽樣對話框

	A	B	C
1	編號/學號	簡單隨機抽樣	系統隨機抽樣
2	20210001	第一次	第一次
3	20210002	20210036	20210005
4	20210003	20210001	20210010
5	20210004	20210037	20210015
6	20210005	20210019	20210020
7	20210006	20210020	20210025
8	20210007	20210046	20210030
9	20210008	20210007	20210035
10	20210009	20210027	20210040
11	20210010	20210013	20210045
12	20210011	20210037	20210050
13	20210012		
14	20210013	第二次	第二次
15	20210014	20210033	20210005
16	20210015	20210020	20210010
17	20210016	20210010	20210015
18	20210017	20210029	20210020
19	20210018	20210016	20210025
20	20210019	20210047	20210030
21	20210020	20210020	20210035
22	20210021	20210003	20210040
23	20210022	20210024	20210045
24	20210023	20210015	20210050
25	20210024		

(c) 兩次抽樣結果

圖 8.1　以EXCEL執行兩種隨機抽樣的對話框與抽樣結果

公式是 $R=N/n$，也就是以母體數目（N）除以所需要的樣本數（n）。例如：若要從一個 $N=50$ 的母體清冊中抽出 10 個樣本點，所設定的間距即為 $R=N/n=50/10=5$。換言之，當所需要的樣本數越大，所採取的間距就越小。

　　其次，為了避免每一次抽樣都得到相同的結果，起始樣本點應避免從某一個特定的起點開始。有兩種作法可以達成此一目的：第一是在每一次抽樣時將母體清冊的順序以隨機方式排列，或是以隨機的方式在第一個間距（第 1 至 R 筆之間）任選一筆樣本點作為起始樣本，然後再進行系統抽樣。

　　系統隨機抽樣最常見於電話民調，由於電話號碼清冊當中的號碼數量龐大而且有一定的編碼規律，為了維持隨機性但能簡化抽樣程序（不必使用亂數表），因此採取固定間隔的方式來抽取撥出電話，但是此一程序仍然會有樣本無法充分反映母體特性的疑慮。

8.2.3　分層隨機抽樣

　　要由樣本來推知母體的特性，除了隨機選取樣本之外，最重要的是要讓樣本能夠充分的反應母體的結構特性。隨機抽樣的目的是讓每一個個別樣本點都有相同被選擇的機會，但無法確保樣本的結構能夠完全與母體一致。當一個母體本身有明確的結構特性，或是某一個結構因素對於研究結果的影響非常明顯，在進行抽樣時可以人為的手段，設定抽樣的特定比率，使樣本與母體的結構維持一致，個別的樣本點則仍然依循簡單隨機抽樣原理，稱為分層隨機抽樣（stratified random sampling）。

　　分層隨機抽樣的關鍵程序，是利用一個或多個分層變數將母體清冊分割成不同的子母體，稱為分層（stratum），然後在各分層中進行隨機抽樣。各分層的抽樣機率，最簡單的算法是把所有樣本平均放入各細格中，稱為均等配置法（equal allocation），例如：樣本數若為 n，分層數為 k，各細格的抽樣數為 n/k，抽樣機率為 k/n；如果要讓各分層的比例與母體結構相同，則是將各細格的母體比例乘以抽樣機率得到各分層抽樣機率，稱為比例配置法（proportional allocation）；如果要讓各分層在分層變數上有相同的變異數，抽樣機率可利用各分層的變異數進行加權，稱為內曼配置法（Neyman allocation），如果還要考慮成本因素，則可將成本開根號的倒數進行加權，稱為最適配置法（optimum allocation）。由於分層機率與分層數目多寡有關，因此分層數不宜太多，一般建議不要超過 6 個分層（Cochran, 1963），而且分層變數應取與研究變數有明顯相關的變數，才能發揮分層估計的效果。

　　例如：某一個研究者想要研究小學老師的退休意願，因而計畫抽取一個 n=1,000 的小學老師樣本來進行問卷調查。由於國小性質有公私立之別，而且性別比例懸殊，而退休意願可能與這兩個變數有相關，因此以公私立別與性別作為分層變數。根據教育部統計資料，小學老師共有 103,501 人，男性 33,563 人（32.43%），女性 69,938 人（67.57%），公立 102,581 人，私立 920 人，四個分層抽樣機率分別為 .3228、.6684、.0015、.0073，合計 1.0。此時應抽取公立學校男老師 323 名、

→表 8.1　小學教師人口母體與抽樣數據

公私立別	公立	%	私立	%	合計	%
教師人數	102,581	99.12	920	0.88	103,501	100
男	33,405	32.28	158	0.15	33,563	32.43
抽樣數	323		2		325	
女	69,176	66.84	762	0.73	69,938	67.57
抽樣數	669		8		677	

女老師 669 名、私立學校男老師 2 名、女老師 8 名，如表 8.1 所示。

8.2.4　集群隨機抽樣

　　還有一種經常使用於大樣本調查的隨機抽樣方式，稱為集群隨機抽樣（cluster random sampling），原理與分層隨機抽樣大致相同，所不同的在於分層的方式與最終樣本的決定略有不同。前述提到的分層隨機抽樣的分層是取決於母體的不同結構特徵，按照母體結構人數比例進行簡單隨機抽樣，但是集群抽樣是以人為的方式來將母體分成較小的一些群落或區塊，例如：區分成不同的地理區域，或以班級為單位，稱為基本單位（primary unit）。下一步是利用隨機方法，從這些基本單位中抽取一定比例的集群來進行最終階段的簡單隨機抽樣，獲得最終樣本。換言之，並不是所有的集群都會進行集群內的簡單隨機抽樣。只有被隨機選取的部分集群內部，才會再做簡單隨機抽樣，換言之，集群隨機抽樣是集群抽樣與簡單隨機抽樣的合併，是一種二階段隨機抽樣法（two-stage random sampling）。

　　舉例來說，如果我們要研究國小學生的家庭環境與學習困擾的關係，打算抽取大臺北地區 1,200 名國小學童參與研究，並決定以班級為單位來進行抽樣，此時，研究者必須遵循簡單隨機抽樣或系統抽樣的原理，將所有的班級數進行編號，此時大臺北地區各國小每一個班級為集群抽樣的基本單位，以亂數表或其他系統方式來決定哪一些班級被選擇做為樣本，最後再以隨機程序從各班級當中抽出一批樣本。

　　值得注意的是，如果大臺北地區各鄉鎮具有明顯的社經條件差異，或是某些班級具有特殊學生的設置，甚至於考量不同年級的差別，不論是班級層次或學生層次都可能會有特殊結構而存在異質性，以集群抽樣的多階段方法未必能夠兼顧次母體的差異。此時可以採取分層隨機抽樣的作法，納入分層變數進行集群抽樣，建立一個符合母體特殊結構特質的樣本。例如：先將大臺北區依照行政區域進行分層，各取不同比例的學校作為基本單位，然後進行集群抽樣來決定哪些班級被抽到，最後再決定哪些學生是抽樣的樣本。

　　一般在實務上，為了節省作業程序，可能會把隨機抽取的集群的全部樣本點（例如：該班全班學生）都被納入樣本，欠缺最後的集群內簡單隨機抽樣程序，此時只能稱為部分隨機集群抽樣，或直接稱為集群抽樣，如此一來雖然可以增加更多抽樣數，但同一個班級的學生具有相當程度的同質性，樣本獨立性不足而會造成統計分析的困擾，一些高階的統計模型（例如：多層次模式 multilevel modeling）就是為了因應這些問題而被發展出來。

　　集群抽樣的主要優點是經濟與便利，但程序相對繁複，如果搭配分層設計，抽

樣機率的計算十分複雜，但是不失為確保抽樣品質的一種複合策略，在一些大型的國際評比研究或跨國調查，會採取多階段分層隨機抽樣設計來進行抽樣工作。對於想要從事相關工作者，這些機率抽樣方法的整合運用值得深入學習。

8.2.5 非隨機抽樣

前述是一些常用的隨機抽樣方法，透過這些抽樣設計，研究者可以獲得相當具有代表性的樣本。然而，在真實的研究情境下，完全隨機化的抽樣往往有其困難。最常見的問題是無從獲得母體清冊，因此連最基本的編碼都無法進行，如果是在學校單位做調查，全校學生或老師的名冊或許可以找到，也會有現成的編號，但是一般進行研究時，不僅母體需要進行一些特殊的操作型定義（例如：界定什麼是捷運族、藍營或綠營人士），母體範圍更不容易明確辨識，遑論要得到母體清冊；或是母體龐大，抽樣無法及於母群全體，隨機抽樣難以實施。

例如：過去在進行電話調查時，往往以電話號碼簿作為母體清冊，使用上相對便捷，但現在大家都用手機，很少使用家戶住宅桌機，每一個人也可能擁有多個門號，門號清冊更是各公司的業務機密，使得電話調查的母體與清冊都難以獲知，同時擁有手機門號多寡或使用習慣也可能與工作條件或經濟能力有關，即使得到母體清冊，抽樣得到的調查數據，未必能夠反映真實現象。

面對實際研究的限制條件與隨機化的難題，研究者往往必須依循其他有別於隨機抽樣的原則進行抽樣，以非隨機抽樣（non-random sampling）手段來獲得實際可行的研究樣本。其中最簡單的非隨機抽樣方法是從方便性來考量，獲取一個最容易得到的樣本來進行研究，稱為**便利性抽樣**（accidental sampling），例如：大學教授利用修課的學生進行研究；行銷人員在捷運站電梯扶手末端進行攔訪；或是建立網站提供有獎徵答來爭取網友填答問卷。

第二種非隨機抽樣方法稱為判斷抽樣或立意抽樣（purposive sampling），所謂判斷與立意，即是指研究者基於特定的判斷原則與研究需要，所建立的一套研究樣本。這些樣本的挑選，是基於研究者本身的需要來認定，反應特定的母體，即使樣本不是隨機獲得，但研究發現也有特定的推論方向與目的，通常會配合樣本的推薦來獲得其他符合立意目標的樣本，稱為**滾雪球抽樣**（snowball sampling），是經常被研究者取用的非隨機抽樣設計。

配額抽樣（quota sampling）類似分層隨機抽樣，將母體區分為不同分層，然後抽取特定比例或數目的樣本進行研究，其中缺乏隨機抽樣的程序，因此不能視為機率抽樣。而且配額多寡多半研究者依照研究需要來指定，而非基於母體結構，因

此也可以視為是一種立意取樣，只是多了「配額比例」的設計。

　　對於一些非隨機抽樣方法，研究者可能會採行一些隨機化設計來維持抽樣原則，例如：大學教授請其他同事在別的班級施測、搭扶梯出來的民眾每隔 5 位才問 1 個、到不同的網站平臺 Po 出有獎徵答的消息，但是如果沒有進行隨機程序，樣本的代表性就會存在瑕疵，發表論文就會被挑剔責難，建議研究者盡可能採取隨機抽樣法，才能符合統計學的各項原理與要求，被學術界接納。

8.3　抽樣誤差與中央極限定理

　　在統計上常聽見一句話：「凡抽樣必有誤差」，意指儘管使用嚴謹的隨機抽樣方法，雖然可以相當程度確保樣本的代表性，但是無法避免抽樣所帶來的誤差。所幸抽樣誤差的發生具有一定的機率特性與數學規律，亦可透過統計程序來加以估算，以下我們將詳細說明。

8.3.1　抽樣誤差與抽樣分配

　　抽樣誤差（sampling error）是指樣本統計量與母體期望值的差距。若對某隨機變數 X 進行抽樣測量得到樣本平均數 $\overline{X}$，母體期望值為 μ，抽樣誤差定義如下：

$$\text{error} = \overline{X} - \mu \tag{8-1}$$

　　抽樣誤差的發生情形可由**抽樣分配**（sampling distribution）來估計。抽樣分配是樣本統計量的機率分配，是一種基於古典機率理論所提出的一種理論上存在的先驗分配，主要在描述抽樣過程中，隨機變數 X 的樣本統計量可能存在的波動情形（亦即抽樣誤差），因此以動名詞（sampl-ing）來表述。相對之下，隨機變數 X 在母體中的分布情形，稱為**母體分配**（population distribution），隨機變數 X 在某次抽樣得到的觀察資料分布情形，稱為**樣本分配**（sample distribution），這兩者則是靜態的機率分配，性質完全不同。

　　理論上，從母體當中隨機抽出樣本規模為 n 的隨機樣本個數有無限多個，每一個隨機樣本都是母體內的一個子集合。例如：第一次抽樣得到平均數 122，第二次是 127.5，第三次是 124.8……，各樣本分配的平均數以 $\overline{X}_k$ 表示，$k=1\sim m$，m 表示抽樣次數。例如：圖 8.2(b) 當中有三個樣本分配，$m=3$。如果母體分配平均數 μ 未知而要以 $\overline{X}$ 去推估 μ，但每次得到的 $\overline{X}$ 不盡相同，因此產生了抽樣誤差。

8.3.2　平均數抽樣分配

　　抽樣分配最直觀的舉例，是描述樣本平均數的抽樣分配：如果從一個母體分配 (μ, σ^2)（如圖 8.2(a) 所示）重複抽取規模為 n 的樣本無數次，這些樣本的平均數形成一個以 $\mu_{\overline{X}}$ 為平均數、以 $\sigma^2_{\overline{X}}$ 為變異數的分配（如圖 8.2(c) 所示），稱為平均數抽樣分配（sampling distribution of the means）。值得注意的是，圖 8.2(a) 的 X 軸為 X，圖 8.2(c) 的 X 軸為 $\overline{X}$，表示兩者雖然都是母體層次的分配，但是隨機變數性質不同：母體分配的隨機變數是原始測量單位下的觀察值 X、抽樣分配的隨機變數是經過數學運算後的樣本統計量 $\overline{X}$。

　　抽樣分配中的 $\overline{X}$ 是一個隨機變數，會隨著反覆抽樣發生變化。如果抽樣規模 n 夠大，$\overline{X}$ 的機率分配服從常態分配，$\overline{X} \sim N(\mu_{\overline{X}}, \sigma^2_{\overline{X}})$。平均數抽樣分配的期望值如公式 8-2 所示，變異數如公式 8-3 所示。

$$\mu_{\overline{X}} = E(\overline{X}) = E\left(\frac{X_1 + ... + X_n}{n}\right) = \frac{E(X_1) + ... + E(X_n)}{n} = \frac{n\mu}{n} = \mu \tag{8-2}$$

$$Var(\overline{X}) = E(\overline{X} - \mu_{\overline{X}})^2 = E(\overline{X} - \mu)^2 = \sigma^2_{\overline{X}} \tag{8-3}$$

　　因為 $\overline{X} - \mu$ 是抽樣誤差，因此由公式 8-3 可知，抽樣分配的變異數即是「抽樣誤差」的變異數，稱為變異誤（squared standard error; $\sigma^2_{\overline{X}}$）。

　　進一步的，由於每一個樣本點具有相同的發生機率，每一個樣本點的離散情形期望值即等於母體變異數 σ^2，如公式 8-4 所示。

$$Var(X_1) = Var(X_2) = ... = Var(X_n) = \sigma^2 \tag{8-4}$$

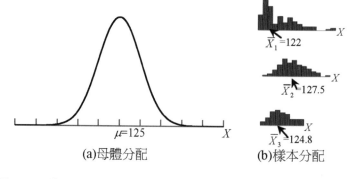

(a)母體分配　　　　(b)樣本分配　　　　(c)抽樣分配

圖 8.2　母體、樣本與抽樣分配圖示

進而導出：

$$\sigma_{\overline{X}}^2 = Var(\overline{X}) = Var\left(\frac{X_1 + ... + X_n}{n}\right) = \frac{Var(X_1 + ... + X_n)}{n^2} = \frac{n\sigma^2}{n^2} = \frac{\sigma^2}{n} \tag{8-5}$$

也就是說，平均數抽樣分配的變異數是母體變異數的 $1/n$，亦即每一個樣本所平均負擔的母體單位變異數。當 n 越小、變異誤越大、抽樣誤差越大。當 n 越大、變異誤越小、抽樣誤差也就越小，當 n 很大時，$\sigma_{\overline{X}}^2$ 趨近 0，抽樣分配收斂成一直線，表示 $\overline{X}$ 都會落在 μ 的位置上而無波動，此即中央極限的名稱由來，而樣本數越大則誤差小的現象，稱為抽樣誤差大數法則（law of large number for sampling error）。

8.3.3　標準誤

公式 8-5 為變異誤的導出式，開根號後得到標準差，因為是抽樣誤差分配的標準差，因此稱為標準誤（standard error; SE），以 $\sigma_{\overline{X}}$ 表示：

$$\sigma_{\overline{X}} = \frac{\sigma}{\sqrt{n}} \tag{8-6}$$

$\sigma_{\overline{X}}$ 與 $\sigma_{\overline{X}}^2$ 的作用相同，都是在反映抽樣誤差的大小，但標準誤的性質是標準差，應用方式與一般分配的標準差相同。例如：可用來進行樣本平均數的 z 轉換，亦即求取 $\overline{X}$ 的標準分數 $z_{\overline{X}}$，如公式 8-7：

$$z_{\overline{X}} = \frac{\overline{X} - \mu_{\overline{X}}}{\sigma_{\overline{X}}} = \frac{\overline{X} - \mu}{\sigma_{\overline{X}}} \tag{8-7}$$

由於公式 8-7 是以抽樣分配為基礎所進行的 z 轉換，因此 $z_{\overline{X}}$ 的分配稱為平均數的 z 抽樣分配（z sampling distribution of the means），若抽樣分配呈常態，則 $z_{\overline{X}} \sim N(0,1)$。因此，$z_{\overline{X}}$ 的數值大小可以利用標準常態分配的機率分布特性來解釋抽樣誤差的機率性質。將公式 8-7 重新整理可以看得更清楚：

$$\overline{X} - \mu_{\overline{X}} = \overline{X} - \mu = z_{\overline{X}}\sigma_{\overline{X}} = \text{error} \tag{8-8}$$

公式 8-8 表示抽樣誤差 $(\overline{X}-\mu)=z_{\overline{X}}\,\sigma_{\overline{X}}$。若 μ 未知而欲以 $\overline{X}$ 估計 μ 時，估計過程受到抽樣誤差的影響可由 $z_{\overline{X}}\,\sigma_{\overline{X}}$ 估計。例如：區間估計的信賴區間就是利用 $\overline{X} \pm z_{\overline{X}}$ $\sigma_{\overline{X}}$ 建構而得，該區間是以 $\overline{X}$ 去估計 μ 的「值得信賴的區間」，因此 $z_{\overline{X}}\,\sigma_{\overline{X}}$ 在區間

估計時稱為信賴度（confidence range）[1]，在抽樣分配中稱為抽樣誤差，兩者是相同的意義。越小的信賴度，表示區間估計受到抽樣誤差的影響越小，相反的，信賴度越大表示抽樣誤差越大。

若 $z_{\overline{X}}$ 服從標準常態分配，信賴度與估計錯誤（決策錯誤）的關係可以更清楚的描述：例如：當 $z_{\overline{X}}=\pm 1.96$ 時，信賴區間為 $\overline{X}\pm$ 信賴度 $=\overline{X}\pm 1.96\sigma_{\overline{X}}$，基於標準常態分配，此一「值得信賴的區間」發生正確估計的機率是 95%，但有 5% 的機率會發生估計錯誤。當 $z_{\overline{X}}=\pm 2.58$ 時，正確估計的機率提高到 99%，但區間範圍放大到 $\overline{X}\pm 2.58\sigma_{\overline{X}}$，顯示信賴度與估計信心確實具有消長關係。

8.3.4 中央極限定理

8.3.4.1 中央極限定理的定義

從前面的討論中，我們可以整理出平均數抽樣分配的幾個基本特性，第一，樣本平均數抽樣分配的平均數等於母體平均數 $\mu_{\overline{X}}=\mu$，第二，平均數抽樣分配的變異數等於母體變異數除以樣本數 $\sigma_{\overline{X}}^2=\sigma^2/n$。第三，不論原始母體的形狀是否為常態分配，當抽樣數足夠大時，抽樣分配可利用常態分配來近似。這三個原則稱為**中央極限定理**（central limit theorem; CLT）。完整定義為：對於母體 (μ,σ^2) 進行隨機抽樣得到的樣本平均數所形成的抽樣分配，若 n 夠大，近似於常態分配 $\overline{X}\sim N(\mu_{\overline{X}},\sigma_{\overline{X}}^2)$。

所謂「若 n 夠大」，一般經驗是以 30 以上可視為足夠大之樣本，從統計模擬可以看出，不論母體型態為何，若抽樣數 $n\geq 30$，抽樣分配已趨近常態。而且如果母體為常態分配，在更低的抽樣數下（例如：$n\geq 25$）進行重複實驗得到的抽樣分配都會趨近常態。簡而言之，「$n\geq 30$ 為足夠大之樣本」是一個經驗法則，亦有學者指出 $n\geq 25$ 或 $n\geq 30$ 都可以視為足夠大之樣本（例如：Hogg, Tanis, and Zimmerman, 2019）。事實上，CLT 的主要精神在於對抽樣分配期望值與標準誤的估算，如果樣本數真的太低而懷疑抽樣分配的常態性，仍還有其他方式可以補救（例如：使用 t 分配）。

中央極限定理起源於法國數學家棣美弗（Abraham de Moivre; 1667-1754）在 1733 年所撰寫的一篇關於投擲銅板來估計分配狀況的文章，後來經過拉普拉斯（Pierre-Simon Laplace; 1749-1827）提出以常態分配漸進二項分配加以擴展後，發展出中央極限定理的今日樣貌，因此又稱為棣美弗 - 拉普拉斯定理（de Moivre-

---

[1] 在 EXCEL 的敘述統計報表所列出的信賴區間資訊是提供信賴度的資料。將平均數加減信賴度後即可得到信賴區間。

Laplace theorm），到了今天，CLT 仍被譽為是機率論中的首席定理，深深影響推論統計的發展。

8.3.4.2　母體、樣本與抽樣分配的關係

中央極限定理推導出抽樣分配的期望值與變異數，指出當抽樣數足夠大時，可以常態分配來漸進抽樣分配，我們以圖 8.3 來解釋此一現象。

圖 8.3(a) 是一個呈現正偏態的母體分配，例如：某大學學生的智力分配，其中有些學生 IQ 特別高，平均數 $\mu=125$，變異數 $\sigma^2=16^2=256$。圖 8.3(b) 則是從中隨機抽取得到的一個 $n=200$ 的 IQ 樣本分配，假設其平均數為 $\overline{X}=127.5$，變異數仍為 $s^2=16^2=256$，由於這兩個圖的 X 軸標示為 X，顯示這兩個分配都是 IQ 的次數分配，分配中的每一個數值是 IQ 觀察值，而非樣本統計量。而樣本分配的形狀與母體分配的形狀相似，都是正偏態。

圖 8.3(c) 與 (d) 則為抽樣分配的圖示，因為 X 軸標顯示為樣本統計量（$\overline{X}$）。其中圖 8.3(c) 為抽取 k 個（$k=100$）$n=200$ 的樣本的平均數所形成的抽樣分配，圖

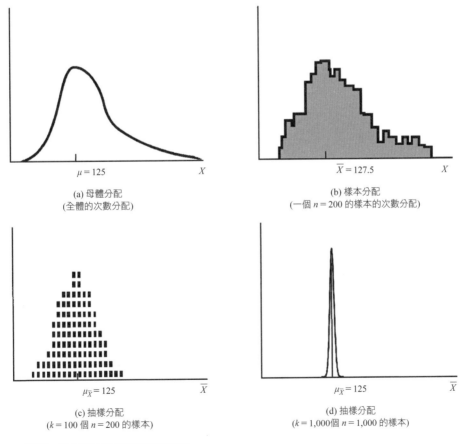

(a) 母體分配
(全體的次數分配)

(b) 樣本分配
(一個 $n=200$ 的樣本的次數分配)

(c) 抽樣分配
($k=100$ 個 $n=200$ 的樣本)

(d) 抽樣分配
($k=1,000$ 個 $n=1,000$ 的樣本)

圖 8.3　母體、樣本與抽樣分配的關係圖示

中每一個黑色小方實體表示一個 $n=200$ 的樣本，總共有 100 個方塊。基於中央極限定理，樣本的 $n=200$，已經遠大於 30，因此其形狀可視為常態分配。其平均數應為 125（$\mu_{\bar{X}} = \mu = 125$），變異數為 $16^2/200$（$\sigma_{\bar{X}}^2 = 1.28$），可見得如果樣本規模很大時，抽樣分配是一個變異數相當小的機率分配。

圖 8.3(d) 為更多個（$k=1000$）規模更大（$n=1000$）的樣本平均數所形成的抽樣分配，此時不僅更趨向常態，分配曲線更趨於平滑，變異數已經趨近為 0，此時抽樣分配的形狀已經接近退化成平均數位置（$\mu_{\bar{X}} = \mu = 125$）上的一直線，變異數僅剩 $16^2/1,000$（$\sigma_{\bar{X}}^2 = 0.256$），抽樣分配所具備的「若 n 放大則收斂成母體平均數的一直線」的特性，即可體會中央極限四個字的命名意涵，因為只要遵循大數法則，抽樣分配的平均數會往中央逼近母體平均數，而且抽樣誤差趨近為 0。

8.3.4.3　母體形狀與抽樣分配形狀的關係

除了對比母體、樣本與抽樣分配的關係，中央極限定理隱含了另一個重要的概念，亦即不論母體的形狀為何，只要樣本規模夠大，則抽樣分配為常態分配。不論母體分配是常態分配或偏態分配、均勻分配、指數分配，即使是離散隨機變數下的二項分配、超幾何分配，甚至是任何型態的不規則分配，只要樣本規模夠大，抽樣

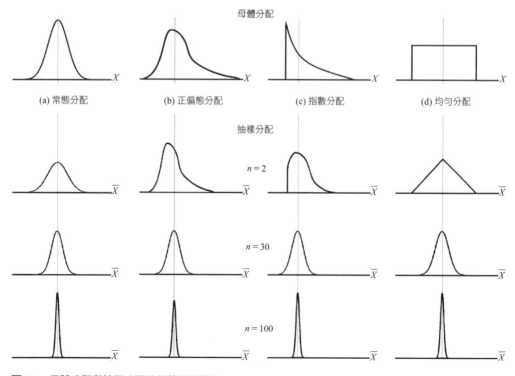

圖 8.4　母體分配與抽樣分配的型態關係圖示

誤差均呈常態分布。例如：圖 8.4 中除了第一個母體為常態分配之外，其他三個母體分配都不是常態分配，圖 8.4(b) 的母體為正偏態、圖 8.4(c) 的母體為指數分配，兩者均非對稱分配，圖 8.4(d) 為均勻分配，當樣本規模越大，抽樣分配朝中央位置（平均數）收斂的情形越明顯。

值得特別注意的是，圖 8.4(a) 的母體分配雖為常態分配（一般情況下，母體分配假定呈常態），其樣本平均數的抽樣分配雖然都是對稱分配，但是當 n 不夠大的時候，抽樣分配會較標準常態分配更加平坦，此時不宜使用一般常用的標準常態分配來描述其機率密度，而需改採 t 分數的抽樣分配。

8.4　平均數的區間估計

8.4.1　估計的意義與特性

一旦掌握了抽樣誤差的機率函數與分配特徵，我們就可以據以進行統計推論與估計。所謂估計（estimation）在指利用樣本統計量去推知母體參數（θ），例如：以樣本平均數 $\overline{X}$ 推估母體平均數 μ、以樣本變異數 s^2 推估母體變異數 σ^2、以樣本比例 p 去推估母體比例 π、或以樣本相關係數 r 推估母體相關係數 ρ。由於母體的統計量稱為參數（parameter），因此利用樣本統計量去推估母體的過程又稱為參數估計（parameter estimation），以單一統計量 $\overline{X}$ 去估計參數 μ 稱為點估計（point estimation），如果估計時帶有抽樣誤差訊息，以區間形式而非單一數值來進行母體參數的推估時，稱為區間估計（interval estimation）。在推論統計中，大量使用參數估計的概念來進行統計判斷與決策，因此，估計過程中，樣本是否可以合理推估母體，推論所依據的統計機率模型為何，抽樣誤差如何評估，都是重要議題。

在統計上，優異的估計必須帶有三個特徵：一致性（consistency）、不偏性（unbiasedness）、有效性（efficiency）。首先，基於大數法則，若實驗嘗試越多（樣本數越大），統計量會越接近母體參數或真值，亦即統計量隨著樣本放大而收斂於母體參數，稱為估計的一致性。但是一致性的前提是統計量必須具有不偏性，亦即統計量的期望值必須等於母體參數，$E(\hat{\theta}) = \theta$。如果統計量的期望值不等於母體參數，表示即使統計量因為樣本放大而具有一致性，但所收斂的數值是不正確的。第三，基於不偏及一致性的前提下，若有兩個統計量皆能反映參數，$E(\hat{\theta}_1) = E(\hat{\theta}_2) = \theta$，我們偏好有較低變異的統計量（抽樣誤差較小者），稱為估計的有效性。

不論從不偏、一致及有效性原理來看，估計是對未知參數利用母體當中的一個隨機樣本去推知其性質，樣本統計量的機率模型（抽樣分配）必須能夠被明確的定義，樣本統計量才可一致、不偏、有效地推估參數；換言之，正確掌握統計量的抽樣分配，是估計的基本關鍵。

估計的另一個挑戰是抽樣誤差的處理。在推論統計中，凡抽樣必伴隨一定的抽樣誤差。因此，利用點估計雖然可以猜測參數數值，但是在估計的同時並無法呈現抽樣誤差的影響，故在進行參數估計之時，把抽樣分配的標準誤一併予以說明，利用區間估計的概念來說明可能涵蓋參數的範圍，除了反映抽樣誤差，還可以進行參數估計數的比較。本章各章節的重點在於連續變數的平均數區間估計與類別變數的比例區間估計的原理介紹，在未來的章節則會有進一步的擴充應用。

8.4.2　平均數的區間估計（σ已知）

區間估計的重要性，在於能夠整合抽樣誤差與機率分配的訊息來對未知母體參數進行估計。以最常見的平均數估計來看，基於中央極限定理，平均數抽樣分配在抽樣人數足夠大時呈常態，亦即 $\bar{X} \sim N(\mu_{\bar{X}}, \sigma_{\bar{X}}^2)$，如果母體標準差 σ 可以獲知（抽樣分配條件已知），那麼抽樣標準誤就可以估計，$\sigma_{\bar{X}} = \sigma / \sqrt{n}$。也就是說，如果中央極限定理所需要的條件具備，那麼區間估計所需要的兩項元素：抽樣誤差與常態機率分配也就獲得良好保證。

8.4.2.1　信賴區間與信心水準

研究上最常進行的參數估計，是以樣本平均數 $\bar{X}$ 估計母體平均數 μ。有兩種估計形式：「點估計」直接以 $\bar{X}$ 代表 μ，「區間估計」則考慮抽樣誤差，將平均數往上與往下加上一段信賴度（confidence range; CR），以區間線段形式來推估 μ：

$$點估計：\qquad \bar{X} \qquad \rightarrow \qquad \mu \qquad\qquad (8\text{-}9)$$

$$區間估計：\qquad [\bar{X} \pm CR] \qquad \rightarrow \qquad \mu \qquad\qquad (8\text{-}10)$$

$[\bar{X} \pm CR]$ 所涵蓋的範圍，稱為 $\bar{X}$ 對 μ 區間估計的信賴區間（confident interval; CI），區間兩端點稱為信賴區間的下限（lower limit; LL）與上限（upper limit; UL），上下限之間的區間全距（CI range; CIR）就是信賴度的兩倍：

$$CIR = UL\text{–}LL = 2CR \qquad\qquad (8\text{-}11)$$

以白話來說，區間估計就是「以樣本平均數 $\overline{X}$ 為中心的信賴區間來估計母體平均數 μ 在何處」，而信賴區間就是基於中央極限定理所建立的「從 $\overline{X}$ 有信心能正確猜到的 μ 的範圍」。至於有多少信心呢？由於信賴區間的計算來自抽樣分配的誤差估計，因此信賴區間所對應的機率水準，就是估計的信心，稱為 $\overline{X}$ 對 μ 區間估計的信心水準（level of confidence），如圖 8.5 所示。

如果對於信賴區間能涵蓋 μ「有信心」的機率是 95%，那麼「沒信心」的機率為 5%，而這個「沒信心」的機率就是估計可能失準的機率。若把「沒信心」的估計錯誤率以 α 表示（如圖 8.5 的黑色區域），那麼「有信心」的機率水準就是 $1-\alpha$（如圖 8.5 的灰色區域），亦即：

$$信心水準 = 1 - \alpha \tag{8-12}$$

更具體來說，如果信賴區間能正確估計 μ 的機率是 95%，表示「若抽樣條件不變，估計 100 次的 [$\overline{X}\pm$ 信賴度]（亦即建立 100 個 CI），有 95 次會涵蓋 μ，有 5 次無法涵蓋 μ」。例如：圖 8.6 當中，如果抽樣分配中心的虛線代表 μ 的位置，除了第五個平均數 $\overline{X}_5$ 的 CI 沒有涵蓋虛線（沒信心的 CI），其他各個樣本平均數所建立的 CI 都有涵蓋到 μ（有信心的 CI）。（值得注意的是，由於 μ 是未知參數，因此圖 8.6 當中的抽樣分配位置與平均數虛線只是表達猜測意思之示意圖）。

圖 8.5 與 8.6 當中的常態曲線為平均數抽樣分配，信心水準 $1-\alpha$ 是進行區間估計有信心正確估計母體平均數 μ 的數值範圍。信賴區間之外的估計錯誤機率為 α，兩側各為 $\alpha/2$。

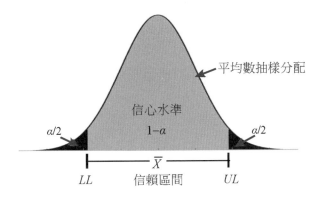

圖 8.5　平均數區間估計圖示

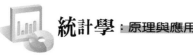
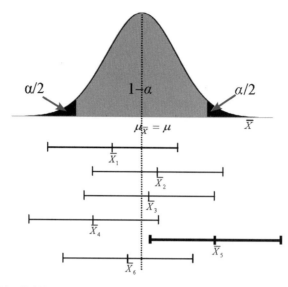

圖 8.6　信賴區間與母體平均數的關係圖示（列舉6次為例）

8.4.2.2　信賴區間的定義

　　根據公式 8-8 可知，抽樣誤差的影響可由 $z_{\bar{X}}\,\sigma_{\bar{X}}$ 估計，而 $z_{\bar{X}}$ 表示抽樣分配上距離中心點幾個標準誤的位置，如果配合信心水準（$1-\alpha$）的設定，$z_{\bar{X}}$ 可改以 $z_{\alpha/2}$ 表示，反映抽樣分配上區分「有信心」與「無信心」的兩個臨界值（critical value; cv），可用來計算信賴區間的下限與上限：

$$LL = \bar{X} - z_{\alpha/2}\sigma_{\bar{X}} = \bar{X} - CR \qquad (8\text{-}13)$$

$$UL = \bar{X} + z_{\alpha/2}\sigma_{\bar{X}} = \bar{X} + CR \qquad (8\text{-}14)$$

　　以 $\bar{X}$ 對 μ 進行區間估計的通式如公式 8-15 所示，或以左右方框 $[LL, UL]$ 表示。

$$(1-\alpha)CI:\ \bar{X} - z_{\alpha/2}\sigma_{\bar{X}} \le \mu \le \bar{X} + z_{\alpha/2}\sigma_{\bar{X}} \qquad (8\text{-}15)$$

　　一般在學術或實務應用，區間估計最常用的信心水準是 95%，亦即 $1-\alpha$=.95, α=.05。如果採取比較低的信心水準，例如：$1-\alpha$=.90，估計錯誤率為 α=.10；如果採取較高信心水準，例如：$1-\alpha$=.99 或 .999，估計錯誤率 α=.01 或 .001。由於抽樣分配在足夠樣本數呈常態，因此在 $1-\alpha$=.90、.95、.99 所相對應的信賴區間為 1.645、1.96 與 2.58 倍的標準誤，因此母體平均數 μ 的區間估計的信賴區間可以表述如下：

$$\mu \text{ 的 90\% 信賴區間 (90\% } CI) : \overline{X} - 1.645\sigma_{\overline{X}} \leq \mu \leq \overline{X} + 1.645\sigma_{\overline{X}} \qquad (8\text{-}16)$$

$$\mu \text{ 的 95\% 信賴區間 (95\% } CI) : \overline{X} - 1.96\sigma_{\overline{X}} \leq \mu \leq \overline{X} + 1.96\sigma_{\overline{X}} \qquad (8\text{-}17)$$

$$\mu \text{ 的 99\% 信賴區間 (99\% } CI) : \overline{X} - 2.58\sigma_{\overline{X}} \leq \mu \leq \overline{X} + 2.58\sigma_{\overline{X}} \qquad (8\text{-}18)$$

舉一個運動場上的例子來看，如果某棒球隊教練記錄了某位投手在某場比賽中的 30 個直球，球速平均為每小時 115(km/hr)，標準差為 9(km/hr)。如果一般投手直球球速的標準差為 10(km/hr)，請問這位投手直球平均球速的 95%CI 為何？

此一問題的答案，先求出 $\sigma_{\overline{X}} = 10/\sqrt{30} = 1.826$，信賴度 $CR = z_{.025} \times \sigma_{\overline{X}} = 1.96 \times 1.826 = 3.579$，或直接代入公式 8-17 求得各項數據：

$$115 - 1.96 \times 1.826 \leq \mu \leq 115 + 1.96 \times 1.826 \implies 115 - 3.579 \leq \mu \leq 115 + 3.579$$

$$\implies 111.421 \leq \mu \leq 118.579$$

$$\implies 95\%CI = [111.421, 118.579]$$

範例 8.1　某位研究所所長手中有 25 位研究所新生的年齡，平均數是 24 歲，標準差 2.5 歲。如果根據歷史資料得知一般研究所新生年齡的標準差是 2 歲，那麼從這 25 位學生的平均年齡推估一般研究所新生平均年齡的 95%CI 為何？

解答：

步驟一：計算標準誤：（已知 $\sigma = 2$）

$$\sigma_{\overline{X}} = \frac{\sigma}{\sqrt{n}} = \frac{2}{\sqrt{25}} = \frac{2}{5} = 0.4$$

步驟二：進行信賴度估計：（常態 z 分配的 95% 區間臨界值：$z_{.025} = 1.96$）

$$CR = z_{.025}\sigma_{\overline{X}} = 1.96 \times 0.4 = 0.784$$

步驟三：建立信賴區間：（信心水準 $1 - \alpha = .95$）

$$24 - 1.96 \times 0.4 \leq \mu \leq 24 + 1.96 \times 0.4 \implies 24 - 0.784 \leq \mu \leq 24 + 0.784$$

$$\implies 23.216 \leq \mu \leq 24.784$$

$$\implies 95\%CI = [23.216, 24.784]$$

8.4.3 平均數的區間估計（σ 未知）

前面所介紹的母體平均數區間估計，是利用標準常態分配的機率概念來進行，基本前提是抽樣條件明確（σ 已知）且呈常態分配，否則常態機率函數無法套用在估計過程中。如果母體標準差未知，必須利用樣本標準差來推估母體標準差，而樣本規模若未達 30 人，抽樣分配的常態性也可能會有疑慮，這些情況下都無法利用標準常態分配進行區間估計，必須改用 t 分配來進行區間估計。

8.4.3.1 t 分數轉換

t 分配是指 t 分數所形成的分配，就如同 z 分數是將隨機變數 X 經過 z 轉換得到，z 分數的分配稱為 z 分配，因此 t 分數也是將隨機變數 X 以相同公式進行 t 轉換得出，所不同的是母體標準差以樣本標準差代替，t 轉換公式如下：

$$t = \frac{X - \mu}{s} \tag{8-19}$$

如果統計量不是隨機變數 X 而是樣本平均數 $\overline{X}$，t 轉換將把 $\overline{X}$ 轉換成 $t_{\overline{X}}$，所形成的分配稱為**樣本平均數的 t 抽樣分配**（t sampling distribution of the sample means），簡稱 t 抽樣分配，轉換公式如下：

$$t_{\overline{X}} = \frac{\overline{X} - \mu_{\overline{X}}}{s_{\overline{X}}} = \frac{\overline{X} - \mu}{s_{\overline{X}}} \tag{8-20}$$

基於中央極限定理，t 抽樣分配的期望值 $\mu_{\overline{X}}$ 為母體期望值，而 t 抽樣分配的標準差（標準誤）則由樣本標準差代替母體標準差，稱為**估計標準誤**（estimated standard error），以 $s_{\overline{X}}$ 表示，是標準誤的不偏估計值，亦即 $s_{\overline{X}} = \hat{\sigma}_{\overline{X}}$)

$$s_{\overline{X}} = \hat{\sigma}_{\overline{X}} = \frac{s}{\sqrt{n}} \tag{8-21}$$

若將公式 8-20 重新整理得到公式 8-22，亦即與先前 z 抽樣分配相同形式的估計式，可用於以 t 分配為基礎的區間估計運算，亦即以 $t_{\overline{X}} s_{\overline{X}}$ 來估計 μ 的區間範圍：

$$\mu_{\overline{X}} = \overline{X} - t_{\overline{X}} s_{\overline{X}} = \mu \tag{8-22}$$

8.4.3.2　t 分配（t distribution）

　　t 分數的機率分配模式最早是由一位英國釀酒廠工程師 Willam S. Gosset（1876-1937）於 1908 年推導得出，並以化名 Student 發表，因此又稱為 Student's t。原理如下：對於某隨機變數 X 的分配若呈常態，$X{\sim}N(\mu,\sigma^2)$，將 X 取 z 分數，除以調整項得到 t 分數，如公式 8-23。

$$t = \frac{z}{\sqrt{\dfrac{\chi^2_{(n-1)}}{v}}} \tag{8-23}$$

　　t 公式的調整項為取 z 分數平方（χ^2 值）除以自由度（v）開根號值，t 分配如同常態 z 分配為對稱分配，在自由度很大時呈現常態鐘型分配，但隨自由度降低而趨向於扁平。t 分配的期望值與變異數如公式 8-24 與 8-25 所示。

$$E(t) = 0 \tag{8-24}$$

$$Var(t) = \frac{v}{v-2} \tag{8-25}$$

　　所謂自由度（degree of freedom; df），是指一組數據在計算統計量的過程中，可以自由變動的數目，或者是說，在進行統計量的運算時，扣除用於計算過程所耗費的參數數目後，所剩餘的獨立觀察值的數量。

　　以最簡單的平均數估計為例，若某變數的平均數已知，n 個觀察值當中只有 $n-1$ 個自由變動的觀察值，$df=n-1$。例如：當 $\overline{X}=5$ 且 $n=3$，若 $x_1=4$、$x_2=8$，第三個觀察值就必定是 $x_3=3$。亦即在 3 個觀察值中，只有 2 個觀察值可以自由變動，所耗費掉的一個自由度是我們所指定的平均值，此一數值成為限制觀察值變化數量的限制條件。在以 t 分數進行平均數估計的過程中，以樣本標準差估計母體標準差，損失一個自由度，故自由度為 $n-1$。

　　由變異數的期望式（公式 8-25）可以看出，t 分配的變異數隨著自由度的變化而變動，也就是說，t 分配的形狀會隨著自由度的變動而變動，當自由度越大，變異數越趨近於 1，也就是接近標準化常態分配，但當自由度越小，變異數越大於 1，也就是比標準化常態分配更趨於分散扁平，如圖 8.7 所示。t 分配的機率密度變化表如附錄 B 所示。一般而言，當自由度等於 30 時，t 統計量的分配即已經非常接近常態分配。

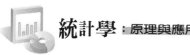

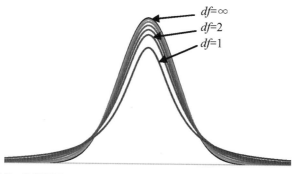

圖 8.7　不同自由度下的 t 分配圖示

很明顯的，t 與 z 的不同除了採樣本標準差取代母體標準差，主要是 t 分配的機率分配函數會隨自由度的變化而不同，也就是說，t 分配不是「一個」分配，而是「一組」分配。當自由度在 30 以下，t 分配比 z 分配趨向平坦而往兩尾發散，自由度越低則越趨於平坦，當自由度在 30 以上且自由度上升時，t 分配則趨近於 z 分配。

8.4.3.3　以 t 抽樣分配為基礎的區間估計

當母體標準差未知且樣本數低於 30 時，無法計算 z 抽樣分配的標準誤，也無法使用標準常態分配來定義機率，替代的作法是使用 t 抽樣分配，進行區間估計的通式如公式 8-26：

$$(1-\alpha)CI: \overline{X} - t_{\alpha/2}s_{\overline{X}} \leq \mu \leq \overline{X} + t_{\alpha/2}s_{\overline{X}} \tag{8-26}$$

換言之，除了標準誤 $\sigma_{\overline{X}}$ 改為估計標準誤 $s_{\overline{X}}$ 之外，z 值順勢採用 t 值，其他關於區間估計的信心水準、信賴區間的設定方式與解釋方式均無不同。但由於利用 t 分配進行區間估計，必須考慮不同樣本數（不同自由度）下的機率函數的差別，相同的信心水準會有不同的上下限（$t_{\alpha/2}$），因此必須查出不同自由度下的上下限。

事實上，由於當 $n \geq 30$ 時，t 分配已趨近常態，樣本標準差與母體標準差也十分接近，因此以 t 或 z 分配進行估計所得到的結果相近，但是在 $n<30$ 時，t 分配較常態分配扁平，機率變化明顯不同於常態分配，因此必須使用能夠反映不同自由度下機率變化的 t 分配來進行估計。基本上，實務建議是一律採取 t 抽樣分配來進行區間估計，會得到較符合機率理論的穩健（robust）估計結果。

同樣的，以前述某投手投直球的數據為例，如果我們只知道他投了 30 顆直球平均球速每小時 115(km/hr)，標準差為 9(km/hr)，但沒有球速母體標準差的資訊，如何回答這位投手直球平均球速的 95% 信賴區間？

由於 σ 未知，因此必須以 t 抽樣分配進行區間估計，抽樣分配的估計標準誤 $s_{\bar{X}}$=9/$\sqrt{30}$ =1.643。進一步的，由於樣本數 n=30，t 分配自由度 df=n–1=29，查表得知 $t_{(.025,29)}$ 的雙側臨界值分別為 ±2.045，代入公式 8-26，得知 95%CI 的 LL=111.64、UL=118.36，CIR=CR×2=3.36×2=6.72，計算過程如下：

$$115-2.045\times1.643\leq\mu\leq115+2.045\times1.643 \quad\Rightarrow\quad 115-3.36\leq\mu\leq115+3.36$$
$$\Rightarrow\quad 111.64\leq\mu\leq118.36$$
$$\Rightarrow\quad 95\%CI=[111.64,118.36]$$

範例 8.2　如果研究所所長手中掌握了 25 位研究所新生的年齡，得到平均數是 24 歲，標準差 2.5 歲。若母體標準差不詳，那麼以該所 25 位新生學生的平均年齡 24 歲估計一般研究所新生平均年齡的 95%CI 為何？

解答：

　　步驟一：計算標準誤：（σ 未知，求估計標準誤）

$$s_{\bar{X}}=\frac{s}{\sqrt{n}}=\frac{2.5}{\sqrt{25}}=\frac{2.5}{5}=0.5$$

　　步驟二：進行信賴度估計：（t 分配 95% 區間臨界值 $t_{(.025,24)}$=2.064）

$$CR=t_{(\alpha/2,df)}\sigma_{\bar{X}}=2.064\times0.5=1.032$$

　　步驟三：建立信賴區間：（信心水準 1–α=.95）

$$24-2.064\times0.5\leq\mu\leq24+2.064\times0.5 \quad\Rightarrow\quad 24-1.032\leq\mu\leq24+1.032$$
$$\Rightarrow\quad 22.968\leq\mu\leq25.032$$
$$\Rightarrow\quad 95\%CI=[22.968,25.032]$$

　　本範例可利用 EXCEL 的敘述統計功能來計算信賴區間，請參見本章最後的 EXCEL 小精靈。

8.5 比例（百分比）的區間估計

8.5.1 比例（百分比）數據的特性

前面所提到的估計，都是針對母體平均數的估計，因此僅適用於連續變數。對於離散型態的類別變數所得到的比例數據，必須另行估計標準誤來進行比例信賴區間估計（estimation of confidence interval for the proportion），由於比例（proportion）通常以百分比或機率來表現，因此又稱為百分比或機率的區間估計。

例如：民意調查中的支持意向調查，若有三位候選人，調查結果發現 40% 的人支持甲候選人，25% 的人支持乙候選人，10% 的人支持丙候選人，25% 的人未決定。或是 65% 的家長支持小學教英文，35% 反對。這些比例資料實則是柏努利試驗進行 n 次嘗試的結果，柏努利試驗的兩種結果是指對於某一個選項進行「有」或「無」的兩種反應。「有」的機率表示為 p，「無」的機率表示為 q，而 $q=1-p$，兩者合計為 1.0。

以一個模擬的數據來看，若某校長調查家長對於 A、B、C 三種教科書版本的偏好態度，200 位家長在三種版本的選擇結果如下：

請問您支持使用哪一個版本的教科書版本？

　　☐ A 版本　130 (65%)　　　($p = .65, q = .35$)
　　☐ B 版本　　40 (20%)　　　($p = .20, q = .80$)
　　☐ C 版本　　30 (15%)　　　($p = .15, q = .85$)

此時，調查得到的三個比例值：p_A=.65、p_B=.20、p_C=.15，如何對母體比例 π_A、π_B、π_C 進行區間估計呢？

值得注意的是，比例資料在計算 p 與 q 時，是以個別選項的反應為基礎，也就是受測者在每一個二分決策的選擇（與未選擇）的百分比，而不是以所有選項的整體百分比來計算。因此，當一個問題當中的選項為二時，兩個選項的機率恰好互補（第一個選項的 p 為第二個選項的 q，第二個選項的 p 為第一個選項的 q），因此對於兩個選項的估計使用同一個機率分配；但是如果選項超過兩個，那麼每一個選項與其他選項的機率即非互補，使得每一個選項必須使用不同的機率分配。

8.5.2　比例的抽樣分配

從機率的觀點來看，比例資料是柏努利試驗的結果，因此其抽樣分配是一種二項分配，當嘗試次數很大時，二項分配可用常態分配來近似，由於調查資料的樣本數通常成百上千，因此比例區間估計多以標準常態分配為基礎。

對於離散隨機變數 X 若有 k 個離散數值，每一個離散數值的母體比例若為 π，以 n 個觀察值所求得之樣本比例 p 的抽樣分配稱為比例抽樣分配（sampling distribution of the proportion），基於二項機率分配，抽樣分配的平均數（μ_p）與變異數（σ_p^2）如公式 8-27 與 8-28 所示。

$$\mu_p = E(\overline{X}) = \frac{n\pi}{n} = \pi \tag{8-27}$$

$$\sigma_p^2 = Var(\overline{X}) = \frac{n\pi(1-\pi)}{n^2} = \frac{\pi(1-\pi)}{n} \tag{8-28}$$

若母體比例 π 未知，母體變異數亦無法得知，必須使用樣本比例 p 來進行變異數的估計，得到比例估計標準誤（estimated standard error of the proportion，以 s_p 表示），為比例抽樣分配標準差的估計數，如公式 8-29 所示：

$$s_p = \hat{\sigma}_p = \sqrt{\frac{p(1-p)}{n}} = \sqrt{\frac{pq}{n}} \tag{8-29}$$

8.5.3　比例的區間估計

基於中央極限定理，當 $n \geq 30$ 時，比例抽樣分配亦趨近常態分配，因此我們可以利用標準常態分配求出特定信心水準下的上下限值，進行樣本比例 p 去估計母體比例 π 的 $(1-\alpha)$ 區間估計，如公式 8-30 所示。值得注意的是，如果樣本數偏低，仍應以自由度為 $n-1$ 的 t 分配臨界值 $t_{\alpha/2}$ 來定義信賴區間。

$$(1-\alpha)CI : p - z_{\alpha/2}s_p \leq \pi \leq p + z_{\alpha/2}s_p \tag{8-30}$$

以先前 200 位家長對於三種教科書版本的支持度的調查數據為例，回答 A、B、C 三版本的比例標準誤分別為 .03373、.02828、.02525：

A 版本　　$p = .65, q = .35$　　$s_p = \sqrt{(.65 \times .35)/200} = \sqrt{.00114} = .03373$

B 版本　　$p = .20, q = .80$　　$s_p = \sqrt{(.20 \times .80)/200} = \sqrt{.00008} = .02828$

C 版本　　$p = .15, q = .85$　　$s_p = \sqrt{(.15 \times .85)/200} = \sqrt{.00064} = .02525$

由標準誤的大小可知，越接近 .5 抽樣誤差越大，越接近 0 或 1 的機率抽樣誤差越小。進行 95%CI 區間估計分別為 A 版本：[.5839,.7161]、B 版本：[.1446,.2554]、C 版本：[.1005,.1995]，計算過程如下：

A 版本　　$p \pm z_{\alpha/2}s_p = .65 \pm 1.96 \times .03373$　　　$.5839 \leq \pi \leq .7161$

B 版本　　$p \pm z_{\alpha/2}s_p = .20 \pm 1.96 \times .02828$　　　$.1446 \leq \pi \leq .2554$

C 版本　　$p \pm z_{\alpha/2}s_p = .15 \pm 1.96 \times .02525$　　　$.1005 \leq \pi \leq .1995$

由於 A 版本的 95%CI 與其他兩個版本的 95%CI 沒有重疊，表示 B 版本與 C 版本的母體比例在 A 版本的母體比例的「在誤差範圍外」，可解釋為 A 版本的母體比例明顯高於其他兩者的母體比例。相對之下，B 版本與 C 版本的兩者的母體比例信賴區間存在重疊區間，因此兩個母體比例的差異「在誤差範圍內」而無法確知高低。

範例 8.3　某民意調查公司以電話訪問臺灣地區 18 歲以上的 1,000 名成人對於是否贊成於離島設置賭場的看法，結果有 40% 贊成，60% 反對，此時全臺灣地區 18 歲以上的成人對於離島設置賭場意見的 95% 區間估計為何？

解答：
　　步驟一：計算比例的抽樣標準誤 s_p：（σ 未知，求估計標準誤）

$$s_p = \hat{\sigma}_p = \sqrt{\frac{pq}{n}} = \sqrt{\frac{.4 \times .6}{1,000}} = .0155$$

　　步驟二：進行信賴度估計：（n 很大，可利用常態 z 分配，95% 區間臨界值 $z_{.025} = 1.96$）

$$CR = z_{\alpha/2}\sigma_p = 1.96 \times 0.0155 = 0.0304$$

步驟三：建立信賴區間：（信心水準 $1-\alpha=.95$）

$$.4-1.96\sqrt{\frac{.4\times.6}{1000}}\leq\pi\leq.4+1.96\sqrt{\frac{.4\times.6}{1000}} \qquad \Rightarrow .4-0.0304\leq\pi\leq.4+0.0304$$

$$\Rightarrow .37\leq\pi\leq.43$$

$$\Rightarrow 95\%CI=[.37,.43]$$

　　由數據可知，在 95% 的信心水準下，臺灣 18 歲以上民眾有 37% 到 43% 的人贊成在離島設置賭場。另一種說法是，「臺灣 18 歲以上民眾有 40% 的人贊成在離島設置賭場，在 95% 信心水準下的抽樣誤差為正負 3 個百分點」。我們一般在坊間可以常常聽到的「抽樣誤差為正負 3 個百分點」，其實就是區間估計的信心區間的概念。

8.6　樣本數決定

　　中央極限定理的核心概念是大數法則，亦即當抽樣規模越大（樣本數 n 越大），樣本統計量的抽樣誤差越小而能趨近母體參數，因此樣本數是估計誤差的主要決定因素。也因此，在研究實務工作上，進行參數估計前經常需要對於樣本數 n 要多大進行判斷，藉以決定抽樣規模，稱為樣本數決定（sample size determination）議題。

　　基本上，在不同統計方法中，樣本數如何決定涉及不同的因素，但主要涉及三者，第一，樣本統計量的性質，例如：是平均數、比例、變異數、相關係數或平均數差異等等。第二，母體觀察值的變異情形，亦即母體標準差，第三，研究所採行的信心水準或顯著水準為何。

　　最基本的樣本統計量是連續變數的平均數，或是類別變數的比例，也正是本章所討論的兩種統計量，因此本節對於樣本數的決定，也將從這兩種類型的統計量來說明。

8.6.1　平均數估計的樣本數決定

　　基於中央極限定理，平均數抽樣分配的變異數為母體變異數與樣本數的比值，亦即 σ^2/n，如果 σ 可知，再提供研究者所需要的信心水準，即可推估所需要的樣本數至少為何，亦即 $1-\alpha$ 下的最小樣本數（minimal sample size; n_{min}）。進一步的，

研究者也可以針對不同的信心水準下所需要的最小樣本數多寡進行比較。

由平均數抽樣分配的變異數公式（公式 8-5）加以延伸，樣本數是母體變異數與變異誤的比值，或是母體標準差與標準誤的比值：

$$n = \frac{\sigma^2}{\sigma_{\overline{X}}^2} = \left(\frac{\sigma}{\sigma_{\overline{X}}}\right)^2 \tag{8-31}$$

如果母體標準差是 10，若想讓標準誤 $\sigma_{\overline{X}}$=1，需要 100 個樣本；若想讓標準誤 $\sigma_{\overline{X}}$=0.1，需要 10,000 個樣本，依此類推。但由於此時並沒有考慮信心水準的高低與信賴區間的計算，因此只有樣本數倍率資訊，而沒有「最低」樣本數的判定歷程。

在平均數區間估計中，最小樣本數取決於信心水準（$1-\alpha$）與區間全距（CIR）（或 $2CR$：信賴度的兩倍）兩個因素：當信心水準越高、區間全距（或信賴度）越小，所需要的樣本數越大，相對之下，當信心水準越低、區間全距（或信賴度）越大，所需要的樣本數越小。如果信心水準固定，可容許的信賴全距最大為 CIR_{max}，信賴度最大為 CR_{max}，最小樣本數 n_{min} 計算如公式 8-32 所示（n_{min} 取無條件進位之整數值）：

$$n_{min} = \left(z_{\alpha/2} \times \frac{\sigma}{CIR_{max}/2}\right)^2 = \left(z_{\alpha/2} \times \frac{\sigma}{CR_{max}}\right)^2 \tag{8-32}$$

如果 σ 未知，則以其他類似研究所得到的樣本標準差 s 代替，並以該研究的樣本數求得自由度後，以 t 抽樣分配臨界值來計算 n_{min}，如公式 8-33 所示：

$$n_{min} = \left(t_{(\alpha/2, df)} \times \frac{s}{CIR_{max}/2}\right)^2 = \left(t_{(\alpha/2, df)} \times \frac{s}{CR_{max}}\right)^2 \tag{8-33}$$

以本章所使用的投手直球球速的區間估計範例來看，一般投手直球球速標準差為 σ=10(km/hr)，若要進行信心水準為 95%（α=5%）的區間估計且信賴度最大為 CR_{max}=3(km/hr) 的信賴區間（亦即信賴全距 CIR_{max}=6），所需要的最小樣本數為 43。

$$n_{min} = \left(1.96 \times \frac{10}{3}\right)^2 = 42.68 \approx 43$$

本題如果改為 σ 未知，則取本章先前在範例中所提供的 30 個直球下的球速樣本標準差 s=9 來進行計算，先求取臨界值 $t_{(.025,29)}$=2.064，然後計算出所需要的最小樣本數為 39。計算過程如下：

$$n_{min} = \left(2.064 \times \frac{9}{3}\right)^2 = 38.34 \approx 39$$

8.6.2　比例估計的樣本數決定

對於類別變數比例數據區間估計的最小樣本數，計算原理與平均數估計原理相同，母體標準差 $\sigma = \sqrt{\pi(1-\pi)}$ ，計算公式如下：

$$n_{min} = \left(z_{\alpha/2} \times \frac{\sigma}{CIR_{max}/2}\right)^2 = \left(z_{\alpha/2} \times \frac{\sqrt{\pi(1-\pi)}}{CR_{max}}\right)^2 \tag{8-34}$$

由於母體比例 π 通常不得而知，因此母體標準差 σ 也無法計算。除了利用文獻資料來支持特定數值，或以其他研究的數據來代替，另一種更普遍的作法是採最保守的條件（亦即 π=.5）計算 σ，以避免低估 n_{min}，因為代入 π=.5 會得到最大的 σ，另一個優點是符合二項分配公正不偏的機率設定。

以坊間最常聽到的應用實例來示範，如果我們希望以 95% 的信心水準來進行比例推估，讓估計誤差維持在正負三個百分點的範圍內，亦即信賴度 CR_{max}=3% 或 .03，最少需要多少樣本？

若以 π=.5 進行計算，得到 n_{min}=1068：

$$n_{min} = \left(z_{\alpha/2} \times \frac{\sqrt{\pi(1-\pi)}}{CR_{max}}\right)^2 = \left(1.96 \times \frac{\sqrt{.5(1-.5)}}{.03}\right)^2 = 1067.11 \approx 1068$$

進一步的，我們可以逐一把 π=.1 至 .9 每一個狀況下的 n_{min} 估計結果計算出來列於表 8.2，就可看出在 95% 的信心水準下的誤差區間若要維持在 ±3%，以 π=.5 設定會得到 n_{min} 的最大值 1068，其他各種狀況下 n_{min} 都小於 1068，在 99% 的信心下也是以 π=.5 能得到 n_{min} 的最大值 1842，其他各種狀況下 n_{min} 都小於 1842，表示 π=.5 是最保守的樣本數估計設定值。

→表 8.2　不同母體機率與信賴度的比率估計最小樣本數列表

π	$1-\pi$	$\sqrt{\pi(1-\pi)}$	n_{min} 95%CI	99%CI
.9	.1	.3000	385	664
.8	.2	.4000	683	1179
.7	.3	.4583	897	1548
.6	.4	.4899	1025	1769
.5	.5	.5000	1068	1842
.4	.6	.4899	1025	1769
.3	.7	.4583	897	1548
.2	.8	.4000	683	1179
.1	.9	.3000	385	664

EXCEL 電腦小精靈

一、如何使用 EXCEL 來執行抽樣

■ 取得母體清冊若自行建立資料檔案

1	編號/學號					
2	20110003					
3	20110004					
4	20110005					
5	20110006					
6	20110007					
7	20110008					
8	20110009					
9	20110010					
10	20110011					
11	20110012					
12	20110013					
13	20110014					
14	20110015					
15	20110016					
16	20110017					
17	20110018					

工作表1　工作表2　工作表3　⊕

■ 打開資料分析對話框，選擇《抽樣》

資料分析

分析工具(A)

敘述統計
指數平滑法
F-檢定：兩個常態母體變異數的檢定
傅立葉分析
直方圖
移動平均法
亂數產生器
等級和百分比
迴歸
抽樣

確定
取消
說明(H)

■ 決定分析內容與條件

1. 選擇輸入範圍：利用滑鼠框選包含變數的名稱與資料的欄位

2. 選擇標記：因為選擇輸入範圍時第一列為變數名稱，因此必須勾選

3. 抽樣方法：

　(1) 簡單隨機抽樣：選擇隨機，並輸入要抽樣的樣本數

　(2) 系統隨機抽樣：選擇週期，並輸入抽取每隔特定比數的樣本點

■ 得出結果

	編號/學號	簡單隨機抽樣	系統隨機抽樣				
1							
2	20110003	20110029	20110007				
3	20110004	20110066	20110012				
4	20110005	20110004	20110017				
5	20110006	20110073	20110022				
6	20110007	20110072	20110027				
7	20110008	20110014	20110063				
8	20110009	20110017	20110068				
9	20110010	20110064	20110073				
10	20110011	20110063	20110079				
11	20110012	20110028	20110088				
12	20110013						
13	20110014						
14	20110015						
15	20110016						
16	20110017						
17	20110018						

工作表1　工作表2　工作表3　⊕

二、如何使用 EXCEL 來執行平均數的區間估計

■ 建立資料檔案

（以範例8.2的資料進行示範）

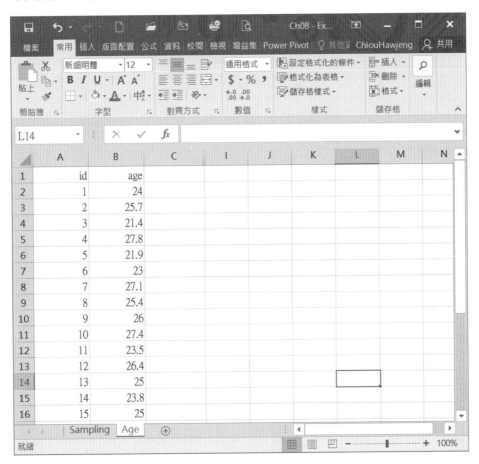

■ 打開資料分析對話框，選擇「敘述統計」

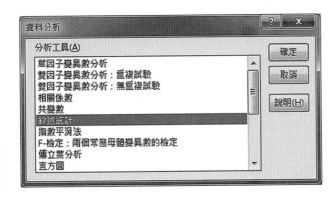

■ 決定分析內容與條件

1. 選擇輸入範圍：利用滑鼠框選包含變數的名稱與資料的欄位
2. 選擇標記：因為類別軸標記在第一列，因此必須勾選
3. 輸出選項；勾選摘要統計與平均數信賴度95%或99%

■ 得出結果

	A	B	C	D	E
1	id	age		age	
2	1	24			
3	2	25.7		平均數	24
4	3	21.4		標準誤	0.500
5	4	27.8		中間值	23.5
6	5	21.9		眾數	25
7	6	23		標準差	2.500
8	7	27.1		變異數	6.250
9	8	25.4		峰度	-0.301
10	9	26		偏態	0.593
11	10	27.4		範圍	9.5
12	11	23.5		最小值	20.5
13	12	26.4		最大值	30
14	13	25		總和	600
15	14	23.725		個數	25
16	15	25		信賴度(95.0%)	1.032

Sampling | Age

就緒

摘要統計當中的最後一橫列就是信賴度$CR=1.032$，母體平均數的95%$CI=$ 24
±1.032=[22.968,25.032]

本章重要概念

樣本 sample
母體 population
抽樣 sampling
簡單隨機抽樣 simple random sampling
系統隨機抽樣 system random sampling
分層隨機抽樣 stratified random sampling
集群隨機抽樣 cluster random sampling
非隨機抽樣 non-random sampling
母體分配 population distribution
樣本分配 sample distribution
抽樣分配 sampling distribution
中央極限定理 central limit theorem

平均數的抽樣分配 sampling distribution of means
抽樣誤差 sampling error
標準誤 standard error
自由度 degree of freedom; df
參數估計 parameter estimation
點估計 point estimation
區間估計 interval estimation
信心水準 level of confidence
信賴度 confidence range; CR
信賴區間 confident interval; CI
樣本數決定 sample size determination

課後習作

一、統計老師喜歡用不同的點名方式來問問題,請回答下列問題:

　　1. 老師用亂數表隨機抽出學生來問問題,這是何種抽樣方式?

　　2. 老師以上課當天的日期個位數來出發,每隔 5 號抽一位來問問題,這是何種抽樣方式?

　　3. 由於班上男女比例不均(1 比 4),老師隨機抽到一個男生後就會隨機抽四個女生來問問題,這是何種抽樣方式?

　　4. 由於班上同學分成 10 組做作業,老師隨機抽出一組後從中隨機抽一位來問問題,這是何種抽樣方式?

　　5. 前述各種抽樣方式在何種情況下會發生不隨機的狀況?試討論之。

二、全民健康保險的業務資料顯示,臺灣民眾使用某種特殊醫療資源的年齡平均數為 50 歲,標準差 6 歲。某大型醫院某個月使用該項醫療資源共有 16 名病患,平均年齡為 54 歲,標準差為 9 歲。請利用前述資料回答下列問題:

　　1. 母體分配為何?其平均數與標準差為何?

　　2. 樣本分配為何?其平均數與標準差為何?

　　3. 抽樣分配為何?其平均數與標準差為何?

　　4. 這三種分配有何關係?哪一個最可能符合常態分配?

　　5. 中央極限定理與哪一種分配有關?

三、某大型醫院所服務的社區民眾年齡偏高，被地方政府視為高齡社區，某個月使用某特殊醫療資源共有 16 名病患，平均年齡為 54 歲，標準差為 9 歲。請回答下列問題：

　　1. 假設母體的標準差 6 歲。以該院該月的病患的年齡數據，推論高齡社區民眾使用該醫療資源的年齡的 95% 信賴區間為何？

　　2. 假設院長認為母體資料不能作為「高齡社區」的母體資訊，亦即母體狀態不明，此時前一題的 95% 信賴區間為何？

　　3. 如果該院累積了一年得到 160 名病患的年齡資料，平均仍為 54 歲，標準差亦為 9 歲。那麼前兩題 95% 信賴區間各為何？

　　4. 請討論前述四個信賴區間的異同。

四、某醫院院長仔細察看使用某特殊醫療資源的 160 名病患的資料發現，男性占了 80%，性別比例似乎非常不均衡，請回答下列問題：

　　1. 以該院資料推論高齡社區民眾使用該醫療資源的性別比例的 95% 信賴區間為何？

　　2. 如果想要讓八成為男性的 95% 信賴區間的範圍控制在 10% 以內，那麼樣本數需至少為多少？

chapter

9

假設檢定原理

9.1 前言

　　在前一章中，我們介紹了「抽樣」這個推論統計的重要基本概念，討論為何凡抽樣必有誤差，以及如何利用抽樣誤差來進行「參數估計」。如果瞭解了這些概念與方法，市場調查人員就可以從一群受訪者的意見來推知社會大眾的普遍看法（比例的區間估計），統計老師也就可以從班上學生的學習表現去推知當今大學生的學習狀況（平均數的區間估計），學者專家更得以利用樣本統計量去推估各種重要的參數（例如：降雨量、經濟表現、學業成就水準等）。但是，如果只擁有抽樣與估計的知識與技術仍不足以協助我們面對問題、進行決策，尤其是當我們心中有許多問號時，要如何利用手中的數據，以統計方法來進行是非對錯的判斷與決策呢？

　　舉一個最簡單的例子，任何一瓶飲料都會標示淨重，但是裡面所裝填的分量真如標示所說嗎？常喝無糖綠茶的你決定要進行一項實驗，實際去買一些來測量裝填情形，計算平均裝填數量來回答「市售的 300ml 無糖綠茶是否如實裝填」這個研究問題，可能的結果有兩個：

- 結果一：如實裝填。以 $\mu = 300$ 表示。
- 結果二：不實裝填。以 $\mu \neq 300$ 表示。

　　這裡的希臘符號 μ 表示「市售 300ml 無糖綠茶裝填量」的期望值，也就是母體平均數。

　　由於你曾經學習過抽樣，懂得抽樣必須要有隨機性，因此你在不同日期的不同時間到不同便利商店買了 30 瓶同一款標示為 300ml 的無糖綠茶，然後利用實驗室裡的精密儀器測量每一瓶綠茶的淨重，得到平均值是 295ml，也就是比標示容量 300ml 少了 5ml，此時，你會做出什麼結論呢？

　　從數學上來看，差了 5ml 就是比標示數量來得少，因此可以判定標示不實，亦即結果二成立。但是從統計的角度來看，相差 5ml 未必就「真的」有問題，因為要考慮抽樣誤差的影響。此時，如果我們計算得到標準誤為 3ml，那麼抽樣得到的 30 瓶綠茶所得到的平均容量與標示容量差距與標準誤的比值為：5/3=1.667，亦即「1.667 倍的標準誤」，根據統計檢定判定原理，如果這個比值沒有達到 1.96，結論將會是「如實裝填」，也就是結果一成立。

　　換言之，對於一個研究問題的檢驗，數學意義與統計意義是不同的概念，數學不談誤差，但統計重視誤差。不僅如此，統計更講究程序，例如：你必須先提出研究問題，寫下可能的結果作為待檢驗的假設，然後進行抽樣與測量，基於一定的準

則來評估樣本資訊是支持哪一個假設，此一過程，稱為假設檢定（hypothesis testing），而前面提到的兩個「可能的結果」一個稱為虛無假設（如實裝填），另一個則稱為對立假設（不實裝填），兩個假設中若接受了其中一個，另一個就自動不成立，這就是統計假設檢定的結論表達方式。其統計原理主要是建立在前幾章所介紹的機率分配與抽樣理論的概念之上，本章則進一步將其延伸到統計決策上的應用，並提出五個具體步驟，其中包含許多重要概念，將逐一介紹。

　　步驟一：發展假設
　　步驟二：評估抽樣條件
　　步驟三：決定檢定條件
　　步驟四：計算檢定量
　　步驟五：進行決策與解釋

9.2　統計假設

　　什麼是假設（hypothesis）？在學術界有多種不同的定義方法，從研究設計的角度來看，假設是指「研究者對於所關心的現象或問題所抱持的觀點或信念」，或是「研究者對於研究問題所提出有待驗證的假設性看法」，因此又稱為研究假設（research hypothesis）。

　　從統計的角度來看，假設是關於變數之間關係的陳述（statement），通常可利用統計符號與數學等式來加以表述，稱為統計假設（statistical hypothesis）。統計假設當中應包含「變數」（variable）與「關係」（relationship）兩個主要元素。變數的數目可能只有一個，也可能有兩個或更多，因此可區分為單變量與多變量假設。若論其角色與功能，則有虛無假設與對立假設之分，以下逐一說明。

9.2.1　單變量與多變量假設

　　顧名思義，單變量假設（univariate hypothesis）只涉及一個變數的關係。例如：「無糖綠茶容量為 300ml」。此一假設當中只有「容量」一個變數，而這個變數的關係是「等於 300ml」。

　　由於單變量假設當中只有一個變數，因此若要以統計符號來表述「無糖綠茶容量為 300ml」，可表述如下：

$$\mu=300$$

上述帶有母體參數（μ）的數學關係式說明了：我們期望該種無糖綠茶的裝填容量為 300ml，也就是該容量的母體平均數是 300ml。

多變量假設（multivariate hypothesis）涉及兩個或更多變數的關係。例如：喝酒會影響駕駛對交通號誌的反應時間，此一假設可寫成更具體的陳述：「**酒駕者與未酒駕者對號誌反應時間不同**」，假設當中的變數有二：「酒駕與否」與「反應時間」，其中「酒駕與否」被區分為「是」、「否」兩種狀況，因此是一個質性（類別）變數，「反應時間」以秒來計算，因此是一個量化（連續）變數，此一假設是在比較連續變數是否具有組間差異的差異性假設，統計假設表述如下：

$$\mu_1 \neq \mu_2$$

上述統計假設是把連續變數的母體期望值以 μ 表示，另一個類別變數由於帶有兩組（水準數為二），因此分別以 1 與 2 表示兩個不同母體：

➲ μ_1：酒駕者的號誌反應時間期望值
➲ μ_2：無酒駕者的號誌反應時間期望值

兩者的關係是「不同」，因此以「$\neq$」表示兩個變數的關係。如果兩個變數都是連續變數，例如：「**喝酒的量越多，號誌反應時間越長**」，此一假設不是在比較組間差異，而是說明「喝酒數量」與「反應時間」兩個連續變數具有正相關，因此需要利用相關係數的母體參數符號（ρ）來表述統計假設：

$$\rho > 0$$

上述假設表示兩變數的相關大於零（亦即正相關）。如果再增加一個變數「喝完酒的時間」，前述假設可改變為：「**喝酒的量越多，以及喝完酒的時間越近，對於號誌反應時間越長**」，此時就是具有三個變數的假設關係。

多變量的統計假設由於變數關係複雜，假設表示方式會因為所使用的統計方法的不同而不同，甚至無法利用統計等式來描述假設，可直接以文字來說明假設的內容與關係。我們將在後續章節介紹多變量假設下的統計檢定方法。

在第二章中我們曾經介紹了不同類型的變數，由第七章我們則得知不同類型變數所形成的機率分配各有不同。因此，對於變數關係的假設陳述與統計檢定，必須考量到變數的類型。應以何種統計程序來檢驗假設真偽，取決於變數的性質與關係的形式。只要研究者可以掌握「變數」是哪一種變數（到底是類別變數或連續變數），「關係」是哪一種關係（例如：是組間差異還是線性關係），配合本章與後續各章所介紹的檢驗程序，就可以清楚決定統計檢定的方法，順利執行假設檢定。

9.2.2　虛無假設與對立假設

　　研究者所關心的假設是以一組描述變數關係的陳述句來形容，在統計假設檢定中，假設則以統計術語來表示。進一步的，在假設檢定的過程中，為了明確說明統計假設的性質與立場，會進一步區分為虛無假設與對立假設。例如：「無糖綠茶容量是 300ml」是一種立場、「無糖綠茶容量不是 300ml」則是另一種立場，兩者完全互斥（mutually exclusive），只有一種立場會成立，分別表述如下：

$$H_0 : \mu = 300$$
$$H_1 : \mu \neq 300$$

　　H_0 稱為**虛無假設**（null hypothesis），H_1 為**對立假設**（alternative hypothesis）。所謂「虛無」（英文的 null）就是「空」、「無」，是指假設的敘述當中不具備特殊關係，如同俗語所說「沒有什麼特別」；相對之下，對立假設的「對立」一詞就是指相對於虛無假設具有特殊關係，如同俗語所說「真的有什麼特別」。

　　如果是雙變量的差異比較假設，例如：「酒駕者與未酒駕者對號誌反應時間不同」，此一假設主張酒駕與否的號誌反應時間「不同」，是一種「真的有什麼特別」的特殊關係；相對之下，「沒有什麼特別」的虛無假設應為「酒駕者與未酒駕者對號誌反應時間相同」，因此，此一雙變量假設 H_0 與 H_1 表述如下：

$$H_0 : \mu_1 = \mu_2$$
$$H_1 : \mu_1 \neq \mu_2$$

　　H_0 與 H_1 兩種假設構成了兩種互斥與對立的狀態，在數學關係符號的表現上也是如此：如果 H_0 中的數學等式符號是「＝」，H_1 中的符號即為「≠」；如果 H_0 是使用「≤」，H_1 即為「＞」；如果 H_0 使用「≥」，H_1 為「＜」。綜合而言，數學等號必然存在於 H_0，相對之下，H_1 只使用「≠」、「＜」、「＞」三者之一。

　　虛無與對立假設之所以標示為 H_0 與 H_1，主要是因為習慣上我們將「沒什麼」的保守說法以 0 表示，把「有什麼」的特殊說法以 1 表示，這好比世界人權宣言第 11 條第 1 項的無罪推定原則（presumption of innocence），意指「未經審判證明有罪確定之前，優先推定被控告者無罪」，也就是除非證明他人有做什麼，否則我們都應假定他人沒有做什麼。

　　在統計上也採取相同的立場，除非我們擁有證據證明 H_1 具有統計意義，否則一律先假定 H_0 成立，亦即「保留 H_0」或「接受 H_0」。但如果假設檢定顯示抽樣

所得到統計量具有特殊性，亦即該抽樣統計量不屬於 H_0，研究者即可「拒絕 H_0」，而且基於假設互斥原理，抽樣統計量不屬於 H_0，即屬於 H_1，因此會敘述為「拒絕 H_0、接受 H_1」。

9.2.3　虛無假設分配與對立假設分配

基本上，H_0 與 H_1 分別代表一種母體狀態，各自有其機率分配，而且假設檢定是由樣本統計量來進行檢定，因此 H_0 與 H_1 的機率分配都是抽樣分配：H_0 的抽樣分配稱為虛無假設分配（null hypothesis distribution; 簡稱 H_0 分配），H_1 的抽樣分配稱為對立假設分配（alternative hypothesis distribution; 簡稱 H_1 分配），H_0 分配與 H_1 分配獨立存在，各自的機率總和（樣本空間）為 1.00。

以 H_0: $\mu=300$ 為例，表示 H_0 分配是期望值為 300 之抽樣分配；以 H_1: $\mu \neq 300$ 為例，表示 H_1 分配為期望值不是 300 之抽樣分配。很明顯的，H_0 分配為期望值有明確指出數值，但 H_1 分配的期望值則為一個範圍而無明確數值。因此在繪製假設檢定的圖示時，僅能明確畫出 H_0 分配的期望值（母體平均數），而無法畫出 H_1 分配位置，因為沒有明確的分配期望值（母體平均數）。也因此，在執行假設檢定的過程中，僅會畫出 H_0 分配的機率分配曲線（例如：z 分配或 t 分配），但無法繪製 H_1 分配。

至於 H_0 分配與 H_1 分配的變異情形仍由標準誤來反映，標準誤數值由中央極限定理推導。由於 H_0 分配與 H_1 分配為同屬於一個抽樣程序的兩種假設狀態，共享相同的抽樣條件（例如：有相同的樣本量與標準誤），因此 H_0 分配與 H_1 分配的標準誤都取相同的數值。

9.2.4　單尾假設與雙尾假設

由於 H_0 與 H_1 反映的是研究者所關心的研究課題為何，因此隨著研究者關心的問題不同，假設的內容與形式也就會有所不同。其中常見的不同是方向性（directive）的雙尾假設與無方向性（non-directive）的單尾假設兩種對比。

以「無糖綠茶容量是 300ml」為例，H_0: $\mu=300$，表示母體期望值為 300，對立假設是「無糖綠茶容量不是 300ml」，H_1: $\mu \neq 300$，表示母體期望值不是 300，然而「不是 300」可能是高於 300、也可能低於 300，兩邊都有，因此是一種雙尾假設（two-tailed hypothesis），對立狀態並沒有方向性。

相對之下，如果研究者認為廠商裝填綠茶時不可能多給消費者，只會少給，亦即對立主張是「無糖綠茶容量低於 300ml」，H_1: $\mu<300$，此時稱為單尾假設（one-tailed hypothesis），而且因為對立假設當中所使用的關係符號是「<」，表示對立的狀態所關心的是分配的左尾（低分端），因此稱為左尾假設。

當然，有左尾假設的表述法，就會有右尾假設的表述法。例如：當對立狀態所關心的是「無糖綠茶容量高於 300ml」，$H_1:\mu>300$，亦即廠商裝填綠茶時很大方，只會多給不會少給，特殊狀態只會發生在高分端，此時就是右尾假設，三種假設狀態列舉如下：

雙尾假設（無方向性）	單尾假設（方向性）	
	左尾假設	右尾假設
$H_0：\mu=300$	$H_0：\mu\geq300$	$H_0：\mu\leq300$
$H_1：\mu\neq300$	$H_0：\mu<300$	$H_0：\mu>300$

再以「酒駕者與未酒駕者對號誌反應時間不同」這個假設來說明，此一對立假設表示酒駕者的反應時間可能高於未酒駕者、也可能低於未酒駕者，亦即兩個母體期望值不同：$H_1:\mu_1\neq\mu_2$，但沒有方向性，因此是一個雙尾對立假設。但很明顯的，喝了酒當然會造成神經麻痺而降低人類的判斷能力，對於交通號誌的反應時間只會比較長，不會比較短，所以研究者的對立主張應該只關心右尾，$H_1：\mu_1>\mu_2$，而非左尾，此時就應該以右尾假設進行統計決策。

雙尾假設（無方向性）	單尾假設（方向性）	
	左尾假設	右尾假設
$H_0：\mu_1=\mu_2$	$H_0：\mu_1\geq\mu_2$	$H_0：\mu_1\leq\mu_2$
$H_1：\mu_1\neq\mu_2$	$H_0：\mu_1<\mu_2$	$H_0：\mu_1>\mu_2$

單雙尾假設除了表述形式不同，在統計決策時機率比較方式也不同。兩種假設所對應的統計機率，分別稱為單尾機率（one-tailed probability）與雙尾機率（two-tailed probability），應用雙尾機率所進行的統計考驗稱為雙尾檢定（two-tailed test），應用單尾機率所進行的統計考驗稱為單尾檢定（one-tailed test）。

值得注意的是，單尾檢定的「單尾」是取左尾還是右尾，取決於對立假設的>或<的符號方向：例如：當對立假設採取「<」立場時（對立假設帶有<符號時），稱為左尾檢定；相對的，當對立假設採取「>」立場時（對立假設帶有>符號時），稱為右尾檢定。

對於單尾與雙尾假設的使用時機如何決定，最基本的回答方式是端視研究者的研究問題與研究設計而定，當研究者關心的問題顯而易見的具有方向性，即採取單

尾假設，當研究者關心的問題並無方向性可言，即採取雙尾假設。但很明顯的，這種判斷方式過於主觀，因此，有無方向性的決定，應同時提出理論文獻作為支持，以提高說服力與客觀性。換言之，研究者在發展研究假設時，除了關心假設的內容之外，也應兼顧方向性的探討，提出合理的說明，以提高研究的嚴謹性與客觀性，更重要的是可以減少統計決策上的錯誤。

值得一提的是，在假設檢定中，採用雙尾檢定或單尾檢定所得到的統計結論可能有所不同。從檢定的結果來看，要拒絕雙尾假設的 H_0 相對上比較不容易，要拒絕單尾假設的 H_0 相對上比較容易。因此可以說，雙尾假設比較保守而嚴格，相對之下，單尾假設顯得比較特定而寬鬆。因此，如果沒有充分的理論文獻支持，或是沒有合理的推論邏輯，那麼應採雙尾設計，此時研究者能夠「保留一個正確無誤的 H_0 的可能性較高」或「錯誤地拒絕一個正確無誤的 H_0 的可能性較低」，在統計學上稱此種結論為相對較為嚴謹的結果。我們將在後續的章節討論這個觀念。

9.3　檢定量

檢定統計量（test statistic）（簡稱為檢定量），是指將樣本統計量以特定數學關係加以轉換所得到的新統計量，使之得以用於統計決策，因此稱為檢定量。例如：z 分數形式的檢定量稱為 z 檢定量（z test statistic）；t 分數形式的檢定量稱為 t 檢定量（t test statistic）。這兩種檢定量常用於平均數的檢定，本章先加以介紹討論，其他檢定量則在後續章節介紹。

9.3.1　z 檢定量

在先前的章節中，我們曾經介紹過標準分數 z，其原理是將變數觀察值減去平均數除以標準差，得到「距離平均數幾個標準差」的轉換量數，稱為 z 轉換（z transformation）。在本章中，我們則是將 z 轉換的概念應用於假設檢定，主要的程序就是將樣本統計量基於其所屬的抽樣分配進行 z 轉換，得到該樣本統計量的 z 分數，亦即「距離期望值幾個標準誤」，藉以進行假設是否成立的判斷：

$$z_{obt} = \frac{\overline{X} - \mu}{\sigma_{\overline{X}}} = \frac{\overline{X} - \mu}{\frac{\sigma}{\sqrt{n}}}$$

$$(9\text{-}1)$$

符號中的 *obt* 表示是計算獲得（obtained）的數值，$\sigma_{\overline{X}}$ 為平均數抽樣分配的標準誤。如果抽樣分配呈常態，則 $z_{obt} \sim N(0,1)$，亦即 z_{obt} 的分配為平均數等於 0、變異數及標準差為 1 的標準常態分配，因此利用 z 檢定量所進行的假設檢定的 z 檢定（*z*-test）又稱為常態離散檢定（normal deviate test）。

例如：今天有某系 100 位學生的智力平均 129 分、標準差 14 分，如果要檢驗該系學生是否為一般大學生智力母體（$\mu=125, \sigma=16$）的一個隨機樣本，假設如下：

$$\begin{cases} H_0 : \mu = 125 \\ H_1 : \mu \neq 125 \end{cases}$$

由題意與假設可知，此一檢定是一個雙尾考驗（因為 H_1 當中是「 $\neq$ 」關係），智力測驗的標準差 $\sigma=16$，樣本數 $n>30$，因此抽樣分配條件明確且可假設呈常態。基於中央極限定理，平均數抽樣分配標準誤為 $16/\sqrt{100}=1.6$，z_{obt} 計算如下：

$$z_{obt} = \frac{\overline{X}-\mu}{\sigma/\sqrt{n}} = \frac{129-125}{16/\sqrt{100}} = \frac{4}{1.6} = 2.5$$

9.3.2　*t* 檢定量

在先前的章節中，我們曾經說明，如果母體標準差 σ 不詳，無法計算抽樣標準誤，替代方法是利用樣本標準差 s 來代替 σ，進行估計抽樣標準誤的計算，此時所進行的標準化轉換雖然也是將樣本統計量（例如：平均數 $\overline{X}$）基於其所屬的抽樣分配進行檢定量計算，但所得到的檢定量並不服從標準常態分配，而是服從自由度為 $n-1$ 的 t 分配，因此稱為 t 檢定量（*t*-statistic）：

$$t_{obt(df)} = \frac{\overline{X}-\mu}{s_{\overline{X}}} = \frac{\overline{X}-\mu}{\dfrac{s}{\sqrt{n}}} \tag{9-2}$$

由於 t 分配在不同自由度的情況下機率分配不同，因此 t 檢定量的表述通常會帶有自由度數值，$t_{(df)}$，以利判讀該檢定量的分配狀態。

以前述的某系 100 位學生智力分配為 129 分、標準差為 14 分的範例來看，如果智力分數的母體標準差不詳，無法計算抽樣分配標準誤，可利用樣本標準差來代替母體標準差，計算檢定量 t_{obt} 如下：

$$t_{obt(99)} = \frac{\overline{X} - \mu}{s/\sqrt{n}} = \frac{129-125}{14/\sqrt{100}} = \frac{4}{1.4} = 2.857$$

由於 t 檢定量的機率分配能夠隨著不同的自由度進行精確估計，因此如果某項研究的母體標準差即使已知（可計算標準誤 $\sigma_{\overline{X}}$），但研究樣本數低於 30，存在著抽樣分配可能非常態的疑慮，此時可以藉由使用 t 檢定量來進行 t 檢定，確保檢定力不至於流失，因此 t 檢定量被視為穩健統計量（robust statistic）。換言之，當母體標準差不詳，或樣本數未達 30，都建議採取 t 檢定。

一旦計算出檢定量之後，我們即可進行統計假設何者成立的判斷，此時涉及統計檢定法則的運用，以及尾機率、臨界值、拒絕區、統計顯著性等重要的假設檢定概念，這些程序、觀念以及實際的計算範例在下一節介紹。

9.4　統計檢定法則

9.4.1　尾機率法則

在假設檢定中，z 檢定量服從標準常態分配，t 檢定量服從 t 分配。當某一個抽樣數據的檢定量計算得出後，該檢定量在抽樣分配上的累積機率或尾機率值（以 p 表示）也可以計算得出，利用此一尾機率值來判斷檢定量的統計意義，稱為尾機率法則（p-rule）。

9.4.1.1　尾機率的意義與判定原則

所謂尾機率（tailed probability），是指在一個機率分配上，比某個隨機變數觀察值更極端的機率。由於構成尾機率的事件分布在抽樣分配的尾端而非中央部分，因此稱為「尾部」機率。若 p 為尾機率值，則非尾機率的部分為（$1-p$）。

如果以假設檢定的術語來說，檢定量的尾機率，是指某個檢定量在抽樣分配上，比該檢定量更極端的事件機率。當檢定量絕對值越大，表示檢定量距離抽樣分配的期望值（平均數）越遠，此時尾機率 p 越小（朝 0.00 接近），亦即比該檢定量更極端的事件越少；相反的，當檢定量絕對值越小，表示檢定量距離抽樣分配的期望值（平均數）越近，此時尾機率 p 越大（朝 1.00 接近），亦即比該檢定量更極端的事件越多。如果是雙尾機率檢定時，尾機率分布於抽樣分配的兩側尾端（圖 9.1b）、如果是單尾機率檢定時，尾機率分布於抽樣分配的右側或左側（如圖 9.1a 與圖 9.1c）。

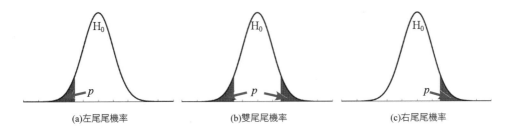

(a)左尾尾機率　　　(b)雙尾尾機率　　　(c)右尾尾機率

圖 9.1　尾機率圖示

　　當某個檢定量 z_{obt} 越接近 H_0 分配的中心點（期望值）時，p 很大，亦即比 z_{obt} 更極端的事件越多；反之，當 z_{obt} 越大，離開 H_0 分配期望值的位置越遠，p 很小，亦即比 z_{obt} 更極端的事件越少。

　　尾機率法則的判斷方式如下：當極端事件機率（檢定量的尾機率）低於研究者所設定的某個水準（以 α 水準表示），亦即得到 $p<\alpha$ 的結果，即可宣稱得到一個「有統計意義的」或「顯著的」（significant）結論，例如：當 $\alpha=.05$，$p < .05$ 即得到「拒絕 H_0、接受 H_1」的顯著結果；相反的，如果檢定量的 p 值沒有低於 α 水準，此時我們將宣稱為得到一個「沒有統計意義」或「不顯著的」（non-significant;簡寫為 n.s.）的結果，亦即「保留 H_0」或「接受 H_0」。由於 α 水準決定檢定結果顯著與否，因此又稱為顯著水準（level of significance）一般實務上慣用的 $\alpha=.05$，p 值可稱為顯著性值，檢定過程稱為顯著性檢定（test of significance）。尾機率法則如下：

$$\begin{cases} p \geq \alpha, \ \text{保留 } H_0 & \text{（不顯著的結果）} \\ p < \alpha, \ \text{拒絕 } H_0 \text{、接受 } H_1 & \text{（顯著的結果）} \end{cases}$$

9.4.1.2　拒絕區的運用

　　以 $p<\alpha$ 的比較來決定某一個 z_{obt} 是否具有顯著意義而拒絕 H_0，等同於判定抽樣得到的樣本平均數是否過於極端而不是來自該 H_0 分配的一個隨機樣本（亦即不屬於 H_0 分配的一部分）。以機率分配圖示來表示，α 水準可標示在 H_0 分配的兩側（雙尾檢定時）或單側（單尾檢定時），例如：圖 9.2 的深色區域。落入該區域的 z_{obt} 即被認定不屬於該 H_0 分配的一個隨機樣本，此時即為拒絕 H_0，因此 α 水準的機率範圍又稱為拒絕區（region of rejection），相反的，對於未落入拒絕區者的檢定量將被認定屬於該 H_0 分配的一個隨機樣本，此時稱為保留 H_0。

統計學：原理與應用

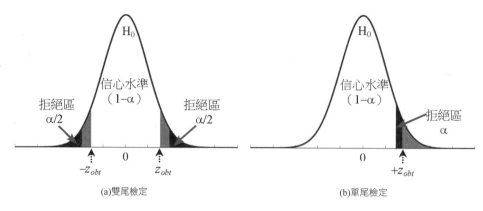

圖 9.2　拒絕區（深色區域）與尾機率（灰色區域）示意圖

　　一般在研究實務上，通常將顯著水準設定為 α=.05，亦即拒絕區的面積為 5%，拒絕區以外的機率是 $1-\alpha$=.95=95%，此時我們將有 95% 的機率（或信心）保留 H_0，只有 5% 的機率拒絕 H_0。換言之，我們有 95% 的機會將抽樣分配中的隨機樣本視為 H_0 的一部分。正因為另外 5% 發生的機率實在不大，因此超過 95% 的部分（落入拒絕區者）則視為是不屬於 H_0 而為 H_1 分配的隨機樣本。因此 $1-\alpha$ 稱為信心水準，表示對於保留 H_0 的信心程度。

　　如果研究者認為要在更極端（更嚴格）的情況下做出某檢定量不屬於 H_0 分配，可以採用更小的顯著水準，例如：α=.01 或 α=.001。此時研究者保留 H_0 的機會更高，推翻 H_0 的機率越低，亦即對於 H_0 的信心更強。

　　值得注意的是，在雙尾檢定時，拒絕區需切割為兩半（$\alpha/2$），標示於 H_0 分配的兩側，總和仍為 α。此時計算出來的 z_{obt} 無論為正值或負值，計算尾機率 p 時需考慮 $\pm z_{obt}$ 以外的極端區域機率和（因為 $\pm z_{obt}$ 兩者表示相同的檢定狀態，其尾部機率同屬於假設所關心的「$\neq$」的可能性），然後將所計算出的 p 與 α 相比較是否 $p<\alpha$（拒絕 H_0）或 $p \geq \alpha$（保留 H_0）的結論。如圖 9.2(a)，因為 $\pm z_{obt}$ 以外的極端區域機率和（灰色區域）大於拒絕區（黑色區域），因此結論為保留 H_0。

　　在單尾檢定時，由於 H_1 只關心 > 或 < 其中一種狀況，拒絕區僅需要標示為右側（H_1 採用 > 符號時）或左側（H_1 採用 < 符號時），而求取尾機率 p 時僅計算 z_{obt} 右側或左側更極端的事件機率。圖 9.2(b) 為右尾檢定的範例圖示，由於 z_{obt} 以外的極端區域機率和（灰色區域）小於拒絕區（黑色區域），z_{obt} 落入拒絕區，因此結論為拒絕 H_0。

9.4.2　臨界值法則

9.4.2.1　臨界值的意義與判定原則

　　從拒絕區的概念可以得知，某檢定量落入拒絕區的機率為 α，落入非拒絕區的機率為 $1-\alpha$，區隔拒絕區與非拒絕區的數值稱為 **臨界值**（critical value，簡寫為 cv），在 z 分配中以 z_{cv} 表示，在 t 分配中以 t_{cv} 表示，因此取尾機率值 p 來與 α 水準相比，就好比拿 z_{obt} 與 z_{cv} 相比。在臨界值以內的檢定量會被判定為屬於 H_0 分配（保留 H_0）（如圖 9.3(a) 當中的 z_{obtA}）；反之，在臨界值以外的檢定量則被判定不屬於 H_0 分配（拒絕 H_0）（如圖 9.3(a) 當中的 z_{obtB}）。

　　在單尾檢定時，拒絕區僅位於一側，因此只有一個臨界值 $+z_{cv}$ 或 $-z_{cv}$，如果是雙尾檢定，拒絕區位於兩側，因此有兩個臨界值 $\pm z_{cv}$。在進行檢定量與臨界值的比較時，為避免混淆，皆取兩者的絕對值來相比較，亦即 $|\pm z_{obt}|$ 與 $|\pm z_{cv}|$ 相比，如果 $|\pm z_{obt}| > |\pm z_{cv}|$，等同於 $p < \alpha$，此時拒絕 H_0、接受 H_1；相對的，如果 $|\pm z_{obt}| \leq |\pm z_{cv}|$，等同於 $p \geq \alpha$，此時保留 H_0，運用此一方法來判定檢定量的顯著性者稱為臨界值法則（cv-rule）。判定原則如下：

$$\begin{cases} |\pm z_{obt}| \leq |\pm z_{cv}|, (p \geq \alpha) \text{ 保留 } H_0 & （不顯著的結果）\\ |\pm z_{obt}| > |\pm z_{cv}|, (p < \alpha) \text{ 拒絕 } H_0 \text{、接受 } H_1 & （顯著的結果）\end{cases}$$

9.4.2.2　臨界值的數值特性

　　在標準常態分配中，特定 α 水準下的臨界值為固定常數，但是在單雙尾不同的設計下，單尾設計的 $|\pm z_{cv}|$ 會低於雙尾臨界值的 $|\pm z_{cv}|$，如表 9.1 所示。在 t 分配中，不同自由度下會有相對應的一組固定臨界值，因此必須透過附錄 B 逐一查表得到臨界值，或利用電腦軟體的函數功能求得（參見前一章的查表說明）。

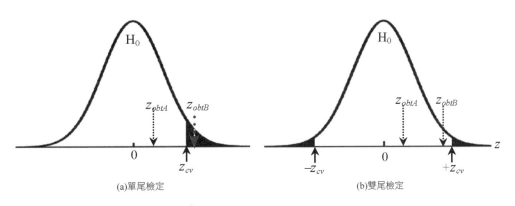

圖 9.3　以臨界值法則進行假設檢定的決策示意圖

→表 9.1　單雙尾設計下的標準常態分配臨界值（適用於 z 檢定）

α 水準		單尾設計		雙尾設計
數值	符號標示	左側臨界值 (<)	右側臨界值 (>)	雙側臨界值 ($\neq$)
$\alpha = .1$	†	-1.2816	$+1.2816$	± 1.6449
$\alpha = .05$	*	-1.6449	$+1.6449$	± 1.9600
$\alpha = .01$	**	-2.3263	$+2.3263$	± 2.5758
$\alpha = .001$	***	-3.0902	$+3.0902$	± 3.2905

對於臨界值符號標示，一般慣例上會將 α 水準標示出來，甚至於將自由度的資訊也標示出來。例如：對於單尾 z 檢定，$\alpha=.05$ 的檢定臨界值 $+z_{cv}$ 或 $-z_{cv}$ 標示為 $+z_{.05}$ 或 $-z_{.05}$，$\alpha=.01$ 時標示為 $+z_{.01}$ 或 $-z_{.01}$，如果是雙尾 z 檢定，$\alpha=.05$ 下臨界值標示為 $\pm z_{.025}$，$\alpha=.01$ 時標示為 $\pm z_{.005}$；對於單尾 t 檢定，$\alpha=.05$ 且自由度為 10 的臨界值 $+t_{cv}$ 或 $-t_{cv}$ 標示為 $+t_{.05(10)}$ 或 $-t_{.05(10)}$，$\alpha=.01$ 且自由度為 15 時標示為 $+t_{.01(15)}$ 或 $-t_{.01(15)}$，如果是雙尾 t 檢定，$\alpha=.05$ 且自由度為 10 的臨界值標示為 $\pm t_{.025(10)}$，$\alpha=.01$ 且自由度為 15 時標示為 $\pm t_{.005(15)}$。

值得注意的是，在相同的 α 水準下，採取單尾檢定的臨界值的絕對值會比雙尾檢定時的臨界值的絕對值來得低，因此採取單尾設計會比雙尾設計更容易拒絕 H_0 而得到顯著的結果。尤其是當 p 臨界 α 水準（兩者相當接近）的時候，雙尾或單尾檢定的差異更為明顯。

以圖 9.3 當中的 z_{obtB} 為例，在單尾設計時（圖 9.3(a)）落入拒絕區（拒絕 H_0、接受 H_1），但是在圖 9.3(b) 的雙尾設計時則未落入拒絕區（保留 H_0），因為 p 值非常接近 α 水準，因此可能發生矛盾結果。

由於臨界值可以從查表得知，而尾機率難以求得，因此統計學的教學多以臨界值法則為主。在沒有電腦的時代，尾機率法則無法派上用場，因為每一個 z_{obt} 或 t_{obt} 的數值大小不一，自由度也不同，其尾機率難以計算，更無法由查表求得。所幸常用的臨界值就僅有幾種情形（例如：當 $\alpha=.05$、.01 或 .001 時），因此在電腦不普及的過去，研究者與教學者皆使用臨界值法則來進行顯著性的判定，p 法則僅被視為一個理論作法，或只適用勉強以查表可以找到 p 值的標準常態分配。

在電腦普及而統計軟體發達的今天，前述提到的查表難題與 p 值不可得的困境迎刃而解。由於每一個檢定量的尾機率 p 值可直接由電腦計算得出，此時只要將電腦求出的檢定量與 p 值（有時會標示為顯著值）與顯著水準（例如：$\alpha=.05$、.01 或 .001）相比，就可以立即得知檢定結果，根本無須進行查表，因此當代的研究實

務逐漸全面改以 p 法則來判斷假設檢定的結果，臨界值法則反而僅作為教學上的概念說明釋意或圖解輔助之用。

9.4.3　假設檢定的標示法則（星星法則）

在學術界的論文撰寫規定中，例如：APA（American Psychological Association）的論文寫作格式，對於統計顯著性的表示有一個共通性的作法，亦即將檢定結果得到 $p<\alpha$ 的拒絕 H_0、接受 H_1 結論時，在檢定量右上方標註「*」符號，當 $\alpha=.05$ 時得到 $p<.05$ 的檢定結果在檢定量右上方標註一個「*」，例如：$z=2.12^*$，$t=2.25^*$；當 $\alpha=.01$ 時得到 $p<.01$ 的檢定結果則在檢定量右上方標示「**」，例如：$z=2.95^{**}$，$t=2.81^{**}$；當 $\alpha=.001$ 時得到 $p<.001$ 的檢定結果則在檢定量右上方標示「***」，如果需要用到異於常規的 α 水準，例如：$\alpha=.10$，則會標示為「+」或「†」等特殊符號，例如：$t=1.50†$，而不會使用「*」符號，藉以在論文行文中簡化文字說明，簡單明瞭地表達研究結果。

前述以星號來表述顯著性的作法也廣泛為電腦統計軟體所採用，當研究者利用統計軟體進行假設檢定時，統計報表除了告知檢定量數值大小，同時報告 p 值於一側，在預設情況下更會直接標示顯著性符號，使得使用者可以直接由「*」符號的有無與「*」的多寡來判定顯著情形為何，根本無須進行 p 值與 α 值的比較，雖然這只是快速檢視的一種權宜方法，但也不失為一種判定原則，（常聽學生開玩笑說他的研究結果得到幾顆星、幾顆星，越多星星的研究越嚴謹越好之意），因此在此將這種判斷法則打趣稱為星星法則（rule of star "*"）。但是在此提醒讀者，這僅是一種快速判斷策略，讀者必須熟悉前述所討論的相關內容，而不是只懂得看星星。此外，代表顯著程度的星星符號必須標示在統計量數值上，而非尾機率值或其他地方，例如：$p=.045^*$ 或 $p<.01^{**}$ 都是錯誤的標示方法（因為 p 值不必標示就可目視其顯著與否）。

另外一項使用電腦軟體判斷顯著性必須值得注意的地方，是對於 p 值的計算，統計軟體多會預設為雙尾機率，此時軟體運算所提供的尾機率值 p，是取比檢定量在 $\pm z_{obt}$ 或 $\pm t_{obt}$ 兩側極端區域面積和。如果研究者要改用單尾機率檢定，可以直接把軟體所提供的雙尾機率值 p 除以 2，再與顯著水準 (α) 相比，就可得到單尾檢定的結果。

9.5 平均數假設檢定

　　前面所介紹的是假設檢定的判斷原則，如果將這些判斷原則套用在檢驗某樣本平均數的統計意義的 z 檢定量上，據以決定 H_0 與 H_1 何者成立，即為 z 檢定（z-test）；套用在 t 檢定量上即為 t 檢定（t-test）。不論是 z 或 t 檢定，還可以進一步區分雙尾檢定與單尾檢定，以下我們即以模擬數據的範例配合五步驟法來加以說明。

9.5.1 雙尾 z 檢定

　　如果今天有一批樣本規模為 n 的觀察數據，求得樣本平均數 $\overline{X}$，對於此一樣本平均數的統計意義的假設檢定，在樣本數足夠大（$n \geq 30$）且抽樣條件已知（σ 已知）的情況下，可進行 z 檢定。

■ 範例說明

　　以一個實務上的例子來說，管理學界的碩士班所招收的學生必須都要具備相當的工作經驗，因此學生年齡會比一般研究所來得大些，通常會大個幾歲。如果今天有某位管理研究所所長想要瞭解他們的研究所新生年齡是否真的與一般研究所新生年齡（理論上是 23 歲）有所不同，因而蒐集該研究所新生的年齡資料來進行檢定，此時檢定程序如下：

步驟一：發展假設

　　根據所長所關心的研究問題：「該研究所新生年齡是否與一般研究所新生年齡（23 歲）有所不同？」，如果真實狀況是「相同」，表示「該所新生年齡期望值（母體平均數）是 23 歲」，此即虛無假設（H_0：$\mu=23$），如果真實狀況是「不同」，表示「該所新生年齡期望值（母體平均數）不是 23 歲」，此即對立假設（H_1：$\mu \neq 23$），而且根據研究問題以及虛無與對立假設的立場，可知這是一個雙尾假設，以統計等式表述如下：

$$\begin{cases} H_0 : \mu = 23 \\ H_1 : \mu \neq 23 \end{cases}$$

步驟二：評估抽樣條件

　　如果今天該所所長計算得出該所 25 名新生年齡平均數為 24 歲、標準差 2.5 歲，如果所長也知道一般研究所新生年齡標準差為 2 歲，依據中央極限定理，可計算出平均數抽樣分配的抽樣標準誤為 0.4 歲。

$$\sigma_{\bar{X}} = \frac{\sigma}{\sqrt{n}} = \frac{2}{\sqrt{25}} = 0.4$$

步驟三：決定檢定條件

檢定條件是指抽樣分配的設定與顯著水準的決定，一旦檢定條件確立，即可找到臨界值與拒絕區。本範例由於抽樣條件明確，標準誤可以計算得出，可進行統計量的 z 轉換，而且如果假設抽樣分配呈常態，可利用標準常態分配進行 z 檢定，因此抽樣分配為 z 分配。顯著水準遵循一般經驗設定為 $\alpha=.05$，表示拒絕 H_0 的機率水準是 5%。由於對立假設是雙尾設計，因此拒絕區位於抽樣分配的兩側，每一側的機率是 $\alpha/2=.025$，因此雙尾臨界值 $z_{\alpha/2}=z_{.025}=\pm 1.96$。

步驟四：計算檢定量與尾機率

利用 z 轉換公式求出樣本平均數在抽樣分配上的位置，亦即 z 檢定量：

$$z_{obt} = \frac{\bar{X} - \mu}{\sigma_{\bar{X}}} = \frac{24 - 23}{2/\sqrt{25}} = \frac{1}{0.4} = 2.5$$

由附錄 A 進行查表，或以 EXCEL 函數轉換 [1-NORM.S.DIST(2.5,1)]，得知 $z=2.5$ 的（右）尾機率為 .0062。由於本範例是雙尾檢定，因此除了右尾機率也必須加上左尾機率才是完整的尾機率值，亦即 $p=.0062\times2= 0.0124$。

步驟五：進行決策與解釋

基於前述的抽樣條件、檢定量與尾機率狀況，我們可以進行下列決策：

$\because |z_{obt}=2.5| > |z_{.025}=\pm 1.96|$ 或 $p=.0124 < \alpha=.05$

$\therefore$ 拒絕 H_0、接受 H_1

亦即該研究所的新生平均年齡「顯著不同於」一般研究所新生年齡 23 歲。也可解釋為「這群學生年齡分布並非來自 $\mu=23$ 這個母體」。此一決策的判斷準則以尾機率法則來表述為：$p<.05$。若以臨界值法則來看，可繪製下圖查知檢定量落入拒絕區。若以標示法則可標示為 $z=2.5^*$，這三種判斷法的結論皆為拒絕 H_0、接受 H_1。進一步的，若從樣本平均數（24）高於 23 歲來看，該所學生明顯比較老。

值得注意的是，圖左側標示了 $-z_{obt}=-2.5$，目的是要描述左側的另外一半尾機率可能存在的範圍，事實上，本範例所求出的 z 檢定量是 +2.5，換言之 $-z_{obt}=-2.5$ 並不存在，僅是用來標示雙尾機率值的範圍。

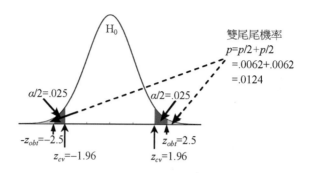

9.5.2 單尾 z 檢定

前述檢定結果的最後一句「該所學生明顯比較老」是有問題的表述，因為這句話只是從平均數高低來解釋，而非以單尾檢定所得到的結論。以下，我們即以範例來進行說明單尾檢定的程序。

■ 範例說明

如果研究所所長認為管理研究所入學要求相當工作經驗，因此學生會比較年長一些，他改問：「本所新生年齡是不是大於 23 歲？」，此時即需進行單尾檢定，所得到的結論也才能夠支持「該所學生明顯比較老」這個敘述的統計意義。檢定程序說明如下：

步驟一：發展假設

研究問題：「某研究所新生年齡是否比一般研究所新生年齡（23 歲）來得大？」，虛無假設是「沒有比較大」，對立假設是「是比較大」，為單尾假設：

$$\begin{cases} H_0：\mu \le 23 \\ H_1：\mu > 23 \end{cases}$$

步驟二：評估抽樣條件

抽樣條件為 n=25、$\overline{X}$=24、s=2.5、σ=2、$\sigma_{\overline{X}}$=0.4

$$\sigma_{\overline{X}} = \frac{\sigma}{\sqrt{n}} = \frac{2}{\sqrt{25}} = 0.4$$

步驟三：決定檢定條件

抽樣分配為 z 分配、α=.05、右尾臨界值 $z_{.05}$=+1.645

步驟四：計算檢定量

$$z_{obt} = \frac{\overline{X} - \mu}{\sigma_{\overline{X}}} = \frac{24 - 23}{2/\sqrt{25}} = \frac{1}{0.4} = 2.5$$

　　由附錄 A 查表（beyond z），或以 EXCEL 函數 [1-NORM.S.DIST(2.5,1)] 得知 $z=2.5$ 的（右）尾機率 $p=.0062$。

步驟五：進行決策與解釋

　　∵ $|z_{obt}=2.5| > |z_{.05}=1.645|$ 或 $p=0.0062 < \alpha=.05$

　　∴拒絕 H_0、接受 H_1

　　亦即該研究所的新生平均年齡「顯著高於」一般新生年齡 23 歲，或「該研究所學生年齡顯著比一般研究所新生來得老」。檢定圖示如下：

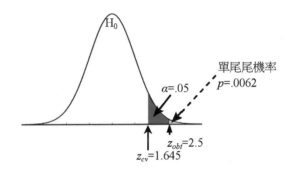

　　由前述說明可知，由雙尾改成單尾檢定，雖然統計假設不同，但抽樣條件並未改變，尾機率僅需取單尾機率 $p=.0062$，不需乘以 2。因為 $p<.05$，結論仍為拒絕 H_0、接受 H_1。若採臨界值法則，臨界值只取右側 $+z_{.05}=+1.645$（表 9.1 或查附錄 A 表可得），因為 H_1 只主張右尾會發生。由於 $|z_{obt}=2.5|>|+z_{.05}=+1.645|$，落入拒絕區，結論亦為拒絕 H_0、接受 H_1，解釋方式改為「這群學生年齡分布是 $\mu>23$ 這個母體」，此時研究所所長才得以宣稱「我們研究所學生的年齡顯著地比一般研究所新生『來得老』」，或「我們研究所學生確實是挑自需要相當工作資歷而『比較老』的那一類型學生」。

　　值得注意的是，如果本範例採取較嚴格的顯著水準，例如：$\alpha=.01$，在單尾檢定下的結論仍為拒絕 H_0，因為單右尾機率（$p=.0062$）小於 .01，亦即 $p<.01$。由表 9.1 得知右尾臨界值為 $z_{.01}=2.326$，z 檢定量仍落入拒絕區。但是如果 $\alpha=.01$ 且在雙尾檢定下，兩側尾機率和（$p=.0124$）大於顯著水準（$\alpha=.01$），或由表 9.1 得知雙尾臨界值為 $z_{.005}=\pm2.576$，$z=2.5$ 將不會落入拒絕區，結論將成為保留 H_0，亦即該研究所的新生平均年齡「沒有顯著高於」23 歲。可見得即使抽樣條件不變，如果改變了檢定條件，所得到的結論會有所不同。

範例 9.1 平均數雙尾假設 z 檢定（σ 已知）

問題：

根據某大學健康中心資料，該校學生平均睡眠時數為 8 小時，標準差為 0.7 小時。若從圖書館隨機挑選 36 位學生詢問其睡眠時數，得到平均數為 7.5 小時、標準差為 1 小時，在顯著水準 $\alpha=.05$ 下，圖書館學生的睡眠時數是否有所不同？

解答：

步驟一：發展假設

$$\begin{cases} H_0 : \mu = 8 \\ H_1 : \mu \neq 8 \end{cases}$$

步驟二：評估抽樣條件

$n=36$、$\overline{X}=7.5$、$s=1$、$\sigma=0.7$、$\sigma_{\overline{X}}=0.7/\sqrt{36}=0.117$

步驟三：決定檢定條件

$\because \sigma$ 已知，$\therefore$ 使用 z 分配，$\alpha=.05$，$z_{cv}=\pm 1.96$

步驟四：計算檢定量

$$z_{obt} = \frac{\overline{X} - \mu}{\sigma_{\overline{X}}} = \frac{7.5-8}{\frac{0.7}{\sqrt{36}}} = \frac{-0.5}{0.117} = -4.27$$

以 [1-NORM.S.DIST(4.27,1)]*2 得出雙尾尾機率 $p=.00002$

步驟五：進行決策與解釋

$\because |z_{obt}=-4.27| > |\pm z_{.025}=\pm 1.96|$，$p=.00002 < \alpha=.05$

$\therefore$ 拒絕 H_0，接受 H_1，亦即圖書館的 36 位學生平均睡眠時間與該校學生平均具有顯著差異。

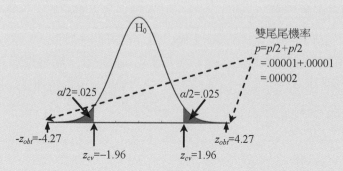

範例 9.2　平均數單尾假設 z 檢定（當 σ 已知）

問題：

根據某大學健康中心資料，該校學生平均睡眠時數為 8 小時，標準差為 0.7 小時。若從圖書館隨機挑選 36 位學生詢問其睡眠時數，得到平均數為 7.5 小時、標準差為 1 小時，若 α=.05，圖書館學生的睡眠時數是否偏低？

解答：

步驟一：發展假設

$$\begin{cases} H_0：\mu \geq 8 \\ H_1：\mu < 8 \end{cases}$$

步驟二：評估抽樣條件

n=36、$\overline{X}$=7.5、s=1、σ=0.7、$\sigma_{\overline{X}}$=0.7/$\sqrt{36}$ =0.117

步驟三：決定檢定條件

∵ σ 已知，∴使用 z 分配，α=.05，左尾臨界值 $z_{.05}$=−1.645

步驟四：計算檢定量

$$z_{obt} = \frac{\overline{X} - \mu}{\sigma_{\overline{X}}} = \frac{\overline{X} - \mu}{\frac{\sigma}{\sqrt{n}}} = \frac{7.5 - 8}{\frac{0.7}{\sqrt{36}}} = \frac{-0.5}{0.117} = -4.27$$

以 [1-NORM.S.DIST(4.27,1)] 得出單尾尾機率 p=.00001

步驟五：進行決策與解釋

∵ $|z_{obt}$=−4.27$| > |z_{.05}$=−1.645$|$，p<.05

∴拒絕 H_0，接受 H_1，圖書館的 36 位學生平均睡眠時間顯著低於該校學生平均。

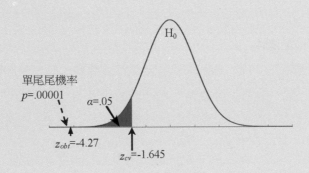

9.5.3 雙尾 *t* 檢定

前面的平均數假設檢定，係以 *z* 檢定量配合 *z* 抽樣分配所進行的 *z* 檢定，其前提是母體標準差 σ 已知，才可依據中央極限定理導出抽樣分配標準誤。如果母體標準差 σ 未知，抽樣分配標準誤必須由樣本標準差 *s* 來推估，也就是以 $s_{\bar{X}}$ 來推估 $\sigma_{\bar{X}}$，稱為平均數抽樣分配的估計標準誤（estimated standard error）。利用估計標準誤所計算得到的 *t* 檢定量，其抽樣分配為服從自由度為 *n*–1 的 *t* 分配，此時所進行的檢定稱為 *t* 檢定。檢定值 $t_{(df)}$ 的尾機率可由特定自由度下的 *t* 分配導出。在 EXCEL 中，可利用 T.DIST.RT(*t,df*) 求得單尾尾機率；利用 T.DIST.2T(*t,df*) 求得雙尾尾機率。

■ 範例說明

以前面的管理研究所新生年齡研究範例來看，若所長不知道研究所新生年齡的標準差 σ，只能進行 *t* 檢定，檢定程序如下：

步驟一：發展假設

研究問題：「該研究所新生年齡是否與一般研究所新生年齡 (23) 不同？」，此為雙尾假設，以統計等式表述如下：

$$\begin{cases} H_0 : \mu = 23 \\ H_1 : \mu \neq 23 \end{cases}$$

步驟二：評估抽樣條件

該所 25 名新生年齡平均數為 24 歲、標準差 2.5 歲，研究所新生年齡標準差不詳，估計標準誤為 0.5 歲，本範例的抽樣條件為 *n*=25、$\bar{X}$=24、*s*=2.5、σ 未知、$s_{\bar{X}}$=0.5。

$$\hat{\sigma}_{\bar{X}} = s_{\bar{X}} = \frac{s}{\sqrt{n}} = \frac{2.5}{\sqrt{25}} = 0.5$$

步驟三：決定檢定條件

由於母體標準差不詳，無法進行統計量的 *z* 轉換，改以 *t* 分數進行檢定，因此抽樣分配為 *t* 分配。顯著水準遵循一般經驗設定為 α=.05，對立假設是雙尾設計，拒絕區位於抽樣分配的兩側，每一側的機率是 α/2=.025，經查對附錄 B 的 *t* 分配臨

界值表 (df=24) 下的雙尾臨界值 $\pm t_{.025(24)}=\pm 2.064$，或 EXCEL 函數 T.INV.2T (.05,24) 也可得知雙尾臨界值 2.064。

本範例的檢定條件為：抽樣分配為 t 分配、df=24、α=.05、雙尾臨界值 $t_{.025(24)}=\pm 2.064$。

步驟四：計算檢定量

利用 t 檢定公式求出 t 檢定量：

$$t_{obt(24)}=\frac{\overline{X}-\mu}{s_{\overline{X}}}=\frac{24-23}{2.5/\sqrt{25}}=\frac{1}{0.5}=+2$$

若 以 EXCEL 函 數 轉 換 [T.DIST.2T(2,24)]，得 知 $t_{(24)}=+2$ 的 雙 尾 尾 機 率 p=.0569。

步驟五：進行決策與解釋

基於前述的抽樣條件、檢定量與尾機率狀況，我們可以進行下列決策：

∵ $|t_{obt(24)}=+2| \leq |t_{.025(24)}=\pm 2.064|$ 或 p=0.0569 > α=.05

∴ 保留 H_0

亦即該研究所的新生平均年齡「沒有顯著高於」一般新生年齡 23 歲，換言之，即使 25 名管理研究所新生平均年齡 24 歲比一般新生年齡 23 歲多了 1 歲，但這個差距並沒有統計意義。然而，由於尾機率已經非常接近 .05，顯示檢定量已經臨界我們所設定的顯著水準 α。

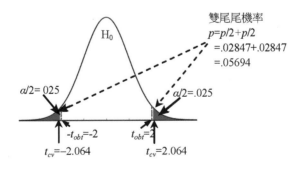

值得注意的是，上圖的左側標示了一個 $-t_{obt}$=−2，目的是要描述左側的另外一半尾機率可能存在的範圍，但是事實上，本範例所求出的檢定量是 +2，換言之 $-t_{obt}$= −2 並不存在，僅是用來標示雙尾機率值的範圍。

9.5.4 單尾 *t* 檢定

同樣的，對於前述檢定結果的最後一句：「即使 25 名管理研究所新生平均年齡 24 歲比一般新生年齡（23 歲）多了一歲，但這個差距並沒有統計意義」，要小心使用，因為該說法並沒有經過單尾檢定，而是來自雙尾檢定的結論。如果本範例改問：「本所新生年齡是不是比一般新生來得大？」，同時母體年齡標準差不詳，此時即需進行單尾 *t* 檢定。

由雙尾 *t* 檢定改成單尾 *t* 檢定，抽樣條件並未改變，因此檢定值不會變動，但尾機率僅需取單尾機率 $p=.02847$，由於 $p<.05$，結論將成為拒絕 H_0、接受 H_1，臨界值判斷法也只需設定右側臨界值 $+t_{.05(24)}=+1.711$（由附錄 B 查得），由於 $|t_{obt(24)}=2| > |+t_{.05}=+1.711|$，*t* 檢定量已經落入拒絕區，亦即「這群學生年齡分布不是 $\mu \leq 23$ 這個母體」，「該研究所學生的年齡顯著比一般研究所新生來得老」。換言之，本範例如：果採取單尾 *t* 檢定，將會逆轉雙尾 *t* 檢定的結論。

■ 範例說明

步驟一：發展假設

研究問題：「某研究所新生年齡是否比一般研究所新生年齡（23 歲）來得大？」，虛無假設是「沒有比較大」，對立假設是「是比較大」，此為單尾假設：

$$\begin{cases} H_0 : \mu \leq 23 \\ H_1 : \mu > 23 \end{cases}$$

步驟二：評估抽樣條件

抽樣條件 $n=25$、$\overline{X}=24$、$s=2.5$、σ 未知、$\hat{\sigma}_{\overline{X}}= s_{\overline{X}}=0.5$

$$\hat{\sigma}_{\overline{X}} = s_{\overline{X}} = \frac{s}{\sqrt{n}} = \frac{2.5}{\sqrt{25}} = 0.5$$

步驟三：決定檢定條件

抽樣分配為 *t* 分配、$df=24$、$\alpha=.05$、右尾臨界值 $t_{.05(24)}=+1.711$

步驟四：計算檢定量與尾機率

$$t_{obt(24)} = \frac{\overline{X} - \mu}{s_{\overline{X}}} = \frac{24-23}{2.5/\sqrt{25}} = \frac{1}{0.5} = +2$$

若以 EXCEL 函數轉換 [1-T.DIST(2,24)]，得知 $t_{(24)}=+2$ 的右尾機率 $p=.02847$

步驟五：進行決策與解釋

基於前述的抽樣條件、檢定量與尾機率狀況，我們可以進行下列決策：

∵ $|t_{obt(24)}=2| > |t_{.05(24)}=+1.711|$ 或 $p=.02847 < \alpha=.05$

∴拒絕 H_0、接受 H_1

亦即該研究所的新生平均年齡「顯著高於」一般新生年齡 23 歲，或「這群學生年齡分布不是來自 $\mu \leq 23$ 這個母體，而是來自 $\mu>23$ 的母體」。由下圖可知單尾 t 檢定的檢定量落入拒絕區，表示 25 名管理研究所新生平均年齡與一般新生年齡期望值 23 歲的這一歲之差，具有統計意義。

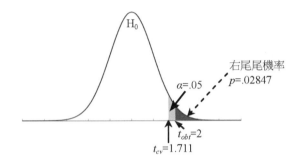

範例 9.3　平均數雙尾假設 t 檢定（當 σ 未知）

問題：

根據某大學健康中心資料，該校學生平均睡眠時數為 8 小時。若從圖書館隨機挑選 36 位學生詢問其睡眠時數，得到平均數為 7.5 小時、標準差為 1 小時，在顯著水準 $\alpha=.05$ 下，圖書館學生的睡眠時數是否有所不同？

解答：

步驟一：發展假設

$$\begin{cases} H_0 : \mu =8 \\ H_1 : \mu \neq 8 \end{cases}$$

步驟二：評估抽樣條件

$n=36$、$\overline{X}=7.5$、$s=1$、σ 未知、$\hat{\sigma}_{\overline{X}}= s_{\overline{X}}=0.167$

$$\hat{\sigma}_{\overline{X}} = s_{\overline{X}} = \frac{1}{\sqrt{36}} = 0.167$$

步驟三：決定檢定條件

∵ σ 未知，∴使用 t 分配、df=35、α=.05

雙尾臨界值 $t_{cv(35)}$=±2.030 [得自 EXCEL 函數 T.INV.2T(0.05,35)]

步驟四：計算檢定量

$$t_{obt(35)} = \frac{\overline{X} - \mu}{s_{\overline{X}}} = \frac{7.5 - 8}{\frac{1}{\sqrt{36}}} = \frac{-0.5}{0.1667} = -3$$

以 T.DIST(-3,35,1)*2 得出雙尾尾機率 p=.002474*2=.00495

步驟五：進行決策與解釋

∵ $|t_{obt(35)}=-3| > |\pm t_{.025(35)}=\pm2.030|$，$p$=.00495 < α=.05

∴拒絕 H_0，接受 H_1，亦即圖書館的 36 位學生平均睡眠時間與該校學生平均具有顯著差異。

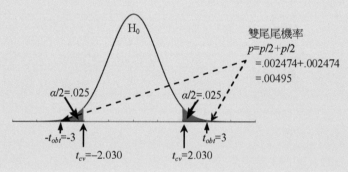

範例 9.4　平均數單尾假設 t 檢定（σ 未知）

問題：

根據某大學健康中心資料，該校學生平均睡眠時數為 8 小時。若從圖書館隨機挑選 36 位學生詢問其睡眠時數，得到平均數為 7.5 小時、標準差為 1 小時，若 α=.05，圖書館學生的睡眠時數是否偏低？

解答：

步驟一：發展假設

$$\begin{cases} H_0：\mu \geq 8 \\ H_1：\mu < 8 \end{cases}$$

步驟二：評估抽樣條件

$$n=36 \cdot \overline{X}=7.5 \cdot s=1 \cdot \sigma \text{ 未知} \cdot \hat{\sigma}_{\overline{X}}= s_{\overline{X}}=0.167$$

步驟三：決定檢定條件

$$\because \sigma \text{ 未知} \cdot \therefore \text{使用 } t \text{ 分配} \cdot df=35 \cdot \alpha=.05$$

左尾臨界值 $t_{cv(35)}=-1.69$ [得自 EXCEL 函數 T.INV(0.05,35)]

步驟四：計算檢定量

$$t_{obt(35)} = \frac{\overline{X}-\mu}{s_{\overline{X}}} = \frac{7.5-8}{\frac{1}{\sqrt{36}}} = \frac{-0.5}{0.1667} = -3$$

以 [T.DIST(–3,35,1)] 得出單尾尾機率 $p=.002474$

步驟五：進行決策與解釋

$\because |t_{obt(35)}=-3| > | t_{.05(35)}=-1.69|$ 或 $p=.002474 < \alpha=.05$

$\therefore$ 拒絕 H_0、接受 H_1，圖書館的 36 位學生平均睡眠時間顯著低於該校學生平均。

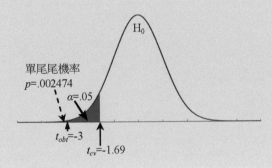

9.6　統計決策原理

　　不論是人類決策、機器決策或統計決策，「凡決策必有失誤」，因此統計決策均應評估決策錯誤的機率。在機率分配的世界中，數值的變化遵循一定的機率原理，只要是包含有不確定的事件（不是百分之一百的定論事件），所做出的決策必然具有錯誤的可能性。此時，當研究者進行一項統計決策時，可能犯下的錯誤稱為統計決策錯誤，可以機率的數值來衡量其大小。

9.6.1　統計決策的結果

　　從假設檢定的觀點來看，統計決策的結果有兩種可能：保留 H_0 或拒絕 H_0。但是，真實狀況有可能是 H_0 為真，也有可能是 H_0 為偽。將假設檢定結果與真實狀況兩相配合來看，統計決策結果有兩種正確決定與兩種錯誤決定等四種狀況，如表9.2 所示。

　　就統計的觀點來看，表9.2 是由兩個完全互斥狀況所組成，其中當 H_0 為真時（表9.2 的第一橫列），正確決定與錯誤決定為完全互斥（機率總和為 1.0），如圖9.4 左側 H_0 分配；當 H_0 為偽、H_1 為真時（表9.2 的第二橫列），正確決定與錯誤決定亦為完全互斥（機率總和為 1.0），如圖9.4 右側的 H_1 分配。

9.6.2　正確決策與錯誤決策

　　從表9.2 可以看出，當母體的真實狀況是 H_0 為真（例如：男生與女生對於社群網站的偏好度真的相同）而檢定結果亦得到保留 H_0 的結論（宣稱 H_0 為真），就是一個正確決定；如果母體的真實狀況是 H_0 為偽（男生與女生對於社群網站的偏好度真的不同）而檢定結果亦得到拒絕 H_0、接受 H_1 的結論（宣稱 H_0 為偽），那麼也是一個正確的決定。當得到後面這種正確決定時，是研究者能夠正確無誤的

→**表**9.2　統計決策的四種結果

真實狀況	假設檢定結果	
	保留 H_0	拒絕 H_0
H_0 為真	正確決定 正確保留 H_0 (信心水準；$1 - \alpha$)	錯誤決定 第一類型錯誤 (假警報；α)
H_0 為偽	錯誤決定 第二類型錯誤 (錯失真相；β)	正確決定 正確拒絕 H_0 (檢定力 power；$1 - \beta$)

透過研究來證明一個特殊母體關係的假設現象，此一結果不僅是對於研究者有利的結論，也是科學發現的契機，因此稱為一個研究的檢定力。

　　相對的，如果真實的狀況是 H_0 為真，而檢定結果也是保留 H_0，此時雖然也是正確決定，但是研究者所提出的對立假設落空，學術上並無法從研究過程當中得到有意義的新知識。但是至少能正確支持虛無假設，是值得信賴的檢定結果。

　　致力追求正確決策是研究倫理更是研究者的責任，然而假設檢定的統計決策既然是基於機率原則，因而既有正確決策的機會，就有錯誤決策的可能，因此統計決策也是機率問題。具體來說，如果統計決策結果認定男女生存在差異（拒絕 H_0、接受 H_1）但事實上男女生並無差異，那麼拒絕 H_0 就是一個錯誤決策，此種「錯誤拒絕 H_0 的情形」稱為**第一類型錯誤**（type I error），簡稱型 I 錯誤，此時所得到的顯著結果是個假警報（明明沒有差別卻說有差別），亦即拒絕 H_0 可能犯下的錯誤，其機率亦即顯著水準 α，如圖 9.4(a) 的左側的 H_0 分配在臨界值右側的區域；而當 H_0 為真而被研究者主張為真的正確決定的機率即為 $1-\alpha$，亦即信心水準，如圖 9.4(a) 的左側的 H_0 分配在臨界值左側的區域，兩者相加為 1.0。基本上，α 在假設檢定中同時具有「顯著水準」與「型 I 錯誤率」雙重概念。

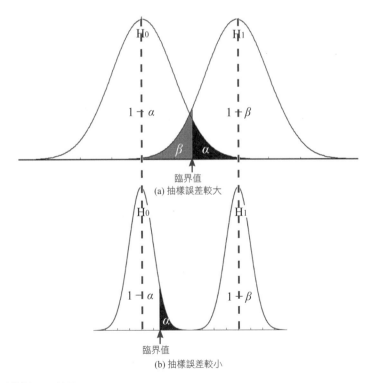

圖 9.4　統計決策的不同結果

如果當真實狀況是 H_0 為偽，但是檢定結果卻選擇保留 H_0，此時「錯誤保留 H_0 的情況」稱為第二類型錯誤（type II error），簡稱型 II 錯誤，例如：明明有差別卻說沒有差別，這就是錯失真相的遺憾；因為 H_1 為真卻被研究者說成為偽。型 II 錯誤的機率以 β 表示（如圖 9.4(a) 的 H_1 分配在臨界值左側的灰色區域）；而當 H_0 為偽且做出拒絕 H_0、接受 H_1 的正確決定的機率即為 $1-\beta$，稱為統計檢定力（power）（如圖 9.4(a) 的 H_1 分配在臨界值右側的區域），兩者相加為 1.0。

9.6.3 決策錯誤機率的消長關係

一個嚴謹的研究應有較高的信心去正確保留 H_0，亦即 $1-\alpha$ 較高、α 較低，使得犯下型 I 錯誤的機率較小，因此 α 水準應取較小的 α=.01 甚至 .001，但是所付出的代價就是越不容易得到 H_1 為真的結論。如果 H_1 果然是真的，那麼一個較為嚴謹的研究反而較難獲致真相，亦即當 α 設定越小時，檢定力 $1-\beta$ 也越小，犯下型 II 錯誤的機率 β 就越大。這便是為什麼研究者傾向於設定一個較為寬鬆的研究（例如：設定 α=.05），寧願增加犯型 I 錯誤的機率，也不願意犯型 II 錯誤而錯失真相。

基本上，$1-\alpha$ 與 α 以及 $1-\beta$ 與 β，這兩組機率有完全互斥的消長關係，但是就 $1-\alpha$ 與 $1-\beta$，以及就 α 與 β 這兩組機率關係，雖然不是完全互斥，但也有彼此消長的效應。當其他抽樣與檢定條件不變的情況下，這四組機率的消長僅僅取決於 α 的機率值，而且是由研究者指定的機率值：當 α 降低，臨界值朝 H_0 分配的極端方向移動，研究越趨嚴謹但檢定力下降；若 α 放大，臨界值朝 H_0 分配的期望值方向移動時，研究越趨寬鬆但檢定力提高，對於真相的發現越趨樂觀。

由於提高信心水準來增加研究的嚴謹度將會使降低檢定力，因此研究者多會避免採取嚴格的 α 水準，但是藉由其他方法來提升檢定力，第一種方法是增加樣本數 n。從中央極限定理的觀點來看，如果增加樣本數 n，抽樣誤差減低，此時抽樣分配期望值（μ）不變，但是標準誤（$\sigma_{\bar{X}}$）降低，提升了檢定力，如圖 9.4(b)。

第二種方法是擴大檢定效果，簡單來說就是擴大 H_0 分配與 H_1 分配的期望值差異，藉由讓 H_1 分配的中心點往 H_0 分配的反方向平移，藉以拉開兩者的差異，如圖 9.5(a)。在抽樣與檢定條件不變的情況下（n 與 α 不變），檢定效果強度放大（期望差異放大），型二錯誤（β）幾乎為 0，檢定力接近 1.0。相對之下，如果檢定效果強度很弱，型二錯誤（β）將會大幅提高、檢定力（$1-\beta$）降低，如圖 9.5(b)。

綜合前述的討論可得知，提高嚴謹度會減損檢定力，但要提高檢定力則會危及嚴謹度，由於兩相矛盾，使得透過 α 調整來得到有利於研究者的結果是一種研究

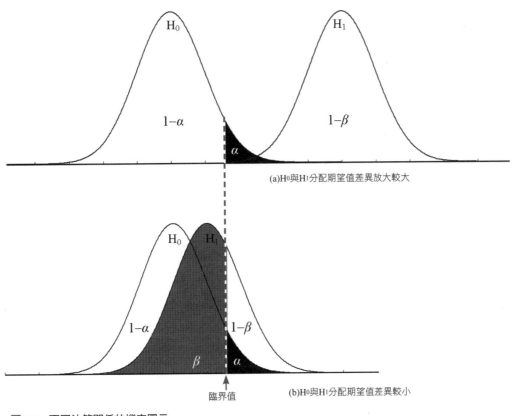

(a)H0與H1分配期望值差異放大較大

(b)H0與H1分配期望值差異較小

圖 9.5　不同決策關係的機率圖示

上的道德困境。相對的，透過 n 的提高來達成檢定力的提升，是一種抽樣的手段，會增加研究的成本與難度。透過檢定效果的提高來獲得檢定力提高的結果則需透過實驗手段，會有實施上的難度。例如：男生或女生對於社群網站的偏好可能只有一點點差異（性別差異效果小），但是對於上網打電動就可能大大不同（性別差異效果大），但是後者可以說是不同的研究問題，不是研究者關心的問題，因而有實現上的困難。不論是從研究成本的提高或是實現上的困難，都屬於研究實務上的困境。現在問題是，你要選擇面對道德困境還是實務困境呢？

　　從專業倫理與學術倫理的角度來看，答案當然是要避免道德淪喪的困境，因此學者們多會積極尋求研究經費、擴大隨機抽樣、尋找有強烈差異的研究議題、有效控制干擾變數、提升實驗操弄效能，期能發現真相，得到樂觀結果，而且能兼顧對於 H_0 的高度信心。

9.7 結語

　　前一章提到的「凡抽樣必有誤差」一詞，本章則再增加「凡決策必有錯誤」，這兩句話不僅有相當的重要性，也恰說明了「估計」與「檢定」的罩門都在於誤差與犯錯的程度，也就是說，統計的決策除了受到抽樣所發生的誤差影響之外，另外涉及決策錯誤。亦即統計假設所進行的考驗而得出的結論，可能確實反應了母體的狀態或真實世界的現象，但是也有出錯的可能，假設檢定是否能夠對於統計假設做出正確決定，發生錯誤決策的機率有多少，與統計檢定過程中的機率水準設定方式有關，抽樣「誤」差與決策錯「誤」雖然都是「誤」，但意義迥然不同。學習本章之後，對於統計決策的進行方式以及所涉及的決策錯誤議題，應有初步的體會，因此我們可以往更進階的統計檢定方法邁進。

EXCEL 電腦小精靈

一、如何使用 EXCEL 來執行單樣本平均數 z 檢定

■ 建立資料檔案

（第 9.5.1 節範例資料示範，25 筆年齡資料置於 B1:B26 儲存格）

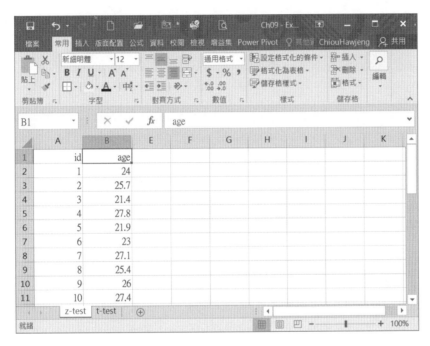

■ 計算各種數量

1. 在空白處以函數計算相關的統計量，資料放置於B1:B26儲存格中

2. 計算依變數的平均數：mean =AVERAGE(B1:B26)

3. 計算樣本數：N =COUNT(B1:B26)

4. 計算z_{obt}值：z =(mean-mu)/(sigma/SQRT(N))。註：mean、N為2.與3.所計算得到的儲存格資訊，mu則是虛無假設中的母體比較值，sigma則是母體標準差。

5. 計算z的雙尾臨界值：zcv =NORM.S.INV(alpha)。註：雙尾臨界值的alpha要輸入 的一半，亦即$\alpha/2$，或$1-\alpha/2$。單尾臨界值的alpha則輸入α值。

6. 計算z_{obt}的雙尾尾機率值：p =(1-NORM.S.DIST(z,1))*2。註：z需輸入4所計算得到的儲存格資訊。如果是單尾尾機率值則無須乘以2，亦即拿掉*2。

■ 結果

分析結果如下：

	A	B	E	F
23	22	30		
24	23	21		
25	24	21		
26	25	23.2		
27	mean=	24		
28	sd=	2.500		
29	N=	25		
30	z=	2.500		
31	雙尾zcv=	1.960	單尾zcv=	1.645
32	雙尾p=	0.0124	單尾p=	0.0062
33				

B30　=(B27-23)/(2/SQRT(B29))

1. 單樣本平均數z檢定的結果得知，雙尾檢定z_{obt}=+2.50, p=0.0124，達.05顯著水準，$p<0.05$。亦即研究所學生的年齡與全國研究生不同。

2. 單樣本平均數z檢定的結果得知，單尾檢定z_{obt}=+2.50, p=0.0062，達.05顯著水準，$p<0.05$。亦即研究所學生的年齡高於全國研究生。

二、如何使用 EXCEL 來執行單樣本平均數 t 檢定

■ 建立資料檔案

（第 9.5.3 節範例資料示範，資料格式同前一個範例：25 筆年齡資料置於 B1:B26 儲存格）

■ 計算各種數量

1. 在空白處以函數計算相關的統計量，資料放置於B1:B26儲存格中

2. 計算依變數的平均數：mean =AVERAGE(B1:B26)

3. 計算依變數的標準差：sd =STDEVP.S(B1:B26)

4. 計算樣本數：N =COUNT(B1:B26)

5. 計算自由度：df =COUNT(B1:B26)-1

6. 計算t值：t =(mean-mu)/(sd/SQRT(N))。註：mean、sd、N三者需輸入各數量計算得到的儲存格資訊，mu則是虛無假設中的母體比較值

7. 計算t的雙尾臨界值：tcv =T.INV.2R(alpha, df)。註：df需輸入計算得到的儲存格資訊，alpha則是輸入顯著水準數值

8. 計算t對應的雙尾機率值：p =T.DIST.2T(ABS(t), df)。註：t與df需輸入計算得到的儲存格資訊。如果是單尾則使用T.DIST（左尾）或T.DIST.RT（右尾）函數來計算單尾尾機率

■ 結果

分析結果如下：

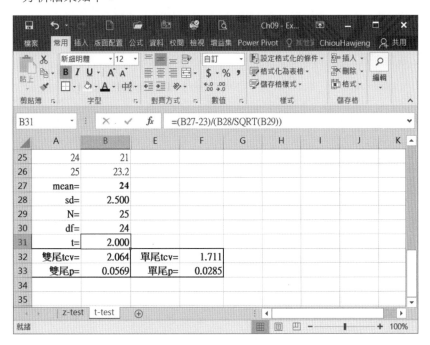

1. 單樣本平均數 t 檢定的結果得知，雙尾檢定$t_{obt(24)}$=+2.00, p=0.0569，未達.05顯著水準，亦即研究所學生的年齡與全國研究生相同。

2. 單樣本平均數t檢定的結果得知，單尾檢定$t_{obt(24)}$=+2.00, p=0.0285，達.05顯著水準，p<0.05，亦即研究所學生的年齡高於全國研究生。

本章重要概念

假設檢定 hypothesis testing

對立假設 alternative hypothesis

虛無假設 null hypothesis

無罪推定原則 presumption of innocence

虛無假設分配 null hypothesis distribution

對立假設分配 alternative hypothesis distribution

雙尾檢定 two-tailed test

單尾檢定 one-tailed test

雙尾機率 two-tailed probability

單尾機率 one-tailed probability

檢定統計量 test statistic

統計顯著性 statistical significance

尾機率法則 p-rule

尾機率 tailed probability

顯著水準 level of significance

顯著性檢定 test of significance

拒絕區 region of rejection

臨界值 critical value

臨界值法則 cv-rule

星星法則 rule of star

第一類型錯誤 type I error

第二類型錯誤 type II error

統計檢定力 power

課後習作

一、請針對下列各題的描述，說明 (1) 虛無假設與對立假設為何？ (2) 是雙尾還是單尾檢定？ (3) 應使用 z 還是 t 檢定量？ (4) 是單樣本還是雙樣本檢定？

 1. 衛生署抽檢某醫院 16 名使用某特殊醫療資源的病患平均年齡是否為 50 歲？全臺灣民眾使用該資源的平均年齡與標準差可以從資料庫中得知。

 2. 某計程車司機記錄 10 次加滿油箱所能駕駛的公里數平均值，是否低於車商所宣傳的 500 公里，母體的標準差無從得知。

 3. 心理學家檢驗八年級生的平均智力水準是否優於六年級生？智力測驗的標準差都是 16。

 4. 某中學導師想要瞭解班上的 50 位學生中，有交男女朋友的學生成績是否比較差還是比較優？學生成績的標準差是變化無章的。

二、衛生署抽檢某醫院 16 名使用某特殊醫療資源的病患平均年齡為 54 歲，此一數據與衛生署所要求的平均 50 歲，標準差 6 歲的標準是否相同的假設檢定各問題如下：

 1. 抽樣分配的標準誤為何？

 2. 在 α=.05 的水準下，檢定結果為何？

 3. 在 α=.01 的水準下，檢定結果為何？

 4. 此題結論會犯下的決策錯誤為哪一種類型？犯錯機率可否估計？

 5. 如果希望得到比較容易過關（寬鬆）的檢查結果，那麼抽樣或檢定條件可以如何調整？

三、某計程車司機記錄 10 次加滿油箱所能駕駛的公里數平均值為 425 公里，標準差為 25 公里，是否低於車商所宣傳的 500 公里的假設檢定（母體的標準差無從得知）各問題如下：

 1. 抽樣分配的標準誤為何？

 2. 在 α=.05 的水準下，檢定結果為何？

 3. 在 α=.01 的水準下，檢定結果為何？

 4. 此題結論會犯下的決策錯誤為哪一種類型？犯錯機率可否估計？

 5. 如果希望對於車商的宣傳是否得宜採取嚴格的檢驗態度，那麼抽樣或檢定條件可以如何調整？

chapter

10

平均數差異檢定

10.1 前言

前一章介紹了假設檢定的基本概念，並說明如何使用 z 檢定與 t 檢定來檢驗樣本平均數的統計意義。然而前一章當中所檢驗的樣本平均數只有一個，亦即針對某一次取樣所得到的樣本統計量，檢驗其所屬的母體狀況，因此稱為單一母體的**單樣本假設檢定**（one-sample test of hypothesis），本章將進一步討論較複雜的**雙樣本假設檢定**（two-sample test of hypothesis），探討兩個樣本平均數的差異是否具有統計意義的檢定方式，藉以判定兩個樣本背後的母體狀況。

在學術領域與實務工作中，關心兩者差異的研究課題比比皆是，例如：「男女生對於追劇的熱衷程度是否不同？」、「人們在婚前與婚後的金錢使用態度是否不同？」。要檢驗這類的研究假設必須抽取兩個隨機樣本求得兩個樣本平均數，利用雙樣本假設檢定程序來判定虛無假設與對立假設何者成立。然而這兩個例子的不同之處，在於前者抽樣得到的「男生」與「女生」是兩個獨立樣本（independent samples），因為抽樣時是分別針對男生母體與女生母體進行抽樣，兩者間不會有任何關聯（除非有特別說明樣本經過了某種配對程序）；但是如果對人們在「婚前」與「婚後」進行問卷調查，瞭解他們的用錢態度的差異，此時所抽樣得到的兩個樣本是具有相關的相依樣本（dependent samples），因此，假設檢定又必須區分成獨立樣本與相依樣本的檢定方式，以滿足抽樣資料的特殊性。換言之，在雙樣本平均數檢定中，會因為母體標準差已知或未知，以及抽樣設計是獨立樣本或是相依樣本設計，而有不同的檢定方式，本章將會逐一加以介紹。

從研究設計的角度來看，當假設檢定所檢驗的樣本平均數從一個增加到兩個，其實是增加了一個分組變數，將用於計算平均數的連續變數區分成兩組，進行兩次取樣，得到兩套樣本統計量後進行差異比較，此時分組變數可視為自變數，連續變數可視為依變數。例如：比較不同性別對於追劇的熱衷程度，「性別」是自變數、「追劇熱衷度」是依變數。在探討婚姻對於金錢觀的影響，「婚前婚後」是自變數、「金錢態度」是依變數。

本章首先介紹自變數為二分類別變數（$k=2$）的平均數差異檢定（significant test of mean differences），由於樣本有兩組，此時依變數會因為兩個組的不同，各自計算出一個平均數與標準差。這兩個平均數的平均數差異檢定，可以利用 z 與 t 檢定來進行。如果分組變數的組數超過 2，或是自變數的數目大於 1，平均數「們」的比較就無法使用差異形式的平均數檢定，而必須改用「變異數」形式的模型分析，我們將在後續章節介紹複雜形式的平均數檢定。

10.2　雙樣本平均數檢定原理

10.2.1　檢定程序與參數意涵

雙樣本假設檢定的程序，首先是研究者必須從兩個母體（例如：P_A 與 P_B，$P_A \sim (\mu_A, \sigma_A^2)$、$P_B \sim (\mu_B, \sigma_B^2)$）分別抽取一個隨機樣本，求取平均數 $\overline{X}_A$ 與 $\overline{X}_B$，計算差異量 $\overline{X}_A - \overline{X}_B$，求取此一差異量在抽樣分配上的位置是幾個標準誤（$SE$）的距離，得到檢定量，藉以判定所檢定的效果 $\overline{X}_A - \overline{X}_B$ 的統計顯著性，做出虛無與對立假設需被保留或拒絕的結論。

在假設檢定中，被檢定的效果可以是任何一種統計量，稱為參數估計值（parameter estimate），以 $\hat{\theta}$ 表示，反映統計量背後某種母體參數 θ 的狀態。在平均數差異檢定中，兩個樣本平均數的差異就是參數估計值 $\hat{\theta} = \widehat{\mu_A - \mu_B}$，所檢定的虛無假設是兩個母體期望值差異 $\widehat{\mu_A - \mu_B}$ 是否為 0，而檢定量即為與其標準誤（$SE_{\hat{\theta}}$）的比值。至於檢定量的機率分配是 z 或 t 分配，取決於抽樣條件是否明確。

$$檢定量 = \frac{\hat{\theta}}{SE_{\hat{\theta}}} = \frac{\widehat{\mu_A - \mu_B}}{SE_{\widehat{\mu_A - \mu_B}}} = \frac{\overline{X}_A - \overline{X}_B}{SE_{\overline{X}_A - \overline{X}_B}} \tag{10-1}$$

10.2.2　平均數差異檢定的假設表述

雙樣本假設檢定的統計假設可利用關係式或參數式來表述，關係式反映兩個母體平均數的關係，參數式反映所檢定的參數內容為何，如下所示：

雙尾檢定

　　關係式： $H_0: \mu_A = \mu_B$　　　　參數式： $H_0: \mu_A - \mu_B = 0$
　　　　　　 $H_1: \mu_A \neq \mu_B$　　　　　　　　　　 $H_1: \mu_A - \mu_B \neq 0$

單尾檢定（右尾）

　　關係式： $H_0: \mu_A \leq \mu_B$　　　　參數式： $H_0: \mu_A - \mu_B \leq 0$
　　　　　　 $H_1: \mu_A > \mu_B$　　　　　　　　　　 $H_1: \mu_A - \mu_B > 0$

單尾檢定（左尾）

　　關係式： $H_0: \mu_A \geq \mu_B$　　　　參數式： $H_0: \mu_A - \mu_B \geq 0$
　　　　　　 $H_1: \mu_A < \mu_B$　　　　　　　　　　 $H_1: \mu_A - \mu_B < 0$

關係式的優點是可以利用數學運算符號明確說明兩個樣本的母體狀態關係,而參數式則可直接表述統計所檢定的效果內容(亦即參數)為何。

值得一提的是,參數式當中數學等式符號右側的數字 0,其實是參數的一種狀況,若以期望值型態來表示則為 $\mu_0=0$。這裡的「μ_0」,是指研究者所關心的參數狀態,在檢定中作為比較的強度數量。例如:小學六年級學生的身高比五年級學生高了 2 公分,此時對立假設寫成 $\mu_A-\mu_B >2$,也就是 $\mu_A-\mu_B >\mu_0(=2)$。在雙樣本假設檢定中,μ_0 為平均數差異抽樣分配的期望值。一般而言,如果沒有特別聲明,$\mu_0=0$。亦即檢定母體平均數差異是否為 0。但是如果研究者主張兩個母體平均數差異期望值為特定值,即需指定 μ_0 的數值,例如:在雙尾檢定時,$H_0: \mu_A-\mu_B=\mu_0$,$H_1: \mu_A-\mu_B \neq \mu_0$。也因此可知,以關係式的形式來表達 $H_0: \mu_A=\mu_B$ 無法擴充到 $\mu_0 \neq 0$ 的雙樣本平均數差異假設檢定,因此假設的表述以參數式來表達為佳。

10.2.3 平均數差異分數的抽樣分配

假設檢定的理論核心是檢定量所使用的抽樣分配為何,尤其是抽樣分配的標準誤是 z 檢定量或 t 檢定量的分母項,必須被正確估計。前幾章所討論的平均數抽樣分配都只是單一樣本平均數的抽樣分配,標準誤可以直接由中央極限定理來推導,但本章所涉及的抽樣分配則是平均數差異抽樣分配(sampling distribution of the mean differences),如圖 10.1 右側的常態分配所示。

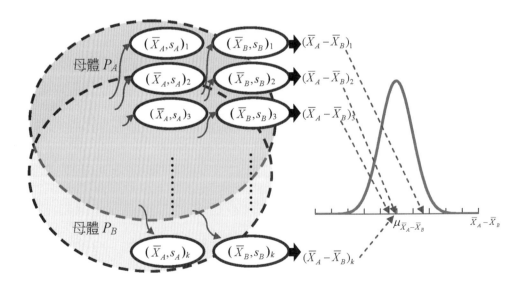

圖 10.1　平均數差異的抽樣分配概念圖示

平均數差異抽樣分配是指反覆抽樣估計 k 次 $\overline{X}_A$ 與 $\overline{X}_B$ 的差異分數 $(\overline{X}_A-\overline{X}_B)$，當估計次數趨近無限大（$k\rightarrow\infty$）所得到的機率分配。如果抽取的樣本數 n_A 與 n_B 足夠大，差異分數 $(\overline{X}_A-\overline{X}_B)$ 所形成的機率分配呈常態，平均數為 $\mu_{\overline{X}A-\overline{X}B}$，變異數為 $\sigma^2_{\overline{X}A-\overline{X}B}$），亦即 $(\overline{X}_A-\overline{X}_B)\sim N(\mu_{\overline{X}A-\overline{X}B}, \sigma^2_{\overline{X}A-\overline{X}B})$。

在雙樣本平均數假設檢定中，其抽樣過程是取兩個樣本計算其平均數差異分數來進行比較，此時不同的平均數可能計算來自不同的受試者，亦有可能計算自同一個樣本的重複測量，或是具有配對關係的不同樣本。根據機率原理，當不同的平均數來自於不同的獨立樣本，兩個樣本的抽樣機率亦相互獨立，此時稱為獨立樣本設計（independent sample design）。

但是，如果不同的平均數來自於同一個樣本的同一群人（例如：某班學生的期中考與期末考成績），即**重複量數設計**（repeated measure design）（例如：具有前測（pre-test）與後測（post-test）的研究設計），或是來自具有配對關係的不同樣本（例如：夫妻兩人的薪資多寡），即**配對樣本設計**（matched group design），樣本抽取的機率為非獨立、相依的情況。在計算抽樣分配的標準誤時，必須特別考量到重複計數或相配對的關係，以不同的公式進行檢定。

10.2.4　獨立樣本設計的標準誤估計

在一般雙尾設計下，雙樣本平均數考驗的虛無假設為「*兩個母體差異期望值（平均數）為 0*」，亦即 $H_0: \mu_1-\mu_2=\mu_0=0$。在 H_0 成立的情況下，母體差異期望值為 0，亦即母體期望值相同：$\mu_1=\mu_2=\mu_0$，變異數也相同 $\sigma_1^2=\sigma_2^2=\sigma^2$。當所抽取的兩個樣本為獨立事件而彼此沒有關聯的獨立樣本設計下，平均數差異分數抽樣分配的變異數（$\sigma^2_{\overline{X}_1-\overline{X}_2}$）為來自同一個母體進行兩次抽樣的抽樣誤差累積而成，如公式 10-2 所示。開根號之後得到差異分數標準誤（standard error of the difference），以 $\sigma_{\overline{X}_1-\overline{X}_2}$ 表示，如公式 10-3 所示。

$$\sigma^2_{\overline{X}_1-\overline{X}_2}=\sigma^2_{\overline{X}_1}+\sigma^2_{\overline{X}_2}=\frac{\sigma_1^2}{n_1}+\frac{\sigma_2^2}{n_2}=\sigma^2\left(\frac{1}{n_1}+\frac{1}{n_2}\right)$$

(10-2)

$$\sigma_{\overline{X}_1-\overline{X}_2}=\sqrt{\sigma^2_{\overline{X}_1}+\sigma^2_{\overline{X}_2}}=\sqrt{\left(\frac{\sigma_1^2}{n_1}+\frac{\sigma_2^2}{n_2}\right)}=\sqrt{\sigma^2\left(\frac{1}{n_1}+\frac{1}{n_2}\right)}=\sigma\sqrt{\left(\frac{1}{n_1}+\frac{1}{n_2}\right)}$$

(10-3)

如果母體標準差可知，兩次抽樣有相同的抽樣條件，抽樣變異誤為兩個樣本的變異誤和；如果母體標準差不詳，兩個樣本的抽樣條件不明，σ_1 與 σ_2 未知，此時母體變異數需以樣本變異數 s_1^2 與 s_2^2 估計之，差異分數抽樣分配的估計變異誤以 $s_{\bar{X}_1-\bar{X}_2}^2$ 表示，如公式 10-4。差異分數抽樣分配的估計標準誤（estimated standard error）則為變異誤的開方，如公式 10-5 所示。

$$s_{\bar{X}_1-\bar{X}_2}^2 = s_{\bar{X}_1}^2 + s_{\bar{X}_2}^2 = \frac{s_1^2}{n_1} + \frac{s_2^2}{n_2} \tag{10-4}$$

$$s_{\bar{X}_1-\bar{X}_2} = \sqrt{s_{\bar{X}_1}^2 + s_{\bar{X}_2}^2} = \sqrt{\frac{s_1^2}{n_1} + \frac{s_2^2}{n_2}} \tag{10-5}$$

當使用差異分數估計標準誤 $s_{\bar{X}_1-\bar{X}_2}$ 進行檢定時，無法確保抽樣分配具有常態性，因此不能使用標準常態 z 分配而須使用 t 分配，自由度也是由兩次抽樣估計累加而得，每次的自由度是樣本數減 1，累加得到自由度是總樣本數（N）減 2：

$$df_{\bar{X}_1-\bar{X}_2} = df_{\bar{X}_1} + df_{\bar{X}_2} = (n_1 - 1) + (n_2 - 1)$$
$$= n_1 + n_2 - 2 = N - 2 \tag{10-6}$$

10.2.5 變異數同質問題

由於平均數差異檢定的虛無假設假定不同樣本取自相同母體，因此即使 σ_1^2 與 σ_2^2 未知而以樣本變異數 s_1^2 與 s_2^2 分別估計，但是「理論上」仍應假設兩者是針對同一母體的兩次估計，兩個樣本的變異數 s_1^2 與 s_2^2 應假設具有同質性，稱為變異數同質假設（assumption of homogeneity of variance），在同質假設維繫的情況下，母體變異數可以公式 10-7 估計：

$$\hat{\sigma}^2 = s_p^2 = \left(\frac{df_1}{df_1+df_2}\right) \times s_1^2 + \left(\frac{df_2}{df_1+df_2}\right) \times s_2^2 = \frac{df_1 s_1^2 + df_2 s_2^2}{df_1+df_2}$$
$$= \left(\frac{n_1-1}{n_1+n_2-2}\right) \times s_1^2 + \left(\frac{n_2-1}{n_1+n_2-2}\right) \times s_2^2 = \frac{SS_1 + SS_2}{N-2} \tag{10-7}$$

公式 10-7 是把 s_1^2 與 s_2^2 以兩次抽樣的自由度為加權數求取加權平均，也就是兩次抽樣的離均差平方和相加後除以總自由度求取綜合變異數，稱為母體變異數綜合估計數（pooled estimate of σ^2），以 $\hat{\sigma}^2$ 或 s_p^2 表示。有了 s_p^2 即可估計「假設 $\sigma_1^2 = \sigma_2^2$」

下的平均數差異分數抽樣分配變異誤，如公式 10-8，開根號即為估計標準誤，如公式 10-9。

$$s_{\bar{X}_1-\bar{X}_2}^2 = s_{\bar{X}_1}^2 + s_{\bar{X}_2}^2 = \frac{s_1^2}{n_1} + \frac{s_2^2}{n_2} = s_p^2\left(\frac{1}{n_1}+\frac{1}{n_2}\right) \tag{10-8}$$

$$s_{\bar{X}_1-\bar{X}_2} = \sqrt{s_{\bar{X}_1}^2 + s_{\bar{X}_2}^2} = \sqrt{\frac{s_1^2}{n_1} + \frac{s_2^2}{n_2}} = \sqrt{s_p^2\left(\frac{1}{n_1}+\frac{1}{n_2}\right)} = s_p\sqrt{\left(\frac{1}{n_1}+\frac{1}{n_2}\right)} \tag{10-9}$$

但如果樣本變異數s_1^2與s_2^2明顯不同，變異數同質假設無法維繫，此時s_p^2不是母體變異數σ^2的不偏估計數。換言之，當變異數同質假設遭到違反時，應採用公式 10-4 與公式 10-5 來估計兩組變異數為異質情況下的$s_{\bar{X}_1-\bar{X}_2}^2$與$s_{\bar{X}_1-\bar{X}_2}$，自由度則必須進行修正。自由度的修正是以各次抽樣的抽樣變異誤為權數，進行加權調和平均數計算，如公式 10-10。

$$\begin{aligned}
df_{\bar{X}_1-\bar{X}_2}^* &= \frac{1}{\dfrac{(s_{\bar{X}_1}^2)^2}{(s_{\bar{X}_1}^2+s_{\bar{X}_2}^2)^2}\times\dfrac{1}{df_1} + \dfrac{(s_{\bar{X}_2}^2)^2}{(s_{\bar{X}_1}^2+s_{\bar{X}_2}^2)^2}\times\dfrac{1}{df_2}} \\[2mm]
&= \frac{(s_{\bar{X}_1}^2+s_{\bar{X}_2}^2)^2}{\dfrac{(s_{\bar{X}_1}^2)^2}{df_1}+\dfrac{(s_{\bar{X}_2}^2)^2}{df_2}} = \frac{(s_1^2/n_1+s_2^2/n_2)^2}{\dfrac{(s_1^2/n_1)^2}{n_1-1}+\dfrac{(s_2^2/n_2)^2}{n_2-1}}
\end{aligned} \tag{10-10}$$

值得注意的是，由於 t 分配的自由度均為整數，因此當 $df_{\bar{X}_1-\bar{X}_2}^*$ 具有小數時，取四捨五入值。如果兩次抽樣的變異誤相同，變異數異質的平均數差異抽樣分配自由度為兩次抽樣的自由度之調和平均，與未調整前相同：$df^*=df=n_1+n_2-2$，但是當兩次抽樣的變異誤相差越大，df^* 的修正幅度就越大。至於決定抽樣變異誤的因素有樣本變異數及樣本數兩者，因此當兩次抽樣的樣本變異數及樣本數差異很懸殊時，df^* 的修正變化就很明顯：樣本變異數大而樣本數少的自由度加權大，樣本變異數小而樣本數多的自由度加權小。

為了示範樣本變異數在同質與異質情況下的 t 檢定程序，本章後續的示範將同時列舉兩種假設條件下的分析過程與結果。至於實務上在執行獨立樣本 t 檢定時，應採行何者，可先進行變異數同質性檢驗，例如：Levene's test。關於此一檢定的原理與範例，我們將留待本章最後一節討論。

10.2.6　相依樣本設計的標準誤估計

10.2.6.1　雙樣本檢定法

在相依設計下進行雙樣本平均數檢定，檢定效果仍為兩次抽樣的平均數差異，所不同的是兩個樣本來自於重複測量或配對設計，因此樣本之間具有一定程度的相關，但人數必然相等，$n_1=n_2=n$，此時的 n 可以為人數或配對數。

基於虛無假設 $H_0: \mu_1=\mu_2$ 的立場，兩次抽樣來自同一個母體，因此不僅期望值相同，變異數也應相同，$\sigma_1^2 = \sigma_2^2 =\sigma^2$，而同一個母體所抽出的兩個具有相關的相依樣本，相依程度以相關係數 ρ 表示（希臘符號 ρ 表示此相關係數為母體參數）。此時，平均數差異分數抽樣分配的變異誤，為兩次抽樣的抽樣誤差相加之後，需扣除兩者相依部分的重複計算，如公式 10-11 所示。

$$\sigma_{\bar{X}_1-\bar{X}_2}^2 = \sigma_{\bar{X}_1}^2 + \sigma_{\bar{X}_2}^2 - 2\rho\sigma_{\bar{X}_1}\sigma_{\bar{X}_2} = \frac{\sigma_1^2}{n} + \frac{\sigma_2^2}{n} - 2\rho\sqrt{\frac{\sigma_1^2}{n}}\sqrt{\frac{\sigma_2^2}{n}} = 2\sigma^2\left(\frac{1-\rho}{n}\right) = 2(1-\rho)\frac{\sigma^2}{n} \tag{10-11}$$

標準誤如公式 10-12 所示：

$$\sigma_{\bar{X}_1-\bar{X}_2} = \sqrt{\sigma_{\bar{X}_1}^2 + \sigma_{\bar{X}_2}^2 - 2\rho\sigma_{\bar{X}_1}\sigma_{\bar{X}_2}} = \sqrt{2(1-\rho)}\frac{\sigma}{\sqrt{n}} \tag{10-12}$$

在母體標準差或母體相關係數未知的情況下，不僅母體變異數 σ_1^2 與 σ_2^2 需以樣本變異數 s_1^2 與 s_2^2 來估計，差異分數抽樣分配的估計變異誤也需扣除相依所發生的重複部分，而相依程度則由樣本相關係數（以 r 表示）來估計，如公式 10-13 所示，估計標準誤如公式 10-14 所示。

$$s_{\bar{X}_1-\bar{X}_2}^2 = s_{\bar{X}_1}^2 + s_{\bar{X}_2}^2 - 2rs_{\bar{X}_1}s_{\bar{X}_2} = \frac{s_1^2 + s_2^2 - 2rs_1s_2}{n} \tag{10-13}$$

$$s_{\bar{X}_1-\bar{X}_2} = \sqrt{s_{\bar{X}_1}^2 + s_{\bar{X}_2}^2 - 2rs_{\bar{X}_1}s_{\bar{X}_2}} = \sqrt{\frac{s_1^2 + s_2^2 - 2rs_1s_2}{n}} \tag{10-14}$$

值得注意的是，雖然相依設計也進行兩次抽樣，得到樣本數為同為 n 的兩個樣本，觀察值的個數理應為 $2n$，但是因為相依設計，每一個人實施 2 次，或兩個配

對觀察值屬於一組配對，因此自由度只計算一次，換言之，相依設計的平均數差異分數的抽樣分配，自由度為 $n-1$，而非 n_1+n_2-2，足足比獨立設計少了一半。

10.2.6.2　差異分數檢定法

　　事實上，相依樣本設計下的兩個樣本資料取得具有配對關係或重複測量關係，因此兩個樣本實則可以視為一組樣本，可仿照單一樣本檢定方法來進行分析。這是基於相依設計中，由於受試者是相同的一組人，或具備配對關係，因此兩個樣本得分呈現配對分數，可直接相減得到差異分數（D score），$D=x_1-x_2$，然後針對差異分數抽樣分配進行估計，計算出統計檢定量，即可進行單一樣本平均數檢定，此一方法稱為**直接差異分數檢定法**（direct-difference method），直接考驗 D 分數所形成的樣本統計量背後的母體特徵。但由於差異分數的母體 D 並不存在，無法使用 z 檢定，一律使用 t 檢定，自由度為 $n-1$。

　　對於兩個樣本配對分數的差異分數 D 本身是一個樣本數為 n 的樣本分配，平均數為 $\overline{D}$，變異數為 s_D^2，差異分數的抽樣分配平均數則為 $\mu_{\overline{D}}$，變異誤為 $s_{\overline{D}}^2$。差異分數估計變異誤（公式 10-15）與標準誤（公式 10-16）如下：

$$s_{\overline{D}}^2 = \frac{s_D^2}{n}$$

(10-15)

$$s_{\overline{D}} = \frac{s_D}{\sqrt{n}}$$

(10-16)

10.2.7　獨立與相依設計的異同

　　由公式 10-10 與 10-12 可知，如果兩個相依樣本之間完全沒有相關，$\rho=0$ 或 $r=0$，相依樣本設計與獨立樣本設計的變異誤計算公式相同。公式 10-14 即成為 $\sigma_{\overline{X}_1-\overline{X}_2}^2 = \sigma_{\overline{X}_1}^2 + \sigma_{\overline{X}_2}^2 = 2\sigma_{\overline{X}}^2$，也就是單一樣本抽樣變異誤的兩倍，亦即當相依樣本之間的相關若為 0，以相依設計進行分析無異於獨立樣本設計。但是隨著兩個樣本相依程度提高，$\rho \to 1$ 或 $r \to 1$，抽樣誤差逐漸降低，在完全正相關（$\rho=1$ 或 $r=1$）的情況下，抽樣標準誤為 0，平均數差異分數的抽樣分配退化成一直線。也就是說，相依設計可以削減抽樣誤差，相關越高，削減程度越大。

　　但是，如果兩個樣本的相關為負值，那麼相依設計在扣減抽樣誤差的效果就完全相反，變異誤不減反增，最高可能增加一倍。所幸相依樣本得分的相關絕大多數

皆為正值，相關為負的情形並不多見，即使存在，也很容易察知，因此採取相依設計多半可以得到扣減誤差項的效果。

　　一般而言，在相同的平均數差異下，使用相依樣本公式所得到的 t 值會大於獨立樣本 t 值，使得相依樣本的統計檢定力高於獨立樣本檢定。這就是許多實驗研究者喜歡使用相依樣本設計的原因，不但抽樣誤差變小，實施上更省事（若自變數有 k 個水準，採重複量數實驗的樣本數目需求較獨立設計少 k 倍）。關於前述各節所討論的標準誤公式整理於表 10.1。

→**表** 10.1　雙樣本平均數檢定的抽樣分配標準誤與自由度

雙樣本設計	獨立設計	相依設計
σ 已知	$\sigma_{\bar{X}_1-\bar{X}_2} = \sqrt{\sigma^2\left(\dfrac{1}{n_1}+\dfrac{1}{n_2}\right)} = \sigma\sqrt{\dfrac{1}{n_1}+\dfrac{1}{n_2}}$	$\sigma_{\bar{X}_1-\bar{X}_2} = \sqrt{\sigma^2_{\bar{X}_1}+\sigma^2_{\bar{X}_2}-2\rho\sigma_{\bar{X}_1}\sigma_{\bar{X}_2}}$ $= \sqrt{2(1-\rho)\dfrac{\sigma^2}{n}} = \dfrac{\sigma}{\sqrt{n}}\sqrt{2(1-\rho)}$
σ 未知	假設 $\sigma_1=\sigma_2=\sigma$ $s_{\bar{X}_1-\bar{X}_2} = \sqrt{s^2_p\left(\dfrac{1}{n_1}+\dfrac{1}{n_2}\right)} = s_p\sqrt{\dfrac{1}{n_1}+\dfrac{1}{n_2}}$ $s^2_p = \dfrac{df_1 s^2_1 + df_2 s^2_2}{df_1+df_2} = \dfrac{(n_1-1)s^2_1+(n_2-1)s^2_2}{n_1+n_2-2}$ $df = n_1+n_2-2$ 假設 $\sigma_1 \neq \sigma_2$ $s_{\bar{X}_1-\bar{X}_2} = \sqrt{\dfrac{s^2_1}{n_1}+\dfrac{s^2_2}{n_2}}$ $df^* = \dfrac{[s^2_1/n_1 + s^2_2/n_2]^2}{\dfrac{(s^2_1/n_1)^2}{n_1-1}+\dfrac{(s^2_2/n_2)^2}{n_2-1}}$	$s_{\bar{X}_1-\bar{X}_2} = \sqrt{\dfrac{s^2_1+s^2_2-2rs_1s_2}{n}}$ $s_{\bar{D}} = \sqrt{\dfrac{s^2_D}{n}} = \dfrac{s_D}{\sqrt{n}}$ $df = n-1$

10.3　獨立雙樣本平均數差異檢定

10.3.1　平均數差異檢定量

對於雙樣本平均數差異假設檢定，當母體標準差 σ 已知，可直接求得平均數差異分數抽樣標準誤 $\sigma_{\overline{X}_1-\overline{X}_2}$，此時以 z 檢定來檢驗兩個樣本平均數差異的顯著性即可，稱為平均數差異 z 檢定。z 檢定量的計算均為公式 10-17，若虛無假設為 H_0: $\mu_1-\mu_2=0$ 時，μ_0 即為 0。z 檢定量的除項（標準誤），在獨立設計時以公式 10-2 為分母，在相依設計時以公式 10-11 的 $\sigma_{\overline{X}_1-\overline{X}_2}$ 為分母。

$$z_{obt} = \frac{\left(\overline{X}_1 - \overline{X}_2\right) - \mu_0}{\sigma_{\overline{X}_1 - \overline{X}_2}} \tag{10-17}$$

如果母體標準差 σ 未知，兩個樣本的抽樣條件不明，必須求得差異分數估計標準誤 $s_{\overline{X}_1-\overline{X}_2}$ 後，以 t 檢定來檢驗兩個獨立樣本平均數差異的顯著性，稱為獨立雙樣本平均數差異 t 檢定，如公式 10-18 所示。

$$t_{obt(df)} = \frac{\left(\overline{X}_1 - \overline{X}_2\right) - \mu_0}{s_{\overline{X}_1 - \overline{X}_2}} \tag{10-18}$$

由於 t 檢定所使用的標準誤，會因為變異數同質假設是否維繫，區分成「假設變異數同質」與「不假設變異數同質」兩種計算型態，而自由度也可能需要校正，以正確的標準誤進行 t 檢定。

10.3.2　獨立樣本平均數差異雙尾 z 檢定（σ 已知）

本節以前章所使用的範例來擴充說明。如果今天管理研究所所長除了擁有自己班上的 25 名新生年齡平均數與標準差（$\overline{X}_1=24$、$s_1=2.5$），同時也知道心理研究所的 25 名新生年齡平均數與標準差（$\overline{X}_2=22.5$、$s_2=2$），而一般研究所新生年齡的標準差若為 2（亦即 $\sigma=2$）。那麼「管理研究所與心理研究所新生年齡是否相同」的研究問題應如何檢定呢？以下以五步驟法來說明檢定過程與結果。

步驟一：發展假設

本範例的研究問題為「管理研究所與心理研究所的新生年齡是否相同？」，如果真實狀況是「相同」，表示「管理研究所與心理研究所的新生年齡期望值（母體平均數）相同」，或者「管理研究所與心理研究所的新生年齡期望值（母體平均

數）差異為 0」；如果真實狀況是「不同」，表示「管理研究所與心理研究所的新生年齡期望值（母體平均數）不同」，或者「管理研究所與心理研究所的新生年齡期望值（母體平均數）差異不為 0」。由題意可知為雙尾假設：

$$\begin{cases} H_0： \mu_1 = \mu_2 & \text{or} & (\mu_1 - \mu_2) = 0 \\ H_1： \mu_1 \neq \mu_2 & \text{or} & (\mu_1 - \mu_2) \neq 0 \end{cases}$$

μ_1：管理研究所新生年齡期望值（母體平均數）

μ_2：心理研究所新生年齡期望值（母體平均數）

步驟二：評估抽樣條件

管理研究所的新生人數 n_1=25，年齡平均數與標準差（$\overline{X}_1$=24、s_1=2.5）

心理研究所的新生人數 n_2=25，年齡平均數與標準差（$\overline{X}_2$=22.5、s_2=2）

一般研究所新生年齡的標準差為 2，母體標準差已知 σ=2，抽樣標準誤：

$$\sigma_{\overline{X}_1 - \overline{X}_2} = \sqrt{\sigma^2 \left(\frac{1}{n_1} + \frac{1}{n_2} \right)} = \sqrt{2^2 \times \left(\frac{1}{25} + \frac{1}{25} \right)} = \sqrt{0.32} = 0.566$$

步驟三：決定檢定條件

本範例抽樣條件明確，標準誤可以計算得出，可進行統計量的 z 轉換，抽樣分配為 z 分配。顯著水準設定為 α=.05，雙尾臨界值 $z_{\alpha/2}$=$z_{.025}$=±1.96。

步驟四：計算檢定量與尾機率

$$z_{obt} = \frac{(\overline{X}_1 - \overline{X}_2) - \mu_0}{\sigma_{\overline{X}_1 - \overline{X}_2}} = \frac{(24 - 22.5) - 0}{\sqrt{0.32}} = \frac{1.5}{0.566} = 2.65$$

由查表或以 EXCEL 的 [1-NORM.S.DIST(2.65,1)]*2 求得雙尾尾機率 p=.004*2 =.008。

步驟五：進行決策與解釋

基於前述的抽樣條件、檢定量與尾機率狀況，我們可以進行下列決策：

∵ |z_{obt}=2.65| > |$z_{.025}$=±1.96| 或 p=.008 < α=.05

∴拒絕 H_0、接受 H_1

亦即 $\mu_1 \neq \mu_2$ 或 $\mu_1 - \mu_2 \neq 0$，可解釋為「兩個研究所新生年齡期望值具有顯著差異」或「兩個研究所新生年齡期望值差異不等於 0」。由於結論為拒絕 H_0，因此本範例結論有可能有犯下型 I 決策錯誤，亦即兩個研究所新生年齡其實沒有差異而被我們誤判為有差異，其機率為 5%。檢定結果之圖示如圖 10.2。

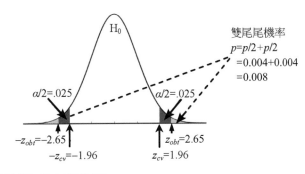

圖 10.2　獨立樣本平均數差異雙尾 z 檢定結果圖示

10.3.3　獨立樣本平均數差異單尾 z 檢定（σ 已知）

若將前一範例改為單尾檢定，亦即將研究問題改為：「管理研究所的新生年齡是否高於心理研究所？」，若抽樣條件維持相同，僅有假設表述方式必須加以調整，改採單尾 z 檢定，檢定過程如下：

步驟一：發展假設

$$\begin{cases} H_0 : \mu_1 \le \mu_2 \quad \text{or} \quad \mu_1 - \mu_2 \le 0 \\ H_1 : \mu_1 > \mu_2 \quad \text{or} \quad \mu_1 - \mu_2 > 0 \end{cases}$$

μ_1：管理研究所新生年齡期望值（母體平均數）

μ_2：心理研究所新生年齡期望值（母體平均數）

步驟二：評估抽樣條件

管理研究所的新生人數 $n_1=25$，年齡平均數與標準差（$\overline{X}_1=24$、$s_1=2.5$）

心理研究所的新生人數 $n_2=25$，年齡平均數與標準差（$\overline{X}_2=22.5$、$s_2=2$）

一般研究所新生年齡的標準差為 2，母體標準差已知 $\sigma=2$，抽樣標準誤：

$$\sigma_{\overline{X}_1 - \overline{X}_2} = \sqrt{\sigma^2 \left(\frac{1}{n_1} + \frac{1}{n_2} \right)} = \sqrt{2^2 \times \left(\frac{1}{25} + \frac{1}{25} \right)} = \sqrt{0.32} = 0.566$$

步驟三：決定檢定條件

母體標準差已知，抽樣分配為 z 分配，$\alpha=.05$，右尾臨界值 $z_{.05}=+1.645$

步驟四：計算檢定量與尾機率

$$z_{obt} = \frac{(\overline{X}_1 - \overline{X}_2) - \mu_0}{\sigma_{\overline{X}_1 - \overline{X}_2}} = \frac{(24 - 22.5) - 0}{\sqrt{0.32}} = \frac{1.5}{0.566} = 2.65$$

以 EXCEL 的 [1-NORM.S.DIST(2.65,1)] 求得單尾尾機率 $p=.004$

步驟五：進行決策與解釋

$\because |z_{obt}=2.65| > |z_{.05}=1.645|$ 或 $p=.004 < \alpha=.05$

$\therefore$ 拒絕 H_0、接受 H_1

亦即 $\mu_1 > \mu_2$ 或 $\mu_1 - \mu_2 > 0$，解釋為「管理研究所新生年齡期望值顯著高於心理研究所」或「管理研究所與心理研究所新生年齡期望值差異大於 0」。本範例結論可能犯下型 I 錯誤，機率為 5%。檢定結果之圖示如圖 10.3。

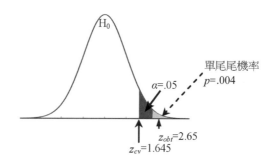

圖 10.3　獨立樣本平均數差異單尾 z 檢定結果圖示

範例 10.1　獨立樣本平均數差異的雙尾假設檢定（σ 已知）

問題：某位研究者認為人們使用 Uber 搭車是因為辦公地點的影響，因此隨機詢問 16 位身邊上班族每週 Uber 搭車的次數，其中 8 人在市區工作，另外 8 人在郊區工作：

地區別									平均數	標準差	變異數
市區	4	6	3	3	1	3	2	2	3	1.51	2.28
郊區	5	6	5	4	3	4	3	4	4.25	1.04	1.08

請問：如果母體變異數為 2（一般人使用 Uber 搭車的變異數）

　　1. 基於雙尾檢定：市區使用 Uber 的次數與郊區是否相同？

　　2. 基於單尾檢定：市區使用 Uber 的次數比起郊區是否較低？

解答：

步驟一：發展假設

雙尾 $\begin{cases} H_0: \mu_1 = \mu_2 \text{ or } \mu_1 - \mu_2 = 0 \\ H_1: \mu_1 \neq \mu_2 \text{ or } \mu_1 - \mu_2 \neq 0 \end{cases}$　單尾 $\begin{cases} H_0: \mu_1 \geq \mu_2 \text{ or } \mu_1 - \mu_2 \geq 0 \\ H_1: \mu_1 < \mu_2 \text{ or } \mu_1 - \mu_2 < 0 \end{cases}$

　　μ_1：市區搭Uber次數期望值（母體平均數）

　　μ_2：郊區搭Uber次數期望值（母體平均數）

步驟二：評估抽樣條件

$n_1=8$、$\overline{X}_1=3$、$s_1=1.51$、$s_1^2=2.28$; $n_2=8$、$\overline{X}_2=4.25$、$s_2=1.04$、$s_2^2=1.08$

母體變異數已知 $\sigma^2=2$，抽樣標準誤：

$$\sigma_{\overline{X}_1-\overline{X}_2} = \sqrt{\sigma^2\left(\frac{1}{n_1}+\frac{1}{n_2}\right)} = \sqrt{2\times\left(\frac{1}{8}+\frac{1}{8}\right)} = \sqrt{0.5} = 0.707$$

步驟三：決定檢定條件

∵ $\sigma^2=2$，∴使用 z 分配、$\alpha=.05$、雙尾臨界值 $z_{.025}=\pm1.96$、左尾臨界值 $z_{.05}=-1.645$

步驟四：計算檢定量

$$z_{obt} = \frac{(\overline{X}_1-\overline{X}_2)-\mu_0}{\sigma_{\overline{X}_1-\overline{X}_2}} = \frac{(3-4.25)-0}{0.707} = \frac{-1.25}{0.707} = -1.768$$

以 EXCEL 的 [1-NORM.S.DIST(1.768,1)]*2 求得雙尾尾機率 $p=.0771$

以 EXCEL 的 [1-NORM.S.DIST(1.768,1)] 求得單尾尾機率 $p=.0385$

步驟五：進行決策與解釋

1. 雙尾檢定結果

∵ $|z_{obt}=-1.768| \leq |\pm z_{cv}=\pm1.96|$ 或 $p=.0771 > \alpha=.05$ ∴保留 H_0，亦即市區使用 Uber 的次數與郊區無顯著差異。結論可能犯型 II 錯誤

2. 單尾檢定結果

∵ $|z_{obt}=-1.768| > |z_{cv}=-1.645|$ 或 $p=.0385 < \alpha=.05$ ∴拒絕 H_0、接受 H_1，亦即市區使用 Uber 的次數顯著低於郊區。結論可能犯型 I 錯誤，機率為 5%。

3. 以 EXCEL 分析結果：以 EXCEL 執行分析的結果列於表 10.2。

→表 10.2　以EXCEL執行獨立樣本 z 檢定結果

z 檢定：兩個母體平均數差異檢定

	市區	郊區
平均數	3	4.25
已知的變異數	2	2
觀察值個數	8	8
假設的均數差	0	
z	-1.7678	
P(Z<=z) 單尾	0.0385	
臨界值：單尾	1.6449	
P(Z<=z) 雙尾	0.0771	
臨界值：雙尾	1.9600	

10.3.4　獨立樣本平均數差異雙尾 *t* 檢定（σ 未知）

關於「管理研究所與心理研究所的新生年齡是否相同？」這個研究假設的回答，如果母體標準差未知，此時即為 *t* 檢定。檢定過程與結果說明如下：

步驟一：發展假設

$$\begin{cases} H_0：\mu_1 = \mu_2 & or \quad (\mu_1 - \mu_2) = 0 \\ H_1：\mu_1 \neq \mu_2 & or \quad (\mu_1 - \mu_2) \neq 0 \end{cases}$$

μ_1：管理研究所新生年齡期望值（母體平均數）

μ_2：心理研究所新生年齡期望值（母體平均數）

步驟二：評估抽樣條件

管理研究所的新生人數 n_1=25，年齡平均數與標準差（$\overline{X}_1$=24、s_1=2.5）

心理研究所的新生人數 n_2=25，年齡平均數與標準差（$\overline{X}_2$=22.5、s_2=2）

母體標準差不詳，抽樣標準誤與自由度計算如下：

A：假設變異數同質：

$$s_p^2 = \frac{df_1 s_1^2 + df_2 s_2^2}{df_1 + df_2} = \frac{24 \times 2.5^2 + 24 \times 2^2}{24 + 24} = 5.125$$

$$s_{\overline{X}_1 - \overline{X}_2} = \sqrt{s_p^2 \left(\frac{1}{n_1} + \frac{1}{n_2} \right)} = \sqrt{5.125 \left(\frac{1}{25} + \frac{1}{25} \right)} = 0.64$$

$$df_{\overline{X}_1 - \overline{X}_2} = n_1 + n_2 - 2 = 25 + 25 - 2 = 48$$

B：假設變異數異質：

$$s_{\overline{X}_1 - \overline{X}_2} = \sqrt{\frac{s_1^2}{n_1} + \frac{s_2^2}{n_2}} = \sqrt{\frac{2.5^2}{25} + \frac{2^2}{25}} = 0.64$$

$$df_{\overline{X}_1 - \overline{X}_2}^* = \frac{[s_1^2 / n_1 + s_2^2 / n_2]^2}{\dfrac{(s_1^2 / n_1)^2}{n_1 - 1} + \dfrac{(s_2^2 / n_2)^2}{n_2 - 1}} = \frac{(2.5^2 / 25 + 2^2 / 25)^2}{\dfrac{(2.5^2 / 8)^2}{25 - 1} + \dfrac{(2^2 / 25)^2}{25 - 1}} = \frac{0.1681}{0.00367} = 45.8 \approx 46$$

步驟三：決定檢定條件

∵ σ 未知，∴使用 *t* 分配、α=.05

雙尾臨界值，*df*=48：$t_{.025(48)}$= ±2.011（EXCEL 函數 T.INV.2T(0.05,48)）

雙尾臨界值，*df*=46：$t_{.025(46)}$= ±2.013（EXCEL 函數 T.INV.2T(0.05,46)）

步驟四：計算檢定量

A：假設變異數同質：

$$t_{obt(48)} = \frac{(\overline{X}_1 - \overline{X}_2) - \mu_0}{s_{\overline{X}_1 - \overline{X}_2}} = \frac{(24 - 22.5) - 0}{0.64} = \frac{1.5}{0.64} = 2.344$$

以 EXCEL 的 T.DIST.2T(2.344,48) 求得雙尾尾機率 p=.0233

B：假設變異數異質：

$$t_{obt(46)} = \frac{(\overline{X}_1 - \overline{X}_2) - \mu_0}{s_{\overline{X}_1 - \overline{X}_2}} = \frac{(24 - 22.5) - 0}{0.64} = \frac{1.5}{0.64} = 2.344$$

以 EXCEL 的 T.DIST.2T(2.344,46) 求得雙尾尾機率 p=.0235

步驟五：進行決策與解釋

A：假設變異數同質：

∵ |$t_{obt(48)}$=2.344| > |$t_{.025(48)}$=±2.011| 或 p=.0233 < α=.05 ∴拒絕 H_0、接受 H_1

B：假設變異數異質：

∵ |$t_{obt(46)}$=2.344| > |$t_{.025(46)}$=±2.013| 或 p=.0235 < α=.05 ∴拒絕 H_0、接受 H_1

在變異數同質與異質兩種情況下結論相同，亦即 $\mu_1 \neq \mu_2$ 或 $\mu_1 - \mu_2 \neq 0$，「兩個研究所新生年齡期望值具有顯著差異」或「兩個研究所新生年齡期望值差異不等於 0」。可能犯下型 I 決策錯誤，機率為 5%。檢定結果圖示如圖 10.4。

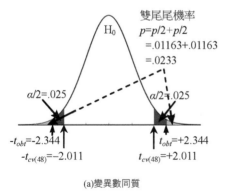
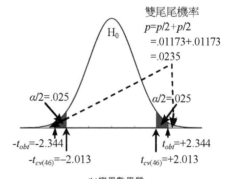

圖 10.4　獨立樣本平均數差異雙尾 t 檢定結果圖示

10.3.5　獨立樣本平均數差異單尾 t 檢定（σ 未知）

同樣的，當母體標準差未知時，對於平均數差異的 t 檢定可以進行單尾檢定，藉以回答「管理研究所的新生年齡是否高於心理研究所？」的研究問題，檢定過程與結果說明如下：

步驟一：發展假設

$$\begin{cases} H_0 : \mu_1 \le \mu_2 \quad or \quad \mu_1 - \mu_2 \le 0 \\ H_1 : \mu_1 > \mu_2 \quad or \quad \mu_1 - \mu_2 > 0 \end{cases}$$

　　μ_1：管理研究所新生年齡期望值（母體平均數）

　　μ_2：心理研究所新生年齡期望值（母體平均數）

步驟二：評估抽樣條件（與雙尾檢定相同）

　　管理研究所的新生人數 n_1=25，年齡平均數與標準差（$\overline{X}_1$=24、s_1=2.5）

　　心理研究所的新生人數 n_2=25，年齡平均數與標準差（$\overline{X}_2$=22.5、s_2=2）

　　母體標準差不詳，抽樣標準誤與自由度計算如下：

　　A：假設變異數同質：

　　母體變異數綜合估計數 s_p^2 =5.125

　　平均數差異抽樣分配標準誤 $s_{\overline{X}_1-\overline{X}_2}$=0.64, $df_{\overline{X}_1-\overline{X}_2}$=48

　　B：假設變異數異質：

　　平均數差異抽樣分配標準誤 $s_{\overline{X}_1-\overline{X}_2}$=0.64, $df^*_{\overline{X}_1-\overline{X}_2}$=45.8 $\approx$ 46

步驟三：決定檢定條件

　　$\because \sigma$ 未知，$\therefore$ 使用 t 分配、α=.05、

　　右尾臨界值，df=48：$t_{.05(48)}$=1.677（EXCEL 函數 T.INV(0.95,48)）

　　右尾臨界值，df=46：$t_{.05(46)}$=1.679（EXCEL 函數 T.INV(0.95,46)）

步驟四：計算檢定量與尾機率

　　A：假設變異數同質：

$$t_{obt(48)} = \frac{(\overline{X}_1 - \overline{X}_2) - \mu_0}{s_{\overline{X}_1-\overline{X}_2}} = \frac{(24-22.5)-0}{0.64} = \frac{1.5}{0.64} = 2.344$$

以 EXCEL 的 1-T.DIST(2.344,48,1) 求得單尾尾機率 p=.0116

B：假設變異數異質：

$$t_{obt(46)} = \frac{(\overline{X}_1 - \overline{X}_2) - \mu_0}{s_{\overline{X}_1 - \overline{X}_2}} = \frac{(23 - 22.5) - 0}{0.64} = 2.344$$

以 EXCEL 的 1–T.DIST.2T(2.344,46,1) 求得雙尾尾機率 p=.0117

步驟五：進行決策與解釋

A：假設變異數同質：

∵ $|t_{obt(48)}$=2.344$| > |t_{.05(48)}$=1.677$|$ 或 p=.0116 $< \alpha$=.05

∴拒絕 H_0、接受 H_1

B：假設變異數異質：

∵ $|t_{obt(46)}$=2.344$| > |t_{.05(46)}$=1.679$|$ 或 p=.0117 $< \alpha$=.05

∴拒絕 H_0、接受 H_1

在變異數同質與異質兩種情況下，得到的結論都相同，亦即 $\mu_1 > \mu_2$：「管理研究所新生年齡期望值顯著高於心理研究所」，或 $\mu_1 - \mu_2 > 0$：「管理研究所與心理研究所新生年齡期望值差異大於 0」。本範例結論可能犯下型 I 錯誤，機率為 5%。檢定結果圖示如圖 10.5。

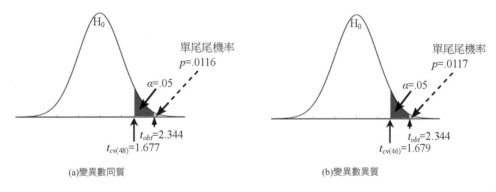

(a)變異數同質　　　　　　　　　　(b)變異數異質

圖 10.5　獨立樣本平均數差異單尾 t 檢定結果圖示

範例 10.2　獨立樣本平均數差異的雙尾假設檢定（σ 未知）

問題：某位研究者認為人們使用 Uber 搭車是因為辦公地點的影響，因此隨機詢問 16 位身邊上班族每週 Uber 搭車的次數，其中 8 人在市區工作，另外 8 人在郊區工作：

地區別									平均數	標準差	變異數
市區	4	6	3	3	1	3	2	2	3	1.51	2.28
郊區	5	6	5	4	3	4	3	4	4.25	1.04	1.08

請問：如果母體變異數未知（一般人使用 Uber 搭車的變異數不詳）

　　　1. 基於雙尾檢定：市區使用 Uber 的次數與郊區是否相同？

　　　2. 基於單尾檢定：市區使用 Uber 的次數比起郊區是否較低？

解答：

步驟一：發展假設

$$\text{雙尾}\begin{cases} \text{H}_0： \mu_1 = \mu_2 \;\; \text{or} \;\; \mu_1 - \mu_2 = 0 \\ \text{H}_1： \mu_1 \neq \mu_2 \;\; \text{or} \;\; \mu_1 - \mu_2 \neq 0 \end{cases} \quad \text{單尾}\begin{cases} \text{H}_0： \mu_1 \geq \mu_2 \;\; \text{or} \;\; \mu_1 - \mu_2 \geq 0 \\ \text{H}_1： \mu_1 < \mu_2 \;\; \text{or} \;\; \mu_1 - \mu_2 < 0 \end{cases}$$

μ_1：市區搭 Uber 次數期望值（母體平均數）

μ_2：郊區搭 Uber 次數期望值（母體平均數）

步驟二：評估抽樣條件

$n_1=8$、$df_1=7$、$\overline{X}_1=3$、$s_1=1.51$、σ_1 未知

$n_2=8$、$df_2=7$、$\overline{X}_2=4.25$、$s_2=1.04$、σ_2 未知

A：假設變異數同質：

$$s_p^2 = \frac{df_1 s_1^2 + df_2 s_2^2}{df_1 + df_2} = \frac{7 \times 2.28 + 7 \times 1.08}{14} = 1.678$$

$$s_{\overline{X}_1 - \overline{X}_2} = \sqrt{s_p^2 \left(\frac{1}{n_1} + \frac{1}{n_2} \right)} = \sqrt{1.678 \left(\frac{1}{8} + \frac{1}{8} \right)} = 0.648$$

$$df_{\overline{X}_1 - \overline{X}_2} = n_1 + n_2 - 2 = 8 + 8 - 2 = 14$$

B：假設變異數異質：

$$s_{\overline{X}_1 - \overline{X}_2} = \sqrt{\frac{s_1^2}{n_1} + \frac{s_2^2}{n_2}} = \sqrt{\frac{1.51^2}{8} + \frac{1.04^2}{8}} = 0.648$$

$$df_{\overline{X}_1 - \overline{X}_2}^* = \frac{[s_1^2 / n_1 + s_2^2 / n_2]^2}{\dfrac{(s_1^2 / n_1)^2}{n_1 - 1} + \dfrac{(s_2^2 / n_2)^2}{n_2 - 1}} = \frac{[1.51^2 / 8 + 1.04^2 / 8]^2}{\dfrac{(1.51^2 / 8)^2}{8 - 1} + \dfrac{(1.04^2 / 8)^2}{8 - 1}} = \frac{0.1766}{0.0142} = 12.44 \approx 12$$

步驟三：決定檢定條件

∵ σ 未知，∴使用 t 分配、$df=14$、$df^*=12$、$α=.05$

雙尾臨界值 $t_{.025(14)}=±2.145$（T.INV.2T(0.05,14)）、$t_{.025(12)}=±2.179$（T.INV.2T(0.05,12)）

左尾臨界值 $t_{.05(14)}=-1.761$（T.INV(0.05,14)）、$t_{.05(12)}=-1.782$（T.INV(0.05,12)）

步驟四：計算檢定量與尾機率

A：假設變異數同質：

$$t_{obt(14)} = \frac{(\overline{X}_1 - \overline{X}_2) - \mu_0}{s_{\overline{X}_1 - \overline{X}_2}} = \frac{(3 - 4.25) - 0}{0.648} = \frac{-1.25}{0.648} = -1.93$$

以 EXCEL 的 T.DIST.2T(1.93,14) 求得雙尾尾機率 $p=.0741$

以 EXCEL 的 T.DIST.RT(1.93,14) 求得左尾尾機率 $p=.0371$

B：假設變異數異質：

$$t_{obt(12)} = \frac{(\overline{X}_1 - \overline{X}_2) - \mu_0}{\sqrt{\dfrac{s_1^2}{n_1} + \dfrac{s_2^2}{n_2}}} = \frac{(3 - 4.25) - 0}{\sqrt{\dfrac{1.51^2}{8} + \dfrac{1.04^2}{8}}} = \frac{-1.25}{.648} = -1.93$$

以 EXCEL 的 T.DIST.2T(1.93,12) 求得雙尾尾機率 $p=.0776$

以 EXCEL 的 T.DIST.RT(1.93,12) 求得單左尾機率 $p=.0338$

步驟五：進行決策與解釋

1. 雙尾檢定結果

A：假設變異數同質：

∵ $|t_{obt(14)}=-1.93| \leq |±t_{.025(14)}=±2.145|$ 或 $p=.0741 > .05$

∴保留 H_0: $\mu_1 = \mu_2$，亦即市區使用 Uber 的次數與郊區無顯著差異。

結論可能犯型 II 錯誤

B：假設變異數異質：

∵ $|t_{obt(12)}=-1.93| \leq |±t_{.025(12)}=±2.179|$，$p=.0776 > .05$

∴保留 H_0: $\mu_1 = \mu_2$，亦即市區使用 Uber 的次數與郊區無顯著差異。

結論可能犯型 II 錯誤

2. 單尾檢定結果

A：假設變異數同質：

∵ $|t_{obt(14)}=-1.93|>|t_{.05(14)}=-1.761|$ 或 $p=.0371 < .05$

∴拒絕 H_0、接受 H_1: $\mu_1 < \mu_2$，亦即市區使用 Uber 的次數顯著低於郊區。

結論可能犯型 I 錯誤，機率為 5%。

B：假設變異數異質：

∵ $|t_{obt(12)}=-1.93|>|t_{.05(12)}=-1.782|$ 或 $p=.0388<.05$

∴拒絕 H_0、接受 H_1: $\mu_1<\mu_2$，亦即市區使用 Uber 的次數顯著低於郊區。

結論可能犯型 I 錯誤，機率為 5%。

3. 以 EXCEL 分析結果：以 EXCEL 執行分析的結果列於表 10.3。

→表 10.3　以EXCEL執行獨立樣本 t 檢定結果

t 檢定：兩個母體平均數差的檢定，假設變異數相等			t 檢定：兩個母體平均數差的檢定，假設變異數不相等		
	市區	郊區		市區	郊區
平均數	3	4.25	平均數	3	4.25
已知的變異數	2	2	已知的變異數	2	2
觀察值個數	8	8	觀察值個數	8	8
Pooled 變異數	1.6786				
假設的均數差	0		假設的均數差	0	
自由度	14		自由度	12	
t 統計	-1.9296		t 統計	-1.9296	
P(T<=t) 單尾	0.0371		P(T<=t) 單尾	0.0388	
臨界值：單尾	1.7613		臨界值：單尾	1.7823	
P(T<=t) 雙尾	0.0742		P(T<=t) 雙尾	0.0776	

綜合各項檢定結果得知，本範例若以雙尾檢定或單尾檢定得到不同的結論，但是在變異數同質或不同假設下進行檢定並無差別：雙尾檢定保留 H_0，單尾檢定則是拒絕 H_0、接受 H_1。這是因為本範例的 t 檢定量已經非常接近臨界值，以單尾或雙尾檢定所採用的臨界值並不相同，造成兩種檢定結論上的差異。變異數同質假設的影響不大，主要是因為本範例的兩個樣本變異數差異並不大，樣本數相同，標準誤沒有變化，而自由度修正幅度很小，檢定條件的影響有限，因此結論並沒有發生改變。

10.3.6　各項檢定之比較

本節分別以 z 檢定與 t 檢定來示範兩個樣本平均數差異的假設檢定，並區分成雙尾與單尾檢定兩種狀況，而 t 檢定下又區分為變異數同質或異質兩種假設條件，顯示在抽樣條件維持不變的情況下，檢定過程若採取不同立場或檢定條件，所進行的假設檢定有多種不同的變化，本節的分析結果整理於表 10.4。

→**表 10.4**　研究生年齡研究的獨立樣本平均數差異檢定結果整理表

	(a) 差異量	(b) 標準誤	(c) 自由度	(d) 臨界值	(e) 檢定量	(f) 尾機率	(g) 結論（α=.05）
z 檢定							
雙尾	1.5	0.566	-	±1.960	2.650	.0040	拒絕H0、接受H1
單尾	1.5	0.566	-	+1.645	2.650	.0080	拒絕H0、接受H1
t 檢定							
雙尾							
變異數同質	1.5	0.640	48	±2.011	2.344	.0233	拒絕H0、接受H1
變異數異質	1.5	0.640	46	±2.013	2.344	.0235	拒絕H0、接受H1
單尾							
變異數同質	1.5	0.640	48	+1.677	2.344	.0116	拒絕H0、接受H1
變異數異質	1.5	0.640	46	+1.679	2.344	.0117	拒絕H0、接受H1

10.3.6.1　抽樣條件的比較

由表 10.4 可知，由於各範例所使用的樣本都相同，抽樣條件不變，因此每一種檢定的平均數差異均為 1.5（第 (a) 欄）。在標準誤部分（第 (b) 欄），由於不同檢定所使用的抽樣分配不同，*z* 檢定使用 *z* 分配，*t* 檢定使用 *t* 分配，因此標準誤不會一樣，但在單尾或雙尾檢定下並不會變動，*z* 分配標準誤為 0.566、*t* 分配標準誤為 0.640，因為雙尾或單尾檢定所使用的抽樣分配相同，單雙尾設計並不會影響抽樣條件。

值得注意的是，獨立樣本 *t* 檢定在變異數同質與異質的條件下，抽樣分配存在差異：不僅標準誤的運算公式不同，自由度的定義也不一樣。在標準誤部分，當變異數同質時，可以利用母體變異數綜合估計數（s_p^2）來估計母體變異數 σ^2，但變異數異質時，無法計算 s_p^2，而直接以兩個樣本的變異數來進行運算。但是，由公式 10-7 可知，s_p^2 的運算是以自由度為加權數對兩個樣本變數求取加權平均，在兩個樣本的自由度相同的情況下（亦即兩樣本的樣本數相同），雖然準誤的運算公式不同，但標準誤數值相同，這就是為何欄位 (b) 當中，在變異數同質與異質的條件下的標準誤數值均為 0.640。至於欄位 (c) 的自由度就會因為是變異數同質（*df*=48）或異質（*df**=46）而存差異，除非兩個樣本的變異數與樣本數都相同，自由度才會相同（因為 *df** 的計算是以樣本變異數與樣本數進行加權整合求得）。

10.3.6.2　檢定條件的比較

在檢定條件部分，由於假設檢定的進行必須要由研究者依照研究問題與研究需要來設定檢定條件，因此當所使用的抽樣分配的機率形式不同（例如：*z* 或 *t* 分

配）、虛無假設與對立假設的設定方法改變（例如：雙尾或單尾）或選擇不同的顯著水準（例如：$\alpha=.05$ 或 $\alpha=.01$），都會造成檢定條件的改變，進而造成檢定結果的變化。

　　檢定條件的差異可以從表 10.4 的 (c) 欄與 (d) 欄看出：當使用的 z 分配時，標準常態分配只有單一形式，無須考慮自由度的差異，只有在雙尾或單尾不同的假設形式下，基於特定的 α 水準所參酌的臨界值會存在差異，但是 t 分配則會因為自由度不同而有不同的機率分配，因此進行檢定時的臨界值也就不同。

　　不論是基於何種分配的檢定，在相同的 α 水準下，採用雙尾檢定的臨界值都會比單尾檢定來得高，因此較不容易拒絕虛無假設，如果是對立假設為真，採取雙尾檢定相對於單尾檢定能夠正確拒絕虛無假設的能力較低，亦即檢定力較低。這就是為何許多研究會採行單尾檢定的原因。但是單尾假設的提出需要有文獻支持或合理說明，而非可以任意使用。為了避免濫用單尾檢定，一般統計軟體均預設以雙尾檢定來進行決策分析。

10.3.6.3　檢定量與結果比較

　　假設檢定最主要的運算步驟是計算檢定量。而 z 與 t 檢定量均是取檢定效果（平均數差異）與標準誤的比值來定義檢定量，如果抽樣條件不變、標準誤相同，檢定量就不會發生變化，如表 10.4 的 (e) 欄所示。

　　由於檢定量的分布情形具有特定的機率特性，因此檢定量的意義必須放在抽樣分配之上才得以顯現：當 z 與 t 檢定量數值為正，表示向右偏離檢定中心值，當 z 與 t 檢定量數值為負，表示向左偏離檢定中心值；當 z 與 t 檢定量數絕對值越大，表示偏離檢定中心值的程度越大、檢定效果越強。但是值得一提的是，檢定量的數值未必能夠反映效果的統計意義，而是尾機率：當尾機率越小、表示偏離度越大、檢定效果越強，越能夠推翻虛無假設，當尾機率越大、表示偏離度越小、檢定效果越弱，越難以推翻虛無假設。

　　值得一提的是，z 與 t 檢定量的高低強弱在單尾與雙尾檢定下有明顯的差別，這個差異無法從檢定量的正負或絕對數值來判定，但是尾機率的差異則十分明顯。由如表 10.4 的 (f) 欄可以看出，相同的檢定值，在單尾檢定的尾機率是雙尾檢定的二分之一，如果尾機率非常接近 α 水準，就可能造成檢定結果的翻轉。以本節的各個範例來說，各檢定的尾機率 p 都小於 .05，結論均為拒絕虛無假設、接受對立假設，這是因為我們皆以 $\alpha=.05$ 來設定顯著水準進行決策，由於尾機率介於 .0088 至 .0235 之間，如果顯著水準改用 $\alpha=.01$，就會有幾個檢定得到不同的結論，尤其是較嚴格的雙尾檢定，尾機率是單尾檢定的一倍，當尾機率臨界顯著水準時，更容

易受到 α 水準設定方式的影響而造成檢定結論的改變。正說明了假設檢定的使用必須詳加規劃檢定條件。

 ## 10.4　相依雙樣本平均數差異檢定

前面的例子是獨立樣本設計，兩個樣本之間沒有任何的關聯，即使有關聯也是隨機所造成的，並不影響平均數差異的假設檢定。如果兩個樣本來自相依母體，樣本觀察值由重複測量或配對設計得到，此時樣本觀察值之間具有一定的相關，此時必須進行相依樣本平均數差異檢定。

10.4.1　雙樣本檢定法

所謂雙樣本檢定法，是將相依樣本資料比照獨立樣本設計，以兩群樣本來進行分析，所不同的是標準誤的計算上，把兩次抽樣的相關期望值（ρ）或樣本間相關（r）納入考慮：

$$\sigma \text{ 與 } \rho \text{ 已知}：\sigma_{\bar{X}_1-\bar{X}_2}^2 = \sigma_{\bar{X}_1}^2 + \sigma_{\bar{X}_2}^2 - 2\rho\sigma_{\bar{X}_1}\sigma_{\bar{X}_2}$$

$$\sigma \text{ 與 } \rho \text{ 未知}：s_{\bar{X}_1-\bar{X}_2}^2 = s_{\bar{X}_1}^2 + s_{\bar{X}_2}^2 - 2rs_{\bar{X}_1}s_{\bar{X}_2}$$

一般而言，母體的 σ 與 ρ 無法得知，但我們可以從樣本資料估計相關係數與標準誤，進而使用相依樣本的平均數差異分數抽樣分配標準誤公式，進行 t 檢定量的計算。

為了銜接先前的範例，我們仍以研究所新生的年齡為例。現在我們假設，兩個研究所當中的各 25 名學生，其實是 25 對兄弟或姊妹，也就是說，原來的管理所與心理所當中的每一個人，都是另一個所的兄弟姊妹；換言之，樣本之間有配對關係。以下，我們即以五步驟法進行 t 檢定的示範說明。

步驟一：發展假設

本範例的研究問題為「管理研究所與心理研究所的新生配對樣本年齡是否相同？」，或是「管理與心理研究所兩所的新生配對樣本年齡差異為 0」。由題意來看，本範例為雙尾假設，以統計等式表述如下：

$$\begin{cases} \mathrm{H}_0：\mu_1 = \mu_2 & \text{or} & (\mu_1 - \mu_2) = 0 \\ \mathrm{H}_1：\mu_1 \neq \mu_2 & \text{or} & (\mu_1 - \mu_2) \neq 0 \end{cases}$$

μ_1：管理研究所新生年齡期望值（母體平均數）

μ_2：心理研究所新生年齡期望值（母體平均數）

步驟二：評估抽樣條件

由於我們沒有改變資料結構，因此兩所的 25 名新生年齡平均數與標準差依然不變為 $\overline{X}_1$=24、s_1=2.5 與 $\overline{X}_2$=22.5、s_2=2，兩個研究所的平均數差異仍為 1.5，兩個配對樣本的相關係數 r=.30，相依樣本差異分數估計標準誤為 0.539：

$$s_{\overline{X}_1-\overline{X}_2} = \sqrt{\frac{s_1^2}{n} + \frac{s_2^2}{n} - 2r\frac{s_1 s_2}{n}} = \sqrt{\frac{2.5^2 + 2^2 - 2\times.3\times2.5\times2}{25}} = \sqrt{0.29} = 0.539$$

$$df_{\overline{X}_1-\overline{X}_2} = n-1 = 25-1 = 24$$

步驟三：決定檢定條件

由於母體標準差與母體相關係數未知，抽樣條件不明，抽樣分配為 t 分配。顯著水準設定為 α=.05，雙尾臨界值 $t_{.025(24)}$=±2.064。

步驟四：計算檢定量與尾機率

$$t_{obt(24)} = \frac{\overline{X}_1 - \overline{X}_2}{s_{\overline{X}_1-\overline{X}_2}} = \frac{21-22.5}{0.539} = \frac{1.5}{0.539} = 2.78$$

以 EXCEL 的 T.DIST.2T(2.78,24) 求得雙尾尾機率 p=.0104

步驟五：進行決策與解釋

$\because |t_{obt(24)}$=+2.78$| > |t_{.025(24)}$=$\pm2.064|$ 或 p=0.0104 $< \alpha$=.05

$\therefore$ 拒絕 H_0、接受 H_1。

亦即「管理與心理研究所兩所的新生配對樣本的年齡差異期望值不為 0」

此結論可能犯型 I 錯誤，機率為 5%。

10.4.2　差異分數檢定法

差異分數檢定法是相依設計的一種簡化分析法，原理是將兩組重複測量或配對測量樣本進行差異分數的計算，改以單一樣本平均數檢定策略來進行分析。例如：先前的範例，先計算每一對手足的年齡差異，然後針對配對分數的差異分數 D，檢定其平均數 $\overline{D}$ 是否為 0，此時得到 $\overline{D}$ 的即為兩個樣本平均數差異 $\overline{X}_1-\overline{X}_2$，而單一樣本平均數的抽樣標準誤則由差異分數的標準差（s_D=2.7）估計求得，s_D=0.539，與前面所使用的相依樣本平均數差異分數標準誤公式求值相同，因此 t 檢定亦為 2.78，結論完全相同，計算過程如下：

步驟一：發展假設

研究問題原為「管理研究所與心理研究所的新生配對樣本年齡是否相同？」，改成差異分數後則為：「管理研究所與心理研究所的新生配對樣本年齡差異期望值是否為 0？」，此為雙尾假設，以統計等式表述如下：

$$\begin{cases} H_0 : \mu_D = 0 \\ H_1 : \mu_D \neq 0 \end{cases} \quad \mu_D : 管理與心理研究所新生年齡差異期望值（母體平均數）$$

步驟二：評估抽樣條件

兩所 50 名新生的 25 筆配對分數的平均數為 1.5 歲、標準差 2.7 歲，估計標準誤為 0.539 歲：

$$s_{\overline{D}} = \sqrt{\frac{s_D^2}{n}} = \sqrt{\frac{2.7^2}{25}} = \sqrt{0.29} = 0.539, \quad df_{\overline{D}} = n - 1 = 25 - 1 = 24$$

步驟三：決定檢定條件

母體標準差與相關係數不詳，以 t 分數進行檢定，抽樣分配為 t 分配。df=24、α=.05、雙尾臨界值 $t_{.025}$=±2.064

步驟四：計算檢定量與尾機率

$$t_{obt(24)} = \frac{\overline{D}}{s_{\overline{D}}} = \frac{1.5}{\sqrt{0.29}} = \frac{1.5}{0.539} = 2.78$$

以 EXCEL 的 T.DIST.2T(2.78,24) 求得雙尾尾機率 p=.0104

步驟五：進行決策與解釋

∵ $|t_{obt(24)}$=+2.78$| > |t_{.025(24)}$=±2.064$|$ 或 p=0.0104 $< \alpha$=.05

∴拒絕 H_0、接受 H_1。

亦即「管理研究所與心理研究所的新生配對樣本年齡差異期望值不為 0」此結論可能犯型 I 錯誤，機率為 5%。

本節範例的數據說明了：獨立與相依樣本設計的自由度不同，獨立樣本 t 檢定自由度大，抽樣分配常態性假設較易維持，但相依樣本考驗自由度小，抽樣分配常態性假設較不容易維持。如果從臨界值法則來看，小樣本時的獨立樣本與相依樣本設計，因為自由度不同，所使用的臨界值會有所差異，df 越大者，臨界值越低，越容易得到顯著的結果。雙樣本設計的臨界值會低於相依樣本的臨界值，較容易拒絕 H_0。但是當樣本規模大於 30 時，臨界值的差異就不明顯了。

範例 10.3　相依樣本平均數差異的雙尾假設檢定（當 σ、ρ 未知）

問題：某位研究者認為人們使用 Uber 搭車是因為辦公地點的影響，因此隨機詢問 8 位身邊上班族（由甲至辛）當他們在市區辦公室與郊區辦公室工作時，每週 Uber 搭車的次數：

地區別	甲	乙	丙	丁	戊	己	庚	辛	平均數	標準差	變異數
市區	4	6	3	3	1	3	2	2	3	1.51	2.28
郊區	5	6	5	4	3	4	3	4	4.25	1.04	1.08
差異 D	-1	0	-2	-1	-2	-1	-1	-2	-1.25	0.707	0.50

請問：如果母體變異數未知（一般人使用 Uber 搭車的變異數不詳）

　　　1. 基於雙尾檢定：市區使用 Uber 的次數與郊區是否相同？

　　　2. 基於單尾檢定：市區使用 Uber 的次數比起郊區是否較低？

解答：

步驟一：發展假設

$$\text{雙尾} \begin{cases} \text{H}_0: \ \mu_1 = \mu_2 \ \text{ or } \ \mu_1 - \mu_2 = 0 \\ \text{H}_1: \ \mu_1 \neq \mu_2 \ \text{ or } \ \mu_1 - \mu_2 \neq 0 \end{cases} \quad \text{單尾} \begin{cases} \text{H}_0: \ \mu_1 \geq \mu_2 \ \text{ or } \ \mu_1 - \mu_2 \geq 0 \\ \text{H}_1: \ \mu_1 < \mu_2 \ \text{ or } \ \mu_1 - \mu_2 < 0 \end{cases}$$

$$\mu_1：\text{市區搭Uber次數期望值（母體平均數）}$$
$$\mu_2：\text{郊區搭Uber次數期望值（母體平均數）}$$

步驟二：評估抽樣條件

$n_1=8$、$\overline{X}_1=3$、$s_1=1.51$；$n_2=8$、$\overline{X}_2=4.25$、$s_2=1.04$

σ_1、σ_2、ρ 未知，利用樣本資料求得兩個樣本間相關 $r=.9129$，標準誤如下：

$$s_{\overline{X}_1 - \overline{X}_2} = \sqrt{\frac{s_1^2}{n} + \frac{s_2^2}{n} - 2r\frac{s_1 s_2}{n}} = \sqrt{\frac{2.28+1.08-2\times.9129\times2.28\times1.08}{8}} = \sqrt{0.0625} = 0.25$$

$$s_{\overline{D}} = \sqrt{\frac{s_D^2}{n}} = \sqrt{\frac{0.5}{8}} = \sqrt{0.0625} = 0.25$$

$$df_{\overline{X}_1 - \overline{X}_2} = df_{\overline{D}} = n - 1 = 8 + 1 = 7$$

步驟三：決定檢定條件

$\because \sigma_1$、σ_2、ρ 未知未知，$\therefore$使用 t 分配、df=7、α=.05

雙尾臨界值 $t_{.025(7)}$=± 2.3646（T.INV.2T(0.05,7)）

左尾臨界值 $t_{.05(7)}$=-1.8946（T.INV(0.05,7)）

步驟四：計算檢定量與尾機率

A：雙樣本比較法：

$$t_{obt(7)} = \frac{(\overline{X}_1 - \overline{X}_2) - \mu_0}{s_{\overline{X}_1 - \overline{X}_2}} = \frac{(3 - 4.25) - 0}{0.25} = \frac{-1.25}{0.25} = -5.00$$

B：差異分數檢定法：

$$t_{obt(7)} = \frac{(\overline{X}_1 - \overline{X}_2) - \mu_0}{s_{\overline{D}}} = \frac{-1.25}{0.25} = -5.00$$

以 EXCEL 的 T.DIST.2T(5,7) 求得雙尾尾機率 p=.0016

以 EXCEL 的 T.DIST.RT(5,7) 求得左尾機率 p=.0008

步驟五：進行決策與解釋

1. 雙尾檢定結果

∵ $|t_{obt(7)}= -5| > |\pm t_{.025(7)}= \pm 2.3646|$ 或 p=.0016 < .05

∴拒絕 H_0、接受 H_1，亦即市區使用 Uber 的次數顯著不同於郊區。結論可能犯型 I 錯誤。

2. 單尾檢定結果

∵ $|t_{obt(7)}= -5| > |-t_{.025(7)}= -1.8946|$ 或 p=.0008 < .05

∴拒絕 H_0、接受 H_1，亦即市區使用 Uber 的次數顯著低於郊區。結論可能犯型 I 錯誤，機率為 5%。

3. 以 EXCEL 分析結果：以 EXCEL 執行分析的結果列於表 10.5。

→表 10.5　以EXCEL執行相依樣本 t 檢定結果

t 檢定：成對母體平均數差異檢定

	市區	郊區
平均數	3	4.25
變異數	2.2857	1.0714
觀察值個數	8	8
皮耳森相關係數	0.9129	
假設的均數差	0	
自由度	7	
t 統計	-5	
P(T<=t) 單尾	0.0008	
臨界值：單尾	1.8946	
P(T<=t) 雙尾	0.0016	
臨界值：雙尾	2.3646	

10.5　*t* 檢定的基本假設

10.5.1　常態性假設

　　雙樣本平均數檢定中，兩個平均數來自於兩個樣本，除了樣本本身的抽樣分配需為常態化之外，兩個平均數差異的抽樣分配也必須符合常態化（normality）假設，此一概念來自於中央極限定理，因此為一理論性的假設，在兩個樣本數各大於 30 的情況下皆可維繫，但是如果有任一樣本數未達 30，則需注意抽樣分配的常態性。

　　常態性的違反，會導致整個統計檢定的失效，所得到的結果是偏失不可信，所幸 *t* 分配在不同自由度下提供不同的機率分配，使得採取 *t* 檢定能夠滿足不同抽樣條件下的機率分配模式，而且當自由度越大（樣本數越多）時，*t* 分配即漸進於常態分配，亦即 *t* 分配涵蓋了標準常態 *z* 分配的機率模式，*z* 檢定為 *t* 檢定的一種特則，因此坊間的統計軟體（例如：EXCEL 與 SPSS）多直接進行 *t* 檢定，而不提供 *z* 檢定，這也是為何 *t* 檢定量被稱為是穩健統計量（robust statistic）。

10.5.2　變異數同質假設

10.5.2.1　變異數同質假設原理

　　獨立樣本 *t* 檢定的功能在比較不同樣本的平均數差異，每一個常態化樣本的平均數要能夠相互比較，除了需符合常態分配假設外，必須具有相似的離散狀況，也就是母體的變異數必須具有同質性，稱為**變異數同質性**（homogeneity of variance）假設。如果母體的變異數異質，表示兩個樣本在平均數差異之外，另外存有差異的來源，致使變異數呈現異質的情況。變異數同質性假設若不能成立，會使得平均數的比較存有混淆因素。

　　在本章的各節當中，如果涉及變異數同質議題的討論時，並沒有對於兩個樣本的變異數是否相同進行檢驗，而是直接示範當變異數為同質與異質兩種假設下的檢定過程與結果。事實上，在執行研究時，只需要執行其中一項檢驗即可，但前提是要先經過變異數否同質的檢定。**變異數同質性檢驗**（homogeneity test for variance）最常用的方法是 Levene（1960）在其 *"Robust Tests for the Equality of Variance"* 一書中所提出的檢定方法。其檢定原理與範例說明如下。

10.5.2.2　變異數同質檢定

假設今天對 X 隨機變數進行 k 次抽樣得到 k 組資料，如果假設每一個變異數都相等（H_0），對立假設就是各變異數不完全相等（H_1）：

$$\begin{cases} H_0 : \sigma_1^2 = \sigma_2^2 = ... = \sigma_k^2 \\ H_1 : 至少有一組變異數不相等 \end{cases}$$

假設 N 個觀察值區分成 k 組，組別 $i=1,\cdots,k$，每一組有 j 個觀察值，$j=1,\cdots,n_i$，各組人數為 n_i。每一個觀察值 X_{ij} 先取組內離均差絕對值（Δ）來反映組內變異性，亦即：

$$\Delta_{ij} = | X_{ij} - \overline{X}_{i.} | \tag{10-19}$$

若求取 Δ 分數的組間變異數估計值 $\hat{\sigma}_B^2$（反映 Δ 分數在組間的差異情形）與組內變異數估計值 $\hat{\sigma}_W^2$（反映組內變異），求取兩者的比值，可得到 W 檢定值，W 越大表示各組的組內變異差異很大：

$$W = \frac{\hat{\sigma}_B^2}{\hat{\sigma}_W^2} = \frac{\left(\sum_{i=1}^{k} n_i (\overline{\Delta}_{i.} - \overline{\Delta}_{..})^2 \right)/(k-1)}{\left(\sum_{i=1}^{k} \sum_{j=1}^{n_i} (\Delta_{ij} - \overline{\Delta}_{i.})^2 \right)/(N-k)} \tag{10-20}$$

由於 W 服從 F 分配，因此可進行自由度為 $(k{-}1, N{-}k)$ 的 F 檢定，如果達到 α 顯著水準，拒絕 H_0，接受 H_1，表示組內變異異質。

值得一提的是，由於各組資料可能存在離群值，Levene 原來主張以平均數作為變異參考點的作法未必適當，因此 Brown 與 Forsythe（1974）提出可用中位數或刪除兩端 10% 的裁減平均值來代替平均值，可以得到更穩定的變異估計。

以範例 10.3 的 Uber 搭車數據的獨立樣本檢定為例，兩個樣本組內變異 Levene's W=0.193，以 F 分配求出尾機率為 p=.667，未達 .05 顯著水準，因此結論是接受 H_0，亦即各組組內變異同質。導出過程請見表 10.6。

$$W = \frac{\hat{\sigma}_B^2}{\hat{\sigma}_W^2} = \frac{[8(1-.9063)^2 + 8(.8125-.9063)^2]/(2-1)}{[8+2.219]/(16-2)} = \frac{0.14}{0.73} = 0.193$$

→**表 10.6**　Uber搭車行為研究變異同質性檢驗的計算過程

	市區			郊區		
	X	$\lvert X-\overline{X}\rvert$	$(D_{ij}-\overline{D}_i)^2$	X	$\lvert X-\overline{X}\rvert$	$(D_{ij}-\overline{D}_i)^2$
	4	1	0	5	0.75	0.004
	6	3	4	6	1.75	0.879
	3	0	1	5	0.75	0.004
	3	0	1	4	0.25	0.316
	1	2	1	3	1.25	0.191
	3	0	1	4	0.25	0.316
	2	1	0	3	1.25	0.191
	2	1	0	4	0.25	0.316
總和	24	8	8	34	6.50	2.219
平均數	3.00	1.00		4.25	0.8125	
變異數	2.28			1.08		

　　基於 Levene 檢定的結果支持組內變異同質，獨立樣本平均差異檢定就可以使用變異數同質假設成立下的 t 檢定。在統計軟體中（例如：SPSS），進行獨立樣本 t 檢定時一般均會直接提供變異數同檢定的結果提供研究者參考，而無須自行計算。

EXCEL 電腦小精靈

一、如何使用 EXCEL 來執行獨立樣本平均數差異檢定

■ 建立資料檔案

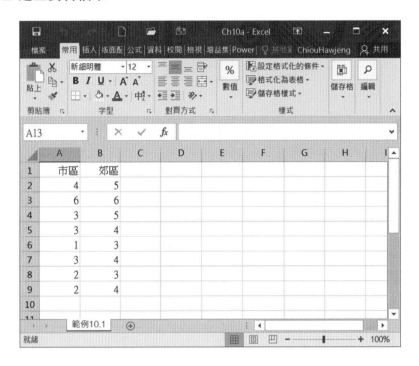

■ 打開資料分析對話框,選擇「z 檢定:兩個母體平均數差檢定」

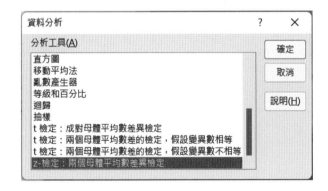

■ 決定分析內容與條件

z-檢定：兩個母體平均數差異檢定		? ✕
輸入		
變數 1 的範圍(1):	$A$1:$A$9	**確定**
變數 2 的範圍(2):	$B$1:$B$9	取消
假設的均數差(P):	0	說明(H)
變數 1 之變異數(已知)(V):	2	
變數 2 之變異數(已知)(A):	2	
☑ 標記(L)		
α(A): 0.05		
輸出選項		
⦿ 輸出範圍(O):	$D$1	
○ 新工作表(P):		
○ 新活頁簿(W):		

1. 選擇變數1的範圍：利用滑鼠框選包含第一個類別的名稱與資料欄位
2. 選擇變數2的範圍：利用滑鼠框選包含第二個類別的名稱與資料欄位
3. 選擇標記：因為選擇第一個類別與第二個類別時第一列為變數名稱，因此必須勾選
4. 在均數差填入0以設定$u_0=0$
5. 變數1與2之變異數填入母體變異數數值，本範例提供的$\alpha^2=2$
6. 設定α水準，本範例使用$\alpha=.05$

■得出結果

D	E	F	G
z 檢定：兩個母體平均數差異檢定			
	市區	郊區	
平均數	3	4.25	
已知的變異數	2	2	
觀察值個數	8	8	
假設的均數差	0		
z	-1.7678		
P(Z<=z) 單尾	0.0385		
臨界值：單尾	1.6449		
P(Z<=z) 雙尾	0.0771		
臨界值：雙尾	1.9600		

　　由報表得知，z_{obt}= –1.7678，z_{obt} 檢定絕對值低於雙尾臨界值 z_{cv}=1.96，雙尾尾機率 p=.0771，大於 α=.05，未達 .05 顯著水準，表示在市區與郊區工作使用 Uber 的次數相同。但是，若以單尾假設進行檢定，z_{obt} 檢定絕對值高於單尾臨界值 z_{cv}=1.6449，單尾尾機率 p=.0385，達 .05 顯著水準，表示在郊區工作者使用 Uber 的次數高於市區工作者。

二、如何使用 EXCEL 來執行獨立樣本平均數差異 t 檢定

■ 建立資料檔案 （以範例 10.2 資料為例，資料內容同前）
■ 打開資料分析對話框，選擇「t 檢定：兩個母體平均數差的檢定」

　1. 如果假設變異數同質，選擇「假設變異數相等」

　2. 如果假設變異數同質，選擇「假設變異數不相等」

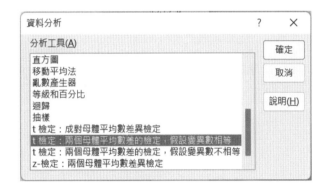

■ 決定分析內容與條件

1. 選擇變數1的範圍：利用滑鼠框選包含第一個類別的名稱與資料欄位
2. 選擇變數2的範圍：利用滑鼠框選包含第二個類別的名稱與資料欄位
3. 選擇標記：因為選擇第一個類別與第二個類別時第一列為變數名稱，因此必須勾選

■ 得出結果

1. 變異數同質下的檢定結果：

	H	I	J	K	L
t 檢定：兩個母體平均數差的檢定，假設變異數相等					
		市區	郊區		
平均數		3	4.25		
變異數		2.2857	1.0714		
觀察值個數		8	8		
Pooled 變異數		1.6786			
假設的均數差		0			
自由度		14			
t 統計		-1.9296			
P(T<=t) 單尾		0.0371			
臨界值：單尾		1.7613			
P(T<=t) 雙尾		0.0742			
臨界值：雙尾		2.1448			

由報表得知，$t_{(14)}=-1.92961$，t 統計絕對值低於雙尾臨界值 $t_{cv}=2.1448$，雙尾尾機率 $p=.0742$，大於 $\alpha=.05$，未達 .05 顯著水準，表示在市區與郊區工作使用 Uber 的次數相同。若以單尾假設進行檢定，t 統計絕對值高於單尾臨界值 $t_{cv}=1.7613$，單尾尾機率 $p=.0371$，達 .05 顯著水準，表示在郊區工作者使用 Uber 的次數高於市區工作者。

2. 變異數異質下的檢定結果：

	市區	郊區
t 檢定：兩個母體平均數差的檢定，假設變異數不相等		
平均數	3	4.25
變異數	2.2857	1.0714
觀察值個數	8	8
假設的均數差	0	
自由度	12	
t 統計	-1.9296	
P(T<=t) 單尾	0.0388	
臨界值：單尾	1.7823	
P(T<=t) 雙尾	0.0776	
臨界值：雙尾	2.1788	

由報表得知，$t_{(12)}$= –1.92961，t 統計絕對值低於雙尾臨界值 t_{cv}=2.1788，雙尾尾機率 p=.0776，大於 α=.05，未達 .05 顯著水準，表示在市區與郊區工作使用 Uber 的次數相同。若以單尾假設進行檢定，t 統計絕對值高於單尾臨界值 t_{cv}=1.7823，單尾尾機率 p=.0388，達 .05 顯著水準，表示在郊區工作者使用 Uber 的次數高於市區工作者。

三、如何使用 EXCEL 來執行相依樣本平均數差異 *t* 檢定

■ 建立資料檔案（以範例 10.3 資料為例，資料內容同前）

■ 打開資料分析對話框，選擇「t 檢定：成對母體平均數差異檢定」

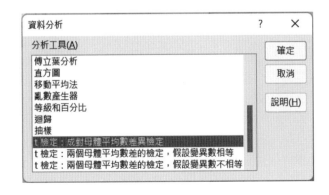

■ 決定分析內容與條件

1. 選擇變數1的範圍：利用滑鼠框選包含第一組配對的名稱與資料欄位
2. 選擇變數2的範圍：利用滑鼠框選包含第二組配對的名稱與資料欄位
3. 選擇標記：因為選擇第一組配對與第二組配對時第一列為變數名稱，因此必須勾選
4. 在均數差填入0以設定$u_0=0$
5. 設定 水準，本範例使用$\alpha=.05$

■ 得出結果

P	Q	R	S
t 檢定：成對母體平均數差異檢定			
	市區	郊區	
平均數	3	4.25	
變異數	2.2857	1.0714	
觀察值個數	8	8	
皮耳森相關係數	0.9129		
假設的均數差	0		
自由度	7		
t 統計	-5		
P(T<=t) 單尾	0.0008		
臨界值：單尾	1.8946		
P(T<=t) 雙尾	0.0016		
臨界值：雙尾	2.3646		

　　由報表得知，$t_{(7)}$= −5，t 統計絕對值高於雙尾臨界值 t_{cv}=2.3646，雙尾尾機率 p=.0016，低於 α=.05，達 .05 顯著水準，表示在市區與郊區工作使用 Uber 的次數不同。以單尾假設進行檢定，t 統計絕對值也高於單尾臨界值 t_{cv}=1.8946，單尾尾機率 p=.0008，達 .05 顯著水準，表示在郊區工作者使用 Uber 的次數高於市區工作者。

本章重要概念

單樣本假設檢定 one-sample test of hypothesis

雙樣本假設檢定 two-sample test of hypothesis

獨立樣本設計 independent sample design

重複量數設計 repeated measure design

差異分數抽樣分配 sampling distribution of the difference

差異分數標準誤 standard error of the difference

變異數同質性 homogeneity of variance

變異數同質性檢驗 homogeneity test for variance

課後習作

一、心理學家針對八十年次與六十年次臺灣民眾各 36 名進行智力測驗，分別得到平均智力為 135 與 127，測驗得分的標準差都是 16，此時新一代的智力是否優於老世代者的假設檢定各問題如下：

1. 抽樣分配是何種設計，標準誤為何？

2. 在 $\alpha=.05$ 的水準下，檢定結果為何？

3. 如果 72 名民眾其實是來自 36 個家庭的父子配對，父與子的智力相關係數為 .8，此時抽樣分配是何種設計，標準誤為何？

4. 在 $\alpha=.05$ 的水準下，假設檢定結果為何？

5. 這兩種設計的差異為何？對於結論的影響為何？試討論之。

二、某中學導師發現班上的 50 位學生中，有補習的 25 位學生比另外 25 位學生的平均成績高 10 分，有補習者的標準差為 5 分，沒有補習者的標準差高達 20 分。關於補習是否提高成績的假設檢定的各問題如下：

1. 假設有無補習者的標準差是來自同一個母體而假設相等，此時抽樣標準誤為何？在 $\alpha=.05$ 的水準下，檢定結果為何？

2. 假設有無補習者的標準差差異太過於明顯而不得假設來自同一個母體，此時抽樣標準誤為何？在 $\alpha=.05$ 的水準下，檢定結果為何？

3. 請討論這兩種檢定條件與檢驗結果的差異為何？

三、某社會學家調查十六位女性學者的發表論文篇數平均值為 6 篇，詳細資料如下表，其中有八名是沒有小孩的學者，另外八名則有小孩。請回答各項問題：

									平均數	標準差
無小孩	7	7	7	4	8	9	10	6	7.25	1.832
有小孩	3	7	8	0	4	6	8	2	4.75	2.964
									6.00	2.708

1. 若不分有無小孩，16 位女性學者的發表論文篇數平均數是否與一般教授平均水準（4.5 篇）有所不同？

2. 分別就有無小孩兩者來看，女性學者的發表論文篇數平均數是否與一般教授平均水準（4.5 篇）有所不同？

3. 有無小孩兩種女性學者的論文發表差異是否具有顯著意義？

4. 如果表格中的兩種狀態的各八位學者的資料實際上是同一個學者在生小孩前後的資料，那麼上一題的結果如何？

5. 請比較這四個題目的檢定方式與檢驗結果的異同。

chapter

11

變異數分析

11.1　前言

　　在前兩章當中，我們花費相當篇幅介紹了假設檢定的概念，並以單樣本與雙樣本兩種平均數檢定分析程序說明假設檢定的應用方式。但是在真實的研究情境中，所涉及的平均數比較可能不限於兩個。因此，我們是不是應該繼續討論三個或更多個樣本平均數的差異檢定？如果有更多的樣本平均數要進行假設檢定，統計程序是如何進行呢？而且這麼多的平均數是怎麼得來的？研究設計與分析架構是如何設定的呢？這一系列的問題都與本章所要討論的統計方法有關。

　　在學術領域，如果一個研究涉及多個樣本平均數的比較，通常是基於實驗設計的要求，例如：今天某位學者認為睡眠品質不良主要是因為缺乏運動所導致，因此主張「運動可以改善睡眠品質」，這位學者在校園裡面招募了一群學生作為實驗的受試者，這些受試者被隨機分派到不同的實驗情境，接受有氧運動、慢跑運動、日常生活三種不同程度運動訓練的實驗處理（treatment）後，測量受試者晚上的睡眠時數，接下來的工作，就是要利用統計檢定來比較三種不同實驗情境下，受試者「平均睡眠時數」是否顯著不同，藉以回答「運動可以改善睡眠品質」的研究假設是否被支持，此時，因為平均數數目超過兩個，無法利用平均數差異 z 或 t 檢定，而必須改用能夠分析多個平均數的「變異情形」的統計方法。

　　回顧統計發展史，變異數分析（analysis of variance; ANOVA）就是為了因應實驗研究對於多重樣本平均數變異情形的分析需求而發展出來，而且為了確保平均數變異分析符合統計假設的要求，實驗設計必須具有一定的隨機性，稱為隨機實驗研究（randomized experimental study），但由於 ANOVA 的分析邏輯清晰、應用彈性大，後來廣泛應用於不同的研究設計（例如：調查研究）或實務應用中，雖然這些研究設計可能不如隨機實驗研究那麼嚴謹，但是分析原理相同。因此，在介紹 ANOVA 之前，必須先對實驗設計的概念與內容有所說明，否則不容易理解以 ANOVA 進行假設檢定的各項重要概念與分析程序。

11.2　實驗設計的概念

所謂實驗設計（experimental design）是指研究者提出實驗構想，將受試者安排分派到不同實驗情境接受實驗操弄後，對於所關注的結果現象進行測量得到實驗數據進行統計分析的完整計畫（Kirk, 2013）。這裡所談到的實驗（experiment），已不是先前在機率理論所提到的概念上的隨機實驗，而是研究者利用實地的探索與客觀的試驗來找出人類事物因果關係的解釋證據的一連串活動，也是學者專家為解決研究問題「採取行動」與「觀察結果」的一套客觀程序（Babbie, 2004）。

11.2.1　實驗流程與變數安排

實驗研究涉及一連串的實驗活動，如圖 11.1 所示。前面所提到的運動與睡眠研究為例，首先研究者必須招募到一定數量的受試者（subject）參與研究，又稱為實驗參與者（participants），受試者的數量就是樣本數（sample size）。為了符合中央極限定理的要求，樣本數至少要達到 30。這些受試者未必是經由隨機抽樣得到（因為數量並不大），但必須符合研究者所欲推論的對象（例如：健康成人）的相關要求。

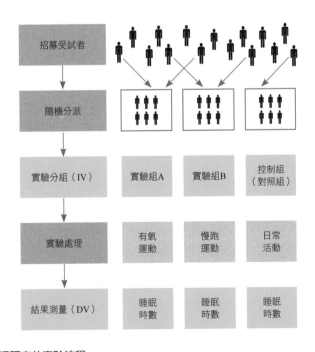

圖 11.1　運動與睡眠研究的實驗流程

接下來的重要工作，是將受試者隨機分派（random assignment）到不同的實驗情境，亦即進行實驗分組。由於受試者是「隨機」被分派到不同的組別，因此應該具備類似的背景條件而沒有特殊差異。然後，不同組別的受試者接受不同的實驗處理，例如：實驗組 A 的受試者接受研究者安排的有氧運動、實驗組 B 受試者進行慢跑運動，但是對照組則是一般日常活動而無特別安排的運動。這些活動稱為實驗操弄（manipulation）。

前面的流程中，最關鍵的要素是各組受試者除了接受不同的實驗操弄，並沒有其他的差異，因此最後實驗結果的測量數據（睡眠時數）的變異來源（source）（簡稱變源）可以歸因於實驗處理以及受試者個人的隨機差異，而無其他系統性因素，稱為完全隨機設計（completely randomized design）。如果有其他可能對於研究過程與觀察數據造成干擾的因素（例如：接受運動的時數長短、時間點等等）則要加以控制。因此，不同實驗組別稱為自變數（independent variable; IV）（以 X 表示），不同狀況的實驗數據就是依變數（dependent variable; DV）（以 Y 表示）或稱為應變數。藉由操弄自變數、測量依變數，並適切地控制無關變數，掌握了足夠數量的實驗數據，我們即可利用統計程序來檢驗因果關係的影響。

11.2.2 隨機實驗的因子設計

實驗設計除了牽涉到 IV 與 DV 的決定之外，另一個重要的決策是受試者獲得與分派的方法，分派的結果決定了 IV 的形式與內容。一般來說，受試者是以隨機方式分配到不同的實驗組（experimental group）與控制組（control group），接受不同的實驗操弄，因此被視為自變數中的不同水準（level），由於控制組並沒有接受特殊的實驗處理，或接受一個不會產生任何效果的操弄（例如：藥物實驗對於控制組注射沒有藥物的食鹽水或維他命安慰劑），其作用是與實驗組進行對照，因此又被稱為對照組，對照組也是自變數中的一個水準，作為對比參照之用。

值得注意的是，受試者一旦被隨機分派到各水準，各水準當中的受試者都是獨立的個體，此種分派是一種獨立樣本設計（independent sample design），因為 IV 當中每一個水準的受試者彼此獨立無關。如果不是隨機分派，而是將同一組受試者分派到每一個水準，接受各種實驗處理後在 DV 進行多次測量，稱為重複量數設計（repeated measure design），此時某一個 IV 下的各水準樣本是同一批受試者，觀察值具有相依性而非獨立，稱為相依樣本設計（dependent sample design）。如果是相依設計，在 ANOVA 屬於較為特殊的樣本分派方式，分析方法自然會有不同，我們將在基本的獨立樣本設計的 ANOVA 介紹完畢之後，再討論相依設計。

在實驗設計中，IV 又稱為影響依變數的因子（factor），也就是實驗者所操弄的條件。如果實驗當中只有一個 IV，稱為單因子設計（single factor design）；如果有多個 IV，稱為多因子設計（factorial design）。反過來說，有幾個因子就有幾個 IV。例如：當研究者將受試者分派到三個運動量組來探討運動「型態」對於睡眠時數的影響，是一個單因子實驗。如果把其中一半的受試者安排在白天運動、另一半在晚上運動，同時探討運動「型態」與運動「時段」兩個因子對於睡眠時數的影響，就是一個二因子實驗：第一個 IV 是運動型態，可稱為 A 因子，第二個 IV 是運動時段，可稱為 B 因子。

實驗因子的水準數以 k 表示。$k=2$ 表示 IV 有兩組（兩個水準），$k=3$ 表示 IV 有三組（三個水準）。如果一個實驗只有單一因子且水準數為 $k=2$，可以利用前一章介紹的雙樣本假設 z 或 t 檢定來比較兩組樣本平均數的差異。但是，如果實驗當中的 IV 水準數超過 2（$k>2$），或是 IV 的數目不止一個，例如：雙因子設計時，A 因子水準數 $k \geq 2$，B 因子水準數 $l \geq 2$，所構成的樣本平均數至少為 4（$k \times l \geq 4$），以雙樣本檢定無法檢驗那麼多個平均數的差異，而是計算平均數的「變異數」，與誤差變異數進行比較，獲得檢定量之後來進行假設檢定。由於變異數的比值服從 F 分配，因此平均數的變異數分析可以利用 F 分配來進行假設檢定。以下，我們先針對 F 分配與 F 檢定進行說明，然後再介紹 ANOVA 的分析程序。

11.3　F 分配與 F 檢定

11.3.1　F 分配的特性

F 分配是英國統計學家 Sir Ronald Aylmer Fisher 爵士（1890~1962）於 1924 年推導得出，後來 Snedecor（1934）將此分配以 Fisher 的縮寫 F 分配命名以推崇其貢獻，因此又稱為 Snedecor's F distribution 或 Fisher-Snedecor 分配。

簡單來說，F 分配（F distribution）是 F 統計量（F statistic）的機率分配，而 F 統計量是兩個卡方統計量（chi-square statistic; 簡稱 χ^2 值）的單位比值。χ^2 值的定義是一系列 z 值的平方和，且 χ^2 值的分配會隨著不同樣本數變化而變化，亦即帶有自由度 $df=n-1$，因此 F 分配可表達為公式 11-1，F 統計量又稱為 F 比率（F ratio），簡稱 F 值。由於公式 11-1 分子與分母的數值形式與變異數相同，因此 F 分配可作為變異數比值的分配。

$$F_{(df_1, df_2)} = \frac{\chi_1^2 / df_1}{\chi_2^2 / df_2}$$

$$(11\text{-}1)$$

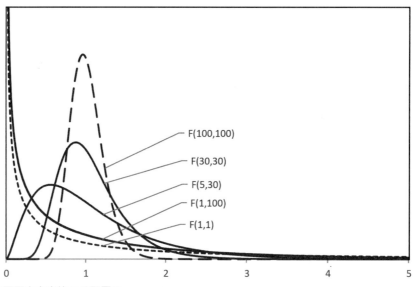

圖 11.2　不同自由度的 F 分配圖示

　　不論是 χ^2 值或變異數，均為大於 0 的統計量，比值亦恆正，因此 F 分配為沒有負值的正偏態分配。進一步的，F 統計量的分子與分母各有一個自由度，因此 F 分配是帶有兩個自由度參數的機率分配，如果某一個隨機變數 X 服從 F 分配，以 $X \sim F(df_1, df_2)$ 表示。當公式 11-1 的分子或分母自由度變化時，F 分配的形狀會隨之改變，因此呈現一系列的 F 機率分配，當自由度小時，F 分配呈現正偏態，帶有右長尾而趨近於 0，自由度越大，則越趨近常態分配，如圖 11.2 所示，機率密度對照表列於附錄 C。

11.3.2　變異數比值的 F 檢定

　　由於 F 分配是兩個卡方值比所形成的分配，而變異數也是卡方值的一種形式，因此 F 分配可以應用在兩個母體變異數（σ_1^2 與 σ_2^2）相互比較的假設檢定。假設如下：

$$\text{雙尾檢定} \quad \begin{cases} \text{H}_0: & \sigma_1^2 = \sigma_2^2 \\ \text{H}_1: & \sigma_1^2 \neq \sigma_2^2 \end{cases} \qquad \text{單尾檢定} \quad \begin{cases} \text{H}_0: & \sigma_1^2 \leq \sigma_2^2 \\ \text{H}_1: & \sigma_1^2 > \sigma_2^2 \end{cases}$$

　　在雙尾檢定時，虛無假設為 σ_1^2 與 σ_2^2 相等，也就是兩者是相同分配的變異數，對立假設即是 σ_1^2 與 σ_2^2 兩者不相等，也就是兩者是不同分配的變異數。單尾檢定則是關心是否某一個變異數較大。不論是單尾或雙尾檢定，都是利用 F 檢定量來判定 H_0 與 H_1 何者為真。

如果今天從同一個常態分配母體當中抽取兩個樣本計算其變異數s_1^2與s_2^2，其比值應接近 1.0，此時保留 H_0，但如果兩個樣本變異數差異越大，其比值遠離 1.0，此時則需考慮拒絕 H_0，接受 H_1，亦即兩個樣本變異數是來自不同的母體。此時兩個樣本變異數的比值所形成的抽樣分配服從 F 分配，利用 F 分配進行假設檢定稱為 F 檢定，F 檢定量公式如下：

$$F_{obt} = \frac{\hat{\sigma}_1^2}{\hat{\sigma}_2^2} = \frac{s_1^2}{s_2^2} = \frac{SS_1/df_1}{SS_2/df_2} \tag{11-2}$$

其中 $\hat{\sigma}_1^2$ 與 $\hat{\sigma}_2^2$ 為兩個母體變異數的估計數，而 s_1^2 與 s_2^2 為母體變異數的不偏估計值。F_{obt} 表示由樣本觀察所得（obtained）的 F 檢定量。

值得注意的是，在實務上，變異數比較的 F 檢定多使用右尾單尾檢定，因為 F 分配是一個右偏分配，在自由度偏低時，左尾的 F 值趨近於 0 而無法有效檢驗機率的變動，僅能以右尾機率來進行檢定。也因此，F 檢定量的計算，一般會將變異數較大者置於分子，變異數較小者置於分母，使 F 值大於 1，以利進行右尾單尾 F 檢定。例如：EXCEL 的「兩個常態母體變異數 F 檢定」，即是單尾檢定。

■ 範例說明

假設今天某物流公司有 A 與 B 兩條常跑的快遞路線，因為交通狀況不同導致時效有別，因此收集兩路線某週運送車輛車速資料列於表 11.1。A 與 B 兩條路線行駛速度變異數相比的 F 值如下：

$$F_{obt(6,7)} = \frac{s_A^2}{s_B^2} = \frac{SS_A/df_A}{SS_B/df_B} = \frac{496/(7-1)}{134/(8-1)} = \frac{82.67}{19.14} = 4.318$$

若令 $\alpha=.05$，檢定「兩路線行駛時速的變異數是否相等？」，是一個雙尾假設，統計假設如下：

$$\begin{cases} H_0: & \sigma_A^2 = \sigma_B^2 \\ H_1: & \sigma_A^2 \neq \sigma_B^2 \end{cases}$$

→表 11.1　快遞路線行駛時速資料

路線	車輛行駛平均時速（km/hr）								n	平均數	標準差	變異數
A	54	68	58	46	72	56	66		7	60	9.09	82.67
B	59	60	61	51	56	63	57	65	8	59	4.38	19.14

若要利用臨界值法則進行檢定，必須求得 α=.05 下的雙尾臨界值，可利用 EXCEL 函數 F.INV(.025,6,7) 與 F.INV(.975,6,7) 求得左尾臨界值 $F_{.025(6,7)}$=0.1594 與右尾臨界值 $F_{.975(6,7)}$=5.1186。如果要利用尾機率法則來判定，也可利用 EXCEL 的 F.DIST.RT(4.318,6,7) 求出尾機率後乘以 2，求得雙尾機率 p=.0383×2=0.0766。

　　檢定結果發現：$F_{obt(6,7)}$=4.318<$F_{.025(6,7)}$=5.1186，p=.0766>.05，因此觀察到的 F_{obt} 沒有落入拒絕區，結論是保留 H_0，亦即兩個路線的行車速度變異數相同。

　　如果本題改為單尾檢定，檢定「A 路線行駛車速變異數是否大於 B 路線？」，統計假設如下：

$$\begin{cases} H_0: & \sigma_A^2 \le \sigma_B^2 \\ H_1: & \sigma_A^2 > \sigma_B^2 \end{cases}$$

　　由於抽樣條件不變，檢定量仍為 $F_{obt(6,7)}$=4.318，但假設改為右尾方向性假設，因此僅需檢視右尾尾機率 p=.0383，或利用 EXCEL 函數 F.INV(.95,6,7) 求得右尾臨界值為 3.866。檢定結果發現：$F_{obt(6,7)}$=4.318>$F_{.05(6,7)}$=3.866，p=.0383<.05，結論將成為拒絕 H_0、接受 H_1，亦即兩個變異數有顯著不同。也就是說，A 路線車速快慢變動幅度明顯大於 B 路線，亦即 A 路線較容易受到交通狀況影響。

　　如果不小心把變異數較小者置於分子，變異數較大者置於分母，F_{obt} 變成為原來的倒數，$F_{obt(7,6)}$=1/4.3184=0.2316，此時 EXCEL 會自動判定 F 值小於 1 而報告 F 分配的左尾臨界值：α=.05 時 F_{cv}=.2587，尾機率也自動成為左尾尾機率仍為 p=.0383，結果列於表 11.2 的狀況二，檢定結論與先前相同：F_{obt}=0.2316<F_{cv}=0.2587，p=.0383<.05，結論相同，仍為拒絕 H_0。

　　表 11.2 列出了以 EXCEL 的「兩個常態母體變異數 F 檢定」的檢定結果（單尾檢定需參閱表中的 α=.05 欄位）。表中之所以列出 α=.025 的檢定數據，目的是

→表 11.2　以EXCEL的兩個常態母體變異數的檢定結果

	狀況一 變異較大者置於分子				狀況二 變異較小者置於分子			
	α=.05		α=.025		α=.05		α=.025	
	A	B	A	B	B	A	B	A
平均數	60	59	60	59	59	60	59	60
變異數	82.67	19.14	82.67	19.14	19.14	82.67	19.14	82.67
觀察值個數	7	8	7	8	8	7	8	7
自由度	6	7	6	7	7	6	7	6
F	4.3184		4.3184		0.2316		0.2316	
P(F<=f) 單尾	0.0383		0.0383		0.0383		0.0383	
臨界值：單尾	3.8660		5.1186		0.2587		0.1954	

提供讀者比對前面提到的雙尾檢定相關數據，如果真的要進行雙尾檢定，表中所列出的 p 值還要乘以 2，才是正確的數值。在實務上，建議直接採行單尾檢定，來檢測是否某一個變異數大於另一個變異數，比較不會造成混淆。

11.4　變異數分析的原理

變異數分析的概念出自於 Fisher 於 1935 年所出版的《實驗設計》一書，是最經典的實驗研究教科書。當初 ANOVA 的主要功能在於分析農業實驗數據中，造成資料產生變異的不同來源的影響因素，後來發展成為今日可以處理不同型態實驗設計的資料檢驗技術，也成為統計學學習最重要的一個環節。

實驗研究的基本精神是操弄自變數（IV）、觀察依變數（DV），IV 反映的是不同的實驗處理，是一種質性變數或類別變數；DV 則涉及受試者的反應或行為頻率測量，則多為連續變數。不同實驗狀況下的受試者在 DV 上的得分，可以求出一個組平均值，反映了接受實驗處理後的 DV 強度大小，如果實驗有效，各組平均數應存在著明顯的差異，亦即組平均之間的變異數將會很大，可據以證明實驗效果存在；相反的，如果實驗組受試者在接受完實驗處理後，DV 的平均數沒有顯著不同於對照組的平均數，組平均之間的變異數很小且趨近於 0，則表示實驗效果並不存在。在統計學上，這種假設檢定程序可以利用平均數的變異數與抽樣誤差的變異數的比值，以 F 分配來進行假設檢定，因此稱為變異數分析（analysis of variance; ANOVA）。

變異數分析有多種不同的變形。例如：當研究者所使用的 IV 只有一個，稱為單因子變異數分析（oneway ANOVA），此時研究者僅關心一個 IV 對於 DV 的影響；如果研究者想同時考慮多個 IV 的影響，此時即需使用多因子變異數分析（factorial analysis of variance），本節將以一個虛擬的運動與睡眠研究數據為例來說明單因子變異數分析的資料格式與分析原理，模擬資料列於表 11.3。

模擬資料的情境如下：今天有一個研究者招募了 36 個大學生參加運動與睡眠研究（N=36），這 36 個學生被隨機分派到三種不同運動型態的組別：有氧組、慢跑組、日常組，經過一個禮拜後，記錄學生某日晚上的睡眠時數。此範例是一個典型的單因子設計實驗，DV（Y）為睡眠時數，IV（X）為運動型態，含有三個水準（有氧組、慢跑組、日常組），其中日常組作為對照組。從 36 個學生的原始資料中，可以計算出四個平均數：三個組平均數 $\overline{Y}_1$、$\overline{Y}_2$、$\overline{Y}_3$ 與一個總平均數（grand mean，以 $\overline{Y}_G$ 表示）。變異數分析所要檢驗的，就是這三個組平均數（group

→**表 11.3** 運動型態對睡眠時數影響的假想研究數據

各組受試者	運動型態（IV）			全體
編號ID	日常組	慢跑組	有氧組	
1	6.5	7.4	8.0	
2	7.3	6.8	7.7	
3	6.6	6.7	7.1	
4	7.4	7.3	7.6	
5	7.2	7.6	6.6	
6	6.8	7.4	7.2	
7	7.1	7.4	8.2	
8	7.9	8.1	8.5	
9	8.2	8.2	9.5	
10	7.7	8.0	8.7	
11	7.5	7.6	9.6	
12	7.6	8.0	9.4	
n	12	12	12	36
$\overline{Y}$	7.32	7.54	8.18	7.68
s^2	0.26	0.23	0.99	0.601
SS	2.897	2.549	10.842	21.042

mean）是否具有顯著差異，如果檢定結果證實組間差異存在，那麼這位研究者的假設便獲得支持。

11.4.1　一般線性模式

變異數分析的統計原理可利用一般線性模式（general linear model）來說明。在單因子設計下，有 k 個水準的 IV 以 X_j（j=1,...,k）表示；DV 觀察值記為 Y_{ij}，表示第 j 組的第 i 個受試者在 DV 的得分，各組人數為 n_j，i=1,⋯,n_j，若各組人數相等，n_j=n，總樣本數 N=k×n，稱為平衡設計（balanced design）。如果是各組人數不相等的非平衡設計，總樣本數 N 無法由組數乘以各組人數求得。

由於各組受試者為隨機分派，因此各組內每一個受試者的依變數得分 Y_{ij} 為各組期望值 μ_j 加上抽樣誤差：$\mu_j + \varepsilon_{ij}$。而各組依變數期望值 μ_j 的期望值為 μ，亦即 Y 的總平均數。Y_{ij} 的一般線性模式表示如下：

$$Y_{ij} = \mu_j + \varepsilon_{ij} = \mu + (\mu_j - \mu) + \varepsilon_{ij} = \mu + \alpha_j + \varepsilon_{ij} \tag{11-3}$$

■**實驗效果** α_j

　　一般線性模型中的 α_j 反映實驗效果，也稱為自變數效果，是整個實驗最主要的參數，其定義是 IV 各水準的平均數與總平均數的期望差異：

$$\alpha_j = \mu_j - \mu \tag{11-4}$$

　　由於各水準的實驗效果有正值（高於總平均）或負值（低於總平均），但總和必為 0，因此實驗效果 α_j 具有總和為 0 之限制條件：

$$\sum_{j=1}^{k} \alpha_j = 0 \tag{11-5}$$

■**抽樣誤差** ε_{ij}

　　對於第 j 組當中每一位受試者而言，Y_{ij} 的變化反映抽樣導致的隨機變化，亦即抽樣誤差，以 ε_{ij} 表示：

$$\varepsilon_{ij} = Y_{ij} - \mu_j = Y_{ij} - \mu - \alpha_j \tag{11-6}$$

　　由於 ε_{ij} 是抽樣誤差，因此其分布是以 0 為平均數、以 σ_ε^2 為變異數的隨機常態分配，$\varepsilon_{ij} \sim N(0, \sigma_\varepsilon^2)$，因此又稱為隨機效果（random effect）。

11.4.2　變異數分析的虛無與對立假設

　　在單因子變異數分析中，IV 對於 DV 的影響反映在各組於 DV 分數的平均數變化上，此時統計假設可利用的期望值 μ_j 或實驗效果參數 α_j 來表示：

關係式 $\begin{cases} H_0 : \mu_j = \mu & \forall j \\ H_1 : \mu_j \neq \mu & \exists j \end{cases}$ 　　參數式 $\begin{cases} H_0 : \alpha_j = 0 & \forall j \\ H_1 : \alpha_j \neq 0 & \exists j \end{cases}$

　　以運動與睡眠研究為例，虛無假設為「三種運動型態下的睡眠時數相等」，亦即 $\mu_j = \mu$，$\forall j$ 表示所有的每一個 j 皆必須相等，參數式則為「實驗效果為 0」，亦即 $\alpha_j = 0$。只要三種不同運動型態下的睡眠量期望值 μ_1、μ_2、μ_3 任一個不等於 μ，亦即 $\mu_j \neq \mu$，$\exists j$ 表示任何一個 j，即可推翻虛無假設，此時「三種運動型態下的睡眠時數不相等」或「實驗效果不為 0」的對立假設即成立。

　　如果不是採用變異數分析，而以最直觀的方法是將各平均數進行兩兩比較，分別進行多次 t 檢定，如此一來會有兩個重大問題：第一是型 I 誤差率膨脹問題，因

為進行多次考驗，研究者犯下錯誤推翻虛無假設的機率（型 I 錯誤）也就倍增，如果單一個 t 檢定的顯著水準設為 $\alpha=.05$，三次比較的型 I 錯誤機率即躍升至 .15。

　　其次，使用多次 t 檢定來考驗三個以上平均數差異的缺失，是忽視多個平均數整體效果（overall effect）的檢驗。雖然三個樣本平均數代表三個可能存在的母體，但是在對立假設（三個樣本平均數母體至少有一個 μ_j 不等於 μ）的顯著性被證明之前，我們應相信三個不同的水準所測得的三個平均數來自同一個母群，三個母體平均數均相同為 μ（H_0: $\mu_j=\mu$）。反映 IV 的不同水準在 DV 上的影響效果 α_j 在分析時不應被切割比較，一旦 α_j 的整體效果檢驗被證明具有顯著意義之後，才可進一步的針對不同水準進行事後的兩兩配對比較，也就是所謂事後比較的概念。

11.4.3 變異拆解與變異數估計

　　變異數分析的假設檢定主要是在判斷自變數效果 α_j 是否為 0，如果 $\alpha_j=0$ 被拒絕，表示 IV 確實對於 DV 的高低變動會有影響，而 DV 的變動則以離均差平方和（SS）來計算。以下逐一針對幾個重要的 SS 統計量進行說明。

■ 總離均差平方和（SS_{total}）

　　在不區分組別的情況下，依變數的全體觀察值 Y_{ij} 的變異情形以離均差平方和形式表示，稱為總離均差平方和（total sum of squares；以 SS_{total} 表示，簡寫為 SS_t）。也可直接由 DV 的變異數 s_Y^2 乘以總人數減 1 得出：

$$SS_t = \sum_{j=1}^{k}\sum_{i=1}^{n}(Y_{ij}-\bar{Y}_G)^2 = s_Y^2(N-1)$$
(11-7)

　　SS_t 是以全體 N 個樣本來計算變異性，過程中必須估計總平均數，失去一個自由度，因此 $df=N-1$。在考慮分組的情況下，SS_t 可以切割成「導因於 IV 的變異」與「導因於 IV 以外的變異」兩部分，說明介紹如下：

■ 組間離均差平方和（SS_b）

　　IV 的不同組別（水準）所造成的 DV 差異，以離均差平方和來表示稱為組間離均差平方和（sum of squares between groups，以 SS_b 表示）：

$$SS_b = \sum_{j=1}^{k}n_j(\bar{Y}_j-\bar{Y}_G)^2$$
(11-8)

SS_b 為各組平均數距離總平均數的平方和，顯示各組平均數之間的離散程度。公式 11-8 中帶有一個權數 n_j，表示每一個組平均數的離均差需就各組所包含的人數予以加權。SS_b 是計算 k 個平均數對應總平均數的變異程度，因此 SS_b 的自由度為 $k–1$。

■ 組內離均差平方和（SS_w）

導因於 IV 以外的變異是個體之間的隨機差異，亦即抽樣誤差，以離均差平方和來表示稱為組內離均差平方和（sum of squares within groups，以 SS_w 表示）：

$$SS_w = \sum_{j=1}^{k} \sum_{i=1}^{n} (Y_{ij} - \bar{Y}_j)^2 = \sum_{j=1}^{k} SS_j \tag{11-9}$$

SS_w 是計算 k 組各自的內部變異性，也即是將各組的離均差平方和 SS_j 加總而得。每一組需要對應自己的組平均數因而用掉一個自由度，因此 SS_w 的自由度為 $N–k$。

由於依變數的變化被切割成「導因於 IV 的變異」與「導因於 IV 以外的變異」兩部分，因此 SS_t、SS_b、SS_w 三者以及其自由度，均具有公式 11-10 與 11-11 的加總原則，稱為變異拆解的加成性（additivity）。

$$SS_t = SS_b + SS_w \tag{11-10}$$

$$df_t = df_b + df_w \tag{11-11}$$

■ 均方（MS）

將 SS 除以 df 就是變異數，又稱為均方（mean square），記為 MS。在不考慮分組的情況下，全體觀察值的變異數為 $s_t^2 = SS_t / df_t$，此一統計量為母體變異數的不偏估計數，以 $\hat{\sigma}_t^2$ 表示，定義於公式 11-12。

$$MS_t = \frac{SS_t}{df_t} = \frac{\sum \sum (Y_{ij} - \bar{Y}_G)^2}{N-1} = s_t^2 = \hat{\sigma}_t^2 \tag{11-12}$$

同理，將 SS_b 除以自由度即為組間均方（公式 11-13）。由於 SS_b 在計算時各項均以各組人數進行加權，因此其性質是加權變異數，反映 IV 效果強度，以 $\hat{\sigma}_b^2$ 表示。

$$MS_b = \frac{SS_b}{df_b} = \frac{\sum n_j (\bar{Y}_j - \bar{Y}_G)^2}{k-1} = s_b^2 = \hat{\sigma}_b^2 \tag{11-13}$$

最後，組內均方由公式 11-14 定義，為抽樣造成的隨機變異，被視為誤差，也就是三組樣本的合成變異誤，亦即誤差變異數，簡稱 MSE，以 $\hat{\sigma}_w^2$ 表示。

$$MS_w = \frac{SS_w}{df_w} = \frac{\sum\sum(Y_{ij} - \bar{Y}_j)^2}{n - k} = s_w^2 = \hat{\sigma}_w^2 \tag{11-14}$$

11.4.4　F 檢定量的計算

前述各均方當中，代表抽樣誤差的組內變異數 MS_w 為抽樣分配的變異誤，該數值為從樣本估計得出。代表實驗效果的組間變異數 MS_b 則為實驗效果的估計數。依照假設檢定原理，若將效果除以抽樣誤差得到檢定量，由於此一比值為變異數的比值，服從 F 分配，F 檢定量公式如 11-15 所示。

$$F_{obt(df_b, df_w)} = \frac{\hat{\sigma}_b^2}{\hat{\sigma}_w^2} = \frac{MS_b}{MS_w} = \frac{SS_b/df_b}{SS_w/df_w} \tag{11-15}$$

由於 $\hat{\sigma}_b^2$ 反映自變數的整體效果，因此對其進行的 F 檢定即為實驗效果的整體考驗（overall test）。當 F_{obt} 值越大，表示研究者關心的組平均數的分散情形較誤差變異來得大，若大於顯著水準為 α 的臨界值 F_{cv}，或尾機率小於 α，亦即 $p<\alpha$，即可獲得拒絕 H_0、接受 H_1 的結論。

從公式 11-15 的 F 檢定量的計算式可以看出，F 檢定所檢驗的是實驗效果是否大於誤差效果，因此 ANOVA 的統計假設不論是以單尾或雙尾方式來表述，進行 F 檢定時均採單右尾檢定，可利用 EXCEL 的 F.DIST.RT(F,df_1,df_2) 求得尾機率值。前述各公式與數據可以整理成表 11.4 的 ANOVA 摘要表。

11.4.5　效果量的計算

在變異數分析當中，F 檢定目的在檢驗自變數效果的統計意義，判定假設真偽，但無法說明自變數效果的強弱，此時可利用效果量（effect size）來反映實驗

→表 11.4　單因子變異數分析摘要表

變源	SS	df	MS	F	η^2
組間	SS_b	$k{-}1$	SS_b/df_b	MS_b/MS_w	$SS_b/(SS_b{+}SS_w)$
組內(誤差)	SS_w	$N{-}k$	SS_w/df_w		
全體	SS_t	$N{-}1$	SS_t/df_w		

效果的**實務意義**（practical significance）。較常用的有 ω^2（omega square）量數與 η^2（eta square）量數。

■ ω^2 量數

ω^2 量數的原理是計算組間變異（σ_α^2）與總變異（$\sigma_\alpha^2 + \sigma_\varepsilon^2$）的比值，可解釋為依變數的母體變異能被自變數解釋的比例，又稱為**組內相關係數**（intraclass correlation, ICC）：

$$\omega^2 = \frac{\sigma_\alpha^2}{\sigma_\alpha^2 + \sigma_\varepsilon^2} \tag{11-16}$$

由於 σ_α^2 與 σ_ε^2 是未知的母體參數，必須由樣本進行估計，求得 $\hat{\omega}^2$：

$$\hat{\omega}^2 = \frac{SS_b - (k-1)MS_w}{SS_t + MS_w} = \frac{(k-1)(F-1)}{(k-1)(F-1) + nk} \tag{11-17}$$

$\hat{\omega}^2$ 量數介於 0 到 1 之間，越接近 1 表示 IV 效果越強，或 IV 與 DV 的關聯程度越高。

■ η^2 量數

η^2（eta square）量數是計算組間離均差平方和占總離均差平方和的比例。由於計算過程中不需要估計母體變異，計算上相對簡易，類似於迴歸分析當中的 R^2。公式如下：

$$\hat{\eta}^2 = \frac{SS_b}{SS_b + SS_w} = \frac{SS_b}{SS_t} \tag{11-18}$$

對於 $\hat{\omega}^2$ 與 $\hat{\eta}^2$ 的強弱大小，Cohen（1988, p.284-288）建議判斷準則：

$$.059 > \hat{\omega}^2 \text{ or } \hat{\eta}^2 \geq .01 \quad \text{低度效果量}$$

$$.138 > \hat{\omega}^2 \text{ or } \hat{\eta}^2 \geq .059 \quad \text{中度效果量}$$

$$\hat{\omega}^2 \text{ or } \hat{\eta}^2 \geq .138 \quad \text{高度效果量}$$

■ 範例說明

以下將以表 11.3 的運動研究資料為例，進行 F 檢定各項數據的計算過程說明。範例中共有 36 個觀察值，被區分成三組，經過實驗操弄之後，在依變數上可計算出三個組平均數 $\overline{Y}_1$、$\overline{Y}_2$、$\overline{Y}_3$ 與一個總平均數，SS_t、SS_b、SS_w 三者計算如下。

$$SS_t = \sum \sum (Y_{ij} - \overline{Y}_G)^2$$
$$= (6.5 - 7.68)^2 + \ldots + (9.4 - 7.68)^2 = 21.042$$

$$SS_b = \sum n_j (\overline{Y}_j - \overline{Y}_G)^2$$
$$= 12(7.32 - 7.68)^2 + 12(7.54 - 7.68)^2 + 12(8.18 - 7.68)^2 = 4.754$$

$$SS_w = \sum \sum (Y_{ij} - \overline{Y}_j)^2 = SS_1 + SS_2 + SS_3$$
$$= (6.5 - 7.32)^2 + \ldots + (9.4 - 8.18)^2 = 2.897 + 2.549 + 10.842 = 16.288$$

由於 21.042=4.754+16.288，顯示 $SS_t = SS_b + SS_w$ 的加成性確實存在。自由度也可基於加成性導出如下：

$$df_t = df_b + df_w$$
$$N - 1 = (k - 1) + (N - k)$$
$$36 - 1 = (3 - 1) + (36 - 3)$$
$$35 = 2 + 33$$

得到 SS 與 df 數據後，可導出均方（變異數估計數）數值如下：

$$MS_t = \frac{SS_t}{df_t} = \frac{21.042}{35} = 0.601$$

$$MS_b = \frac{SS_b}{df_b} = \frac{4.754}{2} = 2.377$$

$$MS_w = \frac{SS_w}{df_w} = \frac{16.288}{33} = 0.494$$

最後可計算組間與組內變異數比值得到檢定量 $F_{(2,33)}=0.015$，結果整理於摘要表 11.5：

$$F_{obt} = F_{(2,33)} = \frac{MS_b}{MS_w} = \frac{SS_b/df_b}{SS_w/df_w} = \frac{4.754/2}{16.288/33} = \frac{2.377}{0.494} = 4.816$$

→**表 11.5**　運動研究的單因子變異數分析摘要表

變源	SS	df	MS	F	p	Fcv	η²
組間	4.754	2	2.377	4.816	0.015	3.285	.226
組內(誤差)	16.288	33	0.494				
全體	21.042	35	0.601				

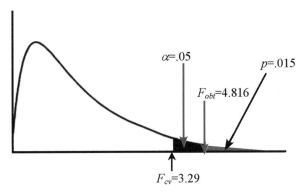

圖 11.3　以臨界值法則與尾機率法則進行 F 檢定結果圖示

以 EXCEL 的函數 F.DIST.RT(4.816,2,33) 求得右尾機率 $p=.015$，小於 $\alpha=.05$，$p<\alpha$，表示 F_{obt} 檢定量達顯著水準。以臨界值法則來判斷時，查表得到在 $\alpha=.05$、自由度為 2 與 33，臨界值 $F_{.05(2,33)} =3.29$，$F_{obt} = 4.816>F_{cv} = 3.29$，因此落入拒絕區，也就是拒絕 H_0、接受 H_1，亦即不同運動型態下的睡眠時數顯著不同。

以本範例的數據來計算，得到效果量 $\hat{\eta}^2=.226$，表示依變數變異量有 22.6% 可被自變數解釋，屬於高度的效果量。

$$\hat{\eta}^2 = \frac{SS_b}{SS_b + SS_w} = \frac{4.754}{4.754+16.288} = \frac{4.754}{21.042} = .226$$

範例 11.1　獨立樣本單因子變異數分析假設檢定

問題：

某餐廳有四家分店，各有若干顧客填寫滿意度問卷，得分越高表示越滿意。數據如下，請問四家分店的顧客滿意度是否有顯著差異？

	分店1	分店2	分店3	分店4	全體
	94	75	70	68	
	90	68	73	70	
	85	77	76	72	
	80	83	78	65	
		88	80	74	
			68	65	
			65		
$n=$	4	5	7	6	22
$M=$	87.25	78.20	72.86	69.00	75.64
$s^2=$	36.92	58.70	30.14	13.60	70.72
$SS=$	110.75	234.80	180.86	68.00	1485.09

解答：

步驟一：發展假設

$$\begin{cases} H_0 : \mu_j = \mu & \forall j \\ H_1 : \mu_j \neq \mu & \exists j \end{cases} \quad 或 \quad \begin{cases} H_0 : \alpha_j = 0 & \forall j \quad j=1,\dots,4 \\ H_1 : \alpha_j \neq 0 & \exists j \end{cases}$$

步驟二：評估抽樣條件

IV：分店（$k=4$），DV：顧客滿意度

組平均數：87.25、78.20、72.86、69.00。總平均數：75.64

各組樣本數：4、5、7、6。總樣本數：22

步驟三：決定檢定條件

∵四個樣本平均數的變異檢定

∴使用 F 分配，$df_b = 4-1 = 3$, $df_w = N-k = 22-4 = 18$ $F_{cv} = F_{.05(3,18)} = 3.16$

$\alpha = .05$

步驟四：計算檢定量

$$SS_t = \sum\sum(Y_{ij} - \overline{Y}_G)^2 = (94 - 75.64)^2 + \dots + (65 - 75.64)^2 = 1485.09$$

$$SS_b = \sum n_j(\overline{Y}_j - \overline{Y}_G)^2 = 4(87.25 - 75.64)^2 + 5(78.20 - 75.64)^2 + 7(72.86 - 75.64)^2 + 6(69 - 75.64)^2$$
$$= 890.68$$

$$SS_w = \sum\sum(Y_{ij} - \overline{Y}_j)^2 = (94 - 87.25)^2 + \dots + (65 - 69.00)^2$$
$$= SS_1 + SS_2 + SS_3 + SS_4 = 110.75 + 234.80 + 180.86 + 68.00$$
$$= 594.41$$

or $SS_t = s_t^2 \times df_t = 70.72 \times (22-1) = 1485.09$

$SS_b = SS_t - SS_w = 1485.09 - 594.41 = 890.68$

$SS_w = SS_t - SS_b = 1485.09 - 890.69 = 594.41$

$$F_{obt} = F_{(3,18)} = \frac{MS_b}{MS_w} = \frac{SS_b/df_b}{SS_w/df_w} = \frac{890.68/3}{594.41/18} = \frac{296.90}{33.02} = 8.99$$

$$\hat{\eta}^2 = \frac{SS_b}{SS_b + SS_w} = \frac{890.68}{890.68 + 594.41} = \frac{890.68}{1485.09} = .60$$

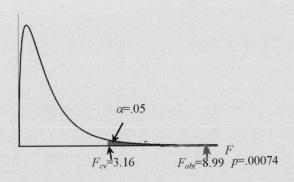

步驟五：進行決策與解釋

$\because F_{obt(3,18)}=8.99>F_{cv(3,18)}=3.16$

以 F.DIST.RT(8.99,3,18) 查得尾機率 $p=.00074$，$p<.05$

$\therefore$ 拒絕 H_0、接受 H_1，亦即四家分店的顧客滿意度具有顯著差異。$\hat{\eta}^2=.60$，表示顧客滿意度的變異量有高達 60% 可被分店解釋，屬於非常強的效果量。

→表 11.6　顧客滿意度單因子變異數分析摘要表

變源	SS	df	MS	F	p	F_{cv}	η^2
組間	890.68	3	296.90	8.99	.00074	3.16	.60
組內(誤差)	594.41	18	33.02				
全體	1485.09	21	70.72				

註：尾機率 p 值由 EXCEL 函數 F.DIST.RT(F,$df1$,$df2$) 求得。臨界值 F_{cv} 由 EXCEL 函數 F.INV(.95,$df1$,$df2$) 求得。

11.5　相依樣本變異數分析

11.5.1　受試者分派與樣本設計

在實驗設計中，將一群受試者分派到不同的組別有兩種主要不同形式：若將受試者隨機打散到各因子的不同水準，稱為獨立樣本設計或受試者間設計（between-subject design），此時 IV 當中的每一個水準的受試者彼此獨立無關。如果同一個受試者同時經歷某個因子的不同條件，或是在實驗前後分別對同一個受試者的 DV 進行多次測量，稱為重複量數設計（repeated measure design），又稱為受試者內設計（within-subject design），因為 DV 數據是在同一個受試者之「內」進行重複測量。此時各組 DV 數據具有相依性而非獨立，因此稱為相依樣本設計（dependent sample design）。

另一種相依樣本設計是使用分層配對的方式，將不同組別的受試者依照某一個因子來加以配對，使得不同組別的受試者，在某一個因子上具有相類似的分布條件，各配對自成一個區組（block），例如：運動對於睡眠時數的影響，可能受到受試者個人體型差異的干擾，肥胖與纖瘦者受到運動的影響可能會有不同，此時研究者可以讓每一組的受試者依照體重來加以配對。此種設計稱為配對樣本設計（matching sample design），可進行類似於重複量數設計的受試者內效果分析。

換言之，重複量數設計與配對樣本設計皆屬相依樣本設計，其共同特徵是不同組別受試者的 DV 觀察分數間具有相關，相對之下，獨立樣本設計各組受試者在 DV 上的觀察分數並不會被預期存在相關，即使有相關也是隨機發生的現象，因此會予以忽略。最後，如果一個實驗當中同時包含受試者間設計與受試者內設計的實驗因子，稱為混合設計（mixed design）。

事實上，獨立或相依設計的概念，在前面章節中即已經討論過，所不同的是本章所涉及的樣本平均數數量超過 2，無法檢驗平均數「差異」而須檢驗平均數「變異」，此時統計檢定的效果不是「差異」而是「變異數」。以下，我們將針對相依樣本設計下的 ANOVA 程序進行說明。

11.5.2　相依設計的資料特性

上節中，36 個學生被隨機分配到三個實驗組，每一個實驗組的學生都是不同的，也就是說，自變數的三個不同類別（或水準）的分數由不同的樣本來求得，此為獨立樣本設計。如果三個水準的 DV 觀察值由同一群樣本（重複量數設計）或是

具有配對關係的樣本（配對樣本設計）來計算，則為相依樣本設計。在相依設計下的變異數分析，對於依變數的影響有一個特別的變異來源：導因於受試者（配對區組）的變異源。

　　如果將前面的範例更改為該研究者為了節省受試者只找了 12 個學生，這 12 個學生先經歷一段日常活動組之後測量睡眠時間（日常組），再參與慢跑運動的實驗處理後測得第二次睡眠時數（慢跑組），最後參與有氧運動的實驗處理後測得第三次睡眠時數（有氧組）。同一批受試者接受三次測量，因此為重複量數設計。所得到的數據整理成表 11.7。

　　表 11.7 的下緣具有三個水準的組平均數，組平均數的變異反映自變數（實驗操弄）的影響，亦即 SS_b。其性質與獨立樣本設計原理相同。但是由於帶有重複測量的設計，使得表中的橫列上產生了一組新的平均數，該平均數反映了該受試者（或配對區組）的平均水準，也就是同一個受試者（或同一個配對區組）在依變數上的水準高低平均值。相依樣本設計的特點就在於多了右側的這一群基於受試者間平均數差異造成的變異量。該組平均數的變化與實驗處理無關，而是受試者的變化。

→表 11.7　運動對睡眠影響研究數據（重複量數設計）

受試者/區組	運動型態（IV）				
ID	日常組	慢跑組	有氧組	k	$\overline{Y}_i$
1	6.5	7.4	8.0	3	7.30
2	7.3	6.8	7.7	3	7.27
3	6.6	6.7	7.1	3	6.80
4	7.4	7.3	7.6	3	7.43
5	7.2	7.6	6.6	3	7.13
6	6.8	7.4	7.2	3	7.13
7	7.1	7.4	8.2	3	7.57
8	7.9	8.1	8.5	3	8.17
9	8.2	8.2	9.5	3	8.63
10	7.7	8.0	8.7	3	8.13
11	7.5	7.6	9.6	3	8.23
12	7.6	8.0	9.4	3	8.33
n	12	12	12	36	
$\overline{Y}_j$	7.32	7.54	8.18		7.68
s^2	0.26	0.23	0.99		0.601
SS	2.897	2.549	10.842		21.042

→表 11.8　三組重複測量之間的描述統計與相關係數

IV	DV平均數	DV標準差	(1)日常組	(2)慢跑組	(3)有氧組
(1)日常組	7.32	0.51	1		
(2)慢跑組	7.54	0.48	.748	1	
(3)有氧組	8.18	0.99	.665	.647	1

　　相依設計最大特色，是在於不同水準下的觀察值具有相關，例如：日常組與慢跑組的相關達 .748，慢跑組與有氧組的相關達 .647，如表 11.8 所示，表示在各組當中有較長的睡眠時數者，在其他組也有類似的趨勢。各水準內的觀察值是隨機抽樣而得，因此稱為隨機區組設計（randomized block design）。各水準之間觀察值所具有的正相關，在計算抽樣誤差會扣除重複相當程度的誤差變異，使得檢定力提高，這就是為何許多研究者會偏好相依設計的原因。

11.5.3　相依設計的一般線性模式

　　相依樣本與獨立樣本設計的最大差異，在於各水準之間具有相關，各水準間的相關可能來自於受試者重複測量、配對的樣本、或是在第三個變數有同樣性質。若 IV 有 k 個水準，依變數為 Y_{ij}，但是因為是相依樣本設計，各水準間的樣本具有相關性，因此每一組有 n 個樣本時，整個實驗就會有 n 個區組，也就是 $i=1,\cdots,n$。以一般線性模式來表示如公式 11-19 所示。

$$Y_{ij} = \mu + \alpha_j + \pi_i + \varepsilon_{ij} \tag{11-19}$$

　　上式所描述的相依樣本一般線性模式比獨立樣本設計（公式 11-3）多了一項 π_i，代表受試者之間的個別差異（區組差異），換言之，在相依設計下，有兩個獨立的平均數所造成的變異源：α_j 表示自變數的組間變異（實驗效果），為第 j 組平均數的離均差；π_i 表示受試者間變動（區組差異），為第 i 個受試者（區組）平均數的離均差：

$$\alpha_j = \mu_j - \mu \tag{11-20}$$

$$\pi_i = \mu_i - \mu \tag{11-21}$$

　　α_j 與 π_i 兩項的離均差和為 0，也就是 $\Sigma\,\alpha_j = 0$、$\Sigma\,\pi_i = 0$，這兩者是相依樣本設

計下的 ANOVA 模型限制式。

　　受試者之間的變動為隨機效果，假設呈常態 $N(0, \sigma_\pi^2)$。抽樣誤差為 ε_{ij}，反映了同一個水準內每一位受試者的變異扣除 IV 效果與受試者效果後的隨機變化量，亦為隨機效果，也假設呈常態 $N(0, \sigma_\varepsilon^2)$。由於 ε_{ij} 與 π_i 兩個隨機效果都不是自變數影響的結果，兩者共同形成了組內變異量，其中 π_i 為抽樣造成的隨機個別差異，ε_{ij} 則是扣除個別差異後的隨機波動，稱為殘差（residual）。ε_{ij} 不僅與 α_j 獨立，也與 π_i 獨立。

11.5.4　相依設計的變異拆解與變異數估計

　　相依設計由於多了一項影響源，造成依變數的影響有三個重要的變異來源：導因於自變數（實驗效果）、導因於受試者間（抽樣效果）、導因於其他誤差。以變異量來表示就是 SS_b、$SS_{b.s}$（$SS_{between.subject}$ 的縮寫）、$SS_{residual}$（以 SS_r 表示）。組內變異 $SS_w = SS_r + SS_{b.s}$，SS_b、SS_r 與 $SS_{b.s}$ 三項的總和即為總離均差平方和，關係如下：

$$SS_t = SS_b + SS_w = SS_b + [SS_{b.s} + SS_r] \tag{11-22}$$

$$SS_w = SS_{b.s} + SS_r \tag{11-23}$$

■ SS_t、SS_b、SS_w

　　相依樣本設計的變異拆解，在總體、組間與組內變異部分的分割原理與獨立樣本設計相同。總離均差平方和 SS_t 反映的是依變數的每一個數值與總平均數的離散情形。組間離均差平方和 SS_b 反映的是各組平均數的離散程度。至於 SS_w，雖然內容上混雜了受試者間變異，在相依樣本設計中已經不作為 F 檢定量的分母項，但是其計算過程與獨立樣本設計無異，反映各組內部的離散性，可作為推導 $SS_{b.s}$ 與 SS_r 的基礎。三者的公式以及自由度公式皆與獨立樣本設計相同，如公式 11-7 至 11-11。

■ $SS_{b.s}$、SS_r

　　在相依設計中，SS_w 必須繼續進行拆解，以得到 $SS_{b.s}$ 與 SS_r。其中 $SS_{b.s}$ 是各受試者間的平均數離散程度，計算方法與 SS_b 相同，也是直接計算各受試者間平均數與總平均數的離均差平方和。計算過程中，也必須以每一個受試者（區組）橫跨的水準數 k 來加權，自由度為樣本數減 1：

$$SS_{b.s} = \sum k(\overline{Y}_{i.} - \overline{Y}_G)^2 \tag{11-24}$$

$$df_{b.s} = n - 1 \tag{11-25}$$

殘差變異 SS_r 可以直接以 SS_w 與 $SS_{b.s}$ 求得，亦即組內變異扣除區組間平均數的變異。

$$SS_r = \sum\sum\left[(Y_{ij} - \overline{Y}_{.j}) - (\overline{Y}_{i.} - \overline{Y}_G)\right]^2 = SS_w - SS_{b.s} \tag{11-26}$$

$$df_r = (n-1)(k-1) \tag{11-27}$$

整合前述各項的自由度，合成關係如下：

$$df_t = df_b + df_{b.s} + df_r \tag{11-28}$$

■ $MS_{b.s}$、MS_r

基於變異數的計算原理，將 SS_b、$SS_{b.s}$ 與 SS_r 各除以自由度即得到均方。其中 MS_t 與 MS_b 兩者的公式與獨立樣本相同，至於 $MS_{b.s}$ 與 MS_r 兩項的算式分別如公式 11-29 與 11-30 所示。

$$MS_{b.s} = \frac{SS_{b.s}}{df_{b.s}} = \frac{\sum k(\overline{Y}_{i.} - \overline{Y}_G)^2}{n-1} = s_{b.s}^2 = \hat{\sigma}_{b.s}^2 \tag{11-29}$$

$$MS_r = \frac{SS_r}{df_r} = \frac{\sum\sum(Y_{ij} - \overline{Y}_{.j} - \overline{Y}_{i.} + \overline{Y}_G)^2}{(n-1)(k-1)} = s_r^2 = \hat{\sigma}_\varepsilon^2 \tag{11-30}$$

11.5.5 相依樣本 F 檢定與摘要表

相依樣本變異數分析也是利用 F 檢定來進行假設檢定，但是與獨立樣本設計所不同的是，相依樣本設計有兩個需要估計的平均數變異數：MS_b 與 $MS_{b.s}$，前者為自變數效果的組間差異，後者為受試者差異效果，反映自變數效果的 F 檢定量的分母為殘差變異數 MS_r，F 檢定量如公式 11-31，ANOVA 摘要表如表 11.9。

$$F_{obt} = F_{(df_b, df_r)} = \frac{\hat{\sigma}_b^2}{\hat{\sigma}_\varepsilon^2} = \frac{MS_b}{MS_r} = \frac{SS_b/df_b}{SS_r/df_r} \tag{11-31}$$

→表 11.9　相依樣本設計單因子變異數分析摘要表

變源	SS	df	MS	F	$\hat{\eta}^2$
組間	SS_b	$k-1$	SS_b/df_b	MS_b/MS_r	$SS_b/(SS_b+SS_r)$
組內	SS_w	$N-k$	SS_w/df_w		
受試者間$(b.s)$	$SS_{b.s}$	$(n-1)$	$SS_{b.s}/df_{b.s}$		
殘差(r)	SS_r	$(n-1)(k-1)$	SS_r/df_r		
全體	SS_t	$N-1$	SS_t/df_t		

　　相依樣本設計的 F 檢定係以殘差項作為抽樣誤差，因此效果量 $\hat{\eta}^2$ 的分母（誤差項）也不再是 SS_w 而是殘差項 SS_r，亦即總變異量扣除受試者間變異：$SS_t-SS_{b.s}$，又稱為淨效果量（partial effect size），如公式 11-32。

$$\hat{\eta}^2 = \frac{SS_b}{SS_b + SS_r} = \frac{SS_b}{SS_t - SS_{b.s}} \tag{11-32}$$

■ 範例說明

　　現以實際資料來說明，12 位學生在三次實驗嘗試下所測量得到所有睡眠數據的 SS_t、SS_b、SS_w 計算如下。值得注意的是，雖然受試者為 12 位（$n=12$），但是由於重複三次（$k=3$），全體觀察數目為 36（$N=n\times k=36$），全體自由度與獨立樣本設計相同：$df_t=36-1=35$。各項計算結果如下：

$$SS_t = \sum\sum(Y_{ij} - \overline{Y}_G)^2 = (6.5 - 7.68)^2 + ... + (9.4 - 7.68)^2 = 21.042$$

$$SS_b = \sum n_j(\overline{Y}_{.j} - \overline{Y}_G)^2 = 12(7.32 - 7.68)^2 + 12(7.54 - 7.68)^2 + 12(8.18 - 7.68)^2 = 4.754$$

$$SS_w = \sum\sum(Y_{ij} - \overline{Y}_j)^2 = (6.5 - 7.32)^2 + ... + (9.4 - 8.18)^2$$
$$= SS_1 + SS_2 + SS_3 = 2.897 + 2.549 + 10.842 = 16.288$$

$$SS_{b.s} = \sum k(\overline{Y}_{i.} - \overline{Y}_G)^2 = 3(7.3 - 7.68)^2 + 3(7.27 - 7.68)^2 + ... + 3(8.33 - 7.68)^2 = 11.536$$

$$SS_r = SS_w - SS_{b.s} = 16.288 - 11.536 = 7.453$$

$$F_{obt} = \frac{MS_b}{MS_r} = \frac{SS_b/df_b}{SS_r/df_r} = \frac{4.754/2}{4.753/22} = \frac{2.377}{0.216} = 11.005$$

以附錄 C 查表得到臨界值 $F_{.05(2,22)}$=3.44，$F_{.01(2,22)}$=5.72，F_{obt}=11.005) 高於兩者，顯示 F 檢定量達到 .05 與 .01 的顯著水準，表示受試者在三個實驗水準下的睡眠時數具有顯著差異。若以 EXCEL 的 F.DIST.RT(11.003,2,22) 求出 $F_{(2,22)}$=11.003 的尾機率，得到 p=.0005，p<.001。也就是說，運動型態的不同水準會影響睡眠時數。

以本範例的數據所計算得到的效果量 $\hat{\eta}^2$=.500，表示組間變異的解釋力達到 50%，分析結果整理於摘要表（表 11.10）：

→表 11.10　相依設計單因子變異數分析摘要表

變源	SS	df	MS	F	p	Fcv	$\hat{\eta}^2$
組間	4.754	2	2.377	11.005	.0005	3.443	.500
組內	16.288	33					
受試者間 (b.s)	11.536	11	1.049				
殘差 (r)	4.752	22	0.216				
全體	21.042	35	0.601				

註：尾機率 p 值由 EXCEL 函數 F.DIST.RT(F,$df1$,$df2$) 求得。臨界值 F_{cv} 由 EXCEL 函數 F.INV(.95,$df1$,$df2$) 求得。

$$\hat{\eta}^2 = \frac{SS_b}{SS_b + SS_r} = \frac{4.754}{4.754 + 4.752} = \frac{4.754}{9.506} = .500$$

由這些檢定結果可知，相依設計的 F 值由獨立樣本設計的 4.816，增加到相依樣本設計的 11.005，效果量為 .500，也遠比獨立設計的效果量 .226 為高，實驗效果更加顯著，顯示考慮了受試者間的變異來源，減少了 F 檢定量的分母（殘差），提高了檢定值與效果量。

範例 11.2　相依樣本單因子變異數分析假設檢定

問題：

某餐廳有三種新研發的湯品，今天邀請 5 位顧客試吃並評定其偏好程度（1 至 10 分），得分越高表示顧客越偏好該道湯品。請問三種湯品的顧客偏好度是否有顯著差異？

顧客	湯品1	湯品2	湯品3	平均
1	5	8	8	7
2	4	7	4	5
3	6	8	7	7
4	6	7	5	6
5	4	5	3	4
$n=$	5	5	5	15
$M=$	5.00	7.00	5.40	5.80
$s^2=$	1.00	1.50	4.30	2.743
$SS=$	4.00	6.00	17.20	38.40

解答：

步驟一：發展假設

$$\begin{cases} H_0 : \mu_j=\mu \quad \forall j \\ H_1 : \mu_j \neq \mu \quad \exists j \end{cases} \quad 或 \quad \begin{cases} H_0 : \alpha_j =0 \quad j=1,\ldots,3 \\ H_1 : \alpha_j \neq 0 \end{cases}$$

步驟二：評估抽樣條件

IV：湯品（$k=3$），DV：偏好程度

組平均數：5、7、5.4。總平均數：5.8

重複量數設計：樣本數 5、總觀察數：15

步驟三：決定檢定條件

$\because$ 三個樣本平均數的變異檢定，五個受試者間區組

$\therefore$ 使用 F 檢定，$\alpha=.05$，$df_b=3-1=2$, $df_r=(n-1)(k-1)=8$　$F_{cv}=F_{.05(2,8)}=4.46$

步驟四：計算檢定量

$$SS_{b.s} = \sum k(\overline{Y}_{i.} - \overline{Y}_G)^2 = 3(7-5.8)^2 + 3(5-5.8)^2 + \ldots + 3(4-7.8)^2 = 20.4$$

$$SS_r = SS_w - SS_{b.s} = 27.2 - 20.4 = 6.8$$

$$F_{obt} = F_{(2,8)} = \frac{MS_b}{MS_r} = \frac{SS_b/df_b}{SS_r/df_r} = \frac{11.2/2}{6.8/8} = \frac{5.6}{0.85} = 6.59$$

$$\hat{\eta}^2 = \frac{SS_b}{SS_b + SS_r} = \frac{11.2}{11.2+6.8} = \frac{11.2}{18} = .62$$

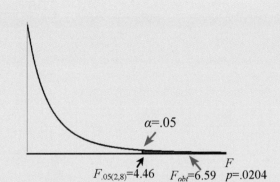

$$SS_t = \sum\sum(Y_{ij} - \overline{Y}_G)^2 = (5 - 5.8)^2 + (4 - 5.8)^2 + ... + (3 - 5.8)^2 = 38.4$$

$$SS_b = \sum n_j(\overline{Y}_j - \overline{Y}_G)^2 = 5(5 - 5.8)^2 + 5(7 - 5.8)^2 + 5(5.4 - 5.8)^2 = 11.2$$

$$SS_w = \sum\sum(Y_{ij} - \overline{Y}_{.j})^2$$
$$= (5 - 5)^2 + ... + (4 - 5)^2 + (8 - 7)^2 + ... + (5 - 7)^2 + (8 - 5.4)^2 + ... + (3 - 5.4)^2 = 27.2$$

步驟五：進行決策與解釋

$\because F_{obt(2,8)} = 6.59 > F_{cv(2,8)} = 4.46$

以 F.DIST.RT(6.59,2,8) 查得尾機率 $p = .0204$，$p < .05$

$\therefore$ 拒絕 H_0、接受 H_1，亦即三種湯品的偏好程度具有顯著差異。$\hat{\eta}^2 = .62$，表示湯品偏好的變異量有高達 62% 可被不同湯品解釋，屬於非常強的效果量。

→表 11.11　湯品偏好的相依樣本變異數分析摘要表

變源	SS	df	MS	F	p	Fcv	$\hat{\eta}^2$
組間	11.2	2	5.60	6.59	0.0204	4.46	.62
組內	27.2	12	2.27				
受試者間 (b.s)	20.4	4	5.10				
殘差 (r)	6.8	8	0.85				
全體	38.4	14	2.74				

註：尾機率 p 值由 EXCEL 函數 F.DIST.RT($F,df1,df2$) 求得。臨界值 F_{cv} 由 EXCEL 函數 F.INV(.95,$df1,df2$) 求得。

11.6　ANOVA 的基本假設

由本章的介紹可知，變異數分析的統計原理以依變數的變異量拆解為核心，因此 ANOVA 的正確應用涉及到幾個基本的統計假設，介紹於後。

11.6.1　常態性假設

ANOVA 與 t 檢定一樣，依變數都是連續變數，因此 ANOVA 也必須在依變數具有常態化的前提下來進行考驗。更具體來說，變異數分析是將依變數的變異拆解成組間與組內變異，組間變異反映的是自變數效果，在特定的實驗中為一恆定值，因此沒有分配可言，但是組內變異反映了誤差，是一個隨機變數，其分配應為以 0 為平均數的常態分配，當誤差項需為常態的假設，即表示依變數也需為常態分配。如果誤差常態假設違反，最直接影響的是第一類型錯誤率擴增問題，此時宜將 α 調整得更為嚴格，以避免過高的型 I 錯誤。

11.6.2　可加性假設

ANOVA 的另一個基本假設是變異數的拆解必須是在一個合理的基礎上來進行，也就是各拆解項具有獨立、直交的特性，因此可以進行加減乘除四則運算，稱為可加性（additivity）。在未來介紹的更複雜的變異數分析中（例如：多因子 ANOVA），各效果項之間未必是完全獨立而帶有若干的相互關連，也因此衍生出型 I、II、III、IV 平方和的概念，以不同的分割策略來落實可加性。

11.6.3　變異同質假設

ANOVA 與 t 檢定相似，目的在比較不同樣本的平均數差異，每一個常態化樣本的平均數要能夠相互比較，必須具有相似的離散狀況，也就是母體的變異數必須具 有 等 分 散 性（homoscedasticity） 假 設， 稱 為 變 異 數 同 質（homogeneity of variance）假設。如果各個樣本的變異數不同質，表示各個樣本在平均數差異之外，另外存有非隨機的變異來源，致使變異數呈現不同質的情況。各組的變異數必須相近，如此才能確保平均數的差異是反映各組本質上類似，但平均數不同的樣本集中趨勢狀態的差異。變異數同質性假設若不能成立，會使得平均數的比較存有混淆因素。

11.6.4　球面性假設

在相依設計的變異數分析中，由於各水準具有區組配對的安排，因此各組人數一定相等，在沒有特殊的原因下，各組變異數應相近，因此，在相依樣本設計多無變異數同質假設違反問題，但是卻有另一個球面性或環狀性（sphericity）假設問題。

所謂球面性或環狀性是指不同水準的同一個受試者（區組）在依變數上的得分，兩兩配對相減所得差異的變異數必須相等（同質），亦即共變數同質。事實上，此一假設也是各水準變異同質假設的延伸。也就是說，相同的受試者在不同水準間的重複測量或不同的受試者在不同水準間的配對，其變動情形應具有一致性。此項假設的違反，將會使 F 檢定產生正向性偏誤（positively biased）（Cohen, 1988），提高犯下型 I 錯誤的機率。

11.6.5　型 I 錯誤率問題

在變異數分析中，由於所涉及的平均數比較數目較多，變異拆解相對複雜，除了以 F 檢定進行整體效果的考驗之外，還可能必須進行事後的多重比較（詳見下一節）。因此實驗數據的分析除了必須建立在前述的幾個基本假設之上，還有另一個重要的議題，就是如何設定適當的型 I 錯誤率。

在實驗設計的統計檢定中，型 I 錯誤率可以區分為實驗、族系與比較三種類型。所謂實驗錯誤率（experiment-wise error rate; EWE），是指假設檢定是在整個實驗的型 I 錯誤率維持一定（例如：α=.05）的情況下，導出每次下結論的型 I 錯誤率為何。其次，族系錯誤率（family-wise error rate; FWE）則是將實驗當中每一種特定類型的假設檢定的型 I 錯誤率維持一定，導出每一種類型的檢定之下的各次結論的型 I 錯誤率。至於比較錯誤率（comparison-wise error rate），則是指每一次檢定均設定為相同的型 I 錯誤率（例如：每一個檢定都是 α=.05）。

在前一章介紹 z 與 t 檢定時，我們將每一次的檢定都選擇 α=.05 來進行虛無假設是否保留或拒絕的判定，這就是一種比較錯誤率的概念。一旦我們要比較的平均數越來越多，數據越來越複雜，檢定的次數越來越多時，就不能只利用比較錯誤率來進行決策判斷，而 ANOVA 優於 t 檢定之處，即是 ANOVA 能夠視狀況選擇實驗錯誤率或族系錯誤率來進行統計檢定，確保型 I 錯誤率能維持在一定水準。

當使用實驗或族系錯誤率時，為了維持整體的 α 水準為 .05，必須降低每一次進行假設是否成立的判定的 α 水準。例如：一個帶有四個平均數比較的 F 檢定達

到顯著水準之後，我們必須進一步進行 $C_2^4 = 6$ 次的這個「家族」的多重配對比較（見下一節的介紹），此時，特定族系錯誤率 α_{FW} 下各次檢定的 α 水準公式如 11-33 所示。

$$\alpha_{FW} = 1 - (1-\alpha)^k \qquad (11-33)$$

公式 11-33 中，k 為進行比較的次數，α 為單一檢定的顯著水準。如果一個實驗需進行 10 次多重比較，整個族系的顯著水準要維持在 .05，那麼單一比較的顯著水準 α 即為 $.05 = 1 - (1-\alpha)^{10}$，$\alpha = .0051$。另一種快速算法是將 α_{FW} 水準除以比較次數 k，$\alpha = \alpha_{FW}/k = .05/10 = .005$，得到的數值會近似於前述公式的數據，利用公式 11-33 所進行的型 I 錯誤率調整所進行的比較稱為 Bonferroni 程序。接著，我們就來介紹當整體效果的 F 檢定達到顯著水準之後所必須進行的多重比較檢定。

⊞ 11.7　多重比較

當變異數分析 F 檢定值達顯著水準，即推翻了平均數相等的虛無假設，亦即表示至少有兩組平均數之間有顯著差異存在。但是究竟是哪幾個平均數之間顯著有所不同，必須進一步進行**多重比較**（multiple comparison）來檢驗。如果多重比較在 F 檢定之前進行，稱為**事前比較**（priori comparison），在獲得顯著的 F 值之後所進行的多重比較，稱為**事後比較**（posteriori comparison）。多重比較的進行有多種不同的方式，每一種方法的時機與特性均有所不同。

11.7.1　事前比較

事前比較又稱為**計畫比較**（planned comparison），是指在進行研究之前，研究者即基於理論的推理或個人特定的需求，事先另行建立研究假設，以便能夠進行特定的兩兩樣本平均數的檢定，而不去理會所有平均數整體性的比較。因此，事前比較所處理的是特定平均數比較的假設檢定，在顯著水準的處理上，屬於族系顯著水準，而不需考慮實驗面的顯著水準。

事實上，事前比較即是應用 t 檢定，針對特定的水準，進行平均數差異檢定。除了在研究進行之初即應先行提出特殊的研究假設，在統計軟體中可以利用對比（contrast），設定特殊的線性組合模式，來檢定特定因子水準平均數之間的差異。但是由於執行多次比較會增加型 I 誤差的機率，因此當比較次數增加，型 I 錯誤率必須採用更嚴格的標準。一般作法是將 α/k，α 為研究者想要維持的總體型 I 錯誤

率（族系錯誤率），k 為比較次數，如此將可使得整體的型 I 錯誤率維持在 α 水準。如果是雙尾 t 檢定，作為雙尾臨界值的 $t_{\alpha/2}$ 改為 $t_{\alpha/2k}$ 即可，此一多重比較策略稱為 Bonferroni 多重比較。

　　另一種常用於事前比較的程序是 Holm 多重比較，其作法是將 k 次比較得到的 t 值依其絕對值大小排列，逐一檢視其顯著性。t 值絕對值最大者以 $t_{\alpha/2k}$ 臨界值為顯著與否的比較基準，t 值絕對值次大者以 $t_{\alpha/[2(k-1)]}$ 臨界值為比較基準，依此類推。Holm 和 Bonferroni 程序都將族系錯誤率的機會控制在 α 水準，但 Holm 程序採用相對寬鬆的臨界值，較 Bonferroni 程序容易拒絕虛無假設，統計檢定力較佳。

11.7.2　事後比較

11.7.2.1　以 t 檢定為基礎的多重比較

　　事後多重比較的具體作法是進行各組平均數的兩兩比較，因此最直接的方法就是採用 t 檢定的概念來進行。最常用的方法為最小顯著差異法（least significant difference; LSD）為 Fisher 所提出，比較原理是取 t 值差距檢定（Studentized range test），自由度為 $N-k$。檢定公式如下：

$$t = \frac{\overline{Y}_j - \overline{Y}_k}{\sqrt{MS_w \left(\dfrac{1}{n_j} + \dfrac{1}{n_k} \right)}}$$

(11-34)

　　由公式 11-34 可知，LSD 法是以整個分析的變異誤作為分母項，來納入所有水準下的合成誤差，而不是像雙樣本 t 檢定僅考慮兩個組的誤差。換句話說，t 檢定的合成標準誤改由 F 檢定的組內均方代替，這是假設各組變異數均同質的情況下的估計數，因此，LSD 法又稱為 Fisher 擔保 t 檢定（Fisher's protected t-test），表示 t 檢定是以 F 檢定達到顯著之後所進行的後續考驗，同時也在 F 檢定的誤差估計下所進行。LSD 法在變異誤的估計上雖作了處理，但有一個缺點是並沒有因為是多次的比較而調整檢定的顯著水準，無法消除多次比較所導致的型 I 錯誤率提高問題，是較為粗糙的多重比較程序。

　　另一種類似策略是 Tukey 所提出的誠實顯著差異（honestly significant difference; HSD）檢定。所謂誠實，就是在凸顯 LSD 法並沒有考慮到實驗與族系面誤差的問題。起初 HSD 法是在常態性、同質性假設成立且各組人數相等的前提下，以族系錯誤率的控制為原則的多重比較程序，後來 Kramer 則將 Tukey 的方法加以延伸至各組樣本數不相等的情況下，稱為 Tukey-Kramer 法，其多重比較是透

過 Q 分數來進行：

$$Q = \frac{\overline{Y}_j - \overline{Y}_k}{\sqrt{\frac{MS_w}{2}\left(\frac{1}{n_j}+\frac{1}{n_k}\right)}}$$

(11-35)

Q 分數所形成的機率分配變化與 t 分配相似，但是 Q 分配形狀不僅隨自由度改變而改變，亦會隨平均數個數的不同而改變，因此 HSD 法必須另行參照 Q 分配的機率函數來決定是否拒絕 H_0。然而即因為 HSD 值另外參酌 Q 分配，因此可以將型 I 錯誤以實驗面誤差機率處理，但是代價是檢定力降低。以 HSD 法所得到的顯著性，會比沒有考慮型 I 錯誤膨脹問題的檢定方法來的高（例如：若比較次數為三次，HSD 的 p 值為會是 LSD 法的三倍），不容易拒絕 H_0。

由於本書並未提供 Q 分配機率對照表，EXCEL 也未提供 Q 分配的函數功能，因此並不加以示範。

■ 範例說明

以運動研究的資料為例，三個水準的睡眠時數 (1) 日常組（$\overline{Y}_1$=7.32）、(2) 慢跑組（$\overline{Y}_2$=7.54）、(3) 有氧組（$\overline{Y}_3$=8.18）的 LSD 兩兩多重比較結果如下：

(3) 有氧組：(1) 日常組　$t_{3:1} = \dfrac{8.18 - 7.32}{\sqrt{.494\left(\frac{1}{12}+\frac{1}{12}\right)}} = \dfrac{0.86}{0.287} = 2.997$,p=.0051

(2) 慢跑組：(1) 日常組　$t_{2:1} = \dfrac{7.54 - 7.32}{\sqrt{.494\left(\frac{1}{12}+\frac{1}{12}\right)}} = \dfrac{0.22}{0.287} = 0.767$,p=.4485

(3) 有氧組：(2) 慢跑組　$t_{3:2} = \dfrac{8.18 - 7.54}{\sqrt{.494\left(\frac{1}{12}+\frac{1}{12}\right)}} = \dfrac{0.64}{0.287} = 2.230$,p=.0327

由於誤差項取用的是 ANOVA 的組內變異（MS_w），因此自由度 df_w=33，在 α=.05 條件下進行 t 檢定的臨界值 t_{cv}=2.035，上述三個 t 檢定尾機率由 EXCEL 的 T.DIST.2T(t,33) 函數求得為 .0051、.4485、.0327。不論由臨界值法則或尾機率法則來判斷，這三組比較當中有兩組具有顯著差異：(3) 有氧組與 (1) 日常組（p<.01）、(3) 有氧組與 (2) 慢跑組（p<.05），但是 (2) 慢跑組與 (1) 日常組之間則無顯著差異。

11.7.2.2　以 *F* 檢定為基礎的多重比較

相較於 LSD 與 HSD 法是以 *t* 檢定為基礎，雪費法（Scheffé's method）是以 *F* 檢定為基礎的多重比較技術。雪費法對分配常態性與變異一致性兩項假定之違反頗不敏感，且所犯型 I 錯誤機率較小。可以說是各種方法中最嚴格、檢定力最低的一種多重比較，而且直接採用 *F* 檢定，與 ANOVA 作法一致，使用上非常方便，因此廣為使用。公式如下：

$$F = \frac{\dfrac{(\overline{Y}_j - \overline{Y}_k)^2}{k-1}}{MS_w \left(\dfrac{1}{n_j} + \dfrac{1}{n_k} \right)} \tag{11-36}$$

■ 範例說明

同樣以運動研究的資料為例，三組睡眠時數的兩兩多重比較結果如下：

(3) 有氧組：(1) 日常組　　$F_{3:1} = \dfrac{(8.18 - 7.32)^2 / 2}{0.494\left(\dfrac{1}{12} + \dfrac{1}{12}\right)} = \dfrac{0.3698}{0.0823} = 4.495$, $p=.0188$

(2) 慢跑組：(1) 日常組　　$F_{2:1} = \dfrac{(7.54 - 7.32)^2 / 2}{0.494\left(\dfrac{1}{12} + \dfrac{1}{12}\right)} = \dfrac{0.0242}{0.0823} = 0.294$, $p=.7471$

(3) 有氧組：(2) 慢跑組　　$F_{3:2} = \dfrac{(8.18 - 7.54)^2 / 2}{0.494\left(\dfrac{1}{12} + \dfrac{1}{12}\right)} = \dfrac{0.2048}{0.0823} = 2.490$, $p=.0984$

前述各個 *F* 檢定量的自由度為 (2,33)，以 EXCEL 的 F.DIST.2T(F,2,33) 函數求得各尾機率為 .0188、.7471、.0984，由此可判定，(3) 有氧組與 (1) 日常組的 $F_{obt(2,33)}=4.495$，$p<.05$，具顯著差異，但是 (3) 有氧組與 (2) 慢跑組（$F_{obt(2,33)}=0.294$, $p > .05$）與 (2) 慢跑組與 (1) 日常組（$F_{obt(2,33)}=2.490$, $p > .05$）則無顯著差異。顯示以 Scheffé 法得到的檢定結果較 LSD 法為保守，亦即較不容易拒絕 H_0。

事實上，Scheffé 法執行前不一定要執行 *F* 整體考驗，因為如果 *F* 檢定不顯著，Scheffé 檢定亦不會顯著，但是如果 *F* 整體考驗顯著，那麼 Scheffé 檢定則可以協助研究者尋找出整體考驗下的各種組合效果。更具體來說，Scheffé 檢定的顯著水準是設計成可以檢定組別平均的每一種線性組合，從最簡單到最複雜的比較模式，樣本人數相等或不等均可，所以 Scheffé 檢定可以廣泛的適用於成對比較與各種複雜比較。

EXCEL 電腦小精靈

一、如何使用 EXCEL 來執行獨立樣本單因子變異數分析

■建立資料檔案

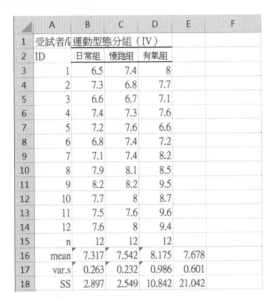

	A	B	C	D	E	F
1	受試者/	運動型態分組（IV）				
2	ID	日常組	慢跑組	有氧組		
3	1	6.5	7.4	8		
4	2	7.3	6.8	7.7		
5	3	6.6	6.7	7.1		
6	4	7.4	7.3	7.6		
7	5	7.2	7.6	6.6		
8	6	6.8	7.4	7.2		
9	7	7.1	7.4	8.2		
10	8	7.9	8.1	8.5		
11	9	8.2	8.2	9.5		
12	10	7.7	8	8.7		
13	11	7.5	7.6	9.6		
14	12	7.6	8	9.4		
15	n	12	12	12		
16	mean	7.317	7.542	8.175	7.678	
17	var.s	0.263	0.232	0.986	0.601	
18	SS	2.897	2.549	10.842	21.042	

■打開資料分析對話框，選擇「單因子變異數分析」

■決定分析內容與條件

1. 選擇輸入範圍：利用滑鼠框選包含三個組的名稱與資料的欄位
2. 選擇標記：因為類別軸標記在第一列，因此必須勾選

■得出結果

單因子變異數分析						
摘要						
組	個數	總和	平均	變異數		
日常組	12	87.8	7.31667	0.26333		
慢跑組	12	90.5	7.54167	0.23174		
有氧組	12	98.1	8.175	0.98568		
ANOVA						
變源	SS	自由度	MS	F	P-值	臨界值
組間	4.75389	2	2.37694	4.81567	0.01462	3.28492
組內	16.2883	33	0.49359			
總和	21.0422	35				

二、如何使用 EXCEL 來執行相依樣本單因子變異數分析

■建立資料檔案（同前）

■打開資料分析對話框，選擇「雙因子變異數分析：無重複試驗」

■決定分析內容與條件

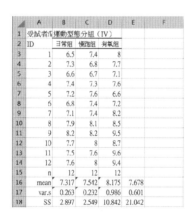

1. 選擇輸入範圍：利用滑鼠框選包含參與者編號、三次測量的名稱與資料的欄位

2. 選擇標記：因為類別軸標記在第一列，因此必須勾選

■ 得出結果

雙因子變異數分析：無重複試驗						
摘要	個數	總和	平均	變異數		
1	3	21.9	7.3	0.57		
2	3	21.8	7.266667	0.203333		
3	3	20.4	6.8	0.07		
4	3	22.3	7.433333	0.023333		
5	3	21.4	7.133333	0.253333		
6	3	21.4	7.133333	0.093333		
7	3	22.7	7.566667	0.323333		
8	3	24.5	8.166667	0.093333		
9	3	25.9	8.633333	0.563333		
10	3	24.4	8.133333	0.263333		
11	3	24.7	8.233333	1.403333		
12	3	25	8.333333	0.893333		
treat1	12	87.8	7.316667	0.263333		
treat2	12	90.5	7.541667	0.231742		
treat3	12	98.1	8.175	0.985682		
ANOVA						
變源	SS	自由度	MS	F	P-值	臨界值
列	11.53556	11	1.048687	4.854237	0.000805	2.258518
欄	4.753889	2	2.376944	11.00257	0.000488	3.443357
錯誤	4.752778	22	0.216035			
總和	21.04222	35				

本章重要概念

實驗研究 experimental study
變異數分析 analysis of variance
隨機分派 random assignment
實驗設計 experimental design
獨立樣本設計 independent sample design
受試者間設計 between-subject design
重複量數設計 repeated measure design
受試者內設計 within-subject design
配對樣本設計 matching group design
相依樣本設計 dependent sample design
混合設計 mixed design

均方 mean square
整體考驗 overall test
等分散性 homoscedasticity
球面性 sphericity
實驗錯誤率 experiment-wise error rate
族系錯誤率 family-wise error rate
比較錯誤率 comparison-wise error rate
多重比較 multiple comparison
事前比較 priori comparison
事後比較 posteriori comparison

課後習作

一、請針對下列各題的描述，說明 (1) 自變數與依變數為何？ (2) 是獨立還是相依設計？ (3) 各組樣本數與總樣本數為何？ (4) 是否需要執行事後多重比較？

1. 隨機訪問某便利商店在直營店與加盟店各 50 位顧客對於咖啡豆口味的好感。

2. 研究人員調查未婚女性、已婚但無子女以及已婚且育有子女者各 8 名對於食品安全的重視程度。

3. 某系學生 50 名從大一到大四的簡報能力逐年上升。

4. 接受情緒管理訓練後，25 名員工受到顧客抱怨的情形明顯改善。

二、管理學院跨校辯論比賽向來激烈，A、B、C 三校之間的競爭尤為慘烈，在一次辯論賽中，三校各派出三位選手與賽，分別擔任一辯、二辯、結辯，每一位參賽者獲得一個個人成績 (0-10 分)，並以三個人的平均分數作為團體成績，分數如右表。請回答下列問題：

辯手次序	校別		
	A 校	B 校	C 校
一辯	10	3	9
二辯	7	3	7
結辯	10	6	8
總分	27	12	24
平均數	9	4	8
變異數	3	3	1

1. 以獨立樣本設計檢驗三所學校的團體平均有無顯著差異。$\alpha=.05$。

2. 請完成獨立樣本單因子變異數分析的摘要表。

3. 請進行多重比較檢驗具有差異的學校。

三、辯論比賽的進行一定會考慮對手強弱而在各辯配對上絞盡腦汁，因此分析成績時必須考慮配對效果，請將前一題的數據重新以下列方式進行分析：

1. 以相依設計來進行三校成績有無顯著差異的檢驗，$\alpha=.05$。

2. 請完成相依樣本單因子變異數分析摘要表。

3. 請進行多重比較檢驗具有差異的學校。

4. 請比較獨立與相依樣本設計的檢定結果。

chapter

12

多因子變異數分析

12.1　前言

　　前一章在介紹 ANOVA 之初，我們便開宗明義的指出，變異數分析之所以會存在，是因為研究者有做實驗的需求，而實驗所得到的數據必須要加以分析，才能證明到底實驗操弄是否有效。執行一項實驗不僅要遵循一定的流程，每一個環節都不能馬虎，因此研究者總會好好把握機會，把可能影響依變數的自變數，「一個」接「一個」拿出來檢驗，然後「一個」接「一個」利用 ANOVA 來分析。這時候，聰明的你可能會冒出一句：可不可以把這幾個 IV 一起拿來分析？甚至於追問，把 IV 一個一個拿來分析，以及把兩個 IV 一起拿來分析，得到的結果會不會有所不同？哪一種作法比較好？

　　答案是：如果有好幾個 IV 對 DV 都很重要，當然應該把它們「一起」納入實驗操弄，觀察它們對於 DV 的影響，此時不但可以檢驗個別 IV 的效果，更可以觀察 IV 之間是否對 DV 會有交互作用（interaction），而此時所使用的統計方法，就是**多因子變異數分析**（factorial analysis of variance）。

　　曾經有一個汽車銷售經理，對於汽車的廣告到底是否應該訴求香車美人感到躊躇不定，因為根據一些行銷研究發現，汽車廣告中如果「有美人」出現，比起「無美人」的對照組，汽車的買氣並沒有明顯不同，也就是有無美人的「美人效果」並不顯著。但是，經過專家指點，進一步納入性別因素來分析，果然發現如果只針對男性來分析，會發現當廣告中伴隨美人出現時，他們對於產品的好感明顯增加，但是如果是女性消費者，美人出現後未必有用，甚至有反效果。換言之，當我們把兩個自變數一起看，會發現不同的故事：原來美人效果確實存在，但只針對男性有效，如果不把「性別效果」納入分析，只探討「美人效果」，將會誤導我們對於消費者偏好的瞭解。這種關於廣告訴求「性別適配效應」（不同性別的消費者的廣告策略不同）的研究多不勝數，更有許多實務應用的例子。日本女性曾經一度瘋狂指明購買「木村拓哉用的那種顏色的口紅」的行銷操作即為一例。幕後功臣可以說是二因子變異數分析，因為它證明了交互作用的存在。

　　本章雖然名為多因子變異數分析，但是事實上只介紹二因子變異數分析，理由有三：第一，二因子設計是複雜設計變異數分析的基礎，高階因子設計所涉及的分析觀念與技術，與二因子分析並沒有特別不同，如果對於本章能夠熟悉善用，要進入高階模型並不困難。第二，二因子變異數分析有各種變形（獨立、相依、混合設計等），各種檢定程序繁瑣，為使學習具有成效，必須先專注於二因子設計。第三，在實際研究工作上，最常見的就是二因子變異數分析，即使是三因子以上的實

驗設計，雖然分析過程中會針對不同層級的效果進行檢驗，但最後還是會降階到二因子分析，才能把因子間的交互作用說明清楚。因此，本章將詳細說明二因子變異數分析的原理與程序，如果遇到更多因子的分析問題，只要把相關概念加以擴展即可。

12.2　多因子變異數分析的原理

　　社會與行為科學家在探討問題之時，往往不會單獨考慮一個 IV 對於 DV 的影響。在實驗設計中，如果研究者同時操弄兩個以上的 IV，稱為多因子實驗設計：當研究中有兩個 IV 的變異數分析，稱為二因子變異數分析（two-way analysis of variance），三個 IV 稱為三因子變異數分析（three-way analysis of variance），依此類推。當因子越多，影響 DV 變異的來源也就越多，雖然分析原理類似，但程序越趨繁瑣，因此實務上最常見的就是二因子變異數分析。

12.2.1　二因子變異數分析的資料特性

　　現在我們將前一章所使用的運動與睡眠研究範例資料擴充到二因子的情境，但數據維持不變，藉以說明二因子變異數分析的資料形式與分析方法，並與前一章的單因子分析進行連結比較，數據如表 12.1 所示。

　　在前一章的運動研究範例中，對於睡眠量所操弄的影響因子只有「運動型態」，故平均數檢定策略為單因子變異數分析。但如果研究者認為，除了運動型態之外，白天或晚上兩個不同「運動時段」對於睡眠也會有不同的影響。此時，影響睡眠時間的 IV 包括了運動時段（白天或晚上）（A 因子）與運動型態（日常、慢跑、有氧）（B 因子），此即為二因子設計實驗。如果 36 位實驗參與者被隨機分派到 A 與 B 因子所構成的六個實驗狀況，亦即分別為在白天從事日常、慢跑、有氧三種運動型態，以及在晚上從事日常、慢跑、有氧三種運動型態，每一種實驗組合稱為細格（cell），將各有 6 位參與者。

　　表 12.1 是一個雙向表（double entry table），影響睡眠時數的兩個 IV，其中一個 IV 置於欄（column），另一個 IV 置於列（row），每一位實驗參與者在依變數上的原始分數記錄於表中，同時也列出各細格的描述統計量。由於各細格觀察值沒有相依或配對關係，因此本實驗的樣本設計為完全獨立設計，分析方法稱為「完全獨立樣本二因子變異數分析」。

→**表 12.1**　運動型態對睡眠時數影響的假想研究數據

時段 （A因子）	運動型態（B因子）			合計			
	日常組(b_1)	慢跑組(b_2)	有氧組(b_3)	n	$\overline{Y}$	s^2	SS
白天 (a_1)	6.5 $n=6$　7.3 $\overline{Y}=6.967$　6.6 $s^2=0.147$　7.4 $SS=0.733$　7.2 6.8	7.4 $n=6$　6.8 $\overline{Y}=7.200$　6.7 $s^2=0.132$　7.3 $SS=0.660$　7.6 7.4	8.0 $n=6$　7.7 $\overline{Y}=7.367$　7.1 $s^2=0.251$　7.6 $SS=1.253$　6.6 7.2	18	7.178	0.184	3.131
晚上 (a_2)	7.1 $n=6$　7.9 $\overline{Y}=7.667$　8.2 $s^2=0.139$　7.7 $SS=0.693$　7.5 7.6	7.4 $n=6$　8.1 $\overline{Y}=7.883$　8.2 $s^2=0.098$　8.0 $SS=0.488$　7.6 8.0	8.2 $n=6$　8.5 $\overline{Y}=8.983$　9.5 $s^2=0.350$　8.7 $SS=1.748$　9.6 9.4	18	8.178	0.524	8.911
n	12	12	12	36			
$\overline{Y}$	7.317	7.542	8.175		7.678		
s^2	0.263	0.232	0.986			0.601	
SS	2.897	2.549	10.842				21.042

　　多因子變異數分析與單因子變異數分析最大的不同，在於造成 DV 分數的變動來源不只一個，稱為不同的效果：主要效果（main effect）是指個別的自變數對依變數所造成的影響，反映在個別自變數各水準在 DV 平均數的差異上；交互效果（interaction effect）（或稱為交互作用）則是指多個 IV 共同（或聯合起來）對於 DV 所產生的影響。如果交互效果具有統計意義，表示某個因子的效果會受到其他因子的調節（moderation），此時必須進一步檢驗單純主要效果（simple main effect），亦即某一個因子在其他因子的不同水準下的「單純」影響力。例如：對於一個帶有 A 與 B 兩因子的實驗，如果 A×B 交互效果顯著，必須檢驗 B 因子不同水準下的 A 因子效果，以及在 A 因子的不同水準下的 B 因子效果。此時也可以解釋為「A 因子對於依變數的影響，受到 B 因子的調節；B 因子對於依變數的影響，受到 A 因子的調節」，因此單純主要效果又稱為調節效果（moderation effect）。

　　在三個因子以上的變異數分析，還有一種單純交互效果（simple interaction effect），發生在三階以上的交互效果具有統計顯著性時的交互效果的事後考驗。例如：當 A×B×C 的交互效果顯著時，必須檢驗低階的二因子交互效果如何受到

第三個因子的調節，亦即「A 與 B 因子對依變數的交互作用受到 C 因子的調節」，依此類推。如果 C 因子的不同水準下的交互作用顯著，針對該水準還必須進行單純單純主要效果（simple simple main effect），程序相當繁瑣，這就是為什麼一般研究比較少看到三因子以上的變異數分析的原因。

12.2.2　一般線性模式

對於一個二因子實驗設計，A 因子有 k 個水準，各水準以 a_j 表示，$j=1,\cdots,k$，B 因子有 l 個水準，各水準以 b_p 表示，$p=1,\cdots,l$，若 A 與 B 兩因子均為獨立設計時，完全獨立樣本的 $k \times l$ 二因子變異數分析之一般線性模式如公式 12-1 所示。

$$Y_{ijp} = \mu + \alpha_j + \beta_p + \alpha_j\beta_p + \varepsilon_{ijp} \tag{12-1}$$

公式 12-1 中，A 因子效果以 α_j 表示，B 因子效果以 β_p 表示，$\alpha_j\beta_p$ 代表交互作用，A 因子的 k 個水準的期望值（母體平均數）為 μ_j，B 因子的 l 個水準的期望值為 μ_p，交互作用由 $k \times l$ 個細格平均數構成，期望值以 μ_{jp} 表示，每個細格有 i 個參與者（$i=1,\cdots,n$），ε_{ijp} 為誤差項，服從常態分配，$\varepsilon_{ijp} \sim N(0, \sigma_\varepsilon^2)$。各項效果的統計假設表述如下：

		關係式		參數式
A 主要效果	H_0：$\mu_j = \mu$	$\forall j$	H_0：$\alpha_j = 0$	
	H_1：$\mu_j \neq \mu$	$\exists j$	H_1：$\alpha_j \neq 0$	
B 主要效果	H_0：$\mu_p = \mu$	$\forall p$	H_0：$\beta_p = 0$	
	H_1：$\mu_p \neq \mu$	$\exists p$	H_1：$\beta_p \neq 0$	
AB 交互效果	H_0：$\mu_{jp} = \mu$	$\forall jp$	H_0：$\alpha_j\beta_p = 0$	
	H_1：$\mu_{jp} \neq \mu$	$\exists jp$	H_1：$\alpha_j\beta_p \neq 0$	

以運動研究為例，影響睡眠時間的實驗操弄有「運動時段」與「運動型態」兩者，因此共有三組假設：H_0 分別是「運動時段效果為 0」、「運動型態效果為 0」、「運動時段與運動型態交互效果為 0」。

表 12.1 的數據中除了 36 個原始分數之外，共有三類不同的平均數：A 因子的 a_1 與 a_2「欄」邊際平均數 $\overline{Y}_j$、B 因子的 b_1、b_2、b_3「列」邊際平均數 $\overline{Y}_p$、以及 A×B 交互作用的 a_1b_1、a_1b_2、a_1b_3、a_2b_1、a_2b_2、a_2b_3 六個「細格」平均數 $\overline{Y}_{jp}$。$\overline{Y}_j$ 的變異反映了 A 主要效果，$\overline{Y}_p$ 的變異反映了 B 主要效果，細格平均數 $\overline{Y}_{jp}$ 的變異

則反映了 A×B 的交互作用，各效果的 H_0 是否成立可由各樣本平均數的變異情形來考驗。

12.2.3　變異拆解與變異數估計

基本上，多因子變異數分析係從單因子變異數分析延伸而來，因此變異數拆解的原理相仿。也是將總變異切割成「導因於 IV 的變異」與「導因於誤差的變異」兩部分，所不同的是 IV 數目較多，組間變異的拆解必須就不同 IV 來處理。而總離均差平方和（SS_t）仍為全體觀察值與總平均數的距離平方和，可以直接由 DV 的變異數 s_Y^2 乘以總人數（N）減 1 得出：

$$SS_t = \sum_{p=1}^{l}\sum_{j=1}^{k}\sum_{i=1}^{n}(Y_{ijp} - \overline{Y}_G)^2 = s_Y^2(N-1)$$

(12-2)

■ **組間變異**

在一個多因子實驗中，各 IV 所造成的效果可由不同因子的組間離均差平方和估計。其中 A 因子各水準的平均數變異情形可計算出 A 因子組間離均差平方和（SS_A）；B 因子各水準的平均數變異情形可計算出 B 因子組間離均差平方和（SS_B），如公式 12-3 與 12-4 所示（假設各細格人數均為 n）。

$$SS_A = \sum_{j=1}^{k}nl(\overline{Y}_{j.} - \overline{Y}_G)^2$$

(12-3)

$$SS_B = \sum_{p=1}^{l}nk(\overline{Y}_{.p} - \overline{Y}_G)^2$$

(12-4)

A×B 的細格間離均差平方和（SS_{AB}）反映兩因子的交互效果，由細格平均數計算而得。但是由於各細格平均數的變異量夾雜了 A 主要效果與 B 主要效果的作用，因此 SS_{AB} 計算過程需將這兩個部分扣除，才是兩因子的淨聯合效果（pure joint effect），如公式 12-5 所示。

$$SS_{AB} = \sum_{j=1}^{k}\sum_{p=1}^{l}n[(\overline{Y}_{jp} - \overline{Y}_G) - (\overline{Y}_{j.} - \overline{Y}_G) - (\overline{Y}_{.p} - \overline{Y}_G)]^2$$
$$= \sum_{j=1}^{k}\sum_{p=1}^{l}n(\overline{Y}_{jp} - \overline{Y}_{j.} - \overline{Y}_{.p} + \overline{Y}_G)^2$$

(12-5)

各項的自由度如下：

$$df_A = k - 1 \tag{12-6}$$

$$df_B = l - 1 \tag{12-7}$$

$$df_{AB} = (k-1)(l-1) \tag{12-8}$$

SS_A、SS_B 與 SS_{AB} 均與各 IV 的不同水準有關，不論是主要效果或交互效果的平均數間變異都是一種「組間」變異，因此三者都可視為組間變異 SS_b 的一部分。

$$SS_b = SS_A + SS_B + SS_{AB} \tag{12-9}$$

■ 誤差變異

　　如同單因子設計的誤差變異是取組內觀察值的離均差平方和來估計，二因子設計則是求取細格內觀察值的離均差平方和，各細格內的離均差平方和加總得出細格內離均差平方和，仍以 SS_w 表示（w 是指 within the cells），如公式 12-10，亦可由 $SS_t - SS_b$ 求得。自由度為總觀察數減去細格數，如公式 12-11 所示。

$$SS_w = \sum_{p=1}^{l} \sum_{j=1}^{k} \sum_{i=1}^{n} (Y_{ijp} - \bar{Y}_{jp})^2 \tag{12-10}$$

$$df_w = kl(n-1) = N - kl \tag{12-11}$$

　　各離均差與相對應的自由度及樣本數均具有一定的加成關係，如公式 12-12 與 12-13 所示，[] 中的效果由組間所拆解得出。將各項的 SS 除以 df 就是變異數，亦即均方，可用於計算 F 檢定量。

$$SS_t = SS_b + SS_w = [SS_A + SS_B + SS_{AB}] + SS_w \tag{12-12}$$

$$df_t = df_b + df_w = [df_A + df_B + df_{AB}] + df_w \tag{12-13}$$

12.2.4　整體考驗：F 檢定

多因子變異數分析的整體效果考驗與單因子變異數分析概念相同。代表抽樣誤差的細格內變異數 MS_w 即為抽樣分配的變異誤（也標示為 MSE），以 $\hat{\sigma}_w^2$ 表示。反映 IV 效果的組間變異數有三種來源：MS_A 為 A 因子效果變異數估計值，以 $\hat{\sigma}_A^2$ 表示；MS_B 為 B 因子效果變異數估計值，以 $\hat{\sigma}_B^2$ 表示；MS_{AB} 為交互效果變異數估計值，以 $\hat{\sigma}_{AB}^2$ 表示。$\hat{\sigma}_A^2$、$\hat{\sigma}_B^2$、$\hat{\sigma}_{AB}^2$ 三者都是一種整體效果，將各效果除以誤差變異（MS_w）將得到 F_A、F_B、F_{AB} 三個 F 檢定量：

$$F_A = \frac{\hat{\sigma}_A^2}{\hat{\sigma}_w^2} = \frac{MS_A}{MS_w} = \frac{SS_A/df_A}{SS_w/df_w} \tag{12-14}$$

$$F_B = \frac{\hat{\sigma}_B^2}{\hat{\sigma}_w^2} = \frac{MS_B}{MS_w} = \frac{SS_B/df_B}{SS_w/df_w} \tag{12-15}$$

$$F_{AB} = \frac{\hat{\sigma}_{AB}^2}{\hat{\sigma}_w^2} = \frac{MS_{AB}}{MS_w} = \frac{SS_{AB}/df_{AB}}{SS_w/df_w} \tag{12-16}$$

當 F 值越大，表示各效果的樣本平均數分散情形較誤差變異來得大，若大於顯著水準為 α 的臨界值 F_{cv}，或尾機率小於 α，亦即 $p<\alpha$，即可獲得拒絕 H_0、接受 H_1 的結論。

除了 F 檢定量，各項效果亦可計算淨效果量 $\hat{\eta}^2$，亦即各效果的離均差平方和除以各項效果加誤差的離均差平方和，計算公式列於表 12.2。

→表 12.2　二因子完全獨立變異數分析摘要表

變源	SS	df	MS	F	$\hat{\eta}^2$
組間					
A	SS_A	$k-1$	SS_A/df_A	MS_A/MS_w	$SS_A/(SS_A+SS_w)$
B	SS_B	$l-1$	SS_B/df_B	MS_B/MS_w	$SS_B/(SS_B+SS_w)$
AB	SS_{AB}	$(k-1)(l-1)$	SS_{AB}/df_{AB}	MS_{AB}/MS_w	$SS_{AB}/(SS_{AB}+SS_w)$
組內 (誤差)	SS_w	$N-kl$	SS_w/df_w		
全體	SS_t	$N-1$	SS_t/df_t		

■ **範例說明**

以表 12.1 的範例資料為例，36 個參與者的睡眠時數變異數為 0.601，SS_t 可直接以 DV 的變異數乘以自由度求得，組間效果 SS_A、SS_B、SS_{AB} 與誤差變異計算如下：

$$SS_t = 0.601 \times (36-1) = 21.042$$

$$SS_A = 6 \times 3 \times [(7.18 - 7.68)^2 + (8.18 - 7.68)^2] = 9$$

$$SS_B = 6 \times 2 \times [(7.32 - 7.68)^2 + (7.54 - 7.68)^2 + (8.18 - 7.68)^2] = 4.754$$

$$\begin{aligned}
SS_{AB} = 6 \times [&(6.97 - 7.18 - 7.32 + 7.68)^2 + (7.20 - 7.18 - 7.54 + 7.68)^2 + (7.37 - 7.18 - 8.18 + 7.68)^2 + \\
&(7.67 - 8.18 - 7.32 + 7.68)^2 + (7.88 - 8.18 - 7.54 + 7.68)^2 + (8.98 - 8.18 - 8.18 + 7.68)^2] \\
&= 1.712
\end{aligned}$$

$$SS_w = 0.733 + 0.66 + 1.253 + 0.693 + 0.488 + 1.748 = 21.042 - 15.466 = 5.577$$

各效果的 F 檢定量計算如下：

$$F_A = \frac{MS_A}{MS_w} = \frac{SS_A/df_A}{SS_w/df_w} = \frac{9/1}{5.577/30} = \frac{9}{0.186} = 48.387$$

$$F_B = \frac{MS_B}{MS_w} = \frac{SS_B/df_B}{SS_w/df_w} = \frac{4.754/2}{5.577/30} = \frac{2.377}{0.186} = 12.780$$

$$F_{AB} = \frac{MS_{AB}}{MS_w} = \frac{SS_{AB}/df_{AB}}{SS_w/df_w} = \frac{1.712/2}{5.577/30} = \frac{0.856}{0.186} = 4.602$$

各檢定量分別以 EXCEL 函數 F.DIST.RT(48.387,1,30)、F.DIST.RT(12.78,2,30)、F.DIST.RT(4.602,2,30) 求得尾機率皆小於 $\alpha=.05$，表示三項效果的 F_{obt} 檢定量具有統計意義。以臨界值法則來判斷時，A 主要效果的自由度為 (1,30)，臨界值 $F_{.05(1,30)}=4.171$，B 主要效果與交互作用自由度為 (2,30)，臨界值 $F_{.05(2,30)}=3.316$，三個檢定量均高於臨界值，落入拒絕區，結論為拒絕 H_0、接受 H_1。分析結果整理於表 12.3。

→表 12.3　睡眠研究的二因子變異數分析摘要表

變源	SS	df	MS	F	p	Fcv
A (時段)	9.000	1	9.000	48.387	< .001	4.171
B (運動型態)	4.754	2	2.377	12.787	< .001	3.316
A×B	1.712	2	0.856	4.602	.018	3.316
組內 (誤差)	5.577	30	0.186			
總數	21.042	35	0.601			

註：尾機率 p 值由 EXCEL 函數 F.DIST.RT(F,$df1$,$df2$) 求得。臨界值 F_{cv} 由 EXCEL 函數 F.INV(.95,$df1$,$df2$) 求得。

12.2.5　事後考驗：單純主要效果檢定與多重比較

12.2.5.1　事後考驗的決策歷程

在多因子變異數分析當中，平均數的比較同時存在於各種不同的效果之中，其中交互作用同時包含多個因子影響力，屬於高階效果（higher-order effect），必須優先檢視其顯著性。相對的，各因子的主要效果則僅包含個別因子影響力的初階效果（first-order effect），只有當交互作用不顯著才有檢視的價值。換言之，一旦交互作用的 F 檢定量達顯著水準，就不應對主要效果進行解釋，因為顯著的交互作用，代表 A 因子效果或 B 因子效果會因為另一個因子的不同水準而有不同，如果對主要效果加以解釋或討論其事後多重比較結果，會扭曲該因子的真實效果。

如果交互效果顯著，表示主要效果會受到其他自變數的影響而產生改變。此時需進行的事後考驗程序包括：（1）對於限定條件的主要效果進行整體比較，亦即單純主要效果檢定，以及（2）單純主要效果考驗達顯著後，該限定條件的單純主要效果若超過 2 個水準（細格平均數數目 $k \geq 3$），則需進行多重比較。若僅包含兩個水準（$k=2$），即無須進行事後多重比較。

如果交互效果不顯著，則可分別針對各主要效果檢驗其統計意義。若主要效果達顯著水準，且該因子具有三個以上的水準（$k \geq 3$），則必須進行事後多重比較。檢定公式可參考前一章所介紹的多重比較方法，本章不予贅述。二因子變異數分析的事後考驗決策歷程如圖 12.1 所示。

12.2.5.2　單純主要效果檢定的檢定原理

單純主要效果之所以稱為「單純」，是指在「特定條件下」所進行的主要效果顯著性考驗，而「特定條件下的主要效果」即是一種調節效果。在二因子考驗中，若 A 因子有 a_1 與 a_2 兩個水準，B 因子有 b_1、b_2、b_3 三個水準，單純主要效果考驗係從兩方面的五次考驗來檢驗調節效果：第一，當「在考慮 A 的不同水準條件下，

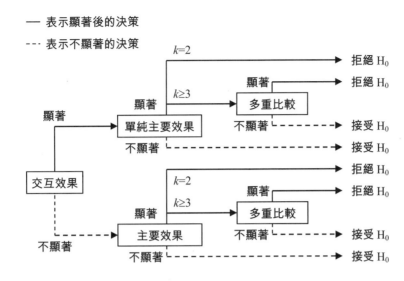

圖 12.1　二因子變異數分析假設考驗決策樹

檢視 B 因子對於依變數的影響」，須分別檢驗在 a_1 與 a_2 兩種限定條件下的 B 因子效果，稱為 B 因子單純主要效果檢驗；第二是「在考慮 B 的不同水準條件下，檢視 A 因子對於依變數的影響」，須分別檢驗在 b_1、b_2、b_3 三種限定條件下的 A 因子效果，稱為 A 因子單純主要效果檢驗。各效果的虛無假設如下：

A 因子的單純主要效果檢驗：

當限定於 B 因子之 b_1 水準時：$H_0: \mu_{a1b1} = \mu_{a2b1}$　　或　　$\mu_{j|p} = \mu$　　$\forall j$

當限定於 B 因子之 b_2 水準時：$H_0: \mu_{a1b2} = \mu_{a2b2}$　　或　　$\mu_{j|p} = \mu$　　$\forall j$

當限定於 B 因子之 b_3 水準時：$H_0: \mu_{a1b3} = \mu_{a2b3}$　　或　　$\mu_{j|p} = \mu$　　$\forall j$

B 因子的單純主要效果檢驗：

當限定於 A 因子之 a_1 水準時：$H_0: \mu_{a1b1} = \mu_{a1b2} = \mu_{a1b3}$　　或　　$\mu_{p|j} = \mu$　　$\forall p$

當限定於 A 因子之 a_2 水準時：$H_0: \mu_{a2b1} = \mu_{a2b2} = \mu_{a2b3}$　　或　　$\mu_{p|j} = \mu$　　$\forall p$

　　單純主要效果的 F 檢定，係以在限定條件下的組間均方為分子，以組內均方為分母，計算出 F 檢定量，據以決定統計顯著性。以 A 因子在 b_1 條件下的 A 單純主要效果為例，條件化的細格平均數的離均差平方和 $SS_{A|b1}$ 與條件化的自由度 $df_{A|b1}$ 如下：

$$SS_{A|b_1} = \sum_{j=1}^{k} n(\overline{Y}_{j1} - \overline{Y}_{.1})^2$$

$$(12\text{-}17)$$

$$df_{A|b_1} = k-1 \tag{12-18}$$

同樣的，B 因子在 a_1 條件下的 B 單純主要效果的離均差平方和 $SS_{B|a1}$ 與條件化的自由度 $df_{B|a1}$ 如下：

$$SS_{B|a_1} = \sum_{p=1}^{l} n(\overline{Y}_{1p} - \overline{Y}_{1.})^2 \tag{12-19}$$

$$df_{B|a_1} = l-1 \tag{12-20}$$

在二因子分析中，一個完整的單純主要效果檢驗，是由 $k+l$ 次獨立的限定條件單因子變異數分析考驗所組成。值得注意的是，不論是事後多重比較或單純主要效果考驗，皆屬於多次配對比較，多次考驗會導致型 I 錯誤率膨脹，因此檢定時的型 I 錯誤率需採族系錯誤率 α_{FW}，將各檢定的 α_{FW} 以原來的 α 除以比較次數，使整體型 I 錯誤率控制在 .05 水準。

■ 範例說明

以前述範例資料來看，因為交互效果顯著，因此必須進行單純主要效果考驗。A 因子有兩個水準，B 因子有三個水準，因此總共需執行 5 個單因子變異數分析。

A 單純主要效果算式：

$$SS_{A|b1} = \sum_{j=1}^{k} n(\overline{Y}_{j1} - \overline{Y}_{.1})^2 = 6\left[(6.967 - 7.317)^2 + (7.667 - 7.317)^2\right] = 1.47$$

$$SS_{A|b2} = \sum_{j=1}^{k} n(\overline{Y}_{j2} - \overline{Y}_{.2})^2 = 6\left[(7.2 - 7.542)^2 + (7.883 - 7.542)^2\right] = 1.401$$

$$SS_{A|b3} = \sum_{j=1}^{k} n(\overline{Y}_{j3} - \overline{Y}_{.3})^2 = 6\left[(7.367 - 8.175)^2 + (8.983 - 8.175)^2\right] = 7.841$$

B 單純主要效果算式：

$$SS_{B|a1} = \sum_{p=1}^{l} n(\overline{Y}_{1p} - \overline{Y}_{1.})^2 = 6\left[(6.967 - 7.178)^2 + (7.2 - 7.178)^2 + (7.367 - 7.178)^2\right] = 0.484$$

$$SS_{B|a2} = \sum_{p=1}^{l} n(\overline{Y}_{2p} - \overline{Y}_{2.})^2 = 6\left[(7.667 - 8.178)^2 + (7.883 - 8.178)^2 + (8.983 - 8.178)^2\right] = 5.981$$

誤差項則取用整體考驗（表 12.3）的 MS_w，即可計算單純主要效果的 F 檢定量：

A 單純主要效果 F 檢定量：

$$SS_{A|b1} = \sum_{j=1}^{k} n(\overline{Y}_{j1} - \overline{Y}_{.1})^2 = 6\left[(6.967 - 7.317)^2 + (7.667 - 7.317)^2\right] = 1.47$$

$$SS_{A|b2} = \sum_{j=1}^{k} n(\overline{Y}_{j2} - \overline{Y}_{.2})^2 = 6\left[(7.2 - 7.542)^2 + (7.883 - 7.542)^2\right] = 1.401$$

$$SS_{A|b3} = \sum_{j=1}^{k} n(\overline{Y}_{j3} - \overline{Y}_{.3})^2 = 6\left[(7.367 - 8.175)^2 + (8.983 - 8.175)^2\right] = 7.841$$

B 單純主要效果 F 檢定量：

$$F_{B|a1} = \frac{MS_{B|a1}}{MS_w} = \frac{SS_{B|a1}/df_{B|a1}}{SS_w/df_w} = \frac{0.484/2}{5.577/30} = \frac{0.242}{0.186} = 1.301$$

$$F_{B|a2} = \frac{MS_{B|a2}}{MS_w} = \frac{SS_{B|a2}/df_{B|a2}}{SS_w/df_w} = \frac{5.981/2}{5.577/30} = \frac{2.991}{0.186} = 16.081$$

尾機率則可透過 EXCEL 的函數求得，多重比較則比照前一章的程序，以 HSD 法或 Scheffé 法進行，檢驗結果摘要表如表 12.4。值得注意的是，為避免型 I 錯誤率膨脹，各檢定顯著水準採族系錯誤率 α_{FW}，亦即取 $\alpha/5$=.05/5=.01，使整組檢定的型 I 錯誤率控制在 .05 水準。

→**表 12.4**　運動研究的單純主要效果檢定摘要表

變源	SS	df	MS	F	p	Fcv
A因子(運動時段)						
在 b_1 條件下 (日常組)	1.470	1	1.470	7.903	.009	7.562
在 b_2 條件下 (慢跑組)	1.401	1	1.401	7.532	.0101	7.562
在 b_3 條件下 (有氧組)	7.841	1	7.841	42.156	<.001	7.562
B 因子(運動型態)						
在 a_1 條件下 (白天)	0.484	2	0.242	1.301	.287	5.390
在 a_2 條件下 (晚上)	5.981	2	2.991	16.081	<.001	5.390
組內 (誤差)	5.577	30	0.186			

註：尾機率 p 值由 EXCEL 函數 F.DIST.RT(F,$df1$,$df2$) 求得。臨界值 F_{cv} 由 EXCEL 函數 F.INV(.99,$df1$,$df2$) 求得。

由表 12.4 的數據可知，並非每一個單純主要效果均有統計意義，F 檢定的強弱亦有不同：A 因子的單純主要效果在 B 因子的 b_3 水準下有最大的 F 檢定值（$F_{(1,30)}=42.156$, $p<.01$），顯示「運動時段」的平均數差異在「有氧組」的條件下最為明顯。但在日常組（b_1 水準）與慢跑組（b_2 水準）下則較不明顯，甚至慢跑組未達 .01 的族系錯誤率顯著水準：$F_{(1,30)}=7.532$, $p=.0101 > \alpha_{FW}=.01$）。

同樣的，B 因子的單純主要效果在 A 因子的兩個水準下效果亦有明顯差別：「運動型態」的平均數差異在「晚上」條件下具有統計意義（$F_{(2,30)}=16.081$, $p<.01$），但在「白天」條件下則未有統計意義（$F_{(2,30)}=1.301$, $p=.2871$）。

很明顯的，本範例的檢定結果說明了，當交互作用存在時，各因子的主要效果即使具有統計意義，並無法充分說明各實驗操弄對於依變數的效果，因為 A 因子的實驗操弄效果會受到 B 因子的調節，而 B 因子的實驗操弄效果也會受到 A 因子的調節，若區分不同水準來看，這些主要效果的條件化單純效果存在著不同的意義，甚至會彼此互相抵銷，造成單純主要效果十分顯著但主要效果不顯著的現象，利用下一節所介紹的平均數折線圖更能夠看出交互作用下的特殊效果關係。基本上，主要效果的考驗結果是一種「平均化」的現象，僅能作為整個實驗的背景或補充說明（反映各因子的平均效果），並不適合作為整個實驗的結論。相對之下，如果交互作用不顯著，主要效果的解釋才有統計上的意義與正確性。

12.3　多因子變異數分析的平均數圖示

12.3.1　平均數圖示原理與判斷原則

多因子變異數分析的各種效果，可以利用平均數折線圖來描述，並協助我們進行效果的解釋。尤其是交互效果，特別適合於以圖示法來描述。但交互效果折線圖一般僅適用於兩個類別自變數的交互效果的呈現，超過兩個因子時，建議逐次取兩個自變數來繪製折線圖。

在一個交互效果折線圖中，Y 軸為依變數的平均數，而兩個自變數，一個放置於 X 軸（各水準依序描繪於 X 軸上），另一個則以個別線來呈現（每一個水準為一條折線），如此一來，各細格平均數即可標示於折線的相對應位置，如圖 12.2 是一個假想的 2×3 二因子變異數分析平均數折線圖，其中 A 因子有兩個水準（a_1、a_2），以個別線表示，B 因子有三個水準（b_1、b_2、b_3），標示於 X 軸上，圖中的各折線上的點，為各細格平均數，由於 2×3 的二因子變異數分析共有六個細格，因此圖中會出現六個數值標示點（六個細格平均數）。

一般來說，交互效果如果存在，折線圖中會出現非平行折線，如圖 12.2(a) 至 (c)，各個別折線與各點的相對關係即反映了單純主要效果的狀況。相對的，當各折線呈現平行或接近於平行時，表示交互效果應不顯著，如圖 12.3(a) 至 (d) 所示。

當各折線呈現水平狀況時，表示 B 因子各水準平均數在 A 因子的特定水準下沒有差異；當各折線呈現非水平狀況時，表示 B 因子各水準平均數在 A 因子的特定水準下具有差異，B 單純主要效果顯著。以圖 12.2(a) 為例，B 因子各水準平均數在 a_1 水準下為 $b_1 > b_2 > b_3$，在 a_2 水準下為 $b_1 < b_2 < b_3$，顯示 B 因子效果受到 A 因子調節。

A 單純主要效果則是指不同折線當中，垂直對應的各細格平均數的距離。圖 12.2(a) 當中，B 因子 b_1、b_2 與 b_3 三個水準下的 A 因子效果分別為 $a_1 < a_2$、$a_1 < a_2$、$a_1 > a_2$，其中 b_1 與 b_3 兩個水準下 A 因子平均數差異都很明顯，A 單純主要效果應達顯著水準，但是在 b_2 水準下，a_1 與 a_2 較為接近，顯示 A 單純主要效果在 b_2 水準下可能未達顯著。但是這些效果是否具有統計的意義，須利用 F 檢定來檢驗。

12.3.2　次序性與非次序性交互效果

在圖 12.2 中，包含了非次序性與次序性兩種不同形式的交互效果。非次序性交互效果（disordinal interaction）如圖 12.2(a) 所示。交叉的折線說明了兩個自變數對於依變數具有交互效果，而且各細格的相對關係是不一致的，不具有特定的次序關係。次序性交互效果（ordinal interaction）發生於當兩個自變數對於依變數具有交互效果，但是各細格的相對關係是一致的，具有特定的次序關係，它的特色是折線雖不平行，但是也不會有交會的折線，如圖 12.2(b) 所示。

在圖 12.2(a) 的非次序性交互效果中，a_1 的平均數在 b_1 與 b_2 兩個水準下雖然一致的高於 a_2，但是在 b_3 水準下，則低於 a_2，表示 A 因子在不同的 B 因子水準下，對於依變數的影響不一致。圖 12.2(b) 的各細格平均數均出現一致的相對關係，也就是 a_1 的平均數在 b_1、b_2 與 b_3 三個水準下都是一致的高於 a_2，而 b_1、b_2 與 b_3 的平均數在 a_1、a_2 兩個水準下的順序也相同，都是 $b_1 > b_2 > b_3$，稱為次序性交互效果。

交互效果當中，其中一個因子是次序性關係，但另一個因子為非次序性關係時，稱為部分非次序性交互效果（partially disordinal interaction）（圖 12.2(c)）。例如：a_1 的平均數在 b_1、b_2 與 b_3 三個水準下都是一致的高於 a_2，是一種次序性關係，但是對於 B 因子，b_1、b_2 與 b_3 的平均數在 a_1、a_2 兩個水準下的順序關係不同，在 a_1 時為 $b_1 > b_2 > b_3$，但在 a_2 時為 $b_1 < b_2 < b_3$，表示 B 因子在不同的 A 因子水準

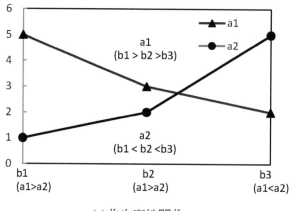

(a)非次序性關係

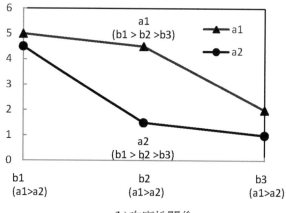

(b)次序性關係

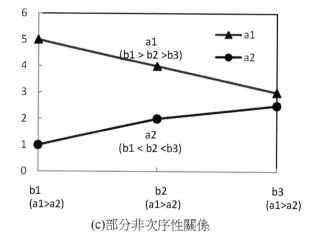

(c)部分非次序性關係

圖 12.2　交互效果的次序性概念圖示

下，對於依變數的影響不一致，為一種非次序性現象。

　　基本上，由於交互效果同時包括各因子的作用進行檢驗，因此只要有部分因子出現了非次序關係，統計上一律以非次序性現象來處理，也就是不針對主要效果進行解釋。因為任何非次序交互效果的存在，主要效果需「視狀況而定」。當交互效果為次序性時，主要效果本身是否加以解釋就比較沒有嚴格的限制，因為次序性交互效果意味著因子間的調節效果不會影響效果的次序關係，因此主要效果的解釋，可以作為次序性交互效果的補充解釋。

　　此外，平均數折線圖除了可以用於檢查交互效果的型態，也可以用來檢查主要效果的趨勢與強弱狀態，如圖 12.3 所示。而主要效果的判斷，必須在圖 12.3 當中增加一條主要效果平均數折線（虛線）來表示 X 軸因子主要效果（B 因子），而另一個因子（A 因子）的主要效果則以各個別線的整體垂直差距來表示。

　　以圖 12.3(a) 為例，B 因子主要效果虛線呈現平坦狀，顯示 B 因子各水準平均

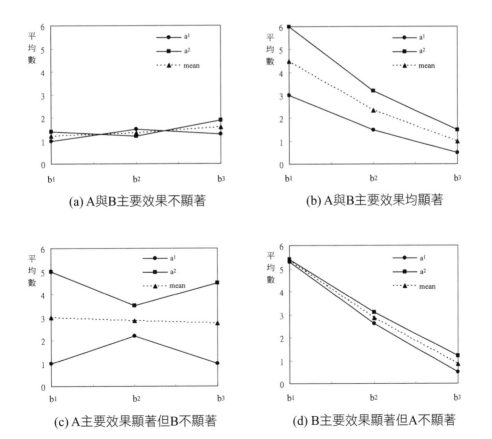

(a) A與B主要效果不顯著　　　　　　(b) A與B主要效果均顯著

(c) A主要效果顯著但B不顯著　　　　(d) B主要效果顯著但A不顯著

圖 12.3　交互作用不顯著的平均數折線圖

數十分接近，B 主要效果可能不顯著，代表 A 因子主要效果的個別折線垂直距離也很接近，顯示 A 因子各水準的平均數十分接近，A 主要效果亦可能不顯著。圖 12.3(b) 是當 A 與 B 主要效果均達顯著的狀況。其中 B 主要效果折線呈現陡峭的不平坦狀況，A 主要效果的各個別折線的垂直距離很大，表示 A 與 B 兩個因子的各水準平均數差異頗大。圖 12.3(c) 與 (d) 則說明了其中一個主要效果不顯著的情形。值得注意的是，圖示法僅是一種目視檢測，其統計意義需以統計顯著性考驗來檢驗。

12.4 混合設計多因子變異數分析

前面所介紹的二因子變異數分析，兩個 IV 皆為獨立樣本設計，但如果有一個因子採用相依設計，實驗中混合了獨立樣本與相依樣本的雙重特徵，因此稱為**混合設計**（mixed design）。

從實驗設計的觀點來看，混合設計可以說是最「正統」的實驗研究。學者 Donald Campbell 與 Julian Stanley 在 1963 年所出版的經典著作《實驗與準實驗研究》一書，指出如果一個實驗具備實驗組與控制組、前測與後測、以及隨機分派三個要件，可以稱之為**真實驗設計**（true-experimental design），而實驗組與控制組的分派是獨立樣本設計，前後測設計是相依設計，因此真實驗設計必須採取混合設計來進行變異數分析。

12.4.1 混合設計的統計原理

二因子混合設計變異數分析所檢驗的各種效果與完全獨立設計相同，但是變異拆解方式因為帶有受試者間效果（或區組效果）而有所不同。對於一個具有 k 個水準的 A 因子與 l 個水準的 B 因子的二因子實驗設計，若 B 因子的受試者分派是相依樣本設計，為一個 $k \times l$ 二因子混合設計變異數分析。以一般線性模式表示如下：

$$Y_{ijk} = \mu + \alpha_j + \beta_p^* + \alpha_j \beta_p^* + \pi_i + \varepsilon_{ijp} \tag{12-21}$$

上式與完全獨立設計二因子變異數分析不同之處有二：第一，由於 B 因子是相依設計，因此 B 因子效果 β_p^* 增加 * 註記，因此交互效果項 $\alpha_j \beta_p^*$ 也會有 * 註記，表示這兩個效果都會受到相依設計的影響。第二，如果具有相依因子，模式中會增加一個受試者效果（區組效果）π_i，代表 n 個受試者或區組間的個別差異，同時由

於 n 個受試者雖然在相依樣本因子不同水準具有一定程度的相關而不獨立，但是在獨立樣本因子維持獨立，因此受試者效果被視為是一個隨機效果，服從常態分配，$\pi_i \sim N(0, \sigma_\pi^2)$。最後，$\varepsilon_{ijp}$ 仍為誤差項，也是服從常態分配，$\varepsilon_{ijp} \sim N(0, \sigma_\varepsilon^2)$。

也正因為混合設計包含了相依因子，在進行 DV 的變異拆解時，誤差變異的估計必須將受試者效果從組內變異中加以抽離，如公式 12-22。

$$SS_t = SS_b + SS_w = [SS_A + SS_{B*} + SS_{AB*}] + [SS_{b.s} + SS_r] \tag{12-22}$$

由 12-22 可知，總離均差平方和被拆解成組間效果（包括主要效果 SS_A 與 SS_{B*}，一個交互效果 SS_{AB*}）以及組內效果（SS_w）（包括受試者間效果 $SS_{b.s}$ 與殘差 SS_r），標示 * 者是相依因子。

細格內變異（SS_w）的計算原理與前一節的完全獨立設計相同，仍是各細格內的觀察值與細格平均數的離均差平方和，由於 SS_w 拆解出受試者間效果 $SS_{b.s}$ 與殘差 SS_r 兩者，$SS_{b.s}$ 為 n 個受試者（或區組）的邊際平均值與獨立因子各水準邊際平均數的差異平方和，表示個體 / 區組間的差異，如公式 12-23 所示。最後，殘差 SS_r 則可直接由 $SS_w - SS_{b.s}$ 得出，如公式 12-24 所示。

$$SS_{b.s} = \sum_{i=1}^{n} \sum_{j=1}^{l} l(\bar{Y}_i - \bar{Y}_p)^2 \tag{12-23}$$

$$SS_r = SS_w - SS_{b.s} \tag{12-24}$$

與獨立設計有關的效果項（SS_A），抽樣誤差來源是受試者間的差異，與是否相依無關，因此 F 檢定量是以受試者間變異數（$MS_{b.s}$）作為誤差項。與相依設計有關的效果項（SS_{B*} 與 SS_{AB*}）稱為**受試者內效果**（within-subject effect），因為與 B 因子有關的效果是由同一個受試者重複測量觀察而得，而與受試者間的變異無關，此時 F 檢定量必須以殘差均方（MS_r）作為誤差項。F 檢定量公式如公式 12-25 至 12-27 所示，摘要表如 12.5 所示。

$$F_A = \frac{\hat{\sigma}_A^2}{\hat{\sigma}_{b.s}^2} = \frac{MS_A}{MS_{b.s}} = \frac{SS_A / df_A}{SS_{b.s} / df_{b.s}} \tag{12-25}$$

→**表 12.5**　二因子混合設計變異數分析摘要表

變源	SS	df	MS	F	$\hat{\eta}^2$
組間	SS_b	$kl-1$			
A	SS_A	$k-1$	SS_A/df_A	$MS_A/MS_{b.s}$	$SS_A/(SS_A+SS_{b.s})$
B*	SS_{B*}	$l-1$	SS_{B*}/df_{B*}	MS_{B*}/MS_r	$SS_{B*}/(SS_{B*}+SS_r)$
A×B*	SS_{AB*}	$(k-1)(l-1)$	SS_{AB*}/df_{AB*}	MS_{AB*}/MS_r	$SS_{AB*}/(SS_{AB*}+SS_r)$
組內	SS_w	$kl(n-1)$	SS_w/df_w		
受試者間 (b.s)	$SS_{b.s}$	$k(n-1)$	$SS_{b.s}/df_{b.s}$		
殘差 (r)	SS_r	$k(n-1)(l-1)$	SS_r/df_r		
全體	SS_t	$N-1$	SS_t/df_t		

註：標示 * 者為相依設計因子

$$F_{B*} = \frac{\hat{\sigma}_{B*}^2}{\hat{\sigma}_r^2} = \frac{MS_{B*}}{MS_r} = \frac{SS_{B*}/df_{B*}}{SS_r/df_r}$$

(12-26)

$$F_{AB*} = \frac{\hat{\sigma}_{AB*}^2}{\hat{\sigma}_r^2} = \frac{MS_{AB*}}{MS_r} = \frac{SS_{AB*}/df_{AB*}}{SS_r/df_r}$$

(12-27)

12.4.2　混合設計的單純主要效果考驗

　　混合設計的單純主要效果檢驗，也是在「限定條件下」來進行單因子變異數分析。如果 A 有獨立設計的 k 個水準，B 有相依設計的 l 個水準，全部的單純主要效果檢驗包含 $k+l$ 次限定條件單因子變異數分析。其中與獨立設計有關的 A 因子單純主要效果需執行 l 次（在 B 因子的 l 個不同水準下）單因子獨立樣本變異數分析，與相依設計有關的 B 因子單純主要效果需執行 k 次（在 A 因子的 k 個不同水準下）單因子相依樣本變異數分析。

　　與整體考驗相同，進行單純主要效果的考驗時必須注意各被檢驗項屬於相依設計或獨立設計，需使用不同的誤差項作為 F 檢定量的分母。與相依設計因子有關的單純主要效果檢驗，誤差項為殘差變異數（MS_r），與獨立設計因子有關的單純主要效果檢驗，誤差項則是組內變異數（MS_w），因為獨立因子的單純主要效果考驗是在不同的相依條件下分別進行檢驗，不能把區組間效果排除，因此誤差要以全體細格內的變異為之。混合設計的單純主要效果摘要表如表 12.6。

→**表 12.6**　二因子混合設計的單純主要效果考驗摘要表

變源	SS	df	MS	F
A因子(獨立)				
在 b_1 條件下	$SS_{A\mid b1}$	$k-1$	$SS_{A\mid b1}/df_A$	$MS_{A\mid b1}/MS_w$
⋮	⋮	⋮	⋮	⋮
在 bl 條件下	$SS_{A\mid bl}$	$k-1$	$SS_{A\mid bl}/df_A$	$MS_{A\mid bl}/MS_w$
誤差：組內	SS_w	$kl(n-1)$	SS_w/df_w	
B*因子 (相依)				
在 a_1 條件下	$SS_{B*\mid a1}$	$l-1$	$SS_{B*\mid a1}/df_{B*}$	$MS_{B*\mid a1}/MS_r$
⋮	⋮	⋮	⋮	⋮
在 a_k 條件下	$SS_{B*\mid ak}$	$l-1$	$SS_{B*\mid ap}/df_{B*}$	$MS_{B*\mid ap}/MS_r$
誤差：殘差	SS_r	$k(n-1)(l-1)$	SS_r/df_r	

12.4.3　混合設計二因子變異數分析範例

　　本節將以行控中心操作人員的注意力研究為例，說明混合設計二因子變異數分析的計算過程。假設今天行控中心有十名操作人員，五名資淺者，五名資深者。控制中心的主管擔心，工作時間增長會使控制人員的注意力降低，因此他測量了一天當中上班初期、午飯前、午飯後、下班前四個時段這十位控制人員對某項訊號的反應時間（秒）。此外，主管想檢驗資歷深淺是否為另一個影響注意力的因素，此時整個實驗設計即包含有「資歷」與「時段」兩個因子，實驗測量數據列於表 12.7。請問，這兩個因子對於反應時間的影響為何？

1. 實驗設計：

　　A 因子（$k=2$）：資歷深淺，為兩組不同獨立樣本的受試者間設計因子。

　　B* 因子（$l=4$）：測量時段，為四次重複測量的受試者內設計因子。

　　因此本範例為 2×4 的二因子混合設計變異數分析。

　　樣本數 $n=10$，總觀察值數目 $N=40$。

2. 變異拆解：

　　(1) 全體：

　　　$SS_t = (5.2-6.895)^2 + (5.9-6.895)^2 + ... = 1.680\times(40-1) = 65.519$

　　(2) A因子：獨立因子（資歷）

　　　$SS_A = 5\times4\times[(7.62-6.895)^2 + (6.17-6.895)^2] = 21.025$

→表 12.7　十位行控中心操作員的實驗數據

編號	資歷	上班初期9:00	午飯前11:30	午飯後14:00	下班前16:30	受試者平均數	合計平均數	標準差	變異數
1	資淺者	5.2	6.7	8.2	8.9	7.250	7.62	1.386	1.921
2	資淺者	5.9	6.2	7.8	8.5	7.100			
3	資淺者	8.4	8.7	10.9	9.5	9.375			
4	資淺者	6.7	7.2	8	8.2	7.525			
5	資淺者	5.9	6.4	7.5	7.6	6.850			
	平均	6.42	7.04	8.48	8.54				
	SS	6.028	4.012	7.588	2.052				
6	資深者	5.4	5.3	5.9	7.1	5.925	6.17	0.649	0.421
7	資深者	6.6	6.7	7.1	7.5	6.975			
8	資深者	6.1	5.8	6.4	6.7	6.250			
9	資深者	5.8	6	6.2	5.5	5.875			
10	資深者	5.9	5.2	5.6	6.6	5.825			
	平均	5.96	5.8	6.24	6.68				
平均數		6.19	6.42	7.36	7.61		6.895		
標準差		0.902	1.017	1.543	1.199			1.296	
變異數		0.814	1.035	2.380	1.439				1.680

(3) B因子：相依因子（時段）

$$SS_{B*} = 5 \times 2 \times [(6.19 - 6.895)^2 + (6.42 - 6.895)^2 + (7.36 - 6.895)^2$$
$$+ (7.61 - 6.895)^2] = 14.501$$

(4) A×B交互作用

$$SS_{AB*} = 5[(6.42 - 7.62 - 6.19 + 6.895)^2 + (7.04 - 7.62 - 6.42 + 6.895)^2 + ...]$$
$$= 4.541$$

(5) 組內效果

$$SS_w = [(5.2 - 6.42)^2 + (5.9 - 6.42)^2 + ... + (6.6 - 6.68)^2] = 25.452$$

(6) 受試者間效果

$$SS_{b.s} = 4[(7.25 - 7.62)^2 + (7.1 - 7.62)^2 + ... + (5.925 - 6.17)^2$$
$$+ (6.975 - 6.17)^2 + ...] = 20.039$$

(7) 殘差

$$SS_r = SS_w - SS_{b.s} = 25.452 - 20.039 = 5.413$$

3. F 檢定與摘要表：

$$F_A = \frac{SS_A/df_A}{SS_{b.s}/df_{b.s}} = \frac{21.025/1}{20.039/8} = \frac{21.025}{2.505} = 8.394$$

$$F_{B*} = \frac{SS_{B*}/df_{B*}}{SS_r/df_r} = \frac{14.501/3}{5.413/24} = \frac{4.834}{0.226} = 21.431$$

$$F_{AB*} = \frac{SS_{AB*}/df_{AB*}}{SS_r/df_r} = \frac{4.541/3}{5.413/24} = \frac{1.514}{0.226} = 6.711$$

$$\hat{\eta}^2_A = \frac{SS_A}{SS_A + SS_{b.s}} = \frac{21.025}{21.025 + 20.039} = \frac{21.025}{2.505} = .512$$

$$\hat{\eta}^2_{B*} = \frac{SS_{B*}}{SS_{B*} + SS_r} = \frac{14.501}{14.501 + 5.413} = \frac{14.501}{19.914} = .728$$

$$\hat{\eta}^2_{AB*} = \frac{SS_{AB*}}{SS_{AB*} + SS_r} = \frac{4.541}{4.541 + 5.413} = \frac{4.541}{9.954} = .456$$

4. 交互作用圖

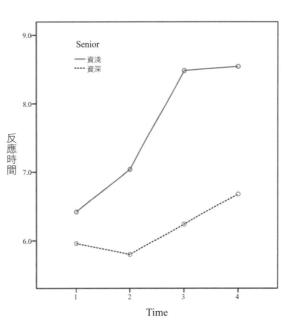

→**表 12.8**　注意力研究的二因子混合設計變異數分析摘要表

變源	SS	df	MS	F	p	Fcv	$\hat{\eta}^2$
組間	40.067	7					
A(資歷)	21.025	1	21.025	8.394	.020	5.318	.512
B*(時段)	14.501	3	4.834	21.431	<.001	3.009	.728
A×B*	4.541	3	1.514	6.711	.002	3.009	.456
組內	25.452	32	0.795				
受試者間($b.s$)	20.039	8	2.505				
殘差(r)	5.413	24	0.226				
全體	65.519	39	1.680				

註：標示 * 者為相依因子。尾機率 p 值由 EXCEL 函數 F.DIST.RT(F,df_1,df_2) 求得。

5. 單純主要效果

→表 12.9 　注意力研究的單純主要效果檢定摘要表

變源	SS	df	MS	F	p
A 因子(資歷)					
在 b_1 條件下 (剛上班)	.529	1	0.529	0.665	.421
在 b_2 條件下 (午飯前)	3.844	1	3.844	4.835	.035
在 b_3 條件下 (午飯後)	12.544	1	12.544	15.779	<.001
在 b_4 條件下 (下班前)	8.649	1	8.649	10.879	.002
誤差：組內 (W)	25.452	32	0.795		
B 因子 (時段)					
在 a_1 條件下 (資淺者)	16.812	3	5.604	24.796	<.001
在 a_2 條件下 (資深者)	2.230	3	0.743	3.288	.079
誤差：殘差 (r)	5.413	24	0.226		

註：尾機率 p 值由 EXCEL 函數 F.DIST.RT(F, df_1, df_2) 求得。

6. 結果討論

　　二因子變異數分析首先需檢視交互效果，若交互效果顯著需進行單純主要效果。如表 12.8 的摘要內容可以看出，交互效果 $F_{(3,24)}$=6.711 達 .01 顯著水準。至於資歷與時段兩個主要效果雖然均具有統計顯著性，但是由於交互作用顯著，因此不予以討論。由折線圖可以看出，資深者的反應時間普遍較資淺者來得短，而且折線在不同時點下的變化不大，反之，資淺者在越後期的重複測量時，反應時間明顯拉長。由於交互作用顯著，因此必須進行單純主要效果分析來確認各細格平均數的差異情形，見表 12.9。

　　單純主要效果的檢驗結果則可看出，時段因子在資淺者的條件下具有統計顯著性（$F_{(3,24)}$=24.796，p<.001），不同時段下的注意力差異十分明顯，但是對資深者來說，不同時段下的注意力則無顯著差異（$F_{(3,24)}$=3.288，p=.079），顯示時段效果受到了資歷深淺的調節。

　　同樣的，對於 A 因子的單純主要效果而言，資歷深淺的差異效果在上班初期未達顯著（$F_{(1,32)}$=.665，p=.421），但是到了後面三個時間點，資淺者的反應時間都比資深者來得長，資淺者在午飯前 (b_2)、午飯後 (b_3)、下班前 (b_4) 的平均反應時間為 7.04、8.48、8.54 秒，而資深者則僅為 5.8、6.24、6.68 秒，顯示資歷效果也受到了時段的調節。尤其在午飯後，資淺者與資深者的注意力差異達到最大（$F_{(1,32)}$=15.779，p<.001）。

12.5　完全相依二因子變異數分析

12.5.1　完全相依設計的統計原理

多因子相依樣本變異數分析是單因子相依樣本設計的延伸，只有一個相依自變數時，稱為單因子相依樣本變異數分析，兩個相依因子時，稱為二因子完全相依變異數分析。多因子相依樣本的分析，可以視為單因子相依樣本變異數分析的多因子化，也就是相依因子的數目增加。也正因為相依因子數目增加，導致所需檢驗的效果項除了增加主要效果之外，也會產生交互效果項，而分析的原理類似於多因子變異數分析。

如果今天有一個實驗包含了 A 與 B 兩個相依因子，一般線性模式如下。

$$Y_{ijk} = \mu + \alpha_j^* + \beta_p^* + \alpha_j^* \beta_p^* + \pi_i + \varepsilon_{ijp} \tag{12-28}$$

與獨立設計一樣，二因子完全相依設計的總離均差平方和會被拆解出兩大部分：第一是組間效果（SS_b），包括主要效果 SS_{A*} 與 SS_{B*}，一個交互效果 SS_{A*B*}，這三項是研究者主要關心的自變數效果，第二是組內效果（SS_w），可分解出受試者間效果 $SS_{b.s}$ 與殘差 SS_r 兩部分，總變異量的拆解關係如公式 12-29。

$$SS_t = SS_b + SS_w = [SS_{A*} + SS_{B*} + SS_{A*B*}] + [SS_{b.s} + SS_r] \tag{12-29}$$

組內離均差平方和 SS_w 是求取各細格觀察值與細格平均數的離均差平方和，反映了各細格內部的觀察值的變異情形。受試者間離均差平方和（$SS_{b.s}$）反應了各受試者（或各區組）的平均數離散程度，將 SS_w 扣除此一變異後，可求得殘差離均差平方和 SS_r，亦即 $SS_r = SS_w - SS_{b.s}$。一旦計算出 SS_r 後，即可計算 A、B、A×B 三個組間效果的 F 檢定值，如表 12.10 所示。

$$F_{A*} = \frac{\hat{\sigma}_{A*}^2}{\hat{\sigma}_r^2} = \frac{MS_{A*}}{MS_r} = \frac{SS_{A*}/df_{A*}}{SS_r/df_r} \tag{12-30}$$

$$F_{B*} = \frac{\hat{\sigma}_{B*}^2}{\hat{\sigma}_r^2} = \frac{MS_{B*}}{MS_r} = \frac{SS_{B*}/df_{B*}}{SS_r/df_r} \tag{12-31}$$

$$F_{A*B*} = \frac{\hat{\sigma}^2_{A*B*}}{\hat{\sigma}^2_r} = \frac{MS_{A*B*}}{MS_r} = \frac{SS_{A*B*}/df_{A*B*}}{SS_r/df_r}$$

(12-32)

→表 12.10　二因子完全相依設計變異數分析摘要表

變源	SS	df	MS	F	$\hat{\eta}^2$
組間	SS_b				
A* 因子	SS_{A*}	$k-1$	SS_{A*}/df_{A*}	MS_{A*}/MS_r	$SS_{A*}/(SS_{A*}+SS_r)$
B* 因子	SS_{B*}	$l-1$	SS_{B*}/df_{B*}	MS_{B*}/MS_r	$SS_{B*}/(SS_{B*}+SS_r)$
A*×B*	SS_{A*B*}	$(k-1)(l-1)$	SS_{A*B*}/df_{A*B*}	MS_{A*B*}/MS_r	$SS_{A*B*}/(SS_{A*B*}+SS_r)$
組內	SS_w	$kl(n-1)$	SS_w/df_w		
受試者間 (b.s)	$SS_{b.s}$	$n-1$	$SS_{b.s}/df_{b.s}$		
殘差 (r)	SS_r	$(n-1)(kl-1)$	SS_r/df_r		
全體	SS_t	$N-1$	SS_t/df_t		

12.5.2　完全相依設計的單純主要效果考驗

　　二因子完全區組設計的單純主要效果檢驗，也是在「限定條件下」來進行單因子變異數分析。如果 A 有 k 個水準，B 有 l 個水準，完整的單純主要效果檢驗包含 $k+l$ 次獨立的限定條件單因子區組設計變異數分析。有關單純主要效果的統計原理，與前一節的多因子 ANOVA 相同，單純主要效果 F 檢定誤差項為殘差均方（MS_r），假設 A 因子有 2 個水準（$k=2$），B 因子有 3 個水準（$l=3$），完全相依設計的單純主要效果摘要表如表 12.11。

→表 12.11　完全相依設計的單純主要效果考驗摘要表

變源	SS	df	MS	F
A因子效果				
在b_1條件下	$SS_{A*|b_1}$	$k-1$	$SS_{A*|b_1}/df_{A*}$	$MS_{A*|b_1}/MS_r$
在b_2條件下	$SS_{A*|b_2}$	$k-1$	$SS_{A*|b_2}/df_{A*}$	$MS_{A*|b_2}/MS_r$
在b_3條件下	$SS_{A*|b_3}$	$k-1$	$SS_{A*|b_3}/df_{A*}$	$MS_{A*|b_3}/MS_r$
B因子效果				
在a_1條件下	$SS_{B*|a_1}$	$l-1$	$SS_{B*|a_1}/df_{B*}$	$MS_{B*|a_1}/MS_r$
在a_2條件下	$SS_{B*|a_2}$	$l-1$	$SS_{B*|a_2}/df_{B*}$	$MS_{B*|a_2}/MS_r$
誤差(殘差)	SS_r	$(N-1)(kl-1)$	SS_r/df_r	

12.5.3　完全相依設計二因子變異數分析範例

本節將以一項飲料開發研究的數據為例，說明完全相依設計二因子變異數分析的計算過程。假設某家食品公司為了開發新的薑母茶飲料，選取一些消費者至實驗室中進行試吃，食品公司所關心的是薑母茶當中的薑濃度（低薑、中薑、與高薑）與糖分（少糖、多糖）對於消費者喜好程度的影響。現有 5 位消費者參與試吃，每一個人必須喝下六種不同成分的飲料，並評估他們的偏好度（1 至 10），每一次試吃間隔 30 分鐘。實驗數據如表 12.12，請問食品公司獲致何種結論？

1. 實驗設計：

A 因子（$k=2$）：糖分，為兩次重複測量的受試者內設計因子。

B 因子（$l=3$）：薑量，為三次重複測量的受試者內設計因子。

因此本範例為 $2×3$ 的二因子完全相依設計變異數分析。樣本數 $n=5$，每個受試者重複實驗 6 次，總觀察值數目 $N=30$。

2. 變異拆解：

(1) 全體：$SS_t = (3-6.33)^2 + (1-6.33)^2 + ... = 154.667$

(2) A因子：相依因子（糖分）

$SS_{A*} = 5×3×[(5.93-6.33)^2 + (6.73-6.33)^2] = 4.80$

(3) B因子：相依因子（薑量）

$SS_{B*} = 5×2×[(4.7-6.33)^2 + (7.4-6.33)^2 + (6.9-6.33)^2] = 41.267$

(4) A×B交互作用

$SS_{A*B*} = 5[(3.2-5.93-4.7+6.33)^2 + (6.4-5.93-7.4+6.33)^2 + ...] = 44.60$

→**表 12.12**　飲料開發研究的實驗數據

糖分 (A)	少糖 (a₁)			多糖 (a₂)			受試者	
受試者 薑量(B)	低 (b₁)	中 (b₂)	高 (b₃)	低 (b₁)	中(b₂)	高 (b₃)	平均數	標準差
1	3	5	8	7	6	4	5.50	1.87
2	1	3	8	8	7	5	5.33	2.88
3	4	6	7	5	10	6	6.33	2.07
4	5	9	9	6	9	7	7.50	1.76
5	3	9	9	5	10	6	7.00	2.76
平均數	3.20	6.40	8.20	6.20	8.40	5.60	6.33	
標準差	1.48	2.61	0.84	1.30	1.82	1.14		2.31

(5) 組內效果

$$SS_w = [(3 - 3.2)^2 + (1 - 3.2)^2 + ... + (6 - 5.6)^2] = 64.00$$

(6) 受試者間效果

$$SS_{b.s} = 2 \times 3[(5.5 - 6.33)^2 + (5.33 - 6.33)^2 + ... + (7.00 - 6.33)^2] = 21.00$$

(7) 殘差

$$SS_r = SS_w - SS_{b.s} = 64 - 21 = 43$$

3. F 檢定與摘要表：

→表 12.13　飲料開發研究的二因子完全相依設計變異數分析摘要表

變源	SS	df	MS	F	p	Fcv	$\hat{\eta}^2$
組間	90.667	5					
A* 因子 (糖分)	4.80	1	4.80	2.233	.151	4.351	.100
B* 因子 (薑量)	41.267	2	20.633	9.597	.006	3.493	.490
A*×B* 交互作用	44.60	2	22.30	10.372	.004	3.493	.509
組內	64.00	24	2.67				
受試者間 b.s	21.00	4	5.25				
殘差 (r)	43.00	20	2.15				
全體 Total	154.667	29	5.333				

註：尾機率 p 值由 EXCEL 函數 F.DIST.RT(F,df₁,df₂) 求得。

4. 交互作用圖

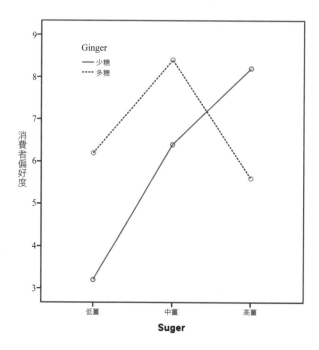

5. 單純主要效果

→表 12.14　飲料開發研究的單純主要效果檢定摘要表

單純主要效果內容	SS	df	MS	F	p
A 糖分因子					
在低薑條件下	22.5	1	22.5	10.465	.004
在中薑條件下	10.0	1	10.0	4.651	.043
在高薑條件下	16.9	1	16.9	7.860	.011
B 薑濃度因子					
在少糖條件下	64.13	2	32.07	14.916	<.001
在多糖條件下	21.73	2	10.87	5.056	.017
誤差(殘差)	43.00	20	2.15		

註：尾機率 p 值由 EXCEL 函數 F.DIST.RT(F, df_1, df_2) 求得。

6. 結果討論

　　本範例的分析結果發現，糖分因子並未達到顯著水準，$F_{(1,20)}=2.233$，$p=.151$，薑量則有顯著效果，$F_{(2,20)}=9.597$，$p<.01$。A×B 交互作用項亦達顯著水準，$F_{(2,20)}=10.372$，$p<.01$，如表 12.13。以平均數折線圖來觀察，亦可發現有明顯的交叉或非平行線段。因此主要效果即使顯著也不進行討論。

　　由表 12.14 的單純主要效果檢驗結果則可看出，糖分高低對於消費者的影響，在各種薑量條件下均具有顯著差異。其中少糖低薑飲料平均滿意度為 3.2，多糖低薑飲料則有 6.2，$F_{(1,20)}=10.465$，$p<.01$。有趣的是，少糖高薑飲料平均滿意度為 8.2，但是多糖高薑飲料反而有較低的滿意度（5.6），$F_{(1,20)}=7.86$，$p<.05$，顯示出非次序性的交互作用（平均數大小關係倒置）。至於少糖中薑飲料（M=6.4）與多糖中薑（M=8.4）的差異較小，但仍具有統計意義，$F_{(1,20)}=4.651$，$p<.05$。

　　另一方面，薑濃度的影響在少糖的情況下有明顯的顯著差異 $F_{(2,20)}=14.916$，$p<.001$，在多糖的情況下雖有顯著差異（$F_{(2,20)}=5.056$，$p<.05$），但是薑量多寡的影響已經不明顯。從平均數的高低可以看出，少糖高薑的接受度最佳（8.2），少糖中薑次佳（6.4），少糖低薑差（3.2），事後考驗發現少糖高薑與少糖中薑，以及少糖中薑與少糖低薑沒有顯著差異，顯示消費者僅對於少糖的高低薑成分的接受度有區辨力。

　　綜合上述統計發現，糖分與薑的濃度具有交互效果，因此對於新產品的成分不能分別就兩個甜度與薑濃度兩個 IV 來討論，而須經由交互作用的分析來看。單純主要效果的分析發現，少糖高薑是最佳的成分，不但較多糖高薑為佳，亦較少糖低薑為佳。所以研發單位的結論報告應是採用少糖高薑或多糖中薑為上策。

EXCEL 電腦小精靈

如何使用 EXCEL 來執行二因子變異數分析 (兩個因子均為獨立設計)

■建立資料檔案

	A	B	C	D	E	F
1	ID	時段因子	日常組	慢跑組	有氧組	
2	1	白天	6.5	7.4	8	
3	2	白天	7.3	6.8	7.7	
4	3	白天	6.6	6.7	7.1	
5	4	白天	7.4	7.3	7.6	
6	5	白天	7.2	7.6	6.6	
7	6	白天	6.8	7.4	7.2	
8	7	夜晚	7.1	7.4	8.2	
9	8	夜晚	7.9	8.1	8.5	
10	9	夜晚	8.2	8.2	9.5	
11	10	夜晚	7.7	8	8.7	
12	11	夜晚	7.5	7.6	9.6	
13	12	夜晚	7.6	8	9.4	

■打開資料分析對話框，選擇「雙因子變異數分析：重複試驗」

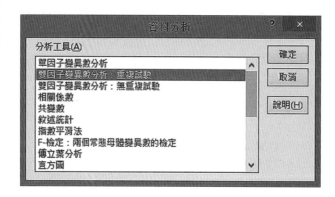

■決定分析內容與條件

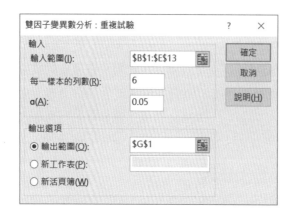

1. 輸入範圍：利用滑鼠框選包含兩個因子的標籤與變數數值的內容。

2. 每一個樣本的列數：每一組內有六個人，因此輸入6。

■得出結果

雙因子變異數分析：重複試驗						
摘要	日常組	慢跑組	有氧組	總和		
白天						
個數	6	6	6	18		
總和	41.8	43.2	44.2	129.2		
平均	6.966667	7.2	7.366667	7.177778		
變異數	0.146667	0.132	0.250667	0.184183		
夜晚						
個數	6	6	6	18		
總和	46	47.3	53.9	147.2		
平均	7.666667	7.883333	8.983333	8.177778		
變異數	0.138667	0.097667	0.349667	0.524183		
總和						
個數	12	12	12			
總和	87.8	90.5	98.1			
平均	7.316667	7.541667	8.175			
變異數	0.263333	0.231742	0.985682			
ANOVA						
變源	SS	自由度	MS	F	P-值	臨界值
樣本	9	1	9	48.41602	9.93E-08	4.170877
欄	4.753889	2	2.376944	12.78691	9.63E-05	3.31583
交互作用	1.711667	2	0.855833	4.604005	0.018038	3.31583
組內	5.576667	30	0.185889			
總和	21.04222	35				

由報表可知，二因子變異數分析的結果如下：

A因子主要效果（摘要表中稱為「樣本」）：$F_{(1,30)}=48.416, p<.05$

B因子主要效果（摘要表中稱為「欄」）：$F_{(2,30)}=12.787, p<.05$

AB交互作用（摘要表中稱為「欄」）：$F_{(2,30)}=4.604, p<.05$

由於交互作用或主要效果均達到.05的顯著水準，因此不論是邊際平均數或是細格平均數均具有顯著差異。邊際平均數及變異數，或細格平均數及變異數的資料可從報表中得知，但是EXCEL沒有提供全體36個觀察值的總平均數及變異數。讀者可自行比對這些結果在書中的解釋與說明。

本章重要概念

二因子變異數分析 two-way analysis of variance

三因子變異數分析 three-way analysis of variance

雙向表 double entry table

主要效果 main effect

交互效果 interaction effect

調節效果 moderation effect

單純主要效果 simple main effect

單純交互效果 simple interaction effect

非次序性交互效果 disordinal interaction

次序性交互效果 ordinal interaction

部分非次序性交互效果 partially disordinal interaction

混合設計 mixed design

受試者間 between-subject effect

受試者內效果 within-subject effect

課後習作

一、請針對下列各題的描述，說明 (1) 自變數的數目與水準數？ (2) 各自變數是獨立還是相依設計？ (3) 各種檢定的名稱為何？ (4) 有幾個細格平均數與邊際平均數？ (5) 每個平均數是由多少個樣本所組成？

1. 市場調查人員訪問賣場中的未婚、已婚但無子女以及已婚且育有子女者之三類消費者並區分男生與女性，每一種狀況各調查 10 名，詢問他們對於食品安全的重視程度。

2. 前一題的市場調查人員為了節省時間，對於未婚、已婚但無子女以及已婚且育有子女者之這三類消費者都找一對一的男女朋友或夫妻，每一種 10 對共 30 對，詢問他們對於食品安全的重視程度。

3. 某系學生 50 名，男女比例為 2:3，他們從大一到大四的簡報能力逐年上升，但是男生進步幅度似乎比較平緩。

4. 某電影院打算引進一批歐美影片，包括動作片與文藝片兩種，這兩類又可成長時間與短時間片兩類，共有四片，院方找來 10 名試映者觀賞完畢這四部影片，並要求他們對這四部片子評估他們的喜好程度。

二、某便利商店的冷熱咖啡各有大小兩種容量，這四種型態咖啡的新鮮度的口感似乎不同，於是市場調查人員設計了一個回饋表，每一種型態各五張，請 20 位消費者以 1 到 10 分的分數評估新鮮口感。資料如下：

溫度別	冰咖啡		熱咖啡		總和				
容量別	小	大	小	大	冰	熱	小	大	全體
	9	8	10	5					
	7	6	8	4					
	6	5	9	5					
	5	5	8	5					
	8	6	10	6					
樣本數	5	5	5	5	10	10	10	10	20
平均數	7.0	6.0	9.0	5.0	6.5	7	8	5.5	6.75
標準差	1.58	1.22	1.00	0.71	1.43	2.26	1.63	1.08	1.86

1. 以二因子設計進行新鮮度分析，冷熱咖啡有無差異？大小包裝有無差異？溫度別與容量別的口感新鮮度有無交互作用？$\alpha=.05$。

2. 請完成二因子變異數分析摘要表。

3. 請繪製平均數圖來表現交互作用的狀況。

三、對於冷熱咖啡大小兩種容量的新鮮度口感研究，以 20 位購買者評分太過於費事，於是祭出買大送小或買小送大的策略，請同一位消費者就大小兩種包裝先後進行評估，可減少一半的消費者，如果得到的數據不變，只是將資料重新列表如下：

編號		小號裝	大號裝
1		9	8
2	冰	7	6
3	咖	6	5
4	啡	5	5
5		8	6
平均數		7.0	6.0
標準差		1.58	1.22
6		10	5
7	熱	8	4
8	咖	9	5
9	啡	8	5
10		10	6
平均數		9	5
標準差		1.00	0.71

總和	小	大	冰	熱	全體
樣本數	10	10	10	10	20
平均數	8.0	5.5	6.5	7.0	6.75
標準差	1.63	1.08	1.43	2.26	1.86

1. 以混合二因子設計進行新鮮度分析，冷熱咖啡有無差異？大小包裝有無差異？溫度別與容量別的口感新鮮度有無交互作用？ $\alpha=.05$。

2. 請完成二因子變異數分析摘要表。

3. 比較兩種分析狀況的差異。

四、如果還要更精簡，請同一個消費者嘗試四種狀況後評估新鮮口感分數，只需要五位消費者就可以完成前面的數據，假設得到的評分結果不變，資料格式可以沿用第二大題的資料格式，同一橫列為同一位消費者。

1. 改用相依二因子設計進行新鮮度分析，冷熱咖啡有無差異？大小包裝有無差異？溫度別與容量別的口感新鮮度有無交互作用？ $\alpha=.05$。

2. 請完成二因子變異數分析摘要表。

13

相關分析

13.1 前言

13.2 線性關係:相關與迴歸的基礎

13.2.1 從散布圖來瞭解線性關係

13.2.2 從變異、共變到線性關係

13.3 積差相關的原理

13.3.1 積差相關係數

13.3.2 線性相關的四象限圖示

13.3.3 相關係數的矩陣表示

13.3.4 母體相關係數的不偏估計數

13.3.5 積差相關係數的特性

13.4 點二系列相關

13.4.1 基本原理

13.4.2 範例說明

13.5 相關係數的統計意義

13.5.1 相關係數的統計假設

13.5.2 相關係數的顯著性考驗

13.5.3 相關係數的區間估計

13.5.4 相關係數的臨界值判斷法

13.5.5 相關係數的差異檢定

13.1　前言

　　如果說實驗設計是最能夠掌握因果關係的利器，那麼調查、觀察、次級資料分析等非實驗研究方法，就是最貼近真實世界、最能捕捉事物間複雜關係的研究手法。從前面各章可以體會，基於實驗設計的隨機分派與嚴格控制的優越條件，變異數分析不論從單因子設計到多因子設計，都可以透過不同來源下的變異拆解，循序漸進地進行假設檢定，判斷科學命題的是非、決定誰對誰錯。相對之下，從真實世界當中所蒐集到的各種非實驗數據，雖然沒有經過因果操弄，但卻是實地觀察所得，內容豐富且數量龐大，如果是連續型態的資料，不但可以利用各種相關分析（correlation analysis）來「描述」變數之間的互動關聯，更可以利用迴歸分析（regression analysis）來進行變數間關係的「解釋」、「預測」與「控制」等各式各樣的運用。

　　舉一個最簡單的例子，人們經常會問，人到中年為何會發胖？體重增加與什麼因素有相關？是飲食、體質、還是年齡問題？雖然實驗方法可以針對這些議題進行操弄研究，但最快的方法是編製一份與體重有關的生活經驗問卷量表去蒐集人們的經驗數據，透過相關與迴歸分析，我們很快就可以描繪出與體重有關的變數關係圖表，得到體重高低有統計意義的相關變數，甚至於預測在什麼情況下或什麼人的體重會增加，進而擬定瘦身養生的建議方案。

　　事實上，對於人類生活周遭各種問題的回答，從相關與迴歸所建立的描述解釋說法以及預測控制模型，比起實驗研究得到的因果論證來得更實用，對於實務問題的解決更有效率。這就是為什麼在自然科學以外的社會科學領域，相關與迴歸受歡迎的程度遠勝於實驗設計下的變異數分析。

　　本章將告別實驗設計典範下的變異數分析家族，邁向非實驗數據的線性關係分析的世界。首先從本章的相關分析開始，討論變數之間的關聯如何呈現、如何分析，然後在後續的章節中，逐一介紹各種迴歸分析的概念與應用。到了科技高度發達的今天，各種數據俯拾即是、隨手可得，我們確實不一定需要走進實驗室才能從事科學活動，只要有心、懂得相關與迴歸，在每天活動的生活場域中，我們仍然可以握有豐富的研究素材，得以發揮科學精神，探究事物的規律與道理。

13.2 線性關係：相關與迴歸的基礎

13.2.1 從散布圖來瞭解線性關係

相關與迴歸主要是應用於探討兩個或兩個以上的連續變數之間關聯情形的分析與預測。兩個連續變數之間的共變關係可能有多種形式，其中最簡單也是最常見的關聯型態是呈現直線般的線性關係（linear relationship），亦即兩個變數的關係呈現直線般的共同變化，數據的分布可以被一條最具代表性的直線來表達關聯情形。例如：上課認真程度與考試成績高低，當上課越認真，考試成績也會越好，兩個變數的關係是同方向的變動關係，如圖 13.1 所示。

圖中橢圓形區域內的數值散布點，是每一位學生在兩個變數上的成對觀察值（paired raw scores），其散布情形顯示出兩變數的關聯情形，稱為散布圖（scatter plot）。當橢圓形區域越狹長，表示兩個變數的關係越密切，如果收縮成一直線，就是完全線性關係，反之，如果成對觀察值越分散，橢圓形區域逐漸變成圓形區域，兩個變數的線性關係就越微弱。

圖 13.1 當中所標示的直線是由成對觀察值估計所得，直線存在的前提，是上

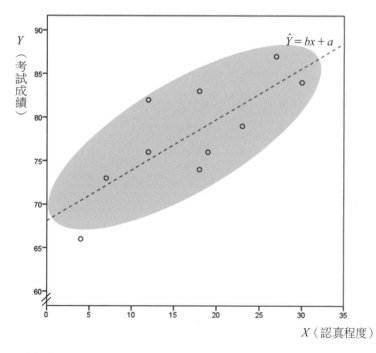

圖 13.1　上課認真程度與考試成績的散布圖

課認真程度與考試成績的線性關係具有統計意義，亦即相關係數具有統計意義，我們才能主張兩個變數的觀察值確實會沿著直線 $\hat{Y} = bx + a$ 呈現相同方向的變動，當斜率為正值時，顯示兩變數具有正向的關聯，當斜率為負值時則為負向關聯。利用這條直線，我們就可以進行迴歸預測。這就是為何方程式當中的 Y 帶有一個帽子「∧」（hat），表示該直線的 Y 數值是預測值，而非真實的觀測數值，必須是在相關係數具有統計意義的前提下，這條直線才有存在的價值。

13.2.2　從變異、共變到線性關係

相關與迴歸主要是應用於探討兩個或兩個以上的連續變數之間關聯的分析與預測。單獨一個連續變數 X 與 Y 的變異情形可以變異數表示（如公式 13-1 與 13-2）。X 與 Y 之間的共同變化程度則以共變數（covariance）描述，如公式 13-3。

$$Var(X) = \frac{\Sigma(X - \overline{X})(X - \overline{X})}{N-1} = \frac{\Sigma(X - \overline{X})^2}{N-1} = \frac{SS_X}{N-1} \tag{13-1}$$

$$Var(Y) = \frac{\Sigma(Y - \overline{Y})(Y - \overline{Y})}{N-1} = \frac{\Sigma(Y - \overline{Y})^2}{N-1} = \frac{SS_Y}{N-1} \tag{13-2}$$

$$Cov(X,Y) = \frac{\Sigma(X - \overline{X})(Y - \overline{Y})}{N-1} = \frac{SP_{XY}}{N-1} \tag{13-3}$$

由公式 13-1 與 13-2 可知，單獨一個連續變數的變異只關心自身的離均差，離均差平方和（SS）就是總面積，除以自由度 $N-1$ 後得到變異數，亦即「單位正方形面積」。至於公式 13-3 當中的兩個連續變數 X 與 Y 共同變異，則同時考慮兩個變數的離散情形，故需各取離均差 $X - \overline{X}$ 與 $Y - \overline{Y}$ 來反映兩者的離散性，兩個離均差相乘之後加總，得到積差和（sum of the cross-product; SP），除以 $N-1$ 後所得到的離散量數為「單位長方形面積」的形式，可作為兩個變數共同變化程度的估計值。變異數與共變數、SS 與 SP 的關係，可利用矩陣形式表示，如表 13.1。

→表 13.1　兩個連續變數的變異數與共變數及 SS 與 SP 矩陣

	變異數與共變數矩陣		SS/SP 矩陣	
	X	Y	X	Y
X	$Var(X)$		$SS_X = \Sigma(X - \overline{X})(X - \overline{X})$	
Y	$Cov(X,Y)$	$Var(Y)$	$SP_{XY} = \Sigma(X - \overline{X})(Y - \overline{Y})$	$SS_Y = \Sigma(Y - \overline{Y})(Y - \overline{Y})$

如果將共變數除以兩個變數的標準差，亦即將共變數標準化，即得到標準化的
相關係數（coefficient of correlation），如公式 13-4，用來描述兩個連續變數之間的
線性關係強度。若相關係數由樣本計算得到，以小寫 r 表示，若以母體資料求得則
以希臘字母 ρ（rho）表示。當相關係數越大，表示線性關聯越強，反之則表示線
性關聯越弱，此時可能是變數間沒有關聯，或是呈現非線性關係。

$$r = \frac{Cov(X,Y)}{s_X s_Y} = \frac{\Sigma(X-\overline{X})(Y-\overline{Y})}{\sqrt{\Sigma(X-\overline{X})^2 \Sigma(Y-\overline{Y})^2}} = \frac{SP_{XY}}{\sqrt{SS_X SS_Y}} \tag{13-4}$$

13.3　積差相關的原理

13.3.1　積差相關係數

以公式 13-4 來估計線性關係的概念是由 Pearson 所提出，因此稱為**皮爾森積差
相關係數**（Pearson's product moment correlation coefficient），簡稱 Pearson's r。由
公式可知，相關係數是共變數經過標準化後的結果（除以兩個變數的標準差），因
此相關係數不受兩個變數單位的影響，數值介於 ±1 之間，相關係數絕對值越接近
1，表示線性關係越強。

相關係數之所以帶有負值，主要在於共變數會有可能為負。共變數的正負號代
表兩變數的共同變動呈現正向或負向關係。共變數若要為正值，兩個離均差必須同
時為正值或負值，也就是兩個變數需同時在平均數的左側或右側，表示兩個變數有
同方向的變動關係。相反的，要得到一個負的共變數時，兩個離均差必須同時一為
正值、一為負值，也就是兩個變數有反方向的變動關係。

基本上，把共變數除以兩個變數的標準差而得出相關係數，這是一種統計量的
標準化轉換。基於同樣的概念，我們也可以先把 X 與 Y 變數進行標準化，得到 z_X
與 z_Y 後，再計算配對分數 z_X 與 z_Y 的乘積加總後，除以人數減 1，亦可得到相關係
數，如公式 13-5 所示。

$$r = \frac{\Sigma z_X z_Y}{N-1} \tag{13-5}$$

假設今天某教授調查 10 位學生的上課認真程度（X）與考試成績（Y），如表
13.2 所示。其中 X 與 Y 的平均數與變異數分別為 $\overline{X}=17$、$s_X^2=70$ 與 $\overline{Y}=78$、s_Y^2

→表 13.2　10位學生學習資料與描述統計量

ID	認真程度 X	考試成績 Y	$(X-\overline{X})^2$	$(Y-\overline{Y})^2$	$(X-\overline{X})(Y-\overline{Y})$	z_X	z_Y	$z_X z_Y$	象限
1	4	66	169	144	156	−1.554	−1.919	2.981	III
2	27	87	100	81	90	1.195	1.439	1.720	I
3	18	83	1	25	5	0.120	0.800	0.096	I
4	7	73	100	25	50	−1.195	−0.800	0.956	III
5	30	84	169	36	78	1.554	0.959	1.491	I
6	12	82	25	16	−20	−0.598	0.640	−0.382	II
7	18	74	1	16	−4	0.120	−0.640	−0.076	IV
8	23	79	36	1	6	0.717	0.160	0.115	I
9	19	76	4	4	−4	0.239	−0.320	−0.076	IV
10	12	76	25	4	10	−0.598	−0.320	0.191	III
總和	170	780	630	352	367	0	0	7.014	
平均數	17.00	78.00							
變異數	70.00	39.111							
標準差	8.367	6.254							

= 39.111，SS_X、SS_Y 與 SP_{XY} 分別為 630、352、367。將這三個數值除以 $N-1$，即可得到變異數與共變數，其中共變數為 367/9 = 40.778。將共變數除以兩個變數的標準差，即得到相關係數 $r = .779$，或以公式 13-4 與 13-5，均可求出相關係數：

$$r = \frac{Cov(X,Y)}{s_X s_Y} = \frac{40.778}{\sqrt{70} \times \sqrt{39.111}} = \frac{40.778}{8.367 \times 6.254} = \frac{SP_{XY}}{\sqrt{SS_X SS_Y}} = \frac{367}{\sqrt{630 \times 352}}$$

$$= \frac{\Sigma z_X z_Y}{N-1} = \frac{7.014}{9} = .779$$

13.3.2　線性相關的四象限圖示

在利用公式來計算相關係數時，我們可以發現當 X 與 Y 兩個變數的數值的離均差或標準分數均為正數或均為負數時，表示兩者具有相同的變動方向，相對的，當 X 與 Y 兩個變數的數值的離均差或標準分數均為一正一負時，表示兩者有相反的變動方向。當同方向配對分數乘積和大於反方向配對分數乘積和，即得到正相關，當反方向配對分數乘積和大於同方向配對分數乘積和，即得到負相關，此一關係可以利用圖 13.2 的兩個平面關係圖來表示。其中圖 13.2(a) 是以原始分數的尺度來標示 X 與 Y 兩變數，圖 13.2(b) 則以標準分數來標示 X 與 Y 兩變數。

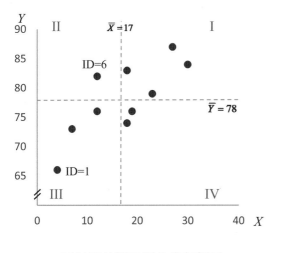 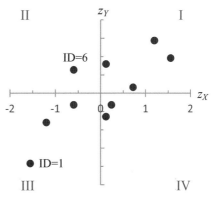

(a)以原始測量單位進行標示　　　　　　　　(b)以標準分數進行標示

圖 13.2　以平面關係的概念反映相關強度的圖示

在圖 13.2(a) 當中，若以 $\overline{X}$ 與 $\overline{Y}$ 兩者為輔助線（例如：虛線所示），可將 X 與 Y 兩變數的數值平面分割成 I、II、III、IV 四個象限，同樣的，在 13.2(b) 當中，以 z_X 與 z_Y 為 0 軸線可將 z_X 與 z_Y 的數值平面分割成四個象限：

第 I 象限　　　$X>\overline{X}$ 且 $Y>\overline{Y}$　　$z_X z_Y>0$　　同方向變動
第 II 象限　　$X<\overline{X}$ 且 $Y>\overline{Y}$　　$z_X z_Y<0$　　反方向變動
第 III 象限　　$X<\overline{X}$ 且 $Y<\overline{Y}$　　$z_X z_Y>0$　　同方向變動
第 IV 象限　　$X>\overline{X}$ 且 $Y<\overline{Y}$　　$z_X z_Y<0$　　反方向變動

利用四象限標示法，當第 I、III 象限累積的乘積和大於第 II、IV 象限累積的乘積和，表示同方向變動的強度大於反方向變動的強度，此時將得到正的相關係數；反之，當第 I、III 象限累積的乘積和小於第 II、IV 象限累積的乘積和，表示反方向變動的強度大於同方向變動的強度，此時將得到負的相關係數。

將表 13.2 的配對數據繪製在圖 13.2 上，可以明顯的看出第 I、III 象限的配對數據（各有 4 個與 3 個）多於第 II、IV 象限的配對數據（各有 1 個與 2 個），同方向變動的配對分數乘積和大於反方向變動的配對分數乘積和，因此本範例的相關係數必為正值。

第 I 象限　　　4 個　　　ID = 2、3、5、8
第 II 象限　　1 個　　　ID = 6

第 III 象限　　3 個　　　ID = 1、4、10

第 IV 象限　　2 個　　　ID = 7、9

以四象限標示法能看出各配對點與相關方向的關係，尤其以圖 13.2(b) 的標準分數標示法，更能清楚看出配對觀察值乘積的強度。以唯一落入第 II 象限的 ID=6 為例，認真程度與考試成績的原始配對點為（12,82），離均差乘積為 –20，標準分數配對點則為（–0.598,0.64），兩者乘積為 –0.382，表示這位學生的用功程度比平均數低，但是考試成績卻比平均高，不符合同方向變動的趨勢，但此一乘積強度並不強。

相對之下，落入第 III 象限的 ID=1，原始配對點為（4,66），離均差乘積為 156，兩個變數的標準分數雖均為負值（–1.554,–1.919），表示該名學生用功程度遠低於平均（達 –1.554 個標準差），考試成績遠低於平均（達 –1.919 個標準差），但兩者乘積為 2.981，顯示同方向變動的趨勢乘積強度很強。將這些標準分數乘積加總後除以 $N–1$ 後，可得到同方向變動乘積和大於反方向變動乘積和的正相關係數。

13.3.3　相關係數的矩陣表示

從前述的數學關係式來看，變異數是共變數的一個特殊狀況，也就是連續變數自己與自己的共變，因此自己與自己的相關係數也就成為 1.00。因此一般在統計報表的呈現上以矩陣的方式來列出各變數之間的共變數時，就包含了變異數的數值，因此又稱為變異數與共變數矩陣（variance and covariance matrix）。以矩陣的方式來列出相關係數值，對角線上會出現 1.0，稱為相關矩陣（correlation matrix），如表 13.3 所示。

值得注意的是，一般研究報告如果僅呈現相關係數矩陣時，會將各變數的平均數與標準差也一併列於表中以利察考。因為從相關係數無法得知個別變數的變異情形，但是若提供變異數 / 共變數矩陣，即可由對角線的變異數數值開根號得到各變數的標準差。

→表 13.3　兩個變數的描述統計與矩陣係數

	描述統計量		變異數與共變數矩陣		相關係數矩陣	
	平均數	標準差	X	Y	X	Y
X	17	8.367	70.000		1.000	
Y	78	6.254	40.778	39.111	.779	1.000

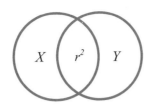

圖 13.3　以文氏圖反映相關強度的圖示

　　另外，若以文氏圖（Venn diagram）的面積概念來表示相關強度，圖 13.3 當中的兩個圓形範圍可視為 X 與 Y 變數的變異數，兩者重疊區域即為共同變化的部分。如果經過標準化，兩個變數的變異數均為 1.00，重疊區域即為相關係數的平方，亦即 r^2，此一區域可解釋為兩者共變部分占 X 變數的變異的百分比，或是兩者共變部分占 Y 變數的變異的百分比；換言之，r^2 決定各變數被另一個變數解釋的比例，因此 r^2 又稱為決定係數（coefficient of determination）。

13.3.4　母體相關係數的不偏估計數

　　由前所述，Pearson 相關係數是將樣本所蒐集得到的兩個變數 X 與 Y，計算出共變數並加以標準化而得。換言之，Pearson's r 是一個樣本統計量，而 Pearson's r 並非母體相關係數的不偏估計數，因此如果要利用相關係數 r 去推論母體的相關係數 ρ 會有高估的情形。相關係數 r 對母體相關 ρ 的不偏估計修正如公式 13-6 所示。

$$r* = \hat{\rho}_{XY} = \sqrt{1 - \frac{(1-r^2)(N-1)}{N-2}}$$

$$(13\text{-}6)$$

　　公式 13-6 中的 N 為樣本數，當樣本數很大時 r 與 $r*$ 接近，此時可以不必修正，即得到母體相關的不偏估計值。當樣本數越小，修正幅度越大。例如：當 $N=100$ 時，$r=.5$ 的不偏估計數為 $r*=.492$，但是當 $N=10$ 時，$r=.5$ 的不偏估計數降為 $r*=.395$。以本範例求得的相關係數 $r=.779$，修正後降為 $r*=.748$。

$$r* = \hat{\rho}_{XY} = \sqrt{1 - \frac{(1-r^2)(N-1)}{N-2}} = \sqrt{1 - \frac{(1-.779^2)(10-1)}{10-2}} = \sqrt{.559} = .748$$

13.3.5 積差相關係數的特性

由於相關係數為一標準化係數，其值不受變數單位與集中性的影響，介於 –1 與 +1 之間。區分成五種情形：完全正相關（perfect positive correlation）、完全負相關（perfect negative correlation）、正相關（positive correlation）、負相關（negative correlation）與零相關（zero correlation）。相關係數值越接近 ±1 時，表示變數的線性關係越明顯，如圖 13.4 所示。

在完全正負相關的情況下，每一個配對觀察值均落在同一條直線上（圖 13.4(a) 與 (b)）。一般研究中所觀察到的相關則為非完全線性關係，亦即配對觀察值並未完全落在同一條直線上（圖 13.4(c) 與 (d)），但仍可利用相關係數來描述線性關聯強度。零相關則無法從圖形當中看出兩個變數的共同變動關係，其中圖 13.4(e) 與 (f) 是當 X 或 Y 有任一為常數所呈現的分布情形。圖 13.4(g) 表示兩個變數呈現均勻的分散狀態，無法判定關聯性，圖 13.4(h) 則是非線性關係時所呈現的相關情形，這四種狀況都可能出現零相關的結果。

值得注意的是，相關係數為標準化係數，係數數值非呈等距關係，因此係數數值不能被視為等距尺度，係數的加減乘除沒有意義，僅可以順序尺度的概念，來說明數值的相對大小。此外，相關係數的解釋與應用，必須經過顯著性考驗來決定係數的統計意義，一旦顯著之後，研究者即可依據表 13.4 來解釋係數的強度，賦予實務意義。以前面的上課認真程度與考試成績的關係來看，相關係數達 .779，是一個非常高的正相關，表示兩者關聯很高、線性關係很強。

→**表 13.4**　相關係數的強度大小與意義

相關係數範圍 (絕對值)	變數關聯程度
1.00	完全相關
.70至.99	高度相關
.40至.69	中度相關
.10至.39	低度相關
.10以下	微弱或無相關

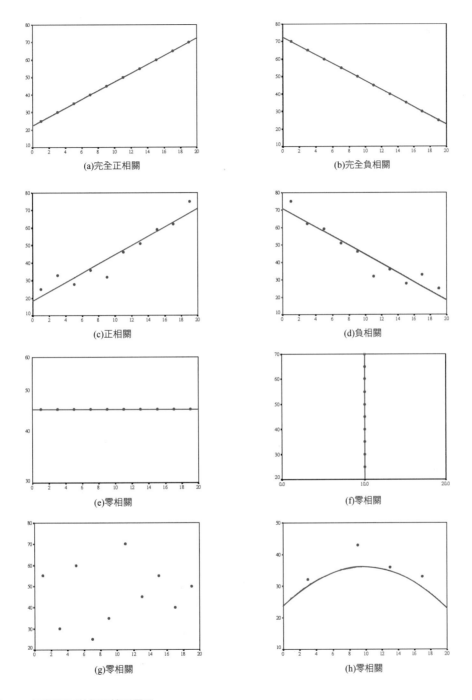

圖 13.4 五種不同的相關情形圖示

13.4 點二系列相關

13.4.1 基本原理

前面所介紹的積差相關，是從兩個連續變數的共變情形推導而來，因此僅適用於連續變數線性關聯情形的描述，例如：越用功（X）與成績（Y）越好。如果今天 X 變數不是連續變數而是二分變數，例如：我們想探討「有沒有補習」與成績的相關，就無法使用積差相關，此時可改用點二系列相關（point-biserial correlation coefficient）（r_{pb}），可得到與積差相關類似性質的關聯係數。公式如 13.7 所示。

$$r_{pb} = \frac{\overline{Y}_A - \overline{Y}_B}{s_Y} \sqrt{pq} \tag{13-7}$$

其中 $\overline{Y}_A$ 與 $\overline{Y}_B$ 為二分變數的 A 與 B 兩個水準在連續變數 Y 的平均數，p、q 為 A 與 B 兩個水準的人數比例，s_Y 為連續變數的標準差。值得注意的是，如果 s_Y 計算時的分母項是除以 N 而非 $N-1$（也就是母體標準差），所求出的 r_{pb} 係數值與以 Pearson's r 公式求出的係數數值完全相同。換句話說，如果 s_Y 的分母項是除以 $N-1$（母體標準差的不偏估計值），所計算得到的 r_{pb} 係數會低於 Pearson's r。但是在大樣本情形下，兩者數值會非常接近。

點二系列相關的另一種變形是二系列相關（biserial correlation coefficient, r_b），適用於當兩變數均為連續變數，但是將其中一個連續變數二分化（dichotomized），也就是將該變數從某一個切割點切成兩段，轉換成二分變數，例如：將年齡切割為三十以上或以下兩個類別。此時，此二分類別變數雖只有兩個數值，但是仍具有連續分配的特性，公式如下：

$$r_b = \frac{\overline{Y}_A - \overline{Y}_B}{s_Y} \times \frac{pq}{\tilde{y}} \tag{13-8}$$

其中 $\tilde{y}$ 且機率為 p 時所對應的常態分配機率密度值，也就是常態曲線中切割為 p 與 q 兩個區域的 X 軸所對應的縱座標數值。

r_{pb} 係數與積差相關係數具有相同的特性，數值介於 ± 1.0 之間，絕對值越大，表示兩個變數關係越強，當 r_{pb} 係數為正時，表示二分變數數值大者，在連續變數上的得分越高；反之，當 r_{pb} 係數為負時，表示二分變數數值小者，在連續變數上的得分越高。從公式可以看出，點二系列相關的大小是 p 與 q 的函數，當 p 與 q 數值為越接近 0.5 時，r_{pb} 才有可能接近 ± 1.0。

13.4.2　範例說明

假設表 13.2 當中 10 位學生的認真程度與考試成績資料中還有一個欄位記錄了學生是否有補習，數值 {0} 為沒補習，共有 6 人、{1} 為有補習，共有 4 人，資料如表 13.5 所示，若將補習置於散布圖的 X 軸、考試成績置於 Y 軸，配對點散布情形如圖 13.5 所示，圖中將無補習的考試成績平均數（$\overline{Y}_0$=75）與有補習的考試成績平均數（$\overline{Y}_1$=82.5）做一輔助線，兩者的垂直高度就是平均數差異（7.5）。r_{pb} 係數的計算，s_Y 分別以樣本標準差與母體標準差代入，結果如下：

$$s_Y \text{ 為樣本標準差：} r_{pb} = \frac{82.5 - 75}{6.254}\sqrt{.4 \times .6} = \frac{3.674}{6.254} = .5875$$

$$s_Y \text{ 為母體標準差：} r_{pb} = \frac{82.5 - 75}{5.933}\sqrt{.4 \times .6} = \frac{3.674}{5.933} = .6192$$

如果求取補習與否與考試成績的 Pearson's r，係數值也正是 .6192，顯示若以樣本標準差來計算相關，係數會較積差相關為低。但本範例因為樣本數僅有 10 筆，因此兩者差異較大，如果樣本數很大，兩者係數值會趨近相同。

→表 13.5　10 位學生的補習狀況與考試成績資料

ID	認真程度	補習	考試成績Y		
	X	K	$Y(k=0)$	$Y(k=1)$	全體
1	4	0	66		
2	27	1		87	
3	18	1		83	
4	7	0	73		
5	30	1		84	
6	12	0	82		
7	18	0	74		
8	23	0	79		
9	19	1		76	
10	12	0	76		
平均數	17	0.4	75	82.5	78
樣本標準差	8.367	0.516	5.514	4.655	6.254
母體標準差	7.937	0.490	5.033	4.031	5.933

註：樣本標準差可由 EXCEL 的 STDEV.S 函數求得，母體標準差可由 EXCEL 的 STDEV.P 函數求得。

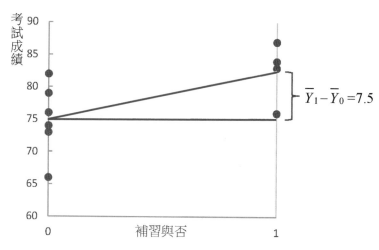

圖 13.5　補習與否與考試成績的散布圖

13.5　相關係數的統計意義

13.5.1　相關係數的統計假設

相關係數的假設檢定與先前介紹的作法原理相同。亦即以樣本統計量 r 所獲得的母體 ρ_{XY} 是否為另一個母體 ρ_0 相同（H_0）或不同（H_1）進行顯著性檢定。一般來說，研究者所關心的是樣本相關是否顯著不等於 0，也就是說從樣本得到的 r 是否來自於相關為 0 的母體，即 ρ_0=0，如果研究者想要從樣本得到的 r 是否來自於某一相關不為 0（例如：.5）的母體，則虛無假設為 H_0：ρ_{XY} = .5。

$$\begin{cases} H_0 : & \rho_{XY} = \rho_0 \\ H_1 : & \rho_{XY} \neq \rho_0 \end{cases}$$

13.5.2　相關係數的顯著性考驗

相關係數數值雖可以反映兩個連續變數關聯情形的強度大小，但相關係數是否具有統計上的意義，則必須透過 t 檢定來判斷其顯著性，公式如 13-9 所示。

$$t_{obt} = \frac{r - \rho_0}{s_r} = \frac{r - \rho_0}{\sqrt{\dfrac{1 - r^2}{N - 2}}}$$

$$(13\text{-}9)$$

公式 13-9 中，分子為樣本統計量的相關係數 r 與母體相關係數 ρ_0 的差距，分母為抽樣標準誤 s_r。分子與分母兩者相除後，得到 t 檢定量，配合 t 分配，即可進行判定其顯著性。相關係數的 t 檢定的自由度為 $N-2$，因為兩個變數各取一個平均數來估計變異數，因此損耗兩個樣本點。當 t_{obt} 的尾機率小於 α 水準（例如：.05）或 $|t_{obt}| > |t_{cv}|$，即可判定具有顯著差異，推翻 H_0、接受 H_1。

以上課認真程度與考試成績的相關為例（$r=.779$），為檢驗該係數是否顯著不等於 0，必須推翻 H_0：$\rho_{XY} = 0$。檢定值計算如下：

$$t_{obt(8)} = \frac{.779 - 0}{\sqrt{\dfrac{1 - .779^2}{10 - 2}}} = \frac{.779}{\sqrt{.049}} = \frac{.779}{0.222} = 3.518$$

當 $df=8$，$\alpha=.05$ 的雙尾臨界值 $t_{cv}=\pm2.306$，$|t_{obt(8)}=3.518| > |t_{.025(8)}=\pm2.306|$，由臨界值法則判斷得出 t 檢定值落入拒絕區。或是由尾機率法則：$t_{obt(8)}=3.518$ 的尾機率 $p=.0079$，$p<.05$，[t 值的雙尾尾機率可由 EXCEL 的 T.DIST.2T(3.518,8) 求得]，因此推翻 H_0、接受 H_1，得到結論為「樣本相關係數 $r=.779$ 顯著不等於 0」，或是「樣本相關係數 $r=.779$ 並非來自 $\rho=0$ 的母體」。

13.5.3 相關係數的區間估計

由於公式 13-9 的分子是相關係數抽樣分配的標準誤，因此除了利用 t 檢定來判定相關係數的統計意義，也可利用區間估計的信賴區間 $(1-\alpha)CI$ 是否涵蓋 ρ_0 來判定相關係數的統計意義或進行兩個相關係數的比較，如公式 13-10 所示。

$$(1-\alpha)CI = r \pm t_{\alpha/2} \times s_r \tag{13-10}$$

以上課認真程度與考試成績的相關為 $r=.779$ 為例，標準誤為 0.222，$df=8$，$\alpha=.05$ 的雙尾臨界值 $t_{cv}=\pm2.306$，95%CI 計算如下：

$$95\%CI = .779 \pm 2.306 \times 0.222 = .779 \pm 0.512 = [.267, 1.291]$$

由於本範例的樣本數（$n=10$）非常小，標準誤非常大，因此相關係數的 95%CI 信賴度高達 .512，但由於信賴區間 [.267,1.291] 沒有涵蓋 0，因此可以主張由樣本相關係數所估計的母體相關係數不為 0，此一結論的信心水準是 95%，亦即有 5% 無法正確估計的機率。

13.5.4 相關係數的臨界值判斷法

相關係數除了使用 *t* 檢定來判定顯著性之外，也可以利用查表方式找出臨界值，利用臨界值法則來判定某樣本相關係數的統計意義。相關係數的臨界值對照表列於附錄 I。圖 13.6 列出相關係數顯著性雙尾 *t* 檢定的自由度（X 軸）與相關係數（Y 軸）的對應關係，亦即在不同顯著水準下的相關係數臨界值（r_{cv}），研究者計算出相關係數後，可以直接查詢在不同自由度（$N{-}2$）下，相關係數至少要達到多少即可達到 $\alpha{=}.05$、$.01$、$.10$ 的顯著水準，作為臨界值比較之用。

例如：當某個研究的樣本數 $N{=}102$，$df{=}102{-}2{=}100$，相關係數僅需 .195 即達到 $\alpha{=}.05$ 顯著水準，亦即 $r_{(.05,df=100)}{=}.195$，若 $\alpha{=}.01$，$r_{(.01,df=100)}{=}.254$；若 $N{=}52$，$df{=}52{-}2{=}50$，相關係數需達到 .273 才能達到 $\alpha{=}.05$ 顯著水準，亦即 $r_{(.05,df=50)}{=}.273$，若 $\alpha{=}.01$，$r_{(.01,df=50)}{=}.354$。

以本範例得到的 $r{=}.779$ 為例，$N{=}10$，$df{=}8$，在 $\alpha{=}.05$ 下的雙尾檢定，相關係數臨界值 $r_{.05}{=}\pm.632$，因此，由於 $|r_{obt}{=}.779| \geq |r_{cv}{=}\pm.632|$，拒絕 H_0、接受 H_1，樣本相關係數 $r{=}.779$ 並非來自 $\rho{=}0$ 的母體。

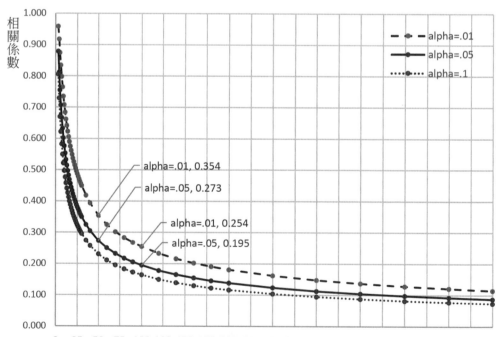

圖 13.6 不同顯著水準下自由度(X)與相關係數(Y)關係圖示（雙尾檢定）

　　值得注意的是，在統計學上，統計意義與實務意義是兩個截然不同的概念，有時，一個很微弱的相關（例如：.10），可能會因為樣本數很大而達到統計的顯著水準，具有統計意義，但是實務意義低；但一個很強的相關（例如：.6），可能因為樣本數太小而沒有顯著的統計意義，但是其實務意義頗高。很明顯的，樣本數的大小是影響相關係數統計顯著性的重要因素。提高樣本數可以提升統計的意義，但不改變實務意義。影響實務意義的大小的決定因子並非樣本規模，而是變數之間的實質關係。兩者間的關係非常微妙。

　　圖 13.7 列出了不同相關係數下的顯著性 t 檢定尾機率變化情形，當相關係數越低，需要越大的樣本數才能達到 $\alpha = .05$ 的顯著水準。例如：當 $r = .05$ 時，樣本數需達 1538 以上才具有 $p<.05$ 的顯著意義；當 $r = .10$ 時，樣本數達 385 以上即有顯著意義；在 $r = .3$ 時，$n \geq 43$ 即具有統計意義。反過來說，如果樣本數 $n = 100$，$r = .2$ 以上具有 $p<.05$ 的統計意義，若 $n = 1000$，$r = .06$ 以上即具有 $p<.05$ 的統計意義。

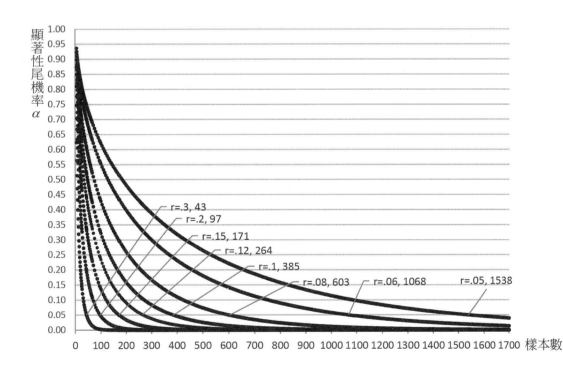

圖 13.7　不同相關係數下樣本數(X)與顯著性尾機率(Y)關係圖示

13.5.5 相關係數的差異檢定

如果研究者想要比較兩個相關係數是否不同時，必須進行相關係數的差異檢定，檢驗兩個相關係數差異為 0 的虛無假設是否成立：$H_0:\rho_1-\rho_2=0$。此種檢定類似於雙樣本平均數差異檢定，所不同的是要檢驗相關係數的差異而非平均數的差異，但原理相似。

首先，兩個被檢驗的樣本相關係數先經費雪 z 轉換（Fisher's z transformation），得到 z_{r1} 和 z_{r2}，z 轉換公式如下：

$$z_r = \frac{1}{2}\log\left(\frac{1+r}{1-r}\right)$$

(13-11)

在樣本足夠大的情形下，兩者抽樣分配呈常態，兩者差異分數的抽樣分配亦呈平均數為 $z_{r1}-z_{r2}$，變異數為 $[1/(N_1-3)]+[1/(N_2-3)]$ 的常態分配。此時即可使用 z 檢定，檢驗 $z_{r1}-z_{r2}$ 是否不等於 0。

$$z_{r_1-r_2} = \frac{z_{r1}-z_{r2}}{\sqrt{1/(N_1-3)+1/(N_2-3)}}$$

(13-12)

例如：甲班 10 個同學的認真程度與考試成績相關係數 $r=.779$，乙班 20 個學生的相關只有 .6，這兩個相關係數的差異是否為 0 的檢定如下：

$$z_{r_甲} = \frac{1}{2}\log\left(\frac{1+.779}{1-.779}\right) = \frac{1}{2}\log(8.05) = .453$$

$$z_{r_乙} = \frac{1}{2}\log\left(\frac{1+.6}{1-.6}\right) = \frac{1}{2}\log(4) = .301$$

$$z_{r_1-r_2} = \frac{z_{r1}-z_{r2}}{\sqrt{1/(N_1-3)+1/(N_2-3)}} = \frac{.453-.301}{\sqrt{1/(10-3)+1/(20-3)}} = \frac{.152}{\sqrt{0.202}} = \frac{.152}{.449} = .338$$

由於 $|z_{obt}=0.338| < |z_{.025}=\pm 1.96|$，因此保留 H_0，亦即兩個樣本相關的差異並未具有統計意義，兩個班級的相關係數的差異並沒有達到 .05 的顯著水準。

如果研究者並不是要檢驗兩個相關係數的差異是否為 0，而是特定的母體相關係數的差異量，例如：$\rho_1-\rho_2$，此時也需把母體相關係數差異進行費雪 z 轉換，得到 $z_{\rho1}-z_{\rho2}$，來進行顯著性考驗，如公式 13-13。換言之，兩個相關係數差異為 0 只是其中一個特例（當 $z_{\rho1}-z_{\rho2}=0$）。

$$z_{r_1-r_2} = \frac{(z_{r1} - z_{r2}) - (z_{\rho1} - z_{\rho2})}{\sqrt{1/(N_1 - 3) + 1/(N_2 - 3)}}$$

(13-13)

同樣的，相關係數差異量也可計算出 $(1-\alpha)CI$ 信賴區間，區間估計公式 13-14，求出信賴區間的兩個端點值 $z_{\rho H}$ 與 $z_{\rho L}$ 後，進行對數轉換成相關係數形式後即可進行判讀。

$$(1-\alpha)CI = (z_{r1} - z_{r2}) \pm z_{\alpha/2}\sqrt{1/(n_1 - 3) + 1/(n_2 - 3)}$$

(13-14)

EXCEL 電腦小精靈

如何使用 EXCEL 來執行相關分析

■建立資料檔案

id	attention	grade
1	4	66
2	27	87
3	18	83
4	7	73
5	30	84
6	12	82
7	18	74
8	23	79
9	19	76
10	12	76

■打開資料分析對話框，選擇「相關係數」

■決定分析內容與條件

1. 選擇輸入範圍：利用滑鼠框選包含自變數以及依變數名稱與資料的欄位
2. 選擇標記：因為類別軸標記在第一列上，因此必須勾選

■得出結果

　　由報表可知，認真程度與考試成績的相關係數為 .779。但由於利用 EXCEL 進行相關分析，並未附上相關係數的 t 檢定值，必須另外利用函式來進行 t 檢定。

1. 在資料庫空白處以函式計算相關的參數
2. 計算 t 值 (函式 = $(r - \rho)$/SQRT((1 − 0.779^2)/(10 − 2)))
3. 計算 t 的臨界值 (函式 = TINV(alpha, df))
4. 計算 t 對應的機率值 (函式 = TDIST(t 的絕對值, df, tails)))

　　結果如下：

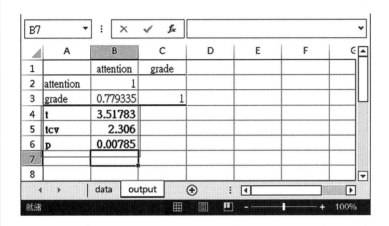

　　由檢定結果得知，認真程度與考試成績的相關達 .779，$t(8) = 3.518$，$p < .05$，達 .05 的顯著水準。表示認真程度與考試成績具有顯著相關。

本章重要概念

相關分析 correlation analysis
迴歸分析 regression analysis
散布圖 scatter plot
相關係數 coefficient of correlation
線性關係 linear relationship
變異數與共變數矩陣 variance and
covariance matrix

相關矩陣 correlation matrix
文氏圖 Venn diagram
決定係數 coefficient of determination
點二系列相關 point-biserial correlation
coefficient

課後習作

一、A、B、C三所學校的管理學院派出三名菁英參加管院盃新生辯論比賽，參賽者除了獲得個人成績（0-10分）之外，也接受觀眾以網路票選受歡迎程度（0-10分），同時主辦單位也提供了各選手的性別（女記為0; 男記為1）與辯手經驗（年），數據如下表。請回答下列問題：

ID	學校 School	性別 Gender	辯手次序 Order	經驗 Exper	網路票選 Internet	個人成績 Score
1	A	0	1	5	7	10
2	A	0	2	4	6	7
3	A	1	3	6	9	10
4	B	1	1	1	4	3
5	B	1	2	0	3	3
6	B	0	3	2	9	6
7	C	0	1	3	5	9
8	C	1	2	3	4	7
9	C	0	3	3	7	8
平均數		0.44	2.00	3.00	6.00	7.00
標準差		0.53	0.87	1.87	2.18	2.65
變異數/共變 數矩陣	性別	0.28				
	辯手次序	0.00	0.75			
	經驗	−0.25	0.25	3.50		
	網路票選	−0.50	1.125	2.625	4.75	
	個人成績	−0.63	0.25	4.50	3.50	7.00

1. 變異數/共變數矩陣中的資料，哪些是變異數？哪些是共變數？

2. 請繪製「網路票選」與「個人成績」的散布圖，判斷兩者之間有無線性關係？

3. 請計算「網路票選」與「個人成績」的相關係數，並以 t 檢定判斷相關係數是否顯著不等於 0。

二、請利用 I、II、III、IV 象限的圖示來說「經驗」與「個人成績」之間的關係，並指出特殊的配對觀察值為何？

chapter

14

迴歸分析

14.1 前言

在前一章當中已經指出線性關係是社會科學研究的重要概念，相關分析的目的在描述兩個連續變數的線性關係強度，而迴歸分析則是在兩變數之間的線性關係基礎上，進一步來探討變數間的解釋與預測關係的統計方法。換言之，相關所關心的是 X 與 Y 兩個連續變數之間有沒有一條線，迴歸則是直接拿這一條線去進行解釋、預測與控制。雖然只是區區一條直線，但是卻有大作用。

迴歸一詞可以溯自 1855 年，英國學者 Sir Francis Galton 爵士（1822~1911）所進行的遺傳研究，探討孩童身高與父母身高之間的關係，發現父母的身高可以預測子女的身高，當父母身高越高或越矮時，子女的身高會較一般孩童高或矮，但是有趣的是，當父母親身高很高或很矮（極端傾向）時，子女的身高會不如父母親身高的極端化，而朝向平均數移動（regression toward mediocrity），也就是著名的均值迴歸（regression toward the mean）現象。自此之後，regression 這個名詞，也就被研究者視為研究變數間因果或預測關係的重要同義詞，沿用至今。

本章首先將介紹線性迴歸的基本特性，並應用於以一個連續自變數去解釋另一個連續依變數的簡單迴歸（simple regression）。到了下一章，我們將把自變數的數目擴充到兩個以上的多元迴歸分析，並詳細說明各種不同建立迴歸模式的策略。事實上，不論迴歸模型再怎麼複雜，其最重要的工作就是建立那一條能夠貫穿數據的最佳方程式。

14.2 線性迴歸的基本原理

14.2.1 線性方程式的性質

假設現在有一個 X 與 Y 的二維空間，在空間上任意畫出一直線，此時在直線上的每一個點，其在 X 與 Y 軸的座標具有完全對應的關係，此時 X 與 Y 稱為完全線性關係，相關係數為 1.0，如圖 14.1 所示。此一直線以線性函數來表示如下：

$$Y = f(X) = b_0 + b_1 X \tag{14-1}$$

上式中有 X 與 Y 兩個隨機變數，變數的函數關係由 b_0 與 b_1 兩個係數所定義：b_0 為 $X=0$ 時 Y 的高度，稱為截距（intercept）；b_1 為 X 變動每單位時 Y 的變動量，稱為斜率（slope），如公式 14-2 所示。

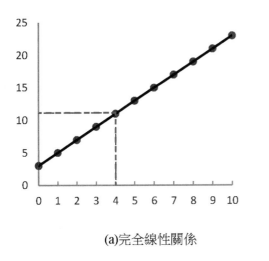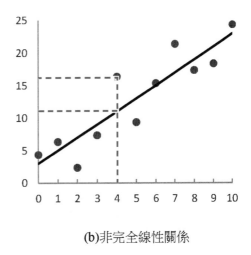

(a)完全線性關係　　　　　　　　　　(b)非完全線性關係

圖 14.1　完全與非完全線性關係圖示

$$b_1 = \frac{\Delta Y}{\Delta X} = \frac{y_2 - y_1}{x_2 - x_1} \tag{14-2}$$

　　在完全線性關係下，只要 $b_1 \neq 0$，Y 的變化可以完全被 b_0+b_1X 所反映。X 的值域空間內的任何一個數值都可以找到對 Y 的唯一對應點，亦即 IF $X=x_0$，THEN $Y=y_0$。在給定 x_0 的情況下，必然發生一個且唯一一個投射值 y_0，因此 y_0 是 x_0 預測值 $\hat{y}_0$，也是必然可以觀察到的數值 y_0，兩者相差為 0。但是如果有任何一個函數投射值與實際觀察值不相等，亦即 $y_0 - \hat{y}_0 \neq 0$，完全線性關係就不存在。例如：圖 14.1(b)，每一個配對觀察值的 X 數值所對應的實際觀察值 Y，不等於函數的投射值 $\hat{Y}$。在真實世界中，兩個連續變數之間的關係多是非完全線性關係，因此如何找出最能代表反映觀察關係的方程式，即成為迴歸分析的最主要任務。

14.2.2　迴歸模型

14.2.2.1　迴歸方程式

　　在非完全線性關係中，雖然所有配對觀察值無法連接成一直線，但只要 X 與 Y 變數的相關夠強，仍可以找到一條最能適配觀察值的線性方程式，使得每一個 X_i 對 Y 軸的投影下的 $y_i - \hat{y}_i$ 具有最小距離，亦即估計誤差最小化，此一利用誤差平方和最小化 $\min \Sigma (Y_i - \hat{Y}_i)^2$ 所獲得的最適方程式，稱為最小平方方程式（least square equation），由於此方程式為 X 對 Y 的最佳預測方程式，因此稱為最小平方迴歸線（least square regression line），此種分析稱為一般最小平方迴歸（ordinal least square regression，簡稱 OLS 迴歸），所建立的線性方程式稱為迴歸方程式或迴歸模型（regression model）。在母體中 X 與 Y 兩變數的迴歸模型如下：

$$Y_i = \beta_0 + \beta_1 X_i + \varepsilon_i \tag{14-3}$$

截距與斜率以希臘字母 β 表示，意指是母體當中的狀態。ε_i 為迴歸誤差（errors of regression），亦即圖 14.1(b) 當中預測值 $\hat{Y}$ 與觀察值 Y 的垂直距離，誤差的分配假設呈常態，$\varepsilon_i \sim N(0, \sigma_\varepsilon^2)$。

如果從樣本資料推論母體所存在的迴歸關係，迴歸方程式如公式 14-4 所示：

$$Y_i = b_0 + b_1 X_i + e_i = \hat{\beta}_0 + \hat{\beta}_1 X_i + \hat{\varepsilon}_i \tag{14-4}$$

b_0、b_1、e 分別為母體迴歸模型的截距、斜率與誤差估計值，亦即 $b_0 = \hat{\beta}_0$、$b_1 = \hat{\beta}_1$、$e = \hat{\varepsilon}$。迴歸線上的 Y 預測值（predicted value）由樣本方程式求得如下，稱為預測方程式（prediction equation）：

$$\hat{Y}_i = b_0 + b_1 X_i \tag{14-5}$$

將公式 14-4 與 14-5 相減得到公式 14-6：

$$Y_i - \hat{Y}_i = e_i \tag{14-6}$$

e 為迴歸模型的估計殘差（residuals），假設呈常態，$e \sim N(0, s_e^2)$，s_e 稱為估計標準誤（standard error of estimate）：

$$s_e = \sqrt{\frac{\Sigma(Y_i - \hat{Y}_i)^2}{N - p - 1}} = \sqrt{\frac{SS_e}{df_e}} = \sqrt{\frac{\Sigma e_i^2}{df_e}} \tag{14-7}$$

SS_e 為殘差平方和，亦即 Σe^2。自由度（df_e）為樣本數減去自變數的數目（p）減 1：$df_e = N - p - 1$。在簡單迴歸時，$p = 1$，因此 $df_e = N - 1 - 1 = N - 2$。

值得注意的是，對於兩個連續變數 X 與 Y 可建立兩個迴歸方程式：以 X 預測 Y 的方程式（regress Y on X, or $X \rightarrow Y$）（公式 14-5），以及以 Y 預測 X 的方程式（regress X on Y, or $Y \rightarrow X$）（公式 14-8）。

$$\hat{X}_i = b_0^* + b_1^* Y_i \tag{14-8}$$

換言之，同一組 X 與 Y 變數只有一個相關係數 r，但有兩個可能的斜率，三者關係如公式 14-9，因此 r^2 又稱為兩變數關係的決定係數（coefficient of determination）。

$$r^2 = b_1 \times b_1^* \tag{14-9}$$

基於函數表示的慣例，對於一組 X 與 Y 變數的線性關係，習慣上以公式 14-5 來建立方程式，亦即假設 Y 被 X 所決定，而不是 X 被 Y 決定。在經濟學將迴歸模型中被決定的變數稱為內生變數（endogenous variable），決定內生變數的變數稱為外生變數（exogenous variable）；以實驗設計的術語來說，外生變數就是自變數，內生變數就是依變數。基於抽樣原理，OLS 迴歸以 X 變數樣本統計量來解釋 Y 變數樣本統計量，因此 X 又稱為預測變數（predictor）或解釋變數（explanatory variable），Y 則為結果變數（outcome）、被解釋變數（explained variable）或應變數。這些名詞的慣用方式在不同領域有不同的偏好，本章為了維持與先前實驗設計的表述一致，將 X 稱為自變數（IV）、Y 稱為依變數（DV）。

14.2.2.2　迴歸係數的估計與意義

基於最小平方法，以 X 去解釋預測 Y（$X \rightarrow Y$）的線性方程式斜率計算式如下：

$$b_1 = \frac{Cov(X,Y)}{s_X^2} = \frac{\sum(X-\overline{X})(Y-\overline{Y})}{\sum(X-\overline{X})^2} = \frac{SP_{XY}}{SS_X} \tag{14-10}$$

從公式可知，斜率反映每單位 X 的變異當中所包含的共變量多寡。在簡單迴歸中，斜率 b_1 亦可從相關係數推導而出：

$$b_1 = r\frac{s_Y}{s_X} \tag{14-11}$$

由於迴歸線必通過兩變數平均數配對點（$\overline{X}, \overline{Y}$），因此求取截距時可以將 b_1、$\overline{X}$、$\overline{Y}$ 三者代入方程式求得：

$$b_0 = \overline{Y} - b_1\overline{X} \tag{14-12}$$

b_0 與 b_1 兩者都是帶有測量單位的統計量，數值沒有特定的範圍。截距 b_0 反映「當 X 變數為 0 時，Y 變數的預測值」，斜率 b_1 反映「X 變數每變動一個測量單位時，在 Y 變數上變動 b_1 個測量單位」，b_1 係數的正負號代表 X 變數對 Y 變數變動的影響方向，解釋方式如下：

$b_1 > 0$ ⇒ X 變數每「增加」一個單位時，在 Y 變數上「增加」多少個單位

$b_1 < 0$ ⇒ X 變數每「增加」一個單位時，在 Y 變數上「減少」多少個單位

$b_1 = 0$ ⇒ X 變數的增減在 Y 變數上「沒有」變化

14.2.2.3 標準化迴歸係數

由於 b_0 與 b_1 兩者均為帶有原始測量單位的未標準化係數（un-standardized coefficient），如果將 b_1 乘以 X 變數的標準差再除以 Y 變數的標準差，即可去除單位的影響，得到標準化迴歸係數（standardized regression coefficient），以 b_1' 表示：

$$b_1' = b_1 \frac{s_X}{s_Y} \tag{14-13}$$

b_1' 係數的性質類似相關係數，數值範圍通常介於 0 到 ±1 之間，但在一些特殊情形下，b_1' 絕對值可能大於 1。

從數學運算的觀點來看，迴歸係數的標準化是將 X 與 Y 變數轉換成 z 分數後進行迴歸分析所得到的標準化迴歸方程式（standardized regression equation）係數，標準化後的方程式截距為 0，如公式 14-14 所示。在有些軟體中（例如：SPSS），將 b_1' 稱為 beta 係數。

$$\hat{z}_Y = b_1' z_X \tag{14-14}$$

b_1' 數值大小反映 X 對 Y 影響程度的標準化單位，解釋為「X 每變動一個『標準差』時，在 Y 變數變動多少個『標準差』」，b_1' 係數的正負號亦代表 X 變數對 Y 變數變動的影響方向，解釋方式如下：

$b_1' > 0$ ⇒ X 變數每「增加」一個標準差時，在 Y 變數「增加」多少個標準差

$b_1' < 0$ ⇒ X 變數每「增加」一個標準差時，在 Y 變數「減少」多少個標準差

$b_1' = 0$ ⇒ X 變數的增減在 Y 變數上「沒有」變化

在標準化迴歸方程式中，由於 X 與 Y 變數經過了標準化再進行迴歸分析，因此任何一組 X 與 Y 變數的關係都有相同的標準化單位，對於係數的解釋不受原始測量單位的影響，因此可以相互比較強度大小。相對之下，未標準化係數除非 X 與 Y 變數測量單位相同，否則無法比較大小意義。標準化後的斜率係數具有與相關係數相類似的性質。在簡單迴歸中，由於僅有一個 IV，因此 $b_1' = r$。

14.2.3　迴歸分析範例

現在以前一章所使用的認真程度與考試成績範例資料來說明簡單迴歸分析的估計過程。表 14.1 列出了 10 名學生努力程度與考試成績的觀察數據，以及用於計算迴歸方程式的相關資訊，預測方程式的斜率與截距的計算過程如下：

$$b_1 = \frac{SP_{XY}}{SS_X} = \frac{367}{630} = r\frac{s_Y}{s_X} = .779 \times \left(\frac{6.254}{8.367}\right) = 0.583$$

$$b_0 = \overline{Y} - b_1\overline{X} = 78 - 0.583 \times 17 = 68.1$$

預測方程式如下：

$$\hat{Y} = 0.583X + 68.1$$

→ **表 14.1**　10 位學生的認真程度與考試成績數據

ID	X	Y	$X - \overline{X}$	$Y - \overline{Y}$	$(X - \overline{X})^2$	$(Y - \overline{Y})^2$	$(X - \overline{X})(Y - \overline{Y})$
1	4	66	-13	-12	169	144	156
2	27	87	10	9	100	81	90
3	18	83	1	5	1	25	5
4	7	73	-10	-5	100	25	50
5	30	84	13	6	169	36	78
6	12	82	-5	4	25	16	-20
7	18	74	1	-4	1	16	-4
8	23	79	6	1	36	1	6
9	19	76	2	-2	4	4	-4
10	12	76	-5	-2	25	4	10
總和	170	780	0	0	630	352	367
平均數	17	78			(SS_X)	(SS_Y)	(SP_{XY})
變異數	70	39.111					
標準差	8.367	6.254					

由於 $b_1 = 0.583$，亦即「上課認真程度每增加 1 分，考試成績增加 0.583 分」；$b_0 = 68.1$ 解釋為「當上課認真程度為 0 分時，考試成績為 68.1 分」。

由於 X 變數的 0 沒有實際測量值，也沒有實務上的意義，因此 b_0 的解釋意義不高。斜率（0.583）經過標準化後得到 $b_1' = 0.779$：

$$b_1' = b_1 \times \frac{s_X}{s_Y} = 0.583 \times \frac{8.367}{6.254} = 0.779$$

亦即當「上課認真程度每增加 1 個標準差，考試成績增加 .779 個標準差」，標準化迴歸方程式如下，其中 0.779 即等於 X 與 Y 的相關係數 $r = b_1' = 0.779$：

$$\hat{z}_Y = 0.779 z_X$$

 14.3　迴歸模型評估

14.3.1　迴歸解釋力（R^2）

最常用來評估迴歸模型優劣（解釋力）的統計量是 R^2（R square），其原理類似於 ANOVA 中的變異拆解。係將 Y 變數的總變異 SS_t 拆解成迴歸變異 SS_{reg}（迴歸離均差平方和）與殘差變異 SS_e（殘差平方和）兩部分，其中 SS_{reg} 占 SS_t 的比例即為 R^2。各項離均差平方和如公式 14-15 至 14-17 所示（觀察值次序的下標 i 省略）。

$$SS_t = \Sigma(Y - \overline{Y})^2 \tag{14-15}$$

$$SS_{reg} = \Sigma(\hat{Y} - \overline{Y})^2 \tag{14-16}$$

$$SS_e = \Sigma(Y - \hat{Y})^2 \tag{14-17}$$

由於個別觀察值的總離均差 $(Y - \overline{Y})$ 等於迴歸效果 $(\hat{Y} - \overline{Y})$ 加上殘差 $(Y - \hat{Y})$，如圖 14.2 所示，因此 SS_t、SS_{reg} 與 SS_e 三者也具有加成關係：

$$SS_t = \Sigma(Y - \overline{Y})^2 = \Sigma(\hat{Y} - \overline{Y})^2 + \Sigma(Y - \hat{Y})^2 = SS_{reg} + SS_e \tag{14-18}$$

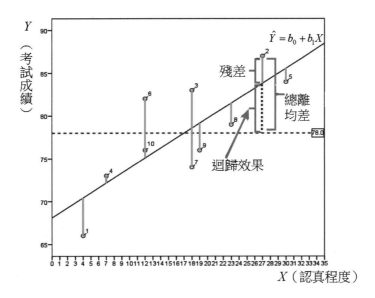

圖 14.2　迴歸分析各離均差概念圖示（以ID＝2為例）

將公式 14-18 同除以 SS_t 後得到公式 14-19，R^2 的定義如公式 14-20 所示。

$$1 = \frac{SS_{reg}}{SS_t} + \frac{SS_e}{SS_t} = \frac{\sum(\hat{Y}-\overline{Y})^2}{\sum(Y-\overline{Y})^2} + \frac{\sum(Y-\hat{Y})^2}{\sum(Y-\overline{Y})^2}$$

(14-19)

$$R^2 = 1 - \frac{SS_e}{SS_t} = \frac{SS_{reg}}{SS_t}$$

(14-20)

公式 14-20 的 R^2 反映 DV 的變異被 IV 解釋的比例，因此 R^2 又稱為解釋變異（explained variance）。當 $R^2=0$ 表示自變數 X 對依變數 Y 完全沒有解釋力，解釋變異為 0；當 $R^2=1$ 時表示 IV 能夠 100% 完全解釋 DV 的變異，解釋力最大。R^2 的意義如圖 14.3 所示。值得注意的是，不論變數性質、個數或測量單位相同或不同時，迴歸分析的模型解釋力都可以 R^2 來比較，亦即任何一個迴歸模型其 R^2 越大，DV 變異被 IV 解釋的比例越大，模型解釋力越強。

將 R^2 開方後可得 R，稱為多元相關（multiple correlation），為依變數觀察值 Y 與預測值 $\hat{Y}$ 的相關係數，如公式 14-21 所示。

$$R = \rho_{Y\hat{Y}}$$

(14-21)

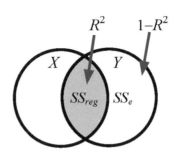

圖 14.3　以文氏圖解釋R^2的意義圖示

　　以表 14.2 所列出的範例數據可知，殘差變異量為 138.208，迴歸解釋變異量為 213.792，而 $SS_t = 352$，計算出 $R^2 = .607$。亦即 Y 的變異中有 60.7% 可被 X 變數解釋，解釋力非常高，標準誤 $s_e = 4.156$，可作為模型殘差大小的評估之用。若將 R^2 開根號得到多元相關 $R = .779$，此為 Y 與 $\hat{Y}$ 的相關，恰等於 r_{XY}。亦即 $R = r = b_1'$。

$$R^2 = \frac{SS_{reg}}{SS_t} = 1 - \frac{SS_e}{SS_t} = 1 - \frac{138.208}{352} = \frac{213.792}{352} = .607$$

$$s_e = \sqrt{\frac{SS_e}{df_e}} = \sqrt{\frac{\Sigma e_i^2}{df_e}} = \sqrt{\frac{138.208}{8}} = 4.156$$

→表 14.2　認真程度與考試成績迴歸分析結果

ID	X	Y	$\hat{Y}$	e	e^2	e'
1	4	66	70.427	-4.427	19.598	-1.130
2	27	87	83.825	3.175	10.081	0.810
3	18	83	78.583	4.417	19.510	1.127
4	7	73	72.175	0.825	0.681	0.211
5	30	84	85.573	-1.573	2.474	-0.401
6	12	82	75.087	6.913	47.790	1.764
7	18	74	78.583	-4.583	21.004	-1.169
8	23	79	81.495	-2.495	6.225	-0.637
9	19	76	79.165	-3.165	10.017	-0.808
10	12	76	75.087	0.913	0.834	0.233
總和	170	780	780	0	138.208	0
平均數	17	78	78	0		0
標準差	8.367	6.254	4.874	3.919		1

14.3.2　殘差分析與標準化殘差

R^2 除了反映迴歸模型可以解釋 DV 變異的比例，同時也是迴歸模型無法解釋的殘差之外的部分，各觀察值的殘差大小是決定模型解釋力的主要因素，換言之，對於迴歸模型解釋力的檢視，也可以從殘差分析來進行。

由表 14.2 的資訊可知，經過迴歸估計的結果，殘差絕對值最大者（6.913）為 ID=6 的學生，亦即圖 14.2 當中距離迴歸線垂直距離最遠的觀察值。殘差絕對值最小者（0.825) 為 ID=4 的學生，在圖 14.2 上是距離迴歸線垂直距離最近的觀察值。換言之，當以迴歸方程式去預測 ID=6 的依變數得分有最大的預測誤差，對 ID=4 則有最小的預測誤差。

殘差數值大小雖然可以用來比較，但因為殘差數值範圍並沒有一定的規律，殘差的絕對值大小並沒有太大的解釋意義。如果將殘差進行標準化，得到標準化殘差（standardized residuals; e'），除了可以檢視何者殘差特別明顯，也可利用 z 檢定原理來檢視殘差的統計顯著性。標準化殘差的計算公式如下：

$$e'_i = \frac{Y_i - \hat{Y}_i}{SD_e} = \frac{Y_i - \hat{Y}_i}{\sqrt{\dfrac{SS_e}{N-1}}} \tag{14-22}$$

標準化殘差 e' 由殘差除以殘差的標準差（SD_e）來獲得。e' 沒有特定測量單位，服從標準化常態分配，$e' \sim N(0,1)$。

e' 的解釋與檢定方式與常態化標準分數 z 值相同，在誤差分配服從常態的假設成立的前提下，e' 在 ± 1.96 內的機率應為 .95，在 ± 2.58 內的機率應為 .99，超過這些臨界值的標準化殘差可視為模型中的離群值。相對的，未標準化殘差則帶有與 Y 變數一樣的測量單位，解釋方式與 Y 變數相同。

從表 14.2 可得知殘差的標準差 SD_e=3.919，可用於計算標準化殘差 e'。值得注意的是，殘差的標準差 SD_e 並非估計標準誤 s_e，兩者的性質雖然相似，但 SD_e 的自由為 $N-1$，s_e 的自由度為 $N-p-1$，所計算得出的數值不同。

表 14.2 的範例資料中，標準化殘差最大值為 1.764（ID=6），沒有超過 ± 1.96 絕對值，亦即未達 .05 顯著水準，顯示迴歸分析的結果並不存在特別不尋常的殘差。

$$e'_{ID=6} = \frac{82 - 75.087}{\sqrt{\dfrac{138.208}{10-1}}} = \frac{6.913}{3.919} = 1.764$$

14.4 迴歸分析的假設檢定

14.4.1 迴歸模型的顯著性考驗

前面已經說明了迴歸模型的變異拆解原理，其中誤差平方和 SS_e 除以自由度即得到估計變異誤（MSE），亦即 $s_e^2 = MSE = SS_e/df_e$，可用來估計母體變異誤 $\hat{\sigma}_e^2$。迴歸效果變異數估計數 $\hat{\sigma}_{reg}^2$ 則由迴歸均方（MS_{reg}）估計。兩個變異數的比值可以 F 檢定進行顯著性考驗。此時 H_0 為「迴歸可解釋變異量為 0」，亦即 $H_0: \rho^2=0$。如果無法推翻 H_0，則 R^2 即使再高，也沒有統計上的意義。F 檢定量如公式 14-23 所示，摘要表列於表 14.3。

$$F_{obt(df_{reg}, df_e)} = \frac{\hat{\sigma}_{reg}^2}{\hat{\sigma}_e^2} = \frac{MS_{reg}}{MS_e} = \frac{SS_{reg}/df_{reg}}{SS_e/df_e} = \frac{SS_{reg}/p}{SS_e/(N-p-1)} \quad (14\text{-}23)$$

→表 14.3　迴歸模型的變異數分析摘要表

變源	SS	df	MS	F
迴歸效果	SS_{reg}	p	SS_{reg}/df_{reg}	MS_{reg}/MS_e
誤差	SS_e	$N-p-1$	SS_e/df_e	
全　體	SS_t	$N-1$	SS_t/df_t	

以表 14.1 範例資料得到的迴歸模型解釋力檢定結果為 $F_{(1,8)} = 12.375$，尾機率 $p = .0079$，由於 $p<.01$，顯示迴歸模型的 R^2 達到 .01 的顯著水準，因此拒絕 H_0、接受 H_1，表示迴歸模型的解釋力 R^2 顯著不為 0，具有統計意義。F 檢定摘要表如表 14.4 所示。

$$F_{obt} = \frac{213.792/1}{138.208/8} = \frac{213.792}{17.276} = 12.375$$

→表 14.4　範例資料的迴歸效果顯著性檢定摘要表

變源	SS	df	MS	F	p	F_{cv}
迴歸效果	213.792	1	213.792	12.375	.0079	5.318
誤差	138.208	8	17.276			
全　體	352	9	39.111			

註：F 值的尾機率可由 EXCEL 函數 F.DIST.RT(12.375,1,8) 求得，臨界值 $F_{.05(1,8)}$ 可由附錄 D 查表或以函數 F.INV.RT(.05,1,8) 查得。

14.4.2　迴歸係數的顯著性考驗與區間估計

迴歸係數的統計意義（係數是否為 0）可經過 t 檢定來檢驗，$H_0 : \beta = 0$。由於迴歸方程式的斜率係數是作為估計自變數對依變數的影響力之用，因此其標準誤也從估計誤差來推估。t 檢定公式如 14-24 所示，其中 s_b 為迴歸係數標準誤，反映迴歸係數 b 的隨機變動情形，自由度 $df = N-p-1$。

$$t_{obt(df=n-p-1)} = \frac{b}{s_b} = \frac{b}{\sqrt{\dfrac{s_e^2}{SS_X}}} \tag{14-24}$$

值得注意的是，迴歸係數 b 的顯著性考驗必須在 R^2 的 F 檢定之後進行，因為 R^2 的 F 檢定可以說是整個迴歸模型效果的整體檢定，至於迴歸係數的顯著性檢定則是模型解釋力具有統計意義下的事後檢定。如果 R^2 的效果不顯著，則後續針對迴歸係數的統計檢定則無須進行。在多個自變數的多元迴歸，整體與事後檢定的區別會更為明顯。現以範例數據來說明，斜率顯著性檢定結果如下：

$$t_{obt(8)} = \frac{b}{s_b} = \frac{b}{\sqrt{\dfrac{s_e^2}{SS_x}}} = \frac{0.583}{\sqrt{\dfrac{4.156^2}{630}}} = \frac{0.583}{0.166} = 3.518$$

以 EXCEL 函數 T.DIST.2T(3.518,8) 求得雙尾尾機率 $p=.0079$，由於尾機率 $p<.05$，表示斜率具有統計意義。（值得注意的是，此一尾機率與 F 檢定的尾機率相同，表示簡單迴歸下對於迴歸模型的檢定與斜率係數的檢定所檢定的內容相同，兩者具有相同的統計意義）。

同樣基於抽樣原理，對於迴歸係數 b 可進行區間估計，利用迴歸模型的迴歸係數標準誤 s_b，可用以推估母體迴歸係數出現的範圍。公式如下：

$$(1-\alpha)CI : b \pm t_{(\alpha/2,df)} s_b \tag{14-25}$$

以表 14.1 的範例數據來看，若令 $\alpha=.05$，$df_e = N-p-1 = 10-1-1 = 8$，臨界 $95\%CI$ 上下界為 $t_{(.025,8)}=\pm 2.306$，因此 b 係數的 95% 信賴區間為：

$$95\%CI : 0.583 \pm 2.306 \times .166 = 0.583 \pm 0.383 = [0.200, 0.966]$$

由於 b 係數的 95%CI 並未涵蓋 0，因此可以得知 b 係數具有顯著不等於 0 的統計性質，此一結果與先前使用 t 檢定來檢驗 b 係數的統計顯著性結果相同。

範例 14.1　NBA 球員的體格

下表是美國職籃（NBA）湖人隊 14 名球員的基本資料，如果身高與體重的相關係數 r=.922，請建立以身高去預測體重的迴歸模型，並說明何者殘差最特殊。

編號	1	2	3	4	5	6	7	8	9	10	11	12	13	14	M	SD	Var	SS
年齡	26	34	29	28	27	26	34	32	24	30	35	27	34	32	29.86	3.634	13.209	171.7
身高(X)	185	185	190	190	196	196	198	198	203	203	206	208	208	213	198.5	8.812	77.654	1009.5
體重(Y)	80	81	82	95	93	84	108	98	100	111	111	115	120	122	100	14.765	218	2834

解答：

1. 繪製散布圖，並標示 X 與 Y 的平均數作為參考。

2. 估計線性方程式

$$b_1 = \frac{SP_{XY}}{SS_X} = \frac{1560}{1009.5}$$

$$= r \frac{s_Y}{s_X} = .922 \times \left(\frac{14.765}{8.812}\right) = 1.545$$

$$b_0 = \overline{Y} - b_1 \overline{X} = 100 - 1.545 \times 198.5 = -206.746$$

$$\hat{Y} = 1.545X - 206.746$$

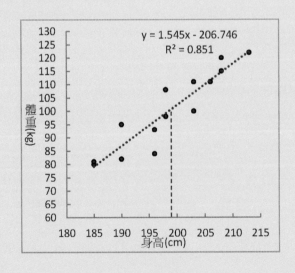

3. 計算 s_e 與 R^2

先將每一個 X 代入方程式得到預測值 $\hat{Y}$，將 Y 減去 $\hat{Y}$ 得到殘差，結果如表 14.5。

$$s_e = \sqrt{\frac{SS_e}{df_e}} = \sqrt{\frac{\sum(Y-\hat{Y})^2}{N-p-1}} = \sqrt{\frac{423.302}{14-1-1}} = 5.939$$

$$R^2 = \frac{SS_{reg}}{SS_t} = 1 - \frac{SS_e}{SS_t} = 1 - \frac{423.302}{2834} = \frac{2410.698}{2834} = .851$$

$R^2 = .851$ 表示體重變異有 85.1% 可被身高解釋。

4. 進行迴歸模型的顯著性檢定

$$F_{obt} = \frac{SS_{reg}/df_{reg}}{SS_e/df_e}$$

$$= \frac{2410.698/1}{423.302/12} = \frac{2410.698}{35.275} = 68.34$$

F.DIST.RT(68.34,1,12) 求得 $p = 2.68 \times 10^{-6}$。

$p < .001$，表示模型解釋力具有統計意義。

迴歸模型變異數分析摘要表如表 14.5。

→表 14.5　NBA範例的迴歸效果顯著性檢定摘要表

變源	SS	df	MS	F	p
迴歸	2410.698	1	2410.698	68.34	<.001
誤差	423.302	12	35.275		
全　體	2834	13	218		

5. 進行斜率的顯著性檢定與 95%CI

$$t_{obt(12)} = \frac{b}{s_b} = \frac{b}{\sqrt{\dfrac{s_e^2}{SS_x}}} = \frac{1.545}{\sqrt{\dfrac{5.939^2}{1009.5}}} = \frac{1.545}{0.187} = 8.267$$

T.DIST.2T(8.267,12) 求得 $p=2.68 \times 10^{-6}$。$p<.001$，表示斜率係數具有統計意義。

令 $\alpha=.05$，$df_e=12$，$t_{(.025,12)}=\pm 2.179$，斜率的 95% 信賴區間：

$$95\%CI : 1.545 \pm 2.179 \times 0.187 = 1.545 \pm 0.407 = [1.138,1.953]$$

斜率 95%CI 並未涵蓋 0，表示斜率係數顯著不等於 0

6. 殘差分析

殘差（絕對值）最大者：No=6, $e=84-96.137=-12.137$

標準化殘差最大者：No=6, $e'=\dfrac{Y_i-\hat{Y}_i}{SD_e}=\dfrac{84-96.137}{\sqrt{423.302/13}}=\dfrac{84-96.137}{5.706}=-2.127$

$e'=z=-2.127$ 絕對值大於 1.96，達 $\alpha=.05$ 顯著水準，表示 No.6 球員的體重不尋常低於迴歸趨勢。

→表 14.6　NBA範例迴歸分析結果

No	X	Y	$\hat{Y}$	e	e'
1	185	80	79.138	0.862	0.151
2	185	81	79.138	1.862	0.326
3	190	82	86.865	-4.865	-0.853
4	190	95	86.865	8.135	1.426
5	196	93	96.137	-3.137	-0.550
6	196	84	96.137	-12.137	-2.127
7	198	108	99.227	8.773	1.537
8	198	98	99.227	-1.227	-0.215
9	203	100	106.954	-6.954	-1.219
10	203	111	106.954	4.046	0.709
11	206	111	111.590	-0.590	-0.103
12	208	115	114.681	0.319	0.056
13	208	120	114.681	5.319	0.932
14	213	122	122.407	-0.407	-0.071
M	198.50	100	100	0	0
SD	8.812	14.765	13.618	5.706	1
Var	77.654	218	185.438	32.562	1

7. 以 EXCEL 分析得到的結果報表

摘要輸出

迴歸統計	
R 的倍數	0.922
R 平方	0.851
調整的 R 平方	0.838
標準誤	5.939
觀察值個數	14

ANOVA

	自由度	SS	MS	F	顯著值
迴歸	1	2410.698	2410.698	68.340	2.683E-06
殘差	12	423.302	35.275		
總和	13	2834	218.000		

	係數	標準誤	t 統計	P-值	下限 95%	上限 95%
截距	-206.746	37.140	-5.567	0.000	-287.666	-125.825
X	1.545	0.187	8.267	0.000	1.138	1.953

14.5　類別自變數的迴歸分析

　　線性關係是迴歸分析重要的基本假設，因此迴歸模型中的自變數必須是連續變數，類別變數基本上並不適於線性迴歸分析。但是類別變數經常是重要的研究變數，例如：性別、職業別、婚姻型態等；此外，在實驗研究中，通常會將受測者區分為實驗組與對照組，此時組別效果亦屬類別自變數。為了使類別變數也能夠進行迴歸分析，或是與其他連續變數一起納入迴歸模式進行預測，必須以虛擬化方式，將類別自變數轉換成虛擬變數（dummy variable），然後進行迴歸分析，稱為虛擬變數迴歸（dummy variable regression）（Hardy, 1993）或簡稱虛擬迴歸。

14.5.1　自變數的虛擬化程序

14.5.1.1　二分自變數的虛擬化

　　最簡單的虛擬迴歸是二分類別變數（$k=2$）的迴歸分析。若將二分類別變數編碼成 {0,1} 的二分變數（D）作為 IV，放入簡單迴歸方程式來解釋 Y 變數的變異，即為簡單虛擬迴歸。以性別為例，虛擬化程序如下：

$D=0$ 女性
$D=1$ 男性

此時 D 可稱為「男性」變數，因為 $D=1$ 為男性，$D=0$ 為非男性（即為女性），因此編碼為 0 者又稱為參照組（reference group）。以 D 作為 IV 所建立的簡單迴歸方程式如下：

$$\hat{Y} = b_0 + b_1 D \tag{14-26}$$

此一模型的斜率 b_1 反映 $D=1$（男性）較 $D=0$（女性）在 Y 所增加的量，截距就是 $D=0$（女性）時的 Y 平均值。

14.5.1.2　多組自變數的虛擬化

如果類別變數的組數超過 2（$k>2$），可將其虛擬化成 k 個編碼為 $\{0,1\}$ 的二分虛擬變數來反映 IV 的狀態，然後選擇 $k-1$ 個虛擬變數進行迴歸分析。迴歸方程式如下：

$$\hat{Y} = b_0 + b_1 D_1 + b_2 D_2 + ... + b_{k-1} D_{k-1} \tag{14-27}$$

例如：帶有文、理、法、商四個學院的「學院別」進行虛擬編碼，可得到 D_1、D_2、D_3、D_4 四個編碼為 $\{0,1\}$ 的虛擬變數：

$D_1=0$ 非文學院　　$D_2=0$ 非理學院　　$D_3=0$ 非法學院　　$D_4=0$ 非商學院

$D_1=1$ 文學院　　　$D_2=1$ 理學院　　　$D_3=1$ 法學院　　　$D_4=1$ 商學院

若取其中三個虛擬變數資料進行最小平方迴歸分析，即可建立虛擬迴歸方程式，至於沒有被選到的虛擬變數則作為參照組。例如：當選擇 D_1、D_2、D_3 三個虛擬變數進行迴歸時，參照組就是 D_4 商學院，截距就是商學院組的 DV 平均值（當 $D_1=0$、$D_2=0$、$D_3=0$ 代入方程式得到的 DV 預測值）。

由於方程式 14-27 中有多個 IV，因此其形式已經不是簡單迴歸而是多元迴歸，需要利用下一章所介紹的多元迴歸來進行迴歸係數的估計與檢定。因此以下我們僅針對簡單的二分類別變數的虛擬迴歸進行示範說明。

14.5.2　二分自變數的虛擬迴歸

為了說明虛擬迴歸的分析程序，我們以前一章曾介紹的「補習與否」與「考試成績」數據來進行示範。在相關分析中，二分類別變數與連續變數可利用點二系列相關來描述兩者的相關強度，同樣的，我們也可以將這兩者進行虛擬迴歸分析，示

範數據列於表 14.7，描述統計資料列於表 14.8，散布圖與迴歸線繪於圖 14.4。若以「考試成績」為依變數 Y，自變數「補習與否」編碼為 {0,1} 的二分變數（D）：

D=0 無補習

D=1 有補習

斜率與截距的計算原理與簡單迴歸相同，係數如下：

$$b_1 = \frac{SP_{YD}}{SS_D} = \frac{18}{2.4} = 7.5$$

$$b_0 = \overline{Y} - b_1\overline{D} = 78 - 7.5 \times 0.4 = 75$$

→表 14.7　10位學生的學習狀況與虛擬迴歸結果

ID	補習與否 D	考試成績 Y	迴歸結果 $\hat{Y}$	e	e^2	e'
1	0	66	75	-9	81	-1.833
2	1	87	82.5	4.5	20.25	0.916
3	1	83	82.5	0.5	0.25	0.102
4	0	73	75	-2	4	-0.407
5	1	84	82.5	1.5	2.25	0.305
6	0	82	75	7	49	1.426
7	0	74	75	-1	1	-0.204
8	0	79	75	4	16	0.815
9	1	76	82.5	-6.5	42.25	-1.324
10	0	76	75	1	1	0.204
合計	4	780	780	0	217	0
平均數	0.4	78	78	0		0
標準差	0.516	6.254	3.873	4.91		1
SS	2.4	352	135	217		9

→表 14.8　10位學生學習狀況的相關統計量

變數	描述統計 平均數	標準差	SS與SP D	Y	共變數與變異數 D	Y	相關係數 D	Y
D補習與否	0.4	0.516	2.4		0.267		1	
Y考試成績	78.0	6.254	18.0	352	2.000	39.111	.619	1

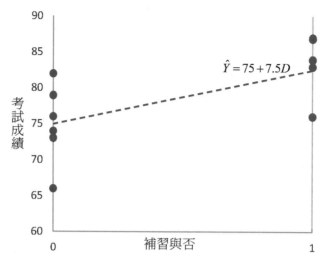

圖 14.4　補習與否與考試成績的簡單迴歸圖示

得到迴歸方程式如下：

$$\hat{Y} = 75 + 7.5D$$

在虛擬迴歸中，由於 IV 為二分變數，因此截距與斜率參數的解釋必須針對自變數的編碼型態來加以說明：

b_0=75　當 D=0（無補習）時的 Y（考試成績）預測值為 75 分

b_1=7.5　當 D 增加一個單位（由無補習到有補習），Y（考試成績）增加 7.5 分

虛擬變數迴歸的截距即等於 $D=0$ 的平均值，代入 $D=0$，得到 $\hat{Y} = \overline{Y}_{D=0}$ = 75。斜率則是二分自變數的兩組平均數差異，因此 $\overline{Y}_{D=1} = b_0 + b_1 \times 1 = 75 + 7.5 = 82.5$。

由表 14.9 可知 DV 的變異量 SS_t=352、殘差平方和 SS_e=217，可計算 R^2=.384 與 F 檢定值 4.977：

$$R^2 = \frac{SS_{reg}}{SS_t} = 1 - \frac{SS_e}{SS_t} = 1 - \frac{217}{352} = \frac{135}{352} = .384$$

$$F_{obt(1,8)} = \frac{135/1}{217/8} = \frac{135}{27.125} = 4.977$$

迴歸模型解釋力檢定結果為 $F_{(1,8)}$=4.977，p=.056，由於 p>.05，表示 R^2 未達 .05 顯著水準，表示虛擬迴歸模型的解釋力並未具有統計意義。摘要表如表 14.9 所示。斜率 $b_{Y.D1}$ 的統計意義也可利用 t 檢定來檢驗，公式相同，檢定結果如下：

→**表 14.9**　範例資料的迴歸效果顯著性檢定摘要表

變異	SS	df	MS	F	p
迴歸	135	1	135	4.977	.056
誤差	217	8	27.125		
全　體	352	9	39.111		

$$t_{(8)} = \frac{b_1}{s_{b_1}} = \frac{b_1}{\sqrt{\dfrac{s_e^2}{SS_D}}} = \frac{7.5}{\sqrt{\dfrac{5.208^2}{2.4}}} = \frac{7.5}{3.362} = 2.231$$

範例 14.2　NBA 球員的體格

下表是美國職籃（NBA）湖人隊 14 名球員的基本資料，其中類型變數是指 1: 得分型球員（大小前鋒、得分後衛），0: 防守型球員（控球後衛與中鋒），如果類型與體重的點二系列相關 r_{pb}=.157，請建立以類型去預測體重的迴歸模型，並説明何者殘差最特殊。

編號	1	2	3	4	5	6	7	8	9	10	11	12	13	14	M	SD	Var	SS
類型(D)	0	0	0	1	1	1	1	1	1	1	1	1	0	0	0.643	0.497	0.247	3.214
體重(Y)	80	81	82	95	93	84	108	98	100	111	111	115	120	122	100	14.765	218	2834

解答：

1. 進行類別變數虛擬化：將得分球員編碼為 1、防衛型球員編碼為 0

2. 繪製散布圖，檢視資料的狀態

估計線性方程式

$$b_1 = \frac{SP_{DY}}{SS_D} = \frac{15}{3.214}$$

$$= r\frac{s_Y}{s_D} = .157 \times \left(\frac{14.765}{0.497}\right) = 4.667$$

$$b_0 = \bar{Y} - b_1 D = 100 - 4.667 \times 0.643 = 100 - 3 = 97$$

$$\hat{Y} = 97 + 4.667D$$

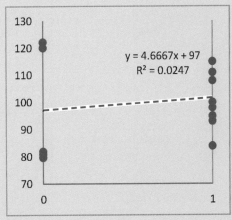

3. 計算 s_e 與 R^2

將每一個 D 代入方程式得到預測值，將 Y 減去 $\hat{Y}$ 得到殘差，結果如表 14.10。

$$s_e = \sqrt{\frac{SS_e}{df_e}} = \sqrt{\frac{\sum(Y-\hat{Y})^2}{N-p-1}} = \sqrt{\frac{2764}{14-1-1}} = 15.177$$

$$R^2 = \frac{SS_{reg}}{SS_t} = 1 - \frac{SS_e}{SS_t} = 1 - \frac{2764}{2834} = \frac{70}{2834} = .025$$

$R^2=.025$ 表示體重變異有 2.5% 可被球員類型解釋。

4. 進行迴歸模型的顯著性檢定

$$F_{obt} = \frac{SS_{reg}/df_{reg}}{SS_e/df_e} = \frac{70/1}{2764/12} = \frac{70}{230.33} = 0.3039$$

F.DIST.RT(0.304,1,12) 求得 $p=.592$，

表示模型解釋力沒有統計意義。

迴歸模型變異數分析摘要表如表 14.11。

→表 14.10　NBA範例虛擬迴歸分析結果

No	D	Y	Yhat	e	e'
1	0	80	97	-17	-1.166
2	0	81	97	-16	-1.097
3	0	82	97	-15	-1.029
4	1	95	101.667	-6.667	-0.457
5	1	93	101.667	-8.667	-0.594
6	1	84	101.667	-17.667	-1.212
7	1	108	101.667	6.333	0.434
8	1	98	101.667	-3.667	-0.251
9	1	100	101.667	-1.667	-0.114
10	1	111	101.667	9.333	0.640
11	1	111	101.667	9.333	0.640
12	1	115	101.667	13.333	0.914
13	0	120	97	23	1.577
14	0	122	97	25	1.715
M	0.643	100	100	0	0
SD	0.497	14.765	2.32	14.581	1
Var	0.247	218	5.384615	212.615	1

→表 14.11　NBA範例的虛擬迴歸效果顯著性檢定摘要表

變異	SS	df	MS	F	p
迴歸	70	1	70	0.3039	.592
誤差	2764	12	230.33		
全體	2834	13			

5. 進行斜率的顯著性檢定與 95%CI

$$t_{obt(12)} = \frac{b}{s_b} = \frac{b}{\sqrt{\frac{s_e^2}{SS_x}}} = \frac{4.667}{\sqrt{\frac{15.177^2}{3.214}}} = \frac{4.667}{8.465} = 0.551, p = .592$$

T.DIST.2T(0.551,12) 求得 p=.592，表示斜率係數不具統計意義。

令 α=.05，df_e=12，$t_{(.025,12)}$=±2.179，斜率的 95% 信賴區間：

95%CI：4.667±2.179×8.465 = [−13.777,23.111]

斜率 95%CI 涵蓋 0，表示斜率係數沒有顯著不等於 0

6. 殘差分析

殘差（絕對值）最大者：No=14, e=122−97=25

殘差（絕對值）最小者：No=9, e=100−101.667=−1.667

標準化殘差最大者：No=14, $e' = \dfrac{Y_i - \hat{Y}_i}{SD_e} = \dfrac{122-97}{\sqrt{2764/13}} = \dfrac{25}{14.581} = 1.715 < 1.96$，

未達 α=.05 顯著水準，表示 No.14 球員的體重殘差並沒有不同於 0

7. 以 EXCEL 分析得到的結果報表

摘要輸出

迴歸統計	
R 的倍數	0.15716
R 平方	0.0247
調整的 R 平方	-0.0566
標準誤	15.1767
觀察值個數	14

ANOVA

	自由度	SS	MS	F	顯著值
迴歸	1	70	70	0.3039	0.5916
殘差	12	2764	230.33		
總和	13	2834			

	係數	標準誤	t 統計	P-值	下限 95%	上限 95%
截距	97	6.787	14.292	0.000	82.212	111.788
Type	4.667	8.465	0.551	0.592	-13.777	23.111

14.6　迴歸分析的基本假設

1. 固定自變數假設（fixed variable）

在迴歸分析中，自變數是研究者在進行研究之初，依照文獻或理論所挑選出來能夠解釋依變數的主要變數，藉由實驗或調查得到觀察數據，建立迴歸方程式，由於 IV 用來解釋 DV，性質類似於實驗研究的實驗處理與操弄，IV 的數據被視為已知或固定的數值，藉以觀察 DV 的變化，無須受到統計分配的限制。如果一個研究可以被重複驗證，IV 的特定數值應可以被重複獲得，也因此得到相同的迴歸模型。

2. 線性關係假設（linear relationship）

由於迴歸分析是基於相關為基礎的延伸應用，因此必須建立在變數之間具有線性關係的假設之上。非線性的變數關係，需將數據進行數學轉換才能視同線性關係來進行迴歸分析，或是改用多項式方程式等非線性模型來處理。若為類別自變數，則需以虛擬變數的方式，將單一的類別自變數依各水準分成多個二分自變數，以視同連續變數的形式來進行。

3. 常態性假設（normality）

在迴歸分析的一個重要假設，是誤差需呈常態。也就是說，預測值 $\hat{Y}$ 與實際 Y 之間的誤差應呈隨機常態分配，$\varepsilon \sim N(0,\ \sigma_\varepsilon^2)$，稱為誤差常態假設。對於方程式 $Y_i = \beta_0 + \beta_1 X_i + \varepsilon_i$，各項均非隨機變數，僅有誤差 ε 為常態化隨機變數，故 Y 也應呈常態分配。

4. 誤差獨立性假設（independence）

誤差項除了應呈隨機化的常態分配，不同的 X 所產生的誤差之間應相互獨立無相關，誤差也需與 IV 獨立，稱為誤差獨立假設。在集群抽樣所得到的同一個集群的 DV 觀察值可能具有高度組內同質性，減損迴歸模型的檢定力，稱為設計效果（design effect）。或是在時間序列資料中的 DV 觀察值具有時間相依特性，迴歸分析得到的誤差項可能存在前後期的自我相關，造成標準誤偏誤而降低統計檢定力。設計效果或殘差自我相關現象都是誤差不獨立所衍生的問題。

5. 誤差等分散性假設（homoscedasticity）

基於誤差獨立與常態假設，特定 X 數值下的估計殘差除了應呈隨機常態分配，且其變異量應相等，稱為誤差等分散性，如圖 14.5(a)，亦即獨立同分布假設（independent and identically distributed; i.i.d. 假設）。不相等的誤差變異量（即誤

差異分散性，heteroscedasticity），如圖 14.5(b)，反映出不同水準的 X 與 Y 的關係不同，不應以單一的迴歸方程式去預測 Y，當研究數據具有極端值存在時，或非線性關係存在時，誤差變異數歧異性的問題就容易出現。違反假設時，對於參數的估計檢定力也就不足。

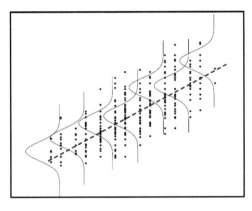
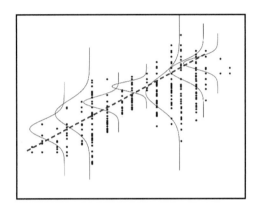

(a)誤差具等分散性　　　　　　　　(b)誤差具異分散性

圖 14.5　誤差等分散性與誤差變異歧異性圖示

EXCEL 電腦小精靈

如何使用 EXCEL 來執行簡單迴歸

■建立資料檔案

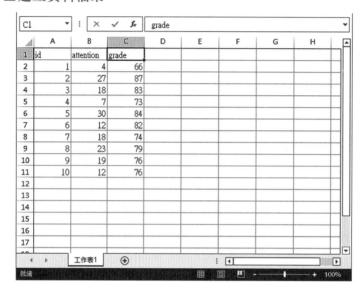

■打開資料分析對話框，選擇「迴歸」

■決定分析內容與條件

1. 選擇Y範圍：利用滑鼠框選包含依變數名稱與資料的欄位
2. 選擇X範圍：利用滑鼠框選包含自變數名稱與資料的欄位
3. 選擇標記：因為選擇X與Y變數時第一列為變數名稱，因此必須勾選
4. 選擇殘差：勾選殘差可獲得每一個觀察值的殘差資料與圖示

■得出結果

摘要輸出					
迴歸統計					
R 的倍數	0.779335				
R 平方	0.607364				
調整的 R	0.558284				
標準誤	4.15644				
觀察值個	10				

ANOVA					
	自由度	SS	MS	F	顯著值
迴歸	1	213.7921	213.7921	12.3751	0.007871
殘差	8	138.2079	17.27599		
總和	9	352			

	係數	標準誤	t 統計	P-值	下限 95%	上限 95%	下限 95.0%	上限 95.0%
截距	68.09683	3.106866	21.91817	1.98E-08	60.93238	75.26127	60.93238	75.26127
attention	0.58254	0.165597	3.517825	0.007871	0.200673	0.964406	0.200673	0.964406

殘差輸出			
觀察值	預測為 grad	殘差	標準化殘差
1	70.42698	-4.42698	-1.1297
2	83.8254	3.174603	0.81011
3	78.58254	4.41746	1.127269
4	72.1746	0.825397	0.210629
5	85.57302	-1.57302	-0.40141
6	75.0873	6.912698	1.764015
7	78.58254	-4.58254	-1.16939
8	81.49524	-2.49524	-0.63675
9	79.16508	-3.16508	-0.80768
10	75.0873	0.912698	0.232907

　　由報表可知，簡單迴歸方程式如下：

$$\hat{Y} = b_0 + b_1 X = 68.10 + 0.58X$$

　　模型解釋力 $R^2 = .607$，解釋力的顯著性檢定 $F_{(1,8)} = 12.375$，$p<.001$，自變數迴歸係數 b 的 t 檢定為 3.518，達 .05 的顯著水準。每一個觀察值的依變數預測值與殘差也都列於表格中。讀者可自行比對這些結果在書中的解釋與說明。

本章重要概念

簡單迴歸 simple regression

最小平方方程式 least square equation

最小平方迴歸線 least square regression line

一般最小平方迴歸 ordinal least square regression

未標準化係數 un-standardized coefficient

標準化迴歸係數 standardized regression coefficient

估計標準誤 standard error of estimate

殘差 residual

標準化殘差 standardized residual

R 平方 R^2

虛擬變數 dummy variable

虛擬變數迴歸 dummy variable regression

誤差變異歧異性 heteroscedasticity

獨立同分布假設 independent and identically distributed; i.i.d.

課後習作

一、管院盃新生辯論比賽的結果備受管理學界師生關注，尤其是經驗因素與個人成績的好壞具有明顯的關聯，因此明年如果要選派選手時，可能會參酌辯手的經驗因素來選拔新生。以下是本年度選手的辯手經驗（年）與個人成績資料，並以迴歸分析得到個人成績預測 ($\hat{Y}$)。請回答下列問題：

ID	經驗 (X) Exper	個人成績 (Y) Score	個人成績預測 ($\hat{Y}$) Score_pre
1	5	10	9.57
2	4	7	8.29
3	6	10	10.86
4	1	3	4.43
5	0	3	3.14
6	2	6	5.71
7	3	9	7.00
8	3	7	7.00
9	3	8	7.00
平均數	3.00	7.00	7.00
標準差	1.87	2.65	2.41
變異數	3.50	7.00	5.79
離均差平方和	28.00	56.00	46.29

1. 如果經驗與個人成績的相關係數為 0.909，請計算出以經驗去預測個人成績的迴歸預測方程式。

2. 請繪製經驗與個人成績的散布圖，並繪出最小平方方程式。

3. 請解釋截距與斜率所代表的意義。

4. 請以 t 檢定檢驗斜率是否顯著不等於 0。

5. 請計算標準化迴歸係數，並說明它所代表的意義，並與斜率數值相比較其差異。

6. 九位辯手中，個人成績得滿分（10）的兩位，若以經驗去預測他們的個人成績，預測分數已列於表中。請以迴歸方程式來驗證其計算過程，並說明殘差為何？為何這兩位的預測分數會不同？

7. 請計算估計標準誤。

8. 請計算模型解釋力 R^2。

9. 請檢驗迴歸模型解釋力是否具有統計意義，並列出變異數分析摘要表。

10. 如果明年有一位新生辯論經驗是 2.5 年，那麼他的預測成績會得幾分？

chapter

15

多元迴歸分析

15.1　前言

在很多學者眼中，多元迴歸像是仙女棒，再繁多的研究變數或再複雜的統計模型，只要揮舞著線性方程式就可以一點就通；多元迴歸更像許多實務應用人士的衛星導航裝置，沒有了線性方程式，就不知道明天是不是會更好，未來要怎麼走下去。多元迴歸無論在學術界或實務領域，都具有舉足輕重的地位，打開統計軟體的分析選單，最長一串的分析選項就屬迴歸功能工具列。

雖然多元迴歸有著萬般神奇妙用，但畢竟也不是萬靈丹，更怕被走火入魔者或有心人士錯用濫用，造成學術災難。很諷刺的是，如果聽到哪一篇文章被批評是「垃圾進、垃圾出」（garbage in, garbage out），十之八九都是用多元迴歸做出來的論文，如果在學術會議上被問到為什麼不用調整 R^2 來報告預測力？有沒有注意到多元共線性的問題多嚴重？那麼多半又是多元迴歸在惹禍。如果以水可載舟也可覆舟來形容多元迴歸，實在是貼切不過，要想利用多元迴歸來求知解惑、探求真理者，一定要懂得這些關於多元迴歸的重要概念與相關叮嚀，最重要的是要從根本打起，把這章學好。

本章其實不是新章節，而是前面關於線性關係分析的延伸。許多重要概念已經在前面章節中說明，本章則是簡單迴歸的進一步擴大應用。如果對於本章的基本概念不清楚，多半可以在前兩章當中溫故知新。因為前面一章所討論的迴歸分析是只有一個 IV 的簡單迴歸，本章則包含 p 個 IV，因此稱為多元迴歸或複迴歸（multiple regression）：

簡單迴歸模型：$Y = \beta_0 + \beta_1 X + \varepsilon$　　　　　　　　　　(15-1)

多元迴歸模型：$Y = \beta_0 + \beta_1 X_1 + \beta_2 X_2 + \beta_3 X_3 + ... + \beta_p X_p + \varepsilon$　　(15-2)

例如：學生考試成績的高低除了與上課認真程度有關之外，可能還與課前預習與課後複習的程度多寡有關，或是學生是否花費太多時間在課外活動或打工有關。如果僅考慮一個 IV 可能無法充分解釋考試成績的變異，因此必須採用多元迴歸來同時關心多個可能的影響變數的作用。

不論是簡單或多元迴歸模型，其原理、功能與作用均相同，都在解釋與預測，但是由於變數複雜，因此難度增加許多。為減少學習上的負擔，本章將避免過多的數理推導證明，而將重點放在概念澄清。

15.2　多元迴歸的原理與特性

迴歸分析係利用線性關係來進行解釋與預測，因此又稱為線性迴歸（linear regression）。如果研究者使用單一 IV 去解釋預測 DV，稱為簡單迴歸，但通常一個研究中，影響 DV 的變數不只一個，此時需建立一套包含多個 IV 的多元迴歸模型，同時納入多個 IV 來對 DV 進行解釋與預測。

15.2.1　多元迴歸方程式

15.2.1.1　多元迴歸係數

延續線性迴歸的基本原理，多元迴歸方程式亦是利用最小平方法，導出最能夠解釋 Y 變異的線性方程式。不論 IV 有多少個，迴歸方程式都是由斜率（如果有 p 個 IV，就有 p 個斜率值）與截距建構而成。但是，雖然多元迴歸與簡單迴歸一樣，只有斜率與截距兩種參數，但是由於多重 IV 與 DV 之間的關係複雜，統計運算程序的說明需要大量篇幅來交代。為簡化說明，本章僅以包含兩個 IV 的多元迴歸模型來說明多元迴歸的運算原理，以樣本資料估計得到的多元迴歸預測方程式如下所示：

$$\hat{Y} = b_0 + b_1X_1 + b_2X_2 \tag{15-3}$$

斜率係數的計算公式如下（各項下標 1 與 2 表示 X_1 與 X_2）：

$$b_1 = \frac{SS_2SP_{y1} - SP_{12}SP_{y2}}{SS_1SS_2 - SP_{12}^2} \tag{15-4}$$

$$b_2 = \frac{SS_1SP_{y2} - SP_{12}SP_{y1}}{SS_1SS_2 - SP_{12}^2} \tag{15-5}$$

值得注意的是，多元迴歸的迴歸係數與簡單迴歸的斜率係數雖然性質相同，但是解釋方式不同。由公式 15-4 與 15-5 可知，多元迴歸方程式的斜率係數在分子與分母部分均扣除了 IV 之間的共同變異，因此斜率係數是各 IV 對於 DV 的「淨」解釋力，亦即當其他 IV 維持不變的情況下，各 IV 對 DV 的邊際影響力（marginal effect）或淨影響力（partial effect）。

至於截距項的計算原理相同，由於線性方程式必通過各變數平均數配對點，因此截距可以將斜率與各變數平均數代入方程式求得：

$$b_0 = \overline{Y} - b_1\overline{X}_1 - b_2\overline{X}_2 \qquad\qquad (15\text{-}6)$$

假設今天某市場調查人員想要從家庭「人口數」與「社經地位」兩方面去預測「家庭開銷」（千元），即為一個帶有兩個 IV（$p=2$）去預測一個 DV（家庭開銷）的多元迴歸。假設 10 個家庭的模擬資料如表 15.1 所示。兩個 IV 與 DV 共三個變數的描述統計，以及涉及多元迴歸的計算有關的數據列於表 15.2。基於這些數據，多元迴歸方程式當中的兩個斜率與截距值計算結果分述如下：

→**表 15.1** 10 個家庭的人口數、社經地位與家庭開銷（千元）的模擬資料

家庭編號	人口數 X_1	社經地位 X_2	家庭開銷 Y	迴歸結果 $\hat{Y}$	e	e^2	e'
1	3	1	15	16.913	-1.913	3.660	-0.685
2	5	7	34	31.776	2.224	4.947	0.796
3	4	3	22	23.457	-1.457	2.122	-0.521
4	6	5	30	34.768	-4.768	22.729	-1.707
5	2	2	16	13.034	2.966	8.799	1.062
6	4	4	25	24.345	0.655	0.430	0.235
7	5	8	30	32.664	-2.664	7.096	-0.954
8	8	6	45	45.190	-0.190	0.036	-0.068
9	7	5	44	39.535	4.465	19.936	1.599
10	6	9	39	38.319	0.681	0.463	0.244
Sum	50	50	300	300	0	70.218	0
M	5	5	30	30	0		0
SD	1.826	2.582	10.687	10.316	2.793		1
SS	30	60	1028	957.782	70.218		9

→**表 15.2** 10 個家庭模擬資料的描述統計量

變數	描述統計 平均數	標準差	SS 與 SP X_1	X_2	Y	共變數與變異數 X_1	X_2	Y	相關係數 X_1	X_2	Y
X_1 人口數	5	1.826	30			3.333			1.000		
X_2 社經地位	5	2.582	27	60		3.000	6.667		.636*	1.000	
Y 家庭開銷	30	10.687	167	182	1028	18.556	20.222	114.222	.951**	.733*	1.000

$* p<.05 \quad ** p<.01$

$$b_1 = \frac{SS_2 SP_{y1} - SP_{12} SP_{y2}}{SS_1 SS_2 - SP_{12}^2} = \frac{60 \times 167 - 27 \times 182}{30 \times 60 - 27^2} = \frac{5106}{1071} = 4.768$$

$$b_2 = \frac{SS_1 SP_{y2} - SP_{12} SP_{y1}}{SS_1 SS_2 - SP_{12}^2} = \frac{30 \times 182 - 27 \times 167}{30 \times 60 - 27^2} = \frac{951}{1071} = 0.888$$

$$b_0 = \overline{Y} - b_1 \overline{X}_1 - b_2 \overline{X}_2 = 30 - 4.768 \times 5 - .0.888 \times 5 = 1.723$$

將各係數組成線性方程式，得到迴歸預測方程式如下：

$$\hat{Y} = 1.723 + 4.768 X_1 + 0.888 X_2$$

各係數的意義解釋如下：

b_0：當人口數為 0 人、社經地位為 0 分，家庭開銷 1.723 千元

b_1：當社經地位的條件不變下，人口數每增加 1 人，家庭開銷增加 4.768 千元

b_2：當人口數的條件不變下，社經地位每增加 1 分，家庭開銷增加 0.888 千元

15.2.1.2　標準化迴歸係數

若將斜率係數去除單位效果，亦即乘以 IV 的標準差，除以 DV 的標準差，可得到標準化迴歸係數，其中人口數的 $b_1' = 0.814$，社經地位的 $b_2' = 0.215$，顯示人口數的淨解釋力遠高於社經地位，運算式與數據如下：

$$b_1' = b_1 \frac{s_1}{s_y} = 4.768 \times \frac{1.826}{10.687} = 0.814 \tag{15-7}$$

$$b_2' = b_2 \frac{s_2}{s_y} = 0.888 \times \frac{2.582}{10.687} = 0.215 \tag{15-8}$$

標準化迴歸預測方程式如下：

$$\hat{z}_Y = b_1' z_{X_1} + b_2' z_{X_2} = 0.814 z_{X_1} + 0.215 z_{X_2} \tag{15-9}$$

各標準化迴歸係數的意義解釋如下：

b_1'：當社經地位的條件不變下，人口數每增加 1 個標準差，家庭開銷增加 0.814 個標準差

b_2'：當人口數的條件不變下，社經地位每增加 1 個標準差，家庭開銷增加 0.215 個標準差

值得注意的是，b' 係數是一個標準化的係數，僅適合線性強度的描述與各 IV 淨解釋大小的相互比較，但無法用於加減乘除運算的統計量，如果要檢定各變數的統計意義或進行區間估計，則必須使用未標準化的迴歸係數。

　　此外，雖然 b' 係數的性質是與相關係數相似的標準化係數，但是由於迴歸係數的計算過程中經過了統計移除（partial-out）程序扣除掉其他 IV 的共同變異，因此 b' 係數是「淨」標準化係數，相對之下，相關係數則是零階（zero-order）標準化係數，兩者係數並不相同。例如：人口數（X_1）與家庭開銷（Y）的相關 $r = .951$，而 $b'_1 = 0.814$；社經地位（X_2）與家庭開銷（Y）的相關 $r = .733$，而 $b'_2 = 0.215$，顯示兩者雖然都是標準化係數，但是數值差異相當大，主要是因為兩個 IV 之間的相關很高所導致的統計移除比例很大所致。

15.2.2　多元迴歸估計誤差與解釋力

15.2.2.1　估計標準誤與殘差分析

　　一旦導出迴歸預測方程式後，即可以將各 IV 數值代入方程式得到預測值 $\hat{Y}$，將實際觀測到的 Y 減去 $\hat{Y}$ 得到殘差（e）。殘差與殘差平方列於表 15.1 的右側欄位，殘差平方後加總即得到殘差平方和 $SS_e = 70.218$。殘差平方和除以自由度後開根號即為估計標準誤：

$$s_e = \sqrt{\frac{SS_e}{df_e}} = \sqrt{\frac{\Sigma e^2}{N - p - 1}} = \sqrt{\frac{70.218}{7}} = 3.167$$

$$(15\text{-}10)$$

　　至於個別觀察值的殘差狀況也可以加以檢視，用以判別何者具有偏離迴歸方程式的特殊情形。例如：由表 15.1 當中殘差最大的是第 4 個家庭，該家庭有 6 個人口、社經地位為 5 分，代入迴歸方程式得到的預測開銷是 34.768 千元，但實際觀察到的開銷金額為 30 千元，殘差為 –4.768 千元，負值表示該家庭的實際開銷低於方程式的預測（期望值），顯示該家庭相對來說是比較節省開銷的家庭。

　　若將殘差進行標準化，可得到標準化殘差 e'，以第 4 個家庭為例，計算如下：

$$e'_4 = \frac{Y - \hat{Y}}{\sqrt{\dfrac{SS_e}{N - 1}}} = \frac{30 - 34.768}{\sqrt{\dfrac{70.218}{10 - 1}}} = \frac{-4.768}{2.793} = -1.707$$

$$(15\text{-}11)$$

　　由於 $e_4' = -1.707$ 取絕對值後並沒有超過 1.96，未達 .05 顯著水準，亦即第 4 個家庭的家庭開銷預測值雖然低於預期，但並無統計意義。值得注意的是，如果採用單尾檢定的概念，左尾臨界值為 −1.645，此時結論就成為「第 4 個家庭的開銷預測值顯著低於迴歸預期」。

15.2.2.2　多元相關

　　在多元迴歸中，對於 DV 進行解釋的變數不只一個，這一組 IV 的線性整合與 DV 之間的關係，稱為多元相關（multiple correlation; 以 R 表示），亦即 DV 的迴歸預測值（$\hat{Y}$）與實際觀測值（Y）的相關，計算式如下。

$$R = \hat{\rho}_{Y\hat{Y}} = \frac{Cov(Y,\hat{Y})}{s_Y s_{\hat{Y}}} = \frac{\Sigma(Y-\bar{Y})(\hat{Y}-\bar{\hat{Y}})}{\sqrt{\Sigma(Y-\bar{Y})^2}\sqrt{\Sigma(\hat{Y}-\bar{\hat{Y}})^2}} = \frac{SP_{Y\hat{Y}}}{\sqrt{SS_Y SS_{\hat{Y}}}} \tag{15-12}$$

　　以範例資料所求得的多元相關 R=.965，顯示兩者相關非常高，表示將 IV 進行線性整合後的預測分數與觀察分數非常的接近。

$$R = \frac{SP_{Y\hat{Y}}}{\sqrt{SS_Y SS_{\hat{Y}}}} = \frac{957.782}{\sqrt{1028 \times 957.782}} = .965$$

　　若將預測值 $\hat{Y}$（置於 X 軸）與觀察值 Y（置於 Y 軸）配對點繪於散布圖，如圖 15.1 所示。圖中特別標示的配對觀察值就是第 4 個家庭的開銷預測值（34.768 千元）與實際觀察值（30 千元），此一配對觀察值是 10 個家庭當中垂直距離迴歸方程式最遠者，表示該觀察值是最特殊的迴歸離群值（regression outlier）。

　　在簡單迴歸時，由於僅有一個 IV，因此對於 DV 的解釋僅有一個預測來源，此時多元相關 R 恰等於 IV 與 DV 的相關係數 r，亦即 $r=R$。在多元迴歸時，多元相關 R 為一組 IV 的線性整合與 DV 的相關係數，個別 IV 與 DV 的相關係數不會等於多元相關，亦即 $r_p \neq R$。

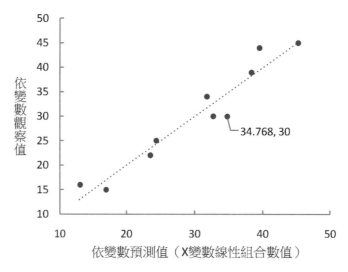

圖 15.1　多元迴歸分析預測值與觀察值散布圖

15.2.2.3　迴歸模型解釋力 R^2

多元迴歸的模型解釋力 R^2，除了可以將多元相關 R 取平方求出，也可以利用變異拆解原理，將 Y 變數的總變異（SS_t）切割成迴歸變異（SS_{reg}）與殘差變異（SS_e），計算出迴歸變異所占的比例。迴歸變異的估計式與 R^2 的計算式如下：

$$SS_{reg} = \sum(\hat{Y} - \overline{Y})^2 = b_1 SP_{y1} + b_2 SP_{y2} \tag{15-13}$$

$$R^2 = 1 - \frac{SS_e}{SS_t} = \frac{SS_{reg}}{SS_t} \tag{15-14}$$

由表 15.1 的範例數據可獲得 $SS_e = 70.218$，完整的總體變異量拆解關係式與 R^2 的數值分別如下。由於 $R^2 = .932$，表示 DV 的變異有 93.2% 能夠被兩個 IV 所解釋。

$$SS_{reg} = 4.768 \times 167 + 0.888 \times 182 = 957.782$$

$$SS_t = SS_{reg} + SS_e = 957.782 + 70.218 = 1028$$

$$R^2 = 1 - \frac{SS_e}{SS_t} = 1 - \frac{70.218}{1028} = 1 - .068 = \frac{957.782}{1028} = .932$$

15.2.2.4　調整迴歸模型解釋力 $adjR^2$

以 R^2 來評估整體模型解釋力的一個問題，是 R^2 無法反應模型的複雜度。如果研究者不斷增加自變數，雖然不一定會明顯的增加模型解釋力，但是 R^2 並不會減低，因為 R^2 為 IV 數目的非遞減函數，導致研究者為了提高模型解釋力，不斷投入 IV，每增加一個 IV，殘差估計損失一個自由度，最後導致模型當中 IV 過多而失去簡效性（parsimony）。

為了處罰增加自變數所損失的簡效性，在 R^2 公式中將自由度的變化作為分子與分母項的除項加以控制，得到調整 R^2（adjusted R^2），可以反映因為 IV 數目變動的簡效性損失的影響，如公式 15-15。

$$adjR^2 = 1 - \frac{SS_e / df_e}{SS_t / df_t} = 1 - \frac{SS_e /(N-p-1)}{SS_t /(N-1)}$$

$$(15\text{-}15)$$

從公式 15-15 可以看出，當 IV 數目（p）越多，$adjR^2$ 越小。如果研究者的目的在比較不同模型的解釋力大小時，各模型的 IV 數目的差異會造成簡效程度不同，宜採用調整 R^2。另外，當樣本數越大，對於簡效性處罰的作用越不明顯。一般來說，如果樣本數較少時，IV 數目對於 R^2 估計的影響越大，應採用 $adjR^2$ 來描述模型的解釋力。如果樣本數越大，R^2 與 $adjR^2$ 就會逐漸趨近而無差異。

另外一個明顯差異是，$adjR^2$ 計算誤差變異數（MSE）與總變異數的比值，而非誤差離均差平方和（SS_e）的比值，亦即考慮了自由度差異的影響，相對之下，R^2 僅考慮變異量而沒有考慮自由度的差異。

以範例數據為例，未調整前的 R^2=.932，調整 R^2=.912，下降了 .02，亦即在考慮自由度差異的影響下，DV 的變異數有 91.2% 能夠被兩個 IV 所解釋。雖然下降幅度不大，但是從比較的觀點來看，$adjR^2$ 能夠更忠實反映模型的解釋能力。

$$adjR^2 = 1 - \frac{70.218/7}{1028/9} = 1 - .088 = .912$$

15.2.3　多元迴歸的顯著性檢定

如同前一章的簡單迴歸，多元迴歸模型是否具有統計意義，也是利用 F 檢定來進行迴歸解釋變異的變異數分析。如果 R^2 的 F 檢定達到顯著水準，表示迴歸模型具有統計意義，此時可針對每一個 IV 的斜率進行檢定，來決定各 IV 解釋力的

統計意義。檢定原理也與簡單迴歸相同，亦即利用 t 檢定來檢驗個別迴歸係數 b 的統計顯著性。

15.2.3.1 迴歸模型的顯著性檢定

迴歸模型解釋力是否顯著不為 0（$H_0: \rho^2 = 0$）的顯著性考驗，是由迴歸解釋變異數（SS_{reg} / df_{reg}）除以誤差變異數（SS_e / df_e），得到 F 檢定量，如公式 15-16，配合 F 分配來進行檢驗。以範例數據所得到的結果如下：

$$F_{(p, N-p-1)} = \frac{MS_{reg}}{MS_e} = \frac{SS_{reg} / df_{reg}}{SS_e / df_e} = \frac{957.782 / 2}{70.218 / 7} = 47.74 \tag{15-16}$$

F 檢定量為 47.74，尾機率可由 EXCEL 的 F.DIST.RT(47.74,2,7) 求得，各項資訊可整理於摘要表（表 15.3）。

→**表 15.3** 兩個自變數的多元迴歸模型顯著性檢定結果

變源	SS	df	MS	F	p	Fcv
迴歸	957.782	2	478.891	47.74	<.001	4.737
殘差	70.218	7	10.031			
總和	1028	9	114.222			

註：F 值的尾機率由 EXCEL 函數 F.DIST.RT(47.74,2,7) 求得，臨界值 $F_{.05(2,7)}$ 可由附錄 C 查表或以函數 F.INV.RT(.95,2,7) 查得。

15.2.3.2 迴歸係數的顯著性檢定

多元迴歸的迴歸係數是否具有統計意義，$H_0: \beta = 0$，也是利用 t 檢定來進行檢定。以兩個 IV 的多元迴歸為例，檢定公式如公式 15-17 與 15-18，其中 s_e^2 是迴歸模型的估計變異誤，r_{12} 為 IV 間的相關係數（由表 15.2 可得知 $r_{12}=.636$）。

$$t_{b_1} = \frac{b_1}{s_{b_1}} = \frac{b_1}{\sqrt{\dfrac{s_e^2}{SS_1(1 - r_{12}^2)}}} \tag{15-17}$$

$$t_{b_2} = \frac{b_2}{s_{b_2}} = \frac{b_2}{\sqrt{\dfrac{s_e^2}{SS_2(1 - r_{12}^2)}}} \tag{15-18}$$

本章範例的兩個自變數迴歸係數 b_1 與 b_2 的 t 檢定，檢定結果如下：

$$t_{b_1} = \frac{4.768}{\sqrt{\dfrac{3.167^2}{30(1-.636^2)}}} = \frac{4.768}{0.75} = 6.36, p<.001$$

$$t_{b_2} = \frac{0.888}{\sqrt{\dfrac{3.167^2}{60(1-.636^2)}}} = \frac{0.888}{0.53} = 1.675, p=.138$$

IV1（人口數）的 $t_{(7)}$=6.36, 達到 .001 的顯著水準，但是 IV2（社經地位）的 $t_{(7)} = 1.675, p = .138$ 並沒有統計意義，t 值的雙尾尾機率由 EXCEL 的 T.DIST.2T(1.675,7) 求得。

以 EXCEL 執行多元迴歸分析的參數估計結果列於表 15.4，表中也列出了迴歸係數的 95%CI 資訊，由於 X_1 的迴歸係數信賴區間 [2.995,6.54] 未涵蓋 0，表示 X_1 的迴歸係數顯著不等於 0，人口數的淨解釋力具有統計意義，至於 X_2 的迴歸係數信賴區間 [–0.365,2.141] 涵蓋 0，表示 X_2 的迴歸係數與 0 無異，社經地位的淨解釋力沒有統計意義。

→表 15.4　家庭開銷的多元迴歸分析估計結果（EXCEL報表）

	係數	標準誤	t 統計	P-值	下限 95%	上限 95%
截距	1.723	3.071	0.561	0.592	-5.540	8.985
X1人口數	4.768	0.750	6.360	0.000	2.995	6.540
X2社經地位	0.888	0.530	1.675	0.138	-0.365	2.141

如果要比較兩個 IV 解釋力的差異是否具有統計意義，可進行迴歸係數差異 t 檢定。此時 t 檢定的標準誤為兩個係數差異的合成標準誤 $s_{b_1-b_2}$，其計算式涉及迴歸係數的變異數 c_{11}、c_{22} 與共變數 c_{12}，如公式 15-19 所示。相關細節可參考 Pedhazur, 1997; $p.150$，在此不進一步介紹。

$$t_{b_1-b_2} = \frac{b_1 - b_2}{s_{b_1-b_2}} = \frac{b_1 - b_2}{\sqrt{c_{11} + c_{22} - 2c_{12}}} \tag{15-19}$$

值得注意的是，因為此一檢定的前提是兩個 IV 有相同的量尺與相同的測量性質，例如：IV1 為成年者人口數、IV2 為未成年者人口數，兩者皆為「人口數」，而且測量單位都是「人」，才適合進行差異檢定。

15.2.4 多元共線性

15.2.4.1 多元共線性的現象

多元迴歸存在一個非常特別且重要的多元共線性（multi collinearity）問題，意指自變數間所存在的高相關（例如：$r > .85$）（Dillon and Goldstein, 1984），影響迴歸參數估計，造成整個模型的 R^2 很大，卻沒有 IV 具有統計意義，或是某些解釋力強的 IV 無法達到顯著水準，解釋力不高的 IV 卻達到統計顯著水準的種種特殊現象。背後的原因就是因為 IV 之間的相關過高，在估計迴歸參數時扣減過多 IV 之間的重疊性，造成估計結果不穩定，標準誤放大膨脹，改變檢定結果。

以圖解法來說明共線性的現象：如果今天只有一個 X 的簡單迴歸，Y 被 X 解釋的比例如：圖 15.2(a) 所示，模型解釋力如下：

$$R^2 = r_{xy}^2 \tag{15-20}$$

如果是兩個 IV 的多元迴歸，若兩個 IV 彼此相互獨立，$r_{12}=0$，不存在共線性問題，兩個 IV 淨解釋力的估計無須扣減任何 IV 的重疊部分，如圖 15.2(b)。標準

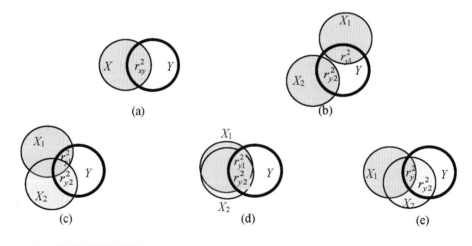

圖 15.2 多元共線性的概念圖示

化迴歸係數等於相關係數 $b'=r$，而 R^2 為 r_{y1} 與 r_{y2} 兩個相關的平方和，如公式 15-21 所示：

$$R^2_{y.12} = r^2_{y1} + r^2_{y2} \tag{15-21}$$

若兩個 IV 具有相關，$r_{12} \neq 0$，個別 IV 的淨解釋力必須排除其他 IV 的影響，如此將改變各 IV 的解釋效果，如圖 15.2 的 (c) 至 (e) 所示。此時迴歸分析將受到自變數共線性的影響，R^2 與兩個相關係數平方不具有加成性：

$$R^2_{y.12} \neq r^2_{y1} + r^2_{y2} \tag{15-22}$$

由圖 15.2(c) 可知，X_1 與 X_2 之間的相關相對並不高，在扣除重疊區域之後，X_1 與 X_2 對於 Y 的淨解釋力還保有一定的比例，此時兩個 IV 之間雖然具有共線性，但影響尚不明顯。但是在圖 15.2(d) 可以看出，X_1 與 X_2 之間的重疊面積相當大，兩者相關高（兩者幾乎重疊），顯示兩者具有高度共線性，兩個 IV 個別對於 Y 的解釋力或許很大，但在扣除重疊部分之後就變得很小。至於圖 15.2(e) 則呈現 X_1 對於 Y 的解釋面積完全被 X_2 所涵蓋，將會使 X_1 對於 Y 的淨解釋力降至 0，戲劇性的改變研究結論。

前述所說明的自變數之間的共線性問題，在 IV 數量越多時會越趨向於複雜，因此稱為多元共線性，而且如果 IV 之間的相關越高，對於參數估計與檢定結果影響越大，非常符合俗語所說：「既生瑜、何生亮」，如果兩個 IV 的相似性很高，對於 DV 的解釋力也很高，就因為兩者功能重疊，在多元迴歸分析中可能造成 R^2 很高，但兩者卻都沒有能夠有效解釋 DV 的「兩敗俱傷」的奇特結果（邱皓政，2017）。

15.2.4.2　共線性診斷與估計

共線性問題可以說是影響多元迴歸分析最重要的因素之一，因此在進行多元迴歸分析之時都會詳細檢視。一般的統計軟體，提供了允差或容忍值（tolerance）或變異數膨脹因素（variance inflation factor; VIF）來評估共線性的影響。

$$VIF_i = \frac{1}{Tolerance_i} = \frac{1}{(1-R^2_i)} \tag{15-23}$$

其中 R_i^2 為第 i 個 IV 當作 DV 被其他 IV 來解釋時，該 IV 可被解釋的比例。$1-R_i^2$（容忍值）為該 IV 被其他 IV 無法解釋的殘差比例，R_i^2 比例越高，容忍值越小，代表該 IV 與其他 IV 重疊的機會高，VIF 越大，共線性越明顯。例如：容忍值 =.40，VIF 值為 2.5，較容忍值 =.80，VIF 值為 1.25 的多元共線性嚴重。Cohen 等人（2003, p. 423）認為當 VIF>10 為嚴重共線性，Sellin（1990）則主張 VIF>2 以上即不能忽略共線性威脅。

表 15.5 列出了家庭開銷範例的多元迴歸估計與共線性診斷的數據。由於範例中只有兩個 IV，因此其中一個 IV 被另一個 IV 解釋的比例（R_i^2）兩者相同，皆為兩者相關的平方（$.636^2$），允差 =.595、VIF 值 =1.681，顯示本範例的共線性問題不大。

$$Tolerance_i = 1 - R_i^2 = 1 - .636^2 = 1 - .405 = .595$$

$$VIF_i = \frac{1}{Tolerance_i} = \frac{1}{.595} = 1.681$$

→表 15.5　家庭開銷範例的共線性診斷結果（SPSS報表）

模式	未標準化係數		beta	t	顯著性	共線性統計量	
	b	標準誤				允差	VIF
1 (常數)	1.723	3.071		0.561	0.592		
X1 人口數	4.768	0.750	0.814	6.360	0.000	**0.595**	**1.681**
X2 社經地位	0.888	0.530	0.215	1.675	0.138	**0.595**	**1.681**

15.2.5　解釋增量（ΔR^2）與淨解釋力

多元迴歸與簡單迴歸的主要差異是增加了較多的 IV 來解釋 DV 的變異，如果今天研究者是先納入一個 IV，進行迴歸分析之後，再增加一個或多個 IV 來檢視模型的解釋力，模型因為額外增加 IV 而增加模型中所需要估計的參數數目（增加一個 IV 就多一個斜率要估計），此時兩個模型具有嵌套關係而稱為嵌套模型（nested model），殘差自由度較少者嵌套在自由度較大的模型中，此時由於增加 IV 只會增加解釋力而不會減少，因此可計算兩模型的解釋增量（incremental explained variance），亦即計算 R^2 改變量（ΔR^2），並進行 *F-change* 檢定，來檢驗所增加的 IV 是否具有統計意義（Cohen et al., 2003, p.171），常用於逐步迴歸與階層迴歸分析（參見本章最後一節）。

假設今天有一個較簡單的迴歸模型帶有 A 個或 A 組參數，稱為 A 模型，如果在迴歸模型中增加 B 個或 B 組參數（例如：多增加一個二次項或增加兩個 IV），稱為 AB 模型，AB 與 A 模型的 R^2 改變量（ΔR^2）表示如下：

$$\Delta R^2 = R_{B*}^2 = R_{AB}^2 - R_A^2 \tag{15-24}$$

公式中的R_{B*}^2表示新增投入 B 參數所增加的解釋增量，是當模型中已經存 A 組參數後投入 B 組參數的邊際解釋量（marginal explained variance）或淨解釋量（partial explained variance），因此特別標示 * 以利識別。對於此一淨解釋力是否為 0 的統計檢定（$H_0: \rho_{B*}^2 = 0$）可利用 F 檢定來判定：

$$F_{(p_B, N-p_A-p_B-1)} = \frac{(R_{AB}^2 - R_A^2)/p_B}{(1-R_{AB}^2)/(N-p_A-p_B-1)} = \frac{(SS_{reg_{AB}} - SS_{reg_A})/p_B}{SS_{e_{AB}}/(N-p_A-p_B-1)} \tag{15-25}$$

其中 p_A 為 A 模型的參數（IV）數目，p_A 為 B 個參數（IV）的數目，p_{AB} 為增加 B 個參數之後的 AB 模型參數（IV）數目。$N-p_A-p_B-1$ 也即是殘差自由度。

以本章的範例資料來說，如果先投入「人口數」來解釋家庭開銷的變異（A 模型），再增加「社經地位」來進行解釋，即成為同時帶有兩個 IV 的多元迴歸模型（AB 模型）。此時所估計得到的模型解釋增量ΔR^2是當模型已經存在 A 參數時的 B 個(組)參數的邊際（淨）解釋力R_{B*}^2。

$$R_{B*}^2 = R_{AB}^2 - R_A^2 = .932 - .904 = .027, \textit{F-change}=2.806. \ p=.138$$

另一種作法則是以相反的方向，先投入社經地位（B 模型），再投入人口數得到同時帶有兩個 IV 的 AB 模型。此時所估計得到的ΔR^2是當模型已經存在 B 參數時的 A 個(組)參數的邊際（淨）解釋力R_{A*}^2。

$$R_{A*}^2 = R_{AB}^2 - R_B^2 = .932 - .537 = .395, \textit{F-change}=40.445. \ p<.001$$

→**表 15.6**　不同增量模型的分析結果

	AB (X_1+X_2)		A (X_1 only)		B (X_2 only)	
	b	test	b	test	b	test
截距	1.723	$t=1.675$	2.167	$t=0.640$	14.833	$t=2.676$
	(3.071)	$p=.138$	(3.388)	$p=.540$	(5.544)	$p=.028$
X_1人口數	4.768	$t=6.360$	5.567	$t=8.695$		
	(.750)	$p<.001$	(.640)	$p<.001$		
X_2社經地位	.888	$t=0.640$			3.033	$t=3.046$
	(.530)	$p=.540$			(.996)	$p=.016$
R^2	.932	$F=47.74$	.904	$F=975.606$	.537	$F=9.280$
		$p<.001$		$p<.001$		$p=.016$
ΔR^2			.027	$F=2.806$	.395	$F=40.445$
				$p=.138$		$p<.001$

註：括弧內的數據為迴歸係數的標準誤。

　　前述的增量分析結果整理於表 15.6：在模型中已經存在 A 組參數（人口數）時，額外投入 B 組參數（社經地位）的邊際（淨）解釋力並沒有統計意義，R^2_{B*}=.027, F-change=2.806, p=.138，但如果模型中先有 B 組參數（社經地位）時，額外所投入的 A 組參數（人口數）則有明顯的統計意義，R^2_{A*}=.395, F-change=40.445, $p<.001$，表示人口數有非常強的邊際解釋力。

　　另外，由表 15.6 的數據也可以看出，當模型中僅有 A 參數，人口數（X_1）的簡單迴歸係數具有統計意義，b=5.567, $t_{(8)}$=8.695，$p<.001$，在 AB 模型中，當控制了 B 參數（社經地位 X_2），人口數（X_1）的淨迴歸仍具有統計意義，b=4.768, $t_{(7)}$=6.36，$p<.001$，表示人口數（X_1）不論是單獨放入模型或與其他變數一起放入模型的解釋力都很強。相對之下，社經地位（X_2）在單獨存在時的效果雖然具有統計意義，b=3.033, $t_{(8)}$=3.046，p=.016 < $α$=.05 但一旦與人口數一起存在模型時，社經地位的淨效果就沒有統計意義了 b=0.888, $t_{(7)}$=0.64，p=.540。

範例 15.1　NBA 球員體重的多元迴歸分析

問題：

下表是美國職籃（NBA）湖人隊 14 名球員的基本資料，請建立以年齡（X_1）與身高（X_2）去預測體重（Y）的迴歸模型，並說明何者殘差最特殊。

編號	1	2	3	4	5	6	7	8	9	10	11	12	13	14	M	SD	Var	SS
年齡(X_1)	26	34	29	28	27	26	34	32	24	30	35	27	34	32	29.857	3.634	13.209	171.714
身高(X_2)	185	185	190	190	196	196	198	198	203	203	206	208	208	213	198.5	8.812	77.654	1009.5
體重(Y)	80	81	82	95	93	84	108	98	100	111	111	115	120	122	100	14.765	218	2834

解答：

1. 整理三個變數的描述統計量與相關統計量（如表 15.7）

→表 15.7　湖人隊球員體重的多元迴歸分析描述統計量

變數	描述統計		SS 與 SP			共變數與變異數			相關係數		
	平均數	標準差	X_1	X_2	Y	X_1	X_2	Y	X_1	X_2	Y
X_1 年齡	29.857	3.634	171.714			13.209			1		
X_2 身高	198.5	8.812	89	1009.5		6.846	77.654		.214	1	
Y 體重	100	14.765	279	1560	2834	21.462	120	218	.400	.922**	1

** $p < .01$

2. 估計多元迴歸方程式

■未標準化係數

$$b_1 = \frac{SS_2 SP_{y1} - SP_{12} SP_{y2}}{SS_1 SS_2 - SP_{12}^2} = \frac{1009.5 \times 279 - 89 \times 1560}{171.714 \times 1009.5 - 89^2} = \frac{1428105}{16542428} = 0.863$$

$$b_2 = \frac{SS_1 SP_{y2} - SP_{12} SP_{y1}}{SS_1 SS_2 - SP_{12}^2} = \frac{171.714 \times 1560 - 89 \times 279}{171.714 \times 1009.5 - 89^2} = \frac{24304284}{16542428} = 1.469$$

$$a = \overline{Y} - b_1 \overline{X}_1 - b_2 \overline{X}_2 = 100 - 0.863 \times 29.857 - 1.469 \times 198.5 = -217.414$$

$$\hat{Y} = 0.863 X_1 + 1.469 X_2 - 217.414$$

■標準化係數

$$b'_1 = b_1 \frac{s_1}{s_y} = 0.863 \times \frac{3.634}{14.765} = 0.213 \qquad b'_2 = b_2 \frac{s_2}{s_y} = 1.469 \times \frac{8.812}{14.765} = 0.877$$

$$z_{\hat{Y}} = 0.213 z_{X_1} + 0.877 z_{X_2}$$

3. 計算 s_e 與 R^2

先將每一個 X 代入方程式得到預測值 $\hat{Y}$，將 Y 減去 $\hat{Y}$ 得到殘差，結果如表 15.8。多元相關為 Y 的預測值與觀察值的相關，如圖 15.3 所示。

→表 15.8　NBA範例迴歸分析結果

No	Y	$\hat{Y}$	e	e'
1	80	76.836	3.164	0.657
2	81	83.742	-2.742	-0.570
3	82	86.772	-4.772	-0.991
4	95	85.908	9.092	1.889
5	93	93.860	-0.860	-0.179
6	84	92.997	-8.997	-1.869
7	108	102.842	5.158	1.072
8	98	101.115	-3.115	-0.647
9	100	101.555	-1.555	-0.323
10	111	106.735	4.265	0.886
11	111	115.459	-4.459	-0.926
12	115	111.491	3.509	0.729
13	120	117.534	2.466	0.512
14	122	123.153	-1.153	-0.240
M	100	100	0	0
SD	14.765	13.958	4.813	1

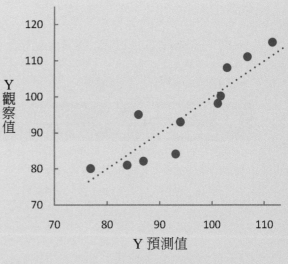

圖 15.3　多元迴歸分析預測值與觀察值散布圖

$$s_e = \sqrt{\frac{SS_e}{df_e}} = \sqrt{\frac{\sum(Y-\hat{Y})^2}{N-p-1}} = \sqrt{\frac{301.174}{14-2-1}} = 5.233$$

$$R^2 = \frac{SS_{reg}}{SS_t} = 1 - \frac{SS_e}{SS_t} = 1 - \frac{301.174}{2834} = \frac{2532826}{2834} = .894$$

$$adjR^2 = 1 - \frac{SS_e/df_e}{SS_t/df_t} = 1 - \frac{301.174/11}{2834/13} = 1 - \frac{27.379}{218} = .874$$

$R^2=.894$ 表示體重變異有 89.4% 可被年齡與身高解釋。

$adjR^2=.874$ 表示體重變異數有 87.4% 可被年齡與身高解釋（考慮了自由度的影響）。

4. 殘差分析

殘差（絕對值）最大者：No=4, $e=95-85.908=9.092$

標準化殘差最大者：No=4, $e' = \dfrac{Y_i - \hat{Y}_i}{SD_e} = \dfrac{95-85.908}{\sqrt{301.174/13}} = \dfrac{9.092}{4.813} = 1.889$

$e'=z$=1.889 絕對值小於 1.96，未達 α=.05 顯著水準，表示 No.4 球員的體重並沒有不同於迴歸期望。

5. 進行迴歸模型的顯著性檢定

$$F_{obt} = \frac{SS_{reg}/df_{reg}}{SS_e/df_e} = \frac{2532.826/2}{301.174/11} = \frac{1266.413}{27.379} = 46.254$$

F.DIST.RT(46.254,2,11) 求得 p=4.419×10⁻⁶，p<.001，表示模型解釋力具有統計意義。迴歸模型變異數分析摘要表如表 15.9。

→表 15.9　NBA範例的迴歸效果顯著性檢定摘要表

變源	SS	df	MS	F	p	F_{cv}
迴歸	2532.826	2	1266.413	46.254	4.419×10⁻⁶	3.982
誤差	301.174	11	27.379			
全體	2834	13	218			

註：F 值的尾機率由 EXCEL 函數 F.DIST.RT(46.254,2,11) 求得，臨界值 $F_{.05(2,7)}$ 可由附錄 C 查表或以函數 F.INV.RT(.95,2,11) 查得。

6. 進行斜率的顯著性檢定

$$t_{b_1} = \frac{0.863}{\sqrt{\dfrac{5.233^2}{171.174(1-.214^2)}}} = \frac{0.863}{0.409} = 2.112 \text{ , } p=.058, \text{ 未達 .05 顯著水準}$$

$$t_{b_2} = \frac{1.469}{\sqrt{\dfrac{5.233^2}{1009.5(1-.214^2)}}} = \frac{1.469}{0.169} = 8.715 \text{ , } p=2.87×10⁻⁶，\text{ 達 .001 顯著水準}$$

7. 以 EXCEL 分析得到的結果報表

摘要輸出

迴歸統計	
R 的倍數	0.945
R 平方	0.894
調整 R 平方	0.874
標準誤	5.233
觀察值個數	14

ANOVA

	自由度	SS	MS	F	顯著值
迴歸	2	2532.826	1266.413	46.254	0.000
殘差	11	301.174	27.379		
總和	13	2834			

	係數	標準誤	t 統計	P-值	下限 95%	上限 95%
截距	-217.414	33.108	-6.567	0.000	-290.283	-144.544
X1 年齡	0.863	0.409	2.112	0.058	-0.036	1.763
X2 身高	1.469	0.169	8.715	0.000	1.098	1.840

15.3　多項式迴歸

15.3.1　多項式迴歸原理

當連續變數間的關係不是線性時，利用前面所介紹的線性方程式來進行迴歸分析並不適當，此時可利用帶有二次或三次項的多項式方程式來建立迴歸模型，讓觀察資料可以與該方程式達到最大的適配，據以估計出自變數對依變數的解釋力，因此稱為多項式迴歸（polynomial regression），由於多項式方程式的形式是曲線，因此又稱為曲線迴歸（curvilinear regression），在時間序列分析特別容易看到應用實例。

以公式 15-26 與 15-27 兩個預測方程式為例，兩者均帶有兩個解釋項，因此均屬多元迴歸，但是公式 15-26 有兩個自變數 X_1 與 X_2，公式 15-27 只有一個自變數 X_1，但卻有兩個解釋項。兩者構造相同，但是數學含意完全相異。

$$\hat{Y} = b_0 + b_1X_1 + b_2X_2 \tag{15-26}$$

$$\hat{Y} = b_0 + b_1X_1 + b_2X_1^2 \tag{15-27}$$

公式 15-27 當中，自變數 X_1 除了作為一次項，還存在一個二次項，因此是一個二次方程式（quadratic equation），此時迴歸係數當中的截距仍為方程式的起點，但一次項係數 b_1 已經不再是線性模型中的斜率，而是當 $X=0$ 的切線斜率。

二次項係數 b_2 表示斜率隨 X 變化的增減量，亦即曲率（curvature）。當 $b_2>0$，表示方程式為開口向上的曲線（一次項斜率隨 X 漸增而遞增），當 $b_2<0$，表示方程式為開口向下的曲線（一次項斜率隨 X 漸增而遞減），將方程式對 X 進行一次微分後（如公式 15-28）令之為 0，可求得切線斜率由正轉負或由負轉正的反曲點（切線斜率為 0 處），亦即曲線高點（極大值）或低點（極小值）發生在 X 軸的何處（X_L）（如公式 15-29），將 X_L 代入公式 15-28 即可求得極值，當 $b_2<0$ 有最高點，當 $b_2>0$ 有最低點。

$$\frac{\partial Y}{\partial X} = \hat{Y}' = b_1 + 2b_2X \tag{15-28}$$

$$X_L = -\frac{b_1}{2b_2}$$

(15-29)

$$\hat{Y}_{\lim} = \frac{4b_0 b_2 - b_1^2}{4b_2}$$

(15-30)

15.3.2　多項式迴歸範例

多項式迴歸分析除了係數的意義有所不同之外，分析原理與計算過程與多元迴歸無異。現以一個「焦慮」與「績效表現」的數據為例，表 15.10 是 10 位新進員工的焦慮感與績效表現的配對分數，繪製成散布圖後如圖 15.4 所示。

→表 15.10　焦慮與績效的模擬研究數據

員工編號	1	2	3	4	5	6	7	8	9	10
焦慮水準X	7	6	3	4	4	7	2	5	4	3
績效表現Y	20	25	36	35	42	22	30	41	38	40

圖 15.4 繪出了線性方程式與二次方程式的適配曲線。我們可以很清楚的看出，二次曲線較一次方程式更能夠代表 X 與 Y 的關係。因此，我們必須採用曲線迴歸。

套用先前所介紹的多元迴歸斜率與截距的運算公式，可以得到二次預測方程式如下：

$$\hat{Y} = 6.474 + 16.695X - 2.068X^2$$

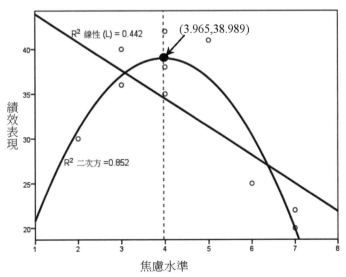

圖 15.4　焦慮與績效的線性與曲線迴歸圖示

經由分析發現，二次函數模型的解釋力 $R^2 = .852$，$F_{(2,7)} = 20.095$，$p<.001$，顯示二次式模型來解釋績效表現效果頗佳。利用公式 15-29 可求出二次曲線的極值發生在 $X_L = 3.965$，亦即在該焦慮水準下績效表現最佳，$\hat{Y}_{\lim} = 38.989$。

$$X_L = -\frac{b_1}{2b_2} = -\frac{16.4}{2(-2.068)} = 3.965$$

$$\hat{Y}_{\lim} = \frac{4b_0b_2 - b_1^2}{4b_2} = \frac{4 \times 6.474 \times (-2.068) - 16.4^2}{4(-2.068)} = 38.989$$

　　如果是以線性模型來估計，會得到斜率為負的預測方程式 $\hat{Y} = 47.079 - 3.151X$（如圖 15.4 當中的斜對角直線），解釋力 $R^2 = .442$，$F_{(1,8)} = 6.344$，$p = .036$，雖然達到顯著，但 R^2 所能解釋的比重僅有二次模型的一半。

　　由於線性方程式與二次方程式的差異在於多增加了一個二次項，因此可以視為線性模型的嵌套模型：線性模型為參數較少的 A 模型，二次模型為增加二次項（B 參數）之後的 AB 模型，此時可以計算兩者的ΔR^2進行解釋增量的分析，探討增加了二次項究竟有無統計意義。結果列於表 15.11。

　　由表 15.11 可知，如果只有焦慮變數的線性模型，解釋力僅有 $R^2 = .442$，$F_{(1,8)} = 6.344$，$p=.036$，雖然達到 .05 的顯著水準，但效果並不十分明顯。但如果納入二次項之後，模型解釋力增至 .852，$\Delta R^2 = .410$，增加的解釋增量甚至比單純的一次項還來得大，顯示增加二次項有相當大的邊際效力。

$$.852 - .442 = .410 . \ F\text{-}change = 19.32, p<.01$$

→**表 15.11**　焦慮與績效數據的線性與二次項迴歸的增量分析結果

	AB (二次模型)		A (線性模型)	
	b	test	b	test
截距	6.474	$t=0.660$	47.079	$t=7.864$
	(9.810)	$p=.530$	(5.987)	$p<.001$
一次項X	16.695	$t=3.643$	−3.151	$t=−2.519$
	(4.50)	$p=.008$	(1.251)	$p=.036$
二次項X^2	−2.068	$t=−4.175$		
	(.470)	$p=.003$		
R^2	.852	$F=20.095$	.442	$F=6.344$
		$p<.001$		$p=.036$
ΔR^2			.410	$F=19.32$
				$p=.003$

註：括弧內的數據為迴歸係數的標準誤。

15.4 多元迴歸的變數選擇模式

由於多元迴歸涉及多個 IV 的使用，在進行分析時，各 IV 是否一次全部放入模型，或是逐步放入模型，以及如何分階段進行分析，涉及到變數選擇的問題，此外，不同的 IV 組合形式，決定了迴歸模型的內容與功能，因此多元迴歸分析也經常會面臨哪一個模型比較好的模型選擇與建模問題，這些議題都與多元迴歸的實務運用與操作有關。一般而言，基於預測（prediction）或解釋（explanation）的不同目的，多元迴歸可被區分為預測型迴歸與解釋型迴歸兩類。在預測型迴歸中，研究者的主要目的在實際問題的解決或實務上的預測與控制；解釋型迴歸的主要目的在瞭解 IV 對 DV 的解釋情形。以下我們就針對這兩大類型的分析策略與分析方法進行討論與說明。

15.4.1 預測型與解釋型迴歸

多元迴歸的變數選擇可以區分成預測型與解釋型兩類。解釋型迴歸的主要目的在於釐清研究者所關心的變數間關係，以及如何對於 DV 的變異提出一套具有最合理解釋的迴歸模型。因此，不僅在選擇 IV 必須慎重其事、詳加斟酌，同時每一個被納入分析的 IV 都必須仔細檢視它與其他變數的關係，因此對於每一個 IV 的個別解釋力，都必須予以討論與交代，因此又稱為理論驅動取向（theory-driven approach）的迴歸分析。在分析時，除了整體迴歸模型的解釋力是研究者關心的重點，各 IV 的標準化迴歸係數多作為各 IV 影響力相互比較之用。一般學術上所使用的多元迴歸策略，多為同時迴歸（simultaneous regression），也就是不分先後順序，一律將 IV 納入迴歸方程式，進行同時分析。

相對之下，預測型迴歸的目的是以最少的 IV 來達成對 DV 最大的預測力的建模工作，而非著重於學理上的討論，因此又可被視為資料驅動取向（data-driven approach）或探索性的迴歸分析，在分析實務上多採用逐步迴歸（stepwise regression）來進行模型選擇，其原理是利用各 IV 與 DV 之間相關的相對強弱，來決定哪些 IV 應納入、何時納入迴歸方程式，而不是從理論的觀點來取捨變數。

不論在預測型迴歸或解釋型迴歸，如果當 IV 具有理論上或特殊需求下的層次關係，可利用區組選擇程序（blockwise selection）以人為方式多階段投入 IV，稱為階層迴歸（hierarchical regression），逐一檢驗各區組中的 IV 對於 DV 的解釋。換言之，階層迴歸法可以整合預測型與解釋型的迴歸分析需求，兼採資料驅動與理論驅動的的觀點來進行分析，有更大的運用彈性，因此在學術與實務並重的研究領

域被廣為使用。

　　為了說明兩種迴歸分析策略的異同，我們以表 15.12 所提供的 60 位參與科學競賽活動的學生性別（D_1）、年齡（D_2）、賽前所蒐集的六項能力測驗得分資料、以及競賽總分（Y）來進行示範。能力測驗包含數理能力（X_1）、科學實作能力（X_2）、語文能力（X_3）、美術能力（X_4）、溝通能力（X_5）與社會人際能力（X_6）。主辦單位之所以納入能力變數的測量，是因為想要探討科學競賽表現優異者，是否因為具有特殊優異的認知能力或人際互動能力。

　　由表 15.12 的數據可以看出，各 IV 對於依變數的相關均十分明顯，其中有 X_2、X_5、X_6 三個變數與 DV（競賽成績）的相關達到 .80 以上。值得注意的是，除了美術能力與參賽成績的相關（r=.241，p=.064），以及美術能力與語文能力（X_3）之外的其他能力間相關未達顯著水準之外，其餘大多數 IV 間的相關係數均達顯著水準。IV 間的高度相關，透露出共線性的隱憂。例如：溝通能力與社會人際能力的相關高達 .951，顯示兩者幾乎是相同的得分趨勢。在後續的分析中，這些高度重疊性的多元共線性現象將影響結果的解釋。

15.4.2　同時迴歸

　　同時迴歸（simultaneous regression）的特性，是將所有的 IV 同時納入迴歸方程式當中來對於 DV 進行解釋分析。此時，整個迴歸分析僅保留一個包括全體 IV 的迴歸模型。除非 IV 間的共線性過高，否則每一個 IV 都會一直保留在模型中，即使對於 DV 的邊際解釋力沒有達到統計水準，也不會被排除在模型之外。也正因

→表 15.12　六十位科學競賽活動參賽者背景資料與各種測量數據

| 變數 | 平均數 | 標準差 | 相　　　關 | | | | | | | |
			D_1	D_2	X_1	X_2	X_3	X_4	X_5	X_6
D_1　性別	.43	.50	1.00							
D_2　年齡	17.18	1.39	-.203*	1.00						
X_1　數理能力	65.10	18.87	-.366*	.523*	1.00					
X_2　科學實作能力	71.55	18.67	-.365*	.682*	.784*	1.00				
X_3　語文能力	72.97	11.69	-.305*	.362*	.367*	.474*	1.00			
X_4　美術能力	70.10	12.23	.043	.069	.164	.197	.346*	1.00		
X_5　溝通能力	8.55	3.00	-.384*	.673*	.708*	.825*	.587*	.209	1.00	
X_6　社會人際能力	9.06	3.67	-.360*	.627*	.700*	.796*	.603*	.196	.951*	1.00
Y　競賽成績	54.10	14.10	.401*	.666*	.776*	.860*	.492*	.241	.858*	.849*

* p<.05

為所有的 IV 都同時放入模型中，因此 IV 之間是否具有過高的相關導致多元共線性的現象，是同時迴歸最需要檢視的問題。

如果 IV 之間沒有過高的相關係數，研究者可以直接進行多元迴歸，計算迴歸模型的整體解釋力與顯著性考驗，並檢視共線性指標的狀況，如表 15.13 的模型摘要與參數估計結果。

由 R^2=.841 可以看出，整個模型可以解釋依變數 84.1% 的變異量。如果考慮模型簡效性，$adjR^2$ 亦有 .816，解釋力仍然非常高，表示這些能力指標與人口變數確實能夠解釋參賽者的表現。進一步檢視各 IV 的個別解釋力，發現只有「科學實作能力」具有統計意義，b=0.257，$t_{(51)}$=2.48，p=.017 < α=.05，其他各 IV 的解釋力則未達顯著水準。值得注意的是，「社會人際能力」的標準化迴歸係數 b'=.310（$t_{(51)}$=1.65，p=.105）雖然高於「科學實作能力」的 b'=0.298，但是未達顯著水準。很明顯的，「社會人際能力」的 t 值未達顯著水準，可能是因為標準誤過大，這就是共線性所造成的問題。如果檢查標準誤的數值，可以發現「科學實作能力」的迴歸係數標準誤 s_b=.10，但是「社會人際能力」的 s_b=.82，大了 8 倍，另外「溝通能力」的 s_b=1.08 也很大，顯示這兩個變數的標準誤「膨脹了」。從「溝通能力」與「社會人際能力」的相關高達 .951，允差分別為 .08 與 .09，VIF 值達到 13.02 與 11.27，顯示這兩個 IV 具有高度共線性。此時我們可以檢討是否需要同時使用這兩個 IV 來解釋 DV，如果只取其中一個，就不會發生共線性問題。或者利用預測型迴歸來解決這個問題。

→表 15.13　科學競賽資料的同時迴歸估計結果與模型摘要

DV＝競賽成績	未標準化係數		Beta	t	p	共線性	
	b	se				允差	VIF
(常數)	−12.774	15.31		−.84	.408		
D_1 性別	−2.398	2.05	−.074	−1.17	.247	.78	1.29
D_2 年齡	1.169	.94	.101	1.24	.220	.48	2.11
X_1 數理能力	0.146	.08	.172	1.84	.072	.36	2.80
X_2 科學實作能力	0.257	.10	.298	2.48	.017	.22	4.63
X_3 語文能力	−0.074	.10	−.053	−.71	.480	.55	1.80
X_4 美術能力	0.111	.08	.084	1.37	.177	.83	1.21
X_5 溝通能力	0.606	1.08	.113	.56	.578	.08	13.02
X_6 社會人際能力	1.360	.82	.310	1.65	.105	.09	11.27
整體模型	R^2 = .841　$adj\ R^2$ = .816 $F(8,51)$ = 33.628（p<.001）						

總結同時迴歸分析得到的結果發現，能夠對於競賽總分進行解釋的預測變數只有一個，即「科學實作能力」，其他各 IV 的邊際解釋力並沒有統計顯著性。最終方程式如下：

$$\hat{Y} = -2.40D_1 + 1.17D_2 + .15X_1 + .26X_2 - .07X_3 + .11X_4 + .61X_5 + 1.36X_6 - 12.77$$

15.4.3 逐步迴歸

逐步迴歸（stepwise regression）是以預測為目的的探索性分析。其原理是由各 IV 對於 DV 的解釋力相關高低來決定 IV 是否進入迴歸模型或淘汰出局，最後得到一個以最少 IV 解釋最多依變數變異量的最佳迴歸模型。依照其逐步分析方式，又可區分為向前法、向後法與往復法。

向前法（forward）的逐步迴歸策略是以各 IV 中與 DV 相關最高者首先被選入，其次依序選入剩餘 IV 與 DV 有最大偏相關者，也就是能夠增加最多的解釋力（R^2）的 IV。表 15.14 列出了本範例的向前逐步分析的結果。其中與 DV 相關最高者第一個 IV 是「科學實作能力」（r=.860），因此首先被選入（模式 1）。此時，模型外尚有七個 IV 沒被選入，各 IV 與 DV 的偏相關（排除其他自變數的效果）以 X_6「社會人際能力」的 .533（t=4.76，p<.001）最高，因此是第二個被選入模型的變數。第二個 IV 被選入後，X_1「數理能力」的偏相關（.260）顯著性（.049）小於 .05，因此成為第三個被納入的變數。此時，模式外五個變數的偏相關係數均未達到 .05 顯著水準，因此選擇變數程序終止，留下最佳預測力的三個 IV 於方程式中。

向後法（backward）的原理與向前法恰好相反，是先將所有的 IV 投入迴歸模型，再將最沒有預測力的 IV（t 值最小者）依序排除，也就是各 IV 對依變數的淨解釋力顯著性考驗未能達到研究者所設定的顯著水準者（例如：p=.10），依序加以排除，以得到最佳的方程式。

向前法與向後法兩種策略加以整合即為往復法，首先是依據向前法的原理，將與 DV 相關最高的 IV 納入，但如果後續納入 IV 造成原先納入的 IV 變成不顯著，則會被排除於模型外。依循此一原理進行反覆的納入／排除變數的檢驗，直到沒有任何變數可被選入或排除之時，即得到最後的模型。

以本範例來說，不論是以向前法、向後法、往復法，得到的結果都相同，最佳方程式包含有 X_1、X_2、X_6 三個 IV，可以解釋依變數變異的 82.6%（R^2=.826），迴歸方程式如下：

$$\hat{Y} = .33X_2 + 1.80X_6 + .16X_1 + 3.59$$

→**表 15.14**　逐步迴歸的向前法所得到的參數估計結果

模型內的變數		b	標準誤	Beta	t	p
模型 1	($R^2 = .739$)					
X_2	科學實作能力	.74	.06	.860	12.81	<.001
模型 2	($R^2 = .813$)					
X_2	科學實作能力	.43	.08	.502	5.31	<.001
X_6	社會人際能力	1.97	.41	.450	4.76	<.001
模型 3	($R^2 = .826$)					
X_2	科學實作能力	.33	.09	.387	3.58	.001
X_6	社會人際能力	1.80	.41	.412	4.38	<.001
X_1	數理能力	.16	.08	.185	2.02	.049
排除的變數		**偏相關**		b'	t	p
模型 1	性別	-.185		-.101	-1.418	.162
	年齡	.213		.149	1.645	.105
	數理能力	.323		.266	2.579	.012
	語文能力	.189		.110	1.456	.151
	美術能力	.143		.074	1.089	.281
	溝通能力	.516		.466	4.549	<.001
	社會人際能力	.533		.450	4.761	<.001
模型 2	性別	-.142		-.066	-1.072	.288
	年齡	.134		.081	1.012	.316
	數理能力	.260		.185	2.016	.049
	語文能力	-.048		-.026	-.357	.722
	美術能力	.127		.056	.960	.341
	溝通能力	.132		.198	.995	.324
模型 3	性別	-.116		-.053	-.868	.389
	年齡	.157		.091	1.179	.243
	語文能力	-.021		-.011	-.158	.875
	美術能力	.131		.056	.981	.331
	溝通能力	.135		.196	1.011	.317

15.4.4　階層迴歸

　　階層迴歸（hierarchical regression）也是一種區分成多個步驟，「逐步依序」來進行迴歸分析。所不同的是，逐步迴歸分析的進入模型，是由偏相關係數大小作為 IV 是否取捨的依據，階層迴歸分析則由研究者基於理論或研究的需要，將 IV 區分成不同區組（block）逐層投入模型，來判定 IV 的解釋力狀況。因此，階層迴歸分析最重要的工作是決定變數的階層關係。變數間的關係如何安排，必須從文獻、理論、或現象上的合理性來考量，也就是必須要有理論根據，而不是研究者可以任意為之，或任由電腦決定。

以前述的範例來看，我們可將「年齡」與「性別」變數視為「人口變數」區組，而「溝通能力」與「社會人際能力」與人際互動有關的 IV 視為同一個「社會能力」區組，其他與認知能力有關的 IV 視為「認知能力」區組。由於「人口變數」發生於最先，一般均以第一個區組處理之，「認知能力」可能因為「人口變數」的影響而有個別差異，因此將其視為第二個區組，在「人口變數」投入後再進入模型，使得「人口變數」的差異可以最先獲得控制，最後，「社會能力」區組最後投入，因為此一區組最可能受到人口與認知能力的影響，因此應該著重於邊際解釋力的探討。至於各區組內，各 IV 的進入順序以同時迴歸法來分析，結果列於表 15.15。

由表 15.15 可知，第一個區組「人口變數」對於 DV 具有顯著的解釋力，R^2=.517，$F_{(2,57)}$=30.55, p<.001。兩個 IV 能夠解釋 DV 變異的 51.7%。「性別」的個別解釋力 b'=−.278（$t_{(57)}$=−2.96, p<.01），「年齡」為 .610（$t_{(57)}$=6.49, p<.001），「年齡」對於依變數的解釋力大於「性別」。性別變數係數的負號表示性別數值越高（男）者，參賽成績越低。

第二個「認知能力」區組投入模型後，模型解釋力達到 R^2=.797，$F_{(6,53)}$=34.588 (p<.001)。區組解釋力 ΔR^2=.279，$F\ change_{(4,53)}$=18.186（p<.001），顯示此一區組投入能夠有效提升模型解釋力，亦即在控制了「人口變數」的影響下，「認知能力」變數能夠額外「貢獻」27.9% 的解釋力。四個 IV 當中，以「科學實作能力」的貢獻程度最大，b'=.472（$t_{(53)}$=3.89, p<.001），其次為「數理能力」的 .251（$t_{(53)}$=2.49, p<.05），顯示認知能力區組的貢獻，主要是由「科學實作能力」與「數理能力」所創造。

到了第三階段，「社會能力」區組對於 DV 的解釋力增量為 ΔR^2=.044，$F\ change_{(6,51)}$=7.051(p<.01)，具有統計意義，顯示人際互動能力區組的投入能夠有效提升模型解釋力，使全體模型的解釋力達到 .841，$F_{(8,51)}$=33.628, p<.001。但是，「溝通能力」與「社會人際能力」兩者個別淨解釋力未達顯著水準，但是人際互動能力區組的解釋力增量 ΔR^2=.044 卻達顯著水準。此一區組解釋力達顯著但個別變數解釋力不顯著的矛盾現象，是因為兩個 IV 之間具有高度共線性使然。

最後一個區組納入方程式後，所有 IV 全部包含在迴歸方程式中，此時得到的結果完全等同於同時迴歸法，也就是所有的變數同時進入迴歸模型。由此可知，同時迴歸法是階層迴歸法的一個特殊狀況。

→**表 15.15**　階層迴歸各區組模型摘要與參數估計結果

模型內的變數		區組一（人口變數）			區組二（認知能力）			區組三（社會能力）		
		b'	t	p	b'	t	p	b'	t	p
自變數	D_1 性別	−.278	−2.96	.005	−.088	−1.26	.214	−.074	−1.17	.247
	D_2 年齡	.610	6.49	<.001	.167	1.94	.058	.101	1.24	.220
	X_1 數理能力				.251	2.49	.016	.172	1.84	.072
	X_2 科學實作能力				.472	3.89	<.001	.298	2.48	.017
	X_3 語文能力				.063	.83	.412	−.053	−.71	.480
	X_4 美術能力				.077	1.14	.261	.084	1.37	.177
	X_5 溝通能力							.113	.56	.578
	X_6 社會人際能力							.310	1.65	.105
模型摘要	R^2	.517			.797			.841		
	F	30.55			34.588			33.628		
	P	<.001			<.001			<.001		
	ΔR^2	.517			.279			.044		
	F change	30.55			18.186			7.051		
	p of F change	<.001			<.001			.002		

15.4.5　三種迴歸方法的比較

　　由前述的原理與分析實例可以看出，解釋型迴歸所重視的是研究者所提出的 IV 是否具有解釋力，以及參數的相對重要性的比較。至於迴歸方程式本身，以及分數的預測，並不是研究的焦點。更具體來說，解釋型迴歸的每一個 IV 都是研究者經過深思熟慮，或是基於理論檢視所提出的重要變數，不重要的或無關的 IV 都盡可能省略，以減少不必要的混淆。因此，在多元迴歸模型建立上，多採同時分析法來檢驗各變數的關係，如果採用的是逐步分析法，則有違解釋型迴歸分析以全體 IV 相互比較與複雜關係探究的初衷。

　　解釋型迴歸的另一個特性對於共線性問題非常敏感。因為共線性問題除了反映 IV 概念可能存在混淆關係，也影響了每一個 IV 對於依變數解釋力的估計。相對的，預測型迴歸則將共線性問題交由逐步分析來克服，而不作理論上的討論。這就是為什麼學術上的迴歸分析多為同時分析法或階層分析法，而實務上的迴歸應用則多採逐步迴歸法。

　　最後，階層迴歸可以說是彈性最大、最具有理論與實務意義的迴歸分析程序。由於變數的投入與否可以由研究者基於理論或研究需要來決定，反映了階層迴歸在本質上是一種驗證性的技術，而非探索性的方法。在科學研究上，有其獨特的價值

與重要性。從技術層次來看，階層法能夠將 IV 以分層來處理，如果結合同時進入法，適合於學術性的研究來決定一組 IV 的重要性；如果結合逐步法，則類似於預測型迴歸分析，可用於分層來決定最佳模型。由此可知，階層迴歸是一種整合性的多層次分析策略，兼具統計決定與理論決定的變數選擇程序，是一種彈性很大的迴歸分析策略。

EXCEL 電腦小精靈

一、如何使用 EXCEL 來執行多元迴歸

■建立資料檔案

	A	B	C	D	E
1	ID	X1	X2	Y	
2	1	3	1	1.5	
3	2	5	7	3.4	
4	3	4	4	2.2	
5	4	6	5	3.63	
6	5	2	2	1.6	
7	6	4	4	2.5	
8	7	5	8	3	
9	8	8	6	4.5	
10	9	7	5	4.4	
11	10	5	9	3.9	
12					
13					

工作表1 RESULT ⊕

就緒

■打開資料分析對話框，選擇「迴歸」

■決定分析內容與條件

1. 選擇Y範圍：利用滑鼠框選包含依變數名稱與資料的欄位

2. 選擇X範圍：利用滑鼠框選包含每一個自變數名稱與資料的欄位

3. 選擇標記：因為選擇X與Y變數時第一列為變數名稱，因此必須勾選

4. 選擇殘差：勾選殘差可獲得每一個觀察值的殘差資料與圖示

■得出結果

摘要輸出

迴歸統計	
R 的倍數	0.968154
R 平方	0.937322
調整的 R	0.919414
標準誤	0.308618
觀察值個數	10

ANOVA

	自由度	SS	MS	F	顯著值
迴歸	2	9.970495	4.985247	52.3413	6.16E-05
殘差	7	0.666715	0.095245		
總和	9	10.63721			

	係數	標準誤	t 統計	P-值	下限 95%	上限 95%	下限 95.0%	上限 95.0%
截距	0.106803	0.304979	0.350197	0.736492	-0.61436	0.827963	-0.61436	0.827963
X1	0.480367	0.06847	7.015759	0.000209	0.318462	0.642272	0.318462	0.642272
X2	0.118118	0.048797	2.420604	0.046051	0.002732	0.233504	0.002732	0.233504

二、如何使用 EXCEL 來執行多項式迴歸

■建立資料檔案

X_1為一次項，必須另外自行創造一個二次項X_2

	A	B	C	D
1	員工編號	X1	X2	Y
2	1	7	49	20
3	2	6	36	25
4	3	3	9	36
5	4	4	16	35
6	5	4	16	42
7	6	7	49	22
8	7	2	4	30
9	8	5	25	41
10	9	4	16	38
11	10	3	9	40

■打開資料分析對話框，選擇《迴歸》

■決定分析內容與條件

1. 選擇Y範圍：利用滑鼠框選依變數名稱與資料的欄位（D欄）

2. 選擇X範圍：利用滑鼠框選一次項與二次項的名稱與資料的欄位（B與C欄）

3. 選擇標記：因為選擇各變數時第一列為變數名稱，因此必須勾選

4. 選擇殘差：勾選殘差可獲得每一個觀察值的殘差資料與圖示

■得出結果（參考第 15.3.2 節的解釋說明）

摘要輸出

迴歸統計	
R 的倍數	0.923
R 平方	0.852
調整的 R 平方	0.809
標準誤	3.551
觀察值個數	10

ANOVA

	自由度	SS	MS	F	顯著值
迴歸	2	506.655	253.328	20.095	0.001
殘差	7	88.245	12.606		
總和	9	594.9			

	係數	標準誤	t 統計	P-值	下限 95%	上限 95%
截距	6.474	9.810	0.660	0.530	-16.722	29.671
X1	16.395	4.500	3.643	0.008	5.754	27.035
X2	-2.068	0.470	-4.395	0.003	-3.180	-0.955

本章重要概念

多元迴歸 multiple regression

多元相關 multiple correlation

調整 R^2 adjusted R^2

嵌套模型 nested model

解釋增量 incremental explained variance

邊際解釋量 marginal explained variance

多元共線性 multicollinearity

容忍值 tolerance

變異數膨脹因素 variance inflation factor

多項式迴歸 polynomial regression

曲線迴歸 curvilinear regression

二次方程式 quadratic equation

曲率 curvature

逐步迴歸 stepwise regression

同時迴歸 simultaneous regression

階層迴歸 hierarchical regression

課後習作

一、辯論比賽的完整資料除了個人成績 (0-10 分) 之外，還包括學校、性別 (女記為 0；男記為 1)、辯手次序、經驗、網路票選受歡迎程度 (0-10 分) 等各種資訊，數據如第一個表，其中最後一個欄位是以 X_1 至 X_4 四個變數去預測個人成績的迴歸分析預測值 $(\hat{Y})$，迴歸分析結果如次表。請回答下列問題：

ID	性別 (X_1) Gender	辯手次序 (X_2) Order	經驗 (X_3) Exper	網路票 (X_4) Internet	個人成績 (Y) Score	成績預測 ($\hat{Y}$) Score_pre
1	0	1	5	7	10	9.91
2	0	2	4	6	7	8.90
3	1	3	6	9	10	9.80
4	1	1	1	4	3	3.83
5	1	2	0	3	3	2.82
6	0	3	2	9	6	5.99
7	0	1	3	5	9	7.63
8	1	2	3	4	7	6.55
9	0	3	3	7	8	7.58
平均數	0.44	2.00	3.00	6.00	7.00	7.00
標準差	0.53	0.87	1.87	2.18	2.65	2.48

	未標準化係數					共線性診斷	
	估計值	標準誤	b'	t	p	允差	VIF
(常數)	4.374	1.687		2.593	.061		
性別	−1.359	1.050	−.271	−1.295	.265	.68	1.47
辯手次序	.129	.771	.042	.168	.875	.46	2.15
經驗	1.293	.350	.914	3.694	.021	.48	2.07
網路票選	−.151	.425	−.125	−.356	.74	.24	4.14
模型	$R^2 = .881$，$adjR^2 = .763$，$s_e = 1.288$，$F_{(4,4)} = 7.434$，$p = .039$						

1. 根據四個自變數去預測個人成績的迴歸結果數據，列出迴歸方程式。

2. 請指出解釋力最強與最弱的自變數？請解釋你是如何判斷的。

3. 請說明哪一個自變數對於個人成績的影響具有統計意義，請解釋你是如何判斷的。

4. 請說明標準化迴歸係數是如何計算得出，請舉一例說明，並說明標準化與未標準化係數的解釋方式有何不同。

5. 請比較模型解釋力 R^2 與 $adjR^2$ 的數值與意義的差異。

6. 請利用迴歸分析整理表當中的資訊來整理得出 F 檢定的摘要表。

7. 請說明迴歸模型的 F 檢定量的自由度數值為何為 (4,4)？

8. 請找出九位參賽者中，迴歸預測得到的殘差最小與最大者，並比較這兩個殘差值的大小意義。

9. 請說明共線性診斷中的允差與 VIF 的用途，並指出哪一個自變數問題最大。

10. 如果某位網路歡迎度滿分但是先前毫無打辯論賽經驗的女生擔任結辯，她的個人成績預測值會是多少。

二、利用辯論比賽的完整資料可以建立一個迴歸模型去預測個人成績，但是建立方式有同時法、逐步法或階層法等不同形式。如果用階層法，將性別與經驗視為第一個區塊，將辯次與網路票選作為第二個區塊，進行分析後得到下列結果。請回答下列問題：

		未標準化係數		b'	t	p	共線性診斷	
		估計值	標準誤				允差	VIF
模型一	(常數)	3.912	0.857		4.563	.004		
	性別	−1.168	0.742	−.233	−1.573	.167	.936	1.069
	經驗	1.202	0.209	.850	5.748	.001	.936	1.069
	$R^2 = .877$，$adjR^2 = .836$，$s_e = 1.071$，$F_{(2,4)} = 21.426$，$p = .002$							
模型二	(常數)	4.374	1.687		2.593	.061		
	性別	−1.359	1.050	−.271	−1.295	.265	.678	1.475
	經驗	1.293	0.350	.914	3.694	.021	.484	2.067
	辯手次序	0.129	0.771	.042	0.168	.875	.465	2.151
	網路票選	−0.151	0.425	−.125	−0.356	.740	.242	4.140
	$R^2 = .881$，$adjR^2 = .763$，$s_e = 1.288$，$F_{(4,4)} = 7.434$，$p = .039$							
模型改變		$\Delta R^2 = .004$，$F\ change_{(2,4)} = 0.072$，$p = .932$						

1. 模型一與模型二各有哪些自變數？

2. 表格中的模型改變是什麼意思？試說明之。

3. 對於性別與經驗兩個自變數，在兩個模型中的解釋力出現差異，請問代表什麼意思？試說明之。

時間序列分析

16.1　前言

　　前面各章所討論的各種統計分析，所處理的資料型態都是靜態的數據，與時間的變化沒有什麼關係，但是日常生活中我們所關心的資料，可能會隨著年度而變（例如：每年全國人口數、經濟成長率）或隨月分季節而變（例如：每一個月的網站點擊數、每一季的產品銷售量），此時用傳統的橫斷資料分析（cross-sectional data analysis）無法有效處理隨時間變動的資料，此時需要採用縱貫資料分析（longitudinal data analysis）來協助我們進行統計分析與決策。

　　以臺灣近年來最令人關注的社會問題之一：少子化為例，由圖 16.1 中，我們可以很清楚的看到，過去 50 年來臺灣地區出生率一路下降，從最高峰 1975 年的 25.93 快速下降至 1986 年的 15.93，維持一陣子平緩後又逐步下降，死亡率則維持平緩微幅增加，從 1971 年的 4.78 增至 2020 年的 7.34。到了 2010 年適逢虎年與金融風暴，出生率曾經降到谷底低點 7.21，隨後出現反彈，但是到了 2020 年達到歷史低點 7.01，甚至低於死亡率的 7.34，首度出現人口負成長的曲線交叉，人口自然增加轉為負 0.8 萬人，讓媒體所稱之「消失中的臺灣人」不再是危言聳聽，成為最真實的國安危機……。

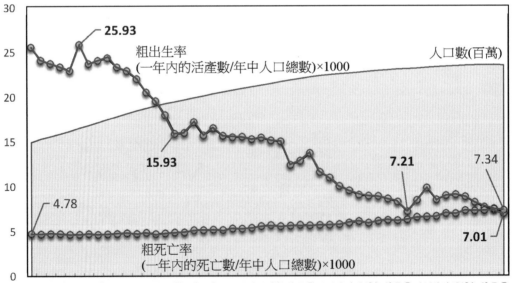

（資料來源：內政部戶政司 http://www.ris.gov.tw/zh_TW/346）

圖 16.1　臺灣地區過去50年來人口變化趨勢圖

前面所舉出的人口數目變動的例子，在統計學上稱為時間序列資料（time-series data），圖 16.1 當中，不論是出生率、死亡率或人口數，都是對於某一個觀察對象（臺灣地區）的某一個變數隨時間遞增的線形圖，這種資料可以透過本章所介紹的統計方法來進行變動趨勢的分析。此外，股市中不同公司每一天股票價格的變動、中央銀行每天發布各國的匯率資料、政府高層關心世界各國的經濟成長率等等，這些資料涉及了多個觀察對象（不同公司或國家）的某一個變數隨時間變動的趨勢，稱為縱橫面資料（panel data），則是經濟學家與財務金融專家更常使用的縱貫分析方法。本章將簡單介紹時間序列分析的概念與方法，並討論當資料當中帶有循環變動（隨季節或月分循環變化）的分析策略，以便銜接未來可能會遇到的各種更複雜的時間性數據的縱貫資料分析。

16.2　時間序列分析的基本特性

所謂時間序列（time series），是指依照事件或觀察值發生時間的先後次序的資料序列，而時間序列分析就是用來分析具有時間序列性質數據的統計方法。雖然時間序列資料看來只有一個變數（例如：出生率、股價、匯率等等），但是由於資料會隨時間而變，因此時間序列分析至少帶有兩個變數：被研究者記錄或觀察的變數可視為 DV（置於 Y 軸），而時間變數則為 IV（置於 X 軸），兩個連續變數的數值可以利用圖 16.1 的二維平面圖來呈現資料變動的狀態，也可以利用一個線性方程式來描述兩者的關係：

$$Y = f(t) = b_0 + b_1 T \tag{16-1}$$

如果對照第 14 章，可以發現公式 16-1 與公式 14-1 非常相似，唯一的不同是把第 14 章的自變數 X 改成本章的 T。也就是說，時間序列分析所使用的統計模型與迴歸分析有密切的關係，更具體來說，時間序列的趨勢分析就是以時間為 IV 的迴歸模型。

16.2.1　時間序列資料的特性

時間序列分析的最主要特色，是利用歷史資料（historical data）來描述資料變動的狀態，進而對於未來事件做出預測（forecast），提供決策的依據。時間序列觀察單位可以是年、季、月等觀察時間間隔較長的低頻資料（low frequency data）或週、日、時、分、秒等觀察時間間隔較短的高頻資料（high frequency data），具

有下列特性：

1. **觀察間距相等（equal time-interval）**：時間序列資料顧名思義，必須具有相等的時間觀察間隔，才能進行有效的分析。不同觀察單位之間也需要採相同的間距單位才能進行比較。因此，時間序列資料分析必須清楚說明觀察時間的間隔，或是定義明確的觀察間距以利判斷。例如：股票的「月」線是30天交易日的平均價格，不含休市日與週末例假，而不是哪一個月的30或31天的平均價格。

2. **觀察次序固定（fixed sequence）**：時間序列的觀察資料隨時間增加而變動，觀察值的先後次序無法改變，不可任意變更。觀察資料之間的間隔期數（lag）具有固定的間隔單位與倍率關係，也具有固定的前後次序。

3. **時間為自變數（time as an independent variable）**：時間序列分析所建立的模型，多以時間變數作為影響其他觀察現象的原因，因此時間變數為自變數，資料的0點或基準點可能在第一波測量、最後一波、或平移至任何一波（例如：消費者物價指數以民國110年為基準點）。被觀察的現象為依變數，其資料型態可為總數、平均數、比例（百分比）、機率或指數（index）等。

4. **觀察值具有相關（correlated observations）**：時間序列資料隨著時間而增減變動，因此被觀測的變數資料前後多具有相關，時間間隔越短的觀察值相關越高，時間間隔越遠相關越低。因此時間序列資料多無法滿足各觀察值彼此獨立的假設。

5. **資料的整合與拆解（data integration and decomposition）**：受時間變化所影響的時間序列現象通常是許多元素的組合，因此有意義的時間序列資料通常必須依照學理或實務需要進行資料的整合，才有分析的價值，例如：人口增加率是由出生率與死亡率兩者定義而成。反過來說，有些時間序列資料本身是一組現象的組合，必須依其組成成分進行分解後所進行的時間序列分析才能看出特定變動趨勢，例如：公司年度銷售業績資料是不同產品或不同通路的總和，如果沒有進行拆解，無法看出各產品或通路下的時間序列變動趨勢。

6. **資料的轉換與調整（data transformation and adjustment）**：時間序列資料隨時間變動的程度有時會有特殊的函數形式（例如：等比級數增減），如果要以線性模型進行分析，或者是為了讓某些統計量符合常態分配的機率密度，必須將資料進行數學轉換，例如：取對數或取倒數。另外，由於時間序列資料通常會受到其他時間相關因素的干擾，必須適當的加以調整才能反映真實意義，例如：20年前與20年後的牛肉麵價格無法直接相比，因為物價水準不同，因此必

須將麵食價格除以物價指數後來進行分析。或是今天的耗電量當然比幾十年前來的高，主要是因為用電人口增加，此時以耗電量除以人口數所得到的每人平均耗電量才適合進行時間序列分析。

16.2.2　時間序列資料的組成成分

受時間變動所影響的資料組成主要有長期趨勢、循環變動、季節變動、不規則變動等幾種成分，如圖 16.2 所示。不同的分析模型所著重的成分各有不同。

1. **長期趨勢（secular trend; T）**：隨著時間變動的平滑化長期趨勢。可由迴歸方程式來表達。例如：臺灣人口結構當中出生率逐年降低的少子化現象。

2. **循環變動（cyclical variation; C）**：觀察值在時間序列中超過一年以上的循環性上下變動。例如：市場景氣的循環性波動。循環週期的一開始多為正向成長，稱為擴張（expansion），到了高點時則為高峰（peak），接著開始衰退（recession），最終到達谷底（tough），然後開始新的循環。

3. **季節變動（seasonal variation; S）**：觀察值在時間序列中一年以內隨季節變化的循環變動。例如：不同產業在一年間的第一至第四季當中所存在的淡季與旺季的業績變動。

4. **不規則波動（irregular fluctuation; I）**：非特定週期性循環或長期性的不規則變動，在分析時又可分為偶發事件（episodic）或殘差（residual）。偶發事件雖然是由不可預期的影響因素所造成，但是可以從資料中辨識出來，例如：特定天災、政治或其他意外因素導致的觀察值變動，相對之下，殘差不僅無法預

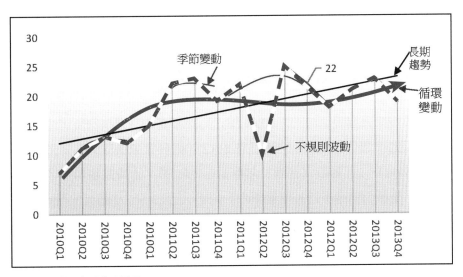

圖 16.2　四種時間序列成分圖示

測，也無法從資料中辨識，是一種隨機造成的波動。

由於時間序列資料帶有 T、S、C、I 這四種可能的成分，因此時間序列觀察值可以下列兩種方式組成時間序列模型：相加模型（additive model）與相乘模型（multiplication model），如公式 16-2 與 16-3 所示。

$$相加模型：Y = T + C + S + I \tag{16-2}$$

$$相乘模型：Y = T \times C \times S \times I \tag{16-3}$$

相加模型的基本主張，是認為觀察資料的變動是由四種成分累積而成，每一個成分皆可使用原始的度量單位來反映其影響力的方向與強度大小，例如：$S>0$ 表示季節對於觀察值有正向的影響而拉高分數，$I<0$ 表示觀察分數受到隨機因素而降低。換言之，相加模型必須假設時間資料可拆解成四個獨立的部分。但是在實務上，這四個部分並非獨立不相互影響，因此在一些經濟活動的解釋與預測上採相加模型並不理想。

相對之下，以相乘模型的概念所組成的時間序列觀察資料則假設 T、S、C、I 四種成分彼此相依互有影響，四者的乘積形成了時間序列觀察值的高低起伏。公式 16-3 當中除了趨勢 T 必須使用原始單位來反映之外，S、C、I 三個成分則可用比率（或百分比）來反映其影響力。當 S、C、I 三者數值大於 1，表示相對效果高於時間趨勢，造成觀察值上升，反之，當 S、C、I 三者數值小於 1，表示相對效果低於時間趨勢，將造成觀察值下降。

假設某家電腦製造廠商 2012 年第四季的營業收入為 22 億元，四個組成成分分別為 T=20.04 億元、C=0.95、S=0.8、I=1.4，則其營業收入以相乘模型組合得出為：

$$Y = T \times C \times S \times I = 20.04 \times 0.95 \times 0.8 \times 1.4 = 22（億元）$$

以相乘模型來分解說明時，T=20.04 億元為該廠商的長期趨勢所可能創造的營業收入（以迴歸模型估計所得），但是在 2012 年處於景氣循環的下降階段（只達長期趨勢的 95%），且第四季時處於年度當中的淡季（比長期趨勢少了 20%），不規則變動之隨機因素則僅達長期趨勢的 1.4 倍，因而創造 22 億元的營業收入。

16.3　平滑法

雖然時間序列的數據可以從趨勢、循環、季節與隨機等四個向度來描述，但是對於時間序列資料的解釋與描述，最直接的方法是進行平滑化（smoothing method），降低時間造成的各項波動，藉以觀察時間序列的發展趨勢。常用的平滑化包括移動平均法、加權移動平均法、指數平滑法，依序介紹於後。

16.3.1　移動平均法

移動平均法（moving average method）是描述時間序列資料最基本的方法。其原理就如同一般的描述統計對於一群觀察值的平均值的計算，將隨時間變動的觀察值求取固定區間的平均數（又稱為平滑值）後加以串聯，如此一來可將循環或季節變動平滑化而看出一個變動的趨勢，藉以進行推估或預測。

表 16.1 是一個模擬的時間序列觀察值，資料內容是模擬某建商在 2001 至 2020 年間的豪宅銷售量（戶）。移動平均數的計算是將一系列觀察值依序排列後，取 M 期時間序列（例如：三、五、七期）的前後相連觀察值計算平均數之後加以串聯而得，如果是年度的資料，稱為三、五或七年移動平均數（3MA、5MA、7MA），如果是按日蒐集的資料，多以七日為單位，求取七日移動平均數，如果是第一至第四季的季度時間序列資料，則取四個前後相連的四季移動平均數（4MA）。

基本上，移動平均數就是各期的預測值，期數 M 多取單數週期，所得到的平均數稱為最中間一期的移動平均（平滑值）。例如：表 16.1 當中的第一個三年移動平均數是 2002 年的 4 戶，第二個三年移動平均數是 2003 年 5.67 戶。第一個五年移動平均數是 2003 年的 6.4，第二個五年移動平均數是 2004 年的 7.6。當納入計算的期數越多，平均數越接近，移動平均越趨於平滑。

如果期數為偶數，例如：季度的移動平均數，取連續四季的平均數後無法指明是哪一個季度的移動平均，因此必須再就居中的兩相鄰平均數的平均，求得中心化四季移動平均數（centered seasonal moving average），作為特定期的移動平均數，如表 16.2 所示範的某冰品在 2007 至 2020 年間各季的銷售量時間序列資料。

以 2017 為例，四季觀察值分別為 4、6、10、9，求得平均數為 7.25，此一平均數（4MA）落於 2017 的 Q2 與 Q3 中間，此時續求下一個平均數（7.50）後，求取兩者的平均 (7.25+7.5)÷2=7.38，得到 2017Q3 的中心化移動平均（c4MA）為 7.38，依此類推。

→表 16.1　模擬的2001-2020年豪宅銷售量之時間序列觀察值的移動平均數

T	Year	銷售量（Y）	三年移動總和	三年移動平均（3MA）	五年移動總和	五年移動平均（5MA）
1	2001	4				
2	2002	2	12	4.000		
3	2003	6	17	5.667	32	6.4
4	2004	9	26	8.667	38	7.6
5	2005	11	30	10.000	44	8.8
6	2006	10	29	9.667	50	10.0
7	2007	8	30	10.000	55	11.0
8	2008	12	34	11.333	61	12.2
9	2009	14	43	14.333	65	13.0
10	2010	17	45	15.000	67	13.4
11	2011	14	41	13.667	68	13.6
12	2012	10	37	12.333	70	14.0
13	2013	13	39	13.000	74	14.8
14	2014	16	50	16.667	77	15.4
15	2015	21	54	18.000	82	16.4
16	2016	17	53	17.667	87	17.4
17	2017	15	50	16.667	93	18.6
18	2018	18	55	18.333	93	18.6
19	2019	22	61	20.333		
20	2020	21				

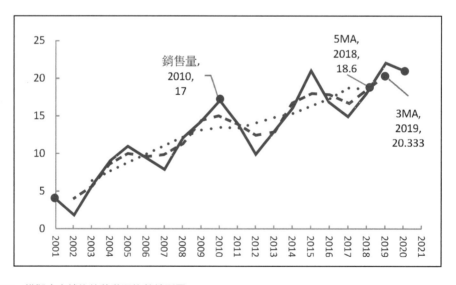

圖 16.3　模擬豪宅銷售的移動平均數線形圖

→**表 16.2** 冰品銷售的季度時間序列觀察值的移動平均數

年	季	銷售量	四季移動平均（4MA）	中心化四季移動平均（c4MA）
2017	Q1	4		
2017	Q2	6	7.25	
2017	Q3	10	7.50	7.38
2017	Q4	9	8.00	7.75
2018	Q1	5	9.25	8.63
2018	Q2	8	9.50	9.38
2018	Q3	15	10.00	9.75
2018	Q4	10	10.00	10.00
2019	Q1	7	9.25	9.63
2019	Q2	8	9.25	9.25
2019	Q3	12	9.75	9.50
2019	Q4	10	12.00	10.88
2020	Q1	9	14.00	13.00
2020	Q2	17	15.25	14.63
2020	Q3	20		
2020	Q4	15		

16.3.2 加權移動平均法

前面所介紹的移動平均法，係將各期觀察值直接相加後除以期數求得，計算過程中，各觀察值的比重相同，此時如果想要對特定期數的觀察值進行加權，只需要指定一個權數，以加權平均數的形式，即可計算出加權移動平均數（weighted moving average method）。

例如：建商銷售部門的分析師可能會認為表 16.1 的數據在計算豪宅銷售量的三年移動平均數時，越遠的觀察值越不重要，越近的觀察值越重要，因此將三年度的觀察值乘以 .2、.3、.5 三個權數，權數和為 1，求得三年加權移動平均數（w3MA），如表 16.3 所示。加權後的平均數會更接近權數最大的觀察值，使得移動平均數的變化趨勢越能反映權數最大者的變動狀態（以本範例而言為越後期的銷售量）。

→表 16.3　模擬的豪宅銷售量三年移動平均數與加權移動平均數

年度	銷售量 （Y）	三年移動平均 （3MA）	三年加權移動平均 （w3MA）
2001	4		
2002	2	4.00	0.2×4+0.3×2+0.5×6= 4.4
2003	6	5.67	0.2×2+0.3×6+0.5×9= 6.7
2004	9	8.67	0.2×6+0.3×9+0.5×11= 9.4
2005	11	10.00	0.2×9+0.3×11+0.5×10=10.1
2006	10	9.67	0.2×11+0.3×10+0.5×8= 9.2
2007	8	10.00	0.2×10+0.3×8+0.5×12=10.4
2008	12	11.33	0.2× 8+0.3×12+0.5×14=12.2
2009	14	14.33	0.2×12+0.3×14+0.5×17=15.1
2010	17	15.00	0.2×14+0.3×17+0.5×14=14.9
2011	14	13.67	0.2×17+0.3×14+0.5×10=12.6
2012	10	12.33	0.2×14+0.3×10+0.5×13=12.3
2013	13	13.00	0.2×10+0.3×13+0.5×16=13.9
2014	16	16.67	0.2×13+0.3×16+0.5×21=17.9
2015	21	18.00	0.2×16+0.3×21+0.5×17=18.0
2016	17	17.67	0.2×21+0.3×17+0.5×15=16.8
2017	15	16.67	0.2×17+0.3×15+0.5×18=16.9
2018	18	18.33	0.2×15+0.3×18+0.5×22=19.4
2019	22	20.33	0.2×18+0.3×22+0.5×21=20.7
2020	21		

16.3.3　指數平滑法

　　第三種將時間序列資料加以平滑化的方法是指數平滑法（exponential smoothing method）。指數平滑法也是一種加權平滑法，所不同的是，一般的移動平均或加權移動平均數是取最近 M 期的觀察值來計算平均數或加權平均數，並非所有的觀察值都被納入計算。而指數平滑法則是納入所有觀察值，利用一組平滑係數進行加權，使越遠的觀察值比重越弱，越近的觀察值比重越強，隨著數據越遠，平滑係數逐漸收斂為零。由於平滑係數呈指數形式遞減，因此稱為指數平滑法。

　　指數平滑法最早是由美國學者布朗（Robert G. Brown）於 1959 年所提出的一種函數加權平滑法，他認為時間序列數據具有穩定性，因此時間序列的趨勢可被順勢推延，因此他利用數學函數計算出指數平滑值，提出幾種形式的平滑模型：一階指數平滑、二階指數平滑（一階指數平滑的再平滑）及高階指數平滑等，來對不規則的時間序列資料進行平滑化，從而獲得變化規律和趨勢，並能對未來資料進行推估預測，常用於生產管理與經濟趨勢的預測。

　　以最簡單的一階指數平滑法（first-order exponential smoothing method）為例，其指數平滑預測值的加權函數如公式 16-4。

$$Y_{t+1} = \alpha X_t + (1-\alpha)Y_t \tag{16-4}$$

其中 Y_t 與 Y_{t+1} 為時間 t 與 $t+1$ 下的平滑值（預測值），X_t 為時間 t 下的觀察值，α 為平滑係數（smoothing coefficient），$1-\alpha$ 稱為阻尼係數（damping coefficient）[1] 數值介於 0 至 1 之間，α 係數越小表示當期資料比重越小、歷史資料比重越大，時間序列越趨於平滑，反之，α 係數越大則當期資料比重越大而不平滑。若將 Y_t、Y_{t-1}、…反覆代入，展開後可得到公式 16-5：

$$Y_{t+1} = \alpha X_t + \alpha(1-\alpha)X_{t-1} + \alpha(1-\alpha)^2 X_{t-2} + ... + \alpha(1-\alpha)^{t-1}X_1 + (1-\alpha)^t Y_1 \tag{16-5}$$

換言之，一階指數平滑法是以 $\alpha(1-\alpha)^k$ 為權數的加權移動平均法，k 越大則權數越小，各期觀察值的加權值隨 $(1-\alpha)$ 的指數增加而遞減，加權後越遠期的觀察值的影響越小。實務上，平滑係數的數值是根據時間序列的變化特性來選定。如果要讓觀察值波動幅度變小，平滑係數不需太高（例如：0.1 至 0.3）。現以較平滑的 $\alpha=.2$ 為例，將前述表 16.1 的銷售量時間序列觀察值進行一階指數平滑化後的計算過程與結果列於表 16.4。以趨勢折線圖表示列於圖 16.4。

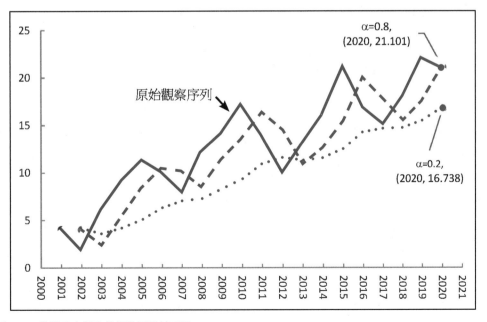

圖 16.4　模擬豪宅銷售的指數平滑線形圖

---

1 EXCEL 的指數平滑法分析功能是輸入阻尼係數而非平滑係數。

→表 16.4　模擬的豪宅銷售量的指數平滑預測值（α=0.2）

T	Year	銷售量 X	α		X		1−α		Y		平滑值 Y
1	2001	4									
2	2002	2	0.2	×	4	+	0.8	×	4	=	4
3	2003	6	0.2	×	2	+	0.8	×	4	=	3.6
4	2004	9	0.2	×	6	+	0.8	×	3.6	=	4.080
5	2005	11	0.2	×	9	+	0.8	×	4.080	=	5.064
6	2006	10	0.2	×	11	+	0.8	×	5.064	=	6.251
7	2007	8	0.2	×	10	+	0.8	×	6.251	=	7.001
8	2008	12	0.2	×	8	+	0.8	×	7.001	=	7.201
9	2009	14	0.2	×	12	+	0.8	×	7.201	=	8.161
10	2010	17	0.2	×	14	+	0.8	×	8.161	=	9.328
11	2011	14	0.2	×	17	+	0.8	×	9.328	=	10.863
12	2012	10	0.2	×	14	+	0.8	×	10.863	=	11.490
13	2013	13	0.2	×	10	+	0.8	×	11.490	=	11.192
14	2014	16	0.2	×	13	+	0.8	×	11.192	=	11.554
15	2015	21	0.2	×	16	+	0.8	×	11.554	=	12.443
16	2016	17	0.2	×	21	+	0.8	×	12.443	=	14.154
17	2017	15	0.2	×	17	+	0.8	×	14.154	=	14.724
18	2018	18	0.2	×	15	+	0.8	×	14.724	=	14.779
19	2019	22	0.2	×	18	+	0.8	×	14.779	=	15.423
20	2020	21	0.2	×	22	+	0.8	×	15.423	=	16.738

16.4　去季節化

16.4.1　季節性資料的特性

前面所關注的是整體時間序列資料的平滑過程，如果時間序列觀察值的循環變動是隨季節而變化，例如：飲料的銷售量（夏天是旺季）、滑雪聖地的觀光人潮（春冬為高峰），此時必須建立反映季節波動狀況的季節指數（seasonal index）來估計季節變動趨勢，據以調整時間序列資料去除季節性波動，達成平滑化的目的，稱為去季節化（deseaonalizing）。

例如：圖 16.5 是某百貨公司的化妝品部門 2015 年至 2020 年各季度的銷售情形，明顯存在著四季的規律變動，各年度均以第 4 季（Q4）銷售情形最佳，第 2 季（Q2）最不理想。如果計算四季移動平均（4MA），可以看出平均銷售量逐季增加，如果將季節變動資訊消除，計算出去季節銷售量，也可以得到與移動平均相似的平滑折線，所不同的是去季節銷售量可以對應於各季度的原始資料，但移動平均則僅能描述整體資料的變動趨勢。

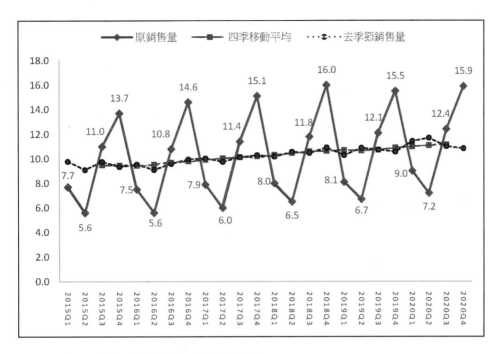

圖 16.5 某百貨公司化妝品銷售量的去季節性資料圖示

16.4.2 去季節化的程序

當時間序列資料隨季節變動時，最常用的分析方法是利用比率移動平均法（ratio-to-moving average method）來計算季節指數。本節以化妝品銷售資料來加以說明，銷售數據與計算過程列於表 16.5。

步驟一：計算季節移動總和與季節移動平均

從第一年第一季開始將四季的銷售量進行加總並求得平均數，依序向下遞延，以範例資料所計算得出的季節移動總和與移動平均數列於表 16.5 的第 (2) 欄與第 (3) 欄。由於期數（$M=4$）為偶數，因此這些數值記於季與季之間而沒有明確的對應期數。

步驟二：計算中心化之季節移動平均數

將相鄰的兩個季節移動平均再求取平均數，計算出中心化季節移動平均數並得到明確的對應期數，列於表 16.5 的第 (4) 欄，例如：第一個明確的中心化移動平均對應期數為 2015 第 3 季（2015Q3）的 9.475 萬元。

→表 16.5　某百貨公司化妝品部門銷售金額的季節資料與季節指數的計算過程

季度	(1) 銷售量 (百萬)	(2) 季節移動 總和	(3) 季節移動 平均	(4) 中心化 季節移動 平均	(5) 特定季節 指數	(6) 一般季節 指數	(7) 去季節化 資料
2015Q1	7.7					0.788	9.771
2015Q2	5.6					0.616	9.090
2015Q3	11.0	38.0	9.500	9.475	1.161	1.128	9.755
2015Q4	**13.7**	37.8	9.450	**9.450**	**1.450**	**1.468**	**9.331**
2016Q1	7.5	37.8	9.450	9.425	0.796	0.788	9.517
2016Q2	5.6	37.6	9.400	9.513	0.589	0.616	9.090
2016Q3	10.8	38.5	9.625	9.675	1.116	1.128	9.578
2016Q4	**14.6**	38.9	9.725	**9.775**	**1.494**	**1.468**	**9.944**
2017Q1	7.9	39.3	9.825	9.900	0.798	0.788	10.025
2017Q2	6.0	39.9	9.975	10.038	0.598	0.616	9.739
2017Q3	11.4	40.4	10.100	10.113	1.127	1.128	10.110
2017Q4	**15.1**	40.5	10.125	**10.188**	**1.482**	**1.468**	**10.284**
2018Q1	8.0	41.0	10.250	10.300	0.777	0.788	10.152
2018Q2	6.5	41.4	10.350	10.463	0.621	0.616	10.551
2018Q3	11.8	42.3	10.575	10.588	1.115	1.128	10.465
2018Q4	**16.0**	42.4	10.600	**10.625**	**1.506**	**1.468**	**10.897**
2019Q1	8.1	42.6	10.650	10.688	0.758	0.788	10.279
2019Q2	6.7	42.9	10.725	10.663	0.628	0.616	10.875
2019Q3	12.1	42.4	10.600	10.713	1.130	1.128	10.731
2019Q4	**15.5**	43.3	10.825	**10.888**	**1.424**	**1.468**	**10.557**
2020Q1	9.0	43.8	10.950	10.988	0.819	0.788	11.421
2020Q2	7.2	44.1	11.025	11.075	0.650	0.616	11.687
2020Q3	12.4	44.5	11.125	10.000	1.240	1.128	10.997
2020Q4	**15.9**	35.5	8.875			**1.468**	**10.829**

步驟三：計算特定季節指數

　　將各季的中心化移動平均除以銷售量，得出特定季節指數（specific seasonal index），亦即求取銷售量與移動平均的比值，列於表 16.5 的第 (5) 欄。

　　季節指數的計算原理是基於前面所介紹的相乘模型，亦即時間序列觀察值等於 $TCSI$ 的乘積，由於移動平均等於長期趨勢與循環的乘積 TC，將觀察值（各季銷售量）除以移動平均即為季節與不規則變異的效果，亦即 $TSCI/TC=SI$。

　　以 2015 年為例，第 3 季（2015Q3）的季節指數為 11/9.475=1.161，第 4 季（2015Q4）則為 13.7/9.45=1.450。亦即 2015Q3 銷售量所受到的季節影響為 1.161 倍，2015Q4 則為 1.450 倍，季節指數大於 1 表示季節因素為正向影響，亦即該兩季的表現一般較佳，均屬於銷售旺季，尤其是第四季的銷售狀況為平均趨勢銷售量的 1.45 倍。

步驟四：計算一般季節指數

各季的特定季節指數計算得出後，可再就同一個季度的季節指數求出一般季節指數（typical seasonal index），例如：每一年的第一季指數取平均後即可求出 Q1 季節指數，依此類推。各季一般季節指數計算結果列於表 16.6 第 (A) 列。

→表 16.6　某百貨公司的化妝品部門的季節指數彙整表

	Q1 春季	Q2 夏季	Q3 秋季	Q4 冬季	平均
特定季節指數					
2015			1.161	**1.450**	
2016	0.796	0.589	1.116	**1.494**	
2017	0.798	0.598	1.127	**1.482**	
2018	0.777	0.621	1.115	**1.506**	
2019	0.758	0.628	1.130	**1.424**	
2020	0.819	0.650			
一般季節指數					
(A) 調整前	0.789	0.617	1.130	**1.471**	1.002
(B) 調整後 (CF = .998)	0.788	0.616	1.128	**1.468**	1.000
(C) 百分比指數	78.8%	61.6%	112.8%	**146.8%**	100%

從表 16.6 當中可明顯看出，第 4 季（冬季）是各季當中銷售最佳的季度，一般季節指數為 (1.450+1.494+1.482+1.506+1.424)/5=1.471，表示平均來看，第四季的銷售狀況為平均趨勢銷售量的 1.471 倍。

步驟五：計算調整後一般季節指數

理論上來說，一年有四季，各季有淡旺之消長區別，但各季的一般季節指數的平均值應為 1.00，但是由表 16.6 的數據可知，Q1 至 Q4 的一般季節指數分別為 0.789、0.617、1.130、1.471，四者平均為 1.002。為滿足此一限制式，可以利用校正因子（corrected factor, CF）將一般季節指數進行調整成平均為 1.00 的狀態。校正因子計算式如公式 16-6：

$$CF = \frac{1}{一般季節指數平均數} \tag{16-6}$$

以範例資料為例，CF=1/1.002=.998，將各季的一般季節指數乘以 CF 值即得到調整後的一般季節指數，列於表 16.6 第 (B) 列。

一般慣例上是以百分比的形式來呈現季節指數，因此我們可以將調整後的一般季節指數乘以 100%，列於表 16.6 第 (C) 列，表示各季度的平均影響將使銷售量為

平均趨勢與循環週期的 78.8%、61.6%、112.8%、146.8%。各季的調整後一般季節指數可抄錄至表 16.5 的第 (6) 欄，以利後續去季節化的運算。

步驟六：進行去季節化

　　一般季節指數計算得出之後，可將各季原始銷售金額除以一般季節指數來進行調整，得到去季節性的銷售金額，稱為去季節化資料（de-seasonalizing data），如表 16.5 的第 (7) 欄所示。以 2015 年第 4 季為例，將原銷售量除以一般季節指數得到去季節銷售量 13.7/1.468=9.771。如果將去季節銷售量繪製成線性圖（如圖 16.5），可以看到去季節資料遠較原始時間序列觀察值來得平滑許多，季節性波動不復存在，僅剩長期與循環波動的大趨勢（TC）與不規則變異效果（I）。

　　利用去季節化的各時點觀察值，除了可以進行先前所介紹的平滑化，也可以進行各種時間序列分析，例如：下一節所將介紹的趨勢分析，由於去除了季節所造成的波動，可以提高模型解釋力、降低估計誤差。這是去季節化最主要的價值所在。

16.5　趨勢分析

　　前面所介紹的平滑化與去季節化可視為時間間序列資料的整理與呈現技術，雖然移動平均數或指數平滑所得到的平滑數列均可用於預測，但是這些模型均未涉及參數的估計，也無從瞭解模型的預測能力。以下將介紹幾種常用於長期趨勢的時間序列分析方法，稱為趨勢分析（trend analysis），包括以最小平方法為基礎的線性趨勢模型與非線性的估計法。

16.5.1　線性趨勢

　　由於時間序列數據與時間遞延有關，因此觀察值的變動趨勢最直觀的分析方法就是以線性迴歸方程式來適配觀察資料，稱為線性趨勢（linear trend）：

$$Y_t = \beta_0 + \beta_1 T + \varepsilon_t \tag{16-7}$$

　　其中 Y_t 為 t 期的時間序列觀察值，$t=1,\cdots,T$，ε_t 為估計誤差，服從以 0 為平均數，以 σ^2_ε 為變異數的常態分配，$\varepsilon_t \sim N(0, \sigma^2_\varepsilon)$。如果是從樣本資料進行迴歸方程式的估計，並據以進行未知資料的預測，預測方程式（forecasting equation）如下：

$$\hat{Y}_t = b_0 + b_1 T \tag{16-8}$$

截距（b_0）與斜率（b_1）可利用最小平方法來進行估計，又稱為最小平方估計數（*OLS* estimates）。

$$b_1 = \frac{\sum(T - \overline{T})(Y - \overline{Y})}{\sum(T - \overline{T})^2} = \frac{SP_{YT}}{SS_T}$$

$$\text{(16-9)}$$

$$b_0 = \overline{Y} - b_1\overline{T}$$

$$\text{(16-10)}$$

以表 16.7 的豪宅銷售量數據為例，線性趨勢方程式估計如下：

$$b_1 = \frac{SP_{YT}}{SS_T} = \frac{614}{721.5} = 0.851$$

$$b_0 = \overline{Y} - b_1\overline{T} = 13 - 0.851 \times 10.5 = 4.063$$

$$\hat{Y}_t = 4.063 + 0.851T$$

→**表 16.7** 模擬的豪宅銷售量的線性趨勢估計值與殘差值

Year	T	銷售量 Y	銷售量估計數 $\hat{Y}$	估計殘差 e	標準化殘差 e'
2001	1	4	4.914	-0.914	-0.373
2002	2	2	5.765	-3.765	-1.535
2003	3	6	6.617	-0.617	-0.251
2004	4	9	7.468	1.532	0.625
2005	5	11	8.319	2.681	1.093
2006	6	10	9.170	0.830	0.338
2007	7	8	10.021	-2.021	-0.824
2008	8	12	10.872	1.128	0.460
2009	9	14	11.723	2.277	0.928
2010	10	17	12.574	4.426	1.805
2011	11	14	13.426	0.574	0.234
2012	12	10	14.277	-4.277	-1.744
2013	13	13	15.128	-2.128	-0.868
2014	14	16	15.979	0.021	0.009
2015	15	21	16.830	4.170	1.700
2016	16	17	17.681	-0.681	-0.278
2017	17	15	18.532	-3.532	-1.440
2018	18	18	19.383	-1.383	-0.564
2019	19	22	20.235	1.765	0.720
2020	20	21	21.086	-0.086	-0.035
2021			21.937[註1]		
Mean	10.5	13	13[註2]	0.00	0.00
SD	5.916	5.601	5.035	2.452	1
SS	805	596	481.738	114.262	23

註 1：2021 年度的銷售量估計值由迴歸方程式估計求得。
註 2：預測值的描述統計量不包括 2021 年預測值。

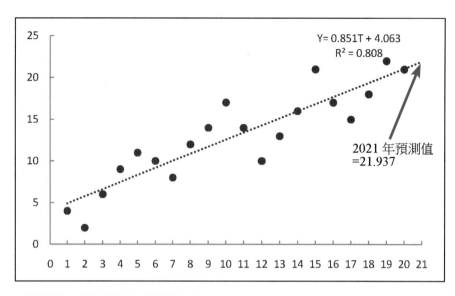

圖 16.6　模擬的豪宅銷售量的線性趨勢示意圖

斜率 0.851 表示當「時間每增加一期時，豪宅銷售量增加 0.851 戶」，截距 4.063 表示當資料在第 0 期時的豪宅銷售量估計值為 4.063 戶，線性趨勢如圖 16.6 所示。到了第 21 期（2021 年）的豪宅預測銷售量 $\hat{Y}_{21}=0.851\times21+4.063=21.937$。

如同先前所介紹的迴歸分析，線性趨勢模型的解釋力也是利用 R^2 來評估，亦即求取迴歸變異占總變異的百分比，以本範例的資料來計算得到 $R^2=.808$，表示豪宅銷售量的變化可被時間的線性趨勢解釋 80.8% 的比例。

$$R^2=1-\frac{SS_r}{SS_t}=\frac{SS_{reg}}{SS_t}=1-\frac{114.262}{596}=\frac{481.738}{596}=.808 \tag{16-11}$$

由於線性趨勢模型當中僅有一個自變數，因此迴歸模型與迴歸係數的顯著性檢定與簡單迴歸相同。由表 16.8 所出的 EXCEL 簡單迴歸結果可以看出，線性趨勢迴歸模型的解釋力具有高度統計意義，$F_{(1,18)}=75.89$，$p=7.13\times10^{-8}$。

$$F_{(p,N-p-1)}=F_{(1,18)}=\frac{MS_{reg}}{MS_e}=\frac{SS_{reg}/df_{reg}}{SS_e/df_e}=\frac{481.738/1}{114.262/18}=75.89 \tag{16-12}$$

由於本範例是簡單迴歸的概念，斜率係數的顯著性 t 檢定與模型解釋力的 F 檢定具有 $F=t^2$ 數學等價性，結果也是斜率具有統計意義：

$$t_{(df=N-p-1)} = t_{(18)} = \frac{b}{s_b} = \frac{b}{\sqrt{\dfrac{SS_e / df_e}{SS_T}}} = \frac{0.851}{\sqrt{\dfrac{114.262/18}{805}}} = \frac{0.851}{0.098} = 8.711 \tag{16-13}$$

→表 16.8　以EXCEL執行線性趨勢迴歸的結果摘要

摘要輸出

迴歸統計	
R 的倍數	0.899
R 平方	0.808
調整的 R 平方	0.798
標準誤	2.519
觀察值個數	20

ANOVA

	自由度	SS	MS	F	顯著值
迴歸	1	481.738	481.738	75.89	7.13E-08
殘差	18	114.262	6.348		
總和	19	596			

	係數	標準誤	t 統計	P-值	下限 95%	上限 95%
截距	4.063	1.170	3.472	0.003	1.604	6.522
T	0.851	0.098	8.711	7.13E-08	0.646	1.056

16.5.2　非線性趨勢

以線性迴歸來進行時間序列分析的基本假設，時間 T 與觀察值 Y 之間具有直線關係。如果時間 T 與觀察值 Y 之間的關係不是直線時，則必須使用其他非線性模型來適配觀察資料，稱為非線性趨勢（non-linear trend）分析。

16.5.2.1　二次趨勢模型

在時間序列分析中，最常用的非線性模式為二次趨勢模型（quadratic trend model），如公式 16-14 所示。

$$Y_t = \beta_0 + \beta_1 T + \beta_2 T^2 + \varepsilon_t \tag{16-14}$$

方程式 16-14 為二次多項式，亦即拋物線，其中的 T 為時間的一次項，T^2 為時間的二次項，β_1 為 $T=0$ 時的切線斜率，β_2 為切線斜率的變化性：$\beta_2 > 0$ 反映斜率遞增，拋物線開口向上；$\beta_2 < 0$ 反映斜率遞減，拋物線開口向下。ε_t 為估計誤差，服從以 0 為平均數，以 σ^2_ε 為變異數的常態分配，$\varepsilon_t \sim N(0, \sigma^2_\varepsilon)$。當 $T = -\beta_1/2\beta_2$ 時，時間序列觀察值 Y 會有極值。以樣本資料估計得到預測方程式（forecasting equation）如下：

$$\hat{Y}_t = b_0 + b_1 T_2 + b_2 T^2 \tag{16-15}$$

基本上，二次趨勢模型即是一個帶有兩個 IV 的多元迴歸模型，迴歸係數估計、檢定、模型解釋力的評估原理與多元迴歸相同，不再此贅述。

16.5.2.2 指數趨勢模型

時間序列分析另一種常用的非線性模式是利用對數方程式來適配觀察資料，稱為指數趨勢模型（exponential trend model），如公式 16-16 所示。

$$Y_t = \beta_0 \times \beta_1^T \times \varepsilon_t \tag{16-16}$$

指數趨勢模型假設觀察變數的變動趨勢是時間 T 的指數變動，亦即呈現比率性的變動。β_0 與 β_1 兩個係數的性質都是比率，β_0 為方程式的截距，反映的是 $T=0$ 的起始率，β_1 為隨 T 變化的變動率，$(\beta_1-1) \times 100\%$ 即為成長率（growth rate）。同樣的，ε_t 為模型的估計誤差，$\varepsilon_t \sim N(0, \sigma^2_\varepsilon)$。

由於方程式 16-16 的形式並非線性迴歸模型，如果將方程式進行對數轉換，即可得到線性模型，因此指數趨勢模型又稱為對數預測模型（logarithmic forecasting model），對數轉換後的線性方程式如下：

$$\log(Y_t) = \log(\beta_0 \times \beta_1^T \times \varepsilon_t) = \log(\beta_0) + T \times \log(\beta_1) + \log(\varepsilon_t) \tag{16-17}$$

利用樣本觀察資料，可以估計方程式中的各項係數，並據以進行預測：

$$\log(\hat{Y}_t) = b_0 + b_1 T \tag{16-18}$$

其中截距 b_0 是指當 T 為 0 時的 Y 的起始率，亦即 $10^{b0}=\log(\beta_0)$；斜率 b_1 是時間 T 每增加一期時 Y 所增減的對數值，$10^{b1}=\log(\beta_1)$，亦即 T 每遞延一期，時間序列觀察值 Y 的成長倍率。因此觀察值 Y 的預測值如下：

$$\hat{Y}_t = \hat{\beta}_0 \hat{\beta}_1^T = 10^{b_0} + 10^{b_1} T \tag{16-19}$$

以表 16.9 的某電子產品 15 個年度的銷售金額資料為例，隨著時間的增加，銷售金額呈現快速的遞增，此時以線性與二次多項式的適配結果如圖 16.7 所示。

→表 16.9 某電子產品銷售金額的非線性趨勢估計

Year	t	Y (萬元)	Log (Y)	線性模型 $\hat{Y}$	二次方程式 $\hat{Y}$	指數模型 $\hat{Y}$
2006	1	1.24	0.093	−29.94	10.43	0.207
2007	2	1.76	0.246	−19.03	4.03	0.361
2008	3	3.07	0.487	−8.13	0.30	0.514
2009	4	5.24	0.719	2.78	−0.77	0.667
2010	5	7.14	0.854	13.68	0.82	0.821
2011	6	10.52	1.022	24.59	5.07	0.974
2012	7	16.38	1.214	35.49	11.98	1.127
2013	8	24.63	1.391	46.40	21.55	1.281
2014	9	33.58	1.526	57.30	33.79	1.434
2015	10	41.81	1.621	68.20	48.69	1.587
2016	11	53.89	1.732	79.11	66.24	1.741
2017	12	80.27	1.905	90.01	86.46	1.894
2018	13	105.87	2.025	100.92	109.35	2.047
2019	14	135.37	2.132	111.82	134.89	2.201
2020	15	175.16	2.243	122.73	163.09	2.354
2021[1]	16			133.62	193.73	2.502
截距				−40.84	19.49	0.0538
一次斜率				10.90	−10.39	0.1534
二次斜率					1.33	
R^2				.808	.985	.988
F				54.55	387.76	1069.66
p				5.3E-06	1.25E-11	7.17E-14

註 1：2021 年度的銷售量估計值由迴歸方程式估計求得。

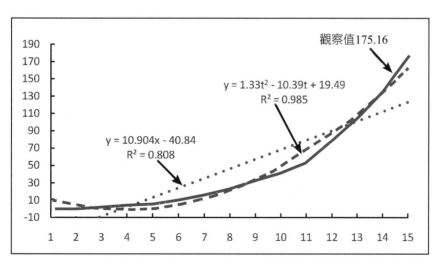

圖 16.7 表16.9某電子產品銷售金額的線性與二次多項式迴歸示意圖

如果以線性模型來進行分析，將得到 $\hat{Y}_t = -40.84 + 10.9T$，模型的解釋力（$R^2$）為 .808，亦即銷售金額的時間變異有 80.8% 可被線性趨勢所解釋。如果此時改以二次方程式來適配資料，則可得到 $\hat{Y}_t = 19.49 - 10.39T + 1.33T^2$，模型解釋力（$R^2$）增至 .985，表示銷售金額的時間變異有高達 98.5% 可被二次多項式所解釋，由於 $b_2 = 1.33$，因此該二項式為開口向上的拋物線，斜率隨著時間的增加而放大，當時間 $t = 3.906$ 時（接近 2002 年時），銷售金額有最低點 −0.802。

$$T_{\lim} = \frac{-b_1}{2b_2} = \frac{-(-10.39)}{2 \times 19.49} = 3.906 \tag{16-20}$$

$$Y_{\lim} = \frac{4b_0b_2 - b_1^2}{4b_2} = \frac{4 \times 19.49 \times 1.33 - (-10.39)^2}{4 \times 1.33} = \frac{-4.265}{5.32} = -0.802 \tag{16-21}$$

　　如果是取對數方程式，先將銷售金額取 Log 值後對時間 T 做線性迴歸，得到 $\log(\hat{Y}_t) = 0.054 + 0.153T$，模型的解釋力（$R^2$）增至 .988，甚至比二次方程式來得更理想。但是此時斜率與截距均為指數的形式，在解釋時必須以倍率的形式解釋，亦即每增加一個時間單位時，銷售金額的成長是 $10^{0.153}$ 倍，亦即 1.42。將 1.42 減 1 得到 .42，表示每一年的銷售金額年增率為 42%。

　　若以線性模型、二次多項式、與對數方程式分別來預測 2021（$t=16$）的銷售金額，得到預測值分別為 133.62 萬元、193.73 萬元與 2.502（指數），其中對數方程式的預測值為指數形式，還原成原來的量尺後得到 $10^{2.502}$=317.687 萬元，為三者預測值最高者。

線性模型　　　$\hat{Y}_{16} = -40.84 + 10.9T = -40.84 + 10.9(16) = 133.62$

二次模型　　　$\hat{Y}_{16} = 19.49 - 10.39T + 1.33T^2 = 19.49 - 10.39(16) + 1.33(16)^2 = 193.73$

指數模型　　　$\log(\hat{Y}_{16}) = .054 + .153T = .054 + .153(16) = 2.502,\ \hat{Y}_{16} = 10^{2.502} = 317.687$

16.6　Durbin Watson 指數

在前面所介紹的各章當中均提及，各種推論統計方法都有一些基本假設必須維繫，其中最為普遍的基本假設是觀察值必須具有獨立性，亦即每一個觀察值必須不會互相影響，其中與時間序列分析關係最密切的迴歸分析，仍假設殘差必須具有獨立不能有相關，但是時間序列觀察值是由一連串前後關聯的時間數列所組成，觀察值具有時間上相依性，因此時間序列分析所遇到的最大挑戰即是殘差獨立性假設如何維繫的問題。

16.6.1　殘差自我相關

在時間序列資料當中，最常遇到的問題是殘差自我相關（autocorrelation of residuals），因為在時間序列資料中，影響觀察值數值高低的隨機因素可能會延續很多期，造成連續時間點下的觀察值殘差具有相似的狀態。例如：在影響化妝品銷售量的不規則因素中，有一項是行銷廣告的影響，如果某一季推出了某項促銷廣告，其效果可能隨著時間擴大然後逐漸減低而延續數期，造成這一段期間銷售量的增加，如果以趨勢線來適配銷售資料，將會產生一系列的具有自我相關的殘差，又稱為序列相關（serial correlation）。

以圖 16.8 為例，線性趨勢 $\hat{Y}_t = 1.905 - 0.105T$ 以虛線表示，每一個觀察值到趨勢線的高度為各觀察值的估計殘差，圖中的 20 個時間序列觀察值中，從第 1 到 7 的殘差為正值，第 8 至 15 為負值，由第 16 到 20 又為正值。顯示除了 7 與 8 及 15 與 16 之間符號不同之外，各觀察值本身與前後鄰近期的殘差之間都具有相同的方向與相近的數值，顯示殘差的自我相關明顯。

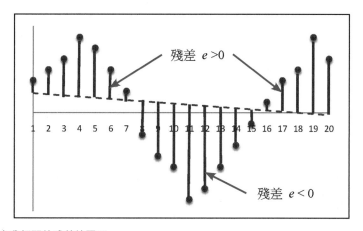

圖 16.8　具有自我相關的殘差值圖示

16.6.2　Durbin-Watson 統計量

最常用來檢測殘差是否具有明顯自我相關的統計方法為 DW 統計量（Durbin-Watson statistic），此一統計量由杜賓（**Durbin**）與華森（**Watson**）兩位學者於 1950 年所提出。DW 統計量如公式 16-22 所示。

$$DW = \frac{\sum_{t=2}^{n}(e_t - e_{t-1})^2}{\sum_{t=1}^{n}(e_t)^2}$$

(16-22)

其中 e_t 為在第 t 時間點下的殘差值，$e_t - e_{t-1}$ 為 t 與 $t-1$ 兩相鄰時間點下的殘差差異量，將各相鄰殘差差異量取平方和後除以各期殘差平方和，所得到的 DW 值反映了相鄰期數間的殘差關聯程度。

DW 統計量的數值介於 0 至 4 之間，$0 \leq DW \leq 4$，如果殘差相互獨立而沒有自我相關時，DW 值會接近中間值 2，當相鄰兩期殘差相近，$e_t - e_{t-1}$ 縮小，使 DW 趨近 0，稱為正向自我相關（positive autocorrelation），反之，如果相鄰期的殘差波動劇烈（例如：兩相鄰期數的殘差值符號均恰好相反，一正一負），$e_t - e_{t-1}$ 放大而使 DW 趨近最大值，此時稱為負向自我相關（negative autocorrelation）。在實務上，時間序列資料發生負向自我相關的狀況甚少，絕大多數均為正向自我相關。換言之，DW 值往 0 與 4 的兩端接近時，表示殘差自我相關明顯，DW 值往 2 趨近時表示殘差自我相關不明顯。

藉由 DW 值區間判定法，可檢驗「殘差無自我相關」（$H_0：\rho_e=0$）的虛無假設是否成立：若 DW 值低於區間下界（DW_L）的 DW 值反映殘差不獨立、具有自我相關，高於信賴區間上界（DW_H）的 DW 值反映殘差獨立而無自我相關，介於 DW_L 與 DW_U 之間無法判定，應增加觀察資料來確認殘差獨立性問題是否存在。

Durbin 與 **Watson**（1951）提供了 DW_L 到 DW_U 的對照表（列於附錄 H），在特定顯著水準（α）、樣本數（n）與自變數數目（k）的條件下，DW 值的統計意義判定法則如下：

當 $DW > DW_U$	接受「殘差無自我相關」虛無假設
當 $DW < DW_L$	拒絕「殘差無自我相關」虛無假設
當 $DW_U \leq DW \leq DW_L$	無法判定

值得注意的是，如果殘差間為負向自我相關，檢定時需將 DW 值轉換成 4–

DW 來進行前述的統計意義判定。

以圖 16.8 的模擬數據為例，20 個時間序列觀察值對時間做線性迴歸所得到的線性趨勢為 $\hat{Y}_t = 1.905 - 0.105T$，殘差值則列於表 16.10 中。DW 值計算如下：

$$DW = \frac{\sum_{t=2}^{n}(e_t - e_{t-1})^2}{\sum_{t=1}^{n}(e_t)^2} = \frac{80.63}{427.83} = 0.188$$

由於觀察到的 DW 值為 0.188，數值遠低於 2，表示這一組時間序列觀察值具有正向自我相關。此時可利用 Durbin 與 Watson（1951）所提供的 DW_L 與 DW_U 對照表，令顯著水準 $\alpha = .05$，樣本數 $n = 20$，自變數目 $k = 1$，得到下列判斷區間：

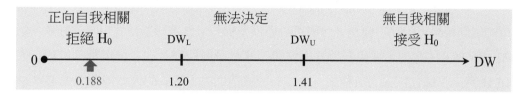

→**表** 16.10　模擬數據的線性趨勢模型DW值計算過程

T	Y	$\hat{Y}$	e_t	e_{t-1}	$(e_t - e_{t-1})^2$	e_t^2
1	3	1.80	1.20			1.44
2	4	1.69	2.31	1.20	1.22	5.31
3	5	1.59	3.41	2.31	1.22	11.63
4	7	1.48	5.52	3.41	4.43	30.42
5	6	1.38	4.62	5.52	0.80	21.35
6	4	1.27	2.73	4.62	3.59	7.43
7	2	1.17	0.83	2.73	3.59	0.69
8	-2	1.06	-3.06	0.83	15.17	9.38
9	-4	0.96	-4.96	-3.06	3.59	24.58
10	-5	0.85	-5.85	-4.96	0.80	34.25
11	-8	0.75	-8.75	-5.85	8.38	76.52
12	-7	0.64	-7.64	-8.75	1.22	58.40
13	-5	0.54	-5.54	-7.64	4.43	30.66
14	-3	0.43	-3.43	-5.54	4.43	11.78
15	-1	0.33	-1.33	-3.43	4.43	1.76
16	1	0.22	0.78	-1.33	4.43	0.61
17	3	0.12	2.88	0.78	4.43	8.32
18	4	0.01	3.99	2.88	1.22	15.92
19	7	-0.09	7.09	3.99	9.64	50.34
20	5	-0.20	5.20	7.09	3.59	27.04
SUM			**0**		80.63	427.83
DW						0.188

→表 16.11　各模型估計結果與DW檢定

模式	截距	T	T^2	T^3	T^4	R^2	$adjR^2$	s_e	DW	DW_L	DW_U
線性	1.905	-.105				.017	-.038	4.875	0.188*	1.201	1.411
二次	11.125	-2.62	.120			.595	.548	3.219	0.469*	1.100	1.537
三次	5.522	.239	-.212	.011		.708	.653	2.818	0.613*	0.998	1.676
四次	-5.953	9.216	-2.029	.143	.003	.953	.940	1.164	1.635	0.894	1.828

由於 DW 觀察值（.188）遠低於 DW_L（1.20），因此判定結果為拒絕「殘差無自我相關」虛無假設，表示這一組模擬的時間序列資料在經過線性趨勢分析後所得到的殘差有明顯的正向自我相關。

一旦殘差自我相關的虛無假設被拒絕，殘差獨立性假設無法維繫，表示迴歸模型的估計結果可能存在偏誤，此時可調整模型形式來改善殘差自我相關的影響，例如：圖 16.8 的數據可採用多項式迴歸模型來估計時間變數對於依變數的影響，表 16.11 列出了線性、二次方程式、三次方程式與四次方程式的模型解釋力與 DW 估計結果，各模型列於圖 16.9。

其中四次模型的 R^2=.953，模式解釋力相當高且殘差非常小，DW=1.635 雖然沒有大於 DW_U=1.828，但是是四個模型中最接近 2，其他各模型的 DW 值則都低於 DW_L，虛無假設 $H_0: \rho_e=0$ 都被拒絕，顯示以四次趨勢模型最能夠避免殘差自我相關的問題。

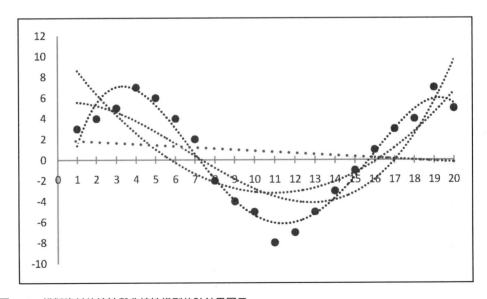

圖 16.9　模擬資料的線性與非線性模型估計結果圖示

16.7　自我迴歸分析

16.7.1　自我相關

在前一節當中，我們曾談到時間序列迴歸模型當中所存在的殘差自我相關現象，事實上，時間序列資料的自我相關不僅存在於迴歸模型中，在觀察資料本身就可以觀察得到。因為時間序列的各期觀察資料是對相同的觀察對象進行重複觀察而非獨立隨機抽樣而得，因此相鄰越近之間的重複觀察資料會具有較高的相關，距離越遠的觀察值相關則會逐漸降低，而不是在迴歸模型當中才會存在自我相關。

假設今天有一個時間序列資料是將 Y 重複觀察 m 次，中間會有 $m-1$ 次的時間間隔，每一個間隔稱為一期的時間落後（time lag），對於任何間隔 p 期的測量之間的自我相關係數表示如下：

$$\rho^p_{y_t, y_{t-p}} = \frac{Cov(y_t, y_{t-p})}{\sqrt{\sigma^2_{y_t} \sigma^2_{y_{t-p}}}} \tag{16-23}$$

相鄰最近的兩期資料相關，亦即求取時間落後間隔為 1（lag=1）的觀察值自我相關，如果從樣本進行估計自我相關，落後 1 期的自我相關如下：

$$r^1_{y_t, y_{t-1}} = \frac{Cov(y_t, y_{t-1})}{\sqrt{s^2_{y_t} s^2_{y_{t-1}}}} \tag{16-24}$$

表 16.12 列出了表 16.10 的 20 筆模擬資料的各落後資料與自我相關數值，其中落後 1 期的自我相關 $r^1_{y_t, y_{t-1}} = .91$（$p < .05$），落後 2 期的自我相關 $r^2_{y_t, y_{t-2}} = .70$（$p < .05$），到了第三落後就沒有統計意義，$r^3_{y_t, y_{t-3}} = .38$，之後的自我相關更呈現不規律的變化。由於落後越多，觀察值數量越少，自我相關係數的檢定力越低，檢定結果就沒有參考價值。一般在時間序列分析的慣例上，多關心落後 3 期內的自我相關。

→表 16.12　模擬數據的落後資料與自我相關

t	Y	Y_{t-1}	Y_{t-2}	Y_{t-3}	Y_{t-4}	Y_{t-5}	Y_{t-6}	Y_{t-7}	Y_{t-8}	Y_{t-9}	Y_{t-10}	Y_{t-11}	Y_{t-12}	Y_{t-13}	Y_{t-14}	Y_{t-15}	Y_{t-16}	Y_{t-17}	Y_{t-18}
1	3																		
2	4	3																	
3	5	4	3																
4	7	5	4	3															
5	6	7	5	4	3														
6	4	6	7	5	4	3													
7	2	4	6	7	5	4	3												
8	-2	2	4	6	7	5	4	3											
9	-4	-2	2	4	6	7	5	4	3										
10	-5	-4	-2	2	4	6	7	5	4	3									
11	-8	-5	-4	-2	2	4	6	7	5	4	3								
12	-7	-8	-5	-4	-2	2	4	6	7	5	4	3							
13	-5	-7	-8	-5	-4	-2	2	4	6	7	5	4	3						
14	-3	-5	-7	-8	-5	-4	-2	2	4	6	7	5	4	3					
15	-1	-3	-5	-7	-8	-5	-4	-2	2	4	6	7	5	4	3				
16	1	-1	-3	-5	-7	-8	-5	-4	-2	2	4	6	7	5	4	3			
17	3	1	-1	-3	-5	-7	-8	-5	-4	-2	2	4	6	7	5	4	3		
18	4	3	1	-1	-3	-5	-7	-8	-5	-4	-2	2	4	6	7	5	4	3	
19	7	4	3	1	-1	-3	-5	-7	-8	-5	-4	-2	2	4	6	7	5	4	3
20	5	7	4	3	1	-1	-3	-5	-7	-8	-5	-4	-2	2	4	6	7	5	4
M	0.80	0.58	0.22	0.00	-0.19	-0.27	-0.21	0.00	0.42	1.09	2.00	2.78	3.63	4.43	4.83	5.00	4.75	4.00	3.50
s	4.79	4.81	4.68	4.73	4.82	4.98	5.16	5.31	5.32	5.01	4.22	3.63	2.77	1.72	1.47	1.58	1.71	1.00	0.71
r		.91*	.70*	.38	-.03	-.44	-.77*	-.96*	-.97*	-.87*	-.74*	-.59	-.33	.11	.67	.99*	.54	.33	.91*

* $p < .05$

16.7.2　自我迴歸模型

16.7.2.1　自我迴歸方程式

　　由於重複觀測的時間序列資料帶有自我相關的特性，因此如果利用迴歸分析的原理，以前期資料（Y_{t-1}）來解釋當期資料（Y_t），稱為一階自我迴歸模型（first-order autoregression, AR(1)），如果同時納入前兩期的資料（Y_{t-1} 與 Y_{t-2}）來解釋 Y_t，稱為二階自我迴歸模型（second-order autoregression, AR(2)），依此類推。若納入前 p 期的資料來進行迴歸則以 AR(p) 表示，方程式如下：

$$\text{AR(1)} \quad Y_t = \beta_0 + \beta_{t,t-1}Y_{t-1} + \varepsilon_t \tag{16-25}$$

$$\text{AR(2)} \quad Y_t = \beta_0 + \beta_{t,t-1}Y_{t-1} + \beta_{t,t-2}Y_{t-2} + \varepsilon_t \tag{16-26}$$

$$\text{AR}(p) \quad Y_t = \beta_0 + \beta_{t,t-1}Y_{t-1} + \beta_{t,t-2}Y_{t-2} + \ldots + \beta_{t,t-p}Y_{t-p} + \varepsilon_t \tag{16-27}$$

　　各方程式當中的自變數稱為落後變數（lagged variable），β_0 為截距，各落後變數前的 β 係數稱為自我迴歸係數（autoregressive coefficient），ε_t 為誤差項，$\varepsilon_t \sim N(0, \sigma_\varepsilon^2)$。各模型除了所投入的落後變數不同之外，各係數的估計值與顯著性檢定、殘差分析以及模型解釋力的計算與檢定，均與先前所介紹的多元迴歸相同。

　　值得注意的是，當 AR 模型所納入的落後變數越多，模型越趨複雜，越遠期的落後變數的重要性也越低，因此一般並不鼓勵納入過多的落後變數，而是選擇具有解釋意義的幾個落後變數來對觀察資料進行解釋，藉以消除觀察資料當中所具有的自我相關性。換言之，自我迴歸分析的主要價值，就是利用落後變數來消除自我相關的影響，藉以檢視其他自變數對於 Y 的影響狀態。另一個功能則是利用自身的落後變數資訊來預測未知的未來觀察值，進行預測（forecasting）。

16.7.2.2　自我迴歸模型的解釋力

　　由於迴歸方程式的解釋力是自變數數量的非遞減函數，投入越多的遠期變數只會增加 R^2，但越遠期的落後變數並沒有解釋上的價值，也可能沒有統計意義，只會增加模型的複雜度。因此自我迴歸模型分析不僅特別需要檢視 R^2 與調整後 R^2 的差異，同時也會以階層迴歸原理，逐一檢視各落後變數數量下的迴歸模型，選擇最佳數量的落後變數模型作為結論。如果沒有理論文獻上的建議或實際分析需求的考量，自我迴歸模型可以從三期落後變數的 AR(3) 開始，檢視各落後變數的統計顯著性，如果最遠期的落後變數沒有影響力，可以將其移除後進行較低階的自我迴歸模型，直到所有的落後變數都被檢驗完畢為止。

　　以先前的模擬數據為例，將時間序列觀察值對前一期、前兩期、前三期的觀察值分別進行線性迴歸的 AR(1)、AR(2) 與 AR(3) 模型分析結果列於表 16.13。

　　從各模型的 R^2 可知，當投入的落後變數越多，模型解釋力越高，AR(1)、AR(2) 與 AR(3) 的 R^2 分別為 .821、.896 與 .919，但是以前三期資料來預測 Y 的 AR(3) 只有前一期資料（Y_{t-1}）具有顯著的解釋力，$b = -1.091$（$t_{(13)} = 4.031$, $p < .01$），Y_{t-2} 與 Y_{t-3} 則未具有顯著意義，因此 AR(3) 並不是一個理想的模型。而 AR(2) 的 Y_{t-1} 斜率為 1.511（$t_{(16)} = 7.628$, $p < .001$）、Y_{t-2} 斜率為 -0.692（$t_{(17)} = -3.331$, $p < .01$），兩者均具有顯著意義，同時 AR(2) 的 DW=2.385 > DW_U=1.535，顯示殘差並無自我相關，但 AR(1) 的 DW=.856 < DW_L=1.180，殘差無自我相關的虛無假設被拒絕，因此以帶有兩個落後變數的 AR(2) 模式較能解釋本範例的時間序列資料。

→表 16.13　不同落後變數的AR模型估計結果與DW檢定

模式	AR(1) (N=19)			AR(2) (N=18)			AR(3) (N=17)		
	係數	t	p	係數	t	p	係數	t	p
截距	-0.151	-0.307	.762	-0.018	-0.04	.966	-0.035	-0.091	.929
Y_{t-1}	0.920	8.819	<.001	1.511	7.628	<.001	1.091	4.031	.001
Y_{t-2}				-0.692	-3.331	.005	0.229	0.469	.647
Y_{t-3}							-0.594	-2.038	.062
Model	數值	F	p	數值	F	p	數值	F	p
R^2	.821	77.773	<.001	.896	64.45	<.001	.919	49.198	<.001
$adjR^2$	.810			.882			.900		
	DW	DW_L	DW_U	DW	DW_L	DW_U	DW	DW_L	DW_U
DW	0.856	1.180	1.401	2.385	1.046	1.535	2.372	0.897	1.710

16.7.2.3　自我迴歸模型的預測

一旦決定 AR(2) 為較佳模型之後，即可代入落後資料的數據來進行未知資料的預測，亦即利用已知的 t=19 與 t=20 資料去預測未知的 t=21 資料$\hat{Y}_{21}$=2.693。

$$\hat{Y}_t = b_0 + b_{t,t-1}Y_{t-1} + b_{t,t-2}Y_{t-2}$$
$$\hat{Y}_{21} = -0.018 + 1.511 \times 5 + (-0.692) \times 7 = 2.693$$

對於 t=22 的預測，也可以利用 AR(2) 模型代入已知的 t=20 觀察值（5）與預測得到的 t=21 預測值$\hat{Y}_{21}$=2.693，得到$\hat{Y}_{22}$=0.591。以 AR(1) 與 AR(2) 模型所估計得到的各期預測值與標示在圖 16.10 中。

$$\hat{Y}_{22} = -0.018 + 1.511 \times 2.693 + (-0.692) \times 5 = 0.591$$

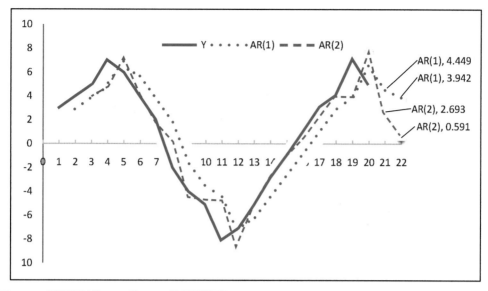

圖 16.10　模擬資料的AR(1)與AR(2)的預測值圖示

範例 16.1　某公司 2000 年至 2018 年的年度營收如下表,請利用線性趨勢、二次趨勢、指數趨勢與自我迴歸模型預測 2019 年與 2020 年的年度營收,並利用 R^2、DW 來比較各模型的優劣。

Year	2000	2001	2002	2003	2004	2005	2006	2007	2008	2009	2010
T	1	2	3	4	5	6	7	8	9	10	11
Y	20.5	20.1	19.6	21	21.9	23.1	24.1	28.9	32.1	31	35.1
Year	2011	2012	2013	2014	2015	2016	2017	2018	mean	sd	SS
T	12	13	14	15	16	17	18	19	10.00	5.63	570
Y	46.5	48	46.8	47.8	44.3	41.9	35.3	32	32.63	10.54	2000

解答：

1. 整理資料繪製散布圖

Year	T	Y	logY	Yt-1	Yt-2	Yt-3
2000	1	20.5	1.31			
2001	2	20.1	1.30	20.5		
2002	3	19.6	1.29	20.1	20.5	
2003	4	21	1.32	19.6	20.1	20.5
2004	5	21.9	1.34	21	19.6	20.1
2005	6	23.1	1.36	21.9	21	19.6
2006	7	24.1	1.38	23.1	21.9	21
2007	8	28.9	1.46	24.1	23.1	21.9
2008	9	32.1	1.51	28.9	24.1	23.1
2009	10	31	1.49	32.1	28.9	24.1
2010	11	35.1	1.55	31	32.1	28.9
2011	12	46.5	1.67	35.1	31	32.1
2012	13	48	1.68	46.5	35.1	31
2013	14	46.8	1.67	48	46.5	35.1
2014	15	47.8	1.68	46.8	48	46.5
2015	16	44.3	1.65	47.8	46.8	48
2016	17	41.9	1.62	44.3	47.8	46.8
2017	18	35.3	1.55	41.9	44.3	47.8
2018	19	32	1.51	35.3	41.9	44.3
mean	10	32.63	1.49	32.67	32.51	31.93
sd	5.63	10.54	0.14	10.85	11.16	11.25
SS	570	2000.00	0.37	2117.22	2241.29	2278.33

2. 計算方程式與 R^2

(1) 線性趨勢　$\hat{Y}_t = 17.63 + 1.5T$ ，$R^2 = 1 - SS_e/SS_Y = 1 - 716.9/2000 = .642$

(2) 二次趨勢　$\hat{Y}_t = 9.58 + 3.80T - 0.115T^2$ ，$R^2 = 1 - SS_e/SS_Y = 1 - 537.76/2000 = .731$

(3) 指數趨勢　$\log(\hat{Y}_t) = 1.277 + .021T$ ，$R^2 = 1 - SS_e/SS_Y = 1 - .108/.37 = .708$

(4) AR(1)　$\hat{Y}_t = 4.00 + 0.9Y_{t-1}$ ，$R^2 = 1 - SS_e/SS_Y = 1 - 253.5/1844.669 = .872$

(5) AR(2)　$\hat{Y}_t = 4.65 + 1.34Y_{t-1} - .47Y_{t-2}$ ，$R^2 = 1 - 157.53/1660.025 = .894$

(6) AR(3)　$\hat{Y}_t = 5.49 + 1.31Y_{t-1} - .45Y_{t-2} - .01Y_{t-3}$ ，$R^2 = 1 - 169.06/1437.178 = .882$

3. 整理參數估計結果與 DW

(1) 線性趨勢　$N=19, k=1$, DW$=270.3/716.9=.377$

(2) 二次趨勢　$N=19, k=2$, DW$=239.8/537.76=.446$

(3) 指數趨勢　　$N=19, k=1, DW=.038/.108=.354$

(4) AR(1)　　　$N=18, k=1, DW=274.29/253.5=1.082$

(5) AR(2)　　　$N=17, k=2, DW=320.73/157.53=2.036$

(6) AR(3)　　　$N=16, k=3, DW=343.36/169.06=2.031$

4. 判斷模型優劣

(1) R^2：AR(2)>AR(3)>AR(1)> 二次 > 指數 > 線性

(2) DW：AR(2)=AR(3) > AR(1)> 二次 > 線性 > 指數

由模型解釋力與 DW 值可以判定二階自我迴歸模型最佳，但 AR(2) 的最高階落後變數 Y_{t-2} 的斜率臨界 .05 顯著水準，$b=-0.47$, $t_{(14)}=-2.07$, $p=.057$，若增加觀察資料，提升檢定力，落後變數 Y_{t-2} 的斜率應可達到 .05 顯著水準。

5. 計算 $\hat{Y}_{20}$

(1) 線性　$\hat{Y}_t =17.63+1.5T =17.63+1.5 \times 20=47.63$

(2) 二次　$\hat{Y}_t =9.58+3.80T-0.115T^2 =9.58+3.8 \times 20-.115 \times 20^2=39.56$

(3) 指數　$\log(\hat{Y}_t) =1.277+.021T =1.277+0.021 \times 20=1.697, \hat{Y}_{20}=10^{1.697}=49.77$

(4) AR(1) $\hat{Y}_t =4.00+0.9Y_{t-1} =4.00+0.9 \times 32=32.71$

(5) AR(2) $\hat{Y}_t =4.65+1.34Y_{t-1}-.47Y_{t-2} =4.65+1.34 \times 32-.47 \times 35.3=30.89$

(6) AR(3) $\hat{Y}_t =5.49+1.31Y_{t-1}-.45Y_{t-2}-.01Y_{t-3} =5.49+1.31 \times 32-.45 \times 35.3-.01 \times 41.9=31.12$

→表 16.14　不同模型的估計結果與DW檢定

	線性模型	二次模型	指數模型	AR(1)	AR(2)	AR(3)
	$N=19$	$N=19$	$N=19$	$N=18$	$N=17$	$N=16$
$\hat{Y}_{20}$	47.63	39.56	49.77	32.71	30.89	31.12
截距	17.628*	9.584*	1.277*	4.001	4.648	5.491
IV1	1.500*	3.799*	.021*	0.897*	1.344*	1.311*
IV2		-0.115*			-0.475[+]	-0.453
IV3						-0.008
Model						
R^2	.642*	.731*	.709*	.872*	.894*	.882*
$adjR^2$	.620	.698	.691	.864	.879	.853
DW	0.377*	0.446*	0.354*	1.082*	2.036	2.031
DW$_L$	1.180	1.074	1.180	1.158	1.015	0.857
DW$_U$	1.401	1.536	1.401	1.391	1.536	1.728

$+ p < .10 * p < .05$

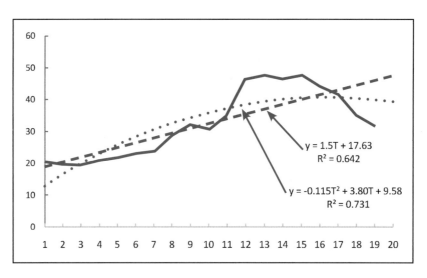

圖 16.11 範例16.1的時間序列資料散布圖與估計結果

EXCEL 電腦小精靈

一、如何使用 EXCEL 來建立移動平均數

■建立資料檔案（以表 16.1 的資料為例）

	A	B	C	D
1	t	Year	銷售量	
2	1	1990	4	
3	2	1991	5	
4	3	1992	7	
5	4	1993	9	
6	5	1994	4	
7	6	1995	2	
8	7	1996	6	
9	8	1997	9	
10	9	1998	11	
11	10	1999	10	

■打開資料分析對話框，選擇「移動平均法」

■決定分析內容與條件

1. 選擇資料範圍：利用滑鼠框選時間序列觀察值
2. 勾選標記：如果第一橫列為變數名稱，必須勾選類別軸標記在第一列上
3. 選擇間隔：若要求三年平均數則輸入3，五年平均數則輸入5
4. 指定輸出範圍：框住時間序列觀察值的右側（不包含第一橫列）
5. 選定圖表輸出

■得出結果

在指定輸出範圍將出現移動平均數，但是出現兩個無法提供數值（標示為 #N/A），此時將第一個 #N/A 加以刪除，並使下方儲存格上移，得到正確的年度與平均數對應表，以及正確的圖（第一個移動平均數應出現在第二個資料點）。

	A	B	C	D	E	F	G
1	t	Year	銷售量				
2	1	1990	4	#N/A			
3	2	1991	5	#N/A			
4	3	1992	7	5.333333333			
5	4	1993	9	7			
6	5	1994	4	6.666666667			
7	6	1995	2	5			
8	7	1996	6	4			
9	8	1997	9	5.666666667			
10	9	1998	11	8.666666667			
11	10	1999	10	10			
12	11	2000	8	9.666666667			
13	12	2001	12	10			
14	13	2002	14	11.33333333			
15	14	2003	17	14.33333333			
16	15	2004	14	15			
17	16	2005	10	13.66666667			
18	17	2006	13	12.33333333			
19	18	2007	16	13			
20	19	2008	21	16.66666667			
21	20	2009	17	18			
22	21	2010	15	17.66666667			
23	22	2011	18	16.66666667			
24	23	2012	22	18.33333333			
25	24	2013	21	20.33333333			

刪除對話框（在表格 D-E 欄位區域）：
刪除
○ 右側儲存格左移(L)
◉ 下方儲存格上移(U)
○ 整列(R)
○ 整欄(C)
確定　取消

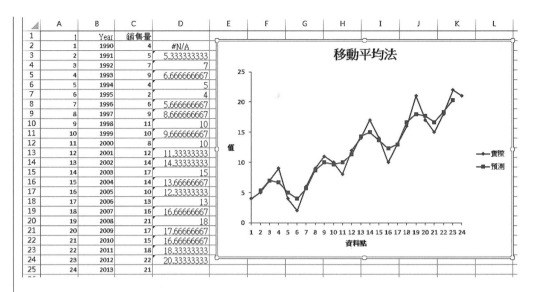

由最終的輸出結果可知，除了第一年（1990）與最後一年（2013）之外，每一個時間序列觀察值的三年移動平均數列於次一欄中。移動平均數的折線圖也未出現第 1 與最後一個一期的平均數。讀者可自行比對這些結果在書中表 16.1 與圖 16.3 的解釋與說明。

二、如何使用 EXCEL 來進行指數平滑法

■建立資料檔案（以表 16.1 的資料為例）

■打開資料分析對話框，選擇「指數平滑法」

■決定分析內容與條件

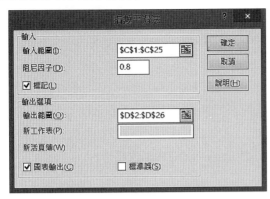

1. 選擇資料範圍：利用滑鼠框選時間序列觀察值

2. 輸入阻尼因子：阻尼係數為1－平滑係數，例如：平滑係數=0.2則輸入0.8，平滑係數=0.5則輸入0.5

3. 勾選標記：如果第一橫列為變數名稱，必須勾選類別軸標記在第一列上

4. 指定輸出範圍：框住時間序列觀察值的右側（不包含第一橫列）

5. 選定圖表輸出

■得出結果

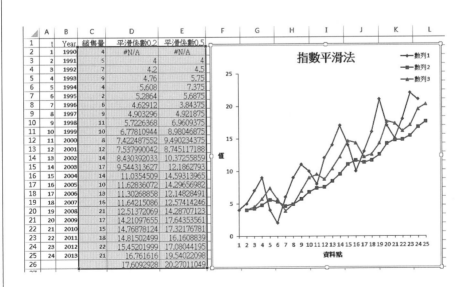

　　每一個時間序列觀察值的平滑值（預測值）列於次一欄中。如果想要產生預測值，可將最後一筆平滑值（第 24 筆）複製至下一個儲存格（D26），可得到 2014 年的預測值 17.609 與 20.270。

三、如何使用 EXCEL 來執行趨勢分析

■建立資料檔案（以表 16.6 的資料為例）

第A欄為年度year

第B欄為時間t

第C欄為時間平方t2（利用計算功能t2=t^2求得）

第D欄為時間序列觀察值Y

第E欄為Y的對數值LogY（利用計算功能LogY=LOG10(t)求得）

	A	B	C	D	E
1	Year	t	t2	Y	logY
2	1999	1	1	1.24	0.093
3	2000	2	4	1.76	0.246
4	2001	3	9	3.07	0.487
5	2002	4	16	5.24	0.719
6	2003	5	25	7.14	0.854
7	2004	6	36	10.52	1.022
8	2005	7	49	16.38	1.214
9	2006	8	64	24.63	1.391
10	2007	9	81	33.58	1.526
11	2008	10	100	41.81	1.621
12	2009	11	121	53.89	1.732
13	2010	12	144	80.27	1.905
14	2011	13	169	105.87	2.025
15	2012	14	196	135.37	2.132
16	2013	15	225	175.16	2.243

■打開資料分析對話框，選擇「迴歸」

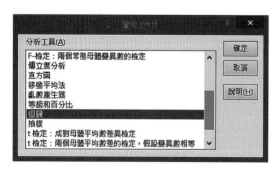

■決定分析內容與條件、得到結果

(A) 線性趨勢分析

1. 選擇Y範圍：利用滑鼠框選時間序列觀察值（Y）的資料範圍
2. 選擇X範圍：利用滑鼠框選時間變數（t）的資料範圍
3. 選擇標記：因為選擇t與Y變數時第一列為變數名稱，因此必須勾選
4. 選擇殘差：勾選殘差可獲得每一個觀察值的殘差資料與圖示

摘要輸出						
迴歸統計						
R 的倍數	0.898645					
R 平方	0.807563					
調整的 R 平方	0.79276					
標準誤	24.70404					
觀察值個數	15					
ANOVA						
	自由度	SS	MS	F	顯著值	
迴歸	1	33294.06	33294.06	54.55451	5.3E-06	
殘差	13	7933.766	610.2897			
總和	14	41227.82				
	係數	標準誤	t 統計	P-值	下限 95%	上限 95%
截距	-40.8404	13.42314	-3.04253	0.009435	-69.8393	-11.8414
t	10.90446	1.476349	7.386103	5.3E-06	7.715006	14.09392

(B) 非線性趨勢分析（二次多項式）

1. 選擇Y範圍：利用滑鼠框選時間序列觀察值（Y）
2. 選擇X範圍：利用滑鼠同時框選時間變數一次項（t）與二次項（t2）資料
3. 選擇標記：因為選擇t、t2與Y變數時第一列為變數名稱，因此必須勾選
4. 選擇殘差：勾選殘差可獲得每一個觀察值的殘差資料與圖示

摘要輸出						
迴歸統計						
R 的倍數	0.992352					
R 平方	0.984763					
調整的 R	0.982223					
標準誤	7.235368					
觀察值個數	15					
ANOVA						
	自由度	SS	MS	F	顯著值	
迴歸	2	40599.61	20299.81	387.7668	1.25E-11	
殘差	12	628.2067	52.35055			
總和	14	41227.82				
	係數	標準誤	t 統計	P-值	下限 95%	上限 95%
截距	19.48705	6.444787	3.023693	0.01059	5.445071	33.52904
t	-10.3876	1.85354	-5.60418	0.000115	-14.4261	-6.34905
t2	1.330752	0.11265	11.81316	5.76E-08	1.085309	1.576195

(C) 非線性趨勢分析（指數趨勢模型）

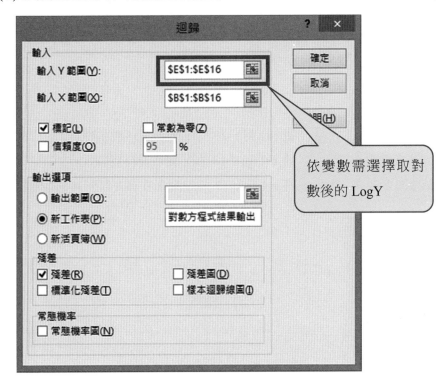

1. 選擇Y範圍：框選經過對數處理的時間序列觀察值（LogY）資料範圍
2. 選擇X範圍：利用滑鼠框選時間變數一次項（t）資料範圍
3. 選擇標記：因為第一列為變數名稱，因此必須勾選標記
4. 選擇殘差：勾選殘差可獲得每一個觀察值的殘差資料與圖示

摘要輸出					
迴歸統計					
R 的倍數	0.993962				
R 平方	0.987961				
調整的 R	0.987035				
標準誤	0.078564				
觀察值個數	15				
ANOVA					
	自由度	SS	MS	F	顯著值
迴歸	1	6.58483	6.58483	1066.822	7.29E-14
殘差	13	0.080241	0.006172		
總和	14	6.665071			
	係數	標準誤	t 統計	P-值	下限 95%	上限 95%
截距	0.053843	0.042689	1.261299	0.229366	-0.03838	0.146066
t	0.153353	0.004695	32.66225	7.29E-14	0.14321	0.163497

四、如何使用 EXCEL 來執行自我迴歸分析 AR(1)、AR(2)、AR(3)

■建立資料檔案（以表 16.8 的資料為例）

第 A 欄為時間 t

第 B 欄為依變數（Y）

第 C 欄為落後變數 1（Y_{t-1}）：將 t=1 到 t=19 的 Y 變數資料複製到 t=2 的位置

第 D 欄為落後變數 2（Y_{t-2}）：將 t=1 到 t=18 的 Y 變數資料複製到 t=3 的位置

第 E 欄為落後變數 3（Y_{t-3}）：將 t=1 到 t=17 的 Y 變數資料複製到 t=3 的位置

	A	B	C	D	E
1	t	Y	Yt-1	Yt-2	Yt-3
2	1	3			
3	2	4	3		
4	3	5	4	3	
5	4	7	5	4	3
6	5	6	7	5	4
7	6	4	6	7	5
8	7	2	4	6	7
9	8	-2	2	4	6
10	9	-4	-2	2	4
11	10	-5	-4	-2	2
12	11	-8	-5	-4	-2
13	12	-7	-8	-5	-4
14	13	-5	-7	-8	-5
15	14	-3	-5	-7	-8
16	15	-1	-3	-5	-7
17	16	1	-1	-3	-5
18	17	3	1	-1	-3
19	18	4	3	1	-1
20	19	7	4	3	1
21	20	5	7	4	3

■打開資料分析對話框，選擇「迴歸」

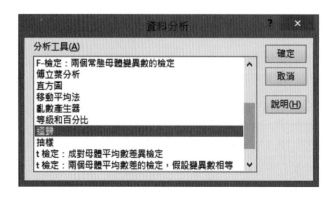

■決定分析內容與條件、得到結果

(A) AR(1)

	A	B	C	D	E	F
1	t	Y	Yt-1	Yt-2	Yt-3	
2	1	3				
3	2	4	3			
4	3	5	4	3		
5	4	7	5	4	3	
6	5	6	7	5	4	
7	6	4	6	7	5	
8	7	2	4	6	7	
9	8	-2	2	4	6	
10	9	-4	-2	2	4	
11	10	-5	-4	-2	2	
12	11	-8	-5	-4	-2	
13	12	-7	-8	-5	-4	
14	13	-5	-7	-8	-5	
15	14	-3	-5	-7	-8	
16	15	-1	-3	-5	-7	
17	16	1	-1	-3	-5	
18	17	3	1	-1	-3	
19	18	4	3	1	-1	
20	19	7	4	3	1	
21	20	5	7	4	3	

迴歸對話框：
輸入 Y 範圍(Y)：$B$3:$B$21
輸入 X 範圍(X)：$C$3:$C$21
□ 標記(L)　□ 常數為零(Z)
□ 信賴度(O)　95 %
輸出選項
○ 輸出範圍(O)：
● 新工作表(P)：
○ 新活頁簿(W)
殘差
☑ 殘差(R)　□ 殘差圖(D)
☑ 標準化殘差(T)　□ 樣本迴歸線圖(I)
常態機率
□ 常態機率圖(N)
確定　取消　說明(H)

1. 選擇Y範圍：利用滑鼠框選Y變數觀察值從t=2到t=20的資料範圍

2. 選擇X範圍：利用滑鼠框選Yt-1變數觀察值從t=2到t=20的資料範圍

3. 不需標記：因為框選資料不包含變數名稱，因此無須勾選標記

4. 選擇殘差：勾選殘差可獲得每一個觀察值的殘差與標準化殘差資料

5. 按確定後得到結果：

摘要輸出						
迴歸統計						
R 的倍數	0.905883					
R 平方	0.820624					
調整的 R	0.810072					
標準誤	2.130321					
觀察值個	19					
ANOVA						
	自由度	SS	MS	F	顯著值	
迴歸	1	352.9547	352.9547	77.77297	9.45E-08	
殘差	17	77.15058	4.538269			
總和	18	430.1053				
	係數	標準誤	t 統計	P-值	下限 95%	上限 95%
截距	0.151339	0.49245	0.307318	0.762334	-0.88764	1.190318
X 變數 1	0.920414	0.104368	8.818898	9.45E-08	0.700216	1.140612

(B) AR(2)

	A	B	C	D	E	F
1	t	Y	Yt-1	Yt-2	Yt-3	
2	1	3				
3	2	4	3			
4	3	5	4	3		
5	4	7	5	4	3	
6	5	6	7	5	4	
7	6	4	6	7	5	
8	7	2	4	6	7	
9	8	-2	2	4	6	
10	9	-4	-2	2	4	
11	10	-5	-4	-2	2	
12	11	-8	-5	-4	-2	
13	12	-7	-8	-5	-4	
14	13	-5	-7	-8	-5	
15	14	-3	-5	-7	-8	
16	15	-1	-3	-5	-7	
17	16	1	-1	-3	-5	
18	17	1	1	-1	-3	
19	18	4	3	1	-1	
20	19	7	4	3	1	
21	20	5	7	4	3	

迴歸對話框：
輸入 Y 範圍(Y)：$B$4:$B$21
輸入 X 範圍(X)：$C$4:$D$21
□ 標記(L)　□ 常數為零(Z)
□ 信賴度(O)　95 %
輸出選項
○ 輸出範圍(O)：
◉ 新工作表(P)：
○ 新活頁簿(W)
殘差
☑ 殘差(R)　□ 殘差圖(D)
☑ 標準化殘差(T)　□ 樣本迴歸線圖(I)
常態機率
□ 常態機率圖(N)
確定　取消　說明(H)

1. 選擇Y範圍：利用滑鼠框選Y變數觀察值從t=3到t=20的資料範圍

2. 選擇X範圍：同時框選Yt-1與Yt-2從t=3到t=20的資料範圍

3. 不需標記：因為框選資料不包含變數名稱，因此無須勾選標記

4. 選擇殘差：勾選殘差可獲得每一個觀察值的殘差與標準化殘差資料

5. 按確定後得到結果：

摘要輸出					
迴歸統計					
R 的倍數	0.946447				
R 平方	0.895762				
調整的 R	0.881863				
標準誤	1.70536				
觀察值個	18				

ANOVA					
	自由度	SS	MS	F	顯著值
迴歸	2	374.8762	187.4381	64.45043	4.32E-08
殘差	15	43.62379	2.908252		
總和	17	418.5			

	係數	標準誤	t 統計	P-值	下限 95%	上限 95%
截距	-0.01768	0.405083	-0.04364	0.965767	-0.88109	0.845736
X 變數 1	1.510666	0.198037	7.628203	1.54E-06	1.08856	1.932772
X 變數 2	-0.69178	0.207709	-3.33054	0.004564	-1.1345	-0.24906

(C) AR(3)

▲	A	B	C	D	E	F
1	t	Y	Yt-1	Yt-2	Yt-3	
2	1	3				
3	2	4	3			
4	3	5	4	3		
5	4	7	5	4	3	
6	5	6	7	5	4	
7	6	4	6	7	5	
8	7	2	4	6	7	
9	8	-2	2	4	6	
10	9	-4	-2	2	4	
11	10	-5	-4	-2	2	
12	11	-8	-5	-4	-2	
13	12	-7	-8	-5	-4	
14	13	-5	-7	-8	-5	
15	14	-3	-5	-7	-8	
16	15	-1	-3	-5	-7	
17	16	1	-1	-3	-5	
18	17	3	1	-1	-3	
19	18	4	3	1	-1	
20	19	7	4	3	1	
21	20	5	7	4	3	

迴歸　　　　? ✕

輸入
輸入 Y 範圍(Y)：　$B$5:$B$21
輸入 X 範圍(X)：　$C$5:$E$21
☐ 標記(L)　　☐ 常數為零(Z)
☐ 信賴度(O)　　95 ％

確定
取消
說明(H)

輸出選項
○ 輸出範圍(O)：
◉ 新工作表(P)：
○ 新活頁簿(W)

殘差
☑ 殘差(R)　　☐ 殘差圖(D)
☑ 標準化殘差(T)　　☐ 樣本迴歸線圖(I)

常態機率
☐ 常態機率圖(N)

1. 選擇Y範圍：利用滑鼠框選Y變數觀察值從t=4到t=20的資料範圍
2. 選擇X範圍：同時框選Yt-1、Yt-2、Yt-3從t=4到t=20的資料範圍
3. 不需標記：因為框選資料不包含變數名稱，因此無須勾選標記
4. 選擇殘差：勾選殘差可獲得每一個觀察值的殘差與標準化殘差資料
5. 按確定後得到結果：

摘要輸出

迴歸統計	
R 的倍數	0.958671
R 平方	0.919051
調整的 R	0.90037
標準誤	1.572397
觀察值個	17

ANOVA

	自由度	SS	MS	F	顯著值
迴歸	3	364.9172	121.6391	49.19816	2.35E-07
殘差	13	32.14161	2.472431		
總和	16	397.0588			

	係數	標準誤	t 統計	P-值	下限 95%	上限 95%
截距	-0.03491	0.383363	-0.09106	0.928836	-0.86311	0.793298
X 變數 1	1.091153	0.270709	4.030722	0.001427	0.506321	1.675984
X 變數 2	0.228817	0.488369	0.468532	0.647163	-0.82624	1.283874
X 變數 3	-0.59402	0.291419	-2.03839	0.062389	-1.2236	0.035548

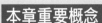

本章重要概念

橫斷資料分析 cross-sectional data analysis	非線性趨勢 non-linear trend
縱貫資料分析 longitudinal data analysis	比率移動平均法 ratio-to-moving average method
時間序列分析 time-series analysis	季節指數 seasonal index
縱橫面資料 panel data	特定季節指數 specific seasonal index
長期趨勢 secular trend	一般季節指數 typical seasonal index
循環變動 cyclical variation	去季節化資料 de-seasonalizing data
季節變動 seasonal variation	自我相關 autocorrelation
不規則波動 irregular fluctuation	Durbin Watson 指數
平滑法 Smoothing method	正向自我相關 positive autocorrelation
移動平均法 moving average method	負向自我相關 negative autocorrelation
加權移動平均法 weighted moving average method	時間落後 time lag
指數平滑法 Exponential smoothing method	一階自我迴歸模型 first-order autoregression
平滑係數 smoothing coefficient	二階自我迴歸模型 second-order autoregression
趨勢分析 trend analysis	落後變數 lagged variable
線性趨勢 linear trend	自我迴歸係數 autoregressive coefficient

課後習作

一、某公司過去 10 年來的人員增加率如下表所示，請回答下列問題：

2004	2005	2006	2007	2008	2009	2010	2011	2012	2013
1.01	1.18	1.07	1.00	.96	1.04	1.14	1.23	1.28	1.40

1. 計算 3 年與 5 年移動平均數，並討論何者較為平滑。
2. 以 .2 與 .5 兩種平滑係數進行指數平滑，並討論何者波動較大。
3. 以線性趨勢與二次多項式來進行所有資料的趨勢分析，請列出方程式，並討論何者解釋力較強。
4. 如果要預測 2014 年的人員增加率，用前述各種方法所得到的預測值為何？
5. 線性趨勢與二次多項式的趨勢分析的 DW 係數為何？何者較理想？

二、如果某進口車商過去 7 年來各季銷售數量如下表所示，請回答下列問題：

	Q1	Q2	Q3	Q4
2007	86	62	28	96
2008	108	84	55	130
2009	156	148	110	175
2010	170	155	130	220
2011	208	192	148	218
2012	208	202	154	220
2013	206	200	140	180

1. 請計算四季的移動平均數。

2. 請以線形圖來描述時間序列趨勢。

3. 請計算各季的特定季節指數。

4. 請計算四季的一般季節指數。

5. 請列出所有觀察值的去季節性資料。

chapter

17

無母數檢定

17.1 前言

　　自從進入了假設檢定的範圍後，我們始終把焦點放在「連續變數」之上，討論平均數如何比較分析以及線性關係的描述與預測。這些統計假設檢定技術或迴歸預測方法的根本，都只是連續變數幾個基本統計量，平均數、標準差、變異數，然後引入一些自變數來切割平均數，以 t 或 F 檢定來檢驗越來越複雜的平均數結構，或者是引入第二個以上的連續變數，以相關或迴歸來處理複雜的共變數結構，達成預測的目的。我們一心一意處理連續變數，似乎忘了類別變數。

　　本書對於類別變數的定義，是指利用名義尺度或順序尺度所測量得到的隨機變數，其特徵是變數數值為離散間斷實數，也就是一類一類或一個等級一個等級，對於樣本進行測量時，每一個類別或每一個等級（統稱為水準）會得到頻率或次數資料，將次數除以總數，得到百分比或機率。此種類型的觀察資料描述統計量，僅有集中量數的「眾數」或是變異量數的「全距」，即使試著計算平均數與變異數，但也只具有數學意義而沒有統計價值，這或許就是類別變數不討人喜歡之處。但是，偏偏類別變數卻是我們最常見也最容易找到的變數，例如：性別、學歷、社經地位、在公司的職務層級、購買哪一牌子的手機、喜歡哪一黨的政見主張、畢業自哪一個學校、最偏好哪一種疫苗等等，無一不是類別變數，因此如何進行類別變數的推論統計成為統計領域的另一個重要議題。

　　前面幾章所介紹的平均數檢定與線性關係分析，因為都是基於對於連續變數的關注，因此有一個共同的特徵，就是統計量的母體分配服從特定的機率分配，不同的機率分配受到不同參數的影響而決定其型態，例如：常態分配有平均數（μ）與變異數（σ^2）兩個參數，到了 t 分配與 F 分配則增加了自由度參數，這些對於母體分配必須假定為特定分配的前提下（多半是常態分配），才能進行考驗的各種檢定，稱為參數檢定或母數檢定（parametric test）。相對的，如果不需要對母體分配有特定假設就可以進行假設檢定的統計技術，因為不涉及母體分配參數的估計，因此稱為非參數檢定或無母數檢定（nonparametric test），又稱為免分配統計（distribution-free statistics），當 t-test 或 ANOVA 等母數檢定發生基本假設（常態性假設、變異同質假設）違反時，無母數檢定是研究者的替代策略之一。

　　基本上，無母數統計分析技術種類繁多，本章所介紹的無母數方法，著重於社會科學領域常用來分析類別變數的統計方法，例如：卡方檢定（chi-square test），或具有等級（rank）特性的常用無母數方法，例如：符號檢定、U 檢定、W 檢定等等，對於其他方法有需要者，可參考專門的書籍，例如：Wasserman（2006）的 *"All of Nonparametric Statistics"*。

17.2　類別變數的假設檢定原理

17.2.1　類別變數的檢定型態

　　類別資料（categorical data）是社會科學領域非常基本的資料型態，因為許多自然情況下的研究資料多是類別資料，例如：人口變數當中的性別、居住地區、宗教信仰、家庭型態、教育水準等等；社會變數中的政黨屬性、工作職位、職業類型；醫學上的疾病分類、生物學上的物種分類等等；這些變數多半是以自然的形式存在於人們生活的周遭，很容易被觀察到或是被蒐集到，由於類別資料反映的是測量對象在本質類型上的差異，而非測量程度與度量其大小的變數，因此多半無法被我們以人為的方式任意定義，而必須就所觀察到的狀況來進行研究。

　　類別資料最直接的分析元素是各水準發生頻率的次數分配，次數分配資料可利用卡方分配來進行顯著性檢定。當研究者關心某一個變數是否與某個理論或母體分配相符合之時，所進行的統計檢定稱為適合度檢定（goodness-of-fit test）。例如：校園中的男女性教師比例是否為 $1 : 1$（$\pi=.5$）或 $3 : 7$（$\pi=.3$）？由於此時考驗的內容僅涉及一個變數，因此適合度檢定可以說是一種單因子檢定（one-way test），檢定的目的在檢測某單一類別變數的實際觀察的次數分配與期望分配是否相符。若檢定統計量未達顯著水準，我們稱該樣本在該變數的分布與該理論母群無異，反之，我們則可說該樣本在該變數的測量上與母體不同，或說它是一個特殊的樣本。

　　進一步的，當研究者想要同時檢測兩個類別變數（ X 與 Y ）之間的關係時，例如：學歷與性別兩者是否有關聯，稱為獨立性檢定（ test of independence ），其原理是檢測兩變數的聯合分配是否具有特殊分布情形（相依性）或接近獨立分配的期望值（獨立性）。由於 X、Y 兩變數代表兩個不同的測量，各有不同的內容，獨立性檢定必須利用二維列聯表來檢驗細格觀察次數與期望次數的差距，藉以判定兩個變數的關聯情形，因此是一種雙因子檢定。

　　另一種雙因子檢驗的狀況，是列聯表上的兩個維度並非代表兩個不同的概念，例如：其中一個是研究變數（是否贊成廢除死刑），另一個反映不同母體（不同族群），此時所分析的是不同母體在研究變數上分布情形的同質或異質性，稱為同質性檢定（ test for homogeneity ）。如果各母體的樣本在研究變數（通常是「是、否」或「有、無」的二分變數）的「是」或「有」的比例情形沒有差異，我們稱此母體比例具有同質性；反之，則是不同母體的比例具有異質性，由於檢驗的內容是比例

（百分比），因此又稱為比例差異檢定（test of proportion differences）。同質性檢定本質上仍是一種雙因子的列聯表考驗，檢定原理與分析方法與獨立性檢驗相同，只有後續的事後檢驗處理方式不同。

17.2.2 期望機率與期望次數

由於類別資料的分析是透過次數與機率來進行運算，因此類別變數的每一個水準或列聯表中的每一個細格是否會出現觀察值，是一種二分結果的柏努利試驗。如果反覆實施 N 次柏努利試驗，各水準或細格的發生機率以隨機變數 X 來表現，其機率分配即為二項分配 $X \sim B(N, \pi)$，其中 π 是母體機率，期望值 $\mu = N\pi$、變異數 $\sigma^2 = N\pi(1-\pi)$，換言之，類別變數的假設檢定是基於二項分配原理所進行的顯著性考驗，最核心的概念就是母體機率與期望值。

期望值（expected value）是指一個隨機變數最可能出現的數值，此一數值在連續變數時是平均數，在類別變數時就是各水準或各細格的期望次數（expected frequency; f_e），亦即 $f_e = \mu = N\pi$，而 π 即為期望機率（expected probability）。

在單因子檢定中，帶有 k 個水準的類別變數，各水準期望機率一般假設為均等，亦即 $\pi_i = 1/k$，$i = 1, \cdots, k$, 期望次數 $f_{ei} = \mu_i = N/k$。若期望機率不是假設為均等，可由研究者自行指定一組機率值，視為某一個特定的母體理論值。

在雙因子的列聯表中，若 A 與 B 因子各有 k 與 l 個水準，細格期望機率（π_{ij}）取決於各因子的機率分配，亦即邊際機率 P_i, $i = 1, \cdots, k$ 與 P_j, $j = 1, \cdots, l$，如果兩個因子相互獨立，各細格期望機率為邊際機率乘積（聯合機率），乘上 N 即得期望次數：

$$\pi_{ij} = P_i P_j \tag{17-1}$$

$$\mu_{ij} = N\pi_{ij} = NP_i P_j = N \times \frac{n_i}{N} \times \frac{n_j}{N} = \frac{n_i n_j}{N} \tag{17-2}$$

17.2.3 殘差與標準化殘差

如果今天抽樣得到 N 筆觀察資料，將各水準或各細格的觀察次數（observed frequency; f_o）減去期望次數，可得到殘差（residual），以 Δ（delta）表示：

$$\Delta = f_o - f_e \tag{17-3}$$

殘差反映樣本觀察情形與期望情形的落差。如果將殘差轉換成標準化的統計量，可計算出標準化殘差（standardized residuals），以Δ'表示。

$$\Delta' = \frac{f_o - f_e}{\sqrt{f_e}}$$

(17-4)

標準化殘差的計算原理是將觀察值減去期望值（平均數）除以標準差，由於類別變數的次數分析是基於二項分配原理，而觀察值與殘差值為實驗發生後的結果，其發生機率為抽樣分配，因此平均數與標準差是從二項抽樣分配推導得出。

值得注意的是，公式 17-4 是基於抽樣分配有最大期望機率時所得到的估計式，但是各細格的期望機率通常不會是最大值，隨著邊際機率變動，期望機率會低於 .5，因此為了修正邊際期望值的大小變動而對抽樣誤差產生高估，因此可將標準化殘差以各邊際比率進行調整，得到調整標準化殘差（adjusted standardized residual，以 $adj\,\Delta'$ 表示），可排除各邊際次數不相等所造成的比較問題，如公式 17-5 所示。由於分母項的抽樣誤差部分縮小，$adj\,\Delta'$ 的數值會高於標準化殘差。

$$adj\Delta' = \frac{f_o - f_e}{\sqrt{f_e(1-P_{i.})(1-P_{.j})}}$$

(17-5)

當樣本數夠大時，標準化殘差與調整標準化殘差服從標準常態分配 $N(0,1)$，因此可以利用常態 z 分配的機率密度來決定殘差的統計意義。例如：當Δ'或 $adj\,\Delta'$的絕對值大於 α=.05 的臨界值 1.96 時，表示殘差落於抽樣分配的極端 5% 區域內，如果是單尾檢定，臨界值則為 1.645；當Δ'或 $adj\,\Delta'$的絕對值大於 α=.01 的臨界值 2.58 時，表示殘差落於抽樣分配的極端 1% 區域內，這些狀況都反映觀察次數顯著不同於期望次數，亦即殘差顯著不為 0。藉由殘差的計算來說明期望與觀察的落差，並利用標準化殘差來判定殘差的統計意義，稱為殘差分析（residual analysis）。

17.2.4　χ^2 分配與檢定

由於標準化殘差的形式與 z 分數相同，而 z 分數的平方和稱為卡方統計量（chi-square statistic; χ^2），因此標準化殘差平方和也即是 χ^2 值，如公式 17-6 所示：

$$\chi^2 = \sum_{i=1}^{k} (\Delta')^2 = \sum \left(\frac{f_o - f_e}{\sqrt{f_e}} \right)^2 = \sum \frac{(f_o - f_e)^2}{f_e}$$

(17-6)

一個隨機變數的 z 分數平方和稱為自由度為 1 的 χ^2 值，記為 $\chi^2_{(1)}$。v 個 z 分數平方和的加總記為 $\chi^2_{(v)}$ 或 $\chi^2_{(df)}$。由於 χ^2 是 z 分數的平方，因此 χ^2 值的分配為非對稱正偏分配，平均數為 v，變異數為 $2v$。

1876 年，Helmert 首先提出了卡方分配的概念，後由 Pearson 於 1900 年將抽樣分配的概念加入後，應用於假設考驗當中。因此又稱為 Pearson 卡方檢定（Pearson χ^2-test）。在不同自由度的情況下，χ^2 機率分配型態不同，如圖 17.1 所示。

類別變數的統計檢定是基於二項分配原理，若樣本數夠大，二項分配近似常態分配，因此可以利用卡方分配進行檢定。在單因子設計下，一個帶有 k 個水準的類別變數，自由度為 $k-1$，因為在觀察總數 N 不變的情況下，只要 $k-1$ 個水準的次數決定後，最後一組的次數也被決定；換言之，真正具有「自由度」的水準只有 $k-1$ 個，因此單因子 χ^2 檢定的自由度為 $k-1$。例如：如果 $k=3$ 個水準的實驗總數 $N=100$，當前兩組分別為 20 與 70 時，第三組必然為 10；當前兩組分別為 10 與 40 時，第三組必然為 50。

同理，在二因子設計下，A 與 B 因子各帶有 k 個與 l 個水準，兩個變數各有 $(k-1)$ 與 $(l-1)$ 個自由度，$k \times l$ 個細格的 $df=(k-1)(l-1)$，也即是二因子 χ^2 檢定的自由度。

當各細格的觀察值與期望值的殘差越小，作為檢定量的 χ^2_{obt} 值越小，觀察分配與期望分配越接近，兩者適合度越高；相對的，各細格殘差越大時，χ^2_{obt} 值越大，觀察分配與期望分配越偏離，兩者適合度越低。一旦 χ^2_{obt} 值大於臨界值 χ^2_{cv}，或 χ^2_{obt}

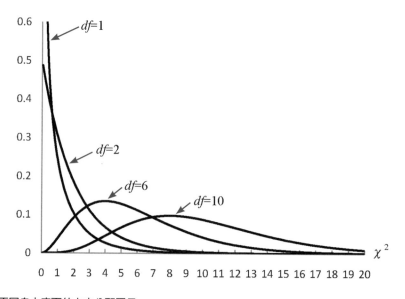

圖 17.1 不同自由度下的卡方分配圖示

值的尾機率低於 α 水準，$p<\alpha$，結果將拒絕 H_0、接受 H_1，判定原則如下：

$$\begin{cases} \chi^2_{obt} \leq \chi^2_{cv} & \text{or} \quad p \geq \alpha \quad \text{保留 } H_0 \quad\quad（觀察分配與期望分配適配）\\ \chi^2_{obt} > \chi^2_{cv} & \text{or} \quad p < \alpha \quad \text{拒絕 } H_0 \text{、接受 } H_1 \quad（觀察分配與期望分配不適配）\end{cases}$$

從程序來看，類別變數的假設檢定應先執行 χ^2 檢定，一旦 χ^2 值達到顯著水準後，再進行事後的比較程序（例如：殘差分析）來檢驗各水準或各細格的狀況。換句話說，χ^2 檢定為整體考驗，H_0 被拒絕後需要進行事後分析。

 ## 17.3　類別變數的 χ^2 檢定

17.3.1　適合度檢定

最基本的類別變數檢定是單因子檢定，亦即檢驗某一個類別變數的次數分配是否與期望分配相同。如果各水準下的期望機率為 π_0，樣本觀察到的次數或發生機率為 π_i，$i=1,\cdots,k$，統計假設如下：

$$\begin{cases} H_0: \pi_i = \pi_e \ \forall i & \text{所有水準的觀察機率等於期望機率}\\ H_1: \pi_i \neq \pi_e \ \exists i & \text{任一水準的觀察機率不等於期望機率}\end{cases}$$

舉例來說，某大學圖書館計算某日進館讀書的學生人數，大學部學生有 40 個人，分別是大一至大四者為 10、8、5、17 人，我們是否可以說四個年級的比例不相當呢？亦即期望機率 $\pi_e=1/4=.25$，虛無假設是 $H_0: \pi_1=\pi_2=\pi_3=\pi_4=\pi_e$。觀察數據與檢定數據列於表 17.1。利用公式 17-6，得到 χ^2_{obt} 如下：

$$\chi^2_{obt(3)} = \frac{(10-10)^2}{10} + \frac{(8-10)^2}{10} + \frac{(5-10)^2}{10} + \frac{(17-10)^2}{10} = 7.8$$

此一範例的水準數 $k=4$，自由度為 $4-1=3$，臨界值在 $df=3$，$\alpha=.05$ 時 $\chi^2_{.05(3)}=7.81$，因為 $\chi^2_{obt(3)}=7.8 < \chi^2_{.05(3)}=7.81$，或由 EXCEL 函數 CHISQ.DIST.RT(7.8,3) 求出尾機率 $p=.0503 > \alpha=.05$，結論為保留 H_0，亦即去圖書館讀書的不同年級比例並沒有不同。

由於本範例的尾機率已經非常接近顯著水準 $\alpha=.05$，如果增加樣本數，可能會得到拒絕 H_0 的顯著結果。而且從標準化殘差可以看出，大四學生 $\Delta'=2.213$，大於

→表 17.1　不同年級大學生到圖書館讀書的比例分析（期望機率為均等分配）

統計量	年級別				合計
	大一	大二	大三	大四	
觀察次數 f_o	10	8	5	17	40
期望機率	(.25)	(.25)	(.25)	(.25)	(1.00)
期望次數 f_e	40×.25=10	40×.25=10	40×.25=10	40×.25=10	40
殘差Δ	0	−2	−5	7	0
標準化殘差Δ′	$0/\sqrt{10}=0$	$-2/\sqrt{10}=-.632$	$-5/\sqrt{10}=-1.581$	$7/\sqrt{10}=2.213$	0
Δ′^{2}	0	0.4	2.5	4.9	7.8

註：括弧內的數值為機率值。

$z_{.025}=\pm1.96$ 臨界值，表示大四學生上圖書館看書的比例顯著不同於期望值，但是因為整體考驗 χ^2 檢定的結果並沒有統計意義，殘差分析的結果也就沒有統計適當性了。

　　但如果圖書館館長認為期望機率不應該是四個年級都相等，而是必須反映各年級的人數比例，也就是把全校四個年級學生數比例作為母體，進行檢定才合理。經向教務處註冊組查詢後，得知四個年級的比例分別是 0.27、0.25、0.25、0.23。重新計算的結果如表 17.2 所示。卡方值如下：

$$\chi^2_{obt(3)} = \frac{(10-10.8)^2}{10.8} + \frac{(8-10)^2}{10} + \frac{(5-10)^2}{10} + \frac{(17-9.2)^2}{9.2} = 9.572$$

→表 17.2　不同年級大學生到讀書館讀書的比例分析（期望機率為學校母體）

統計量	年級別				合計
	大一	大二	大三	大四	
觀察次數 f_o	10	8	5	17	40
期望機率	(.27)	(.25)	(.25)	(.23)	(1.00)
期望次數 f_e	40×.27=10.8	40×.25=10	40×.25=10	40×.23=9.2	40
殘差Δ	−0.8	−2	−5	7.8	0
標準化殘差Δ′	$-0.8/\sqrt{10.8}$ $=-.243$	$-2/\sqrt{10}=-.632$	$-5/\sqrt{10}=-1.581$	$7.8/\sqrt{9.2}$ $=2.572$	0
Δ′^{2}	0.059	0.400	2.500	6.613	9.572

註：括弧內的數值為機率值。

　　臨界值不變 $\chi^2_{obt(3)}$=9.572>$\chi^2_{.05(3)}$=7.81，由 EXCEL 函數 CHISQ.DIST.RT(9.572,3) 求出尾機率 p=.0231 < α=.05，結論為拒絕 H_0，亦即去圖書館讀書的不同年級比例不同，兩次卡方檢定的結果如圖 17.2 所示。

　　進一步從標準化殘差可以看出，大四學生 |Δ'=2.572| > |$z_{.025}$=±1.96|，表示大四學生上圖書館看書的比例顯著不同於期望值，另外三個年級則無顯著不同，此時進行殘差分析就有統計意義了。

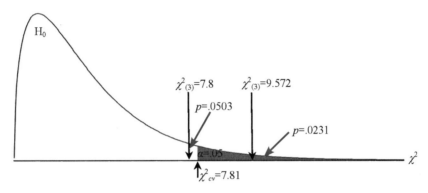

圖 17.2　卡方檢定的結果圖示

範例 17.1　單因子 χ^2 檢定

問題：某位老師想要瞭解班上學生對於 A 至 E 五種手機品牌的偏好，因此詢問 50 位學生所偏好的是何者，分別為 A:12、B:14、C:9、D:5、E:10，請問學生們是否有特殊的品牌偏好？

解答：

步驟一：發展假設

$$\begin{cases} H_0：\pi_i = \pi_e \,\forall i \text{ 觀察機率等於期望機率} \\ H_1：\pi_i \neq \pi_e \,\exists i \text{ 觀察機率不等於期望機率} \end{cases}$$

步驟二：評估抽樣條件

本範例變數為「手機品牌」，共有五個水準，亦即 k=5 的次數分配資料，N=50。

步驟三：決定檢定條件

　　使用 $\chi^2_{(4)}$ 分配來進行檢定。α=.05，查附錄 D 可得到臨界值為 $\chi^2_{.05(4)}$=9.49。

步驟四：計算檢定量

品　牌	A	B	C	D	E
觀察次數 f_o	12	14	9	5	10
期望機率	(.20)	(.20)	(.20)	(.20)	(.20)
期望次數 f_e	10	10	10	10	10
殘差 Δ	+2	+4	−1	−5	0
標準化殘差 Δ′	+0.632	+1.265	−0.316	−1.581	0

將標準化殘差取平方和，得到自由度為 $k-1=5-1=4$ 的 χ^2 檢定量：

$$\chi^2_{obt(4)} = \sum \Delta'^2 = .632^2 + 1.265^2 + (-.316)^2 + (-1.581)^2 + 0 = 4.60$$

以 EXCEL 的 CHISQ.DIST.RT(4.6,4) 求得 $\chi^2_{obt(4)}$=4.60 的尾機率 p=.331

步驟五：進行決策與解釋

∵ $\chi^2_{obt(4)}$=4.60 < $\chi^2_{.05(4)}$=9.49，p=.331 > α=.05

∴接受 H_0，亦即五種手機品牌的觀察值與期望值相同，學生並無特殊品牌偏好。

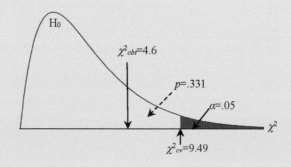

17.3.2　獨立性檢定

17.3.2.1　整體考驗：χ^2 檢定

　　如果今天研究者所關心的是兩個類別變數之間是否具有特殊關係，將會涉及兩因子列聯表各細格的殘差運算。而各細格的期望值是基於獨立事件乘法律所計算得出，細格觀察次數與細格期望次數的差距（殘差）除了反映各細格偏離期望值的程度之外，若將所有細格的殘差加以整合，可作為兩個因子是否獨立的檢定。統計假設如下：

$$\begin{cases} H_0: \pi_{ij} = \pi_e \ \ \forall ij & \text{所有細格機率等於期望機率（兩因子具有獨立性）} \\ H_1: \pi_{ij} \neq \pi_e \ \ \exists ij & \text{任一細格機率不等於期望機率（兩因子具有相依性）} \end{cases}$$

如果先前的圖書館調查資料中也蒐集了性別資訊，我們就可以進行「性別」與「年級」兩個變數是否獨立或相依的假設檢定。過程中我們必須計算邊際機率、期望機率，求出期望次數後，同樣是利用公式 17-6 求得 χ^2_{obt} 如下：

$$\chi^2_{obt(3)} = \frac{(7-3.5)^2}{3.5} + \frac{(2-2.8)^2}{2.8} + \frac{(0-1.75)^2}{1.75} + \frac{(5-5.95)^2}{5.95}$$
$$+ \frac{(3-6.5)^2}{6.5} + \frac{(6-5.2)^2}{5.2} + \frac{(5-3.25)^2}{3.25} + \frac{(12-11.05)^2}{11.05} = 8.662$$

增加性別因子的卡方分配自由度不變，因為性別組數 $l=2$，因此 $df=(k-1)(l-1)$ $=3\times1=3$，因此臨界值仍為 $\chi^2_{.05(3)}=7.81$。因此 $\chi^2_{obt(3)}=8.662 > \chi^2_{.05(3)}=7.81$，或由 EXCEL 函數 CHISQ.DIST.RT(8.662,3) 求出尾機率 $p=.034 < \alpha=.05$，結論為拒絕 H_0，亦即去圖書館讀書的不同年級與性別兩個變數具有相依性，兩者並非獨立。也因此必須進行事後檢定，亦即殘差分析，據以判定是哪一個細格特別不同。

17.3.2.2　事後考驗：殘差分析

由於本範例是一個二因子檢定，因此列聯表中的殘差數據必須詳細計算，由於「性別」與「年級別」兩個因子的邊際機率都不是均等分配，各細格的期望機率都

→**表 17.3**　年級別×性別的列聯表數據

| 性別 | 統計量 | 年級別 | | | | 合計 |
		大一	大二	大三	大四	(P_j)
男生	觀察次數f_o	7	2	0	5	14
	期望機率π_e	(.088)	(.070)	(.044)	(.149)	(.35)
	期望次數f_e	3.5	2.8	1.75	5.95	
	殘差Δ	3.5	-0.8	-1.75	-0.95	
	標準化殘差Δ'	1.871	-0.478	-1.323	-0.389	
	調整殘差$adj\Delta'$	2.679	-0.663	-1.754	-0.637	
女生	觀察次數f_o	3	6	5	12	26
	期望機率π_e	(.163)	(.130)	(.081)	(.276)	(.65)
	期望次數f_e	6.5	5.2	3.25	11.05	
	殘差Δ	-3.5	0.8	1.75	0.95	
	標準化殘差Δ'	-1.373	0.351	0.971	0.286	
	調整殘差$adj\Delta'$	-2.679	0.663	1.754	0.637	
合計	觀察次數f_o	10	8	5	17	40
	邊際機率(P_i)	(.25)	(.20)	(.125)	(.425)	(1.00)

註：括弧內的數值為機率值。

不同，也因此期望值、殘差、標準化殘差、甚至於調整標準化殘差都必須依照邊際機率來運算。

以大一男性為例，細格期望機率為相對應的邊際機率相乘：$\pi=P(\text{大一})\times P(\text{男性})=.35\times.25=.088$，期望次數 $f_e=N\pi=3.5$。進一步的，觀察次數為 7 位，與期望次數的差距（殘差）為 3.5，將殘差除以期望次數的根號值得到標準化殘差為 1.871：

$$\Delta'_{\text{大一男性}}=\frac{f_o-f_e}{\sqrt{f_e}}=\frac{7-3.5}{\sqrt{3.5}}=\frac{3.5}{1.871}=1.871$$

再以公式 17-5 進行修正後，得到調整標準化殘差為 $adj\ \Delta'=2.679$：

$$adj\Delta'_{\text{大一男性}}=\frac{f_o-f_e}{\sqrt{f_e(1-P_i)(1-P_j)}}=\frac{7-3.5}{\sqrt{3.5(1-.35)(1-.25)}}=\frac{3.5}{1.306}=2.679$$

很明顯的，如果是利用標準化殘差進行殘差分析，因為 $|\Delta'=1.871|<|z_{.025}=\pm1.96|$，無法推翻虛無假設 H_0：$\Delta=0$，但如果使用調整標準化殘差，$adj\ \Delta'=2.679$ 則會大於臨界值，虛無假設被拒絕，顯示大一男生去圖書館讀書的殘差顯著不為 0，從 $adj\ \Delta'$ 的係數為正可知觀察次數高於期望次數，顯示大一男生去圖書館的機率顯著較高。相對之下，大一女生去圖書館的機率顯著低於期望。

至於其他六個細格殘差則都沒有顯著意義，因為不論是 Δ' 或 $adj\ \Delta'$ 都沒有達到 $\alpha=.05$ 的顯著水準。但如果改用單尾 z 檢定，右尾臨界值 $z_{.05}=1.645$，大三女生的 $|adj\ \Delta'=1.754|>|z_{.05}=1.645|$，表示顯著高於期望值，亦即大三女生上圖書館的機率較期望為高，相對之下，大三男生上圖書館的機率較期望為低，因為 $|adj\ \Delta'=-1.754|>|z_{.05}=-1.645|$，達到單尾 z 檢定的 .05 顯著水準。換言之，共有四個細格的殘差具有特殊意義。

事實上，若單純以人數來看，大四女生上圖書館的人數 12 人最多，但因為女生的邊際次數原本就高於男性，大四學生的邊際次數也很高，因此大四女生細格的期望次數也達到 11.05，造成殘差很小而沒有統計意義。另外值得注意的是，由於本範例總人數僅有 40 人，區分成八個細格後各細格的人數都偏低，因此殘差分析所仰賴的常態分配假設就可能不成立，所得到的 z 檢定結果就值得存疑，統計檢定力也很低。最好的方式是增加樣本數，使各細格的檢驗有足夠的樣本數來確保統計檢定力。

範例 17.2　獨立性 χ^2 檢定

問題：二因子 χ^2 檢定是應用於同時帶有兩個類別變數的列聯表分析。若同樣以手機品牌偏好為例，如果 50 位學生所使用的手機品牌區分成性別來進行列表，得到下列數據，請問性別與品牌之間是否有所關聯？

品牌	A	B	C	D	E	合計
女生	10	1	1	5	8	25
男生	2	13	8	0	2	25
合計	12	14	9	5	10	50

解答：

步驟一：發展假設

$$\begin{cases} H_0：\pi_{ij} = \pi_e：各細格次數與期望值相等 \\ H_1：\pi_{ij} \neq \pi_e：各細格次數與期望值不相等 \end{cases}$$

步驟二：評估抽樣條件

本範例包含兩個因子：手機品牌（k=5）與性別（l=2），構成一個 5×2 的列聯表，$df = (5-1)\times(2-1) = 4$。

步驟三：決定檢定條件

使用 $\chi^2_{(4)}$ 分配來進行檢定。α=.05，查附錄 D 可得到臨界值仍為 $\chi^2_{.05(4)}$=9.49。

步驟四：計算檢定量

1. **期望值f_e**：在完全隨機的情形下，10個細格的期望次數為NP_iP_j。

2. **計算殘差Δ與標準化殘差Δ'**：將觀察次數減去期望次數即得到殘差Δ，若將殘差除以期望值的開根號，得到標準化殘差Δ'。結果如下：

性別	品牌	A	B	C	D	E	合計
女生	觀察次數 f_o	10	1	1	5	8	25
	期望機率π_e	(.12)	(.14)	(.09)	(.05)	(.10)	(.50)
	期望次數f_e	6.0	7.0	4.5	2.5	5.0	
	殘差 Δ	4.0	−6.0	−3.5	2.5	3.0	
	標準化殘差 Δ'	1.6	−2.3	−1.6	1.6	1.3	
男生	觀察次數 f_o	2	13	8	0	2	25
	期望機率π_e	(.12)	(.14)	(.09)	(.05)	(.10)	(.50)
	期望次數f_e	6.0	7.0	4.5	2.5	5.0	
	殘差 Δ	−4.0	6.0	3.5	−2.5	−3.0	
	標準化殘差 Δ'	−1.6	2.3	1.6	−1.6	−1.3	
合計	觀察次數 f_o	12	14	9	5	10	50
	邊際機率P	(.24)	(.28)	(.18)	(.10)	(.20)	(1.00)

3. 計算 χ^2 檢定量

$$\chi^2_{(4)} = 1.6^2 + (-2.3)^2 + 1.6^2 + (-1.6)^2 + 1.6^2 + 1.3^2 + (-1.6)^2 + 2.3^2 + 1.6^2 + (-1.6)^2 + (-1.3)^2$$
$$= 29.66$$

以 EXCEL 的 CHISQ.DIST.RT(29.66,4) 求得 $\chi^2_{(4)}=29.66$ 的尾機率 $p=6 \times 10^{-6}$

步驟五：進行決策與解釋

$\because \chi^2_{obt(4)}=29.66 > \chi^2_{.05(4)}=9.49$　$p=6 \times 10^{-6} < \alpha=.05$

$\therefore$ 拒絕 H_0、接受 H_1，亦即性別與手機品牌之間不獨立，不同性別對於手機品牌偏好有所不同。

由標準化殘差可知，不同性別者在 B 品牌的偏好最為明顯：女生（$\Delta'=-2.3$）顯著低於期望值，男生（$\Delta'=2.3$）顯著高於期望值。

17.3.3　同質性檢定

17.3.3.1　整體考驗：χ^2 檢定

關於類別變數另一種型態的二因子檢定，是檢驗不同母體的比例是否相同，亦即對於比例同質性的檢驗。其中一個因子（A）是多重母體，$i=1,\cdots,k$，另一個因子（B）是不同反應類型，$j=1,\cdots,l$，例如：對於某政策是否支持，或是不同選項的偏好度，因此雖然兩因子的次數資料也是利用列聯表來呈現，但是統計假設的寫法有所不同。如果研究者想要比較 k 個母體（A 因子）在某項作答反應（B 因子）上的比例差異，統計假設如下：

$$\begin{cases} H_0: \pi_i=\pi_{i'} & \forall i & \text{各組比例相等（比例具同質性）} \\ H_1: \pi_i \neq \pi_{i'} & \exists i & \text{任一組比例不相等（比例具異質性）} \end{cases}$$

為了便於比較，我們將先前表 17.3 的數據略微更動，將性別因子改成對學校某項政策的支持度，亦即是否支持，資料內容不變，因此仍然是一個 4×2 的列聯表，如表 17.4 所示。虛無假設是四個年級（$i=1,\cdots,4$）學生對於政策「是」支持的比例相同：$H_0: \pi_1=\pi_2=\pi_3=\pi_4$，亦即各學生母體的政策支持比例具有同質性，相對之下，只要任何一個母體的學生支持度不同，虛無假設就被拒絕，亦即各母體的支持比例具有異質性。

→表 17.4　不同年級大學生對於政策支持度的比例分析

(B) 政策支持度		(A) 年級別 $i=1,\cdots,k$				合計
$j=1,\cdots,l$		大一	大二	大三	大四	(P_j)
是（支持）　f_o		7	2	0	5	14
$p_{i(j=1)}$		(.70)	(.25)	(.00)	(.294)	(.35)
否（反對）　f_o		3	6	5	12	26
$p_{i(j=2)}$		(.30)	(.75)	1.00	.706	(.65)
合計		10	8	5	17	40
邊際機率　p_i		(.25)	(.20)	(.125)	(.425)	(1.00)

　　若將「支持」（$j=1$）政策的母體機率定義成 π，「反對」（$j=2$）政策者的母體機率就是 $1-\pi$，在樣本資料當中，若各母體回答「支持」的人數分別為 n_1、n_2、n_3、n_4，亦即 7、2、0、5，將其加總後除以總人數就是母體的整體比例估計數（estimated overall proportion），以 $p_{j=1}$ 表示，也就是 $j=1$ 邊際機率：

$$\overline{p}_{j=1} = \frac{n_1 + n_2 + n_3 + n_4}{N} = \frac{n_{j=1}}{N} = P_{j=1}$$

$$= \frac{7+2+0+5}{40} = \frac{14}{40} = .35 \tag{17-7}$$

　　各母體下的樣本「支持」者的期望值，亦即細格期望機率，也正是母體機率估計值與邊際機率的乘積：$\pi_{ij}=P_i P_j$，乘以總人數就是期望次數，與先前估計細格期望次數的公式 17-2 完全相同。

　　換言之，雖然同質性檢定與獨立性檢定的假設觀點不同，但數學運算原理與結果相同，也因此檢定的結果相同，亦即 $\chi^2_{obt(3)}=8.662 > \chi^2_{.05(3)}=7.81$，$p=.034 < \alpha=.05$，結論為拒絕 H_0，亦即不同年級學生母體在該項政策的支持比例不同，沒有同質性。

17.3.3.2　事後考驗：Marascuilo 程序

　　同質性檢定所關心的是 k 個母體抽樣樣本的比例是否相同，如果拒絕 H_0 之後的後續比較不是針對 $k×1$ 的每一個細格殘差進行討論，而是檢定 k 個樣本百分比的兩兩配對比較：$p_i - p_{i'}$ 是否具有顯著差異，稱為 Marascuilo 程序（Marascuilo procedure），檢定方式是將兩樣本比例的絕對差異（absolute difference; AD），亦即 AD=$|p_i - p_{i'}|$，與臨界距離 (critical range; CR) 相比，公式如下：

$$CR = \sqrt{\chi_{cv}^2 \left[\left(\frac{p_i(1-p_i)}{n_i} \right) + \left(\frac{p_{i'}(1-p_{i'})}{n_{i'}} \right) \right]}$$

(17-8)

若 AD>CR，表示兩個樣本比例的差異具有統計意義，相對的，若 AD < CR，表示兩個樣本比例的差異沒有統計意義。以範例資料的數據來看，四個年級的觀察數據對於支持政策的比例 Marascuilo 程序列舉如下，其中僅有一組配對（大一對大三 AD_{13}=.70 > CR_{13}=.484）達到 α=.05 顯著水準，其他各組配對則無統計意義。

大一：大二　　p_1=.7: p_2=.25　　AD_{12}=|.700−.250|=0.450　< 　CR_{12}=0.983

大一：大三　　p_1=.7: p_3=.00　　AD_{13}=|.700−.000|=0.700*　> 　CR_{13}=0.484

大一：大四　　p_1=.7: p_4=.294　AD_{14}=|.700−.294|=0.406　< 　CR_{14}=0.747

大二：大三　　p_1=.25: p_3=.00　AD_{23}=|.250−.000|=0.250　< 　CR_{23}=0.856

大二：大四　　p_2=.25: p_4=.294　AD_{24}=|.250−.294|=0.044　< 　CR_{24}=1.028

大三：大四　　p_3=.00: p_4=.294　AD_{34}=|.000−.294|=0.294　< 　CR_{34}=.569

17.4 等級資料的無母數檢定

　　無母數統計除了能夠適用於以名義尺度所測得到的類別數據的假設檢定，也可以應用在以順序尺度所測量得到的等級資料（rank data），亦即變數的不同水準1、2、3 等數值具有前後、順序意義或等級資訊。在實務上需要以順序尺度來進行測量，通常是因為測量對象的本身就只有順序的不同而沒有數值上的差異可以評估，例如：政府部門的職位頭銜「部長」、「次長」、「科長」到「職員」等等，就只能比較地位誰高誰低，甚至於在公務人員分成一到十四職等，「職等」的數值看起來似乎可以加減乘除，但是「等」與「等」之間的差異其實「不等」，所以這種順序尺度的測量進行加減乘除並沒有意義，這是順序變數的一種來源。

　　另一種會得到順序測量數據的情況，則是因為有時人們會把具有單位尺度、可以四則運算的連續變數「降階」（reduce to）成「名次」（rank），例如：運動選手的各項積分轉換成全球排名。平常在學校考試考完後，老師宣布你是第幾名，比起老師宣布你得幾分來得更有「啟發性」，當然，老師先要有分數，才知道你的名次，這種把高階測量尺度降階成低階數據的狀況經常可見，也是常須面對的順序資料。

本節首先介紹三種適用於相依樣本設計的等級資料無母數檢定法，下一節則討論獨立樣本設計的無母數檢定法，六種方法的摘述比較列於表 17.5。

→**表 17.5**　六種等級性質的無母數檢定的比較

檢定方法	抽樣設計	比較組數	替代檢定
符號檢定	相依樣本	2	z-test
Wilcoxon符號等級檢定	相依樣本	2	z-test
Kendall W檢定	相依樣本	>2	χ^2 test
Wilcoxon等級和檢定	獨立樣本	2	z-test
Mann-Whitney U檢定	獨立樣本	2	z-test
Kruskal-Wallis H等級變異數分析	獨立樣本	>2	χ^2 test

17.4.1　符號檢定

符號檢定（sign test）是一種非常簡便而適用於相依樣本數據的無母數統計方法。其原理是將兩個具有配對關係的隨機變數 X 與 Y 一對一對地依照其相對大小標註其正負號：如果 $y_1 > x_1$ 標示為「＋」，如果 $y_1 < x_1$ 標示為「－」，當所有的配對比對完畢之後，利用機率分配即可進行顯著性考驗。

17.4.1.1　基於二項分配的符號檢定

符號檢定所使用的機率分配為二項分配，這是因為符號檢定實際所分析的資料是「＋」或「－」符號，當 X 與 Y 兩變數共有 N 個配對比較時，就好比進行了 N 次的白努利嘗試，整個實驗活動結束後，這 N 個「符號」所形成的隨機變數 S，即服從二項分配。此時即可檢定在特定顯著水準 α 下，這 N 次嘗試為樣本的實驗其母體機率 π_S 是否等於某期望機率（理論機率）π_0，統計假設如下：

$$\begin{cases} \mathrm{H_0}: & \pi_S = \pi_0 \\ \mathrm{H_1}: & \pi_S \neq \pi_0 \end{cases}$$

舉例來說，如果某研究所有 10 位學生的統計學期中考與期末考成績如表 17.6，將兩個分數相減，如果期末考比較好者標示為「＋」，表示有進步；期末考比較差者標示為「－」，表示退步，同分時則無高低差異而不予標示符號（例如：A04），此時有效配對為 $N=9$，「＋」有 7 位、「－」有 2 位，出現「＋」的次數為 $S_+=7$，機率為 $P_{S+}=7/9=.78$，此時即可利用 $N=9$ 的二項分配，檢定當 $\alpha=.05$ 下，此一樣本次數 $S_+=7$ 是否為 $\pi_0=.5$ 母體的一個隨機樣本，亦即 $\mathrm{H_0}: \pi_S=.5$。

→**表** 17.6　某班10位學生的考試成績與符號標示

	期中考成績 X	期末考成績 Y	差距量 $D = Y - X$	S (Sign)
A01	78	84	+6	+
A02	80	83	+3	+
A03	90	89	−1	−
A04*	90	90	0	
A05	70	78	+8	+
A06	88	89	+1	+
A07	82	87	+5	+
A08	74	84	+10	+
A09	65	78	+13	+
A10	85	80	−5	−

* 表示同等分者，無法標示符號。

　　符號檢定的關鍵在於須確認檢定所對應的二項分配條件為何。根據前述的討論，得知 $N=9$，$\pi_0=.5$，因此我們將採用 $B(9,.5)$ 的二項機率分配來決定樣本次數 $S_+=7$ 的雙尾機率是否小於 $\alpha=.05$，$B(9,.5)$ 的二項機率分配列於圖 17.3。

　　由於 $B(9,.5)$ 分配的平均數為 $9 \times .5 = 4.5$，而 $S_+=7$ 落於平均數的右側，因此如果只是進行單尾檢定（$H_1: \pi_S > .5$），尾機率只需計算比 $S_+=7$ 本身及更極端（更右側）的事件機率 $P(X \geq 7)$。但是如果是如同本範例的雙尾檢定（$H_1: \pi_S \neq .5$），尾機率除了計算比 $S_+=7$ 本身及更右側的事件機率之外，還需計算比 $S_+=2$ 本身及更左側 $P(X \leq 2)$ 的事件機率。雙尾機率計算過程如下：

$$P(X \leq 2 \cup X \geq 7) = P(x=0) + P(x=1) + P(x=2) + P(x=7) + P(x=8) + P(x=9)$$
$$= (.00195 + .01758 + .0703) + (.0703 + .01758 + .00195) = .08984 + .08984 = .180$$

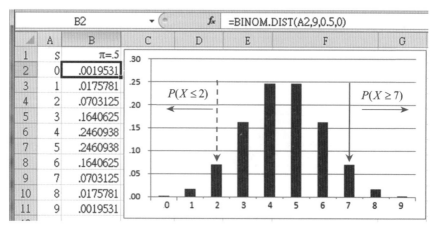

圖 17.3　二項分配B(9,.5)機率圖與臨界點

由於觀察次數 S_+=7 的雙尾機率 p=.180，或以 EXCEL 的 (1–BINOM. DIST(6,9,.5)) 乘以兩倍求得，大於 α=.05，保留 H_0: π_S=.5，亦即該班學生的兩次成績變動為 + 或 – 的機率為 .5。即使本題改為單尾檢定，尾機率 p=.090，仍大於 α=.05，結論也未改變。

表 17.6 的資料要執行相依樣本平均數差異 t 檢定並不困難。但是很明顯的，如果使用符號檢定，無須計算平均數、標準差、標準誤等統計量，甚至沒有公式，更不用假設母體是否為特定分配（例如：常態分配），因而稱為無母數檢定，實施上相對簡單。

17.4.1.2　基於常態分配的符號檢定

當配對比較得到的符號數量越多（N 越大），二項分配越近似常態分配，一般而言，符號運算的配對次數若 $N > 10$，可利用常態分配 $N(\mu,\sigma^2)$ 來替代二項分配 $B(n,\pi)$，省去查二項分配表的麻煩，更可套用中央極限定理來進行較有統計學理根據的符號檢定。檢定量 z_S 的公式如 17-9 所示。

$$z_S = \frac{(S_+ \pm .5) - \mu}{\sigma} = \frac{(S_+ \pm .5) - N\pi}{\sqrt{N\pi(1-\pi)}} \tag{17-9}$$

值得注意的是，公式 17-9 當中有一個 .5 的連續性修正因子（continuity correction factor），這是因為常態分配是連續機率密度，累積機率是以積分求得，但二項分配是離散分配，每一個 S 的數值是一個整數，因此當 S_+ 在中間值以上時，以常態分配來替代二項分配會少了 $1/2$=.5，當 S_+ 在中間值以下時則多了 .5，因此要加以補正：當配對得到的 S_+ 次數高於嘗試次數的一半以上，亦即 S_+>($N/2$)，求取檢定量 z_S 需取公式 17-9 中的「$\pm$」的正號，亦即 S_++.5；當 S_+ 低於嘗試次數 N 的一半，亦即 S_+<($N/2$)，公式 17-9 當中的「$\pm$」則取負號，亦即 S_+–.5。

雖然表 17.6 的範例資料樣本數未達 10，不應以常態分配來漸進二項分配，但是為了示範，我們仍以公式 17-9 計算 z_S 檢定量計算，結果如下：

$$z_S = \frac{(S_+ \pm .5) - N\pi}{\sqrt{N\pi(1-\pi)}} = \frac{(7+.5) - 9 \times .5}{\sqrt{9 \times .5 \times .5}} = \frac{3}{1.5} = 2$$

由於 z_S=2 之雙尾尾機率 p=.0455[以 EXCEL 的 (1–NORM.DIST(2,0,1,1))*2 求得]，p<.05，或因為 $|z_S$=2$| \geq |z_{.025}$=$\pm 1.96|$，檢定量落入拒絕區，結論為拒絕 H_0、

接受 H_1，亦即該班學生的兩次成績變動為 + 或 − 的機率不為 .5。此一結果與先前以二項分配為機率分配的檢驗結果相反，反而比較接近以相依樣本 t 檢定的結論，顯見若能以常態分配來替代二項分配（前提是 N 要大於 10，且越大越好），可以得到更具檢定力的結論，降低犯下型 II 錯誤的可能。

17.4.2　Wilcoxon 符號等級檢定

在使用前面介紹的符號檢定來檢驗兩個相依隨機變數的差異情形時，較高一方者標示為「+」、較低一方標示為「−」，這種作法的好處是簡單易懂，但是缺點是沒有充分善用數據所能提供的資訊。尤其是當數據具有高低順序或測量單位時，除了可判斷「+」與「−」的大小方向，更可將等級資訊納入考量，進行 Wilcoxon 符號等級檢定（Wilcoxon signed-rank test），亦即將「+」與「−」兩符號的等級和 R^+ 與 R^- 進行考驗，適用於相依次序變數的無母數檢定。

$$\begin{cases} H_0: R^+=R^- \\ H_1: R^+\neq R^- \end{cases}$$

Wilcoxon 符號等級檢定的主要特色，是將兩相依樣本配對比較得到較強的「+」者，將其等級資訊加總求得正次序和 R^+；配對比較得到較弱的「−」者，將其等級資訊加總求得負次序和 R^-，然後取 R^+ 與 R^- 兩者中較小者為 T_{obt} 值，$T_{obt}=\min(R^+, R^-)$，將之與 Wilcoxon T 值表（表 17.7）的臨界值 T_{cv} 相比，若 T_{obt} 值高於 T_{cv}，則保留 H_0，表示正負配對次序相同；若 $T_{obt} \leq T_{cv}$，則拒絕 H_0、接受 H_1，亦即正負配對次序不同。

我們以表 17.6 的數據為例，求取 Wilcoxon's T 的過程列於表 17.8。首先，如同符號檢定的作法，將配對樣本兩兩進行比較得到「+」與「−」符號，然後依據兩者差距的絕對值 $|D|$ 排出等級。如果 $|D|$ 相同時，取中間等級，例如：$|D|=5$ 有兩個（A07 與 A10），在排列上位居第 4 與 5 兩個等級，因此兩者皆取 4.5 等級。依照此一原理，分別計算正等級和 $R^+=6$、負等級和 $R^-=39$：

$$R^+=1.5+4.5=6$$

$$R^-=6+3+7+1.5+4.5+8+9=39$$

取較小的等級和為檢定值 $T_{obt}=\min(R^+,R^-)=\min(6,39)=6$，利用 Wilcoxon T 雙尾檢定 T 臨界值 $T_{cv}=8$，因為 $T_{obt}=6 < T_{cv}=8$，因此拒絕 H_0、接受 $H_1:R^+ \neq R^-$，表示正負配對的等級次序不同。

→**表 17.7**　$N \leq 20$ 的 Wilcoxon's T值表

$2\alpha=$	.15	.10	.05	.04	.03	.02	.01
N　$\alpha=$	.075	.05	.025	.02	.015	.01	.005
4	0						
5	1	0					
6	2	2	0	0			
7	4	3	2	1	0	0	
8	7	5	3	3	2	1	0
9	9	8	5	5	4	3	1
10	12	10	8	7	6	5	3
11	16	13	10	9	8	7	5
12	19	17	13	12	11	9	7
13	24	21	17	16	14	12	9
14	28	25	21	19	18	15	12
15	33	30	25	23	21	19	15
16	39	35	29	28	26	23	19
17	45	41	34	33	30	27	23
18	51	47	40	38	35	32	27
19	58	53	46	43	41	37	32
20	65	60	52	50	47	43	37

→**表 17.8**　某班10位學生的次序等級的Wilcoxon符號等級檢定數據

	期中考 成績 X	期末考 成績 Y	符號 S	差距 $|D|$	等級 R	R^+	R^-
A01	78	84	−	6	6		6
A02	80	83	−	3	3		3
A03	90	89	+	1	1.5*	1.5	
A04	90	90					
A05	70	78	−	8	7		7
A06	88	89	−	1	1.5*		1.5
A07	82	87	-	5	4.5*		4.5
A08	74	84	−	10	8		8
A09	65	78	-	13	9		9
A10	85	80	+	5	4.5*	4.5	
加總						6	39
平均						3	5.57

＊表示同等級取平均等級者。

同樣的，T 統計量的分配在 $N \geq 15$ 時可由常態分配來替代，使用標準常態分配 z 檢定來進行考驗，公式如 17-10 所示。

$$z_T = \frac{T_{obt} - \mu_T}{\sigma_T} = \frac{T_{obt} - \frac{N(N+1)}{4}}{\sqrt{\frac{N(N+1)(2N+1)}{24}}}$$

$$(17\text{-}10)$$

以範例資料來看，代入 $T_{obt}=6$ 與 $N=9$，得到 $z_T=-1.958$，略微低於 -1.96 的臨界值。或以 EXCEL 的 $(1\text{-NORM.DIST}(1.958,0,1,1)) \times 2$ 求得 $p=.0502$，大於 $\alpha=.05$，因此保留 H_0，亦即符號等級相當。雖然結論是保留 H_0，但是尾機率已經接近顯著水準。

17.4.3　Kendall's W 檢定

前面兩種檢定只能使用在兩個相依樣本的無母數檢定，對於超過三個以上的相依樣本的無母數檢定，最常見為 Kendall's W 檢定，介紹如下。

17.4.3.1　W 係數的估計

Kendall's W 檢定所使用的 W 檢定量為一介於 0 至 1 的係數，適用於三組以上的配對樣本的等級一致性檢定，例如：有 K 位口試委員替 N 位考生進行評定，又稱為 Kendall 和諧係數（Kendall's coefficient of concordance），廣泛用於測驗考試作為評分者間信度（inter-rater reliability）的指標。W 檢定量如 17-11 所示。

$$W = \frac{S}{\frac{K^2(N^3-N)}{12}} = \frac{\Sigma(R_i - \overline{R})^2}{\frac{K^2(N^3-N)}{12}}$$

$$(17\text{-}11)$$

公式 17-11 中，$S = \Sigma(R_i - \overline{R})^2$，亦即為每一組包含 K 次配對的等級總和（R_i）的離均差平方和。$\overline{R} = K(N+1)/2$。分母 $[K^2(N^3-N)]/12$ 是基於均勻分配下的變異數，反映了 K 次配對完全一致的最大可能值。當 K 次配對一致性越高時，$\Sigma(R_i - \overline{R})^2$ 近似均勻分配的離散性，此時 W 係數越接近 1；相對的，當 K 個配對的等級一致性越低時，$\Sigma(R_i - \overline{R})^2$ 越接近 0，W 係數亦越接近 0。

現以一個三位委員（$K=3$）對於 10 位考生（$N=10$）的口試評分資料為例，如表 17.9 所示。這些委員對於學生評鑑等級的一致性，以公式 17-11 計算得到

→**表** 17.9　三位委員對於10位考生的口試評分模擬數據

	A 委員 X_A	B 委員 X_B	C 委員 X_C	A 委員 R_A	B 委員 R_B	C 委員 R_C	加總 R_i	$(R_i - \overline{R})^2$
A01	78	84	90	4.0	5.5*3	6.5*2	16	0.25
A02	80	83	85	5.0	4.0	4.0*1	13	12.25
A03	90	89	95	9.5*1	8.5*2	9.5*3	27.5	121.00
A04	90	90	95	9.5*1	10.0	9.5*3	29	156.25
A05	70	78	80	2.0	1.5*1	2.0	5.5	121.00
A06	88	89	90	8.0	8.5*2	6.5*2	23	42.25
A07	82	87	92	6.0	7.0	8.0	21	20.25
A08	74	84	85	3.0	5.5*3	4.0*1	12.5	16.00
A09	65	78	70	1.0	1.5*1	1.0	3.5	169.00
A10	85	80	85	7.0	3.0	4.0*1	14	6.25
加總								664.50

* *t* 表示同等級取平均等級者的次數。

W=.895。係數數值接近 .90，以相關係數的概念來看，是一個非常高度關聯的係數值，表示三位委員的評分等級一致性非常高。

$$W = \frac{\Sigma(R_i - \overline{R})^2}{\dfrac{K^2(N^3 - N)}{12}} = \frac{664.5}{\dfrac{3^2(10^3 - 10)}{12}} = \frac{664.5}{742.5} = .895$$

17.4.3.2　同級修正 W' 係數

當評分者對於 N 位受評者進行評估時，若有同等級的狀況時，需在公式中增加一個校正量 T'，求取同級修正的 W' 係數，如公式 17-12 所示。

$$W' = \frac{S}{\dfrac{K^2(N^3 - N)}{12} - T'} = \frac{\Sigma(R_i - \overline{R})^2}{\dfrac{K^2(N^3 - N)}{12} - \dfrac{K[\Sigma(t^3 - t)]}{12}} \tag{17-12}$$

校正量 T' 必須分別計算 K 個樣本下，各自有幾組同等級的狀況，每一組同等級時有 t 個觀察值為同級。以表 17.9 的 C 委員為例，總計發生 3 次同級評定：4.0 有三個，6.5 有兩個，9.5 也有兩個，因此 t=3、2、2。三個委員的修正量 T_A、T_B、T_C 與 T' 計算如下：

$$T_A = (2^3 - 2) = 6$$
$$T_B = (2^3 - 2) + (2^3 - 2) + (2^3 - 2) = 18$$
$$T_C = (3^3 - 3) + (2^3 - 2) + (2^3 - 2) = 36$$

$$T' = \frac{K \Sigma T}{12} = \frac{K[\Sigma(t^3 - t)]}{12} = \frac{3[T_A + T_B + T_C)]}{12} = \frac{3 \times [6 + 18 + 36]}{12} = \frac{3 \times 60}{12} = 15$$

將三位評分者出現同等級評定的修正量計算出來後，即可計算同級修正 W'=.913，由係數值比修正前更高，顯示同級修正可以調整因為同級所造成的低估，修正後三位委員的評分等級一致性更趨一致。

$$W' = \frac{664.5}{742.5 - 15} = .913$$

17.4.3.3　W 係數的卡方檢定

在 N 夠大的情況下，W 係數服從自由度為 N–1 的卡方分配，因此可以利用卡方檢定來檢驗 W 係數是否為 0 的虛無假設 H_0:W=0。公式如 17-13 所示。

$$\chi^2_{(df=N-1)} = K(N-1)W \tag{17-13}$$

以 W=.895 計算得到 $\chi^2_{(9)} = 3 \times (10-1) \times .895 = 24.17$，尾機率 p=.0040[以 EXCEL 的 CHISQ.DIST.RT(24.17,9) 函數求得]，p<.05。若以同級修正 W'=.913 計算得到 $\chi^2_{(9)} = 24.66$，尾機率 p=.0034，亦為 p<.05，結論均為拒絕 H_0、接受 H_1，表示 W 係數顯著不為 0。

17.4.4　Wilcoxon 等級和檢定

前面的無母數檢定是在討論兩個相依樣本的配對情形。如果是針對兩個獨立樣本數據，前述配對比較的原則就無法使用，Wilcoxon 另外發展一種可以用來檢驗獨立樣本等級差異的無母數檢定，稱為 Wilcoxon 等級和檢定（Wilcoxon rank-sum test）。由於等級資料反映觀察值的高低順序，因此可用來檢驗兩個樣本的中位數是否相等：

$$\begin{cases} H_0\text{:}Mdn_1\text{=}Mdn_2 \\ H_1\text{:}Mdn_1\text{≠}Mdn_2 \end{cases}$$

等級和的排序方式，是將兩組觀察值全部合併一起加以排序，同等級者取中間等級，再分別由原來的兩個組分別進行等級加總，得到兩個樣本等級和 R_1 與 R_2，兩者總和具有下列關係：

$$R_1 + R_2 = \frac{N(N+1)}{2}$$

(17-14)

其中全體樣本數 N 為各組樣本數總和 $N = n_1 + n_2$。R_1 與 R_2 計算得出後，取等級和較小者作為等級檢定值 W，若樣本夠大（各組大於 10），即可以 z 檢定來考驗兩個樣本的中位數是否相等，z 檢定公式如 17-15 所示。

$$z_W = \frac{W - \mu_W}{\sigma_W} = \frac{W - \dfrac{n_1(N+1)}{2}}{\sqrt{\dfrac{n_1 n_2 (N+1)}{12}}}$$

(17-15)

→**表 17.10**　某班20位學生成績與等級數據

	男生成績 Y_1	女生成績 Y_2	男生等級 R_1	女生等級 R_2
	78	84	5*	11.5*
	80	83	7.5*	10
	90	89	19*	16.5*
	90	90	19*	19*
	70	78	2	5*
	88	89	15	16.5*
	82	87	9	14
	74	84	3	11.5*
	65	78	1	5*
	85	80	13	7.5*
n	10	10	10	10
總和	802	842	93.5	116.5
平均	80.2	84.2	9.35	11.65
標準差	8.548	4.517		

* 表示同等級者取平均等級者。

為了進行示範，我們將表 17.6 的數據直接改成獨立樣本的兩組數據，如表 17.10 所示。其中 Y_1 為男生成績、Y_2 為女生成績，將 20 筆資料全部混合在一起排出等級之後，分別求出男生等級和 R_1=93.5 與女生等級和 R_2=116.5，其中男生等級和 R_1 較小，因此 W=93.5，代入公式可計算得到 z 檢定量為 −0.873：

$$z_W = \frac{W - \dfrac{n_1(N+1)}{2}}{\sqrt{\dfrac{n_1 n_2 (N+1)}{12}}} = \frac{93.5 - 10 \times 21/2}{\sqrt{\dfrac{10 \times 10 \times 21}{12}}} = \frac{-11.5}{13.23} = -0.873$$

由於 z=−0.873 的雙尾尾機率 p=.383[以 EXCEL 的 (1-NORM.DIST(.873,0,1,1)) ×2 求得]，結論為保留 H_0，亦即男生與女生的成績中位數並沒有差異，兩者排序中間點的位置相當。

17.4.5 Mann-Whitney U 檢定

Mann 與 Whitney 兩位學者曾經提出一個與 Wilcoxon 等級和檢定相類似的無母數檢定方法，用來檢驗兩個獨立樣本的等級是否相當。其對於兩個獨立樣本下的觀察值排序及加總方式與 Wilcoxon 等級和檢定相同，所不同的是對兩組等級和 R_1 與 R_2 各計算出一個 U_1 與 U_2 統計量，也是取較小者作為檢定量 U^*，來判定兩組排序是否相等，稱為 Mann-Whitney U 檢定。U 統計量的計算式如公式 17-16 與 17-17。

$$U_1 = n_1 n_2 + \frac{n_1(n_1+1)}{2} - R_1 = 10 \times 10 + \frac{10(10+1)}{2} - 93.5 = 61.5 \tag{17-16}$$

$$U_2 = n_1 n_2 + \frac{n_2(n_2+1)}{2} - R_2 = 10 \times 10 + \frac{10(10+1)}{2} - 116.5 = 38.5 \tag{17-17}$$

以範例數據代入得到 U_1=61.5 與 U_2=38.5，由於 U_2=38.5 較小，因此檢定量 U^*=38.5。如果各組人數低於 10 人，必須使用查表法得到 U 統計量的臨界值。例如：當 n_1=10、n_2=10，查表得到 α=.05 雙尾臨界值為 [78,132]。U^*=38.5 並沒有落入臨界值以外的區域，表示 U^* 並沒有統計意義。

當各組樣本大於等於 10 時，U 統計量的分配近似常態分配，可利用標準常態 z 分配進行檢定，檢定量公式如 17-18 所示。

$$z_U = \frac{U^* - \mu_U}{\sigma_U} = \frac{U^* - \frac{n_1 \times n_2}{2}}{\sqrt{\frac{n_1 n_2 (n_1 + n_2 + 1)}{12}}}$$

(17-18)

由於本範例各組人數恰好 10 人，可以進行 z 檢定，以公式 17.18 求得 $z=$ $-.873$，以函數求得雙尾機率 $p=.383$。

$$z_U = \frac{U_{obt} - \frac{n_1 \times n_2}{2}}{\sqrt{\frac{n_1 n_2 (n_1 + n_2 + 1)}{12}}} = \frac{38.5 - 10 \times 10 / 2}{\sqrt{\frac{10 \times 10 \times 21}{12}}} = \frac{-11.5}{13.23} = -0.873$$

由於 $p>.05$，因此保留 H_0，亦即男生與女生的成績排序並沒有顯著差異，計算結果與 Wilcoxon 等級和檢定完全相同，兩者是相同的檢定。

17.4.6　Kruskal-Wallis 等級變異數分析

前面所介紹等級檢定均為兩組樣本的等級比較，如果是三個或三個以上獨立樣本等級比較的無母數檢定，則可使用 Kruskal-Wallis 所提出的等級變異數分析（analysis of variance by ranks），又稱為 H 檢定。其資料格式與第十一章所介紹的單因子變異數分析無異，所不同的是使用等級數據而非樣本平均數。同時由於等級次序與樣本位置有關，因此 Kruskal-Wallis 的 H 檢定也是一種中位數檢定，統計假設是 k 組樣本的中位數是否相等。

$$\begin{cases} H_0: Mdn_k = Mdn_0 & \forall k \\ H_1: Mdn_k \neq Mdn_0 & \exists k \end{cases}$$

H 檢定量的計算如公式 17-18：

$$H = \frac{12}{N(N+1)} \left(\sum_{k=1}^{K} \frac{T_k^2}{n_k} \right) - 3(N+1)$$

(17-19)

其中 T 為各組的等級和：$T=\Sigma R$，例如：當比較組數 $k=3$，各組等級和平方總和如下：

統計學：原理與應用

$$\sum_{k=1}^{3} \frac{T_k^2}{n_k} = \frac{(\Sigma R_1)^2}{n_1} + \frac{(\Sigma R_2)^2}{n_2} + \frac{(\Sigma R_3)^2}{n_3}$$

(17-20)

　　當各組人數大於 5 時，H 檢定量的分配近似 $\chi^2_{(df=k-1)}$ 分配，因此可以利用 χ^2 檢定來判斷各組中位數是否相等，如果樣本過少，則需另行查表得到臨界值，例如：Zar（1984, Table B.12）。Kruskal-Wallis 的 H 檢定對於各獨立樣本下的等級排定方式，與前一節介紹的 Wilcoxon 等級和檢定相同。

　　為了示範 Kruskal-Wallis H 檢定的作法，我們將表 17.10 的數據增加一組成績成為表 17.11，此時有 A、B、C 三個班學生的成績，樣本數分別為 10、10、12，總樣本數 $N=32$，因此分數最低者等級為 1，分數最高者等級為 32，全體 32 位學生等級排定之後，再分就三個組別分別計算等級總和 ΣR_1、ΣR_2、ΣR_3，其數值分別為 160.5、200、167.5。代入公式 17-18，得到 $H=2.296$，自由度為 $k-1=2$。

$$H = \frac{12}{32(32+1)} \left[\frac{(160.5)^2}{10} + \frac{(200)^2}{10} + \frac{(167.5)^2}{12} \right] - 3(32+1) = 2.296$$

→表 17.11　三個班級32位學生的原始成績與等級數據

	A 班成績 Y_1	B 班成績 Y_2	C 班成績 Y_3	A 班等級 R_1	B 班等級 R_2	C 班等級 R_3
	78	84	65	11*	20*	1.5*
	80	83	84	14*	18	20*
	90	89	81	29*	26.5*	16
	90	90	92	29*	29*	32
	70	78	66	4.5*	11*	3
	88	89	70	25	26.5*	4.5*
	82	87	75	17	24	8
	74	84	85	7	20*	22.5*
	65	78	71	1.5*	11*	6
	85	80	91	22.5*	14*	31
			77			9
			80			14*
n	10	10	12	10	10	12
總和	802	842	937	160.5	200	167.5
平均	80.20	8.548	80.20	16.05	20	13.958
標準差	8.548	4.517	9.040	10.081	6.528	10.522

* 表示同等級者取平均等級者。

由於各組人數大於 5，因此可使用 χ^2 分配，以 EXCEL 的 CHISQ.DIST.RT(2.296,2) 求得的尾機率為 $p=.317$，大於 $\alpha=.05$，因此保留 H_0，亦即三組中位數相等。

17.5　結語

不論是面對名義或等級資料，無母數統計方法挾著不受限於母體分配假設的優勢，對於大小樣本的問題可以從容應付，相依或獨立設計也難不倒它。因此，本章所介紹的無母數統計方法，不僅可以兼顧樣本的大小，亦可涵蓋相依樣本與獨立樣本。作為本書的關門章節，本章把這些觀念一網打盡，不僅對於「統計學」有個交代，更不失為「學統計」的完美結局。

EXCEL 電腦小精靈

一、如何使用 EXCEL 來執行單因子卡方檢定（適合度檢定）

■建立資料檔案（表 17.1 的範例數據）

SUM		×	✓	f_x	=CHISQ.TEST(B2:E2,B3:E3)					
	A	B	C	D	E	F	G	H	I	J
1		大一	大二	大三	大四	合計				
2	觀察次數 f_o	10	8	5	17	40				
3	期望次數 f_e	10	10	10	10	40				
4	$p=$	=CHISQ.TEST(B2:E2,B3:E3)								
5		CHISQ.TEST(actual_range, expected_range)								
6										

1. 依照資料格式將觀察次數逐一鍵入B2至E2儲存格
2. 計算期望次數於B3至E3儲存格

■求出卡方檢定結果

1. 作法：利用CHISQ.TEST函數求出卡方檢定的尾機率
   在儲存格B5鍵入=CHISQ.TEST後，框選觀察值儲存格區域(B2:E2)與期望次數儲存格區域(B3:E3)，得到卡方檢定尾機率$p=0.0503$

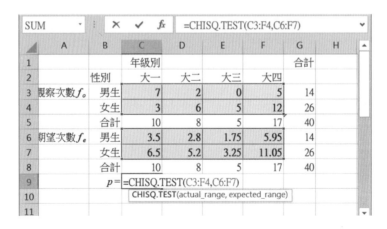

2. 作法：利用CHISQ.INV.RT函數求出卡方檢定尾機率值的卡方值

   在儲存格B6鍵入=CHISQ.INV.RT後，在括弧內框選尾機率值B4，輸入逗號，再輸入自由度3

3. 得到結果chi-square=7.8，此即單因子卡方檢定結果：

| 4 | $p=$ | 0.0503 | | | | |
| 5 | $Chi\text{-}square=$ | 7.8 | | | | |

　　卡方檢定結果為 $\chi^2_{(3)}$ =7.8, p=.0503，未達 .05 顯著水準。因此接受 H_0，觀察次數與期望次數沒有顯著差異。可自行對照第 17.3.1 節的解釋與說明。

二、如何使用 EXCEL 來執行二因子卡方檢定（獨立性檢定）

■建立資料檔案（表 17.1 的範例數據）

1. 依照資料格式將列聯表細格觀察次數逐一鍵入C3至F4儲存格

2. 於C6至F7儲存格計算期望次數，例如：大一男生=(G14/40)*(C5/40)*40得到3.5

■求出卡方檢定結果

1. 利用CHISQ.TEST函數求出卡方檢定的尾機率

作法：在儲存格C9鍵入=CHISQ.TEST後，框選觀察值儲存格區域(C3:F4)與期望次數儲存格區域(C6:F7)，得到卡方檢定尾機率p=0.0341

		年級別				合計	
	性別	大一	大二	大三	大四		
觀察次數 f_o	男生	7	2	0	5	14	
	女生	3	6	5	12	26	
	合計	10	8	5	17	40	
期望次數 f_e	男生	3.5	2.8	1.75	5.95	14	
	女生	6.5	5.2	3.25	11.05	26	
	合計	10	8	5	17	40	
	$p=$	0.0341					
Chi-square=		=CHISQ.INV.RT(C9,3)					
		CHISQ.INV.RT(probability, deg_freedom)					

2. 利用CHISQ.INV.RT函數求出卡方檢定尾機率值的卡方值

作法：在儲存格C10鍵入=CHISQ.INV.RT後，框選尾機率值C9與自由度3

3. 得到結果chi-square=8.6619，此即二因子卡方檢定的結果：

9	$p=$	0.0341
10	Chi-square=	8.6619

卡方檢定結果為$\chi^2_{(3)}$=8.6619, p=.0341，達.05顯著水準，因此拒絕H_0，觀察次數與期望次數具有顯著差異，性別與年級別不獨立。可自行對照第17.3.2節的解釋與說明。

本章重要概念

母數檢定 parametric test

無母數檢定 nonparametric test

卡方檢定 chi-square test

適合度檢定 goodness-of-fit test

獨立性檢定 test of independence

同質性檢定 test for homogeneity

殘差分析 residual analysis

標準化殘差 standardized residual

調整標準化殘差 adjusted standardized residual

等級資料 rank data

符號檢定 sign test

威爾克森符號等級檢定 Wilcoxon signed-rank test

評分者間信度 inter-rater reliability

Kendall 和諧係數 Kendall's coefficient of concordance

Wilcoxon 等級和檢定 Wilcoxon rank-sum test

等級變異數分析 analysis of variance by ranks

課後習作

一、某網拍公司銷售某一款特殊設計的筆記本，共有紅橙黃綠藍靛紫七色，某月共銷售 140 本，各顏色的銷售量如下：

紅	橙	黃	綠	藍	靛	紫
11	15	14	28	23	25	24

如果老闆想要知道不同顏色的筆記本的銷售狀況是否相當，請回答下列問題：

1. 各種顏色的期望值為何？

2. 不同顏色筆記本銷售狀況相當的假設的檢定稱為什麼檢定？結果如何？

3. 哪一（幾）種顏色的筆記本的銷售最特殊？

二、某網拍公司銷售某一款特殊設計的筆記本，某月共銷售 130 本，冷暖兩色系購買者的性別數據如下：

冷色系		暖色系	
女生	男生	女生	男生
25	15	40	50

1. 請將性別與色系資料整理成列聯表的形式。

2. 消費者對於筆記本顏色的偏好是否有性別差異呢？請回答下列問題：

(1) 消費者對於筆記本顏色的偏好是否有性別差異的檢定，稱為什麼檢定？

(2) 各種銷售狀況的期望值為何？

(3) 檢定結果如何？

(4) 哪一種銷售狀況最特別？

三、H 與 S 兩家手機公司的銷售戰打得如火如荼，為了瞭解青少年對於兩家手機的偏好程度，某行銷公司在麥當勞隨機找了 16 位學生，問他們對於 H 與 S 品牌的偏好如下（第 8 位兩個都好，無法做出偏好決定）：

1	2	3	4	5	6	7	8	9	10	11	12	13	14	15	16
H	S	H	S	H	H	S	−	S	H	S	H	H	S	H	H

1. 請利用符號檢定，檢驗青少年對 H 與 S 兩家手機品牌的偏好是否不同，$\alpha=.05$。
2. 請利用符號檢定，檢驗青少年是否比較喜歡 H 牌手機品，$\alpha=.05$。
3. 前兩題若以常態分配取代二項分配來進行符號檢定的結果為何？

四、某研究人員認為婚姻狀況會影響女性對於食品安全的重視程度。於是他在 10 位女性的婚前一年請他們作答一份食品安全態度量表，結婚一年後再度施測一次，得到的數據如下表：

姓氏	趙	錢	孫	李	周	吳	鄭	王	馮	陳
婚前	110	157	116	96	130	186	116	160	149	150
婚後	114	159	120	103	139	196	116	140	142	150

1. 請利用符號檢定，檢驗 10 位女性婚前婚後的食品安全態度有無變化，$\alpha=.05$。
2. 請利用 Wilcoxon 符號等級檢定，檢驗 10 位女性婚前婚後的食品安全態度有無變化，$\alpha=.05$。

五、某次研究所入學考試有 10 位考生進入口試，接受 A、B、C、D 四位老師的面談，4 位老師對 10 位考生的分數名次如下表（注意：C 教授有 2 位第九名）。請利用 Kendall's W 檢定，檢驗 4 位老師的評分等級是否一致，$\alpha=.05$。

ID	A	B	C	D
1	3	2	4	5
2	5	3	6	4
3	4	4	1	3
4	1	1	2	2
5	9	6	7	9
6	10	7	8	7
7	8	9	9*	10
8	6	8	5	6
9	7	10	9*	8
10	2	5	3	1

六、某研究人員認為婚姻狀況與育兒狀況會影響女性對於食品安全的重視程度。於是他各隨機找了 5 位未婚、5 位已婚但無小孩、5 位已婚且有小孩的三種女性共 15 名，請她們作答食品安全態度量表，得到的數據如下表：

未婚	110	157	116	96	130
已婚無小孩	114	159	120	103	139
已婚有小孩	134	168	118	123	143

1. 請利用 Wilcoxon W 檢定，檢驗未婚的 5 位女性與已婚的 10 位女性的食品安全態度有無不同，$\alpha=.05$。
2. 請利用 Mann-Whitney U 檢定，檢驗未婚的 5 位女性與已婚的 10 位女性的食品安全態度有無不同，$\alpha=.05$。
3. 請利用 Kruskal-Wallis H 檢定，檢驗未婚的 5 位女性與已婚的 10 位女性，這兩類女性的食品安全態度有無不同，$\alpha=.05$。
4. 請利用 Kruskal-Wallis H 檢定，檢驗未婚的 5 位女性、已婚無小孩的 5 位女性、已婚有小孩的 5 位女性，這三類女性的食品安全態度有無不同，$\alpha=.05$。
5. 請比較前面四個問題的檢定方法的異同與結論差異。

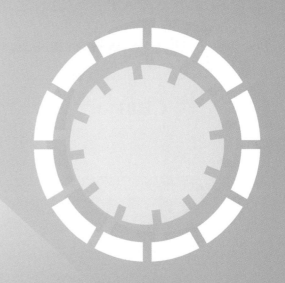

各章習題參考答案

CH01

一、略。

二、略。

三、略。

四、1. 略。

2. 舉例：

描述統計：想要瞭解班上 50 位同學之平均身高與體重。

推論統計：由某班學生資料來推知全國中學生的平均身高與體重。

五、略。

 CH02

一、略。

二、略。

三、略。

四、舉例：

1. 名義尺度：性別——男、女

2. 順序尺度：教育程度——研究所以上、大專、高中職、國中、國小及以下

3. 等距尺度：溫度

4. 比率尺度：薪水

五、略。

 CH03

一、類別變數的次數分配與圖示

1. 手機品牌次數分配表

品牌	次數	相對次數	百分比
A	9	.45	45
B	4	.20	20
C	4	.20	20
D	3	.15	15
總和	20	100	100

2. 相對次數即為機率。

3. 手機品牌長條圖：

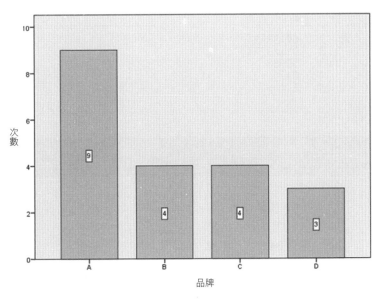

4. 手機品牌圓餅圖：

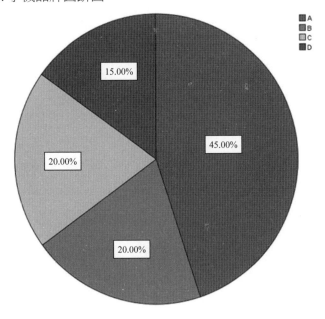

二、連續變數的次數分配與圖示

1. 年齡莖葉圖 Stem-and-Leaf Plot

Frequency	Stem and eaf
7.00	2 . 6778899
8.00	3 . 01123344
5.00	3 . 55688
3.00	4 . 012
1.00	4 . 5

2. 年齡分組次數分配

外顯組限	真實組限		組中點	次數	百分比	累積百分比
	下限	上限				
45-49	44.5	49.5	47	1	4.2	100.0
40-44	39.5	44.5	42	3	12.5	95.8
35-39	34.5	39.5	37	5	20.8	83.3
30-34	29.5	34.5	32	8	33.3	62.5
25-29	24.5	29.5	27	7	29.2	29.2
總和				24	100.0	

3. 直方圖

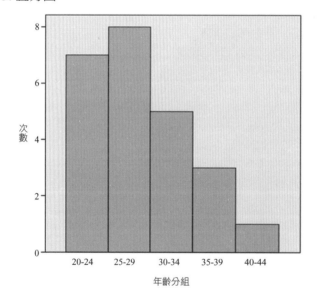

 CH04

一、描述統計

1. 小男生：平均數=17.00，中位數=18.00，眾數=18.00

小女生：平均數=13.00，中位數=14.00，眾數=17.00

2. 略。

3. 略。

4. 小男生：全距 = 6，變異數 = 4.00，標準差 = 2.00

小女生：全距 = 9，變異數 = 11.20，標準差 = 3.35

5. 略。

6. 最大：ID = 5，最小：ID = 7

二、四大量數

1. 略。

2. 略。

3. $CV_{職員} = 7{,}062.258/27{,}694.45 = .255$

$CV_{保全} = 2{,}114.616/30{,}938.89 = .068$

$CV_{管理} = 9{,}378.448/55{,}264.51 = .170$

 # CH05

一、相對地位量數

1. 16公斤的男生

ID	小男生		小女生		全體	
	X	z	X	z	X	z
1	13	-2	8	-1.494	8	-1.984
2	15	-1	9	-1.195	9	-1.692
3	16	-0.5	10	-0.896	10	-1.400
4	17	0	11	-0.598	11	-1.109
5	18	0.5	11	-0.598	11	-1.109
6	18	0.5	14	0.299	13	-0.525
7	18	0.5	14	0.299	14	-0.233
8	19	1	15	0.598	14	-0.233
9	19	1	17	1.195	15	0.058
10			17	1.195	15	0.058
11			17	1.195	16	0.350
12					17	0.642
13					17	0.642
14					17	0.642
15					17	0.642
16					18	0.934
17					18	0.934
18					18	0.934
19					19	1.225
20					19	1.225
$Mean=$	17	0	13	0	14.8	0
$s=$	2	1	3.347	1	3.427	1

在男生中排序第 3 位，$N_{PR}=3$ $\Rightarrow$ $PR_3 = \dfrac{3}{9+1} \times 100 = 30$

在全體中排序第 11 位，$N_{PR}=11$ $\Rightarrow$ $PR_{11} = \dfrac{11}{20+1} \times 100 = 52.38 \approx 52$

2. 全體

$$P_{50} \quad \Rightarrow N_{50} = (20+1) \times \frac{50}{100} = 10.5 \quad \Rightarrow p = 10 \; q = .5$$

$$\Rightarrow P_{50} = X_{10} + .5 \times (X_{11} - X_{10}) = 15 + .5 \times (16-15) = 15.5$$

3. 小女生：

$$Q_1 = P_{25} \quad \Rightarrow N_{25} = (11+1) \times \frac{25}{100} = 3 \quad \Rightarrow p = 3 \; q = 0$$

$$\Rightarrow P_{25} = X_3 = 10$$

$$Q_3 = P_{75} \quad \Rightarrow N_{75} = (11+1) \times \frac{75}{100} = 9 \quad \Rightarrow p = 9 \; q = 0$$

$$\Rightarrow P_{75} = X_9 = 17$$

4. 5 個為正值，3 個為負值。正值代表高於男生平均體重，負值代表低於男生平均體重。

5. 15 公斤在小男生中的 $z = -1$，在小女生中的 $z = 0.6$。兩者數值不同。表示同樣是 15 公斤的體重，在小男生當中相對較輕，在小女生當中相對較重。相同的 z 分數在不同性別當中的體重不同，顯示在不同群體當中相同的相對地位下，體重的原始數值並不相同。

6. 15 公斤在小男生：$T = 50 + 10 \times (-1) = 40$，小女生：$T = 50 + 10 \times (0.6) = 56$，$T = 40$ 表示低於平均數一個標準差，$T = 56$ 表示高於平均數 0.6 個標準差。

二、標準分數與標準常態分配

1. $z_{職員} = \dfrac{35,000 - 27,694.45}{7,062.258} = 1.034$

$z_{保全} = \dfrac{35,000 - 30,938.89}{2,114.616} = 1.920$

$z_{管理} = \dfrac{35000 - 55264.51}{9378.448} = -2.161$

$z_{全體} = \dfrac{35000 - 31626.39}{11854.009} = .285$

2. 職員 $1 - .8495 = .1505$，15.05% 為高薪者。

保全 $1 - .9726 = .0274$，2.74% 為高薪者。

管理 $1 - .0154 = .9846$，98.46% 為高薪者。

全體 $1 - .6120 = .3880$，38.8% 為高薪者。

CH06

一、機率原理

1. 是，因為中獎率固定，實驗的可能結果可預知，但是是否發生則未知。

2. 古典機率，因為這是店家設定的機率，還未發生。

3. 以中獎為 1，未中獎為 0。樣本點：{1},{0}。樣本空間：{1,0}。

4. 以中獎為 1，未中獎為 0。

   樣本點：{000},{001},{010},{100},{011},{101},{110},{111}。

   樣本空間：{000,001,010,100,011,101,110,111}。

5. $P(A) = .1$，$P(\sim A) = .9$

6. $P(B) = .1 \times .1 \times .1 = .001$

7. $P(B) = 1 - (.9)(.9)(.9) = .271$

8. $P(B) = (10/100) \times (9/99) \times (8/98) = .00074$

   $P(B) = 1 - (90/100) \times (89/99) \times (88/98) = .273$

9. 第5題為互斥事件，因為餘事件與事件機率相加為 1。本題沒有非互斥事件機率。

10. 第6題與第7題為獨立事件，因為每一次嘗試的機率相同。第8題為相依事件，因為抽後不放回，會影響樣本空間。

二、機率法則

1. $7/10 = .7$

2. $(7/10)(6/9) + (3/10)(7/9) = .7$

3. $(7/10)(6/9) = .467$

4. $(7/10)(6/9) + (3/10)(2/9) = .533$

5. 第2題與第4題為先使用乘法律求得相依事件聯合機率後，將兩個互斥事件以加法律相加。第3題為乘法律求得相依事件的聯合機率。

三、貝氏定理

1. $.8 \times .1 = .08$

2. $.72/(.72 + .156) = .822$

3. 是，因為必須求得畢業生中為女生者的事後機率（條件機率）。

4.

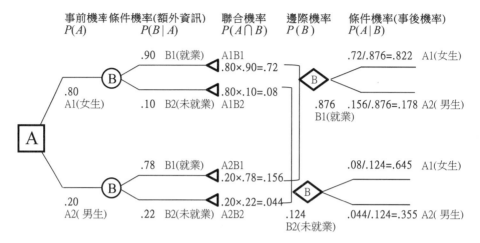

事前機率 條件機率(額外資訊)					
$P(A)$	$P(B\mid A)$	$P(A\cap B)$	$P(B)$	$P(A\mid B)$	

（圖：機率樹狀圖，含下列數值）

.90 B1(就業) A1B1 .80×.90=.72 .72/.876=.822 A1(女生)
.80 A1(女生) .80×.10=.08
.10 B2(未就業) A1B2 .876 B1(就業) .156/.876=.178 A2(男生)
.78 B1(就業) A2B1 .20×.78=.156 .08/.124=.645 A1(女生)
.20 A2(男生) .22 B2(未就業) A2B2 .20×.22=.044 .124 B2(未就業) .044/.124=.355 A2(男生)

5.

就業狀況 (B)	性別 (A)						邊際機率 $P(B)$
	女生 (A₁)			男生 (A₂)			
	條件機率 $P(B\cdot A)$	聯合機率 $P(A\cap B)$	條件機率 $P(A\cdot B)$	條件機率 $P(B\cdot A)$	聯合機率 $P(A\cap B)$	條件機率 $P(A\cdot B)$	
就業 (B₁)	.90	.72	.822	.78	.156	.178	.876
未就業 (B₂)	.10	.08	.645	.22	.044	.355	.124
邊際機率 $P(A)$		.80			.20		1.00

 CH07

一、二項分配與超幾何分配

1. 二項分配，贊成與反對為柏努利試驗，$\pi = .5$。

2. $\mu = n\pi = 10 \times .5 = 5$，$\sigma^2 = n\pi(1-\pi) = 10 \times .5 \times .5 = 2.5$。

X	$\pi = .5$
0	.001
1	.010
2	.044
3	.117
4	.205
5	.246
6	.205
7	.117
8	.044
9	.010
10	.001

（長條圖：X 軸 0~10，數值 .001 .010 .044 .117 .205 .246 .205 .117 .044 .010 .001）

3. $\mu = n\pi = 10 \times .2 = 2$，$\sigma^2 = n\pi(1 - \pi) = 10 \times .2 \times .8 = 1.6$。

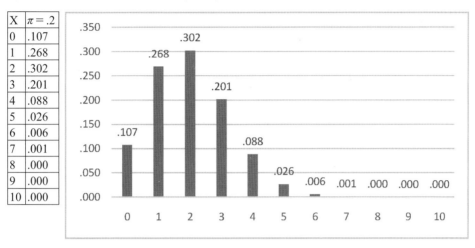

X	$\pi = .2$
0	.107
1	.268
2	.302
3	.201
4	.088
5	.026
6	.006
7	.001
8	.000
9	.000
10	.000

4. 超幾何分配。因為母體有限，$N = 100$，從中取部分樣本，$n = 10$，$n/N = .10$ 大於 .05。

5.

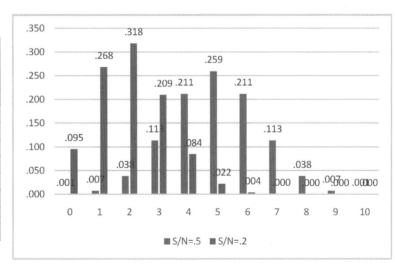

	S/N=.5	S/N=.2
N		
S		
n		
x	p	p
0	.001	.095
1	.007	.268
2	.038	.318
3	.113	.209
4	.211	.084
5	.259	.022
6	.211	.004
7	.113	.000

(1) $S/N = .5$

$$\mu = n\frac{S}{N} = 10 \times \frac{50}{100} = 5$$

$$\sigma^2 = n \times \frac{S}{N} \times \frac{N-S}{N} \times \frac{N-n}{N-1} = 10 \times \frac{50}{100} \times \frac{50}{100} \times \frac{90}{99} = .227$$

$$= \frac{\left(\dfrac{50!}{3!47!}\right) \times \left(\dfrac{50!}{7!43!}\right)}{\left(\dfrac{100!}{10!90!}\right)} = \frac{\left(\dfrac{50 \times 49 \times 48}{3 \times 2 \times 1}\right) \times \left(\dfrac{50 \times 49 \times \ldots \times 44}{7 \times 6 \times \ldots \times 1}\right)}{\left(\dfrac{100 \times 99 \times \ldots \times 91}{10 \times 9 \times \ldots \times 1}\right)} = .113$$

$$F(X \mid x \leq 3) = f(0) + f(1) + f(2) + f(3) = .001 + .007 + .038 + .113 = .159$$

(2) $S/N = .2$

$$\mu = n\frac{S}{N} = 10 \times \frac{20}{100} = 2$$

$$\sigma^2 = n \times \frac{S}{N} \times \frac{N-S}{N} \times \frac{N-n}{N-1} = 10 \times \frac{20}{100} \times \frac{80}{100} \times \frac{90}{99} = .145$$

$$f(X \mid x = 3) = \frac{C_x^S \times C_{n-x}^{N-S}}{C_n^N} = \frac{C_3^{20} \times C_{10-3}^{100-20}}{C_{10}^{100}}$$

$$= \frac{\left(\dfrac{20!}{3!17!}\right) \times \left(\dfrac{80!}{7!73!}\right)}{\left(\dfrac{100!}{10!90!}\right)} = \frac{\left(\dfrac{20 \times 19 \times 18}{3 \times 2 \times 1}\right) \times \left(\dfrac{80 \times 79 \times \ldots \times 74}{7 \times 6 \times \ldots \times 1}\right)}{\left(\dfrac{100 \times 99 \times \ldots \times 91}{10 \times 9 \times \ldots \times 1}\right)} = .209$$

$$F(X \mid (1)x \leq 3) = f(0) + f(1) + f(2) + f(3) = .095 + .268 + .318 + .29 = .890$$

二、卜瓦松分配與指數分配

1.
$$f(1) = \frac{\lambda^x e^{-\lambda}}{x!} = \frac{3^1 \times 2.71828^{-3}}{1!} = .149$$

$$f(0) = \frac{\lambda^x e^{-\lambda}}{x!} = \frac{3^0 \times 2.71828^{-3}}{0!} = .05$$

$$f(0)^7 = (.05)^7$$

$$f(10) = \frac{\lambda^x e^{-\lambda}}{x!} = \frac{21^{10} \times 2.71828^{-21}}{10!} = .0035$$

X	λ=3
0	.050
1	.149
2	.224
3	.224
4	.168
5	.101
6	.050
7	.022
8	.008
9	.003
0	.001

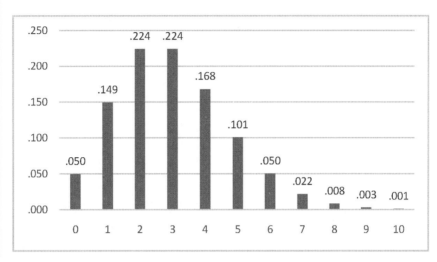

2. $\lambda = 1/3 = 0.333$

$$F(x) = P(X \leq 1) = 1 - e^{-\lambda x} = 1 - 2.71828^{-.333 \times 1} = .2835$$

$$F(x) = P(X \leq 3) = 1 - e^{-\lambda x} = 1 - 2.71828^{-.333 \times 3} = .6321$$

$$F(x) = P(X \leq 3) = 1 - e^{-\lambda x} = 1 - 2.71828^{-.333 \times 3} = .6321$$

$$F(x) = P(1 \leq X \leq 5) = P(\leq 5) - P(\leq 1)$$
$$= (1 - 2.71828^{-.333 \times 5}) - (1 - 2.71828^{-.333 \times 1}) = .8111 - .2835 = .5276$$

	λ=1/3	λ=1/3
X	CDF	PDF
0	.0000	.3333
1	.2835	.2388
2	.4866	.1711
3	.6321	.1226
4	.7364	.0879
5	.8111	.0630
6	.8647	.0451
7	.9030	.0323
8	.9305	.0232
9	.9502	.0166
10	.9643	.0119

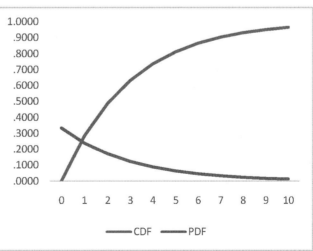

3. (1) 卜瓦松分配，因為題目所給的條件是一定連續區間內發生賣出或沒賣出新手機的雙結果事件機率 ($\lambda = 3$)。

(2) 指數分配，因為題目所給的條件是發生某事件所需的時間 ($\lambda = 1/3$)。

4. (1)卜瓦松分配，$\mu = \lambda = 3$，$\sigma^2 = \lambda = 3$。

(2)指數分配，$\mu = \dfrac{1}{\lambda} = .333$，$\sigma^2 = \dfrac{1}{\lambda^2} = .111$。

三、連續機率分配

　　1. 均勻分配

$$F(X < 5) = \frac{x - a}{b - a} = \frac{5 - 3}{15 - 3} = .1667$$

$$F(X \geq 5) = 1 - .1667 = .8333$$

　　2. 常態分配

$$F(X < 5) = .02275（利用EXCEL函數NORM.DIST(5,9,2,1)求得）$$

$$F(X \geq 5) = 1 - .02275 = .97715$$

CH08

一、抽樣原理

　　1. 簡單隨機抽樣。

　　2. 系統隨機抽樣。

　　3. 分層隨機抽樣。

　　4. 叢集隨機抽樣。

　　5. 略

二、抽樣分配原理

　　1. 臺灣民眾使用某種特殊醫療資源的年齡分布情形。$\mu = 50$，$\sigma = 6$。

　　2. 某大型醫院某個月使用該項醫療資源的 16 名病患的年齡分布情形。
　　　$\overline{X} = 54$，$s = 9$。

　　3. 16 名病患平均年齡的分布。$\mu_{\overline{X}} = 50$，$\sigma_{\overline{X}} = \sigma / \sqrt{N} = 6 / \sqrt{16} = 1.5$。

　　4. 抽樣分配最可能符合常態分配。

　　5. 抽樣分配與中央極限定理有關。

三、平均數的區間估計

　　1. 95%$CI = [51.06, 56.94]$

　　2. 95%$CI = [49.21, 58.80]$

　　3. 95%$CI = [53.07, 54.93]$
　　　95%$CI = [52.49, 55.51]$ (如果查 $df = 150$，95％$CI = [52.59, 55.40]$）

　　4. 略。

四、百分比的區間估計

1. $95\%CI = [.74, .86]$

2. $N \geq 246$　$n_{\min} = \left(z_{\alpha/2} \times \dfrac{\sqrt{\pi(1-\pi)}}{CR_{\max}} \right)^2 = \left(1.96 \times \dfrac{\sqrt{.8(1-.8)}}{.05} \right)^2 = 245.8624 \approx 246$

 CH09

一、假設檢定原理

1. (1) $H_0：\mu = 50$

$H_1：\mu \neq 50$

(2) 雙尾檢定

(3) z 檢定量

(4) 單樣本檢定

2. (1) $H_0：\mu \geq 500$

$H_1：\mu < 500$

(2) 單尾檢定

(3) t 檢定量

(4) 單樣本檢定

3. (1) $H_0：\mu_1 \leq \mu_2$　or　$(\mu_1 - \mu_2) \leq 0$

$H_1：\mu_1 > \mu_2$　or　$(\mu_1 - \mu_2) > 0$

(2) 單尾檢定

(3) z 檢定量

(4) 雙樣本檢定

4. (1) $H_0：\mu_1 \leq \mu_2$　or　$(\mu_1 - \mu_2) \leq 0$

$H_1：\mu_1 > \mu_2$　or　$(\mu_1 - \mu_2) > 0$

(2) 單尾檢定

(3) t 檢定量

(4) 雙樣本檢定

二、單樣本平均數雙尾檢定（母體σ已知）

1. $\sigma_{\bar{X}} = \dfrac{\sigma}{\sqrt{n}} = \dfrac{6}{\sqrt{16}} = 1.5$

2. $z_{obt} = \dfrac{\overline{X} - \mu_{\overline{X}}}{\sigma_{\overline{X}}} = \dfrac{\overline{X} - \mu_{\overline{X}}}{\dfrac{\sigma}{\sqrt{n}}} = \dfrac{54 - 50}{1.5} = \dfrac{4}{1.5} = 2.67$

因為 $\left| z_{obt} = 2.67 \right| > \left| \pm z_{.025} = \pm 1.96 \right|$，落入拒絕區，因此結論為拒絕 H_0、接受 H_1。

3. 因為 $\left| z_{obt} = 2.67 \right| > \left| \pm z_{.025} = \pm 2.58 \right|$，落入拒絕區，因此結論為拒絕 H_0、接受 H_1。

4. type I error。機率為指定機率。

5. 增加樣本數，或者設定大一點的 α 水準。

三、單樣本平均數單尾檢定（母體 σ 未知）

1. $\hat{\sigma}_{\overline{X}} = s_{\overline{X}} = \dfrac{s}{\sqrt{n}} = \dfrac{25}{\sqrt{10}} = \dfrac{25}{3.16} = 7.91$

2. $t_{obt} = \dfrac{\overline{X} - \mu_0}{s_{\overline{X}}} = \dfrac{425 - 500}{25 / \sqrt{10}} = \dfrac{-75}{7.91} = -9.48$

因為 $\left| t_{obt} = -9.48 \right| > \left| -t_{.05(9)} = -1.833 \right|$，落入拒絕區，因此結論為拒絕 H_0、接受 H_1。

3. 因為 $\left| t_{obt} = -9.48 \right| > \left| -t_{.01(9)} = -2.821 \right|$，落入拒絕區，因此結論為拒絕 H_0、接受 H_1。

4. type I error。機率為指定機率。

5. 增加樣本數，或者設定大一點的 α 水準。

 CH10

一、獨立樣本平均數差異單尾檢定（母體 σ 已知）

1. 獨立樣本設計，

$$\sigma_{\overline{X}_1 - \overline{X}_2} = \sqrt{\sigma_{\overline{X}_1}^2 + \sigma_{\overline{X}_2}^2} = \sqrt{\dfrac{\sigma_1^2}{n_1} + \dfrac{\sigma_2^2}{n_2}} = \sqrt{16^2 \left(\dfrac{1}{36} + \dfrac{1}{36} \right)} = 3.77$$

2. $\alpha = .05$ 檢定結果：

$$z_{obt} = \dfrac{\left(\overline{X}_1 - \overline{X}_2 \right) - \mu_0}{\sigma_{\overline{x}_1 - \overline{x}_2}} = \dfrac{(135 - 127) - 0}{3.77} = 2.12$$

因為 $\left| z_{obt} = 2.12 \right| > \left| + z_{.05} = +1.645 \right|$，結論為拒絕 H_0、接受 H_1。

3. 相依樣本設計，

$$\sigma_{\overline{X}_1-\overline{X}_2} = \sqrt{\sigma_{\overline{X}_1}^2 + \sigma_{\overline{X}_2}^2 - 2\rho\sigma_{\overline{X}_1}\sigma_{\overline{X}_2}} = \sqrt{2(1-\rho)\frac{\sigma^2}{n}} = \frac{\sigma}{\sqrt{n}}\sqrt{2(1-\rho)}$$

$$= \frac{16}{\sqrt{36}}\sqrt{2(1-.8)} = 1.69$$

4. $\alpha = .05$ 檢定結果

$$z_{obt} = \frac{(\overline{X}_1 - \overline{X}_2) - \mu_0}{\sigma_{\overline{x}_1-\overline{x}_2}} = \frac{(135-127)-0}{1.69} = 4.73$$

因為 $|z_{obt} = 4.73| > |+z_{.05} = +1.645|$，結論為拒絕 H_0、接受 H_1。

二、獨立樣本平均數差異單尾檢定（母體 σ 未知）

1. 抽樣標準誤

假設變異數同質：

$$s_p^2 = \frac{df_1 s_1^2 + df_2 s_2^2}{df_1 + df_2} = \frac{(n_1-1)s_1^2 + (n_2-1)s_2^2}{n_1 + n_2 - 2} = \frac{24 \times 25 + 24 \times 400}{25 + 25 - 2} = 212.5$$

$$s_{\overline{X}_1-\overline{X}_2} = \sqrt{s_{\overline{X}_1}^2 + s_{\overline{X}_2}^2} = \sqrt{\frac{\hat{\sigma}_1^2}{n_1} + \frac{\hat{\sigma}_2^2}{n_2}} = \sqrt{\frac{s_p^2}{n_1} + \frac{s_p^2}{n_2}} = \sqrt{s_p^2\left(\frac{1}{n_1} + \frac{1}{n_2}\right)}$$

$$= \sqrt{212.5\left(\frac{1}{25} + \frac{1}{25}\right)} = 4.12$$

$$t_{obt} = \frac{(\overline{X}_1 - \overline{X}_2) - \mu_0}{s_{\overline{x}_1-\overline{x}_2}} = \frac{10}{4.12} = 2.43$$

因為 $|t_{obt} = 2.43| > |+t_{.05(48)} = +1.677|$，結論為拒絕 H_0、接受 H_1。

2. 假設變異數不同質：$\alpha = .05$ 檢定結果

$$s_{\overline{X}_1-\overline{X}_2} = \sqrt{\frac{s_1^2}{n_1} + \frac{s_2^2}{n_2}} = \sqrt{\frac{25}{25} + \frac{400}{25}} = 4.12$$

$$df^* = \frac{[s_1^2/n_1 + s_2^2/n_2]^2}{\frac{(s_1^2/n_1)^2}{n_1-1} + \frac{(s_2^2/n_2)^2}{n_2-1}} = \frac{[25/25 + 400/25]^2}{\frac{(25/25)^2}{25-1} + \frac{(400/25)^2}{25-1}} = 26.98$$

$$t_{obt} = \frac{(\overline{X}_1 - \overline{X}_2) - \mu_0}{s_{\overline{x}_1-\overline{x}_2}} = \frac{10}{4.12} = 2.43$$

因為 $|t_{obt} = 2.43| > |+t_{.05(27)} = 1.703|$，結論為拒絕 H_0、接受 H_1。

三、平均數差異雙尾檢定：單樣本、獨立雙樣本、相依雙樣本檢定（母體 σ 未知）

1. 因為 $\left|t_{obt} = 2.216\right| > \left|\pm t_{.025(15)} = \pm 2.131\right|$，結論為拒絕 H_0、接受 H_1。

2. 無小孩：因為 $\left|t_{obt} = 4.245\right| > \left|\pm t_{.025(7)} = \pm 2.365\right|$，結論為拒絕 H_0、接受 H_1。

   有小孩：因為 $\left|t_{obt} = .239\right| < \left|\pm t_{.025(7)} = \pm 2.365\right|$，結論為接受 H_0。

3. 假設變異數同質下：因為 $\left|t_{obt} = 2.029\right| < \left|\pm t_{.025(14)} = \pm 2.145\right|$，結論為接受 H_0。

   假設變異數不同質下：因為 $\left|t_{obt} = 2.029\right| < \left|\pm t_{.025(12)} = \pm 2.179\right|$，結論為接受 H_0。

4. 因為 $\left|t_{obt} = 3.536\right| > \left|\pm t_{.025(7)} = \pm 2.365\right|$，結論為拒絕 H_0、接受 H_1。

   EXCEL的檢定結果

t 檢定：兩個母體平均數差的檢定 假設變異數相等			t 檢定：兩個母體平均數差的檢定 假設變異數不相等			t 檢定：成對母體平均數差異檢定		
	無小孩	有小孩		無小孩	有小孩		無小孩	有小孩
平均數	7.25	4.75	平均數	7.25	4.75	平均數	7.25	4.75
變異數	3.357	8.786	變異數	3.357	8.786	變異數	3.357	8.786
觀察值個數	8	8	觀察值個數	8	8	觀察值個數	8	8
Pooled 變異數	6.071					皮耳森相關係數	0.750	
假設的均數差	0		假設的均數差	0		假設的均數差	0	
自由度	14		自由度	12		自由度	7	
t 統計	2.029		t 統計	2.029		t 統計	3.536	
P(T<=t) 單尾	0.031		P(T<=t) 單尾	0.033		P(T<=t) 單尾	0.005	
臨界值：單尾	1.761		臨界值：單尾	1.782		臨界值：單尾	1.895	
P(T<=t) 雙尾	0.062		P(T<=t) 雙尾	0.065		P(T<=t) 雙尾	0.010	
臨界值：雙尾	2.145		臨界值：雙尾	2.179		臨界值：雙尾	2.365	

CH11

一、單因子設計原理

1. (1) 自變數：便利商店的類別，依變數：咖啡豆口味的好感程度。

   (2) 獨立樣本設計

   (3) 各組樣本數：50，總樣本數：100

   (4) 不需要

2. (1) 自變數：婚姻狀況，依變數：食品安全的重視程度。

   (2) 獨立樣本設計

   (3) 各組樣本數：8，總樣本數：24

   (4) 需要

3. (1) 自變數：年級，依變數：簡報能力。

(2) 相依樣本設計

(3) 總樣本數：50

(4) 需要

4. (1) 自變數：情緒管理訓練，依變數：顧客抱怨情形。

(2) 相依樣本設計

(3) 總樣本數：25

(4) 不需要

二、獨立樣本 ANOVA

1. 獨立樣本單因子變異數分析

$$SS_{total} = \sum\sum(Y_{ij} - \bar{Y}_G)^2 = (10-7)^2 + ... + (8-7)^2 = 56$$
$$SS_b = \sum n_j(\bar{Y}_j - \bar{Y}_G)^2 = 3(9-7)^2 + 3(4-7)^2 + 3(8-7)^2 = 42$$
$$SS_w = 56 - 42 = 14$$

$F_{obt(2,6)} = 9.00 > F_{cv(2,6)} = 5.143$，拒絕 H_0，接受 H_1，亦即三個學校的團體成績具有顯著差異。

2. 單因子變異數分析摘要表

變源	SS	df	MS	F	p	Fcv
組間	42	2	21	9.00	.0156	5.143
組內 (誤差)	14	6	2.33			
全體	56	8				

3. $t = \dfrac{\bar{Y}_A - \bar{Y}_B}{\sqrt{s_p^2\left(\dfrac{1}{n_A} + \dfrac{1}{n_B}\right)}} = \dfrac{\bar{Y}_A - \bar{Y}_B}{\sqrt{MS_w\left(\dfrac{1}{n_A} + \dfrac{1}{n_B}\right)}} = \dfrac{9-4}{\sqrt{2.33\left(\dfrac{1}{3} + \dfrac{1}{3}\right)}} = \dfrac{5}{1.246} = 4.01$

$|t_{obt} = 4.01| > |t_{cv(6)} = 2.447|$，拒絕 H_0，接受 H_1，亦即 A 與 B 兩個學校的團體成績具有顯著差異。

$t = \dfrac{\bar{Y}_A - \bar{Y}_C}{\sqrt{s_p^2\left(\dfrac{1}{n_A} + \dfrac{1}{n_C}\right)}} = \dfrac{\bar{Y}_A - \bar{Y}_C}{\sqrt{MS_w\left(\dfrac{1}{n_A} + \dfrac{1}{n_C}\right)}} = \dfrac{9-8}{\sqrt{2.33\left(\dfrac{1}{3} + \dfrac{1}{3}\right)}} = \dfrac{1}{1.246} = .803$

$|t_{obt} = .803| < |t_{cv(6)} = 2.447|$，接受 H_0，亦即 A 與 C 兩個學校的團體成績未具有顯著差異。

$t = \dfrac{\bar{Y}_B - \bar{Y}_C}{\sqrt{s_p^2\left(\dfrac{1}{n_B} + \dfrac{1}{n_C}\right)}} = \dfrac{\bar{Y}_B - \bar{Y}_C}{\sqrt{MS_w\left(\dfrac{1}{n_B} + \dfrac{1}{n_C}\right)}} = \dfrac{4-8}{\sqrt{2.33\left(\dfrac{1}{3} + \dfrac{1}{3}\right)}} = \dfrac{-4}{1.246} = -3.209$

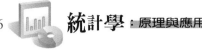

$\left| t_{obt} = -3.209 \right| > \left| t_{cv(6)} = 2.447 \right|$，拒絕 H_0，接受 H_1，亦即 B 與 C 兩個學校的團體成績具有顯著差異。

三、相依樣本 ANOVA

1. $F_{obt} = 15.75 > F_{cv(2,4)} = 6.944$，拒絕 H_0，接受 H_1，亦即三次成績具有顯著差異。

2. 相依樣本單因子變異數分析摘要表

變源	SS	df	MS	p	Fcv
組間	42	2	21	.0127	6.944
組內					
受試者間 (b.s)	8.67	2	4.34		
殘差 (r)	5.33	4	1.33		
全體	56	8			

3.
$$t_{A:B} = \frac{\overline{Y}_A - \overline{Y}_B}{\sqrt{MS_r \left(\frac{1}{n_A} + \frac{1}{n_B} \right)}} = \frac{9-4}{\sqrt{1.33 \left(\frac{1}{3} + \frac{1}{3} \right)}} = \frac{5}{0.942} = 5.308$$

$\left| t_{obt} = 5.308 \right| > \left| t_{cv(4)} = 2.776 \right|$，拒絕 H_0，接受 H_1，亦即 A 與 B 兩校團體成績具有顯著差異。

$$t_{A:C} = \frac{\overline{Y}_A - \overline{Y}_C}{\sqrt{MS_r \left(\frac{1}{n_A} + \frac{1}{n_C} \right)}} = \frac{9-8}{\sqrt{1.33 \left(\frac{1}{3} + \frac{1}{3} \right)}} = \frac{1}{0.942} = 1.06$$

$\left| t_{obt} = 1.062 \right| < \left| t_{cv(4)} = 2.776 \right|$，接受 H_0，亦即 A 與 C 兩校團體成績未具有顯著差異。

$$t_{B:C} = \frac{\overline{Y}_B - \overline{Y}_C}{\sqrt{MS_r \left(\frac{1}{n_B} + \frac{1}{n_C} \right)}} = \frac{4-8}{\sqrt{1.33 \left(\frac{1}{3} + \frac{1}{3} \right)}} = \frac{-4}{0.942} = -4.246$$

$\left| t_{obt} = -4.246 \right| > \left| t_{cv(4)} = 2.776 \right|$，拒絕 H_0，接受 H_1，亦即 B 與 C 兩校團體成績具有顯著差異。

4. 略。

CH12

一、二因子設計原理

1. (1) 自變數的數目：2

(2) 婚姻狀況(k=3)、性別(l=2)，皆為獨立樣本設計

(3) 獨立樣本3×2二因子變異數分析

(4) 6個細格平均數，5個邊際平均數（婚姻狀況有3個、性別有2個）

(5) 每個細格平均數是由10個樣本組成，總樣本數為60

2. (1) 自變數的數目：2

(2) 婚姻狀況(k=3)、性別配對(l=2)為相依樣本

(3) 混合設計3　二因子變異數分析

(4) 6個細格平均數，35個邊際平均數（婚姻狀況有3個、性別配對有2個、區組平均數有30個）

(5) 每個細格平均數是由5個樣本組成，總觀察數為60，區組（配對）數為30

3. (1) 1. 自變數的數目：2

(2) 性別(k=2)為獨立樣本，年級(l=4)為相依樣本

(3) 混合設計2×4二因子變異數分析

(4) 8個細格平均數，56個邊際平均數（性別2個、年級4個、區組50個）

(5) 8個細格平均數由不同樣本數組成：男生細格20人、女生細格30人，總樣本數50人，總觀察次數200

4. (1) 自變數的數目：2

(2) 影片型態(k=2)、影片長度(l=2)，皆為相依樣本設計

(3) 完全相依2×2二因子變異數分析

(4) 4個細格平均數，14個邊際平均數（影片型態2個、影片長度2個、區組10個）

(5) 4細格平均數是由10個樣本組成，總觀察次數40

二、完全獨立 ANOVA

1. 就容量別的效果而言：$F_{obt(1,16)} = 21.186 > F_{cv(1,16)} = 4.494$，因此，拒絕 H_0，接受 H_1。

就溫度別的效果而言：$F_{obt(1,16)} = 1.661 < F_{cv(1,16)} = 4.494$，因此，接受 H_0。

就容量別與溫度別的交互作用效果而言：$F_{obt(1,16)} = 5.729 > F_{cv(1,16)} = 4.494$，因此，拒絕 H_0，接受 H_1。

2. 容量別與溫度別之二因子變異數分析摘要表

變源	SS	df	MS	F	p	Fcv
A (容量別)	1.25	1	1.25	0.909	.355	4.494
B (溫度別)	31.25	1	31.25	22.727	<.001	4.494
A×B	11.25	1	11.25	8.182	.011	4.494
誤差	22	16	1.375			
總數	65.75	19				

3. 平均數折線圖

新鮮度的估計邊緣平均數

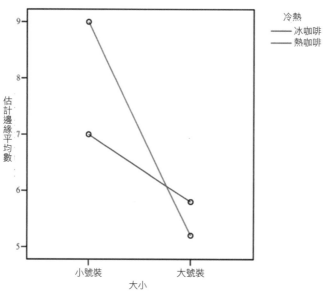

新鮮度的估計邊緣平均數

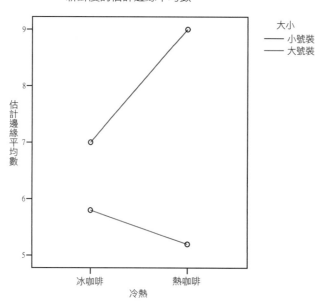

三、混合設計 ANOVA

1. 就溫度別的效果而言：$F_{obt(1,8)} = 0.50 < F_{cv(1,8)} = 5.318$，接受 H_0。

   容量別的效果而言：$F_{obt(1,8)} = 125.0 > F_{cv(1,8)} = 5.318$，拒絕 H_0，接受 H_1。

   容量別與溫度別交互作用效果：$F_{obt(1,8)} = 45.0 > F_{cv(1,8)} = 5.318$，拒絕 H_0，接受 H_1。

2. 混合樣本二因子變異數分析摘要表

變源	SS	df	MS	F	p	Fcv
A 溫度	1.25	1	1.250	0.5	.4996	5.318
B*容量	31.25	1	31.250	125.0	<.001	5.318
A×B*	11.25	1	11.250	45.0	.0002	5.318
組內	22.00	16	1.375			
受試者間 (b.s)	20.00	8	2.500			
殘差(r)	2.00	8	.250			
全體	65.75	19				

四、完全相依 ANOVA

1. 溫度別效果：$F_{obt(1,12)} = 2.00 < F_{cv(1,12)} = 4.747$，因此，接受 H_0。

   容量別效果：$F_{obt(1,12)} = 50.00 > F_{cv(1,12)} = 4.747$，因此，拒絕 H_0，接受 H_1。

   容量別與溫度別交互作用效果：$F_{obt(1,12)} = 18.00 > F_{cv(1,12)} = 4.747$，拒絕 H_0，接受 H_1。

2. 完全相依二因子變異數分析摘要表

變源	SS	df	MS	F	p	Fcv
組間						
A *溫度	1.25	1	1.250	2.0	.1827	4.747
B*容量	31.25	1	31.250	50.0	<.001	4.747
A*×B*	11.25	1	11.250	18.0	.0011	4.747
組內	22.00	16	1.375			
受試者間 (b.s)	14.50	4	3.625			
殘差(r)	7.50	12	0.625			
全體	65.75	19				

CH13

一、Pearson's r

1. 變數自己與自己的關係為變異數，變數自己與其他變數的關係為共變數。

2.

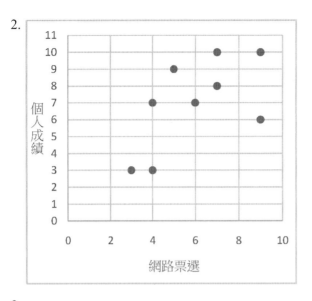

3.

$$r_{網路票選\cdot個人成績} = \frac{Cov(網路票選, 個人成績)}{s_{網路票選} \times s_{個人成績}} = \frac{3.50}{\sqrt{4.75 \times 7.00}} = .607$$

$$t_{obt} = \frac{r - \rho_0}{s_r} = \frac{r - \rho_0}{\sqrt{\frac{1-r^2}{N-2}}} = \frac{.607 - 0}{\sqrt{\frac{1-.607^2}{9-2}}} = 2.02$$

因為 $|t_{obt}=2.02| < |\pm t_{.025(7)}=\pm 2.365|$，結論為接受 H_0：$\rho=0$，亦即網路票選與個人成績的相關係數為 0。

二、經驗與個人成績的散布圖

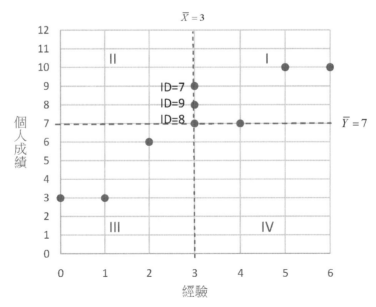

比較特殊的是 ID＝7、8、9，三個人的配對分數落在 Y 軸上，並沒有落在四個象限內，表示這三個人的 z 分數乘積為 0，不影響相關係數的計算。

 CH14

一、簡單迴歸

1. $b_1 = r\dfrac{s_Y}{s_X} = .909 \times \left(\dfrac{2.65}{1.87}\right) = 1.29$

   $b_0 = \overline{Y} - b\overline{X} = 7 - 1.29 \times 3 = 3.13$

   $\hat{Y}_{個人成績} = 1.29 X_{經驗} + 3.13$

2. 經驗與個人成績的散布圖

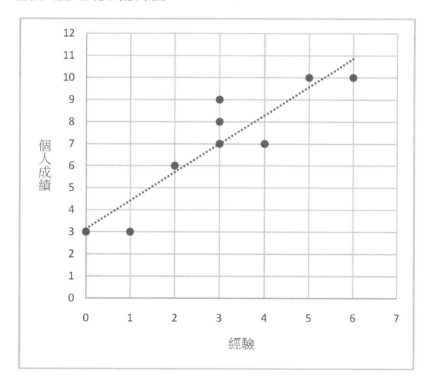

3. 略。

4. $s_e = \sqrt{\dfrac{\sum(Y - \hat{Y})^2}{N - p - 1}} = \sqrt{\dfrac{SS_e}{df_e}} = \sqrt{\dfrac{9.71}{7}} = 1.18$

   $t_{obt(df=n-p-1)} = \dfrac{b}{s_b} = \dfrac{b}{\sqrt{\dfrac{s_e^2}{SS_X}}} = \dfrac{1.29}{.22} = 5.86$

因為 $\left|t_{obt(7)}=5.86\right|>\left|\pm t_{.025(7)}=\pm2.365\right|$，落入拒絕區，因此結論為拒絕 H_0，接受 $H_1：\beta\neq0$。亦即斜率顯著不為零。

5. $b_1'=b_1\dfrac{s_X}{s_Y}=1.29\dfrac{1.87}{2.65}=.91$

6. 略。

7. $s_e=\sqrt{\dfrac{\sum(Y-\hat{Y})^2}{N-p-1}}=\sqrt{\dfrac{SS_e}{df_e}}=\sqrt{\dfrac{9.71}{7}}=1.18$

8. $R^2=1-\dfrac{SS_e}{SS_t}=\dfrac{SS_{reg}}{SS_t}=\dfrac{46.29}{56}=.83$

9. $F_{obt}=\dfrac{\hat{\sigma}_{reg}^2}{\hat{\sigma}_e^2}=\dfrac{MS_{reg}}{MS_e}=\dfrac{SS_{reg}/df_{reg}}{SS_e/df_e}=\dfrac{SS_{reg}/p}{SS_e/(N-p-1)}=\dfrac{46.286/1}{9.714/7}=33.353$ 因為 $\left|F_{obt(1,7)}=33.353\right|>\left|\pm F_{.05(1,7)}=5.591\right|$，落入拒絕$H_0$，接受 H_1。亦即迴歸模型具有統計意義。

迴歸模型的變異數分析摘要表

變源	SS	df	MS	F	p	F_{cv}
迴歸效果	46.286	1	46.286	33.353	.00068	5.591
誤　差	9.714	7	1.388			
全　體	56.000	8				

10. $Y_{個人成績}=1.9X_{經驗}+3.13$

$1.29*2.5+3.13=6.36$

CH15

一、多元迴歸

1. $\hat{Y}_{個人成績}=-1.329X_{性別}+1.29X_{辯手次序}+1.293X_{經驗}-.151X_{網路票選}+4.374$

2. 最強：經驗，最弱：辯手次序，看 t 值來判斷。

3. 經驗，$p<.05$。

4. $b'_{經驗}=b_{經驗}\dfrac{S_{經驗}}{S_{個人成績}}=1.293\times\dfrac{1.87}{2.65}=.914$

5. R 與 $adjR^2$ 的計算公式如下：

$$R^2=1-\dfrac{SS_e}{SS_t}=1-\dfrac{6.640}{56}=.881$$

$$adjR^2=1-\dfrac{SS_e/df_e}{SS_t/df_t}=1-\dfrac{6.640/4}{56/4}=.763$$

6. 迴歸模型的變異數分析摘要表

變源	SS	df	MS	F	p	F_{cv}
迴歸	49.360	4	12.340	7.434	.03884	3.838
殘差	6.640	4	1.660			
總和	56.000	8				

7. 略。

8. 最小：ID = 6，最大：ID = 2。

9. 略。

10. $\hat{Y}_{個人成績} = -1.359 X_{性別} + 0.129 X_{辯手次序} + 1.293 X_{經驗} - 0.151 X_{網路票選} + 4.374$
$= -1.359 \times 0 + 0.129 \times 3 + 1.293 \times 0 - 0.151 \times 10 + 4.374 = 3.251$

以EXCEL執行迴歸分析的報表

變數	係數	標準誤	t 統計	P-值	下限 95%	上限 95%
截距	4.374	1.687	2.593	0.061	-0.310	9.059
性別	-1.359	1.050	-1.295	0.265	-4.273	1.555
辯手次序	0.129	0.771	0.168	0.875	-2.013	2.271
經驗	1.293	0.350	3.694	0.021	0.321	2.265
網路票選	-0.151	0.425	-0.356	0.740	-1.332	1.029

二、模型選擇程序

1. 模型一：性別、經驗。模型二：性別、經驗、辯手次序、網路票選。

2. 模型改變表示兩個模型的解釋力的差異。

3. 性別在兩個模型當中的邊際解釋力不同，因為兩個模型當中的自變數數量不同。

CH16

一、1. 5 年移動平均數較為平滑

t	Year	Ratio	3 年移動平均	5 年移動平均
1	2004	1.01		
2	2005	1.18	1.09	
3	2006	1.07	1.08	1.04
4	2007	1.00	1.01	1.05
5	2008	0.96	1.00	1.04
6	2009	1.04	1.05	1.07
7	2010	1.14	1.14	1.13
8	2011	1.23	1.22	1.22
9	2012	1.28	1.30	
10	2013	1.40		

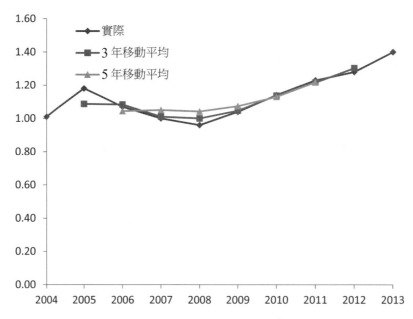

2. 平滑係數 0.5 較為平滑

t	Year	Ratio	指數平滑 $\alpha=0.2$	指數平滑 $\alpha=0.5$
1	2004	1.01		
2	2005	1.18	1.01	1.01
3	2006	1.07	1.146	1.095
4	2007	1.00	1.085	1.083
5	2008	0.96	1.017	1.041
6	2009	1.04	0.971	1.001
7	2010	1.14	1.026	1.020
8	2011	1.23	1.117	1.080
9	2012	1.28	1.207	1.155
10	2013	1.40	1.265	1.218
11	2014		1.373	1.309

3. 二次多項式的 $R^2 = .809$，解釋力較強

(1) 線性方程式　　　　　　$\hat{Y} = b_0 + b_1 t = 0.947 + 0.033 \times t$，$R^2 = .511$

(2) 非線性（二次多項式）　$\hat{Y} = b_0 + b_1 t + b_2 t^2 = 1.169 - 0.077 \times t + 0.010 \times t^2$，

　　　　　　　　　　　　$R^2 = .809$

4. (1) 以指數平滑法預測 2014 年資料

當平滑係數 = .2，預測值 = 1.373

當平滑係數 = .5，預測值 = 1.309

(2) 以趨勢分析預測 2014 年資料

線性方程式的預測值為 $\hat{Y} = b_0 + b_1 t = 0.947 + 0.033 \times 11 = 3.993$

二次方程式的預測值為 $\hat{Y} = b_0 + b_1 t + b_2 t = 1.169 - 0.077 \times 11 + 0.010 \times 11^2$

$= 1.532$

5. (1) 線性趨勢的 DW = 0.073/0.088=0.829，數值很小，遠離 2.00，表示具有正向自我相關

二次多項式的 DW = 0.067/0.034=1.967，數值非常接近 2.00，表示無自我相關

t	Year	Ratio	線性趨勢				二次多項式			
			預測值	殘差	$(e_t-e_{t-1})^2$	$(e_t)^2$	預測值	殘差	$(e_t-e_{t-1})^2$	$(e_t)^2$
1	2004	1.01	0.981	0.029		0.001	1.102	-0.092		0.008
2	2005	1.18	1.014	0.166	0.019	0.028	1.054	0.126	0.047	0.016
3	2006	1.07	1.048	0.022	0.021	0.001	1.027	0.043	0.007	0.002
4	2007	1.00	1.081	-0.081	0.011	0.007	1.020	-0.020	0.004	0.000
5	2008	0.96	1.114	-0.154	0.005	0.024	1.034	-0.074	0.003	0.005
6	2009	1.04	1.148	-0.108	0.002	0.012	1.067	-0.027	0.002	0.001
7	2010	1.14	1.181	-0.041	0.004	0.002	1.121	0.019	0.002	0.000
8	2011	1.23	1.214	0.016	0.003	0.000	1.194	0.036	0.000	0.001
9	2012	1.28	1.248	0.032	0.000	0.001	1.288	-0.008	0.002	0.000
10	2013	1.40	1.281	0.119	0.008	0.014	1.402	-0.002	0.000	0.000
SUM=					0.073	0.088			0.067	0.034
DW=					0.829				1.967	

(2) 查表

① 線性趨勢下：顯著水準 $\alpha = .05$，樣本數 $N = 10$，自變數目 $k = 1$，判斷區間：

DW 觀察值 (0.829) 低於 DW_L (0.879)，因此判定結果為拒絕「殘差無自我相關」虛無假設，表示這一組模擬的時間序列資料在經過線性趨勢分析後所得到的殘差仍有明顯的自我相關。

② 二次多項式下：顯著水準 $\alpha = .05$，樣本數 $N = 10$，自變數目 $k = 2$，判斷區間：

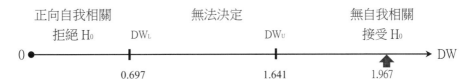

DW 觀察值 (1.967) 高於 DW_U (1.641)，因此判定結果為接受「殘差無自我相關」虛無假設，表示這一組模擬的時間序列資料在經過二次多項式分析後所得到的殘差並無明顯的自我相關。

二、 原始數據、中心化移動平均數、愛去季節化資料折線圖

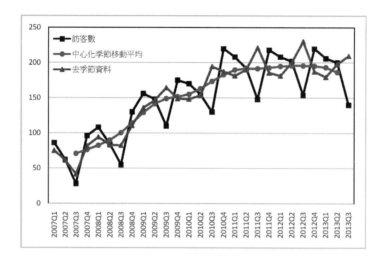

中心化移動平均數、特定季節指數、去季節資料列表

t	年度/季節	訪客數	中心化 季節移動平均	特定季節指數	一般季節 指數	去季節資料
1	2007Q1	86			1.147	75.01
2	2007Q2	62			1.011	61.35
3	2007Q3	28	70.750	0.396	0.668	41.89
4	2007Q4	96	76.250	1.259	1.174	81.75
5	2008Q1	108	82.375	1.311	1.147	94.19
6	2008Q2	84	90.000	0.933	1.011	83.12
7	2008Q3	55	100.250	0.549	0.668	82.28
8	2008Q4	130	114.250	1.138	1.174	110.70
9	2009Q1	156	129.125	1.208	1.147	136.06
10	2009Q2	148	141.625	1.045	1.011	146.45
11	2009Q3	110	149.000	0.738	0.668	164.55
12	2009Q4	175	151.625	1.154	1.174	149.02
13	2010Q1	170	155.000	1.097	1.147	148.27
14	2010Q2	155	163.125	0.950	1.011	153.38
15	2010Q3	130	173.500	0.749	0.668	194.47
16	2010Q4	220	182.875	1.203	1.174	187.34
17	2011Q1	208	189.750	1.096	1.147	181.41
18	2011Q2	192	191.750	1.001	1.011	189.99
19	2011Q3	148	191.500	0.773	0.668	221.39
20	2011Q4	218	192.750	1.131	1.174	185.64
21	2012Q1	208	194.750	1.068	1.147	181.41
22	2012Q2	202	195.750	1.032	1.011	199.88
23	2012Q3	154	195.750	0.787	0.668	230.37

24	2012Q4	220	195.250	1.127	1.174	187.34
25	2013Q1	206	193.250	1.066	1.147	179.66
26	2013Q2	200	186.500	1.072	1.011	197.90
27	2013Q3	140			0.668	209.43
28	2013Q4	180			1.174	153.28

特定與一般季節指數整理表

	Q1	Q2	Q3	Q4	平均
特定季節指數					
2007			0.396	1.259	
2008	1.311	0.933	0.549	1.138	
2009	1.208	1.045	0.738	1.154	
2010	1.097	0.950	0.749	1.203	
2011	1.096	1.001	0.773	1.131	
2012	1.068	1.032	0.787	1.127	
2013	1.066	1.072			
一般季節指數					
調整前	1.141	1.006	0.665	1.169	0.995
調整後	1.147	1.011	0.668	1.174	1.000
百分比	114.7%	101.1%	66.8%	117.4%	100.0%

CH17

一、適合度檢定

	紅	橙	黃	綠	藍	靛	紫	Total
f_o	11	15	14	28	23	25	24	140
f_e	20	20	20	20	20	20	20	140
$\triangle$	-9	-5	-6	8	3	5	4	0
$\triangle'$	-2.012	-1.118	-1.342	1.789	0.671	1.118	0.894	0
$(\triangle')^2$	4.05	1.25	1.80	3.20	0.45	1.25	0.80	12.8

1. 期望值：20, 20, 20, 20, 20, 20, 20

2. 適合度檢定（卡方檢定）。$\chi^2_{(6)} = 12.8$，$p = .046 < .05$，拒絕H_0、接受H_1。觀察分配與期望分配不適配。

3. 紅色最特殊，殘差最大。

二、獨立性檢定

1. 列聯表

性別		color		總和
		暖色系	冷色系	
gender 女生	個數	25	40	65
	期望個數	20.0	45.0	
	殘差	5.0	−5.0	
	標準化殘差	1.1	−.7	
	調整後的殘差	1.9	−1.9	
男生	個數	15	50	65
	期望個數	20.0	45.0	
	殘差	−5.0	5.0	
	標準化殘差	−1.1	.7	
	調整後的殘差	−1.9	1.9	
總和	個數	40	90	130
	期望個數	40.0	90.0	

2. (1) 獨立性檢定（卡方檢定）。

(2) 期望值 女生買暖色 20，女生買冷色 45，男生買暖色 20，男生買冷色 45。

(3) $\chi^2_{(1)} = 3.611$，$p = .057 \geq .05$，接受 H_0。性別與冷暖色系相獨立。

(4) 女生買暖色系較多，男生買暖色系較少，但是此一趨勢並不顯著。

三、符號檢定

1. 符號檢定：以 H 為「＋」＝9，$H_0：\pi = .5$，$H_1：\pi \neq .5$。無資料者一位，$N = 15$，$B(15, .5)$ 分配雙尾檢定，$P(X \leq 6 \cup X \geq 9) = .30362 \times 2 = .60724$，$p \geq \alpha$，保留 H_0，H 與 S 品牌偏好相當。

2. 符號檢定：以 H 為「＋」＝9，$H_0：\pi \leq .5$，$H1：\pi > .5$。無資料者一位，$N = 15$，$B(15, .5)$ 分配單尾檢定，$P(X \geq 9) = .30362$，$p \geq \alpha$，保留 H_0，沒有比較喜歡 H 品牌。

3. 前兩題若以常態分配取代二項分配來進行符號檢定的結果為何？

$$Z_S = \frac{(S_+ \pm .5) - N\pi}{\sqrt{N\pi(1-\pi)}} = \frac{(9 + .5) - 15 \times .5}{\sqrt{15 \times .5 \times .5}} = \frac{2}{1.9365} = 1.033$$

雙尾：$p = .3016$：$p \geq .05$，保留 H_0，H 與 S 品牌偏好相當。

單尾：$p = .1508$：$p < .05$，保留 H_0，沒有比較喜歡 H 品牌。

四、符號等級檢定

1. 符號檢定：以婚後為「＋」＝6，$H_0：\pi = .5$，$H_1：\pi \neq .5$。同分者兩位，$N = 8$，$B(8, .5)$ 分配雙尾檢定，$P(X \leq 3 \cup X \geq 6) = .14453 \times 2 = .2891$，$p \geq \alpha$，保

留 H_0，婚前婚後沒有差別。

2. Wilcoxon 符號等級檢定：$R^+ = 23.5$，$R^- = 12.5$，$N = 8$

$$z = \frac{12.5 - (8 \times 9)/4}{\sqrt{\dfrac{8 \times 9 \times 17}{24}}} = \frac{-18}{\sqrt{51}} = \frac{-5.5}{7.1414} = .772 \text{，}$$

$p = .440 \geq \alpha$，保留 H_0，婚前婚後沒有差別。

五、肯得爾 W 檢定

Kendall's W 檢定：$K = 4$，$N = 10$

$\overline{R} = K(N+1)/2 = 4 \times (10+1)/2 = 22$

$$W = \frac{1,113.5}{\dfrac{4^2(10^3 - 10)}{12}} = \frac{1,113.5}{1320} = .844 \text{，}$$

$\chi^2_{(9)} = 4(10-1) \times .844 = 30.414$，$p < .001$

同級修正：$T' = \dfrac{K\Sigma T}{12} = \dfrac{K[\Sigma(t^3 - t)]}{12} = \dfrac{4[(2^3 - 2)]}{12} = 2$

$$W' = \frac{1,113.5}{\dfrac{4^2(10^3 - 10)}{12} - T'} = \frac{1,113.5}{1,320 - 2} = \frac{1,113.5}{1,318} = .845 \text{，}$$

$\chi^2_{(9)} = 4(10-1) \times .845 = 30.4142$，$p < .001$

拒絕 H_0、接受 H_1，四位老師口試等級的一致性係數不為零，評分者之間的次序關聯性很高。

六、等級和檢定

未婚X	已婚Y	R^X	R^Y
110	114	3	4
157	159	13	14
116	120	5	7
96	103	1	2
130	139	9	11
	134		10
	168		15
	118		6
	123		8
	143		12
	Sum	31	89

1. Wilcoxon W 檢定：

$R^X = 31$，$R^Y = 89$，$W = 31$

$$z_W = \frac{W_{obt} - \dfrac{n_1(n_1 + n_2 + 1)}{2}}{\sqrt{\dfrac{n_1 n_2(n_1 + n_2 + 1)}{12}}} = \frac{31 - 5 \times (5 + 10 + 1)/2}{\sqrt{\dfrac{5 \times 10 \times 16}{12}}} = \frac{-9}{8.164} = -1.102$$

$p = .270 \geq \alpha$，保留 H_0，已婚組與未婚組的等級沒有不同

2. Mann-Whitney U 檢定：

$$U_1 = n_1 n_2 + \frac{n_1(n_1 + 1)}{2} - R_1 = 5 \times 10 + \frac{5(5 + 1)}{2} - 31 = 34$$

$$U_2 = n_1 n_2 + \frac{n_2(n_2 + 1)}{2} - R_2 = 5 \times 10 + \frac{10(10 + 1)}{2} - 89 = 16$$

$U_{obt} = 16$

$$z_U = \frac{U_{obt} - \mu_U}{\sigma_U} = \frac{U_{obt} - \dfrac{n_1 \times n_2}{2}}{\sqrt{\dfrac{n_1 n_2(n_1 + n_2 + 1)}{12}}} = \frac{16 - \dfrac{5 \times 10}{2}}{\sqrt{\dfrac{5 \times 10(5 + 10 + 1)}{12}}} = \frac{-9}{8.164} = -1.102$$

$p = .270 \geq \alpha$，保留 H_0，已婚組與未婚組的等級沒有不同。

3. Kruskal-Wallis H 檢定：

$R^1 = 31$，$R^2 = 89$，$df = 2 - 1 = 1$

$$H = \frac{12}{15(15 + 1)} \left[\frac{(31)^2}{5} + \frac{(89)^2}{10} \right] - 3(15 + 1) = 1.215$$

$\chi^2_{(1)} = 1.215$，$p = .270 \geq \alpha = .05$，保留 H_0，已婚組與未婚組的等級沒有不同。

未婚 X	已婚無小孩 Y	已婚有小孩 Z	R^X	R^Y	R^Z
110	114	134	3	4	10
157	159	168	13	14	15
116	120	118	5	7	6
96	103	123	1	2	8
130	139	143	9	11	12
		Sum	31	38	51

4. Kruskal-Wallis H 檢定：

$R^1 = 31$，$R^2 = 38$，$R^3 = 51$，$df = 3 - 1 = 2$

$$H = \frac{12}{15(15+1)}\left[\frac{(31)^2}{5} + \frac{(38)^2}{5} + \frac{(51)^2}{5}\right] - 3(15+1) = 2.06$$

$\chi^2_{(2)} = 2.06$，$p = .357 \geq \alpha = .05$，保留 H_0，已婚組、未婚無子女組、未婚有子女組三者的等級沒有不同。

5. 請比較前面四個問題的檢定方法的異同與結論差異。

Wilcoxon W 檢定與 Mann-Whitney U 檢定適用於兩組獨立樣本的等級檢定。

Kruskal-Wallis H 檢定適用於兩組或更多組的獨立樣本等級檢定。

第1至3題以 Wilcoxon W 檢定、Mann-Whitney U 檢定與 Kruskal-Wallis H 檢定三種檢定檢驗相同的兩組等級數據的結果均一致，$p = .270$。

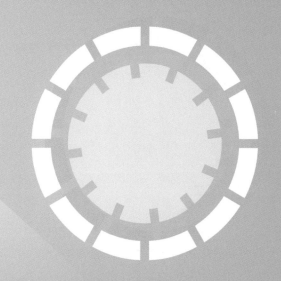

參考文獻

邱皓政（2018）。《量化研究法(三)：測驗原理與量表發展技術》（第二版）。臺北：雙葉圖書公司。

邱皓政（2019）。《量化研究與統計分析》（第六版）。臺北：五南圖書公司。

譚克平（2008）。極端值判斷方法簡介。《臺東大學教育學報》，19(1)，131-150。

Babbie, E. (2004). *The practice of social research* (10th Ed.). Belmont, CA: Wadsworth.

Brown, M. B., and Forsythe, A. B. (1974). Robust tests for the equality of variances, *Journal of the American Statistical Association, 69*(346), 364-367.

Cohen, B. H. (1996). *Explaining psychological statistics.* Pacific Grove, CA: Brooks/Cole Publishing.

Cohen, J. (1988). *Statistical power analysis for the behavioral sciences* (2nd Ed.). Hillsdale, NJ: Eribaum.

Cohen, J., Cohen, P., West, S. G., and Aiken, L. S. (2003). *Applied multiple regression/ correlation analysis for the behavioral sciences* (3rd Ed.). Mahwah, NJ: Erlbaum.

Dillon, W. R., and Goldstein, M. (1984). *Multivariate analysis–Methods and applications.* New York: Wiley.

Durbin, J., and Watson, G. S. (1951). Testing for serial correlation in least squares regression, II. *Biometrika, 38*, 159-179.

Hardy, M. A. (1993). *Regression with dummy variables.* Sage University Paper Series on Quantitative Application in the Social Sciences. Beverly Hills and London: Sage Publications

Hogg, R., Tanis, E., and Zimmerman, D. (2019). *Probability and statistical inference*, 10th Ed., Hoboken, NJ: Pearson Education, Inc .

Howell, D. (2007). *Statistical methods for psychology* (6th Ed.). Belmont, CA: Thomson Wadsworth.

Kirk, R. E. (2013). *Experimental design: Procedures for the behavioral sciences* (4th Ed.). Thousand Oaks, CA: Sage.

Kolmogorov, A. N. (1956). *Probability theory in Mathematics: Its contents, methods, and meaning* (Vol 2), Academy of Sciences USSR.

Levene, H. (1960). *Robust testes for equality of variances.* In Contributions to Probability and Statistics (I. Olkin, ed.) pp. 278-292. Stanford Univ. Press, Palo Alto, CA.

Mandler, G., and Kessen, W. (1959). *The language of psychology.* New York: Wiley.

Nunnally, J. C., and Bernstein, I. H. (1994). *Psychometric theory* (3rd Ed.). New York: McGraw-Hill.

Pedhazur, E. J. (1997). *Multiple regression in behavioral research: Explanation and prediction* (3rd Ed.). New York: Holt, Rinehart and Winston.

Reese, R. A. (2005). Boxplots. *Significance, 2*, 134-135.

Savin, N. E., and White, K. J. (1977). The Durbin-Watson test for serial correlation with extreme sample sizes or many regressors. *Econometrica, 45*, 1989-1996.

Sellin, N. (1990). *PLSPATH Version 3.01, Application manual.* Hamburg, Germany.

Snedecor, G.W. (1934). *Calculation and interpretation of analysis of variance and covariance.* Collegiate Press, Ames, Iowa.

Stevens, S. S. (1951). Mathematics, measurement, and psychophysics. In S. S. Stevens (Ed.), *Handbook of Experimental Psychology.* New York: Wiley.

Tukey, J. W. (1977). *Exploratory data analysis.* Reading, MA: Addison-Wesley.

Wasserman, L. (2006). *All of nonparametric statistics.* New York: Springer.

Zar, J. H. (1984). *Biostatistical analysis.* New Jersey: Prentice Hall Inc.

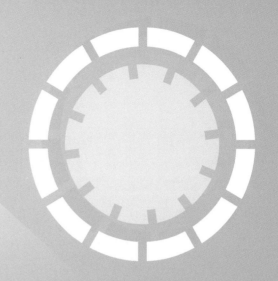

附　　錄

附錄 A：Standard Normal Distribution
標準常態分配累積機率與尾機率對照表

z	Mean to z	Beyond z	z	Mean to z	Beyond z	z	Mean to z	Beyond z
.00	.0000	.5000	.50	.1915	.3085	1.00	.3413	.1587
.01	.0040	.4960	.51	.1950	.3050	1.01	.3438	.1562
.02	.0080	.4920	.52	.1985	.3015	1.02	.3461	.1539
.03	.0120	.4880	.53	.2019	.2981	1.03	.3485	.1515
.04	.0160	.4840	.54	.2054	.2946	1.04	.3508	.1492
.05	.0199	.4801	.55	.2088	.2912	1.05	.3531	.1469
.06	.0239	.4761	.56	.2123	.2877	1.06	.3554	.1446
.07	.0279	.4721	.57	.2157	.2843	1.07	.3577	.1423
.08	.0319	.4681	.58	.2190	.2810	1.08	.3599	.1401
.09	.0359	.4641	.59	.2224	.2776	1.09	.3621	.1379
.10	.0398	.4602	.60	.2257	.2743	1.10	.3643	.1357
.11	.0438	.4562	.61	.2291	.2709	1.11	.3665	.1335
.12	.0478	.4522	.62	.2324	.2676	1.12	.3686	.1314
.13	.0517	.4483	.63	.2357	.2643	1.13	.3708	.1292
.14	.0557	.4443	.64	.2389	.2611	1.14	.3729	.1271
.15	.0596	.4404	.65	.2422	.2578	1.15	.3749	.1251
.16	.0636	.4364	.66	.2454	.2546	1.16	.3770	.1230
.17	.0675	.4325	.67	.2486	.2514	1.17	.3790	.1210
.18	.0714	.4286	.68	.2517	.2483	1.18	.3810	.1190
.19	.0753	.4247	.69	.2549	.2451	1.19	.3830	.1170
.20	.0793	.4207	.70	.2580	.2420	1.20	.3849	.1151
.21	.0832	.4168	.71	.2611	.2389	1.21	.3869	.1131
.22	.0871	.4129	.72	.2642	.2358	1.22	.3888	.1112
.23	.0910	.4090	.73	.2673	.2327	1.23	.3907	.1093
.24	.0948	.4052	.74	.2704	.2296	1.24	.3925	.1075
.25	.0987	.4013	.75	.2734	.2266	1.25	.3944	.1056
.26	.1026	.3974	.76	.2764	.2236	1.26	.3962	.1038
.27	.1064	.3936	.77	.2794	.2206	1.27	.3980	.1020
.28	.1103	.3897	.78	.2823	.2177	1.28	.3997	.1003
.29	.1141	.3859	.79	.2852	.2148	1.29	.4015	.0985
.30	.1179	.3821	.80	.2881	.2119	1.30	.4032	.0968
.31	.1217	.3783	.81	.2910	.2090	1.31	.4049	.0951
.32	.1255	.3745	.82	.2939	.2061	1.32	.4066	.0934
.33	.1293	.3707	.83	.2967	.2033	1.33	.4082	.0918
.34	.1331	.3669	.84	.2995	.2005	1.34	.4099	.0901
.35	.1368	.3632	.85	.3023	.1977	1.35	.4115	.0885
.36	.1406	.3594	.86	.3051	.1949	1.36	.4131	.0869
.37	.1443	.3557	.87	.3078	.1922	1.37	.4147	.0853
.38	.1480	.3520	.88	.3106	.1894	1.38	.4162	.0838
.39	.1517	.3483	.89	.3133	.1867	1.39	.4177	.0823
.40	.1554	.3446	.90	.3159	.1841	1.40	.4192	.0808
.41	.1591	.3409	.91	.3186	.1814	1.41	.4207	.0793
.42	.1628	.3372	.92	.3212	.1788	1.42	.4222	.0778
.43	.1664	.3336	.93	.3238	.1762	1.43	.4236	.0764
.44	.1700	.3300	.94	.3264	.1736	1.44	.4251	.0749
.45	.1736	.3264	.95	.3289	.1711	1.45	.4265	.0735
.46	.1772	.3228	.96	.3315	.1685	1.46	.4279	.0721
.47	.1808	.3192	.97	.3340	.1660	1.47	.4292	.0708
.48	.1844	.3156	.98	.3365	.1635	1.48	.4306	.0694
.49	.1879	.3121	.99	.3389	.1611	1.49	.4319	.0681
.50	.1915	.3085	1.00	.3413	.1587	1.50	.4332	.0668

z	Mean to z	Beyond z	z	Mean to z	Beyond z	z	Mean to z	Beyon d z
1.50	**.4332**	**.0668**	**2.00**	**.4772**	**.0228**	**2.50**	**.4938**	**.0062**
1.51	.4345	.0655	2.01	.4778	.0222	2.51	.4940	.0060
1.52	.4357	.0643	2.02	.4783	.0217	2.52	.4941	.0059
1.53	.4370	.0630	2.03	.4788	.0212	2.53	.4943	.0057
1.54	.4382	.0618	2.04	.4793	.0207	2.54	.4945	.0055
1.55	.4394	.0606	2.05	.4798	.0202	2.55	.4946	.0054
1.56	.4406	.0594	2.06	.4803	.0197	2.56	.4948	.0052
1.57	.4418	.0582	2.07	.4808	.0192	2.57	.4949	.0051
1.58	.4429	.0571	2.08	.4812	.0188	2.58	.4951	.0049
1.59	.4441	.0559	2.09	.4817	.0183	2.59	.4952	.0048
1.60	**.4452**	**.0548**	**2.10**	**.4821**	**.0179**	**2.60**	**.4953**	**.0047**
1.61	.4463	.0537	2.11	.4826	.0174	2.61	.4955	.0045
1.62	.4474	.0526	2.12	.4830	.0170	2.62	.4956	.0044
1.63	.4484	.0516	2.13	.4834	.0166	2.63	.4957	.0043
1.64	.4495	.0505	2.14	.4838	.0162	2.64	.4959	.0041
1.65	.4505	.0495	2.15	.4842	.0158	2.65	.4960	.0040
1.66	.4515	.0485	2.16	.4846	.0154	2.66	.4961	.0039
1.67	.4525	.0475	2.17	.4850	.0150	2.67	.4962	.0038
1.68	.4535	.0465	2.18	.4854	.0146	2.68	.4963	.0037
1.69	.4545	.0455	2.19	.4857	.0143	2.69	.4964	.0036
1.70	**.4554**	**.0446**	**2.20**	**.4861**	**.0139**	**2.70**	**.4965**	**.0035**
1.71	.4564	.0436	2.21	.4864	.0136	2.72	.4967	.0033
1.72	.4573	.0427	2.22	.4868	.0132	2.74	.4969	.0031
1.73	.4582	.0418	2.23	.4871	.0129	2.76	.4971	.0029
1.74	.4591	.0409	2.24	.4875	.0125	2.78	.4973	.0027
1.75	.4599	.0401	2.25	.4878	.0122	2.80	.4974	.0026
1.76	.4608	.0392	2.26	.4881	.0119	2.82	.4976	.0024
1.77	.4616	.0384	2.27	.4884	.0116	2.84	.4977	.0023
1.78	.4625	.0375	2.28	.4887	.0113	2.86	.4979	.0021
1.79	.4633	.0367	2.29	.4890	.0110	2.88	.4980	.0020
1.80	**.4641**	**.0359**	**2.30**	**.4893**	**.0107**	**2.90**	**.4981**	**.0019**
1.81	.4649	.0351	2.31	.4896	.0104	2.91	.4982	.0018
1.82	.4656	.0344	2.32	.4898	.0102	2.92	.4982	.0018
1.83	.4664	.0336	2.33	.4901	.0099	2.93	.4983	.0017
1.84	.4671	.0329	2.34	.4904	.0096	2.94	.4984	.0016
1.85	.4678	.0322	2.35	.4906	.0094	2.95	.4984	.0016
1.86	.4686	.0314	2.36	.4909	.0091	2.96	.4985	.0015
1.87	.4693	.0307	2.37	.4911	.0089	2.97	.4985	.0015
1.88	.4699	.0301	2.38	.4913	.0087	2.98	.4986	.0014
1.89	.4706	.0294	2.39	.4916	.0084	2.99	.4986	.0014
1.90	**.4713**	**.0287**	**2.40**	**.4918**	**.0082**	**3.00**	**.4987**	**.0013**
1.91	.4719	.0281	2.41	.4920	.0080	3.10	.4990	.0010
1.92	.4726	.0274	2.42	.4922	.0078	3.20	.4993	.0007
1.93	.4732	.0268	2.43	.4925	.0075	3.30	.4995	.0005
1.94	.4738	.0262	2.44	.4927	.0073	3.40	.4997	.0003
1.95	.4744	.0256	2.45	.4929	.0071	3.50	.4998	.0002
1.96	.4750	.0250	2.46	.4931	.0069	3.60	.4998	.0002
1.97	.4756	.0244	2.47	.4932	.0068	3.70	.4999	.0001
1.98	.4761	.0239	2.48	.4934	.0066	3.80	.4999	.0001
1.99	.4767	.0233	2.49	.4936	.0064	3.90	.5000	.0000
2.00	**.4772**	**.0228**	**2.50**	**.4938**	**.0062**	**4.00**	**.5000**	**.0000**

附錄 B：*t* distribution

t 分配臨界值與顯著水準對照表

				α				
單尾	.1	.075	.05	.025	.01	.005	.001	.0005
雙尾	.2	.15	.10	.05	.02	.01	.002	.001
df								
1	3.078	4.165	6.314	12.706	31.821	63.657	318.309	636.619
2	1.886	2.282	2.920	4.303	6.965	9.925	22.327	31.599
3	1.638	1.924	2.353	3.182	4.541	5.841	10.215	12.924
4	1.533	1.778	2.132	2.776	3.747	4.604	7.173	8.610
5	1.476	1.699	2.015	2.571	3.365	4.032	5.893	6.869
6	1.440	1.650	1.943	2.447	3.143	3.707	5.208	5.959
7	1.415	1.617	1.895	2.365	2.998	3.499	4.785	5.408
8	1.397	1.592	1.860	2.306	2.896	3.355	4.501	5.041
9	1.383	1.574	1.833	2.262	2.821	3.250	4.297	4.781
10	1.372	1.559	1.812	2.228	2.764	3.169	4.144	4.587
11	1.363	1.548	1.796	2.201	2.718	3.106	4.025	4.437
12	1.356	1.538	1.782	2.179	2.681	3.055	3.930	4.318
13	1.350	1.530	1.771	2.160	2.650	3.012	3.852	4.221
14	1.345	1.523	1.761	2.145	2.624	2.977	3.787	4.140
15	1.341	1.517	1.753	2.131	2.602	2.947	3.733	4.073
16	1.337	1.512	1.746	2.120	2.583	2.921	3.686	4.015
17	1.333	1.508	1.740	2.110	2.567	2.898	3.646	3.965
18	1.330	1.504	1.734	2.101	2.552	2.878	3.610	3.922
19	1.328	1.500	1.729	2.093	2.539	2.861	3.579	3.883
20	1.325	1.497	1.725	2.086	2.528	2.845	3.552	3.850
21	1.323	1.494	1.721	2.080	2.518	2.831	3.527	3.819
22	1.321	1.492	1.717	2.074	2.508	2.819	3.505	3.792
23	1.319	1.489	1.714	2.069	2.500	2.807	3.485	3.768
24	1.318	1.487	1.711	2.064	2.492	2.797	3.467	3.745
25	1.316	1.485	1.708	2.060	2.485	2.787	3.450	3.725
26	1.315	1.483	1.706	2.056	2.479	2.779	3.435	3.707
27	1.314	1.482	1.703	2.052	2.473	2.771	3.421	3.690
28	1.313	1.480	1.701	2.048	2.467	2.763	3.408	3.674
29	1.311	1.479	1.699	2.045	2.462	2.756	3.396	3.659
30	1.310	1.477	1.697	2.042	2.457	2.750	3.385	3.646
35	1.306	1.475	1.670	2.030	2.438	2.724	3.365	3.591
40	1.303	1.473	1.684	2.021	2.423	2.704	3.348	3.551
50	1.299	1.471	1.676	2.009	2.403	2.678	3.333	3.496
60	1.296	1.469	1.671	2.000	2.390	2.660	3.319	3.460
70	1.294	1.468	1.667	1.994	2.381	2.648	3.307	3.435
80	1.292	1.465	1.664	1.990	2.374	2.639	3.281	3.416
90	1.291	1.462	1.662	1.987	2.368	2.632	3.261	3.402
100	1.290	1.460	1.660	1.984	2.364	2.626	3.245	3.390
120	1.289	1.458	1.658	1.980	2.358	2.617	3.232	3.373
150	1.287	1.456	1.655	1.976	2.351	2.609	3.211	3.357
200	1.286	1.453	1.653	1.972	2.345	2.601	3.195	3.340
∞	1.282	1.452	1.645	1.960	2.326	2.576	3.183	3.291

附錄 C：F distribution
F 分配臨界值與顯著水準對照表

分母 df₂	p	\multicolumn{18}{c}{分子自由度（df₁）}
		1	2	3	4	5	6	7	8	9	10	11	12	15	20	30	60	120	∞
1	.05	161.45	199.50	215.71	224.58	230.16	233.99	236.77	238.88	240.54	241.88	242.98	243.91	245.95	248.01	250.10	252.20	253.25	254.41
	.01	4,052.2	4,999.5	5,403.4	5,624.6	5,763.6	5,859.0	5,928.4	5,981.1	6,022.5	6,055.8	6,083.4	6,106.4	6,157.3	6,208.7	6,260.7	6,313.0	6,339.4	71564
2	.05	18.51	19.00	19.16	19.25	19.30	19.33	19.35	19.37	19.38	19.40	19.40	19.41	19.43	19.45	19.46	19.48	19.49	19.50
	.01	98.50	99.00	99.17	99.25	99.30	99.33	99.36	99.37	99.39	99.40	99.41	99.42	99.43	99.45	99.47	99.48	99.49	99.50
	.001	998.50	999.00	999.17	999.25	999.30	999.33	999.36	999.37	999.39	999.40	999.41	999.42	999.43	999.45	999.47	999.48	999.49	999.50
3	.05	10.13	9.55	9.28	9.12	9.01	8.94	8.89	8.85	8.81	8.79	8.76	8.74	8.70	8.66	8.62	8.57	8.55	8.53
	.01	34.12	30.82	29.46	28.71	28.24	27.91	27.67	27.49	27.35	27.23	27.13	27.05	26.87	26.69	26.50	26.32	26.22	26.12
	.001	167.03	148.50	141.11	137.10	134.58	132.85	131.58	130.62	129.86	129.25	128.74	128.32	127.37	126.42	125.45	124.47	123.97	123.42
4	.05	7.71	6.94	6.59	6.39	6.26	6.16	6.09	6.04	6.00	5.96	5.94	5.91	5.86	5.80	5.75	5.69	5.66	5.63
	.01	21.20	18.00	16.69	15.98	15.52	15.21	14.98	14.66	14.66	14.55	14.45	14.37	14.20	14.02	13.84	13.65	13.56	13.46
	.001	74.14	61.25	56.18	53.44	51.71	50.53	49.66	49.00	48.47	48.05	47.70	47.41	46.76	46.10	45.43	44.75	44.40	44.05
5	.05	6.61	5.79	5.41	5.19	5.05	4.95	4.88	4.82	4.77	4.74	4.70	4.68	4.62	4.56	4.50	4.43	4.40	4.37
	.01	16.26	13.27	12.06	11.39	10.97	10.67	10.46	10.29	10.16	10.05	9.96	9.89	9.72	9.55	9.38	9.20	9.11	9.02
	.001	47.18	37.12	33.20	31.09	29.75	28.83	28.16	27.65	27.24	26.92	26.65	26.42	25.91	25.39	24.87	24.33	24.06	23.79
6	.05	5.99	5.14	4.76	4.53	4.39	4.28	4.21	4.15	4.10	4.06	4.03	4.00	3.94	3.87	3.81	3.74	3.70	3.67
	.01	13.75	10.92	9.78	9.15	8.75	8.47	8.26	8.10	7.98	7.87	7.79	7.72	7.56	7.40	7.23	7.06	6.97	6.88
	.001	35.51	27.00	23.70	21.92	20.80	20.03	19.46	19.03	18.69	18.41	18.18	17.99	17.56	17.12	16.67	16.21	15.98	15.75
7	.05	5.59	4.74	4.35	4.12	3.97	3.87	3.79	3.73	3.68	3.64	3.60	3.57	3.51	3.44	3.38	3.30	3.27	3.23
	.01	12.25	9.55	8.45	7.85	7.46	7.19	6.99	6.84	6.72	6.62	6.54	6.47	6.31	6.16	5.99	5.82	5.74	5.65
	.001	29.25	21.69	18.77	17.20	16.21	15.52	15.02	14.63	14.33	14.08	13.88	13.71	13.32	12.93	12.53	12.12	11.91	11.70
8	.05	5.32	4.46	4.07	3.84	3.69	3.58	3.50	3.44	3.39	3.35	3.31	3.28	3.22	3.15	3.08	3.01	2.97	2.93
	.01	11.26	8.65	7.59	7.01	6.63	6.37	6.18	6.03	5.91	5.81	5.73	5.67	5.52	5.36	5.20	5.03	4.95	4.86
	.001	25.41	18.49	15.83	14.39	13.48	12.86	12.40	12.05	11.77	11.54	11.35	11.19	10.84	10.48	10.11	9.73	9.53	9.33
9	.05	5.12	4.26	3.86	3.63	3.48	3.37	3.29	3.23	3.18	3.14	3.10	3.07	3.01	2.94	2.86	2.79	2.75	2.71
	.01	10.56	8.02	6.99	6.42	6.06	5.80	5.61	5.47	5.35	5.26	5.18	5.11	4.96	4.81	4.65	4.48	4.40	4.31
	.001	22.86	16.39	13.90	12.56	11.71	11.13	10.70	10.37	10.11	9.89	9.72	9.57	9.24	8.90	8.55	8.19	8.00	7.81
10	.05	4.96	4.10	3.71	3.48	3.33	3.22	3.14	3.07	3.02	2.98	2.94	2.91	2.85	2.77	2.70	2.62	2.58	2.54
	.01	10.04	7.56	6.55	5.99	5.64	5.39	5.20	5.06	4.94	4.85	4.77	4.71	4.56	4.41	4.25	4.08	4.00	3.91
	.001	21.04	14.91	12.55	11.28	10.48	9.93	9.52	9.20	8.96	8.75	8.59	8.45	8.13	7.80	7.47	7.12	6.94	6.76
11	.05	4.84	3.98	3.59	3.36	3.20	3.09	3.01	2.95	2.90	2.85	2.82	2.79	2.72	2.65	2.57	2.49	2.45	2.40
	.01	9.65	7.21	6.22	5.67	5.32	5.07	4.89	4.74	4.63	4.54	4.46	4.40	4.25	4.10	3.94	3.78	3.69	3.60
	.001	19.69	13.81	11.56	10.35	9.58	9.05	8.66	8.35	8.12	7.92	7.76	7.63	7.32	7.01	6.68	6.35	6.18	6.00
12	.05	4.75	3.89	3.49	3.26	3.11	3.00	2.91	2.85	2.80	2.75	2.72	2.69	2.62	2.54	2.47	2.38	2.34	2.30
	.01	9.33	6.93	5.95	5.41	5.06	4.82	4.64	4.50	4.39	4.30	4.22	4.16	4.01	3.86	3.70	3.54	3.45	3.36
	.001	18.64	12.97	10.80	9.63	8.89	8.38	8.00	7.71	7.48	7.29	7.14	7.00	6.71	6.40	6.09	5.76	5.59	5.42
13	.05	4.67	3.81	3.41	3.18	3.03	2.92	2.83	2.77	2.71	2.67	2.63	2.60	2.53	2.46	2.38	2.30	2.25	2.21
	.01	9.07	6.70	5.74	5.21	4.86	4.62	4.44	4.30	4.19	4.10	4.02	3.96	3.82	3.66	3.51	3.34	3.25	3.17
	.001	17.82	12.31	10.21	9.07	8.35	7.86	7.49	7.21	6.98	6.80	6.65	6.52	6.23	5.93	5.63	5.30	5.14	4.97
14	.05	4.60	3.74	3.34	3.11	2.96	2.85	2.76	2.70	2.65	2.60	2.57	2.53	2.46	2.39	2.31	2.22	2.18	2.13
	.01	8.86	6.51	5.56	5.04	4.69	4.46	4.28	4.14	4.03	3.94	3.86	3.80	3.66	3.51	3.35	3.18	3.09	3.00
	.001	17.14	11.78	9.73	8.62	7.92	7.44	7.08	6.80	6.58	6.40	6.26	6.13	5.85	5.56	5.25	4.94	4.77	4.60
15	.05	4.54	3.68	3.29	3.06	2.90	2.79	2.71	2.64	2.59	2.54	2.51	2.48	2.40	2.33	2.25	2.16	2.11	2.07
	.01	8.68	6.36	5.42	4.89	4.56	4.32	4.14	4.00	3.89	3.80	3.73	3.67	3.52	3.37	3.21	3.05	2.96	2.87
	.001	16.59	11.34	9.34	8.25	7.57	7.09	6.74	6.47	6.26	6.08	5.94	5.81	5.54	5.25	4.95	4.64	4.47	4.31
16	.05	4.49	3.63	3.24	3.01	2.85	2.74	2.66	2.59	2.54	2.49	2.46	2.42	2.35	2.28	2.19	2.11	2.06	2.01
	.01	8.53	6.23	5.29	4.77	4.44	4.20	4.03	3.89	3.78	3.69	3.62	3.55	3.41	3.26	3.10	2.93	2.84	2.75
	.001	16.12	10.97	9.01	7.94	7.27	6.80	6.46	6.19	5.98	5.81	5.67	5.55	5.27	4.99	4.70	4.39	4.23	4.06
17	.05	4.45	3.59	3.20	2.96	2.81	2.70	2.61	2.55	2.49	2.45	2.41	2.38	2.31	2.23	2.15	2.06	2.01	1.96
	.01	8.40	6.11	5.18	4.67	4.34	4.10	3.93	3.79	3.68	3.59	3.52	3.46	3.31	3.16	3.00	2.83	2.75	2.65
	.001	15.72	10.66	8.73	7.68	7.02	6.56	6.22	5.96	5.75	5.58	5.44	5.32	5.05	4.78	4.48	4.18	4.02	3.85
18	.05	4.41	3.55	3.16	2.93	2.77	2.66	2.58	2.51	2.46	2.41	2.37	2.34	2.27	2.19	2.11	2.02	1.97	1.92
	.01	8.29	6.01	5.09	4.58	4.25	4.01	3.84	3.71	3.60	3.51	3.43	3.37	3.23	3.08	2.92	2.75	2.66	2.57
	.001	15.38	10.39	8.49	7.46	6.81	6.35	6.02	5.76	5.56	5.39	5.25	5.13	4.87	4.59	4.30	4.00	3.84	3.67
19	.05	4.38	3.52	3.13	2.90	2.74	2.63	2.54	2.48	2.42	2.38	2.34	2.31	2.23	2.16	2.07	1.98	1.93	1.88
	.01	8.18	5.93	5.01	4.50	4.17	3.94	3.77	3.63	3.52	3.43	3.36	3.30	3.15	3.00	2.84	2.67	2.58	2.49
	.001	15.08	10.16	8.28	7.27	6.62	6.18	5.85	5.59	5.39	5.22	5.08	4.97	4.70	4.43	4.14	3.84	3.68	3.51
20	.05	4.35	3.49	3.10	2.87	2.71	2.60	2.51	2.45	2.39	2.35	2.31	2.28	2.20	2.12	2.04	1.95	1.90	1.84
	.01	8.10	5.85	4.94	4.43	4.10	3.87	3.70	3.56	3.46	3.37	3.29	3.23	3.09	2.94	2.78	2.61	2.52	2.42
	.001	14.82	9.95	8.10	7.10	6.46	6.02	5.69	5.44	5.24	5.08	4.94	4.82	4.56	4.29	4.00	3.70	3.54	3.38

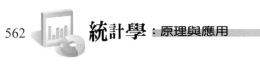

分母								分子自由度（df$_1$）										
df$_2$	p	1	2	3	4	5	6	7	8	9	10	11	12	15	20	30	60	120	∞
21	.05	4.32	3.47	3.07	2.84	2.68	2.57	2.49	2.42	2.37	2.32	2.28	2.25	2.18	2.10	2.01	1.92	1.87	1.81
	.01	8.02	5.78	4.87	4.37	4.04	3.81	3.64	3.51	3.40	3.31	3.24	3.17	3.03	2.88	2.72	2.55	2.46	2.36
	.001	14.59	9.77	7.94	6.95	6.32	5.88	5.56	5.31	5.11	4.95	4.81	4.70	4.44	4.17	3.88	3.58	3.42	3.26
22	.05	4.30	3.44	3.05	2.82	2.66	2.55	2.46	2.40	2.34	2.30	2.26	2.23	2.15	2.07	1.98	1.89	1.84	1.78
	.01	7.95	5.72	4.82	4.31	3.99	3.76	3.59	3.45	3.35	3.26	3.18	3.12	2.98	2.83	2.67	2.50	2.40	2.31
	.001	14.38	9.61	7.80	6.81	6.19	5.76	5.44	5.19	4.99	4.83	4.70	4.58	4.33	4.06	3.78	3.48	3.32	3.15
23	.05	4.28	3.42	3.03	2.80	2.64	2.53	2.44	2.37	2.32	2.27	2.24	2.20	2.13	2.05	1.96	1.86	1.81	1.76
	.01	7.88	5.66	4.76	4.26	3.94	3.71	3.54	3.41	3.30	3.21	3.14	3.07	2.93	2.78	2.62	2.45	2.35	2.26
	.001	14.20	9.47	7.67	6.70	6.08	5.65	5.33	5.09	4.89	4.73	4.60	4.48	4.23	3.96	3.68	3.38	3.22	3.05
24	.05	4.26	3.40	3.01	2.78	2.62	2.51	2.42	2.36	2.30	2.25	2.22	2.18	2.11	2.03	1.94	1.84	1.79	1.73
	.01	7.82	5.61	4.72	4.22	3.90	3.67	3.50	3.36	3.26	3.17	3.09	3.03	2.89	2.74	2.58	2.40	2.31	2.21
	.001	14.03	9.34	7.55	6.59	5.98	5.55	5.23	4.99	4.80	4.64	4.51	4.39	4.14	3.87	3.59	3.29	3.14	2.97
25	.05	4.24	3.39	2.99	2.76	2.60	2.49	2.40	2.34	2.28	2.24	2.20	2.16	2.09	2.01	1.92	1.82	1.77	1.71
	.01	7.77	5.57	4.68	4.18	3.85	3.63	3.46	3.32	3.22	3.13	3.06	2.99	2.85	2.70	2.54	2.36	2.27	2.17
	.001	13.88	9.22	7.45	6.49	5.89	5.46	5.15	4.91	4.71	4.56	4.42	4.31	4.06	3.79	3.52	3.22	3.06	2.89
26	.05	4.23	3.37	2.98	2.74	2.59	2.47	2.39	2.32	2.27	2.22	2.18	2.15	2.07	1.99	1.90	1.80	1.75	1.69
	.01	7.72	5.53	4.64	4.14	3.82	3.59	3.42	3.29	3.18	3.09	3.02	2.96	2.81	2.66	2.50	2.33	2.23	2.13
	.001	13.74	9.12	7.36	6.41	5.80	5.38	5.07	4.83	4.64	4.48	4.35	4.24	3.99	3.72	3.44	3.15	2.99	2.82
27	.05	4.21	3.35	2.96	2.73	2.57	2.46	2.37	2.31	2.25	2.20	2.17	2.13	2.06	1.97	1.88	1.79	1.73	1.67
	.01	7.68	5.49	4.60	4.11	3.78	3.56	3.39	3.26	3.15	3.06	2.99	2.93	2.78	2.63	2.47	2.29	2.20	2.10
	.001	13.61	9.02	7.27	6.33	5.73	5.31	5.00	4.76	4.57	4.41	4.28	4.17	3.92	3.66	3.38	3.08	2.92	2.75
28	.05	4.20	3.34	2.95	2.71	2.56	2.45	2.36	2.29	2.24	2.19	2.15	2.12	2.04	1.96	1.87	1.77	1.71	1.65
	.01	7.64	5.45	4.57	4.07	3.75	3.53	3.36	3.23	3.12	3.03	2.96	2.90	2.75	2.60	2.44	2.26	2.17	2.06
	.001	13.50	8.93	7.19	6.25	5.66	5.24	4.93	4.69	4.50	4.35	4.22	4.11	3.86	3.60	3.32	3.02	2.86	2.69
29	.05	4.18	3.33	2.93	2.70	2.55	2.43	2.35	2.28	2.22	2.18	2.14	2.10	2.03	1.94	1.85	1.75	1.70	1.64
	.01	7.60	5.42	4.54	4.04	3.73	3.50	3.33	3.20	3.09	3.00	2.93	2.87	2.73	2.57	2.41	2.23	2.14	2.04
	.001	13.39	8.85	7.12	6.19	5.59	5.18	4.87	4.64	4.45	4.29	4.16	4.05	3.80	3.54	3.27	2.97	2.81	2.64
30	.05	4.17	3.32	2.92	2.69	2.53	2.42	2.33	2.27	2.21	2.16	2.13	2.09	2.01	1.93	1.84	1.74	1.68	1.62
	.01	7.56	5.39	4.51	4.02	3.70	3.47	3.30	3.17	3.07	2.98	2.91	2.84	2.70	2.55	2.39	2.21	2.11	2.01
	.001	13.29	8.77	7.05	6.12	5.53	5.12	4.82	4.58	4.39	4.24	4.11	4.00	3.75	3.49	3.22	2.92	2.76	2.59
40	.05	4.08	3.23	2.84	2.61	2.45	2.34	2.25	2.18	2.12	2.08	2.04	2.00	1.92	1.84	1.74	1.64	1.58	1.51
	.01	7.31	5.18	4.31	3.83	3.51	3.29	3.12	2.99	2.89	2.80	2.73	2.66	2.52	2.37	2.20	2.02	1.92	1.80
	.001	12.61	8.25	6.59	5.70	5.13	4.73	4.44	4.21	4.02	3.87	3.75	3.64	3.40	3.14	2.87	2.57	2.41	2.23
60	.05	4.00	3.15	2.76	2.53	2.37	2.25	2.17	2.10	2.04	1.99	1.95	1.92	1.84	1.75	1.65	1.53	1.47	1.39
	.01	7.08	4.98	4.13	3.65	3.34	3.12	2.95	2.82	2.72	2.63	2.56	2.50	2.35	2.20	2.03	1.84	1.73	1.60
	.001	11.97	7.77	6.17	5.31	4.76	4.37	4.09	3.86	3.69	3.54	3.42	3.32	3.08	2.83	2.55	2.25	2.08	1.89
120	.05	3.92	3.07	2.68	2.45	2.29	2.18	2.09	2.02	1.96	1.91	1.87	1.83	1.75	1.66	1.55	1.43	1.35	1.25
	.01	6.85	4.79	3.95	3.48	3.17	2.96	2.79	2.66	2.56	2.47	2.40	2.34	2.19	2.03	1.86	1.66	1.53	1.38
	.001	11.38	7.32	5.78	4.95	4.42	4.04	3.77	3.55	3.38	3.24	3.12	3.02	2.78	2.53	2.26	1.95	1.77	1.54
∞	.05	3.84	3.00	2.61	2.37	2.21	2.10	2.01	1.94	1.88	1.83	1.79	1.75	1.67	1.57	1.46	1.32	1.22	1.00
	.01	6.64	4.61	3.78	3.32	3.02	2.80	2.64	2.51	2.41	2.32	2.25	2.19	2.04	1.88	1.70	1.48	1.33	1.00
	.001	10.83	6.91	5.43	4.62	4.11	3.75	3.48	3.27	3.10	2.96	2.85	2.75	2.52	2.27	1.99	1.66	1.45	1.00

附錄 **D**：χ^2 distribution

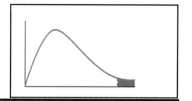

χ^2 分配臨界值與顯著水準對照表

	右側 α					
df	.1	.05	.025	.01	.005	.001
1	2.71	3.84	5.02	6.63	7.88	10.83
2	4.61	5.99	7.38	9.21	10.60	13.82
3	6.25	7.81	9.35	11.34	12.84	16.27
4	7.78	9.49	11.14	13.28	14.86	18.47
5	9.24	11.07	12.83	15.09	16.75	20.52
6	10.64	12.59	14.45	16.81	18.55	22.46
7	12.02	14.07	16.01	18.48	20.28	24.32
8	13.36	15.51	17.53	20.09	21.95	26.12
9	14.68	16.92	19.02	21.67	23.59	27.88
10	15.99	18.31	20.48	23.21	25.19	29.59
11	17.28	19.68	21.92	24.72	26.76	31.26
12	18.55	21.03	23.34	26.22	28.30	32.91
13	19.81	22.36	24.74	27.69	29.82	34.53
14	21.06	23.68	26.12	29.14	31.32	36.12
15	22.31	25.00	27.49	30.58	32.80	37.70
16	23.54	26.30	28.85	32.00	34.27	39.25
17	24.77	27.59	30.19	33.41	35.72	40.79
18	25.99	28.87	31.53	34.81	37.16	42.31
19	27.20	30.14	32.85	36.19	38.58	43.82
20	28.41	31.41	34.17	37.57	40.00	45.31
21	29.62	32.67	35.48	38.93	41.40	46.80
22	30.81	33.92	36.78	40.29	42.80	48.27
23	32.01	35.17	38.08	41.64	44.18	49.73
24	33.20	36.42	39.36	42.98	45.56	51.18
25	34.38	37.65	40.65	44.31	46.93	52.62
26	35.56	38.89	41.92	45.64	48.29	54.05
27	36.74	40.11	43.19	46.96	49.64	55.48
28	37.92	41.34	44.46	48.28	50.99	56.89
29	39.09	42.56	45.72	49.59	52.34	58.30
30	40.26	43.77	46.98	50.89	53.67	59.70
35	46.06	49.80	53.20	57.34	60.27	66.62
40	51.81	55.76	59.34	63.69	66.77	73.40
50	63.17	67.50	71.42	76.15	79.49	86.66
60	74.40	79.08	83.30	88.38	91.95	99.61
70	85.53	90.53	95.02	100.43	104.21	112.32
80	96.58	101.88	106.63	112.33	116.32	124.84
90	107.57	113.15	118.14	124.12	128.30	137.21
100	118.50	124.34	129.56	135.81	140.17	149.45
200	226.02	233.99	241.06	249.45	255.26	267.54
500	540.93	553.13	563.85	576.49	585.21	603.45
1,000	1,057.72	1,074.68	1,089.53	1,106.97	1,118.95	1,143.92

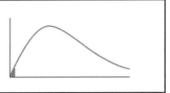

df	左側 α					
	.1	.05	.025	.01	.005	.001
1	.02	.00	.00	.00	.00	.00
2	.21	.10	.05	.02	.01	.00
3	.58	.35	.22	.11	.07	.02
4	1.06	.71	.48	.30	.21	.09
5	1.61	1.15	.83	.55	.41	.21
6	2.20	1.64	1.24	.87	.68	.38
7	2.83	2.17	1.69	1.24	.99	.60
8	3.49	2.73	2.18	1.65	1.34	.86
9	4.17	3.33	2.70	2.09	1.73	1.15
10	4.87	3.94	3.25	2.56	2.16	1.48
11	5.58	4.57	3.82	3.05	2.60	1.83
12	6.30	5.23	4.40	3.57	3.07	2.21
13	7.04	5.89	5.01	4.11	3.57	2.62
14	7.79	6.57	5.63	4.66	4.07	3.04
15	8.55	7.26	6.26	5.23	4.60	3.48
16	9.31	7.96	6.91	5.81	5.14	3.94
17	10.09	8.67	7.56	6.41	5.70	4.42
18	10.86	9.39	8.23	7.01	6.26	4.90
19	11.65	10.12	8.91	7.63	6.84	5.41
20	12.44	10.85	9.59	8.26	7.43	5.92
21	13.24	11.59	10.28	8.90	8.03	6.45
22	14.04	12.34	10.98	9.54	8.64	6.98
23	14.85	13.09	11.69	10.20	9.26	7.53
24	15.66	13.85	12.40	10.86	9.89	8.08
25	16.47	14.61	13.12	11.52	10.52	8.65
26	17.29	15.38	13.84	12.20	11.16	9.22
27	18.11	16.15	14.57	12.88	11.81	9.80
28	18.94	16.93	15.31	13.56	12.46	10.39
29	19.77	17.71	16.05	14.26	13.12	10.99
30	20.60	18.49	16.79	14.95	13.79	11.59
35	24.80	22.47	20.57	18.51	17.19	14.69
40	29.05	26.51	24.43	22.16	20.71	17.92
50	37.69	34.76	32.36	29.71	27.99	24.67
60	46.46	43.19	40.48	37.48	35.53	31.74
70	55.33	51.74	48.76	45.44	43.28	39.04
80	64.28	60.39	57.15	53.54	51.17	46.52
90	73.29	69.13	65.65	61.75	59.20	54.16
100	82.36	77.93	74.22	70.06	67.33	61.92
200	174.84	168.28	162.73	156.43	152.24	143.84
500	459.93	449.15	439.94	429.39	422.30	407.95
1,000	943.13	927.59	914.26	898.91	888.56	867.48

附錄 E
二項分配機率對照表（Binomial Distribution）

N	X	.05	.1	.2	.3	.4	π .5	.6	.7	.8	.9	.95
1	0	.9500	.9000	.8000	.7000	.6000	.5000	.4000	.3000	.2000	.1000	.0500
	1	.0500	.1000	.2000	.3000	.4000	.5000	.6000	.7000	.8000	.9000	.9500
2	0	.9025	.8100	.6400	.4900	.3600	.2500	.1600	.0900	.0400	.0100	.0025
	1	.0950	.1800	.3200	.4200	.4800	.5000	.4800	.4200	.3200	.1800	.0950
	2	.0025	.0100	.0400	.0900	.1600	.2500	.3600	.4900	.6400	.8100	.9025
3	0	.8574	.7290	.5120	.3430	.2160	.1250	.0640	.0270	.0080	.0010	.0001
	1	.1354	.2430	.3840	.4410	.4320	.3750	.2880	.1890	.0960	.0270	.0071
	2	.0071	.0270	.0960	.1890	.2880	.3750	.4320	.4410	.3840	.2430	.1354
	3	.0001	.0010	.0080	.0270	.0640	.1250	.2160	.3430	.5120	.7290	.8574
4	0	.8145	.6561	.4096	.2401	.1296	.0625	.0256	.0081	.0016	.0001	.0000
	1	.1715	.2916	.4096	.4116	.3456	.2500	.1536	.0756	.0256	.0036	.0005
	2	.0135	.0486	.1536	.2646	.3456	.3750	.3456	.2646	.1536	.0486	.0135
	3	.0005	.0036	.0256	.0756	.1536	.2500	.3456	.4116	.4096	.2916	.1715
	4	.0000	.0001	.0016	.0081	.0256	.0625	.1296	.2401	.4096	.6561	.8145
5	0	.7738	.5905	.3277	.1681	.0778	.0313	.0102	.0024	.0003	.0000	
	1	.2036	.3281	.4096	.3602	.2592	.1563	.0768	.0284	.0064	.0005	.0000
	2	.0214	.0729	.2048	.3087	.3456	.3125	.2304	.1323	.0512	.0081	.0011
	3	.0011	.0081	.0512	.1323	.2304	.3125	.3456	.3087	.2048	.0729	.0214
	4	.0000	.0005	.0064	.0284	.0768	.1563	.2592	.3602	.4096	.3281	.2036
	5		.0000	.0003	.0024	.0102	.0313	.0778	.1681	.3277	.5905	.7738
6	0	.7351	.5314	.2621	.1176	.0467	.0156	.0041	.0007	.0001	.0000	
	1	.2321	.3543	.3932	.3025	.1866	.0938	.0369	.0102	.0015	.0001	.0000
	2	.0305	.0984	.2458	.3241	.3110	.2344	.1382	.0595	.0154	.0012	.0001
	3	.0021	.0146	.0819	.1852	.2765	.3125	.2765	.1852	.0819	.0146	.0021
	4	.0001	.0012	.0154	.0595	.1382	.2344	.3110	.3241	.2458	.0984	.0305
	5	.0000	.0001	.0015	.0102	.0369	.0938	.1866	.3025	.3932	.3543	.2321
	6		.0000	.0001	.0007	.0041	.0156	.0467	.1176	.2621	.5314	.7351
7	0	.6983	.4783	.2097	.0824	.0280	.0078	.0016	.0002	.0000		
	1	.2573	.3720	.3670	.2471	.1306	.0547	.0172	.0036	.0004	.0000	
	2	.0406	.1240	.2753	.3177	.2613	.1641	.0774	.0250	.0043	.0002	.0000
	3	.0036	.0230	.1147	.2269	.2903	.2734	.1935	.0972	.0287	.0026	.0002
	4	.0002	.0026	.0287	.0972	.1935	.2734	.2903	.2269	.1147	.0230	.0036
	5	.0000	.0002	.0043	.0250	.0774	.1641	.2613	.3177	.2753	.1240	.0406
	6		.0000	.0004	.0036	.0172	.0547	.1306	.2471	.3670	.3720	.2573
	7			.0000	.0002	.0016	.0078	.0280	.0824	.2097	.4783	.6983
8	0	.6634	.4305	.1678	.0576	.0168	.0039	.0007	.0001	.0000		
	1	.2793	.3826	.3355	.1977	.0896	.0313	.0079	.0012	.0001		
	2	.0515	.1488	.2936	.2965	.2090	.1094	.0413	.0100	.0011	.0000	
	3	.0054	.0331	.1468	.2541	.2787	.2188	.1239	.0467	.0092	.0004	.0000
	4	.0004	.0046	.0459	.1361	.2322	.2734	.2322	.1361	.0459	.0046	.0004
	5	.0000	.0004	.0092	.0467	.1239	.2188	.2787	.2541	.1468	.0331	.0054
	6		.0000	.0011	.0100	.0413	.1094	.2090	.2965	.2936	.1488	.0515
	7			.0001	.0012	.0079	.0313	.0896	.1977	.3355	.3826	.2793
	8			.0000	.0001	.0007	.0039	.0168	.0576	.1678	.4305	.6634

N	X	π .05	.1	.2	.3	.4	.5	.6	.7	.8	.9	.95
9	0	.6302	.3874	.1342	.0404	.0101	.0020	.0003	.0000			
	1	.2985	.3874	.3020	.1556	.0605	.0176	.0035	.0004	.0000		
	2	.0629	.1722	.3020	.2668	.1612	.0703	.0212	.0039	.0003	.0000	
	3	.0077	.0446	.1762	.2668	.2508	.1641	.0743	.0210	.0028	.0001	
	4	.0006	.0074	.0661	.1715	.2508	.2461	.1672	.0735	.0165	.0008	.0000
	5	.0000	.0008	.0165	.0735	.1672	.2461	.2508	.1715	.0661	.0074	.0006
	6		.0001	.0028	.0210	.0743	.1641	.2508	.2668	.1762	.0446	.0077
	7		.0000	.0003	.0039	.0212	.0703	.1612	.2668	.3020	.1722	.0629
	8			.0000	.0004	.0035	.0176	.0605	.1556	.3020	.3874	.2985
	9				.0000	.0003	.0020	.0101	.0404	.1342	.3874	.6302
10	0	.5987	.3487	.1074	.0282	.0060	.0010	.0001	.0000			
	1	.3151	.3874	.2684	.1211	.0403	.0098	.0016	.0001	.0000		
	2	.0746	.1937	.3020	.2335	.1209	.0439	.0106	.0014	.0001		
	3	.0105	.0574	.2013	.2668	.2150	.1172	.0425	.0090	.0008	.0000	
	4	.0010	.0112	.0881	.2001	.2508	.2051	.1115	.0368	.0055	.0001	.0000
	5	.0001	.0015	.0264	.1029	.2007	.2461	.2007	.1029	.0264	.0015	.0001
	6	.0000	.0001	.0055	.0368	.1115	.2051	.2508	.2001	.0881	.0112	.0010
	7		.0000	.0008	.0090	.0425	.1172	.2150	.2668	.2013	.0574	.0105
	8			.0001	.0014	.0106	.0439	.1209	.2335	.3020	.1937	.0746
	9			.0000	.0001	.0016	.0098	.0403	.1211	.2684	.3874	.3151
	10				.0000	.0001	.0010	.0060	.0282	.1074	.3487	.5987
11	0	.5688	.3138	.0859	.0198	.0036	.0005	.0000				
	1	.3293	.3835	.2362	.0932	.0266	.0054	.0007	.0000			
	2	.0867	.2131	.2953	.1998	.0887	.0269	.0052	.0005	.0000		
	3	.0137	.0710	.2215	.2568	.1774	.0806	.0234	.0037	.0002		
	4	.0014	.0158	.1107	.2201	.2365	.1611	.0701	.0173	.0017	.0000	
	5	.0001	.0025	.0388	.1321	.2207	.2256	.1471	.0566	.0097	.0003	.0000
	6	.0000	.0003	.0097	.0566	.1471	.2256	.2207	.1321	.0388	.0025	.0001
	7		.0000	.0017	.0173	.0701	.1611	.2365	.2201	.1107	.0158	.0014
	8			.0002	.0037	.0234	.0806	.1774	.2568	.2215	.0710	.0137
	9			.0000	.0005	.0052	.0269	.0887	.1998	.2953	.2131	.0867
	10				.0000	.0007	.0054	.0266	.0932	.2362	.3835	.3293
	11					.0000	.0005	.0036	.0198	.0859	.3138	.5688
12	0	.5404	.2824	.0687	.0138	.0022	.0002	.0000				
	1	.3413	.3766	.2062	.0712	.0174	.0029	.0003	.0000			
	2	.0988	.2301	.2835	.1678	.0639	.0161	.0025	.0002	.0000		
	3	.0173	.0852	.2362	.2397	.1419	.0537	.0125	.0015	.0001		
	4	.0021	.0213	.1329	.2311	.2128	.1208	.0420	.0078	.0005		
	5	.0002	.0038	.0532	.1585	.2270	.1934	.1009	.0291	.0033	.0000	
	6	.0000	.0005	.0155	.0792	.1766	.2256	.1766	.0792	.0155	.0005	.0000
	7		.0000	.0033	.0291	.1009	.1934	.2270	.1585	.0532	.0038	.0002
	8			.0005	.0078	.0420	.1208	.2128	.2311	.1329	.0213	.0021
	9			.0001	.0015	.0125	.0537	.1419	.2397	.2362	.0852	.0173
	10			.0000	.0002	.0025	.0161	.0639	.1678	.2835	.2301	.0988
	11				.0000	.0003	.0029	.0174	.0712	.2062	.3766	.3413
	12					.0000	.0002	.0022	.0138	.0687	.2824	.5404

N	X	.05	.1	.2	.3	.4	π .5	.6	.7	.8	.9	.95
13	0	.5133	.2542	.0550	.0097	.0013	.0001	.0000				
	1	.3512	.3672	.1787	.0540	.0113	.0016	.0001	.0000			
	2	.1109	.2448	.2680	.1388	.0453	.0095	.0012	.0001			
	3	.0214	.0997	.2457	.2181	.1107	.0349	.0065	.0006	.0000		
	4	.0028	.0277	.1535	.2337	.1845	.0873	.0243	.0034	.0001		
	5	.0003	.0055	.0691	.1803	.2214	.1571	.0656	.0142	.0011	.0000	
	6	.0000	.0008	.0230	.1030	.1968	.2095	.1312	.0442	.0058	.0001	
	7		.0001	.0058	.0442	.1312	.2095	.1968	.1030	.0230	.0008	.0000
	8		.0000	.0011	.0142	.0656	.1571	.2214	.1803	.0691	.0055	.0003
	9			.0001	.0034	.0243	.0873	.1845	.2337	.1535	.0277	.0028
	10			.0000	.0006	.0065	.0349	.1107	.2181	.2457	.0997	.0214
	11				.0001	.0012	.0095	.0453	.1388	.2680	.2448	.1109
	12				.0000	.0001	.0016	.0113	.0540	.1787	.3672	.3512
	13					.0000	.0001	.0013	.0097	.0550	.2542	.5133
14	0	.4877	.2288	.0440	.0068	.0008	.0001	.0000				
	1	.3593	.3559	.1539	.0407	.0073	.0009	.0001				
	2	.1229	.2570	.2501	.1134	.0317	.0056	.0005	.0000			
	3	.0259	.1142	.2501	.1943	.0845	.0222	.0033	.0002			
	4	.0037	.0349	.1720	.2290	.1549	.0611	.0136	.0014	.0000		
	5	.0004	.0078	.0860	.1963	.2066	.1222	.0408	.0066	.0003		
	6	.0000	.0013	.0322	.1262	.2066	.1833	.0918	.0232	.0020	.0000	
	7		.0002	.0092	.0618	.1574	.2095	.1574	.0618	.0092	.0002	
	8		.0000	.0020	.0232	.0918	.1833	.2066	.1262	.0322	.0013	.0000
	9			.0003	.0066	.0408	.1222	.2066	.1963	.0860	.0078	.0004
	10			.0000	.0014	.0136	.0611	.1549	.2290	.1720	.0349	.0037
	11				.0002	.0033	.0222	.0845	.1943	.2501	.1142	.0259
	12				.0000	.0005	.0056	.0317	.1134	.2501	.2570	.1229
	13					.0001	.0009	.0073	.0407	.1539	.3559	.3593
	14					.0000	.0001	.0008	.0068	.0440	.2288	.4877
15	0	.4633	.2059	.0352	.0047	.0005	.0000					
	1	.3658	.3432	.1319	.0305	.0047	.0005	.0000				
	2	.1348	.2669	.2309	.0916	.0219	.0032	.0003	.0000			
	3	.0307	.1285	.2501	.1700	.0634	.0139	.0016	.0001			
	4	.0049	.0428	.1876	.2186	.1268	.0417	.0074	.0006	.0000		
	5	.0006	.0105	.1032	.2061	.1859	.0916	.0245	.0030	.0001		
	6	.0000	.0019	.0430	.1472	.2066	.1527	.0612	.0116	.0007		
	7		.0003	.0138	.0811	.1771	.1964	.1181	.0348	.0035	.0000	
	8		.0000	.0035	.0348	.1181	.1964	.1771	.0811	.0138	.0003	
	9			.0007	.0116	.0612	.1527	.2066	.1472	.0430	.0019	.0000
	10			.0001	.0030	.0245	.0916	.1859	.2061	.1032	.0105	.0006
	11			.0000	.0006	.0074	.0417	.1268	.2186	.1876	.0428	.0049
	12				.0001	.0016	.0139	.0634	.1700	.2501	.1285	.0307
	13				.0000	.0003	.0032	.0219	.0916	.2309	.2669	.1348
	14					.0000	.0005	.0047	.0305	.1319	.3432	.3658
	15						.0000	.0005	.0047	.0352	.2059	.4633

附錄 F
卜瓦松分配機率對照表（Poisson Distribution）

X	λ 0.1	0.2	0.3	0.4	0.5	0.6	0.7	0.8	0.9	1
0	.9048	.8187	.7408	.6703	.6065	.5488	.4966	.4493	.4066	.3679
1	.0905	.1637	.2222	.2681	.3033	.3293	.3476	.3595	.3659	.3679
2	.0045	.0164	.0333	.0536	.0758	.0988	.1217	.1438	.1647	.1839
3	.0002	.0011	.0033	.0072	.0126	.0198	.0284	.0383	.0494	.0613
4	.0000	.0001	.0003	.0007	.0016	.0030	.0050	.0077	.0111	.0153
5		.0000	.0000	.0001	.0002	.0004	.0007	.0012	.0020	.0031
6				.0000	.0000	.0000	.0001	.0002	.0003	.0005
7							.0000	.0000	.0000	.0001
8										.0000

X	2	3	4	5	6	7	8	9	10	12
0	.1353	.0498	.0183	.0067	.0025	.0009	.0003	.0001	.0000	.0000
1	.2707	.1494	.0733	.0337	.0149	.0064	.0027	.0011	.0005	.0001
2	.2707	.2240	.1465	.0842	.0446	.0223	.0107	.0050	.0023	.0004
3	.1804	.2240	.1954	.1404	.0892	.0521	.0286	.0150	.0076	.0018
4	.0902	.1680	.1954	.1755	.1339	.0912	.0573	.0337	.0189	.0053
5	.0361	.1008	.1563	.1755	.1606	.1277	.0916	.0607	.0378	.0127
6	.0120	.0504	.1042	.1462	.1606	.1490	.1221	.0911	.0631	.0255
7	.0034	.0216	.0595	.1044	.1377	.1490	.1396	.1171	.0901	.0437
8	.0009	.0081	.0298	.0653	.1033	.1304	.1396	.1318	.1126	.0655
9	.0002	.0027	.0132	.0363	.0688	.1014	.1241	.1318	.1251	.0874
10	.0000	.0008	.0053	.0181	.0413	.0710	.0993	.1186	.1251	.1048
11		.0002	.0019	.0082	.0225	.0452	.0722	.0970	.1137	.1144
12		.0001	.0006	.0034	.0113	.0263	.0481	.0728	.0948	.1144
13		.0000	.0002	.0013	.0052	.0142	.0296	.0504	.0729	.1056
14			.0001	.0005	.0022	.0071	.0169	.0324	.0521	.0905
15			.0000	.0002	.0009	.0033	.0090	.0194	.0347	.0724
16				.0000	.0003	.0014	.0045	.0109	.0217	.0543
17					.0001	.0006	.0021	.0058	.0128	.0383
18					.0000	.0002	.0009	.0029	.0071	.0255
19						.0001	.0004	.0014	.0037	.0161
20						.0000	.0002	.0006	.0019	.0097
21							.0001	.0003	.0009	.0055
22							.0000	.0001	.0004	.0030
23								.0000	.0002	.0016
24									.0001	.0008
25									.0000	.0004
26										.0002
27										.0001
28										.0000

附錄 G
指數分配機率對照表（Exponential Distribution）

X	λ 0.1	0.2	0.5	0.75	1	1.5	X	λ 0.1	0.2	0.5	0.75	1	1.5
0.0	.1000	.2000	.5000	.7500	1.0000	1.5000	5.0	.0607	.0736	.0410	.0176	.0067	.0008
0.1	.0990	.1960	.4756	.6958	.9048	1.2911	5.1	.0600	.0721	.0390	.0164	.0061	.0007
0.2	.0980	.1922	.4524	.6455	.8187	1.1112	5.2	.0595	.0707	.0371	.0152	.0055	.0006
0.3	.0970	.1884	.4304	.5989	.7408	.9564	5.3	.0589	.0693	.0353	.0141	.0050	.0005
0.4	.0961	.1846	.4094	.5556	.6703	.8232	5.4	.0583	.0679	.0336	.0131	.0045	.0005
0.5	.0951	.1810	.3894	.5155	.6065	.7085	5.5	.0577	.0666	.0320	.0121	.0041	.0004
0.6	.0942	.1774	.3704	.4782	.5488	.6099	5.6	.0571	.0653	.0304	.0112	.0037	.0003
0.7	.0932	.1739	.3523	.4437	.4966	.5249	5.7	.0566	.0640	.0289	.0104	.0033	.0003
0.8	.0923	.1704	.3352	.4116	.4493	.4518	5.8	.0560	.0627	.0275	.0097	.0030	.0002
0.9	.0914	.1671	.3188	.3819	.4066	.3889	5.9	.0554	.0615	.0262	.0090	.0027	.0002
1.0	.0905	.1637	.3033	.3543	.3679	.3347	6.0	.0549	.0602	.0249	.0083	.0025	.0002
1.1	.0896	.1605	.2885	.3287	.3329	.2881	6.1	.0543	.0590	.0237	.0077	.0022	.0002
1.2	.0887	.1573	.2744	.3049	.3012	.2479	6.2	.0538	.0579	.0225	.0072	.0020	.0001
1.3	.0878	.1542	.2610	.2829	.2725	.2134	6.3	.0533	.0567	.0214	.0067	.0018	.0001
1.4	.0869	.1512	.2483	.2625	.2466	.1837	6.4	.0527	.0556	.0204	.0062	.0017	.0001
1.5	.0861	.1482	.2362	.2435	.2231	.1581	6.5	.0522	.0545	.0194	.0057	.0015	.0001
1.6	.0852	.1452	.2247	.2259	.2019	.1361	6.6	.0517	.0534	.0184	.0053	.0014	.0001
1.7	.0844	.1424	.2137	.2096	.1827	.1171	6.7	.0512	.0524	.0175	.0049	.0012	.0001
1.8	.0835	.1395	.2033	.1944	.1653	.1008	6.8	.0507	.0513	.0167	.0046	.0011	.0001
1.9	.0827	.1368	.1934	.1804	.1496	.0868	6.9	.0502	.0503	.0159	.0042	.0010	.0000
2.0	.0819	.1341	.1839	.1673	.1353	.0747	7.0	.0497	.0493	.0151	.0039	.0009	.0000
2.1	.0811	.1314	.1750	.1553	.1225	.0643	7.1	.0492	.0483	.0144	.0037	.0008	.0000
2.2	.0803	.1288	.1664	.1440	.1108	.0553	7.2	.0487	.0474	.0137	.0034	.0007	.0000
2.3	.0795	.1263	.1583	.1336	.1003	.0476	7.3	.0482	.0464	.0130	.0031	.0007	.0000
2.4	.0787	.1238	.1506	.1240	.0907	.0410	7.4	.0477	.0455	.0124	.0029	.0006	.0000
2.5	.0779	.1213	.1433	.1150	.0821	.0353	7.5	.0472	.0446	.0118	.0027	.0006	.0000
2.6	.0771	.1189	.1363	.1067	.0743	.0304	7.6	.0468	.0437	.0112	.0025	.0005	.0000
2.7	.0763	.1165	.1296	.0990	.0672	.0261	7.7	.0463	.0429	.0106	.0023	.0005	.0000
2.8	.0756	.1142	.1233	.0918	.0608	.0225	7.8	.0458	.0420	.0101	.0022	.0004	.0000
2.9	.0748	.1120	.1173	.0852	.0550	.0194	7.9	.0454	.0412	.0096	.0020	.0004	.0000
3.0	.0741	.1098	.1116	.0790	.0498	.0167	8.0	.0449	.0404	.0092	.0019	.0003	.0000
3.1	.0733	.1076	.1061	.0733	.0450	.0143	8.1	.0445	.0396	.0087	.0017	.0003	.0000
3.2	.0726	.1055	.1009	.0680	.0408	.0123	8.2	.0440	.0388	.0083	.0016	.0003	.0000
3.3	.0719	.1034	.0960	.0631	.0369	.0106	8.3	.0436	.0380	.0079	.0015	.0002	.0000
3.4	.0712	.1013	.0913	.0586	.0334	.0091	8.4	.0432	.0373	.0075	.0014	.0002	.0000
3.5	.0705	.0993	.0869	.0543	.0302	.0079	8.5	.0427	.0365	.0071	.0013	.0002	.0000
3.6	.0698	.0974	.0826	.0504	.0273	.0068	8.6	.0423	.0358	.0068	.0012	.0002	.0000
3.7	.0691	.0954	.0786	.0468	.0247	.0058	8.7	.0419	.0351	.0065	.0011	.0002	.0000
3.8	.0684	.0935	.0748	.0434	.0224	.0050	8.8	.0415	.0344	.0061	.0010	.0002	.0000
3.9	.0677	.0917	.0711	.0402	.0202	.0043	8.9	.0411	.0337	.0058	.0009	.0001	.0000
4.0	.0670	.0899	.0677	.0373	.0183	.0037	9.0	.0407	.0331	.0056	.0009	.0001	.0000
4.1	.0664	.0881	.0644	.0346	.0166	.0032	9.1	.0403	.0324	.0053	.0008	.0001	.0000
4.2	.0657	.0863	.0612	.0321	.0150	.0028	9.2	.0399	.0318	.0050	.0008	.0001	.0000
4.3	.0651	.0846	.0582	.0298	.0136	.0024	9.3	.0395	.0311	.0048	.0007	.0001	.0000
4.4	.0644	.0830	.0554	.0277	.0123	.0020	9.4	.0391	.0305	.0045	.0007	.0001	.0000
4.5	.0638	.0813	.0527	.0257	.0111	.0018	9.5	.0387	.0299	.0043	.0006	.0001	.0000
4.6	.0631	.0797	.0501	.0238	.0101	.0015	9.6	.0383	.0293	.0041	.0006	.0001	.0000
4.7	.0625	.0781	.0477	.0221	.0091	.0013	9.7	.0379	.0287	.0039	.0005	.0001	.0000
4.8	.0619	.0766	.0454	.0205	.0082	.0011	9.8	.0375	.0282	.0037	.0005	.0001	.0000
4.9	.0613	.0751	.0431	.0190	.0074	.0010	9.9	.0372	.0276	.0035	.0004	.0001	.0000
5.0	.0607	.0736	.0410	.0176	.0067	.0008	10.0	.0368	.0271	.0034	.0004	.0000	.0000

附錄 H

Durbin-Watson 統計量臨界值對照表（Critical value of DW statistic）

N	α	K=1 DW$_L$	K=1 DW$_U$	K=2 DW$_L$	K=2 DW$_U$	K=3 DW$_L$	K=3 DW$_U$	K=4 DW$_L$	K=4 DW$_U$	K=5 DW$_L$	K=5 DW$_U$
6	.01	0.390	1.142	-	-	-	-	-	-	-	-
	.05	0.610	1.400	-	-	-	-	-	-	-	-
7	.01	0.435	1.036	0.294	1.676	-	-	-	-	-	-
	.05	0.700	1.356	0.467	1.896	-	-	-	-	-	-
8	.01	0.497	1.003	0.345	1.489	0.229	2.102	-	-	-	-
	.05	0.763	1.332	0.559	1.777	0.367	2.287	-	-	-	-
9	.01	0.554	0.998	0.408	1.389	0.279	1.875	0.183	2.433	-	-
	.05	0.824	1.320	0.629	1.699	0.455	2.128	0.296	2.588	-	-
10	**.01**	**0.604**	**1.001**	**0.466**	**1.333**	**0.340**	**1.733**	**0.230**	**2.193**	**0.150**	**2.690**
	.05	**0.879**	**1.320**	**0.697**	**1.641**	**0.525**	**2.016**	**0.376**	**2.414**	**0.243**	**2.822**
11	.01	0.653	1.010	0.519	1.297	0.396	1.640	0.286	2.030	0.193	2.453
	.05	0.927	1.324	0.758	1.604	0.595	1.928	0.444	2.283	0.315	2.645
12	.01	0.697	1.023	0.569	1.274	0.449	1.575	0.339	1.913	0.244	2.280
	.05	0.971	1.331	0.812	1.579	0.658	1.864	0.512	2.177	0.380	2.506
13	.01	0.738	1.038	0.616	1.261	0.499	1.526	0.391	1.826	0.294	2.150
	.05	1.010	1.340	0.861	1.562	0.715	1.816	0.574	2.094	0.444	2.390
14	.01	0.776	1.054	0.660	1.254	0.547	1.490	0.441	1.757	0.343	2.049
	.05	1.045	1.350	0.905	1.551	0.767	1.779	0.632	2.030	0.505	2.296
15	**.01**	**0.811**	**1.070**	**0.700**	**1.252**	**0.591**	**1.465**	**0.487**	**1.705**	**0.390**	**1.967**
	.05	**1.077**	**1.361**	**0.946**	**1.543**	**0.814**	**1.750**	**0.685**	**1.977**	**0.562**	**2.220**
16	.01	0.844	1.086	0.738	1.253	0.633	1.447	0.532	1.664	0.437	1.901
	.05	1.106	1.371	0.982	1.539	0.857	1.728	0.734	1.935	0.615	2.157
17	.01	0.873	1.102	0.773	1.255	0.672	1.432	0.574	1.631	0.481	1.847
	.05	1.133	1.381	1.015	1.536	0.897	1.710	0.779	1.900	0.664	2.104
18	.01	0.902	1.118	0.805	1.259	0.708	1.422	0.614	1.604	0.522	1.803
	.05	1.158	1.391	1.046	1.535	0.933	1.696	0.820	1.872	0.710	2.060
19	.01	0.928	1.133	0.835	1.264	0.742	1.416	0.650	1.583	0.561	1.767
	.05	1.180	1.401	1.074	1.536	0.967	1.685	0.859	1.848	0.752	2.023
20	**.01**	**0.952**	**1.147**	**0.862**	**1.270**	**0.774**	**1.410**	**0.684**	**1.567**	**0.598**	**1.736**
	.05	**1.201**	**1.411**	**1.100**	**1.537**	**0.998**	**1.676**	**0.894**	**1.828**	**0.792**	**1.991**
21	.01	0.975	1.161	0.889	1.276	0.803	1.408	0.718	1.554	0.634	1.712
	.05	1.221	1.420	1.125	1.538	1.026	1.669	0.927	1.812	0.829	1.964
22	.01	0.997	1.174	0.915	1.284	0.832	1.407	0.748	1.543	0.666	1.691
	.05	1.239	1.429	1.147	1.541	1.053	1.664	0.958	1.797	0.863	1.940
23	.01	1.017	1.186	0.938	1.290	0.858	1.407	0.777	1.535	0.699	1.674
	.05	1.257	1.437	1.168	1.543	1.078	1.660	0.986	1.785	0.895	1.920
24	.01	1.037	1.199	0.959	1.298	0.881	1.407	0.805	1.527	0.728	1.659
	.05	1.273	1.446	1.188	1.546	1.101	1.656	1.013	1.775	0.925	1.902
25	**.01**	**1.055**	**1.210**	**0.981**	**1.305**	**0.906**	**1.408**	**0.832**	**1.521**	**0.756**	**1.645**
	.05	**1.288**	**1.454**	**1.206**	**1.550**	**1.123**	**1.654**	**1.038**	**1.767**	**0.953**	**1.886**
26	.01	1.072	1.222	1.000	1.311	0.928	1.410	0.855	1.517	0.782	1.635
	.05	1.302	1.461	1.224	1.553	1.143	1.652	1.062	1.759	0.979	1.873
27	.01	1.088	1.232	1.019	1.318	0.948	1.413	0.878	1.514	0.808	1.625
	.05	1.316	1.469	1.240	1.556	1.162	1.651	1.084	1.753	1.004	1.861
28	.01	1.104	1.244	1.036	1.325	0.969	1.414	0.901	1.512	0.832	1.618
	.05	1.328	1.476	1.255	1.560	1.181	1.650	1.104	1.747	1.028	1.850
29	.01	1.119	1.254	1.053	1.332	0.988	1.418	0.921	1.511	0.855	1.611
	.05	1.341	1.483	1.270	1.563	1.198	1.650	1.124	1.743	1.050	1.841

N	α	K=1		K=2		K=3		K=4		K=5	
		DW_L	DW_U	DW_L	DW_U	DW_L	DW_U	DW_L	DW_U	DW_L	DW_U
30	.01	1.134	1.264	1.070	1.339	1.006	1.421	0.941	1.510	0.877	1.606
	.05	1.352	1.489	1.284	1.567	1.214	1.650	1.143	1.739	1.071	1.833
31	.01	1.147	1.274	1.085	1.345	1.022	1.425	0.960	1.509	0.897	1.601
	.05	1.363	1.496	1.297	1.570	1.229	1.650	1.160	1.735	1.090	1.825
32	.01	1.160	1.283	1.100	1.351	1.039	1.428	0.978	1.509	0.917	1.597
	.05	1.373	1.502	1.309	1.574	1.244	1.650	1.177	1.732	1.109	1.819
33	.01	1.171	1.291	1.114	1.358	1.055	1.432	0.995	1.510	0.935	1.594
	.05	1.383	1.508	1.321	1.577	1.258	1.651	1.193	1.730	1.127	1.813
34	.01	1.184	1.298	1.128	1.364	1.070	1.436	1.012	1.511	0.954	1.591
	.05	1.393	1.514	1.333	1.580	1.271	1.652	1.208	1.728	1.144	1.808
35	.01	1.195	1.307	1.141	1.370	1.085	1.439	1.028	1.512	0.971	1.589
	.05	1.402	1.519	1.343	1.584	1.283	1.653	1.222	1.726	1.160	1.803
36	.01	1.205	1.315	1.153	1.376	1.098	1.442	1.043	1.513	0.987	1.587
	.05	1.411	1.525	1.354	1.587	1.295	1.654	1.236	1.724	1.175	1.799
37	.01	1.217	1.322	1.164	1.383	1.112	1.446	1.058	1.514	1.004	1.585
	.05	1.419	1.530	1.364	1.590	1.307	1.655	1.249	1.723	1.190	1.795
38	.01	1.227	1.330	1.176	1.388	1.124	1.449	1.072	1.515	1.019	1.584
	.05	1.427	1.535	1.373	1.594	1.318	1.656	1.261	1.722	1.204	1.792
39	.01	1.237	1.337	1.187	1.392	1.137	1.452	1.085	1.517	1.033	1.583
	.05	1.435	1.540	1.382	1.597	1.328	1.658	1.273	1.722	1.218	1.789
40	.01	1.246	1.344	1.197	1.398	1.149	1.456	1.098	1.518	1.047	1.583
	.05	1.442	1.544	1.391	1.600	1.338	1.659	1.285	1.721	1.230	1.786
45	.01	1.288	1.376	1.245	1.424	1.201	1.474	1.156	1.528	1.111	1.583
	.05	1.475	1.566	1.430	1.615	1.383	1.666	1.336	1.720	1.287	1.776
50	.01	1.324	1.403	1.285	1.445	1.245	1.491	1.206	1.537	1.164	1.587
	.05	1.503	1.585	1.462	1.628	1.421	1.674	1.378	1.721	1.335	1.771
55	.01	1.356	1.428	1.320	1.466	1.284	1.505	1.246	1.548	1.209	1.592
	.05	1.528	1.601	1.490	1.641	1.452	1.681	1.414	1.724	1.374	1.768
60	.01	1.382	1.449	1.351	1.484	1.317	1.520	1.283	1.559	1.248	1.598
	.05	1.549	1.616	1.514	1.652	1.480	1.689	1.444	1.727	1.408	1.767
65	.01	1.407	1.467	1.377	1.500	1.346	1.534	1.314	1.568	1.283	1.604
	.05	1.567	1.629	1.536	1.662	1.503	1.696	1.471	1.731	1.438	1.767
70	.01	1.429	1.485	1.400	1.514	1.372	1.546	1.343	1.577	1.313	1.611
	.05	1.583	1.641	1.554	1.672	1.525	1.703	1.494	1.735	1.464	1.768
75	.01	1.448	1.501	1.422	1.529	1.395	1.557	1.368	1.586	1.340	1.617
	.05	1.598	1.652	1.571	1.680	1.543	1.709	1.515	1.739	1.487	1.770
80	.01	1.465	1.514	1.440	1.541	1.416	1.568	1.390	1.595	1.364	1.624
	.05	1.611	1.662	1.586	1.688	1.560	1.715	1.534	1.743	1.507	1.772
85	.01	1.481	1.529	1.458	1.553	1.434	1.577	1.411	1.603	1.386	1.630
	.05	1.624	1.671	1.600	1.696	1.575	1.721	1.550	1.747	1.525	1.774
90	.01	1.496	1.541	1.474	1.563	1.452	1.587	1.429	1.611	1.406	1.636
	.05	1.635	1.679	1.612	1.703	1.589	1.726	1.566	1.751	1.542	1.776
95	.01	1.510	1.552	1.489	1.573	1.468	1.596	1.446	1.618	1.425	1.641
	.05	1.645	1.687	1.623	1.709	1.602	1.732	1.579	1.755	1.557	1.778
100	.01	1.522	1.562	1.502	1.582	1.482	1.604	1.461	1.625	1.441	1.647
	.05	1.654	1.694	1.634	1.715	1.613	1.736	1.592	1.758	1.571	1.780
150	.01	1.611	1.637	1.598	1.651	1.584	1.665	1.571	1.679	1.557	1.693
	.05	1.720	1.747	1.706	1.760	1.693	1.774	1.679	1.788	1.665	1.802
200	.01	1.664	1.684	1.653	1.693	1.643	1.704	1.633	1.715	1.623	1.725
	.05	1.758	1.779	1.748	1.789	1.738	1.799	1.728	1.809	1.718	1.820

N	α	K=6 DW_L	DW_U	K=7 DW_L	DW_U	K=8 DW_L	DW_U	K=9 DW_L	DW_U	K=10 DW_L	DW_U
11	.01	0.124	2.892	-	-	-	-	-	-	-	-
	.05	0.203	3.004	-	-	-	-	-	-	-	-
12	.01	0.164	2.665	0.105	3.053			-	-	-	-
	.05	0.268	2.832	0.171	3.149	-	-	-	-	-	-
13	.01	0.211	2.490	0.140	2.838	0.090	3.182			-	-
	.05	0.328	2.692	0.230	2.985	0.147	3.266	-	-	-	-
14	.01	0.257	2.354	0.183	2.667	0.122	2.981	0.078	3.287		
	.05	0.389	2.572	0.286	2.848	0.200	3.111	0.127	3.360	-	-
15	.01	0.303	2.244	0.226	2.530	0.161	2.817	0.107	3.101	0.068	3.374
	.05	0.447	2.471	0.343	2.727	0.251	2.979	0.175	3.216	0.111	3.438
16	.01	0.349	2.153	0.269	2.416	0.200	2.681	0.142	2.944	0.094	3.201
	.05	0.502	2.388	0.398	2.624	0.304	2.860	0.222	3.090	0.155	3.304
17	.01	0.393	2.078	0.313	2.319	0.241	2.566	0.179	2.811	0.127	3.053
	.05	0.554	2.318	0.451	2.537	0.356	2.757	0.272	2.975	0.198	3.184
18	.01	0.435	2.015	0.355	2.238	0.282	2.467	0.216	2.697	0.160	2.925
	.05	0.603	2.258	0.502	2.461	0.407	2.668	0.321	2.873	0.244	3.073
19	.01	0.476	1.963	0.396	2.169	0.322	2.381	0.255	2.597	0.196	2.813
	.05	0.649	2.206	0.549	2.396	0.456	2.589	0.369	2.783	0.290	2.974
20	.01	0.515	1.918	0.436	2.110	0.362	2.308	0.294	2.510	0.232	2.174
	.05	0.691	2.162	0.595	2.339	0.502	2.521	0.416	2.704	0.336	2.885
21	.01	0.552	1.881	0.474	2.059	0.400	2.244	0.331	2.434	0.268	2.625
	.05	0.731	2.124	0.637	2.290	0.546	2.461	0.461	2.633	0.380	2.806
22	.01	0.587	1.849	0.510	2.015	0.437	2.188	0.368	2.367	0.304	2.548
	.05	0.769	2.090	0.677	2.246	0.588	2.407	0.504	2.571	0.424	2.735
23	.01	0.620	1.821	0.545	1.977	0.473	2.140	0.404	2.308	0.340	2.479
	.05	0.804	2.061	0.715	2.208	0.628	2.360	0.545	2.514	0.465	2.670
24	.01	0.652	1.797	0.578	1.944	0.507	2.097	0.439	2.255	0.375	2.417
	.05	0.837	2.035	0.750	2.174	0.666	2.318	0.584	2.464	0.506	2.613
25	.01	0.682	1.776	0.610	1.915	0.540	2.059	0.473	2.209	0.409	2.362
	.05	0.868	2.013	0.784	2.144	0.702	2.280	0.621	2.419	0.544	2.560
26	.01	0.711	1.759	0.640	1.889	0.572	2.026	0.505	2.168	0.441	2.313
	.05	0.897	1.992	0.816	2.117	0.735	2.246	0.657	2.379	0.581	2.513
27	.01	0.738	1.743	0.669	1.867	0.602	1.997	0.536	2.131	0.473	2.269
	.05	0.925	1.974	0.845	2.093	0.767	2.216	0.691	2.342	0.616	2.470
28	.01	0.764	1.729	0.696	1.847	0.630	1.970	0.566	2.098	0.504	2.229
	.05	0.951	1.959	0.874	2.071	0.798	2.188	0.723	2.309	0.649	2.431
29	.01	0.788	1.718	0.723	1.830	0.658	1.947	0.595	2.068	0.533	2.193
	.05	0.975	1.944	0.900	2.052	0.826	2.164	0.753	2.278	0.681	2.396
30	.01	0.812	1.707	0.748	1.814	0.684	1.925	0.622	2.041	0.562	2.160
	.05	0.998	1.931	0.926	2.034	0.854	2.141	0.782	2.251	0.712	2.363
31	.01	0.834	1.698	0.772	1.800	0.710	1.906	0.649	2.017	0.589	2.131
	.05	1.020	1.920	0.950	2.018	0.879	2.120	0.810	2.226	0.741	2.333
32	.01	0.856	1.690	0.794	1.788	0.734	1.889	0.674	1.995	0.615	2.104
	.05	1.041	1.909	0.972	2.004	0.904	2.102	0.836	2.203	0.769	2.306
33	.01	0.876	1.683	0.816	1.776	0.757	1.874	0.698	1.975	0.641	2.080
	.05	1.061	1.900	0.994	1.991	0.927	2.085	0.861	2.181	0.796	2.281
34	.01	0.896	1.677	0.837	1.766	0.779	1.860	0.722	1.957	0.665	2.057
	.05	1.079	1.891	1.015	1.978	0.950	2.069	0.885	2.162	0.821	2.257
35	.01	0.914	1.671	0.857	1.757	0.800	1.847	0.744	1.940	0.689	2.037
	.05	1.097	1.884	1.034	1.967	0.971	2.054	0.908	2.144	0.845	2.236

N	α	K=6 DW$_L$	K=6 DW$_U$	K=7 DW$_L$	K=7 DW$_U$	K=8 DW$_L$	K=8 DW$_U$	K=9 DW$_L$	K=9 DW$_U$	K=10 DW$_L$	K=10 DW$_U$
36	.01	0.932	1.666	0.877	1.749	0.821	1.836	0.766	1.925	0.711	2.018
	.05	1.114	1.876	1.053	1.957	0.991	2.041	0.930	2.127	0.868	2.216
37	.01	0.950	1.662	0.895	1.742	0.841	1.825	0.787	1.911	0.733	2.001
	.05	1.131	1.870	1.071	1.948	1.011	2.029	0.951	2.112	0.891	2.197
38	.01	0.966	1.658	0.913	1.735	0.860	1.816	0.807	1.899	0.754	1.985
	.05	1.146	1.864	1.088	1.939	1.029	2.017	0.970	2.098	0.912	2.180
39	.01	0.982	1.655	0.930	1.729	0.878	1.807	0.826	1.887	0.774	1.970
	.05	1.161	1.859	1.104	1.932	1.047	2.007	0.990	2.085	0.932	2.164
40	**.01**	**0.997**	**1.652**	**0.946**	**1.724**	**0.895**	**1.799**	**0.844**	**1.876**	**0.749**	**1.956**
	.05	**1.175**	**1.854**	**1.120**	**1.924**	**1.064**	**1.997**	**1.008**	**2.072**	**0.952**	**2.149**
45	.01	1.065	1.643	1.019	1.704	0.974	1.768	0.927	1.834	0.881	1.902
	.05	1.238	1.835	1.189	1.895	1.139	1.958	1.089	2.022	1.038	2.088
50	**.01**	**1.123**	**1.639**	**1.081**	**1.692**	**1.039**	**1.748**	**0.997**	**1.805**	**0.955**	**1.864**
	.05	**1.291**	**1.822**	**1.246**	**1.875**	**1.201**	**1.930**	**1.156**	**1.986**	**1.110**	**2.044**
55	.01	1.172	1.638	1.134	1.685	1.095	1.734	1.057	1.785	1.018	1.837
	.05	1.334	1.814	1.294	1.861	1.253	1.909	1.212	1.959	1.170	2.010
60	.01	1.214	1.639	1.179	1.682	1.144	1.726	1.108	1.771	1.072	1.817
	.05	1.372	1.808	1.335	1.850	1.298	1.894	1.260	1.939	1.222	1.984
65	.01	1.251	1.642	1.218	1.680	1.186	1.720	1.153	1.761	1.120	1.802
	.05	1.404	1.805	1.370	1.843	1.336	1.882	1.301	1.923	1.266	1.964
70	.01	1.283	1.645	1.253	1.680	1.223	1.716	1.192	1.754	1.162	1.792
	.05	1.433	1.802	1.401	1.838	1.369	1.874	1.337	1.910	1.305	1.948
75	.01	1.313	1.649	1.284	1.682	1.256	1.714	1.227	1.748	1.199	1.783
	.05	1.458	1.801	1.428	1.834	1.399	1.867	1.369	1.901	1.339	1.935
80	.01	1.338	1.653	1.312	1.683	1.285	1.714	1.259	1.745	1.232	1.777
	.05	1.480	1.801	1.453	1.831	1.425	1.861	1.397	1.893	1.369	1.925
85	.01	1.362	1.657	1.337	1.685	1.312	1.714	1.287	1.743	1.262	1.773
	.05	1.500	1.801	1.474	1.829	1.448	1.857	1.422	1.886	1.396	1.916
90	.01	1.383	1.661	1.360	1.687	1.336	1.714	1.312	1.741	1.288	1.769
	.05	1.518	1.801	1.494	1.827	1.469	1.854	1.445	1.881	1.420	1.909
95	.01	1.403	1.666	1.381	1.690	1.358	1.715	1.336	1.741	1.313	1.767
	.05	1.535	1.802	1.512	1.827	1.489	1.852	1.465	1.877	1.442	1.903
100	**.01**	**1.421**	**1.670**	**1.400**	**1.693**	**1.378**	**1.717**	**1.357**	**1.741**	**1.335**	**1.765**
	.05	**1.550**	**1.803**	**1.528**	**1.826**	**1.506**	**1.850**	**1.484**	**1.874**	**1.462**	**1.898**
150	.01	1.543	1.708	1.530	1.722	1.515	1.737	1.501	1.752	1.486	1.767
	.05	1.651	1.817	1.637	1.832	1.622	1.846	1.608	1.862	1.593	1.877
200	**.01**	**1.613**	**1.735**	**1.603**	**1.746**	**1.592**	**1.757**	**1.582**	**1.768**	**1.571**	**1.779**
	.05	**1.707**	**1.831**	**1.697**	**1.841**	**1.686**	**1.852**	**1.675**	**1.863**	**1.665**	**1.874**

本表改編自 Durbin, J. & Watson, G. S. (1951). Testing for serial correlation in least squares regression, II. *Biometrika, 38*, 159-179 與 Savin, N. E., & White, K. J. (1977). The Durbin-Watson test for serial correlation with extreme sample sizes or many regressors. *Econometrica, 45*, 1989-1996.

說明：
1. N 為樣本數（觀察值數目）
2. K 為自變數數目（不含截距）
3. α為顯著水準（單尾檢定）

附錄 I：Critical Value of r

相關係數臨界值對照表

df	α					
單尾	.1	.05	.025	.01	.005	.002
雙尾	.2	.1	.05	.02	.01	.001
3	.687	.805	.878	.934	.959	.978
4	.608	.729	.811	.882	.917	.948
5	.551	.669	.754	.833	.875	.914
6	.507	.621	.707	.789	.834	.879
7	.472	.582	.666	.750	.798	.847
8	.443	.549	.632	.715	.765	.816
9	.419	.521	.602	.685	.735	.788
10	.398	.497	.576	.658	.708	.762
11	.380	.476	.553	.634	.684	.738
12	.365	.458	.532	.612	.661	.716
13	.351	.441	.514	.592	.641	.695
14	.338	.426	.497	.574	.623	.677
15	.327	.412	.482	.558	.606	.659
16	.317	.400	.468	.543	.590	.643
17	.308	.389	.456	.529	.575	.628
18	.299	.378	.444	.516	.561	.614
19	.291	.369	.433	.503	.549	.600
20	.284	.360	.423	.492	.537	.588
21	.277	.352	.413	.482	.526	.576
22	.271	.344	.404	.472	.515	.565
23	.265	.337	.396	.462	.505	.555
24	.260	.330	.388	.453	.496	.545
25	.255	.323	.381	.445	.487	.535
26	.250	.317	.374	.437	.479	.526
27	.245	.311	.367	.430	.471	.518
28	.241	.306	.361	.423	.463	.510
29	.237	.301	.355	.416	.456	.502
30	.233	.296	.349	.409	.449	.495
35	.216	.275	.325	.381	.418	.462
40	.202	.257	.304	.358	.393	.435
50	.181	.231	.273	.322	.354	.393
60	.165	.211	.250	.295	.325	.360
70	.153	.195	.232	.274	.302	.335
80	.143	.183	.217	.257	.283	.315
90	.135	.173	.205	.242	.267	.297
100	.128	.164	.195	.230	.254	.283
120	.117	.150	.178	.210	.232	.259
140	.108	.139	.165	.195	.216	.240
160	.101	.130	.154	.183	.202	.225
180	.095	.122	.146	.172	.190	.212
200	.091	.116	.138	.164	.181	.202
250	.081	.104	.124	.146	.162	.181
300	.074	.095	.113	.134	.148	.165
350	.068	.088	.105	.124	.137	.153
400	.064	.082	.098	.116	.128	.143
450	.060	.077	.092	.109	.121	.135
500	.057	.073	.088	.104	.115	.128
600	.052	.067	.080	.095	.105	.117
800	.045	.058	.069	.082	.091	.102
1000	.041	.052	.062	.073	.081	.091
2000	.029	.037	.044	.052	.058	.064
5000	.018	.023	.028	.033	.036	.041

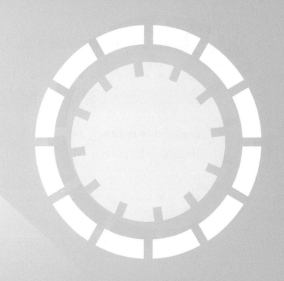

中文索引

二十五劃

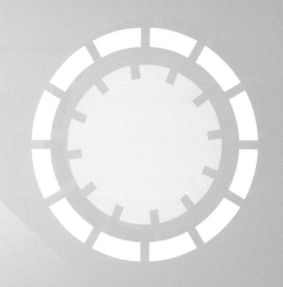

英文索引

國家圖書館出版品預行編目資料

統計學：原理與應用 / 邱皓政, 林碧芳合著. --
四版. -- 臺北市：五南圖書出版股份有限公司,
2022.03
　面；　公分
ISBN 978-626-317-559-4(平裝)

1.CST: 統計學

510　　　　　　　　　　111000358

1H90

統計學：原理與應用

作　　　者－邱皓政　林碧芳

發 行 人－楊榮川

總 經 理－楊士清

總 編 輯－楊秀麗

主　　　編－侯家嵐

責任編輯－侯家嵐

文字校對－黃志誠

封面設計－姚孝慈

內文排版－ theBAND ・ 變設計

出 版 者－五南圖書出版股份有限公司

地　　　址：106 臺北市大安區和平東路二段 339 號 4 樓

電　　　話：(02)2705-5066　傳　　真：(02)2706-6100

網　　　址：https://www.wunan.com.tw

電子郵件：wunan@wunan.com.tw

劃撥帳號：01068953

電　　　話：(07)2358-702　傳　　真：(07)2350-236

法律顧問：林勝安律師事務所　林勝安律師

出版日期：2014 年 10 月二版一刷
　　　　　2017 年 　9 月三版一刷
　　　　　2022 年 　3 月四版一刷

定　　　價　新臺幣 720 元

經典永恆・名著常在

五十週年的獻禮——經典名著文庫

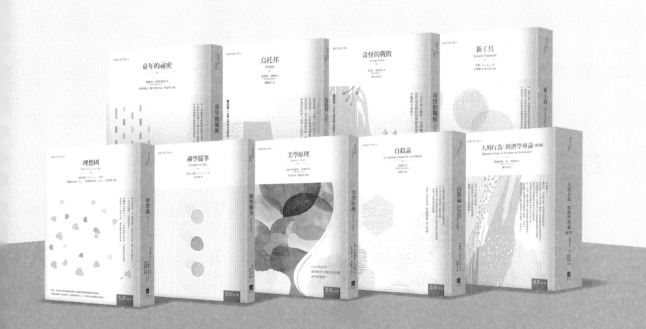

五南，五十年了，半個世紀，人生旅程的一大半，走過來了。

思索著，邁向百年的未來歷程，能為知識界、文化學術界作些什麼？

在速食文化的生態下，有什麼值得讓人雋永品味的？

歷代經典・當今名著，經過時間的洗禮，千錘百鍊，流傳至今，光芒耀人；

不僅使我們能領悟前人的智慧，同時也增深加廣我們思考的深度與視野。

我們決心投入巨資，有計畫的系統梳選，成立「經典名著文庫」，

希望收入古今中外思想性的、充滿睿智與獨見的經典、名著。

這是一項理想性的、永續性的巨大出版工程。

不在意讀者的眾寡，只考慮它的學術價值，力求完整展現先哲思想的軌跡；

為知識界開啟一片智慧之窗，營造一座百花綻放的世界文明公園，

任君遨遊、取菁吸蜜、嘉惠學子！